天骄子孙

蒙古民族聚居区地理

宝音 著

商务印书馆

图书在版编目（CIP）数据

天骄子孙：蒙古民族聚居区地理/宝音著. —北京：商务印书馆，2024
ISBN 978-7-100-22913-5

Ⅰ．①天… Ⅱ．①宝… Ⅲ．①蒙古族—民族聚居区—民族地理—中国 Ⅳ．①K281.2

中国国家版本馆 CIP 数据核字（2023）第 164670 号

权利保留，侵权必究。

天骄子孙
——蒙古民族聚居区地理
宝音 著

商 务 印 书 馆 出 版
（北京王府井大街 36 号邮政编码 100710）
商 务 印 书 馆 发 行
中煤（北京）印务有限公司印刷
ISBN 978-7-100-22913-5
审图号：GS 京（2023）1323 号

2024 年 8 月第 1 版　　开本 787×1092　1/16
2024 年 8 月北京第 1 次印刷　印张 25
定价：128.00 元

前　言

　　蒙古民族是一个具有悠久历史的古老民族，世世代代在辽阔富饶的蒙古高原及其毗邻地区生息繁衍。蒙古高原是蒙古民族发展壮大的摇篮，更是蒙古民族生产、战斗的热土。在这片沃土上，蒙古民族与其他游牧民族一起创造了草原游牧文明，以她的智慧和行为塑造了世界历史发展进程，贡献卓越，蒙古民族是对人类发展历史上产生过深远影响的伟大的马背民族，现在是屹立于世界民族之林的现代先进民族。

　　蒙古民族的振兴和强盛始于 13 世纪。12 世纪末期，蒙古民族的发展史上出现了一位伟大的军事家和政治家——成吉思汗（原名铁木真），他以高超的军事才能、非凡的智慧和超群的雄才伟略，征服蒙古各部落和游牧民族，统一蒙古高原和整个大漠，建立大蒙古国。在被拥戴为成吉思汗之后，铁木真及其子孙统领 20 万蒙古铁骑，接连发动了大规模的征服战争，铁蹄所向，势如破竹，先后征服了 40 多个国家和 700 多个民族，建立了一个横跨欧亚大陆的草原帝国。他的子孙进一步建立了大元帝国、察合台汗国、伊尔汗国、钦察汗国、窝阔台汗国，以及后来的帖木儿汗国和莫卧儿帝国，其疆域约 3 000 万平方公里，东起朝鲜半岛，西抵东欧波兰、匈牙利，北至西伯利亚俄罗斯诸公国，南达中南半岛，是世界上独一无二、空前绝后的大帝国。因此，成吉思汗以"世界征服者"称号载入史册，也是公认的"千年风云第一人"。从成吉思汗开始的三次西征，增进了东西方的经济和文化交流，还将中国的发明（火药、造纸术、印刷术、罗盘等）传到了西亚及欧洲诸国，同时西方文明（天文、医学、历算等）也传入了中国，这对中华民族的发展产生了深远影响，亦是当今全球化的真正开端。

　　忽必烈建立元朝，首次统一全中国，建立了一个强大的多民族国家，奠定了今日中国版图的基础。他建立了行省制度，对全国进行了有效的统治，开创了中国省制之端，对后世影响深远。元朝还首次使用纸币作为货币流通单位，对西藏、台湾等地区实施了行政管辖，使西藏成为中国的正式地方行政区域等。元朝的统一无疑促进了中华民族的大融合。

　　1571 年，俺答汗和明朝实现通商互市，模仿大都建立了呼和浩特市，成为当时民族融合与共同发展的典范，其影响延续至今。而蒙古族土尔扈特部在渥巴锡汗的带领下，从俄罗斯伏尔加河流域冲破重重阻隔回到祖国怀抱的壮举与艰辛，更是一首传颂至今的东归英雄赞歌。

在近代史上，蒙古民族在帝国主义和封建主义的压榨下过着悲惨生活，纷纷起来抗争，在中国共产党的领导下，与内蒙古境内的其他各兄弟民族一起，抵制分裂行为，共同抗击日本侵略者。1922年，中国共产党召开第二次全国代表大会，提出"蒙古、西藏、回疆三部实行自治"的民族政策；在党的领导下，1947年，内蒙古自治政府正式宣告成立（1949年改称为"内蒙古自治区"），乌兰夫担任主席。内蒙古人民自卫军不仅稳定了内蒙古地方的局势，还参加了东北根据地的保卫战及辽沈战役，为新中国的成立做出了卓越贡献。

蒙古民族世代居住在蒙古高原，蒙古高原是蒙古民族生于斯长于斯的家园，而蒙古民族又赋予这片土地深厚的文化内涵和特殊的意义，使得两者合二为一成为了一个不可分割的整体。

蒙古高原泛指亚洲东北部高原地区，东起大兴安岭，西至阿尔泰山，北界为萨彦岭和雅布洛诺夫山脉，南界为鄂尔多斯高原和张北—围场高原。蒙古高原包括蒙古国，俄罗斯南部的图瓦共和国、布里亚特共和国、外加贝尔边疆区和伊尔库兹克州的部分地区，以及内蒙古自治区全境与新疆维吾尔自治区的部分地区，与中国的内蒙古高原相连，面积约200万平方公里。蒙古高原位于欧亚大陆中部地带，远离海洋，因此其大陆性气候特点在世界上最为典型。同时，蒙古高原也是太平洋水系与北冰洋水系的分水岭。在海陆分布、水分分布以及地势地形的综合作用下，气候呈现出东北—西南方向的马蹄形半干旱至干旱分布特点，对应的主要植被类型亦在森林、草原、荒漠等呈马蹄形分布，其中中纬度温带天然草原带是其主体。

蒙古民族世代逐水草而居，在温带草原上世代生活衍生出的诚实守信、团结互助的优良传统，其独特的生产、生活方式所形成的游牧文化因契合人类永续发展的生态文明理念而延续至今，并得以发扬光大。

游牧生产方式是以蒙古民族为代表的北方草原游牧民族在长期生产实践活动中形成的一种经典生产方式。在北方草原上，游牧生产方式始终占据主导地位，虽存在农耕生产方式，但却是以游牧业为主导的农牧混合生产方式。游牧生产方式体现了对草原自然环境的利用与休养，其内涵是在正确认识并严格遵循草原自然规律的基础上，有效发挥人的主体作用与调节功能，并恰当地处理人与草原之间的辩证关系。游牧生产方式既是对草原的合理开发利用，又是对草原的积极修复和保护，真正做到了人类社会与草原自然环境之间的可持续生存与发展，促进了人与自然环境的和谐共生。游牧生产方式最根本的生态哲学智慧在于其对草原生态规律的遵循，强调尊重自然、顺应自然、保护自然，体现了一种生态生存方式与绿色发展理念。"五畜共生"作为传统游牧智慧的精髓，"和谐共生"的思想体现在畜群结构、五畜与草原共存共处等方面。其适应了草原植被的多样性和牲畜的生物学特性，有利于畜群结构的合理调整，不仅保持了草原牧草种类的多样性，还提高了牧草资源的利用效率，促进了牧草更新和草原生态系统的良性循环。

蒙古高原上的草原丝绸之路历史悠久，其在世界历史进程中扮演了重要角色，特别是在促进东西方多方面交流中，对沿线地区和多民族的发展演变产生了深远的影响，而且延续至今，其作用极为特殊、极为重要。这条通道自古以来就是连接中原、草原、中亚、西亚以及欧洲文明的纽带。西周时期，东胡的青铜文化向西传播至西伯利亚，甚至影响到了波罗的海沿岸。匈奴的崛起使大漠成为草原、中原、西方文明的交汇地。在草原丝绸之路上，匈奴西迁、突厥西迁、成吉思汗西征，以及佛教、基督教、伊斯兰教东来，这些事件都在世界历史的政治版图上留下了不可磨灭的印记。对于中国而言，草原丝绸之路不仅体现了中原民族与草原民族自古以来在经济关系上的相互依存和共同利益，同时，草原丝绸之路也不仅仅是单纯的"商路"。它是中华文明在形成发展过程中各民族文化交流交汇的文化之路，对中华文明的形成和中华民族多元一体格局的发展产生了广泛而深远的影响，并延续至今。

草原游牧文明是蒙古高原上各游牧民族在长期与自然环境相互作用的过程中创造的文化成果，是各游牧民族智慧和力量外化的结晶，也是他们的精神家园。守护草原游牧文明对于实施中国的民族政策、构建社会主义和谐社会、提高文化竞争力和改善生态环境具有重要的社会政治价值和长远的经济价值。草原文化的核心价值理念与构建人类命运共同体的理念高度契合，是我们今后应当继续传承并发扬光大的人类宝贵财富。

蒙古民族的强盛在世界历史上留下了深刻的印记，如今仍以现代先进的面貌屹立于世界民族之林。这一成就与成吉思汗的丰功伟绩和深远影响密不可分，正像在《成吉思汗》电视剧主题歌中唱到的："风从草原走过，吹散多少传说，留下的只有你的故事，被酒和奶茶酿成了歌，马背上的家园，因为你而辽阔，到处传扬你的恩德，在牧人心头铭刻，深深铭刻，每一个降生的婴儿都带着你的血性，每一张牧人的脸庞都有你的轮廓……"历史铁证如山，不容质疑。蒙古民族都以成吉思汗为傲，都为是他的子孙而感到自豪。因此，本书取名为《天骄子孙——蒙古民族聚居区地理》。

本著作是在《蒙古学百科全书·地理》的概述文章"蒙古民族聚居区地理"的基础上编写而成的，且本著作的部分资料来源于《蒙古学百科全书·地理》，因此可以说本著作是参加编写《蒙古学百科全书·地理》的中蒙俄地理学界同人们集体智慧的结晶。虽然单独专门编写蒙古民族各聚居区的地理书籍不少，但将整个蒙古民族聚居区作为一个整体来研究的地理著作尚属首次。因此，本著作作为研究整个蒙古民族聚居区地理的第一部专著，可能存在错误和不妥之处，敬请读者批评指正！

  本著作首先从蒙古民族历史起源入手，从时间与空间维度系统梳理了蒙古民族的起源与发展历程；其次，着重介绍了蒙古民族繁衍生息、砥砺奋进的自然平台——蒙古高原的自然地理环境与资源的特点和空间分布；再次，重点分析了与蒙古高原高度融合的蒙古民族的生产、生活以及经济、社会与政治文化的发展现状和愿景；最后，重点探讨了人文—自然的高度融合体，以及蒙古民族聚居区的地理特征。

  包玉海教授资助本著作出版。在撰写过程中得到了内蒙古师范大学赵明、包玉海、李舍英、齐晓明、阿拉腾图娅、李百岁、佟宝全、哈斯巴根、乌敦等教授的关心、照顾、帮助，并对本著作提出了宝贵的修改意见。包玉龙博士绘制了全部地图。在此一并由衷地感谢。

  我从事地理科学的学习、教学和研究已有一个甲子年有四，在这数十年里，我得到过老师、同学、同事、朋友、亲人和学生的教诲、嘱咐、关心和帮助，他（她）们的恩情我铭记在心。

宝音
于呼和浩特
内蒙古师范大学赛罕校区
2021年10月

目　　录

Ⅰ　历　史　篇

第一章　蒙古民族 ··· 3
　　第一节　蒙古民族的起源 ··· 3
　　第二节　蒙古民族的民族共同体的发展演进 ································· 10

第二章　蒙古民族聚居区历史沿革 ··· 17
　　第一节　13世纪之前蒙古地区区域范围和政区沿革 ······················· 17
　　第二节　13世纪至17世纪中叶蒙古地区区域范围和政区沿革 ··········· 23
　　第三节　17世纪中叶至20世纪初蒙古地区政区沿革与行政区划 ······· 27

第三章　蒙古民族聚居区概述 ·· 30
　　第一节　蒙古民族聚居区地理特征与区域特性 ······························ 30
　　第二节　蒙古民族聚居区行政区划概览 ······································· 40

Ⅱ　自　然　篇

第四章　蒙古高原及其毗邻地区地质地貌 ···································· 45
　　第一节　地质 ·· 45
　　第二节　矿产资源 ·· 51
　　第三节　地势地貌 ·· 56
　　第四节　地貌区 ··· 57

第五章　蒙古高原及其毗邻地区气候 ·· 71
　　第一节　气候特点 ·· 71
　　第二节　气候区 ··· 88

  第三节 气候资源···93

第六章 蒙古高原及其毗邻地区水文···105
  第一节 河流水系特征···105
  第二节 河流及湖泊水文特征···108
  第三节 地下水···117
  第四节 水资源···119

第七章 蒙古高原及其毗邻地区土壤与动植物···124
  第一节 土壤带···124
  第二节 平地土壤···124
  第三节 山地土壤···128
  第四节 植被···130
  第五节 植物地理分区···137
  第六节 动植物资源···142

第八章 蒙古高原及其毗邻地区自然地理环境与自然区划···148
  第一节 自然地理环境···148
  第二节 自然区划···163

Ⅲ 人 文 篇

第九章 蒙古民族文化地理···177
  第一节 蒙古民族的文化之源···177
  第二节 蒙古民族的文化发展···180
  第三节 蒙古民族的语言文字与宗教···185

第十章 蒙古民族聚居区经济···192
  第一节 蒙古国经济发展历程与现状···192
  第二节 中国内蒙古自治区经济发展历程与现状·······································237
  第三节 中国蒙古自治州经济发展概况···263
  第四节 俄罗斯蒙古民族聚居区经济发展历程与现状·································273

第十一章 蒙古民族聚居区交通运输发展与布局···286
  第一节 蒙古国交通运输发展与布局···286

第二节　中国蒙古民族聚居区交通运输发展与布局……………………… 290

　　第三节　俄罗斯蒙古民族聚居区交通运输发展与布局…………………… 298

Ⅳ 区 域 篇

第十二章　蒙古民族分布………………………………………………………… 303

　　第一节　蒙古民族在蒙古国分布………………………………………… 303

　　第二节　蒙古民族在中国分布…………………………………………… 305

　　第三节　蒙古民族在俄罗斯分布………………………………………… 309

　　第四节　蒙古涵化民族（蒙古血统）分布……………………………… 311

第十三章　蒙古民族聚居区（聚落）分布……………………………………… 318

　　第一节　蒙古国…………………………………………………………… 318

　　第二节　中国内蒙古自治区……………………………………………… 330

　　第三节　中国蒙古自治州………………………………………………… 350

　　第四节　俄罗斯蒙古民族聚居区………………………………………… 370

参 考 文 献 …………………………………………………………………………… 385

Ⅰ 历史篇

第一章　蒙古民族

第一节　蒙古民族的起源

一、蒙古民族起源的传说

蒙古民族的祖先究竟是谁，也就是"孛儿帖赤那和豁埃马阑勒"，所谓"苍狼白鹿"之前更早更远的蒙古民族（原蒙古民族）究竟是谁？古今中外，诸多史料对匈奴、突厥与蒙古民族是否同源同族，或同源不同族，或不同源同族，或既不同源又不同族的问题进行了广泛的讨论。类似讨论之所以延续了较长时期，其原因是匈奴、突厥、蒙古民族在同一历史时期同一地区（蒙古地区）生活过，且经济类型、文化语言、生活风俗相同或十分相近。除此之外，还可以列举的相同或十分相近的地方还有不少。更令很多研究人员感兴趣的是涉及他们祖先的传说故事很多，不少传说也有相同或相近之处。史学家们在突厥、蒙古民族起源的传说中采集到的是由波斯史学家和突厥史学家所写，相近的两则传说故事合并而成的有关蒙古民族起源的传说。然而这个传说十分荒唐。

波斯史学家拉施特所编著《史集》是由元宫廷提供的资料和民间传说结合的产物，所以《史集》中记述的故事显然来自蒙古民族的古老的记忆。因此可以十分肯定地说，关于蒙古民族的族源，蒙古民族有自己的记忆。其中之一就是拉施特在他所著《史集》中记入的那段传说故事。这段古老的记忆是说距今三千年左右，北方草原上的各部落之间，发生了一场十分残酷的战争，名为蒙古的部落被称作突厥的部落打败之后，只剩下了两男两女。这两对逃难的青年男女终于越过了天险，找到了有草地和清泉的"额尔古涅昆"山生活了下来。后来，这四个年轻人结成了两对夫妻，有了成群的牛羊，还生养了几个儿女。这两户人家，一户叫涅古斯，另一户叫乞颜。过了若干年，涅古斯和乞颜两家的子孙越来越多，"额尔古涅昆"山已经不能容纳这么多的人了。于是，他们化铁铸剑出山，返回祖先的故土。这段传说可能就是深深地珍藏在蒙古民族心目中的起源。

这些传说故事中内容的延续、部族名、人名、地名、区域空间，都与《蒙古秘史》中那段故事记载有相近或相同之处。编者认为，这中间也许有研究者们值得注意和讨论的新课题。特别是《史集》中那段神奇的传说，被一个偶然巧合证明了它的真实性。

二、蒙古民族的族源

2006年5月，《内蒙古日报》蒙文版发表了一则惊人的消息，披露了中国社会科学院考古研究所一项重大的考古发现。消息称：1998年夏末，考古人员在海拉尔河流域的谢尔塔拉草原上发掘了十座古代蒙古墓葬。墓葬中出土的不仅有大木弓、铁镞、桦树马鞍、玻璃球等百余件文物，还有保存较为完好的十具尸骨。经人种学家鉴定，这些古墓中的尸骨的人种属于北亚蒙古人种，又经碳14测年，其时代为公元9世纪左右，再结合考古学和有关历史文献记载，确定墓主人为室韦人。消息进一步推论说：据文献记载，室韦人是蒙古民族的祖先。公元9世纪初，室韦人中的一支从额尔古纳地区森林迁移到森林西部平坦的草原地区，被称为"原蒙古人"。

以上传说和历史记载都在向人们展示一个事实：匈奴、突厥、蒙古（包括诸部落）或同源同族，或同源不同族，或不同源同族。上述三大民族的诸多部落及其分支，"难保无融合"。从某角度、某方面而论，三个民族之间"先民后裔"关系的确存在。

法国人雷纳·格鲁塞所著的《蒙古帝国史》中说："在亚洲草原的内部历史上，突厥人和蒙古人互为雄长：从公元前3世纪至公元后2世纪，在匈奴或亚洲的匈奴人的霸权之下，是突厥人势力占优的时代；至2世纪中叶，鲜卑人占据了蒙古的东部，大约是蒙古人势力占优的时代；至公元5世纪，鲜卑人和突厥种的拓跋人争夺中国的北部，结果胜利属于拓跋人。在这个时候，戈壁还是属于蒙古种的蠕蠕人。6世纪中叶，历史上出现了突厥人——中国人称之为'突厥'（Tou-Kiue），他们称霸于蒙古和西突厥斯坦。至8世纪中叶，当突厥人失去了势力优势之后，与他们同种的其他民族代之而兴，首先是畏兀儿突厥人（9世纪中至10世纪前1/4的末期）。自乞儿吉思人衰败（公元924年）之后，蒙古地方遂处于突厥部落和蒙古部落的各种争夺战斗之中，一直到成吉思汗于13世纪初统一，这一地域最终奠定了蒙古人的霸权。"

从公元前3世纪至公元13世纪初，匈奴人（突厥、吉尔吉思、畏兀儿）和蒙古人在生活方式上的共同性，超出语言上的共同性。在此历史时期的草原帝国中，从匈奴人至成吉思汗，其人种常常十分复杂；各个部落之间的关系，语言上的共同性要远逊于生活方式上的共同性，这种生活方式即游牧生活，此外游牧人同时也是狩猎者，因为这是适宜于草原和森林的边缘地带的最优选择。

王国维为首的诸家对蒙古民族族源问题的论述，堪称是经典论述，可以得出以下几点结论：

1）自古以来，在蒙古高原上生活过众多族名繁多的民族，他们应属于具有同一始祖的同族异称的民族。

2）蒙古民族曾经给亚欧乃至世界以重大影响。蒙古民族崛起于13世纪，在成吉思汗的统率下，蒙古民族曾经在亚欧地区创立过蒙古汗国、大元帝国、钦察帝国、察合台帝国、窝阔台汗国、伊尔汗国、帖木儿帝国、莫卧儿帝国等，对亚欧地区的政治、历史、经济、文化等的发展有重大而深远的影响。

3）具有共同语言、共同地域、共同经济生活以及表现于共同民族文化和心理素质的蒙古民族，其民族的四大基本特征是鲜明的。这样的民族共同体绝不会突然于公元13世纪出现在蒙古高原，而是在悠久的光辉历史中逐渐演变的。它的族源不应仅仅停留在东胡，应持续深入地研究下去。蒙古民族是从其始祖发展而来的，具有悠久的历史。

4）在研究过程中蒙古民族族源虽有众多说法，但主要观点有以下三说或四说，三说即匈奴说、突厥说、东胡说（国外的学者多主匈奴说、突厥说，其中蒙古国的学者多主匈奴说，中国的学者多主东胡说），另有四说主要是指：①蒙古民族源于蚩尤说；②蒙古民族源于东胡说；③蒙古民族源于北狄说；④蒙古民族源于夏（猃狁）说。

5）清代学者屠寄探讨过蒙古民族族源问题，在其专著《蒙兀儿史记》一书中，将"蒙兀室韦"作为蒙古民族族源，根据是《旧唐书》中记载有"蒙兀室韦"。屠寄的"蒙兀室韦"说自清代以来成为蒙古民族族源的传统说法，不少蒙古史的出版物，都把"蒙兀室韦"作为蒙古民族的族源。林翰在其《东胡史》中，将东胡作为蒙古民族的族源，郑德英在其《东胡系诸部族与蒙古族族源》一书中，也把东胡作为蒙古民族的族源，并从地理位置、语言、习俗三个方面，作了有根据的探讨。这样，把蒙古民族的族源在时间上从唐代推前到战国时代，同匈奴说一致起来，而苏日巴拉达哈的北狄说、陶克涛的蚩尤说，又把蒙古民族的族源从战国时代上推至夏代和唐虞以上时代。

在蒙古民族族源问题的探讨过程中，著名蒙古史专家陶克涛的力作《毡乡春秋》——匈奴篇，利用丰富的考古资料和甲骨文等汉文史料，详论了从蚩尤（远古时代）到鬼方（商代）、到猃狁（西周）、到戎、狄（春秋）时代、到东胡以及匈奴（战国时代）演变过程的历史，在探讨蒙古民族族源问题上具有很高的价值。

三、由语言学和二重证据法原则研究蒙古民族族源

20世纪初，芬兰著名语言学家兰司铁在其名著《阿尔泰语言学导论》中认为，突厥、

蒙古、满·通古斯的语言都是来自一个共同的根源，即来自共同的阿尔泰语，这个共同的阿尔泰语包括原始突厥语、原始蒙古语和原始满·通古斯语。波兰语言学家科特维奇在其著作《阿尔泰诸语言研究》中认为，阿尔泰语系的三种语言，即突厥语、蒙古语、满·通古斯语，在遥远的古代曾经有过统一的基础语。陈乃雄在其著作《阿尔泰语系概要》中认为阿尔泰语系诸语言的关系应该是一些具有共同起源的语言，一方面受到祖语的内在引力的制约，另一方面又受到地理环境和历史变迁等外部因素的吸引和影响，故在漫长的社会发展过程中，各个民族语言都会自觉地产生向心作用或离心作用，因而有些使用阿尔泰语系不同族语言的共同体脱离了母体语言，改用别的语言，或与他种语言杂混，吸收了别的语言，而使自己的语言更加丰富和充实。匈奴、突厥和东胡三大语系的语言，都属于阿尔泰语系，匈奴和突厥的语言属于突厥语族，东胡族的语言属于蒙古语族。

由上可知，匈奴语、突厥语和蒙古语的祖语是阿尔泰语。那么，使用祖语即阿尔泰语的民族是哪个民族？使用阿尔泰语的民族在历史上肯定存在过，这个民族正是匈奴、突厥和东胡三大语族的始祖。

王国维于1925年提出的"二重证据法"是中国近代史学的一座里程碑，即在对历史问题的讨论过程中必须坚持史籍记载与考古发掘相一致的原则。他在论述蒙古民族族源问题时始终坚持了这一原则。他的经典结论主要有以下四个方面：

（1）荤粥即匈奴的别名

王国维于1915年3月发表的《鬼方昆夷猃狁考》中，通过对甲骨文、金文的释读，尤其运用音律、考据等方法，对匈奴的族源进行研究，得出"见于商周间者曰鬼方，曰混夷，曰荤粥。在宗周之季则曰猃狁。入春秋后则始谓之戎，继号曰狄。战国以降又称之曰胡，曰匈奴"的结论，对此，大多数学者（包括当代学者）均表示赞同。

（2）土方即东胡

夏商时代的土方，居住在两土河流域，两土河即老哈河和牤牛河，在今赤峰和朝阳地区。土方在西周时称屠何，春秋时称山戎，战国时称东胡。东胡族系包括乌桓、鲜卑、吐谷浑、柔然、库莫奚、室韦、蒙古民族等，这是东方学者的共识。

（3）鬼方即丁零、敕勒、突厥、回纥

武丁时期，商代鬼方族从其原居住地陕西北部、河套地区以及河西走廊一带辗转迁徙到贝加尔湖周围地区定居生活，并改名为丁零。

丁零人在贝加尔湖周围地区繁衍生息，势力逐渐壮大、强盛。历经商殷、西周、春秋、战国、匈奴时代，已经发展成为丁零国。匈奴冒顿单于东灭东胡，北服五国之时，五国之中就有丁零国。

居住在北方的鲜卑、柔然等民族称其为敕勒；南朝的汉族称敕勒为丁零；北朝汉族称敕勒为高车。所以敕勒、丁零、高车是同族异称。

敕勒人主要活动在 4 世纪至 6 世纪中期，正是处在十六国、南北朝分裂时期。敕勒人曾经建立过翟魏、高车国。《新唐书》卷二一七上《回鹘传》记："回纥……俗多乘高轮车，元魏时亦号高车部，或曰敕勒，讹为铁勒。"突厥人称："九姓回纥者，吾之同族也。"

（4）土方、鬼方、猃狁、胡等民族始祖乃荤粥

从土方、鬼方两个专题的研究中不难看出，土方系各族、鬼方系各族以及猃狁、戎、狄、胡、匈奴等民族的始祖乃是荤粥族。

四、"匈奴"之说

如果匈奴是蒙古民族的祖先，应先研究匈奴族源的问题。国内外学者十分关注对匈奴族源的研究，其观点众说纷纭，主要有以下几种观点：

（1）认为中国北方多种民族与华裔同族。太史公司马迁在其《史记·匈奴列传》中写道："匈奴，其先祖夏后氏之裔也，曰淳维。"《汉书·匈奴传》上所记之淳维与《史记·匈奴列传》所记内容基本相同。不过把荤粥写为熏粥、猃狁写为猃允、北蛮写为北边。在中国史学界内，持有"北方多族民族"华裔同族的观点者为数不少。对淳维是匈奴之先祖的观点，国外学者也有附会者，例如美国学者拉铁摩尔认为，匈奴"与中国北方汉人同属一个人种的祖先"，苏联的谷米廖夫也认为匈奴人是华夏移民与草原部落的混合种。

（2）王国维的经典式结论。战国末秦相吕不韦集合门客共同编写的《吕氏春秋·审为篇》说："狄人、猃狁、今曰匈奴。"这里所说的"今"系指秦代。对荤粥，《史记索隐》认为："匈奴别名也。唐虞已上曰山戎，亦曰熏粥，周曰猃狁，秦曰匈奴。"

对于匈奴的族源问题，王国维得出了前面所阐述过的结论。王国维的这一研究成果是经典的，具有里程碑意义。众多著名学者赞同这一观点，时至今日，国内出版的大多数历史著作中多采用此说。

（3）何振亚认为："匈奴即夏之民族，于公元前 6 世纪时在今河北正定附近建立鲜虞国，后改为中山国，至公元前 295 年中山国灭于赵，其族乃退居热河、察哈尔、绥远、宁夏一带。"

（4）岑仲勉认为，"匈奴乃西来之痕迹，并非指阿利安种，只拟为从西北徙来之突厥种，其人先与伊兰近居，自不难挟伊兰胡以具至"（例如突厥既定西方后，其国有九姓胡不少），"则《晋书·载记》所说，亦非无因……此余所以认匈奴属于突厥也"。孙次舟

认为，匈奴本为西方草原一支游牧民族，在秦始皇以前尚未迁移至中国北部。

（5）杨建新认为："匈奴族悬以早已存在于北方的某一强大部落为主，吸收融合了从夏商以来活动于北方的鬼方、荤粥、猃狁、狄、戎等各种部落，甚至还包括由中原北上的一部分华夏族，经过长期的融合过程，在战国后期形成的一个新的民族。从他的族源方面，可以追溯到殷商时期北方的许多部落，但作为一个全民族共同体，是战国后期才形成的。这就是说，匈奴是在战国后期形成的新民族。"

王国维于1915年认为"曰鬼方曰混夷曰獯粥曰猃狁曰胡曰匈奴者，乃其本名"，而鬼方之方，混夷之夷以及曰戎曰狄者则是"中国人所加之名"。

由上可知，畏、鬼、混、昆、绲、畎、犬、荤、薰、獯、猃狁、胡、匈皆是族名，读音为混，"人"之意，而其蒙古语读音则为HUN（混）。

从黄帝时代的荤粥族名到战国时代的东胡、匈奴族名，始终使用族名读音为"混"的本名，只是记录的汉文字不同，所以出现了"随世异名，因地殊号"。

王国维还通过对甲骨文、金文的开拓研究，运用音韵、考据等传统史学方法，进一步将商代的鬼方、西周初期的昆夷也纳入了匈奴的族源之中。

音韵学上的对音、转音是史学考证研究的主要方法。王国维运用此种方法考证后得出结论："畏之为混，鬼之为昆、为绲、为畎、为犬，古阴阳对转也。混、昆与荤、熏，非独同部，亦同母之字，猃狁则荤熏之引而长者也。故鬼方、昆夷、熏育、猃狁，自系一语之变，亦即一族之称。"由此可知，鬼方、昆夷、熏育、猃狁是"一族之称"在不同时期的不同写法。

王国维经考证后认为："匈奴……随世异名，因地殊号，至于后世，或且以丑名加之。"

梁启超在其《史记匈奴传戎狄名义考》和《中国历史上民族之研究》中认为："古代所谓獯粥、猃狁、鬼方、昆夷、犬戎，皆同族异名。"

著名史学家白寿彝也认为："鬼方和猃狁来源很远，在中国历史上绵亘的时间也很长。根据文献记载，尧舜时代的薰育；商周时代的鬼方；西周时代的鬼戎、昆夷、畎戎、串夷、犬戎、猃狁；春秋时代的戎、狄；秦汉时代的胡与匈奴，实际上都是指一个属类，只是由于时间、地点、音译、讹称以及个别支派的不同，而异其称（呼）而已。"

蒙古民族史学学者陶克涛在其著作《毡乡春秋》（匈奴篇）中，也赞同司马迁、王国维、冯家升、白寿彝等人的观点，认为在史籍上记载的荤粥、鬼方、昆夷、猃狁、犬戎、戎、狄、胡、匈奴等，皆同族异名，均为匈奴一族之称。

法国学者德揆尼在其著作《匈奴、突厥、蒙古及西部鞑靼各族通史》中，提出了HUN人即西迁的匈奴。英国学者吉朋在他的著作《罗马帝国兴衰史》中进一步阐明了这一观点。此后，HUN人即匈奴的观点在西方世界广泛传播。由此可以得出，自黄帝时代到南匈奴灭亡的公元216年，HUN人在蒙古高原上存在了3 200多年的结论。

另外，学者专家们对荤粥族后裔民族，即蒙古高原及其毗邻地区诸多民族的来龙去脉，从语言学和宗教学的角度进一步探讨了匈奴与蒙古民族的族源问题。

据以上可认为，蒙古民族族源应追溯到远古时期。"荤粥乃匈奴别名也。"荤粥即匈奴。荤粥、猃狁、昆夷、犬戎、匈奴、胡……随时异名、因地殊号。系一语之变、一族之称。荤粥乃匈奴（HUN）、乃胡、乃蒙古民族始族。

蒙古民族族源研究，经过国内外专家多年的深入探讨考证，时至今日已经发展到以下深度：蒙古民族的始祖应追溯到蚩尤时代，从那以后逐步形成了具有相同语言、相同文化的一个大联合体，1206年成吉思汗建立大蒙古国，第一次出现了统一、强大、稳定和不断发展的民族——蒙古民族。

人们通常认为，成吉思汗之前的蒙古部落是形成蒙古民族的主要世系血统。其实不然。蒙古民族与蒙古部落，是历史的结合在民族称呼上的选择。蒙古民族的称呼被确定下来，完全是由于成吉思汗的影响所致。蒙古民族祖先形成大联合体后，间隔相当长的一段时期，才出现蒙古部落。蒙古部落是由一个家庭的兄弟二人起始的小氏族（Omok）。后发展成部落联盟。成吉思汗建立大蒙古国后，这个部落失去原独立联合体的性质，融入了蒙古民族之中。正如有学者所说的：蒙古民族的族称，其实与"胡""鲜卑""契丹"等民族的族称称呼同样无可非议。

蒙古地区内建立的第一个国家是匈奴国（公元前204年～公元93年），匈奴国领土南至长城和鄂尔多斯，北到贝加尔湖，西抵伊犁河及塔尔巴哈台山，东达朝鲜的广大地区。关于匈奴的族源，学者们众说纷纭，但最后从匈奴的语言、风俗习惯、物质和精神文化全面研究的结果看，已基本确定匈奴是蒙古民族的祖先。关于匈奴，蒙古国学者斯·策仁巴拉德布、策·梅金所著，《铁木真——成吉思汗》一书认为：匈奴原音"浑"，汉文中一直记"匈奴"。在英国等欧洲国家历史记载中一直记称"浑"。此外，凡蒙古本民族文字记载的所有历史资料也都记称"浑奴"或"浑额鲁思"。浑氏族源地无疑是被称为亚洲分水岭的三山脉和鄂尔浑、克鲁伦和色楞格三河地区。

蒙古国历史学家苏和巴特尔博士认为："从政治组织、经济、文化、语言——换句话说，在氏族全部特性上，'浑'是'蒙古氏族'。"

总之，匈奴是蒙古民族的祖先。匈奴的历史与蒙古民族的历史是相连的、一致的。正如雷纳·格鲁塞所说："蒙古的历史源远流长，一直可追溯到公元前2世纪的匈奴帝国。大蒙古国是草原历史的鼎盛时期，是草原上最成功的游牧帝国。"

五、"东胡"之说

现有不少学者认为，蒙古民族出自东胡。据《史记》记载："在匈奴东，故曰东胡。"潢河、大凌河、老哈河等诸河流域是东胡的活动地区，过着"俗随水草，居无常处"的生活。公元前3世纪末，壮大成东胡部落联盟，与匈奴为敌，不断向西侵袭。冒顿单于时，匈奴强盛，东袭东胡，击败东胡各部，统治东胡各部300多年。公元1世纪中叶，匈奴被分裂为南、北匈奴，势力衰落时东胡后裔乌桓、鲜卑趁机兴起。乌桓人居住于辽河流域乌桓山地区，鲜卑人居住于潢水流域的鲜卑山地区。公元1世纪后期（公元89～105年），汉朝击破匈奴，北单于出走，鲜卑强盛起来，"尽据匈奴故地"，占据"东西万二千余里，南北七千余里"的广大地区，建立起强大的鲜卑部落军事联盟。鲜卑统治者檀石槐死后，鲜卑部落军事联盟随之瓦解。据考古发掘与汉籍中记载，鲜卑与蒙古民族有共同祖源。居于大兴安岭以西的鲜卑一支称为"室韦"。在突厥文史史料中，称室韦为"达怛"（鞑靼）。公元732年，在鄂尔浑河右岸建立的《阙特勒碑》文中，记有三十姓达怛，突厥人用这一名字称呼所有的室韦部落。后来，达怛又成为蒙古诸部的总称。在成吉思汗时代，"达怛"一名逐渐被"蒙古"所代替，蒙古成为室韦诸部的总称。作为蒙古民族族源的东胡是蒙古草原古代民族和部落联盟，过着以畜牧业为主，兼营狩猎的游牧经济生活。春秋时的北戎亦称山戎，属于东胡。所以，作为蒙古民族的族源的东胡，自古以来，在蒙古高原生息繁衍。

第二节　蒙古民族的民族共同体的发展演进

一、蒙古民族的民族共同体的形成

近一个时期内，对于蒙古民族形成或构成这一问题上，学界似乎有了共识。这归功于有诸如《旧唐书》《史集》，特别是《蒙古秘史》这样既原始又真实可靠的历史记载。

蒙古民族的形成经历了漫长的过程。蒙古民族的族源可以追溯到旧石器时代，其兴起有着久远的历史基础。在以蒙古高原为中心的地区内，草原部落或森林部落相互追逐、竞争、杂居、兼并，先局部统一，后完全统一，逐渐形成了一个民族共同体——蒙古民族。

蒙古高原从旧石器时代开始就有人类活动，留下了大量人类活动的遗迹和遗物。大量的考古发现和研究成果充分证明，蒙古高原是游牧民族活动的大舞台。在先秦有荤粥、鬼方、昆夷、戎、猃狁、丁零、东胡等民族先后在华夏政权的北面活动。从秦汉开始，先后有匈奴、鲜卑、突厥、回纥、契丹、女真等民族建立了统一政权，成为蒙古高原的主人，支配着这里的各民族和部落，他们与中原王朝有着密切的政治、经济关系。这些游牧民族政权的建立，特别是公元前209年前后匈奴政权的建立，为蒙古民族的兴起奠定了基础。蒙古民族先民自古以来活动在蒙古高原，9世纪，东胡系室韦部落由大兴安岭北面向西南迁移，进入蒙古高原中心地区，与留居于此的部分突厥人以及原居贝加尔湖东西一带的森林部落杂居。成吉思汗统一前，这些部落经过相互兼并，形成了蒙古、塔塔儿、蔑儿乞、克烈、乃蛮、斡亦剌、八剌忽、汪古等大部落，率先实现了局部的统一。

12世纪，原来部落林立的蒙古民族族群，只剩下蒙古、塔塔儿、克烈、蔑儿乞、乃蛮五大集团。蒙古部首领铁木真力量逐渐壮大。他联合札达兰部札木合和克烈部王罕，击败塔塔儿、泰赤乌、蔑儿乞诸部，又与王罕合兵击败札木合，后又击败王罕，消灭克烈，削平乃蛮，统一了蒙古诸部。1206年，铁木真在斡难河畔举行的忽里勒台（大聚会）上被推戴为蒙古大汗，号成吉思汗，建立了"大蒙古国"。从此，中国北方第一次出现了统一、强大、稳定和不断发展的民族——蒙古民族。大蒙古国统辖的漠南、漠北地区，概称为蒙古地区，此地区各个部落的居民统称为"蒙古人"。

蒙古民族经历了共同地域的语言文字、经济生活，形成了独特的文化艺术和民族观念，以蒙古民族的核心部落为中心，吸收非蒙古民族人口，融合非蒙古人种居民。1206年成吉思汗统一各部建立大蒙古国，是蒙古高原各部走向更大联合的标志。大蒙古国建立后，用新的千户制体系分封人口。战败的部落，如塔塔儿、克烈、乃蛮被瓜分到各千户。原有的部落界限被进一步打乱了。这正是蒙古民族形成的开始。

总的说来，蒙古民族的形成包括两种融合：一种融合属本支系内融合，另一种融合属于与广大先住民族的融合。

蒙古民族几千年生息于蒙古高原上，蒙古高原是他们的共同地域，蒙兀室韦语与突厥语结合而成的阿尔泰语系蒙古语族是他们的共同语言，在蒙古高原上人与自然和谐共处而产生的草原游牧文化和游牧经济是他们的共同文化和经济。由此而形成的豪放、坚强、英勇、坦荡、热情好客和爱憎分明是蒙古民族的共同心理特性，已具备了构成民族的条件。

总之，蒙古民族的形成，①在时间上有久远的历史基础。一直追溯到公元前20世纪的匈奴帝国，甚至可追溯到荤粥时期。8世纪后开始逐渐显现。到了13世纪初最终形成。②在空间上以蒙古高原为中心,特别是额尔古纳河至鄂嫩河、克鲁伦河、土拉河三河流域是蒙古民族族源地或最终形成的区域。我们将在蒙古民族祖先更早更远的追踪中发现,蒙古民族生息的空间可以认为"……东起嫩江流域以东,西至新疆天山南北两路,南起长城线,北至贝加尔湖的周边,甚至远在伏尔加河以西的一块飞地,在蒙古民族看来都是他们生活聚集的领土。从文化领域上来说,这处空间至今犹存。"③形成蒙古民族的核心部落是原蒙古人—室韦—塔塔儿人。就人类学因素而言,蒙古民族在形成过程中吸收各种族人口,其中包括部分非蒙古人种居民。④蒙古皇室为室韦、鞑靼之融合形成,而蒙古民族之全体则为东胡、突厥、匈奴等广大的先住民族融合的结果。⑤成吉思汗统一各"毡帐中百姓"和"林木中百姓"之前,他们的背景既多歧异,种族认同遂甚模糊,在成吉思汗统一各部以后,这些部落的人民开始融合为一体,"蒙古民族"开始出现。这里有必要强调的一点是:蒙古部落不是蒙古民族主要世系血统。蒙古民族是比蒙古部落更早形成的一个大联合体。蒙古民族与蒙古部落只是在名称上具有一致性。

二、蒙古民族的历史与文化演进

1. "蒙古"名称的由来

蒙古民族从古至今聚居于蒙古高原及其毗邻地区。"蒙古"最初只是蒙古诸部落中的一个部落所使用的名称,后来逐渐吸收和融合了聚居于蒙古高原及其毗邻地区的森林狩猎和草原游牧部落,逐渐发展成为这些部落的共同名称。

"蒙古"一词是"忙豁勒"的音变,最早见于唐代,即新、旧《唐书》中的"蒙兀室韦"。"蒙兀"是"蒙古"一词最早的汉文译名,后来又有"蒙骨""朦骨""萌骨子""盲骨子""萌骨"等许多同音译名。"蒙古"的汉文译写始见于元代文献。

"蒙古"意为"永恒之火"。在古代蒙古语中,"蒙古"这个词是"质朴"的意思。也有人认为"蒙古"的原意是"天族"。

2. 创造辉煌历史的英雄民族

蒙古民族既是历经千年的古代民族,又是至今仍屹立于世界民族之林的现代先进民族。

蒙古民族以她的悠久的历史和灿烂的文化影响了世界。在世人眼里,蒙古民族是制造历史、创造奇迹的时代民族。她所跨越的历史变化激烈,内容复杂,可谓神秘而离奇。

世界权威的蒙古学专家、苏联科学院院士、东方学家,符拉基米尔佐夫认为:"横跨着中国北方草原和高地上的蒙古民族,于13世纪时,建立起一个广大的帝国,在极短时期内,征服了许多文明民族,扩展其兵锋至亚洲的大部分,并泛滥到欧洲,因此便把远东和近东各文明国家隶属在唯一的王权之下,成为古今中外所罕见的最大帝国。这个帝国虽由游牧民族所建立,并由各族人民所构成,但是在长时期内却能够保持其统一,其后虽因宗室间的不和分裂成多个分支,因此形成数个藩邦的对峙局面,然而其观念上的统一仍旧没有消失。整个旧世界的历史,受到蒙古民族的影响实在可称既深且钜。"

1991年6月1日,韩国前总统金大中发表言论:有人认为,蒙古人的倔强不拔、勇猛无敌的精神和机智敏捷的性格塑造了成吉思汗。他又认为,网络还未出现的七百年以前,蒙古人打通了世界各国的关系,建立了国际往来。

中国著名人士李鼎铭编著了《蒙古历史新教科书》。他在此书中说:"自铁木真大汗以来,不出20年,举内外蒙古、满洲、中国之北半部、天山南北两路、中央亚细亚,番归蒙古。""蒙古起于漠北,风气质朴,上下一心,无虚伪欺饰之弊,其制度又足以弃颓风,而进之以武勇。""蒙古定制,由各部长及诸将联为忽里勒台大会,非经会中推戴,不得为蒙古大汗,故蒙古大汗皆于全国负重望者。""自铁木真起兵以来,至其孙忽必烈,仅70年间,而蒙古实建一大帝国,除北方西伯利亚、阿拉比亚半岛、日本、前后印度外,几据全亚洲而有也,欧罗巴大陆之东南部也多役属焉,其拓地之广,亘古未有也。"

台湾中华书局出版的《蒙古史纲》中写道:"治世界史者,言上古不可不研究埃及、巴比伦、希腊、罗马、中国与印度;言中古以迄近代,不可不研究蒙古。因蒙古崛兴于12世纪,至16世纪以后始告衰落。在此五六百年之中,计建大帝国五:成吉思汗帝国、忽必烈大元帝国、帖木儿帝国、昔班帝国、蒙兀儿帝国。又建大汗国五:东钦察汗国、西钦察汗国、察合台汗国、窝阔台汗国、伊儿汗国。此外,蒙裔各小汗国及蒙裔各部落,更多不胜计数。迄今外蒙古虽自存一隅,蒙古人已分散于中、俄、印度、伊朗及世界各地,然其武烈,及其对世界整个形势之创造与改变,曾震烁欧亚,非任何民族所能及。而五族共和,蒙古族为中华国民五族中之一族,允宜编述信史,以志其盛。"

"由此种种因果关系来看世界,可知中世纪之蒙古人,实为打开世界门户之先驱……在12世纪后期到14世纪上期二三百年中,蒙古人欲是天之骄子……"

"综观蒙古之兴衰,言其历史,可谓光荣伟大,横绝一时。吾人谈蒙古军歌:'可汗如太阳,高高坐东方,威德之所被,煜为天下光。''可汗如太阳,敌人如冰霜,太阳一出入,冰霜自消亡。'真是豪气雄风,不可向迩。至于在文化传播方面,则如罗盘针、火器、印刷术三种,由东方传至西方,亦由蒙古军远征西亚及欧洲开其端。对后来世界性科学的进步,有极大影响,惟蒙古民族,起于草原,兴于战斗,俗尚强劲,重视实用。"

蒙古民族在"游牧民的世界史"上曾经是一个时代的代表民族。作为日本研究草原民族与蒙古历史的第一人杉山正明说,由已故的本田实信及他所命名及提出"蒙古时代"

及"后蒙古时代"的概念及想法,现在都已经成为理所当然的世界史概念,并通用于世界。"蒙古时代"指大蒙古国一度实现了人类史上首次大帝国时代。时间跨度大概 600 年。蒙古民族不仅曾经是一个时代的代表,同时也是世界游牧民族的代表。他们专业化的畜牧业经济、别具特色的文化、与大自然和谐共处的生态观等等,无愧于游牧民族的世界代表。

成吉思汗统一蒙古各部是符合历史发展趋势的、具有历史意义的事情,由此诞生了蒙古民族。自古蒙古民族喜欢自称成吉思汗的后代,这是蒙古民族一直传承下来的、出自内心的、朴实无华的,也包含同属感、归宿感和自豪感的称呼。这种称呼不仅反映了蒙古民族普遍的一种情感,同时反映了蒙古民族是一个朴实、坦诚、不善言辞而内心丰富、豪放、果敢、珍视情义而性格倔强的被他人称作强悍、善战的马背民族。谈论起蒙古民族本身,或谈论起蒙古民族族源时,不能不谈起蒙古民族心理上具有重要地位的成吉思汗。由于这个原因,把本书命名为《天骄子孙——蒙古民族聚居区地理》。

"如果一个民族,没有名人出现,这个民族是一个有缺憾的民族。如果有了名人,而不颂扬他,这个民族是一个没有前途的民族。"这是中国著名小说家、散文家、诗人郁达夫在新中国诞生前,在鲁迅先生逝世后的一次纪念活动上讲的话(大意)。这段话意义深刻。

日本法学家太田三郎,在他的原著《成吉思汗》一书中说道:"13 世纪,成吉思汗在东亚细亚崛起,猛然一举而席卷中亚细亚之大平原。再举而践帕米尔以西咸海、里海、黑海,横越高加索山脉,欲铲喜马拉雅山,导印度,幼发拉底的诸巨川到波斯湾,绕地中海以东,长驱直入到顿河、第聂泊河,震荡波罗的海东欧罗巴大平原,使欧罗巴震骇。……蒙古民族一大纪念,成吉思汗以下诸英雄之雄图,岂可久不传录于宇宙之间,世人知西方亚历山大以下诸杰,而蒙古大英雄如成吉思汗者,反不知之,何其寥耶。"

《世界征服者实录——蒙古秘史》导读者、中国台湾清华大学历史研究所荣誉讲座教授萧庆林认为:就成吉思汗而言,他及他的子孙征服大半个欧亚大陆,创建历史上有名的陆上帝国,世界政治与文化地图因而永远改变。七百年来,成吉思汗的历史地位聚讼纷纭,莫衷一是。即使在现代,他的评价仍是一个高度政治性与情绪性的课题,随着国际政治发展而不断变化。

2000 年 12 月 26 日,美国《时代》杂志向世界郑重宣布了"对本千年十个影响最大的人物"的评选结果,成吉思汗位列第三。由他奠基,其子孙相继开拓、建立的蒙古大帝国,在欧亚两洲辽阔的版图上,持续了数世纪之久,影响全球。

正如习近平主席说的,"一个有希望的民族不能没有英雄",蒙古民族是英雄辈出的民族。从古代到近现代,蒙古民族出现了许许多多的英雄人物和名人,除成吉思汗之外,还有蒙古部首领、成吉思汗曾祖父——葛不律罕；大蒙古国开国功臣、名将——哲别等很多很多。

3. 创造灿烂文化的文明民族

蒙古民族及其先祖是蒙古高原的主体民族，与其他草原民族一起共同创造和传承了游牧经济和游牧文化，并逐渐发展成以草原自然地理环境为自然基础、以人地地域系统和谐的草原游牧文化为人文基础的地域型草原文化。草原文化是蒙古高原各民族智慧的结晶和优秀文化的集成。所以，草原文化在数千年的历史进程中，不仅逐渐丰富了自身文化内涵，也包容了蒙古高原诸部族、民族的文化。蒙古民族及其先民们在长期严酷的自然环境中进行游牧生活与生产，产生了草原文化，并使其具有英雄豪爽、博爱和谐、自由开放的品质。这些品质形成了草原文化不断发展与进步的基本动因。成吉思汗及其子孙们通过多年的征战，征服了中亚、西亚和东欧诸地区，于13世纪中叶建立起蒙古帝国，草原文化与其他文化进行广泛交流、碰撞、融合，为促进草原文化本身繁荣发展打下了基础，创造了机会和条件。在蒙元时期，草原文化不仅以自由开放的姿态与相邻的中原文化（儒家）、中亚文化（萨满教）相互影响和融合，而且与相距较远的南亚文化、西亚文化，甚至欧洲文化（基督教）保持着联系与交流。在漫长的历史长河中，草原文化积极吸收了欧亚大陆地区的诸多优秀文化成分，并与不同民族的异质文化相互吸纳、交融，不断丰富和完善了草原文化的内涵和外延，使草原文化成为在游牧生产方式、管理模式、军事战略、规章制度、风俗习惯、语言文字、宗教信仰、文学艺术、伦理道德、审美情趣等方面丰富而具有先进内涵的，独立于其他文化的生存空间的，与周边诸族群具有千丝万缕联系并自成一体的，在历史进程中长盛不衰有强大生命力的民族文化系统的草原文明。

作为蒙古民族文化的草原文化，始终贯穿着生态文化这条主线，在价值理念、意识观念和审美情趣以及由此形成的风俗习惯上蕴涵着生态观。人地关系和谐、协调，经济社会可持续发展是草原文化的核心思想。自古以来，蒙古民族顺应自然规律，选择以游牧的生产生活方式与草原生态环境和谐共存；以简约的生活适应游牧生产，节约自然资源，保护生态环境，践行生态文明；把自己视为自然的部分，相信万物有灵，崇拜自然，关爱生命，构成了对草原的自然环境和自然资源加以保护、管理、利用和占有的核心价值体系。不仅如此，为了更为有效地保护生态环境，合理利用自然资源，维护生态平衡，从早期的重视草原生态保护的习惯法过渡到把生态保护纳入法治轨道，中国与蒙古国制定了许多法律法规，要求人们认真自觉地遵守和执行。

4. 现代的先进民族分布

蒙古民族是一个古老的民族，现在仍俨然挺立于世界民族之林。据不完全统计，蒙古民族人口约有 1 000 多万，主要分布在中国、蒙古国、俄罗斯三个国家。此外，阿富汗、伊朗、日本、欧洲、美国等国家和地区也有少数蒙古人。

在中国爆发辛亥革命之际，1911 年 12 月 16 日宣布外蒙古独立，成立了"大蒙古国"，但并未得到国际承认。在"十月革命"的影响下，1921 年蒙古人民党领导的人民革命成功，1924 年废除了君主立宪制，成立了蒙古人民共和国。1991 年 2 月，蒙古人民共和国依据"宪法"改名为"蒙古国"。在中国的内蒙古，蒙古民族与其他民族一起多次开展了反帝反封建斗争，以及以抗垦为中心的反清斗争。在中国共产党的领导下，经过蒙古民族艰苦卓绝、前赴后继的斗争，内蒙古自治区于 1947 年 5 月 1 日正式宣告成立。1949 年中华人民共和国成立之后，在中国国土范围之内的蒙古民族聚居区域，先后成立了自治州、自治县和自治乡，使蒙古民族拥有行使区域自治的权利。在俄罗斯联邦西伯利亚贝加尔湖地区，苏维埃布里亚特自治共和国于 1991 年改名为俄罗斯联邦布里亚特共和国。在唐努乌梁海地区，苏联的图瓦自治共和国于 1994 年 12 月改名为俄罗斯联邦图瓦共和国。在阿尔泰山、西萨彦岭和唐努山西段的阿尔泰乌梁海地区，戈尔诺—阿尔泰自治州于 1992 年独立为阿尔泰共和国，是俄罗斯联邦的一个主体。在里海北岸的土尔扈特蒙古地区，由杜尔伯特、土尔扈特、和硕特部落组成的西部蒙古民族，叫卡尔梅克人。1992 年由苏维埃社会主义卡尔梅克共和国改称卡尔梅克共和国。

现在，蒙古民族聚居区在经济、社会、文化等方面取得了快速发展，蒙古民族已成为现代先进民族。

第二章　蒙古民族聚居区历史沿革

第一节　13世纪之前蒙古地区区域范围和政区沿革

一、蒙古地区区域范围

《后汉书·鲜卑传》有这样一段解释：檀石槐乃自分其地为三部（aimak），从右北平东至辽东接夫余、二十余邑为东部；从右北平以西上谷十余邑为中部；从上谷以西至敦煌、乌孙二十余邑为西部。这是冒顿单于所奠定的古代蒙古地区的区划。

当然，在更早的历史时期，欧亚大陆北半部，也就是柏朗嘉宾、鲁布鲁克的《东行记》中所说的西徐亚地区内，生活着诸多的游牧民族。这些游牧民族对于自己的生活区域范围也不十分清楚。在他们的眼里，他们生活区域就是那个"无边无际"的大平原。柏朗嘉宾和鲁布鲁克在《东行记》中有这样一段描述："他们没有定居在任何地方，他们也不知道将去何处。他们自身划分为西徐亚，它从多瑙河延伸至日出之地。而每一个首领，按他手下人数多寡，都知道他牧地的范围，以及冬夏、春秋游牧的地方。因为在冬季他们下到南方较暖和的地区去，夏季他们则上到北方较寒冷的地方。他们在冬天降雪的时候到缺水的牧地放牧，因为雪可以给他们当水用。"

清朝时期，姚明辉所著的《蒙古志》里也有与上述类同的描述："蒙古之地，自商以前，建国不可考矣。在周为山戎獫狁玁允之所居。其民非土著。其国无城郭。寄穹卢逐水草。无都府疆可迹。秦汉时匈奴最强盛。漠南北皆为其所有。王庭在今喀尔喀地。至后汉分其地为单于。再变为蠕蠕。三变为突厥。四变为回纥。五变而为蒙古。"

中国早期著名历史学家林惠祥先生在他所著的《中国民族史》中谈到匈奴时也说："此族住中国北方蒙古之地……蒙古之地以前迭为匈奴、鲜卑、突厥、回纥所据，至南宋时蒙古乃崛兴。"

二、古代蒙古各部落的摇篮

原中国科学院哲学社会科学部历史研究所所长、中国元史研究会顾问陈高华在所著的《陈高华说元朝》中，以"统一之前的蒙古地区"为标题，写下了如下的内容：在我国古代北方大漠南北的广大地区，东起哈剌温山（兴安岭）和望建河（额尔古纳河），西到阿勒台山（阿尔泰山），分布着许多不相统属的大小部落。在辽、金先后兴起的两个多世纪中，这些部落大多数和这两个政权发生过联系，并受它们的管辖。

蒙古本来是其中一个部落的名称。唐代，它是室韦部落联盟的组成部分，称为蒙兀室韦，聚居于望建河流域，后来逐渐向西迁移。12世纪初，它已游牧于鄂嫩河、克鲁伦河、土拉河三河的源头。在它的周围分布着其他一些部落：比较著名的是克烈部，位于蒙古部之西，牧地主要在土兀剌河流域；蔑儿乞部，位于克烈部之北，主要游牧于色楞格河一带；乃蛮部，在克烈部和蔑儿乞部之西，位于阿尔泰山和杭爱山之间；塔塔儿部，游牧于蒙古部之东，贝尔湖周围；弘吉剌部，牧区处于塔塔儿部之南的哈拉哈河流域。此外，大漠以南，居住着文化程度较高的汪古部；在北方贝加尔湖附近的森林里，散布着斡亦剌部。在成吉思汗统一这些部落以前，拥有营帐七万的塔塔儿部曾是其中力量最强大的部落，因此，塔塔儿或"鞑靼"一名长期成为这些部落的共同称呼。当时人们习惯把邻近中原的汪古等部称为白鞑靼，而把其他一些部落称为黑鞑靼，还有部分与中原联系较少的部落，则被称为生鞑靼。成吉思汗统一各部建立政权后，这些部落逐渐融合成一个共同体，才采用"蒙古"作为民族的名称。但是，其他民族在很长一段时间内，仍以"鞑靼"一名来称呼他们。

亦邻真在他所著的《从远古到唐代的我国蒙古地区》中以脚注的方式解释道："本书所说的我国蒙古地区，是指蒙古高原。"

达力扎布所著的《蒙古史纲要》中写道："蒙古高原从旧石器时代开始就有人类活动，留下了大量人类活动的遗迹和遗物。从有史籍记载以来，这里就是游牧民族活动的大舞台。蒙古民族属于东胡系民族，其先民自古以来生活在蒙古高原。唐代，东胡系室韦部落由大兴安岭北面向西南迁移，进入蒙古高原中心地区，与留居于此的部分突厥人以及原居贝加尔湖东西一带的森林部落杂居。成吉思汗统一前，这些部落经过相互兼并，形成了蒙古、塔塔儿、蔑儿乞、克列亦、乃蛮、斡亦剌、八剌忽、汪古等部落，率先实现了局部统一。"这里仅例举几个文献，都提到蒙古高原是蒙古民族世世代代繁衍生息和发祥的地方。

三、蒙古地区经纬坐标

姚明辉在所撰写的《蒙古志》中有这样的描绘："蒙古在十八省之北。地形纵狭横广。南尽北纬三十七度。当甘肃省宁夏府中卫县西南之黄河北岸。北尽北纬五十二度十分。当贝克穆河之北源。南北相距十五度十分。西尽西经三十度二十九分。当斋桑湖之东部。东尽东经十度三十八分（经纬度起点待考——笔者注）。当嫩江会合呼兰河之点。东西相距四十一度。南界直隶山西陕西甘肃四省。北界俄属西北里。西界甘肃新疆。东界满洲。面积约一千四百八十四万一千七百方里。又有青海蒙古，不连于上所云者。在甘肃四川之西，新疆西藏之东，甘肃新疆之南，四川西藏之北，南尽北纬三十三度，北尽北纬三十七度，东尽西经十四度二十九分，西尽西经二十八度二十九分。南北距四度。东西距十四度。面积约一百十八万方里。"

蒙古国斯·策仁巴拉德布、策·敏金在所著的《铁木真——成吉思汗》中也称："蒙兀楚惕（蒙古民族全体）祖先是在自今 40 世纪前（即公元前 20 世纪前），在地球经度东经 70°～120°，纬度在北纬 40°～70°的广大区域内繁衍生息，发展壮大起来的。"

四、蒙古地区政区沿革

1. 蒙古地区政区沿革的特点

古代游牧民族行政区划与中原王朝行政区划有很大不同。因为牧民们经常迁徙流动，居住分散，而且政权组织也比较简单和松散，不能像中原封建王朝那样把统治地区划分为固定的行政区域进行管理。与此同时，游牧民族的行政组织与氏族部落组织是互相结合的，故各个游牧地区虽大体上也有划分，但在各个被划分的游牧区内，仍是按照氏族部落的组织聚居和管理。因此，它的行政区划不能按照中原王朝行政区划的标准去理解和要求。

据中国史籍记载，公元前在中原夏人的北面，主要有荤粥；商代又出现鬼方、土方；周代主要有猃狁；春秋战国时北方主要有戎、狄，东北有林胡和楼烦；至战国时以北狄西戎总称出现。林胡、楼烦又被中原人称之为胡；接之而在林胡、楼烦之北的匈奴，被称之为北胡；匈奴之东的乌桓、鲜卑又被称之为东胡。

公元前 4 世纪前，很多游牧部落在蒙古地区没有建立过政权组织。但其与中原王朝已有了频繁的交流，并且显示出军事技术方面的先进性。公元前 307 年，赵武灵王推行"胡服骑射"，就是学习和采用了他们的先进军事技术和服装式样。

蒙古地区政区沿革，是指自蒙古地区出现第一个政权组织（匈奴游牧政权）以来，整个历史时期里蒙古地区政权组织的更替变换，以及政权管辖内区域的划分与变更。据史籍，从中国历史上的传说时代或秦汉时期开始，先后有匈奴、鲜卑、柔然、突厥语族、契丹、女真和蒙古等民族，在蒙古地区先后建立过统一政权，成为蒙古高原及其毗邻地区的主人，或者支配高原其他各民族部落。

蒙古地区政区沿革有以下三个特点：其一，在蒙古地区建立政权的游牧部落经常迁徙流动，居住分散，无明确区域划分，常受中原王朝兴衰影响；其二，在整个蒙古地区，几乎整个历史时期内"突厥人和蒙古人互为雄长"，不是突厥人势力占优的时代，就是蒙古人势力占优的时代；其三，无论是突厥人势力占优的时代，还是蒙古人势力占优的时代，他们的人种常常是复杂的，特别是在蒙古人势力占优的时代。

2. 蒙古地区第一个统一政权——匈奴政权

匈奴人第一个统一了蒙古高原各部落，建立了强大的游牧国家。匈奴（HUN）亦汉译为"胡"，公元前3世纪（战国时期）就与东胡、丁零等民族见于汉文史籍，活动于蒙古高原。匈奴最初在漠南的河套及阴山一带活动，与秦、赵、燕等国为邻，并不断侵扰他们，迫使秦、赵、燕三国修筑边墙进行防御。秦始皇统一中原，建立秦朝之后，派遣大将蒙恬率军30万出击匈奴，将其逐出河套，修建长城（即边墙），以防其侵扰。匈奴退出河套之后向北发展，迁移至戈壁迤北，即漠北地区。公元前209年，匈奴冒顿单于统一漠北诸部，建立了匈奴政权。其疆域东到辽河，西至葱岭（今新疆帕米尔高原一带），北抵贝加尔湖，南抵长城。东邻东胡，北有丁零，西面是月氏、乌孙。汉初匈奴强大，汉朝不得不采取和亲政策，嫁公主、开关市（开边境互市市场），以防匈奴大规模入侵。汉武帝时汉朝开始强盛，遂改变策略，转守为攻，通过三次大规模出征，击败匈奴，控制了河西走廊和西域诸国。匈奴在汉朝的打击下逐渐衰落。

公元前1世纪中叶，匈奴贵族内讧，匈奴两次分裂为南、北两个政权，1世纪末叶，北匈奴西迁进入中亚地区，又西迁中欧。留在漠北的十余万户匈奴人则融入了随后进入漠北的鲜卑人之中。南匈奴进入华北建立前赵、后赵、大夏等几个政权，最终融入汉族。

3. 乌桓、鲜卑游牧政权

公元2世纪，随着匈奴的衰落，原在匈奴东部的东胡系鲜卑、乌桓进入草原，建立了游牧政权。乌桓和鲜卑均属蒙古语族部落。汉代乌桓人在今老哈河流域活动，后被曹魏政权征服，大部移居中原，一部分北归鲜卑。鲜卑人原居大兴安岭迤北，后来逐渐西迁，汉代活动于今西拉木伦河流域，附属于匈奴。公元48年，汉朝联合南匈奴及鲜卑共同打击北匈奴，鲜卑在打击匈奴的过程中逐渐壮大。

东汉章帝元和二年（公元85年），鲜卑乘北匈奴衰弱之机，与丁零、南匈奴及西域各国围攻北匈奴。四年（公元87年），鲜卑攻入北匈奴左地，斩优留单于。北匈奴迁出蒙古草原，西徙于乌孙之地，鲜卑遂占领匈奴故地，匈奴遗众十万余落皆改称鲜卑，鲜卑之势日盛。

公元2世纪中叶，鲜卑推举檀石槐为大人，设庭于高柳（今山西阳高）北三百余里的弹汗山啜仇水上，兵强马壮，东、西部大人皆归附之。桓帝时（公元147~167年），檀石槐北拒丁零，南抄汉边，东却夫余，西击乌孙，尽有匈奴故地，"东西万四千余里，南北七千余里"，势力范围几乎包括了整个蒙古草原，各部均入其辖下，实力强大，建立了鲜卑游牧政权，统治了一个半世纪。

4. 柔然的汗廷

公元4世纪末叶，柔然活跃于漠北，其首领是东胡系郁久闾氏，属蒙古语族部落，而其属下部众多为突厥部落。柔然在其首领社仑时强大起来，于漠北图拉河建立汗廷，公元402年，自称丘豆伐可汗，称雄于漠北。

柔然盛时，势力北到贝加尔湖畔，南抵阴山北麓，东北达大兴安岭，与地豆于族相接，东南与西拉木伦河流域的奚、契丹为邻，西边远达准噶尔盆地和伊犁河流域，并曾进入塔里木盆地，服属了天山南路南北两道诸国。

公元6世纪中叶，突厥强大。552年，突厥酋长土门（伊利可汗）向阿那瓌求婚不遂，发兵袭击柔然，阿那瓌兵败自杀。柔然余部立邓叔子为可汗，又屡被突厥木杆可汗打败，柔然汗国灭亡，余众辗转西迁。

5. 突厥诸汗国

所谓突厥语族部落在蒙古地区的诸汗国，是指在蒙古地区先后建立游牧政权的突厥、薛延陀、回纥和吉嘎斯四个汗国。公元6世纪，铁勒（丁零系）的一支突厥人兴起于西部的阿尔泰山，公元552年（西魏废帝元钦元年），在其首领土门的率领下攻灭柔然汗国，在漠北建立了突厥汗国。公元562年，土门之弟室点密自立为可汗，隋末唐初控制着今中亚和中国中新疆地区。木杆可汗（公元553~572年）时辖境东自辽河，西至里海，南至漠南，北抵贝加尔湖。公元583年，分裂为东、西两个政权。公元628年，原役属于突厥的铁勒一支薛延陀脱离突厥建国，建都郁督斤山（今蒙古国境内杭爱山）。其领地东至额尔古纳河一带，西至阿尔泰山，南至漠南，北临瀚海。漠北回纥等许多部落都隶属于薛延陀。公元630年，唐朝联合刚建立于漠北的薛延陀政权，击灭东突厥，将突厥部众迁居于漠南。公元646年，唐朝乘薛延陀内乱派兵攻击，至郁督斤山，灭薛延陀。公元657年，唐朝灭西突厥。公元682年，居漠南的东突厥可汗骨咄禄叛唐，率部北走，重建突厥攻于漠北，史称后突厥。公元745年（唐玄宗天宝四年），回纥首领骨力裴罗可汗击灭东突厥。回纥是铁勒的一支，公元605年摆脱突厥的统治，驻牧色楞格河、鄂尔浑河流域。公元646年，与唐朝军队一起灭薛延陀，建立了游牧国家。其领地东至今额尔古纳河，西至今阿尔泰山。公元809年，汉文史籍中改称回鹘。公元840年，被居叶尼赛河上游的黠戛斯所灭，部众分数支西迁。一支迁至葱岭西，建立了高昌回鹘汗国；一支迁入河西走廊居住，黠戛斯在漠北活动若干年之后被唐朝所灭。突厥、回纥（回鹘）、黠戛斯都是突厥语族部落。

6. 契丹游牧国

契丹是东胡的一支，在北魏时迁入西拉木伦河、老哈河流域。他们先后附属于突厥和唐朝。公元906年，其首领耶律阿保机称汗。公元916年，其建立了契丹游牧国家。公元924年，耶律阿保机西征阻卜，控制了漠北的游牧部落。公元947年，契丹改国号为辽。其疆域东北至今日本海，西至阿尔泰山，北控大漠，南面据有华北的山西、河北北部一些地区。公元1125年，被女真人所灭。其贵族耶律大石率一部分契丹人经漠北西迁中亚。公元1132年，在叶密立（在今新疆额敏县东南额敏河南岸）称帝，后并有东喀喇汗国、西喀喇汗国、花剌子模和康里，建立了西辽（即哈剌契丹），直至蒙古西征前一直控制着中亚地区。

7. 女真金朝政权

女真人原居黑龙江和松花江下游带，附属于辽。公元12世纪初，阿骨打统一女真各部，公元1115年，建立金朝，公元1125年，灭辽朝。后来金朝南侵宋朝，疆域盛时东至今日本海，西至陕西，与西夏为邻，南面与南宋以秦岭、淮河为界，北面控制着大漠南北的游牧部落。女真部落后来大量南迁，进入中原定居，接受汉文化。女真人建立的金朝与南宋、西夏割据称雄，直到蒙古统一。

8. 合木黑蒙古汗国

据文献记载三河流域的蒙古百姓于8至9世纪组成部落联盟，逐步显现国家政权性质。至此，三河流域成为了蒙古民族历史发展中心。合木黑蒙古汗国实际包括尼古思、乌梁海、洪吉剌惕、特日力根等16个部落，以及哈达金、萨拉吉兀惕、蒙古、泰吉兀惕、尼伦等19个部落的统一体。不包括格列兀惕、奈曼、蔑儿乞惕、翁牛特和九姓塔塔儿等。合木黑蒙古汗国于公元1147年与金朝签订和约，从此合木黑蒙古汗国在亚洲中心地区，对外独立且政治生活方面有了应有的地位。合木黑蒙古汗国，其国家性质、统一体的完整性方面，虽与1206年成吉思汗所建大蒙古国不能相比拟。但是蒙古民族建立国家政权，其意义十分重大，影响深远。据历史记载，可以断定，合木黑蒙古汗国的创建不晚于公元1130年。所以认为：合木黑蒙古汗国是蒙古民族在蒙古地区最早建立的政权组织。

第二节 13世纪至17世纪中叶蒙古地区区域范围和政区沿革

一、蒙古地区区域范围

云中天在所著的《中国历史上的大辟疆》中写道："公元13世纪初蒙古人没有统一之前，在中国范围内并存在着七个分裂的国家或区域。"它们分别是：

1）西辽——在今新疆及其西至巴尔喀什湖、阿姆河之间。

2）西夏——北起河套、南至陇山、河湟地区，西至河西走廊西端。

3）南宋——在秦岭、淮河以南（除云贵高原以外）。

4）金——在秦岭、淮河以北的黄河流域及大兴安岭以东地区。

5）吐蕃地区——在青藏高原及周围部分地区。当时已不存在一个统一的政权，分散为很多部落。

6）大理——在云贵高原及周围部分地区。

7）蒙古地区——以蒙古高原为主的今大兴安岭以西，居延海、阴山山脉以北至俄罗斯西伯地区，分布着蒙古语系、突厥语系的游牧民族，内部也不是很统一。

其中这七个政权或区域中，有五个内部较为统一的政权，其中又以宋、金统一程度最高，当时吐蕃和蒙古地区内部都是分裂的。

二、大蒙古国（蒙古帝国）

蒙元时期政治地理状况或政区演变，可分为三个阶段。

第一阶段，1206年成吉思汗建立大蒙古国及其在位期间。

成吉思汗在位期间（1206~1227年），为了获得更多的属民和财富，占领更广阔的牧场，发动了对周邻地区的征服战争。南面灭西夏，征金朝，占据了黄河以北的大部分地区。西面收复林木中百姓，招降畏兀儿、哈剌鲁，灭西辽，西征花剌子模，建立了地域广大的大蒙古国。

成吉思汗在统一蒙古诸部和建国的过程中，制定了军事、政治和法律制度与措施。这些制度与措施加速了大蒙古国社会的发展，也迅速增强了大蒙古国的军事力量。成吉思汗统一蒙古后，对外展开了大规模的军事行动。公元1211~1215年，成吉思汗数次出兵南下攻金，破金九十多个州、郡，占领金中都（今北京）。公元 1218～1223 年，其率兵西征，攻灭西辽和花剌子模国，西越高加索，大败斡罗斯和钦察突厥的阻击，把蒙古国领土扩展到中亚地区和南俄。公元 1226 年，成吉思汗率兵南下进攻西夏。公元 1227 年西夏国主投降，其占领了西夏。

第二阶段，成吉思汗之后的窝阔台、贵由和蒙哥三位大汗期间。

成吉思汗死后，至忽必烈建立元朝之前，有窝阔台、贵由和蒙哥三位大汗，他们即位后继续对外扩张，进兵东欧，征服钦察、阿速、斡罗思；西征巴哈塔，灭阿拉伯帝国阿拔斯王朝，兵至埃及；灭金朝、招降吐蕃、统一云南；使大蒙古国的疆域不断扩大。从窝阔台汗开始，在被征服地区设立管理机构进行治理，蒙哥汗时设立三个行省管理被征服地区，大蒙古国的统治体制逐渐形成，本土的社会、经济也得到发展，蒙哥汗时期，大蒙古国达到了鼎盛时期。

成吉思汗去世后，窝阔台汗继汗位。窝阔台于 1234 年灭金，接着发动了第二次西征。至 1241 年，覆灭斡罗斯，军锋直逼今东欧波兰和匈牙利等地。1253～1258 年，蒙古军第三次西征，攻灭木剌夷国，攻陷黑衣大食都城报达，将大蒙古国领土扩展到西南亚。这样，蒙古就形成了一个以漠北和林（今蒙古国乌兰巴托西南）为政治中心的横跨欧亚的大汗国。大汗国在联通中西交通，促进中西文化交流方面起了积极的作用。但因为是用武力把许多语言、生活方式、历史传统各不相同的民族强聚在一起的复合体，缺乏共同的经济、文化基础，所以不久就分裂成为几个独立的汗国，即钦察汗国、察合台汗国、窝阔台汗国和伊利汗国。

1253 年，蒙哥汗命忽必烈领兵攻入云南，灭大理，同时招降吐蕃诸部，实行迂回灭宋的战略。1260 年，忽必烈（1215～1294）自立为蒙古大汗（后称元世祖），建都中都，后改大都。1271 年改国号为"元"，建立元朝。

第三阶段，忽必烈建立元朝。忽必烈汗采用汉制，建立了统一的多民族国家——元朝。元朝虽采用了传统的中原王朝制度，但仍保留了部分蒙古旧制。元朝的一些制度承前启后，对后世产生了重要影响。

1267 年，元世祖巩固了自己的统治地位之后着手统一江南；1273 年，攻破樊城。1274 年 3 月，直取临安（今杭州）；1275 年 2 月，攻克建康（今南京）；1279 年，南宋亡。

元朝灭南宋，结束了中国自唐末以来近 500 年的长期割据局面，建立起统一的多民族国家。《元史·地理志》记：汉唐以来，元朝地域最广，"其地北逾阴山，西极流沙，东尽辽左，南越海表"。

三、大蒙古国版图

铁木真历经二十几年的浴血奋战,终于消灭了所有对手,降服了各部落,统一了蒙古高原,将整个大漠、草原全部统一于他的旗帜之下。从这一天开始,他带领子孙接连发动了大规模征服战争,铁蹄所向,势如破竹,席卷了整个欧亚大陆,先后有四十多个国家,七百多个民族,都归服于大蒙古国。他的子孙创立了察合台汗国、伊儿汗国、金帐汗国,以及后来的帖木儿汗国和莫卧儿帝国,几乎整个亚洲和欧洲的大部分都成了大蒙古国的领地,建立起了一个疆域恢宏日不落的巨大王朝。其版图之大直到今天仍然是"谜",据有关史料记载,当时的版图相当于三千万平方公里,是现在中国版图的三倍之多,东起朝鲜半岛,西抵波兰、匈牙利,北至西伯利亚俄罗斯诸公国,南达爪哇中南半岛,位于北纬15°~60°,东经15°~130°。苏俄著名学者巴托尔德说,大蒙古国的建立从某一点上说,是世界上独一无二的事件,把远东和南亚的文明国统一在一个王朝的政权之下是空前绝后的。因此,成吉思汗以"世界征服者"称号载入史册。

四、大蒙古国与元朝时期蒙古地区政区沿革

在大蒙古国时期,按传统分封制形成了若干个封地。这些封地逐渐转化为钦察汗国、察合台汗国、窝阔台汗国、伊利汗国和元朝等相对独立的汗国。元朝的蒙古民族主要居住于大漠南北的草原上,诸王封地(爱马)和千户是其基本的行政和军事单位,元朝在漠北设岭北行省(即和林行省)管理蒙古地区。

元朝的蒙古民族主要聚居在蒙古本土,蒙古民族的聚居区大体可以分为漠南、漠北两部分。漠北是蒙古故地,有大汗直辖地和诸王分地,分封给诸王的蒙古牧民就在各诸王领地内生活,不得随意迁出。克鲁伦河上游以西直到阿尔泰山,都是成吉思汗幼子拖雷家族的封地。拖雷诸子中阿里不哥封地在阿尔泰山及叶尼塞河上游,蒙哥及其子嗣在扎布汗河一带,即今蒙古国扎布汗省一带,忽必烈子孙的封地在克鲁伦河上游,漠北中心地区。元朝设晋王管理成吉思汗的四大斡耳朵,总领拖雷的封地。

在拖雷家族封地之东,是东道诸王的封地;前面已经提到,在鄂嫩河、克鲁伦河中游一带,西邻拖雷封地是成吉思汗异母弟别里古台的封地。在其东,额尔古纳河、呼伦海子和海拉尔河之境,是合撒儿的封地。合撒儿之东南,西至合勒合河一带,跨哈剌温山东西,在今内蒙古呼伦贝尔市部分地区和兴安盟一带,是铁木哥斡赤斤的领地,后来扩展到嫩江、松花江一带。在别里古台封地南面,兀鲁灰河和合兰真沙陀之境,南至胡

卢忽儿河，东至哈剌温山，即今内蒙古锡林郭勒盟东乌珠穆沁旗一带和蒙古国东方省南部，是合赤温的封地。

在漠南，阴山以北居住着汪古部。公元 1214 年，成吉思汗把新占据的金朝土地分封给经略中原的木华黎和弘吉剌等五投下将官，弘吉剌部的封地北至胡卢忽儿河，南到赤山（今赤峰市东），西面包括失儿古鲁河一带，东面至潢水（亦译潢河，今内蒙古境内西拉木伦河）与涂河（今内蒙古境内老哈河）会流处、其余五部在其东。灭西夏后，原属西夏的今鄂尔多斯、贺兰山、额济纳河、河西走廊和青海省等地相继分给成吉思汗子孙诸王，如沙州路（今甘肃省敦煌市）一带属拔都，山丹州（今甘肃省山丹县）一带属阿只吉、永昌路（今甘肃省永昌县）西宁州（今青海省西宁市）一带属弘吉剌部章吉驸马封地，陕西行省河套部分包括贺兰山一带为忽必烈子忙哥剌的封地，忽必烈子奥鲁赤分封于青海，这样有许多蒙古人迁入漠南生活。

元中期时，蒙古民族人口大约有 200 万人。

五、北元政权

公元 1368 年，明军攻克大都，元朝在中原的统治结束，元廷北徙，建立了单一的游牧政权，即北元政权。北元自建立政权至 1635 年亡于后金，传 23 位大汗，经历 260 多年。这一历史时期，即中国明朝时期，蒙古地区历史政治地理可以简述为：

北元蒙古游牧政权从元惠宗至林丹汗传 23 位大汗，公元 1635 年亡于后金，几乎与明朝相始终。在此期间，北元政治上经历了东、西部的分裂，也有暂时统一与败亡，东部蒙古贵族势力复兴，其后答言汗对东部蒙古各部进行了统一。明初蒙古人迁居漠北，明宣德以后逐渐南移，大量蒙古部落分布于漠南，为清代内蒙古的形成奠定了基础。

明朝势力范围，实际上是在明朝所建立的九个军事重镇之内。九边之外是当时为蒙古诸部活动的广大地区。对此明许论撰《九边图论》等，九边边防的图籍中，有详尽讲述。各镇筑有边墙、城堡、墩台，屯兵守御。又据《古代蒙古及北方民族史史料概述》可知，明中期蒙古地区，蒙古诸部的分布大体上奠定了明代中后期和清代蒙古的驻牧地域。同样对今天的蒙古地区，蒙古民族的分布大体奠定了历史基础。蒙古大汗局促一隅，权威低落，大小封建主割据自强，内讧不已。从 14 世纪末叶开始，西部瓦剌和东部鞑靼蒙古封建主进行了长达数十年的争斗。15 世纪末叶，答言汗消灭权臣，削平割据势力，调整蒙古的封建秩序，把当时错落纷纭、各不相属的大小领地，调理为六个万户，分左右两翼。大汗自统左翼察哈尔、兀良哈、喀尔喀三万户，任其第三子为济农（副汗），统率右翼鄂尔多斯、土默特、永谢布三万户。西部瓦剌四万户和东部的成吉思汗后裔部仍任其存在。各部驻牧地区得到稳定，经济逐渐恢复。六万户以后的蒙古诸部的分布，大体上奠定了明代中后期和清代蒙古各部的驻牧地域。16世纪中叶，左翼三万户之一的喀尔喀万户人口繁衍，驻牧哈拉哈河西岸及克鲁伦河附近的七鄂托克喀尔喀，向西扩展到和林、色楞格河、阿尔泰山一带，成为札萨克图汗、土谢图汗、车臣汗三部（清雍正时又从土谢图汗部析出赛音诺颜部，成为外蒙古喀尔喀四部）。漠西瓦剌也分为准噶尔（绰罗斯）、杜尔伯特、土尔扈特、和硕特四部。土尔扈特部后曾移牧至伏尔加河下游，不久回归。和硕特部则移牧至青海等地。

答言汗死后，蒙古各部的统一又松散起来。控制漠南蒙古西部的土默特部主俺答汗注意与明朝修好，发展贸易关系，不少汉族人口流入蒙古地区，和蒙古民族共同开发漠南，促进了当地农业和手工业的发展。俺答汗在驻地库库和屯（今呼和浩特）修建了城郭，后来成为漠南蒙古地区政治、经济、文化中心。漠南蒙古东部在林丹汗的统治下曾实现了短暂统一。不久，由于后金的崛起，各部陆续背离林丹汗归附后金。

第三节　17世纪中叶至20世纪初蒙古地区政区沿革与行政区划

一、蒙古地区政区沿革

1632年，后金联合科尔沁蒙古等部攻林丹汗。1634年，林丹汗国蹙西行，至青海大草滩病死。后金占领察哈尔部，漠南全境尽归后金所有。1636年，后金改国号为清，漠南蒙古十六部四十九个领主奉清为共主，漠北喀尔喀蒙古和漠西、青海等地厄鲁特蒙古也前后向清朝输诚纳贡。1644年明朝灭亡，清统治者入山海关，进北京，建立了全国性政权。清朝在统一漠南蒙古的过程中，对蒙古各部归附之后根据其不同情况采用了不同的管理方式。所谓"根据其不同情况采用不同管理方式"，是指根据蒙古各部来降先后和亲疏关系，采用不同的方式进行管理，将一部分蒙古人编为内属旗，由清廷直接管理，一部分编为外藩旗，给予相对自主权，成为藩部。设立理藩院管理蒙古的政教事务，建立了较为完善的管理体制。清廷还采取"恩威并用"的政策，一方面笼络蒙古上层，封以高官厚爵，联以婚姻，一方面严厉打击反叛王公，以稳定对漠南蒙古的统治。

漠南蒙古归附清朝之后，喀尔喀和卫拉特蒙古部落仍处于割据状态。17世纪前期，卫拉特部一分为三，土尔扈特西迁伏尔加河，和硕特南迁青藏地区，准噶尔部贵族统辖留牧原地的各部落。喀尔喀内讧导致准噶尔与喀尔喀之间的战争，迫使喀尔喀投降清朝。噶尔丹败亡后，准噶尔政权与和硕特部争夺对西藏的控制权，又导致清准战争，结果两败俱伤，准噶尔势力被驱逐出西藏，和硕特被清朝兼并。噶尔丹策凌采取了积极防御政策，粉碎了清朝吞并的企图。但是准噶尔的内讧，导致了准噶尔的彻底灭亡，清朝顺利统一准噶尔及其属下的南疆地区。喀尔喀归附后，清朝把喀尔喀作为防御和攻击准噶尔的前哨，北路军的据点。清廷在喀尔喀采取了战时的军事管理体制，任用喀尔喀王公管理军政事务，统一准噶尔后逐渐收回军权归于驻防官员，设立驻库伦办事大臣，管理哲布尊丹巴呼图克图库伦和中俄边境贸易事务。土尔扈特回归，使原卫拉特四部全部归入清朝版图。

17世纪清朝建立后，漠北地区的喀尔喀蒙古分为三部：车臣汗部（在东）；土谢图汗部（在中）；扎萨克图汗部（在西）。康熙三十五年（1696年），清朝击败厄鲁特准噶尔部之后，在土谢图汗与扎萨克图汗二部之间增设一个赛音诺颜部，从此漠北喀尔喀蒙古共分四部。

二、蒙古地区行政区划

自清朝初年开始，漠南地区称为内蒙古，漠北地区称为外蒙古。内外蒙古的一切事务总归中央"理藩院"管理。内外蒙古均实行盟旗制度。内蒙古共设六盟、套西二旗、察哈尔八旗及归化城土默特旗。六盟（从东到西）即：哲里木盟、昭乌达盟、卓索图盟、锡林郭勒盟、乌兰察布盟、伊克昭盟（各盟之下均设置若干个旗）。套西（河套以西）二旗即阿拉善厄鲁特旗和额济纳土尔扈特旗。"旗"是中央政府领导下的基本行政单位，由扎萨克（旗长）管理旗务。扎萨克由蒙古封建主中对清朝有功者担任。由若干个"旗"组成一个"盟"，这就是盟旗制度。外蒙古因在原有各部的基础上建盟，故各部的汗就是盟长，四个盟之下都分别有"旗"。内蒙古六盟和外蒙古喀尔喀四盟（四部），均三年会盟一次，"清理刑名，编审丁籍"。

15世纪末叶，答言汗的调整蒙古诸部落及其分布，以及后来清代实施盟旗制度，对蒙古诸部落的区域划分和为现代蒙古民族分布奠定了基础。当然还可以认为给历史时期蒙古地区区域界定描绘出了大体范围。

清朝时期蒙古地区行政区划，大体分七大区域。一是内蒙古、二是外蒙古、三是西套蒙古、四是科布多、五是乌梁海、六是青海蒙古、七是内属游牧蒙古。

内外蒙古以大漠为界。漠南为内蒙古，漠北为外蒙古。西套蒙古在河套西，也在漠南。科布多在外蒙古西北，乌梁海在科布多北，都在漠北。青海蒙古环青海湖而居。内属游牧蒙古主要分布在长城附近。

各部中大区为部，小区为旗，所谓部以氏族区分，旗以政治为分，是行政区。合若干部或若干旗为盟。也有一部若干旗合为一盟。

第三章 蒙古民族聚居区概述

第一节 蒙古民族聚居区地理特征与区域特性

当今世界除中国、蒙古国有蒙古民族外,俄罗斯联邦、中亚诸国以及世界各地都有蒙古民族或蒙古民族与当地民族融合后形成的蒙古后裔(蒙古涵化民族或蒙古血统人),包括鞑靼人、卡尔梅克人、阿尔泰人、图瓦人、布里亚特人、喀尔喀蒙古人、哈扎拉人、哈萨克人、乌兹别克人。全世界蒙古民族人口约有1 000多万(2000年),其主要聚居区在中国、蒙古、俄罗斯三个国家,分布于蒙古高原及其毗邻地区。

一、蒙古民族聚居区地理区位与海陆位置

1. 蒙古高原及其毗邻地区

蒙古民族聚居区主要分布在蒙古高原及其毗邻地区。蒙古高原及其毗邻地区是蒙古民族生息繁衍的热土,因此也称蒙古地区,其主体是蒙古高原。蒙古高原位于亚洲内部,是亚洲内陆高原。东抵大兴安岭,西及阿尔泰山脉,北至萨彦岭、唐努山脉、肯特山、雅布洛诺夫山脉,南界鄂尔多斯高原和张北—围场高原,包括蒙古国全部、俄罗斯南部和中国北部地区。蒙古高原海拔高度大部分在1 000米以上,四周山地环绕,内部地形开阔坦荡,微微起伏,没有高耸的山脉和深陷的谷地,地势由四周向中央,由西北向东南缓缓倾斜,从而构成了环形山地、浩瀚坦荡的高原地形结构。

蒙古高原的毗邻地区是指蒙古高原的边缘地区,主要包括大兴安岭东麓松嫩平原中西部、西辽河平原、辽西山地、华北平原北部、黄土高原北部、河西走廊北部、塔里木盆地、中亚低地东部、叶尼塞河上游盆地、贝加尔湖周围地区等。

蒙古高原及其毗邻地区除卡尔梅克共和国外,基本上涵盖了分布在蒙古国、中国和俄罗斯的蒙古民族聚居区。

2. 蒙古高原及其毗邻地区地理坐标

蒙古高原泛指亚洲东北部高原地区，范围包括蒙古全境和中国华北北部，东西跨经度 34°36′，西至东经 87°40′，东至 122°15′，东西约长 2570 多公里；南北跨纬度 15°22′，北至北纬 53°08′，南至 37°46′，南北宽约 830 多公里。面积约 250 万平方公里。蒙古高原及其毗邻地区东西跨度大，干湿差异显著；地处温带和寒温带，温带所占面积比寒温带大，热量适中，光能丰富。

蒙古高原区域范围包括蒙古国全部，俄罗斯南部的图瓦共和国、布里亚特共和国、阿尔泰共和国与外加贝尔边疆区和伊尔库兹克州部分，中国北部和西北部内蒙古自治区全境与新疆维吾尔自治区部分地区，与中国内蒙古高原为一体。

3. 蒙古高原及其毗邻地区的海陆位置

蒙古高原及其毗邻地区位于欧亚大陆的内部偏东，离海洋较远，是四周弧形山地环绕的内陆高原。东面的太平洋暖湿气流向蒙古高原深入呈现强弩之末之势，影响逐渐减弱，北面北冰洋冷湿气流在冬季半年强势南下，影响较强，西风环流微弱，再加上陆地表面热容量小，吸收和散失热量快，致使寒暑变化剧烈、降水稀少、气候干燥、大陆性强烈。在自然景观上东西水平差异明显，以草原景观为主。

二、蒙古高原及其毗邻地区区域特征

1. 具有内陆高原特点的自然地理环境

蒙古高原的地质构造以槽台理论来讲，北部为西伯利亚地台，南部为中国华北地台，其中间为蒙古大地槽带。南部和北部的两个地台是前寒武纪古陆核心，中间属于褶皱构造带。蒙古高原的地质基盘很古老，它是由西伯利亚古陆南方的蒙古大地槽带，经过古生代的造山运动，在古生代末期已全部褶皱成为脆硬陆地，并且自古生代末期直至新生代的褶皱运动之前，蒙古高原殆全为陆相演化的侵蚀阶段，因而使蒙古高原至中生代时已经成为广大的准平原。中生代末新生代初的地壳运动对蒙古高原的地质构造影响很大，例如今日蒙古高原上的断层地块山脉许多山间谷地和盆地，即因此生成。可以这样说，蒙古高原的地质基磐是古老的高原，在古生代末期以前的褶皱的基础上，经过长期陆相演化侵蚀，再经过中生代末以后的断层和挠曲作用，形成了今日的蒙古高原。蒙古高原的西部和北部多山地，南部和东部为大片残丘和戈壁，中部为广阔的层状高平原，形成了蝶状高原。一般海拔 1 000～1 200 米，高原面平均海拔 1 580 米。高原地面坦荡完整，起伏和缓，古剥蚀夷平面显著，风沙广布，古有"瀚海"之称。地势自西向东逐渐降低。在东北部形成东西向低地，最低海拔降至 600 米左右，在中蒙边境一带是断续相连的干燥剥蚀残丘，相对高度约100米。蒙古高原温带大陆性气候。寒暑变化剧烈，冬季严寒漫长，夏季炎热短暂；年降水稀少，在30～500毫米之间，降水集中于夏季，降水年际变化大，分布也不均，由东南部和北部向中部递减，在中部偏南地区形成了极为干燥的戈壁和沙漠，是以半干旱和干旱为主的极强大陆性干燥气候。蒙古高原及其毗邻地区的河流具有水系不够发育，河网密度小，水量不够丰富且时空变化大的内陆河流的水文特点。阿尔泰山、杭爱山脉和肯特山脉是大分水岭，其北部为北冰洋流域，东南部为太平洋流域，中西部为中亚内流流域。其中，中亚内流流域面积大，其较大河流有科布多河、扎布汗河、拜德拉格河、特斯河、翁金河、额济纳河、艾不盖河、塔布河、锡林河、乌拉盖河等。这些内陆河流在雨季水量较大，干季水量小或断流变成干沙河，河流上游山地的水系为扇状水系，在中游平原地区为线状水系，量逐渐减少，到下游河道分岔道逐渐消失在戈壁和沙漠的尾闾区或汇入内陆湖泊中。外流流域的较大河流有色楞格河、克鲁伦河、鄂嫩河—石勒喀河、海拉尔河—额尔古纳河—黑龙江等外流水系。湖泊大小不等、数量众多，大湖贝加尔湖，较大湖泊有乌布苏诺尔湖、库苏古尔湖、吉尔吉斯湖、哈拉乌苏湖、哈拉湖、呼伦湖、贝尔湖、查干诺尔、达里湖、岱海、黄旗海、乌梁素海、居延海等。这些湖泊分布在盆地和高平原低地内，大部分是咸湖。

　　蒙古高原及其毗邻地区的天然植被可分为针叶林、阔叶林、灌丛、草原、荒漠、草甸、沼泽和水生植被8个植被型组。其中，以草原和荒漠植被为主，其四周山地向中部高平原或戈壁沙漠，由高山草甸、森林植被、草原、荒漠植被方向演替，形成围绕中心环状分布的型式。高山草甸、森林、灌丛植被主要分布在山地丘陵地区，草原和荒漠地区以河岸林的形式分布，草原植被分布在高平原地区，荒漠植被分布在中南部的戈壁地区，草甸、沼泽和水生植被主要分布在谷地、湿地、沼泽和河流湖泊中。草原景观和荒漠景观所占面积大，东部针阔混交林和北部泰加林森林景观，山地垂直景观显著。

　　蒙古高原及其毗邻地区的土壤类型主要有地带性土壤，即山地草甸土、灰色森林土、暗棕壤、黑土、黑钙土、栗钙土、棕钙土、灰漠土、风沙土，由山地到高平原再到中南部戈壁荒漠和沙漠地区依环状分布。而非地带性土壤，即草甸土、沼泽土、盐土、碱土等分布在谷地、湿地、盆地及荒漠地区。

　　总之，蒙古高原是弧形褶皱山地包围的古老内陆高原，在其边缘山地丘陵区—高平原—中南部戈壁荒漠区，它的自然景观由森林景观—森林草原景观—草原景观—荒漠草原景观—草原荒漠景观—荒漠景观环形依次出现，而草甸景观、湿地景观等隐域性景观零星分布。

2. 地缘政治的区位十分突出

　　蒙古高原及其毗邻地区位于欧亚大陆的内陆高原，地缘政治的区位十分突出。

1904 年，哈尔福特·约翰·麦金德（Halford John Mackinder）在英国皇家地理学会的讲演中提出了有关地缘政治的"大陆腹地学说"。这篇讲演从全球战略出发，提出陆权国家向海权国家挑战的警告，实际上预计了英国霸权地位的逐渐没落的趋势。麦金德断言：边缘地带易受来自大陆腹地的攻击，而大陆腹地则由于海权国家无法进入内陆而易保持安全，这是被历史证实的事实。他的名言：谁统治东欧，谁就统治大陆腹地；谁统治大陆腹地，谁就统治世界岛；谁统治世界岛，谁就统治世界。欧亚大陆是世界上最大的陆地，从大兴安岭到欧洲多瑙河下游有一条带状分布的大草原，自古以来是游牧民族活动的大舞台。而位于这条带状大草原东端的蒙古高原与海洋相距遥远，交通不便，人烟稀少，又是人类发祥地之一，确实是大陆腹地。蒙古高原是游牧民族的摇篮，历史上众多的游牧政权产生于此，如匈奴、突厥、蒙古等游牧政权。这些强大的游牧政权往往据有北亚地区，进而向西扩张，控制中亚，甚至进入欧洲。

例如，匈奴是对中国历史和世界历史影响重大的草原民族。今内蒙古河套及北之阴山一带，是匈奴的发祥地，匈奴从这个诞生的摇篮地走向大漠南北、走向中原、走向世界。从匈奴所建立的单于政权的史籍记载来看，单于政权存在的持续时间长而久远，单于政权所辖地区大而广阔。从匈奴的冒顿单于算起，到北凉政权的最后一僮兽王沮渠安周，共计 666 年。

再如，1206 年，铁木真称成吉思汗，建立了大蒙古国。成吉思汗期间（1206~1227 年），为了获得更多的属民和财富，占领更广阔的牧场，发动了对周邻地区的征服战争。成吉思汗统一蒙古后，成吉思汗及其子孙对外展开了大规模的军事行动。这样，大蒙古国就形成了一个以漠北和林（今蒙古国乌兰巴托西南）为政治中心的横跨欧亚的大汗国。1260 年，忽必烈（1215~1294 年）自立为蒙古大汗（后称元世祖），建都中都（后改大都）。1271 年改国号为"元"，建立元朝。这些大蒙古国和元朝的蒙古军队从蒙古高原向北、向南和东南以及向西和西南征讨的方向和路线，完全符合麦金德提出的地缘政治"大陆腹地说"中，大陆腹地的部族向大陆边缘区进攻的方向和路线。蒙古高原是一个地势较高而相对平缓，且为诸多游牧民族长期占据生长壮大，并对周围地区政治生态形成居高临下的战略高压态势和扩张的半月形地带，蒙古高原地缘政治区位在中国历史王朝更迭中有着举足轻重的地位，它使得聚集在北方高原和大漠的部族力量得以"居神州大陆之脊，势若高屋之建瓴"；由此"举足而中原为之动摇"，南下则如洪水决堤一泻千里，历来是中原政治转换的"命门"地带。因此，自古以来占据此地的北方民族，在这个易守难攻的边境之地利用天险，退而培养国力、整顿兵马，一旦时机成熟，就猛然奋起，越过天险，侵扰中原。这种例子，历史上曾多次出现。辽是这样的，金是这样的，清又是这样的。近代以东三省为根据地的张作霖，虽然在关内曾屡遭失败，但俨然不失为北方之雄，这虽有各种原因，但是主要因素是依靠满蒙在地形上的有利地位。

沙俄对蒙古高原的地缘政治区位的战略地位的认识要比日本还早。巴德马耶夫早在 1893 年就提出了一份备忘录。他分析了沙俄在远东的历史使命，认为除了西伯利亚大铁路，沙俄还应该修一条通过中国甘肃省省会兰州的铁路，在中国的"后院"，沙俄应该秘密地促使西藏人、蒙古人和中国伊斯兰教徒叛离满清朝廷。巴德马耶夫的计划"终于得到了必要的沙皇批准"。苏联的领导人斯大林是运用地缘政治的高手，他对蒙古高原在中国地缘政治中的区位优势更是了然于胸。在第二次世界大战即将结束之际，他向罗斯福开出并以《雅尔塔协定》确定下来的出兵远东的条件中的第一条，就是"外蒙古的现状须予以维持"。1945 年夏，斯大林对蒋经国说："老实告诉你，我之所以要外蒙古，完全是站在军事的战略观点而要这块地方的。""倘使有一个军事力量，从外蒙古向苏联进攻，西伯利亚铁路一被切断，沙俄就完了。"事实上，20 世纪 70 年代中苏关系紧张时期，苏联就是在中蒙边境线上陈兵百万，对中国形成很大的战略压力。

其实，清朝重臣左宗棠对蒙古高原的地缘政治的区位优势的重要性有较深的了解。1877 年他从收复新疆的经验中谏言："伊古以来，中国边患，西北恒剧于东南……是故重新疆者所以保蒙古，保蒙古者所以卫京师，西北臂指相联，形势完整，自无隙可乘。若新疆不固，则蒙部不保。匪特陕、甘、山西各边时虞侵轶，防不胜防，即直北关山，亦将无晏眠之日。"左宗棠的分析是符合历史经验的。由此可看出，蒙古高原的地缘政治区位何等重要。

3. 深厚的文化底蕴，践行生态文化

蒙古高原这片广袤的土地养育了诸多游牧族群、部落联盟和游牧民族，并使他们走上了世界舞台，成为世界民族之林的成员，而且这些族群和民族共同创造了游牧文化，在此基础上发展成了草原文化和草原文明。草原文化和草原文明是草原生态系统的赋予，蕴涵着草原族群的智慧与才略，形成了几千年来经久不衰、具有很强生命力和广泛影响力的区域性文明和文化。草原文化，包括草原民族的生产方式、生活方式及其形成的价值观念、思维方式、宗教信仰、文学艺术、道德情操等。它是具有草原生态环境的鲜明特点和丰富内涵的区域景观生态环境的文化形态，是民族文化和地域文化的融合体，与其他区域景观生态环境文化（如海洋文化、大河文化、森林文化）可列入一个文化序列。

游牧文化和草原文化都以草原环境为自然背景。依赖于草原生态系统的物质能量供应、协调与支持等生态服务功能，使人地地域系统和谐与协调。没有草原生态环境，就没有游牧文化和草原文化的形成与发展。在游牧文化和草原文化中包含着生命之间及生命与自然之间相互依赖、对生命神圣性的尊重甚至崇拜，以及对生命力顽强与伟大的歌颂与提倡的生命观，包含着大自然是有用、宝贵、神圣、不可替代的自然观和与大自然

相适应的和谐观，处处体现着珍爱生命、尊重自然、和谐共存的生态思想和生态文化。因此，生态文化是游牧文化和草原文化，以及游牧经济的精髓。草原民族的生态文化，是游牧民族、牲畜和草原生态环境三个要素构成的人地生复合系统和谐共存、协调发展及由此形成的草原民族的生存、生产、生活方式，以及逐渐形成的生态化的价值观和认知体系。

作为蒙古民族文化的游牧文化以及由此发展的草原文化，始终贯穿着生态文化这条主线。从价值理念、意识形态到审美情趣、风俗习惯上都蕴涵着生态观。人地关系的和谐，是游牧文化及草原文化的核心思想。自古以来，蒙古民族顺应自然规律，选择以游牧的生产和生活方式与草原生态环境和谐共存；以简约的生活适应游牧生产，节约自然资源，保护生态环境；把自己视为自然的部分，相信万物有灵，崇拜自然，关爱生命，构成了保护、管理、利用和占有自然环境和自然资源的价值体系。不仅如此，为了更为有效地保护生态环境，合理利用自然资源，维护生态平衡，很早就将重视保护草原生态的习惯法纳入法治轨道，制定了许多法律法规。

建立在现代文明反思基础上的生态文化，是一种价值观，或者说一种生态文明，是人地地域系统和谐发展的生态方式，也可以说是人类新的生存方式。

几百年前始于西方的工业文明，首先在西欧诞生，然后走向全世界。工业文明给人类带来了巨大的利益和享受，人类生存空间得到了前所未有的拓展，人类生活结构发生了翻天覆地的变化，使人类从古到今的许多幻想变成了现实。但是工业文明所带来的负面效应是生态严重退化、环境严重恶化、人与自然和人与社会矛盾日益尖锐等问题，有悖于当代人类所追求的美好生态环境和可持续发展的时代价值取向。通过游牧文明与工业文明的比较，游牧文明的敬畏自然、尊重生命、人地和谐共存、协调发展的生态观，正是工业文明所不具备的，这也是游牧文明虽绵延千年却历久弥新、长盛不衰，给人类留下了纯净绿色的生态屏障之原因。作为人类历史最古老的生态文化——草原文化以其内在的生命张力为拓展人类文明的发展路径提供了深刻的启示。

人地关系是永恒的，是天成的。人类不能选择脱离自然或控制和主宰自然的道路，只能选择有利于人类自身发展与自然和谐共存之路，未来人类文明的价值走向是生态文明。人类要尊重自身，首先要尊重自然，在自然规律所允许的范围内与自然界进行物质能量的交换，否则必然会遭到自然的报复。人类只有在与自然和谐相处的前提下，才能获得真正持续、健康的发展和幸福。保护自然生态的良好状态为伦理道德的首要准则，人类其他的一切行为首先必须以服从这一道德准则为前提。人类社会结构的总框架是由经济、政治、文化和生态环境组成，要建立起总框架结构体系，就必须有良好的生态环境，因为优良秀美的生态环境是人类文明繁荣发展的前提和基础，人类文明只能建立在保持自然生态环境良性循环的基础上。正如习近平主席所说"绿水青山就是金山银山"。生态文明是生态化的新型文明，是对人类家园的重建和人类文明的重构，将是一场全球性生产方式、生活方式、思维方式和价值观的巨大变革。由此得知，生态文明的思想与草原文化和游牧文明的生态观完全吻合。这说明，蒙古民族的草原文化和游牧文明的生态观是人类智慧百花园中的一朵艳丽的奇葩。蒙古民族的思想和智慧为人类文明的发展做出了不可磨灭的贡献。蒙古民族始终践行着生态文化。

4. 绿色畜牧业产品基地

随着人们的生活质量要求的提高，饮食观念也正在发生着变化，现在人们非常重视营养和健康，因而绿色畜产品备受青睐。绿色畜产品以优质营养、卫生安全、无污染、无疫病、无残留、无公害而日益显示出强大的生命力、竞争力，被誉为"21世纪的主导食品""餐桌上的新革命"。畜产品的营养质量和卫生安全问题已成为制约畜牧业发展的重要因素。其中突出的问题是畜产品中农药、兽药、杀虫剂的残留、有毒物质、霉菌、有害微生物超标、放射性元素的污染及畜禽疫病等。绿色畜产品的质量安全与畜产品的产地环境和生产、加工、运输、储存、销售全过程中的监督管理的关系非常密切。其中畜产品的产地环境是保证绿色畜产品质量的最重要的环节，畜产品能不能达到绿色畜产品关键在于畜产品产地的草地质量和环境。

蒙古高原及其毗邻地区的国家和地区的支柱产业是畜牧业，在国民经济当中占着举足轻重的地位，关系到国计民生与福祉。蒙古高原及其毗邻地区是处于湿润、半湿润、半干旱和干旱的温带大陆性气候区，草原景观占优势，草地资源非常丰富，为发展畜牧业提供了得天独厚的物质基础。以草本植物群落构成的草地约占蒙古高原草地总面积的70%～80%，是牛、马、绵羊的主要饲养基地。同时还有丰富的饲用灌木以及人工草地、改良草地和林间草地。除森林和水生植物以外的所有植被类型，即中生和中旱生多年生草本植物构成的草甸植被，以微温、旱生多年生草本植物构成的草原植被，以旱生超旱生灌木半灌木构成的荒漠植被等，这些均属于饲养牲畜的草场的范畴。

由于不同自然地带受降水、温度、日照、土壤环境影响，有不同的草地植被类型，它所组成的牧草种类也不同，因而牧草的营养成分组成差异很大，这种差异对牲畜种类的分布、生长发育和繁殖以及畜产品的种类、数量、质量均有重要的影响。比如碳（C）营养型的草甸草原和山地草原，富含碳水化合物，适宜发展奶牛和肉牛业；氮碳（NC）营养型的典型草原，富含粗蛋白质，适宜发展肉毛兼用型绵羊的生产；灰分—氮碳（A-NC）营养性的荒漠草原，富含粗灰分，最适宜发展骆驼和山羊的饲养业。由此看出，不同的草地植被类型适宜饲养的牲畜不同，因而发展不同类型的畜牧业。

在蒙古高原及其毗邻地区地带性草地植被类型和非地带性（隐域性）草地植被类型

的分布十分齐全，适宜发展各种类型的畜牧业。而且更重要的是这些草地的大部分没有受到任何污染，也没有退化，保持着新鲜、洁净、绿色、天然的原始生态环境。在这样非常优厚的物质基础和优越的环境条件下，可生产出天然、优质、绿色的畜产品。与此同时，蒙古高原及其毗邻地区的原住民，特别是蒙古民族自古以来的食品就是纯净的奶、肉食品，穿戴和用的是毛皮等畜产品，对畜产品的生产有几千年的文化积淀和丰富的生产经验。只要在畜产品的加工、运输、储存、销售等环节加强监督管理，不受到污染，就能生产出优质的绿色畜产品。蒙古高原及其毗邻地区的地域辽阔，草地资源丰富，草场面积广阔，环境条件优越，居民有丰富的畜牧业生产经验，畜牧业生产又是本地区的支柱产业，因此蒙古高原及其毗邻地区应发展成绿色畜产品生产基地。

5. 生态旅游的重要基地

蒙古高原及其毗邻地区是人类发祥地之一。自旧石器时代开始，就有人类在蒙古高原活动。呼和浩特市东郊发现的旧石器时代石器、玉器、用火痕迹等遗物遗迹，据考证确认是属于距今 70 万年前人类使用过的遗物和遗迹。在蒙古国发现的距今 30 万年前的人类头骨化石，考古界研究认为，这是人类直立人向智人发展阶段的象征。同时近期的考古研究中，旧石器后期或者说距今 4 万年～1 万年前的遗迹遗物在蒙古地区各个不同地带均有发现。在今内蒙古乌审旗境内的"萨拉乌苏河遗址"发现的"河套人"，生活在距今 5 万至 3.5 万年前，处于晚期智人阶段。在内蒙古呼和浩特市东北大窑村发现的原始人制作石器的场所，也属于旧石器时代。在蒙古国境内也发现了一些旧石器时代遗址。在内蒙古东部的老哈河、西拉木伦河以南，以及大凌河流域分布着红山文化。红山文化，以"之"字形纹陶器、细石器以及一种特有的掘土工具——耜为特征。在这一地区还发现了比红山文化稍晚的小河沿文化和富河文化的遗迹。

在今蒙古国境内各省均发现了新石器时代文化遗址，其年代约为公元前 4000 年至公元前 2000 年中叶。自古至今所有在蒙古高原驻牧、居住过的民族，诸如各氏族部落、部落联盟、方国的遗迹、遗物，及其后裔山戎、北狄、匈奴、东胡、鲜卑、乌桓、突厥、回纥、柔然、契丹、女真、蒙古、满族的物质文化遗迹和文物遍布蒙古高原及其毗邻地区。

蒙古高原保留完好的原始的自然风光和积淀厚实的历史文化、蒙古民族独特的文化形态，构成了极为丰富的旅游资源。

旅游自然资源方面：原始泰加林到荒漠的多样的温带自然带；种类繁多的珍稀动植物，它的独特和差异；保持原始形态，完整无损的自然风光，它的奇特的结构与构造；新鲜的空气、清澈的水、蓝蓝的天，称之为"蓝天之国"；地质遗产、恐龙化石及遗迹等等。

旅游历史文化资源方面：古代寺庙、建筑艺术、城市居住地遗址、考古文物、博物馆；12~13世纪大蒙古国的历史，成吉思汗及其他继承者的生活、活动有关的纪念地区；蒙古民族的语言文化、风俗习惯、宗教信仰以及传统的那达慕、祭奠仪式和至今保存的游牧文化鼎盛时期的礼仪；长调、喉麦、民间口头文字、骨雕、木雕、丝绸粘贴以及适合游牧经济的家庭生活、民族服饰和传统习俗。

旅游社会经济资源方面：从游牧文化兴盛时期向定居文化至城市文化发展时期的社会经济；向市场经济过渡的全社会的经济结构特点（工业化和草地畜牧业）等是吸引旅客的重要因素。

旅游业的发展必然有赖于自然、文化的旅游资源。依托美丽的自然风光的旅游业，必须基于积淀深厚的文化遗产和民族传统，才能得到长久、持续发展和繁荣。发展旅游业是管理辽阔国土的一种类型，是适合于蒙古高原地区条件的保护和利用自然，开发与恢复历史、文化名胜，传承和弘扬民族优秀文化传统，使国土资源得到合理开发与利用的一种产业，对发展地区经济和提高当地群众的生活水平，关乎民生福祉的具有重要意义。

现在，蒙古高原及其毗邻地区的国家和地区，对旅游业的发展进行顶层规划设计，加大投资力度，加强基础设施和旅游景区、景点、宾馆的建设，挖掘和开发旅游产品，加快建设和优化旅游营销环境和渠道，扩大旅客来源地，使旅游业成为与畜牧业并驾齐驱的支柱产业。这是蒙古高原及其毗邻地区的特色所决定的，是地区经济发展、社会繁荣进步、保护生态环境的重大举措，也是地区繁荣发展的必选项之一。

6. "一带一路"的重要节点，发展潜力大

丝绸之路是起始于古代中国，连接亚洲、非洲和欧洲的古代陆上商业贸易路线，最初的作用是运输古代中国出产的丝绸、瓷器等商品，后来成为东方与西方之间在经济、政治、文化等诸多方面进行交流的主要通道。

1877年，德国地质地理学家李希霍芬在其著作《中国》中，把"从公元前114年至公元127年，中国与中亚、中国与印度间以丝绸贸易为媒介的这条西域交通道路"命名为"丝绸之路"，这一名词很快被学术界和大众所接受，并正式运用。其后，德国历史学家赫尔曼在20世纪初出版的《中国与叙利亚之间的古代丝绸之路》中，根据新发现的文物考古资料，进一步把丝绸之路延伸到地中海西岸和小亚细亚，确定了丝绸之路的基本内涵，即它是中国古代经过中亚通往南亚、西亚以及欧洲、北非的陆上贸易交往的通道。

丝绸之路从运输方式上，主要分为陆上丝绸之路和海上丝绸之路。

随着时代发展，丝绸之路成为古代中国与西方所有政治经济文化往来通道的统称。除了"陆上丝绸之路"和"海上丝绸之路"，还有北向蒙古高原，再西行天山北麓进入中亚的"草原丝绸之路"等。现在人类社会正处在一个百年大变局的时代。世界多极化、经济全球化、社会信息化、文化多样化深入发展，和平发展的大势依然强劲，变革创新的步伐继续向前。同时，和平赤字、发展赤字、治理赤字，是摆在全人类面前的严峻挑战。2013年，习近平主席在哈萨克斯坦和印度尼西亚提出共建丝绸之路经济带和21世纪海上丝绸之路，即共建"一带一路"倡议。丝绸之路打开了各国友好交往的新窗口，书写了人类发展进步的新篇章，积淀了以和平合作、开放包容、互学互鉴、互利共赢为核心的丝路精神，这是人类文明的宝贵遗产。四年来，全球100多个国家和国际组织积极支持和参与共建"一带一路"建设，联合国大会、联合国安理会等重要决议也纳入共建"一带一路"倡议内容。共建"一带一路"倡议逐渐从理念转化为行动，从愿景转变为现实，建设成果丰硕。共建"一带一路"倡议的初步框架：以亚洲国家为重点，以陆上和海上经济合作走廊为依托，贯穿亚欧大陆，东边连接亚太经济圈，西边进入欧洲经济圈，涉及世界60多个国家、44亿人口，GDP规模超过21万亿美元，是世界跨度最大、覆盖面最广的新兴经济带。蒙古高原及其毗邻地区是共建"一带一路"的沿线地区，连接亚欧大陆桥和纽带，又是一个重要的节点。蒙古高原及其毗邻地区的南部是中国北部的内蒙古自治区和新疆维吾尔自治区以及蒙古自治州、自治县，中部为蒙古国，北部是俄罗斯联邦南部的布里亚特共和国、图瓦共和国、阿尔泰共和国以及伊尔库兹克州和外贝加尔边疆区的布里亚特地区。共建"一带一路"倡议，首先要与沿线国家加强经济政策协调和发展战略对接，努力实现协同联动发展。中国是倡导和推进共建"一带一路"的国家，同时又是"一带一路"经济带的起始点。共建"一带一路"是中国扩大和深化对外开放的需要，也是加强和亚欧非及世界各国互利合作的需要，内蒙古自治区和新疆维吾尔自治区是"一带一路"经济带的重要的沿线地区，共建"一带一路"倡议也与中国西部大开发规划和大发展战略完全对接。加强中蒙俄经济走廊建设，与蒙古国的"草原之路"和俄罗斯的"欧亚联盟"对接，实现政策沟通、设施联通、贸易畅通、资金融通、民心相通。共建"一带一路"倡议在沿线国家和地区实现政策沟通的基础上，必须把互联互通作为重点，打造基础设施联通网络；积极推进中蒙俄经济走廊建设，推动实体经济更好更快发展。要实现互联互通，就要推进铁路、公路、港口、电力、电信等基础设施建设和实体经济的发展，为共建国家和地区的贸易畅通、资金融通、民心相通打好基础。蒙古高原及其毗邻地区处于互联互通的关键地段，地域辽阔，资源丰富，发展潜力大，但基础设施较为落后，经济发展缓慢，经济发展水平低下，面临的发展问题依然严峻。因此，蒙古高原及其毗邻地区的国家和地区，借共建"一带一路"的机遇，积极参与"一带一路"建设，对接国家和地区的经济政策及发展规划，积极推进工业、农业等实体经济的发展和基础设施建设，大力实施互联互通，搞好产能合作，创新和协调产业结构，提升质量和效益，充分挖掘市场潜力，促进投资和消费，创造需求和就业，使地区经济得到高质量发展，造福于人民群众。

第二节 蒙古民族聚居区行政区划概览

一、蒙古国行政区划

蒙古国的宪法规定，有首都、省、县、巴克行政单位，每级行政单位都有所管辖地区范围。国家首都乌兰巴托市，21个省，330个县，1 588个巴克（市区）。21个省：巴彦乌列盖省、戈壁阿尔泰省、扎布汗省、乌布苏省、科布多省、后杭爱省、巴彦洪戈尔省、布尔干省、鄂尔浑省、前杭爱省、库布苏尔省、戈壁苏木布尔省、达尔罕乌拉省、东戈壁省、中戈壁省、南戈壁省、色楞格省、中央省、东方省、苏赫巴托尔省、肯特省。

除乌兰巴托市外，省会城市有：乌列盖市、阿尔泰市、乌里雅苏台市、乌兰固木市、科布多市、车车尔勒格市、巴彦洪戈尔市、布尔干市、额尔登特市、阿尔拜雷市、木伦市、乔伊尔市、达尔汗市、赛音山达市、曼达勒戈壁市、达兰扎德嘎德市、苏赫巴托尔市、宗莫德市、乔巴山市、西乌尔特市、温都尔汗市。

二、中国蒙古民族聚居区行政区划

1. 内蒙古自治区

内蒙古自治区有盟市、旗县市（区）、乡镇级行政单位。辖9个地级市、3个盟（计12个地级行政区划单位）、22个市辖区、11个县级市、17个县、49个旗、3个自治旗（计102个县级行政区划单位）、240个街道、497个镇、106个乡、17个民族乡、151个苏木、1个民族苏木（计1 012个乡级行政单位）。

县级以上行政区划：呼和浩特市辖4个市辖区、4个县、1个旗；包头市辖6个市辖区、1个县、2个旗；乌海市辖3个市辖区；赤峰市辖3个市辖区、2个县、7个旗；通辽市辖1个市辖区、1个县、5个旗，代管1个县级市；鄂尔多斯市辖1个市辖区、7个旗；呼伦贝尔市辖2个市辖区、4个旗、3个自治旗，代管5个县级市；巴彦淖尔市辖1个市辖区、2个县、4个旗；乌兰察布市辖1个市辖区、5个县、4个旗，代管1个县级市；兴安盟辖2个县级市、1个县、3个旗；锡林郭勒盟辖2个县级市、1个县、9个旗；阿拉善盟辖3个旗。

2. 新疆维吾尔自治区蒙古族聚居区行政区划

新疆维吾尔自治区辖2个蒙古自治州（巴音郭楞蒙古自治州和博尔塔拉蒙自治州）、1个蒙古自治县（和布克赛尔蒙古自治县）。

（1）巴音郭楞蒙古自治州辖8县1市，即轮台、尉犁、若羌、且末、焉耆、和静、和硕、博湖县和库尔勒市。境内有新疆生产建设兵团农二师师部及所属的16个团场以及塔里木勘探开发指挥部等中央驻州单位。巴音郭楞蒙古自治州政府驻库尔勒市。

（2）博尔塔拉蒙古自治州下辖1市2县（博乐市和静河县、温泉县）、一区及新疆生产建设兵团农五师所属11个团场，博尔塔拉蒙古自治州政府驻博乐市。

（3）和布克赛尔蒙古自治县下辖2个镇、5个乡和4个牧场。

3. 青海省蒙古族聚居区行政区划

青海省辖海西蒙古藏族自治州和河南蒙古自治县。海西蒙古藏族自治州辖德令哈、格尔木2个地级市，都兰、乌兰、天峻3县，州府驻地为德令哈市。

河南蒙古自治县辖优干宁镇和5个乡39个村（牧）委会。

4. 蒙古族自治县

除上述和布克赛尔蒙古自治县和河南蒙古自治县外，杜尔伯特蒙古族自治县、前郭尔罗斯蒙古自治县、喀喇沁左翼蒙古族自治县、阜新蒙古族自治县、围场满族蒙古族自治县、肃北蒙古族自治县。

三、俄罗斯蒙古民族聚居区行政区划

1. 布里亚特共和国行政区划

布里亚特共和国首都在乌兰乌德市。辖21个区，附属城市6个，城镇29个，村庄611个。6个城市为：乌兰乌德市、古西诺奥泽尔斯克市、恰克图市、北贝加尔斯克市、色沃如—柏克利斯克、巴布什津市。

2. 图瓦共和国行政区划

图瓦共和国行政区划为17个区、1个共和国直辖市、4个区级市、3个市镇，村苏维埃管辖的地区有94个。图瓦共和国首都克孜尔市。

3. 阿尔泰共和国行政区划

阿尔泰共和国下辖10个行政区、88个行政村和1个市。城市是戈尔诺—阿尔泰斯克，阿尔泰共和国首都。

4. 卡尔梅克共和国行政区划

卡尔梅克共和国行政单位为 13 个区、3 个市。卡尔梅克共和国首都是厄利斯塔市。3 城市分别为：厄利斯塔、拉嘎尼、戈罗多维科夫斯克。

5. 两个蒙古民族聚居地区

原阿加布里亚特自治区成立于 1937 年 9 月 26 日。自治区辖 3 个行政区（阿金斯克、杜里杜尔加、莫戈伊图伊斯克）、4 个镇、34 个村。该自治区城镇有 3 座：阿金斯克市、诺瓦奥日罗斯克及奥日罗斯基。阿加布里亚特地区中心为阿金斯克市。2007 年 3 月 12 日，阿加布里亚特自治区通过全民投票公决，与赤塔州合并为外贝加尔边疆区。

原乌斯季奥尔登斯基自治区成立于 1937 年 9 月 26 日。全自治区划分为诺和图、阿拉尔、巴彦泰、伯罕、乌萨、额黑日特—宝拉嘎特等 6 个区和 73 个村。地区中心为乌斯季奥尔登斯基。2006 年 4 月 16 日，乌斯季奥尔登斯基自治区通过全民投票公决，与伊尔库兹克州合并为伊尔库兹克州。

II 自然篇

自然白Ⅱ

第四章　蒙古高原及其毗邻地区地质地貌

第一节　地质

一、区域地质构造

蒙古高原及其毗邻地区，属于欧亚板块。但在板块内部地质构造呈现出较为明显的区域差异。蒙古高原的北部为西伯利亚地台（板块）的南缘，而南部为中国塔里木—华北地台（板块）的北缘，其主体部分为天山—兴安蒙古褶皱系（蒙古地槽）。本区北部的西伯利亚地台，大体包括贝加尔湖以北、叶尼塞河和勒拿河之间的地区。基底由太古代和元古代深度变质的变质岩及侵入岩组成，盖层以古生代地层为主。西伯利亚地台南缘部分裂解而形成的地块有图瓦—蒙古地块、北蒙地块、贝加尔—维蒂姆地块和准噶尔地块。早古生代，西伯利亚陆块与中国塔里木—华北陆块之间有宽阔的古蒙古洋相隔，主体构造线方向近东西向。本区南部的中国塔里木—华北地台，是中国北部古老的陆块，自东北至西北新疆西端，东西延伸范围很大的构造单元。其中，华北台地的主体部分由初始陆核发展到初具规模的原始大陆，经历了太古代长达10亿多年的演化过程，在太古代末已生成陆块，其间发生了多次旋回及其相伴随的多岩浆活动和变质作用。在元古代吕梁运动（色尔腾山旋回）使华北地台进一步扩大和稳定固结，始生代长城纪白云鄂博旋回线型坳陷的盖层沉积和褶皱使其更加固结和稳定。基底由太古界和下元古界变质岩系构成。华北地台次一级构造单元在中国内蒙古地区有阿拉善台隆、内蒙古台隆、鄂尔多斯西缘坳陷、鄂尔多斯台坳和狼山—白云鄂博台缘坳陷等。塔里木地台位于中国新疆南部，夹持在天山褶皱和昆仑褶皱带之间，是中国西部一个陆块残余。塔里木地台的最终形成比华北地台几乎要晚十亿年，在始生代晋宁运动（塔里木运动）后形成陆块，由混合岩化的片麻岩和结晶片岩以及长城纪的绿片岩、石英岩和变质砂岩组成。早期裂陷阶段在早震旦世，整个古生代和早中生代长期发育海相地层，自中生代起成为内陆盆地，其最大坳陷深度达 15 000 米。位于塔里木—华北地台以北的天山—兴安蒙古褶皱系是东欧、西伯利亚地台和中国塔里木—华北地台之间乌拉尔—蒙古—鄂霍茨克巨型褶皱系的一部分。以北天山—索伦山对接带为界，以北属西伯利亚地台南部陆缘增生带，自北向南发展。内部可划分为两个带：北带是加里东褶皱带，主要由元古代—早古生代褶皱岩系和同期花岗岩带、超基性岩带组成，其上覆泥盆纪过渡类地层以及石炭二叠纪和中新生代内陆盆地和火山盆地型沉积。南带为华力西褶皱带，其范围主要包括蒙古国中南部和中国北部边境一带，主要由志留纪—早石炭世褶皱系及华力西期花岗岩带，基性、超基性岩带组成，中石炭世开始渐变为内陆盆地型沉积。北天山—索伦山以南属塔里木—华北地台北部陆缘增生带，由南向北发展，在晚华力西至印支期西伯利亚地台与塔里木—华北地台对接而闭合。塔里木—华北地台北部陆缘增生带，按其发育时代可分为额尔古纳、阿尔泰和内蒙古南部加里东褶皱带，斋桑—额尔齐斯、天山、内蒙古北部和兴安岭华力西褶皱带以及准噶尔和爱力格庙—锡林浩特中间地块。在中、新生代由于地壳运动的不均衡而形成了规模大小不同的一系列山地和盆地。

二、区域地层

构成蒙古高原古老地质的基盘，系为太古代的地层（相当于我国的泰山系），它们主要是古老的片麻岩、结晶片岩、结晶石灰岩，同时因曾受花岗岩类火成岩的贯入，故太古代的岩层有明显的变质和扰乱，此古老基盘的表面，曾因受侵蚀作用而平坦化，其上以不整合的关系，又堆积早期元古代的地层。蒙古高原的太古代的地层具有岩层的倾斜、变质和火成岩类的侵入等现象，可视为蒙古高原的第一次褶皱运动。从太古代地层与其上面早期元古代的地层之间具有不整合的现象可推知，蒙古高原在太古代第一次褶皱成陆地之后，曾经一度有侵蚀阶段，其后才被海侵而堆积了早期元古代的地层。由此可推断太古代的侵蚀阶段为蒙古高原的第一陆期。

组成蒙古高原早期元古代地层（相当于我国的五台系）主要为褶皱了的片岩、千枚岩和变质石灰岩的地层，它较太古代的变质程度较为轻，没有明显的因火山作用而发生侵入现象，与早期元古代地层也有一个侵蚀面，其上有一不整合关系堆积着晚期元古代地层。据此可推断，蒙古高原在早期元古代时曾发生过轻微的第二次褶皱运动，同时早期元古代地层具有侵蚀面，也代表着蒙古高原有第二大陆期。蒙古高原的晚期元古代的地层，主要由杭爱系的硬砂岩所组成，还有页岩、黏板岩和石英岩。这些地层的堆积物主要为起源于大陆物质的硬砂岩和黏板岩，例如在蒙古国南部和中部多为黏板岩和硬砂岩，北部多为硬砂岩、砂岩和其间夹有薄层黏板岩，而在我国内蒙古的石灰岩发达，由此推知内蒙古部分为深海，而蒙古高原北部因接近西伯利亚古陆块，则已开始有古陆块的倾向。另外，晚期元古代地层也有褶皱现象，而且在其上形成了早古生代的蒙古花岗岩底盘，这说明蒙古高原在早古生代曾发生过第三次褶皱运动，即加里东运动，并且伴随加里东造山运动的高潮，有酸性的花岗岩岩浆上升活动，因而形成了早古生代的蒙古花岗岩基盘。早古生代形成的蒙古花岗岩基盘曾经历长期的侵蚀阶段，可谓蒙古高原的第三大陆期，惟自此以后，蒙古高原已无全部被海水淹没的时代。

由于侵蚀作用，蒙古花岗岩基盘在多处出露地表。在蒙古花岗岩基盘上也堆积了晚古生代的海相地层，主要由页岩、石灰岩和砂岩组成，也有褶曲现象和岩浆岩的侵入活动，此晚古生代的地层之上，以不整合的形式堆积了中生代地层。在古生代末蒙古高原的东部、南部，以及西部的边缘地带曾发生过华力西造山运动，伴随造山运动岩浆活动，火成岩侵入，同时晚古生代地层上面有侵蚀作用，表明蒙古高原的局部地区曾经历第四大陆期。

在蒙古高原的中生代地层中，具有一个明显的不整合面，此不整合面的下部主要为三叠纪至侏罗纪的陆相堆积物，由粗粒的砾岩、砂岩组成，是属于急流堆积（部分也有湖相堆积），均非海相地层。这些地层堆积是在接近褶皱断层隆起区域的沉降地域内进行的，其堆积物质并非远处而来。三叠纪至侏罗纪的陆相堆积物，尤其侏罗纪地层，今日在蒙古高原的较低的地方都有分布。从地层推断，侏罗纪时期蒙古高原的高山低谷和谷地盆地等地形形势极为复杂。白垩纪时，由于大规模的准平原化作用，而将山地殆尽削平，以致在原有的盆地地层上又堆积新时期的堆积物。经过古生代末至中生代的地质时期，蒙古高原的大部保持大陆的性质，褶皱、断层和大规模的岩浆活动等都较微弱，而早白垩纪的侵蚀作用，塑造成大准平原面（不整合面）。这侵蚀面上又堆积了晚白垩纪和第三纪新堆积物。晚白垩纪之后，蒙古高原的地壳变动则转变为断层和挠曲运动，其结果在蒙古高原上又发生了许多构造盆地、地块状山地和穹隆状山地，并在盆地中又堆积了近于水平的新地层。这些新地层又遭受侵蚀，在侵蚀面上再堆积，形成了许多不整合面。燕山运动和喜马拉雅运动在蒙古高原上褶皱、断陷、抬升、挠曲等构造运动的同时，又有岩浆活动，玄武岩岩浆大面积流出地表，形成玄武岩台地。蒙古高原近日的地表形态和地层，主要受到地质构造和地壳变动的影响。

三、区域地质构造单元

蒙古高原的主体部分位于蒙古国和中国内蒙古自治区，其余地区基本上处于边缘部分。因此，这里仅介绍蒙古国和内蒙古自治区的区域地质。

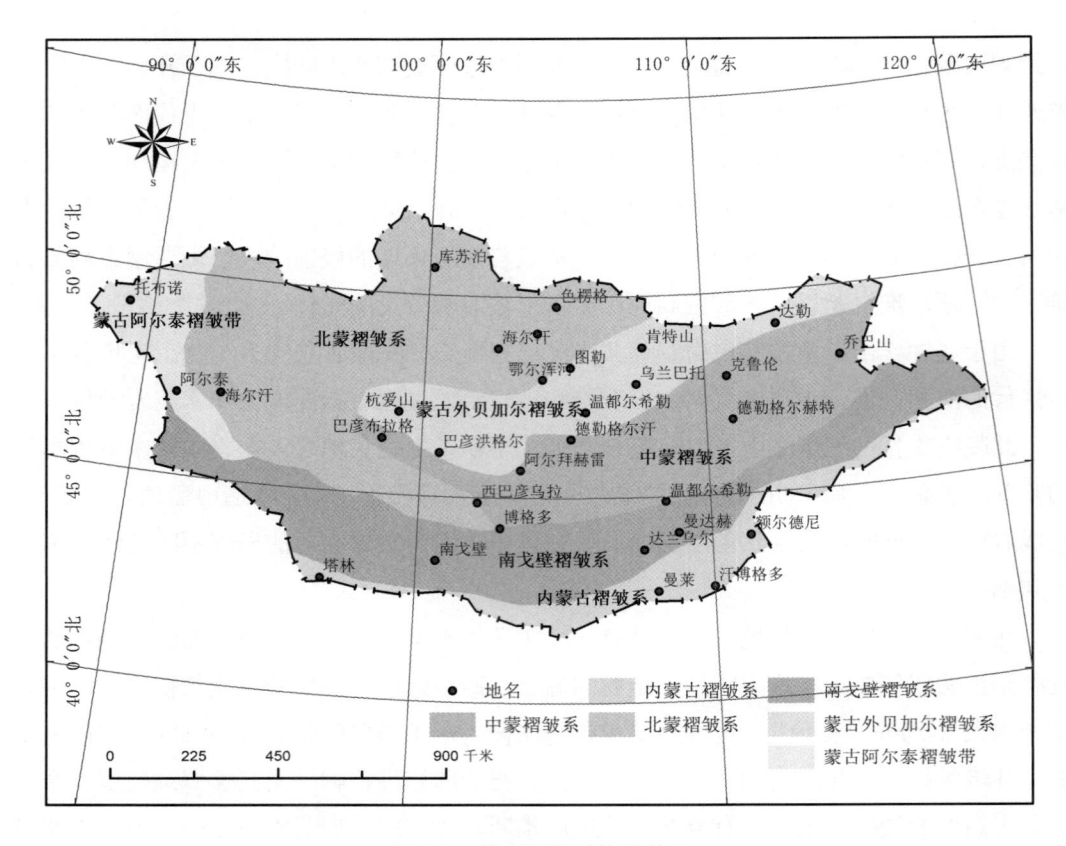

图 4-1 蒙古国地质构造单元

资料来源：陈文，"蒙古国地质构造概况及金成矿区分布特征"，《甘肃地质》，2009 年第 18 卷，第 2 期

1. 蒙古国地质构造单元

按照槽台学说，蒙古国从北向南划分为 7 个地质构造单元：北蒙褶皱系、蒙古阿尔泰褶皱系、蒙古外贝加尔褶皱系、中蒙褶皱系、南蒙褶皱系、南戈壁褶皱系和内蒙褶皱系。根据地质构造发展阶段可分北构造大块（包括前四个褶皱系）和南构造大块（包括后三个褶皱系）。在南北构造大块之间被蛇绿岩带分开。这些构造单元常被断裂斜切而呈嵌镶岩块状，总体以弧形分布为特点，其走向东部为 NE 向，中部近 EW 向，西部为 NW 向，构造单元之间多以区域性深大断裂为界。①北蒙褶皱系：其地层主要由元古代变质岩系和早寒武世火山—沉积岩系组成。其构造运动开始于中寒武纪，其后在志留纪和泥盆纪又一次经历了造山运动，形成了大面积分布的古生代花岗岩，同时在北蒙褶皱系的西部形成了磨拉石沉积和火山岩系。②蒙古阿尔泰褶皱系：阿尔泰地区广泛发育中寒武纪和奥陶纪的泥岩和砂岩，其中奥陶纪有基性和中型海底熔岩喷发，岩石遭受强烈变质，在晚志留纪结束了造山运动。③蒙古外贝加尔褶皱系：主要为巨厚陆源岩系发育地带，

其范围从涵盖山延伸至肯特山，并进一步延伸到外贝加尔地带，主造山运动的作用应为华里西早期。其巨厚陆源演习可分为3套：第一套为前寒武纪晚期—古生代中期的变质砂岩和页岩，分布广；第二套为形成于晚古生代的砂岩—粉砂岩及少量凝灰岩，分布于复背斜的坳陷部位；第三套为中生代造山期沉积，主要由三叠纪和早侏罗纪的火山岩组成。④中蒙褶皱系：位于蒙古外贝加尔褶皱系的南缘，早古生代隆起形成的地背斜，属加里东运动早期。其基底由元古代变质岩组成，在一些深断裂带中发育早古生代的岩层。晚古生代和早中生代主要沉积了混合成分的陆相火山岩和磨拉石层，形成了上叠构造层。⑤南蒙褶皱系：以弧形位于上述构造单元的南部，东起大兴安岭经蒙古南部延续到哈萨克斯坦的东部一带。地层主要为志留纪和早石炭世火山岩系，部分属绿岩建造，并伴生有硅质—页岩碳酸盐建造。⑥南戈壁褶皱系：其特点为多层结构，显示出过渡地带的特征。在地表出露的主要为晚元古代变质火山—陆源岩系和硅质碳酸盐为主的褶皱基底。⑦内蒙褶皱系：其分布于蒙古国东南部，为巨大的近EW向晚古生代裂陷一部分，可划分为南北两个构造—岩相带：北带为主要碳酸盐—陆源岩层；南带主要为基性—中性的火山岩和硅质沉积，其中有大量超基性岩体侵入。其南为内蒙地轴结晶岩块。

2. 内蒙古自治区地质构造单元

以槽台地质构造理论，依据地质构造单元形成阶段及其特征，把内蒙古自治区地质构造划分为6个构造单元：华北地台、内蒙古中部地槽褶皱系、兴安地槽褶皱系、天山地槽褶皱系、祁连加里东地槽褶皱系和大兴安岭中生代火山岩区。①华北地台：内蒙古地区仅占其西北角，以高家窑—乌拉特后旗—化德—赤峰大断裂为界与北部地槽褶皱区相邻，西南与祁连地槽褶皱系走廊过渡带接壤。华北地台由初始陆核发展到初具规模的原始大陆，经历了太古代长达10亿多年的演化过程，其间发生了集宁运动和乌拉山运动及其相伴随的多旋回岩浆活动和变质作用；元古代色尔腾山旋回使其进一步扩大和稳定固结，白云鄂博旋回线型坳陷的似盖层沉积和褶皱使其得以巩固和最终完成。地台形成之后，经历了后期的多旋回沉积作用、岩浆活动和构造变动的改造，分化为若干性质不同的构造单元。其二级构造单元有：阿拉善台隆、内蒙台隆、鄂尔多斯西缘坳陷、鄂尔多斯台坳、狼山—白云鄂博台缘拗陷和山西台隆。②内蒙古中部地槽褶皱系：内蒙古中部地槽褶皱系、兴安地槽褶皱系和天山地槽褶皱系组成的褶皱区是位于西伯利亚地台和华北地台之间的巨大的中亚—蒙古地槽区的一部分。内蒙古中部—兴安地槽的发生存在两种认识。一种认为是原生地槽；另一种认为，欧亚大陆在大动物期之前曾形成过统一陆壳，主要在里菲期基底上形成和发展起来的。内蒙古中部地槽褶皱系包括宝音图隆起及其以东的内蒙古草原和大兴安岭南部地区。根据褶皱系时空演化特点和褶皱旋回时间，可划分为4个二级构造单元：温都尔庙—翁牛特旗加里东地槽褶皱带、西乌珠穆沁旗晚华力西地槽褶皱带、爱力格庙—锡林浩特中间地块和苏尼特右旗晚华力西地槽褶皱带。③兴安地槽褶皱系：包括4个二级构造单元：额尔古纳兴凯地槽褶皱带、东乌珠穆沁旗早华力西地槽褶皱带、喜桂图旗中华力西地槽褶皱带和东乌珠穆沁旗南晚华力西地槽褶皱带。④天山地槽褶皱系：天山地槽褶皱系的向东延伸的部分在内蒙古范围内，称北山晚华力西褶皱带。北山晚华力西褶皱带位于北山、居延海盆地及其东部巴丹吉林一带。北山地槽是色尔腾山旋回形成的古老地台早加里东构造运动之后解体而成为古生代地槽活动带，因而具有再生地槽的性质。本区华力西中期岩浆岩发育最广，产出斜长花岗岩、二长花岗岩、钾长花岗岩等大型岩基。本区构造变动强烈，规模巨大的断裂和紧密线状褶皱交织成极其醒目的北西和北东向构造格局。⑤祁连加里东地槽系：内蒙古仅占祁连加里东地槽系的一隅，属二级构造单元称走廊过渡带。走廊过渡带在早古生代是一个浅

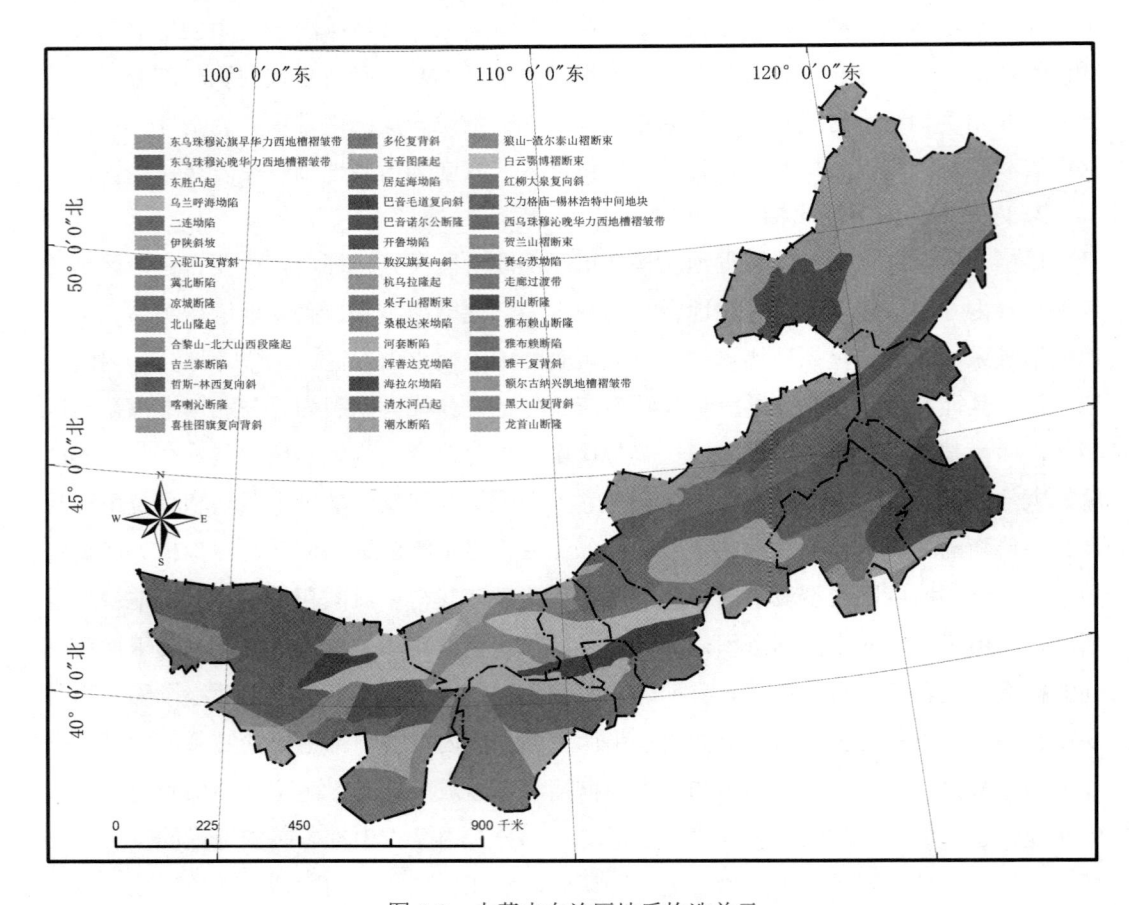

图 4-2　内蒙古自治区地质构造单元

资料来源：内蒙古自治区地质矿产局，《内蒙古自治区区域地质志》

海陆棚环境下的冒地槽，建造系列具有地槽型向地台型过渡性质。晚古生代为陆相或海陆交互相碎屑岩建造、碳酸盐建造，上石炭统尚夹有煤层，沉积厚度大，具有山前坳陷性质。⑥大兴安岭中生代火山岩区：以大兴安岭山脉为主体，东部以嫩江—八里罕断裂与松辽盆地接壤，西部与海拉尔盆地、二连盆地毗邻，北部延入黑龙江省，南部达张家口—承德一带。这是一个北北东向的上叠于华北地台北缘和古生代褶皱基底之上的构造单元。火山岩区广泛地发育了燕山旋回钙碱性火山岩和中—浅成侵入岩。火山活动从早期基性岩浆喷发开始，经中期酸性岩浆喷发，到晚期的基性—中基性喷发结束。总厚度500～6 500米。喷发间歇期夹有河湖相碎屑岩沉积和煤层。侵入岩以岩株、岩枝和中、小型岩基为主，岩石种类主要为花岗闪长岩和花岗岩。强烈而频繁的火山活动和发育的断裂构造，为本区丰富的金属和非金属矿产的形成提供了有利条件。

第二节　矿产资源

一、蒙古国矿产资源

目前世界上已开发的全部矿产类型在蒙古国均有。其中，铜、钼、萤石、磷等居世界前列。

（1）能源矿产：在蒙古国能源矿产中煤占重要地位。

煤：在蒙古国南部有古生代时期形成的煤。已探明的有塔本陶勒盖、纳林苏海特和库卡茨等。在西部有古生代石炭纪形成的哈尔塔日巴嘎台、呼灯、雅瓦尔、呼树特、嘛呢、呼楞郭勒等地的煤层。据不完全勘探，在蒙古国北部有中生代侏罗纪时期形成的沙林郭勒、乌兰敖包、毛高音郭勒等煤矿，现已被开发。在蒙古国的东部喀尔喀中部高原等广阔地区，白垩纪时期形成的有巴嘎诺尔，图格巴格淖尔、柴达木诺尔、西伯敖包、特布欣戈壁、俄布德格呼达格、呼和特、钱达干塔拉，阿郭楚鲁、塔拉布拉格、布朗音浩古来等煤矿，有几百万至几亿吨储量。

石油：在蒙古国境内已探明22处石油油田。现在已勘探开发的有东部区的塔木斯格油田和东戈壁的宗巴彦查干额勒顺油田。此外，在蒙古国东部马尔泰、东戈壁的哈尔特矿区已发现铀矿，目前还在进行详细勘探。

（2）金属矿藏：已探明矿产中铜矿是世界性的矿产资源。主要分布在额尔登特敖包、查干苏巴尔嘎、奥尤陶勒盖、树凳特、哈尔麻泰等地。其中南戈壁树凳特铜矿储量很大。

稀有金属资源主要分布在戈壁地带的毛希盖呼都嘎、老音郭勒等矿区，东部经济区的混合金属矿伴生矿多。钼矿分布在额尔登特敖包、查干苏布日嘎等地。还有阿林额尔的钼—铜矿、温都尔查干、耶古哲尔的钨—钼矿。已探明钨矿地区有温都尔查干、翁棍海尔汗、耶古哲尔矿区。目前，已发现30多个铅锌矿床，其中已探明的有特木尔特敖包、查布、乌兰、木呼尔等矿。锡矿分布区有张其布朗、毛道嘎、额勒斯台土等地。除此之外，对纳尔散混特冷、敖尔朝格等地的锡矿进行了勘探。

（3）贵金属矿：脉金资源丰富。目前，保有储量的80%分布于乌兰巴托市北部、西部和西北部的伊罗河、包如嘎—宗毛都和扎麻尔等地区。在巴彦洪戈尔省、东方省、肯特省、前杭爱省、后杭爱省等省区也有少量分布。在巴彦乌列盖省、乌布苏省、戈壁阿尔泰等省开采沙金矿。沙金矿几乎全部集中在蒙古国北部、东部和中部的色楞格省呼德尔、东方—肯特省鄂嫩、巴勒吉河流域，乌布苏省浩日海布尔嘎勒台河流域。脉金矿分布于包如嘎、查干高吉嘎日、查干其赫尔等多地。银矿分布于蒙古国西部的蒙古阿尔泰省阿斯嘎特银矿，同时分布铜、锡、金、铅矿等，矿床中含银量高，有开采价值。

（4）非金属矿产：萤石矿大部分分布在蒙古国东部经济区和中部经济区。储量大的有布尔和、哈拉—埃伦、包如温都尔矿区。蒙古国萤石的储量、开采量及出口量居世界前五名。在蒙古国北部沿色楞格河、德勒格尔河、特斯河的萤石矿开发前景广阔。蒙古国磷的储量大，在北部库苏古尔附近已发现大型磷矿。在扎布汗省、戈壁阿尔泰省发现磷矿带和彩石、水晶、金刚石、石墨的大型矿。已探明的建材有矿物原料、砖用黏土、砾沙、石灰石、饰面用石、水泥用石灰岩、石棉、石膏、火山沸石、陶瓷土、石墨、膨润土等。

二、中国蒙古民族聚居区矿产资源

1. 内蒙古自治区矿产资源

截止到2019年底，在内蒙古自治区境内已发现的矿种数达149种。探明一定储量的矿产为122种。其中，矿产保有资源量居全国之首的有22种，居全国前三位的有50种，居全国前十位的有102种，特别是能源及重要矿产的查明资源储量均居全国前茅。

（1）矿产资源分类：按照全国矿产储量表矿产统一分类标准，内蒙古自治区已上储量表的矿种可分为以下8个大类：①能源矿产（2种）：煤、油页岩；②黑色金属矿产（3种）：铁、锰、铬；③有色金属矿产（11种）：铜、铅、锌、铝土、镍、钴、钨、锡、铋、钼、锑；④贵重金属矿产（8种）：金、银、铂、钯、铱、铑、锇、钌；⑤稀有、稀土和分散元素矿产（11种）：铌、钽、铍、锆、稀土、锗、镓、铟、镉、硒、碲；⑥冶金辅助原料非金属矿产（10 种）：红柱石、普通萤石、熔剂用灰岩、冶金用白云岩、冶金用石英岩、铸型用砂岩、铸型用砂、冶金用脉石英、耐火黏土、铁矾土；⑦化工原料非金属矿产（13 种）：硫铁矿、芒硝、天然碱、电石用灰岩、制碱用灰岩、化工用白云岩、化肥用蛇纹石、泥炭、盐、溴、砷、硼、磷；⑧建筑材料及其他非金属矿产（34 种）：石墨、硅灰石、云母、石榴子石、蛭石、沸石、石膏、方解石、冰洲石、玉石、水泥用灰岩、制灰用灰岩、玻璃用石英岩、玻璃用砂岩、水泥配料用砂岩、玻璃用砂、建筑用砂、玻璃用脉石英、硅藻土、水泥配料用页岩、高岭土、陶瓷土、膨润土、砖瓦用黏土、水泥配料用黏土、建筑用橄榄岩、饰面用辉石岩、饰面用辉绿岩、建筑用花岗岩、饰面用花岗岩、珍珠岩、饰面用大理岩、水泥用大理岩、水泥配料用板岩。

（2）矿产资源规模：截止到1999年底，全区发现各类矿产地4 100多处，列入内蒙古自治区矿产储量表的矿产地为953处。其中，金属矿产地332处；非金属矿产地282处；能源矿产地339处。按照全区已上表矿产地合并为矿区（或矿田）统计，在探明矿产中，主矿或共、伴生矿产累计探明储量可达大型规模的有82处，达中型规模的有87处。其中，能源矿产达大型规模的有9处（均为煤田），达中型规模的有11处（10处煤田、1处油页岩）；金属矿产达大型规模的有35处（含共、伴生矿），达中型规模的有68处（含共、伴生矿）；非金属矿产达大型规模的有38处（含共、伴生矿），达中型规模的有108处（含共、伴生矿）。全区实有大中型矿区（或矿田）为211处。按照矿产地分矿种统计，全区上表矿产地储量达大型的有171个（含29个共、伴生矿），达中型的有272个（含52个共、伴生矿）。其中，能源矿产大型的94个，中型的58个；金属矿产大型的37个（含21个共、伴生矿），中型的91个（含39个共、伴生矿）；非金属矿产大型的40个（含8个共、伴生矿），中型的123个（含55个共、伴生矿）。

2. 新疆维吾尔自治区巴音郭楞蒙古自治州矿产资源

巴音郭楞州矿藏资源极其丰富，分布广阔。已探明的矿床84处，有铁、锰、菱镁、白云岩、铜、铅、锌、金、钨、煤、磷、盐、芒硝、石棉、蛭石、石灰石、玉石、石膏、石英、陶石、黏土等29个矿种。其中蛭石储量占中国全储量的92%；石棉储量位居新疆首位；其他储量较大的矿种还有锰、菱镁矿、白云石、石膏、陶土等。塔里木盆地已发现自古生界到第三系4～5套生油岩，总厚2 000余米，其油岩具有多时代、多类型、厚度大、分布广的特点，油气藏类型多。

3. 新疆维吾尔自治区博尔塔拉自治州矿产资源

博尔塔拉州目前已探明的矿产39种，有铁、锰、菱镁、白云岩、铜、铅、锌、金、钨、煤、磷、盐、芒硝、石棉、石灰石、玉石、石膏、石英、陶石、黏土等。在阿拉套成矿带中，矿产以钨、锡、铜、铁为主；在赛里木成矿带中以铜、钳、锌、磷为主；婆罗科努山新疆北鲵成矿带以金、多金属矿产为主。博州主要建材非金属矿产产地20余处，有石灰岩、石膏、珍珠岩、石英、大理石、花岗岩、砖瓦黏土、建筑砂石等。黑色及有色金属矿中发现铁矿、铜矿、铅锌多金属矿、钼矿、钨、锡矿和金矿。还发现2处煤矿点。另外，州境内有水晶、冰洲石矿点及矿化点等。

4. 青海省海西蒙古藏族自治州矿产资源

海西州域主体柴达木盆地素有"聚宝盆"的美称。已发现的矿产有84种，产地1 050处，主要矿产有石油、天然气、煤、湖盐、钾盐、硼、锂、镁盐、锶、溴、碘、芒硝、自然硫、铁、铅锌、金、银、钴、铜、石棉、石灰岩、黏土、沙、云母等，其中湖盐、钾盐、镁盐、锂、锶、石棉、芒硝、石灰岩矿藏储量居中国首位，溴、硼等储量居第二位。矿产资源具有储量大、品位高、类型全、分布集中、资源组合好等特点。主要分布在柴达木盆地的西部、东部、南部和盆地北缘。盐类矿产是自治州的优势矿产，矿床主要位于第四纪现代盐湖中，以液体为主，固液体并存，伴生有铯、铷、溴、碘等成分。大中型矿床有：察尔汗，大浪滩、昆特依钾镁盐矿床，大、小柴旦湖硼矿床，一里坪、东台吉乃尔、西台吉乃尔湖锂矿床和茶卡、柯柯池盐矿。其中察尔汗盐湖是国内最大的钾、镁、锂盐矿产地，也是世界上最大的内陆盐湖之一。芒崖石棉矿是国内著名的特大型石棉矿。锡铁山铅锌矿也以其储量大、品位高、伴有多种稀有、贵金属金银等元素而著名，已成为国家重点建设开发项目之一。石油、天然气分布于柴达木盆地中西部，目前已知有三个时代的生油层，共发现冷湖、尖顶山、花土沟、油砂山、尕斯库勒、七个泉、狮子沟、油泉子、开特米里克、咸水泉、南翼山、砂西、红柳泉、南乌斯、鱼卡等17个油田；气田有6处，即马海气田、盐湖气田、涩北一号气田、涩北二号气田、陀峰山气田和台南气田。主产煤区在柴达木盆地北缘和天峻木里地区，其煤质较好，牌号基本齐全。硅灰石、化工灰岩、黏土矿、长石、蛇纹石等建材非金属矿产很丰富。境内还发现红、蓝宝石以及绿松石、蔷薇辉石等玉石等。

三、俄罗斯蒙古民族聚居区矿产资源

布里亚特共和国能源资源很丰富，主要有烟煤和褐煤。如乌拉—西伯利亚烟煤储量2.426亿吨，除此之外规模较小的烟煤矿有巴音郭勒、乌日鲁克、奇奎、雅玛如沃等。褐煤矿集中分布在嘎鲁图湖盆地，小型矿还有宝德恩、大板—高如翰、扎古斯泰、桑金、奥吉努—卡乐尤琴、博克勒米舍沃、乌什仑矿区等。共和国境内的金属矿产资源有浩里德森钨矿、鲁—奥努古尔、博日瓦迈等地钨矿和哲日格很钼矿、虎鲁德宁铅锌矿、都瓦塔津复合矿床。还有，库尔比努—耶尔沃宁铁矿、北贝加尔铁矿、维季姆区铀等。在贝加尔湖附近的金矿有 36 处，其中的 9 处正在开发利用中。现已开采了乌苏日库瓦地区磷灰石矿。在非金属矿产类型中，萤石矿分布较广。除此之外特姆尼卡河和乌日玛河之间和乐特盖萤石矿和氟石矿多处。位于布里亚特与赤塔省边界的呼林地区有沸石矿，该沸石矿的沸石含量很高，居于世界前列，也是俄罗斯联邦国家中储量最大的沸石矿。此外，还有储量丰富，分布较广的石英矿、绿松石玉石矿、白云岩、石灰岩矿、陶土矿、黏土矿、砂矿等非金属矿。

外贝加尔边疆区阿加布里亚特地区拥有 20 多种矿产资源，其中，金、铋、钨、铅、铜、钼、锌等资源具有重要意义。有多种宝石，如萨哈乃山的水晶、绿宝石、石英、北阿加翡翠、玉、玛瑙等。能源资源有查干楚鲁特煤、奥尔威煤矿，煤质好、热量大。再有新奥尔洛夫斯克镇的钨钽多金属矿和砂金矿等。

伊尔库兹克州乌斯季奥尔登斯基地区的煤炭资源探明储量中，20％为优质煤炭，68％的煤炭适宜露天开采，现已采三处煤矿。区内最大的是扎比托伊—扎拉日煤矿。已发现的石油、天然气，勘探前景比较乐观。诺和图区的扎拉日发现石膏矿床。

图瓦共和国共有 12 处煤炭产地。乌卢格赫姆煤矿的蕴藏量居全俄罗斯第四位，仅次于库兹涅茨克煤田、伯朝拉煤田和南雅库特煤田。铁矿主要分布在图瓦共和国的西部和东南部，有卡拉苏格综合性铁矿、穆古尔铁矿，为工业提供高质量的矿石。赫乌阿克瑟镍钴矿是一个综合性的矿产地，除了镍、钴外，这里还盛产铜、铋和天然银。该矿的矿石品位高。在图瓦共和国的东部，已探明含有黄金、白银、硒、镉、硫和硫酸钡等矿产的铅锌矿。已勘探出捷尔里格海因和恰扎德尔两个大型汞产地。该国的铜矿分布很广，而且储量丰富。在图瓦共和国的东南部，发现了许多大型霞石和霞石正长岩矿（铝原料）。图瓦共和国的石棉产量较高，是俄罗斯主要石棉产区。石棉产量大，而且纺织纤维含量高，位居全俄罗斯第二位。

阿尔泰共和国境内埋藏着许多贵重金属和稀有金属，如金、水银、钼、钴、钽和锂等。全共和国已探明 20 余处钨、钼、钴、镍、铋和锡矿产地，在西南地区还发现了铜、锰、锡、褐煤产地。其中铋、钽、锂、铷和铯储量之丰富，在整个俄罗斯也是绝无仅有的。水银矿分布在库赖山脉、萨兰斯克山脉和恰雷什斯科—捷列克斯山脉，其中储量丰富、最具开发前景的是库赖山脉水银矿。

第三节 地势地貌

一、地势

蒙古高原及其毗邻地区海拔高度大部分在 1 000 米以上，四周山地环绕，内部地形开阔坦荡，微微起伏，没有高耸的山脉和深陷的谷地，地势由四周向中央，由西北向东南缓缓倾斜，从而构成了环形山地、浩瀚坦荡的高原地形结构。在北部东西萨彦岭和唐努乌拉山之间有乌梁海盆地。阿尔泰山脉以北，环绕杭爱山脉的西部和南部有宽阔的盆地，其西部为大湖盆地，东部为众湖谷地。戈壁阿尔泰山脉以南阿尔泰山前戈壁为广阔荒漠盆地。杭爱山地高原、众湖谷地和戈壁阿尔泰山脉以东是海拔 1 200 米的蒙古东部高平原。高原北部山地，自西向东主要有阿尔泰山脉、萨彦岭、唐努山、库苏古尔西部山脉、哈玛尔达巴山、雅布洛诺夫山脉、斯塔诺夫山脉（外兴安岭）等这些山地地势陡峭，山峦起伏，近东西走向略有弧形，坳深的山间谷地，相对高度200~500 米；南部弧形山地，自东向西主要有大兴安岭、冀北山地、阴山山脉、贺兰山、走廊北山山地、天山山脉等。蒙古高原的南部为平原，主要有大兴安岭东麓为嫩江右岸平原，大兴安岭东南麓为西辽河平原，阴山山脉南麓为河套平原，天山山脉以北为准噶尔盆地。

二、地貌类型

蒙古高原的地形是内外应力相互作用的结果。换言之，在地壳变动和地质构造的基础上，结合各种外力作用（如风化作用、河流侵蚀和堆积作用、风力侵蚀和堆积作用、冰川侵蚀和冰碛作用等），才形成了今日蒙古高原的地貌。

蒙古高原的地貌，按其形成的组成物质来说，是属于古老的侵蚀地貌和干燥地貌。蒙古高原上有三个夷平面（准平面），即杭爱夷平面（海拔约 3 000 米）、蒙古夷平面（海拔约 1 800 米）和戈壁夷平面（海拔约 1 500 米）。这三个夷平面上，尤其前两个夷平面都有岩峰突起的结晶片岩古变质岩的残丘，后一个夷平面位于干燥台地戈壁瀚海区内，因地层较软、气候干燥，并有短暂的暴雨，而形成广大的戈壁。蒙古高原的地貌按其类型来讲，可分为大的构造地貌和微小地貌。大的构造地貌，如断块山地、穹窿山地、断陷盆地、凹陷盆地、高原、冲积平原、台地等等。微小地貌，如山麓冲积扇、山前倾斜平原、河谷平原、风成沙丘、风蚀洼地、残丘、孤峰、火山锥、小规模的熔岩台地，高山冰蚀和冰碛地形等等。

第四节　地貌区

蒙古高原及其毗邻地区根据区域地质构造和地貌特征，可分为三个地貌区，即北部山地与盆地区、中部高原低山残丘及盆地区和南部山地高原及平原区。

一、北部山地与盆地区

本区范围萨彦岭、唐努山和贝加尔湖以南至戈壁阿尔泰山脉以北、肯特山脉以西地区。主要包括俄罗斯东西伯利亚南部布里亚特共和国、乌斯季奥尔登斯基和阿加布里亚特两个区（包括在伊尔库兹克州和外贝加尔边疆区内）图瓦和阿尔泰两个共和国，以及蒙古国国土的 1/2 以上区域。最北部的贝加尔湖西北部勒拿—安加拉高原地势南低北高，海拔在 440～1 000 米，相对高度 250～350 米。贝加尔湖以南布里亚特共和国以山地为主，最高山峰为东萨彦岭峰和萨利达格山，海拔 3 491 米；最低为贝加尔湖面，海拔 456 米。主要山脉及其间盆地走向呈南北向、西北—东南向，呈现出三种地貌类型：①萨彦—贝加尔—斯塔诺山地与盆地区。本区新构造运动活跃，年轻火山较多，冰川地貌广布。贝加尔深大断裂带以及由此形成了诸多盆地和谷地，主要有贝加尔盆地和南部东萨彦岭支脉间的通虎盆地、安加拉盆地、姆伊—库温德荫盆地等，其中贝加尔盆地最大。由于冰川作用，本区内诸多山地，如东萨彦岭及其周围的奥吉中低山、卡梅尔岭、巴尔古津山、北部的贝加尔山、斯塔诺山脉等形成了冰川地貌景观。②色楞格中低山区。位于布里亚特共和国东南部，以东西向为主的马拉罕山、吉德山、甘珠尔山脉及其支脉和丘陵组成。这些山脉以平顶的中低山为主，海拔在 1 000～1 300 米，相对高度 500～700 米。山脉及其支脉之间分布着诸多的宽浅谷地和盆地。③维季姆低山丘陵区。位于布里亚特共和国东北部，由低山、丘陵以及其间的低地、盆地组成。海拔 1 200～1 300 米，山脉以桌状山地为主，其表面被玄武岩覆盖，多为死火山，在山间盆地内形成了众多的小湖泊。

阿加布里亚特地区位于雅布洛诺夫山脉的东南侧，其地势由北、西北向南、东南方向倾斜。北部为雅布洛诺夫山脉的支脉莫盖图山脉，海拔 950～1 000 米，西侧延绵着达斡尔、车尔斯基山脉。中部为平均海拔 850～900 米的杭贺勒低山。南部为平均海拔 600～800 米波状起伏的鄂嫩—阿加高平原。鄂嫩—阿加高平原的西部为海拔 760 米的套克勒、古纳波状高平原，中部是较平坦的空库尔平原。由季节性和多年冻土冻融作用形成的洼地、小湖泊较多，是空库尔、布塔兰平原的一个特点。

图瓦共和国四周被东萨彦岭、西萨彦岭、唐努山和申格列尼山环抱，中部为上叶尼塞盆地。阿尔泰共和国位于阿尔泰山地，地形复杂，山峦起伏，分布众多的山间谷地，相对高度大。主要山脉东南部有卡通山脉和库赖山脉，西北部地势较低的切金山脉和巴谢拉克山脉。

蒙古国北部和西部地势高亢，由连绵陡峻的山脉、狭长幽深的谷地和宽敞的盆地组成，大体上形成了三列向南突出的弧形山地。北部是由西向东汗赫黑山、宝勒奈山、布泰勒山、布伦黑山脉，以及夹有库苏古尔、达尔哈德两个盆地南北向的库苏古尔山地；中间是自西北向东南延伸的杭爱山脉和自东北向西南延伸的肯特山脉；南部是自西北向东南延伸的蒙古阿尔泰山脉和戈壁阿尔泰山脉。本区的主要山地和盆地：

（1）山地。萨彦岭是蒙古高原的西北部山地，可分为东萨彦岭和西萨彦岭。东萨彦岭所构成的岩石主要有太古代的片麻岩、结晶片岩和元古代的厚层大理岩，其上覆盖着寒武纪志留纪的地层。东萨彦岭的褶曲轴为西北东南向。山脉的长度1 400公里，其东南端达于贝加尔湖之南。此山脉的最高峰位于库苏古尔湖之北，海拔3 405米，高峰积雪，夏季融化。东萨彦岭是断层地垒山脉，在许多地方有熔岩流和火山口，如在此山地的中部东北面的奥卡河上游及其支流，曾发现有玄武岩流、火山砂砾及浮石等，还有高度为150米左右的火山丘，其上有火山口。

西萨彦岭与东萨彦岭在地质上显著不同，在西萨彦岭没有太古代和元古代的片麻岩，也没有玄武岩，而是以寒武纪的砂岩砾岩为古老岩基，其上覆盖着晚志留纪和泥盆纪的海相地层。西萨彦岭也是一个地垒状山地，最高峰海拔2 523米。

唐努乌拉山是一个东西向稍微向北凸的弧形山脉，长约500公里，宽约100公里，其岩层基盘为花岗岩、闪绿岩和结晶片岩，在北侧还有中寒武纪和志留纪地层。山脉本为褶皱山地，后被削平，在第三纪又发生逆断层而形成多地垒状山块，致使在很多地方发现古老的岩层反推移到较新岩层之上。本山脉的最高峰在西部，海拔3 177米，其北坡四季积雪。

杭爱山地为穹窿山地，其主要地层为片麻岩和褶曲了的结晶片岩，并有侵入的大花岗岩岩体和新时期的玄武岩流。山地的内部构造虽然复杂，但外观上是一个大挠曲的穹隆状的准平原山地，被许多呈放射状河流切割成河谷，山体破碎。最高山峰是海拔4 021米的奥特冈腾格尔山，有冰川和冰川地貌，也有新时期喷出的玄武岩熔岩流。

肯特山脉是杭爱山向东北延续的部分，二山之间隔以图拉河谷。肯特山海拔约2 000米，其地质构造与杭爱山极为相似，也是挠曲穹窿山地，山中硬砂岩地层非常发达。肯特山的北侧被色楞格河支流所切割，南侧被克鲁伦河的上游所切割，山区有广阔的河谷盆地。

阿尔泰山脉由西北向东南延长约 1 800 公里，其地层主要由太古代的片麻岩及元古代的挠曲层组成，其中有花岗岩的侵入。阿尔泰山在中生代末已准平原化，至第三纪，因受喜马拉雅造山运动影响而成地垒状山地。地势西部较高，海拔 4 000 以上的高峰较多，如最高山峰塔本博格多山辉腾峰海拔 4 374 米，山上多谷冰川和冰川地形。阿尔泰山脉的西段称蒙古阿尔泰山脉，山脉绵延 1 000 多公里，吉其根山是蒙古阿尔泰山脉的东端。山顶山脊为扁平状，山坡较陡峻东部较低，海拔在 3 000～2 000 米。阿尔泰山脉的东段又称戈壁阿尔泰山脉，由西北的巴彦查干山起向东南延伸，至呼和山为终端，其山脉走向与蒙古阿尔泰山脉一致，没有明显的主脉。由于受强烈的风沙侵蚀作用，山顶山脊峻峭，岩石多裸露，山坡普遍较陡，多悬崖峭壁。戈壁阿尔泰山脉新构造运动活跃。

（2）盆地。乌梁海盆地（上叶尼塞盆地）为东西萨彦岭和唐努乌拉山之间的三角形山间盆地，是一个断陷盆地，系由晚志留纪至侏罗纪的地层所构成，因受叶尼塞河上游的河源侵蚀，形成开阔的盆地地形。在乌梁海盆地中有翁都特山谷孤峰，系由太古代的花岗岩、花岗闪绿岩和结晶片岩等所构成，海拔 2 586 米。其东坡接近库苏古尔湖泊处有海拔 2 000 米高的含有橄榄石的玄武岩台地。

贝加尔湖盆地：贝加尔湖呈新月形，位于盆地中央，周围有山脉及丘陵环绕，湖泊南北长 680 公里，东西宽度 40 至 50 公里（最宽处达 80 公里），面积 31 494 平方公里，是亚洲第一大淡水湖，也是世界第七大湖。贝加尔湖也是世界最古老的湖泊，据研究，它已经在地球上存在超过 2 500 万年，同时贝加尔湖也是世界上最清澈的湖泊之一。属于断层湖，沿岸地震频繁、多温泉。流域面积 56 万平方公里，有多达 336 条河流注入，其中最大的河为色楞格河，而其外流河为叶尼塞河的支流安加拉河，其出水口位于西南侧，往北流入北冰洋，另外在湖盆的西侧尚有另一条大河勒拿河的源头，距湖仅 7 公里，不过被高达 1 640 米的贝加尔山脉中间阻隔。湖面每年 11 月至翌年 5 月结冰。

北部库苏古尔山地，由深大断裂带所形成的南北走向的盆地，其中蒙古国最深、淡水储量最多的库苏古尔湖；西面的达尔哈德盆地以湖成平原、湖泊和河流谷地为主，主要河流有叶尼塞河上源希希格河。

大湖盆地：位于唐努乌拉山脉与蒙古阿尔泰山脉之间，宽约 150～200 公里，西、北、东被阿尔泰山脉、唐努乌拉山和杭爱山脉所包围，东南与众湖谷地连接。由于阿尔泰山和杭爱山延伸到盆地内，形成了许多相互独立、大小和宽窄不一的平坦宽浅盆地。此盆地的地质构造是地堑式断层盆地，同时整个盆地自北向南阶梯式下降。在古时候这些盆地相互联结成一个很大的湖泊，后来随着地壳的抬升形成众多的各自封闭的大型湖泊，如乌布苏湖、吉尔吉斯湖、哈拉乌苏湖、都尔根湖等众多湖泊呈串珠式分布，所以把这些湖盆洼地统称大湖盆地。注入这些湖泊的众多河流所携带的大量泥沙堆积在盆地内，再加上风沙的搬运和堆积的结果，形成了砾漠、蒙古大沙漠等高大沙丘。

众湖谷地：位于大湖盆地的东南，相互连接，在杭爱山脉以南被杭爱山和蒙古阿尔泰山分割成众多相互独立的自西向东伸展的湖泊盆地，其盆地底部积水形成了崩跟查干湖、敖热格湖、塔欣查干湖、乌兰湖等戈壁滩上的湖泊群，其周边有不少沙丘。从杭爱山南麓起倾斜而连续分布的宽广平原，在平原中部为石质准平原。众湖谷地显示出凸凹不平的地貌特点。

二、中部高平原、低山残丘及盆地区

本区是指蒙古阿尔泰山脉和戈壁阿尔泰山脉以南、肯特山脉以东至大兴安岭西麓丘陵带以西，阴山山脉北麓丘陵盆地区和贺兰山、走廊北山、天山山脉以北地区。主要包括蒙古国东北部和南部，中国内蒙古自治区的内蒙古高原部分、甘肃省北部和新疆维吾尔自治区的准噶尔盆地和博尔塔拉谷地、阿尔泰山南麓山前平原、额尔齐斯河与乌伦古河谷地。

蒙古国肯特山脉以东地区由海拔 1 000～1 500 米的东方蒙古高平原、平原和低山丘陵组成，地势由西向东缓缓倾斜，东北角的呼和诺尔凹地，海拔 562 米，是蒙古国地形最低点。东方蒙古高平原上零星分布低山丘陵和宽浅的谷地，整体上辽阔坦荡，微微起伏。

戈壁阿尔泰山脉以南为阿尔泰南麓戈壁盆地，是具有黑色荒漠岩漆广布于地表的石质荒漠。杭爱山脉、众湖谷地和戈壁阿尔泰山脉以东地区是蒙古国中部、南部的高平原，东西宽约 1 200 公里，海拔 700～1 500 米，地势由北向南微倾，南部有由西南向东北走向的长条形凹地，海拔 700～1 000 米，主要由嘎拉宾戈壁、窝新戈壁、道劳德音戈壁组成，其间分布沙漠、残丘和湿地等。在中蒙边界一带零星分布构造剥蚀的低山残丘。

内蒙古高原分布于大兴安岭以西，阴山山脉、贺兰山和走廊北山以北的广阔地区，东西长约 3 000 多公里，南北宽 400～700 公里，面积 40 万平方公里。地势由南向北，从西向东缓缓倾斜，海拔 700～1 400 米。地面开阔坦荡，起伏和缓，切割轻微，高原面保存比较完整，极似高的平原，故又称内蒙古高平原。地貌结构大体是由外缘山地逐渐向浑圆的低缓丘陵与高平原依次更替，由南往北明显地分出：阴山北麓构造剥蚀低山丘陵带、中部高原地带（高原主体部分）、高平原北部大型洼地带和中蒙边境构造剥蚀低山丘陵带，呈现出带状结构。内蒙古高原自上而下在垂直方向上发育着明显的五个夷平面：

白垩纪末期夷平面,在大青山上海拔1 700～1 800米的剥蚀面,在狼山海拔1 600～1 800米的和缓面;第三纪中期蒙古准平面(中新世丘顶夷平面);第三纪末期第四纪初的玄武岩堆积平面;第四纪戈壁剥蚀面;现代高平原剥蚀面。内蒙古高原地貌呈现出阶梯层状结构。由于内蒙古高原东西跨度大,距海远近不同,内外营力作用的显著差异,以及山脉走向的影响,造成地貌组合特征的区域差异。因此,内蒙古高原自东而西可分为呼伦贝尔高原、锡林郭勒高原、乌兰察布高原和巴彦淖尔—阿拉善高原四个部分,以及鄂尔多斯高原和张北围场高原。

呼伦贝尔高原处于内蒙古高原的东北部,大兴安岭北段西麓。在第三纪初已呈起伏不大的准平原形态,于喜马拉雅运动期发生断裂和挠曲,东、西部隆起为低山丘陵,中部坳陷沉积深厚的第四纪砂砾层而形成宽浅盆地地形,地面十分平坦,有"砂质平原"之称。地势东南高,略向西北倾斜,海拔600～800米。地表水系发育,河流湖泊密集。呼伦贝尔高原东部由古生代花岗岩和中生代安山岩、石英粗面岩和凝灰岩组成的低山丘陵,山顶浑圆,山坡和山麓被黄土状物质广泛覆盖,地面沟谷发育。中、南部地势低缓,呈波状起伏,由白垩纪砂砾岩组成的漫岗与众多的洼地、湖泡、低湿地、沼泽相间。呼伦湖(达赉湖)在呼伦贝尔高原低洼地中心,西、北湖岸发育三级阶地,东、南湖岸为广阔平坦的高平原。呼伦湖周围沉积的深厚疏松的第四纪砂层,在强烈风力吹蚀作用下,形成了长条状或片状固定、半固定沙地地貌景观。呼伦贝尔高原西部由岩浆岩组成的低山丘陵与谷地相间,有东北方向展布的海拔800～900米和600～700米的两级夷平面。由于长期遭受干燥剥蚀作用,岩屑广布,地面起伏不大,山顶浑圆,岩石裸露、谷地宽广。西南部分布贝尔湖。

锡林郭勒高原处于内蒙古高原中、东部,东界大兴安岭南段西麓,南接阴山山地北麓,西至集二铁路线。地势自东向西和由南向北降低,海拔800～1 200米。区内地貌类型主要由边缘低山丘陵、层状高平原、冲积平原、内陆盆地、熔岩台地、沙地等构成。外缘低山丘陵隆起,北面是由古生代变质岩、花岗岩组成的巴隆巴格龙丘陵,东南为大兴安岭西北麓山前丘陵,南面有阴山北麓低山丘陵。锡林郭勒高原地面开阔,呈波状起伏,第三系湖相砂岩、砂页岩、泥岩组成的宽缓岗地、桌状台地与众多大小不等的盆地、干谷、河床、低洼地交错相间。广大的高原内由于地质构造基础的不同和外营力的差异,呈现出不同的地貌景观。锡林浩特以东属半干旱地区,流水侵蚀和堆积较为活跃,形成了较多的冲积洪积平原。东北部乌珠穆沁盆地,是北东向断陷沉降带,形成有深厚第四纪河湖相沉积物的冲积湖积平原,地势平坦,河网密集,河曲发育,出现了众多湖沼湿地。锡林浩特以西干燥度1.5以上,干燥剥蚀作用远比流水作用活跃,形成了由第三纪湖相沉积地层组成的层状高平原。高平原面保存完整,地形平坦,只有在边缘部分受到冲蚀切割作用，形成了一些浅沟。中、北部为承袭古老构造线以裂隙式喷发大量熔岩流，覆盖在第三纪湖相地层上而形成的阿巴嘎熔岩台地，表层玄武岩一般厚度达20~50米，柱状节理发育。台地上排列着许多第四纪火山锥。西南部为在新生代坳陷盆地的基础上，堆积了深厚的第四纪河湖相沉积物的浑善达克沙地，是一系列北西西—南东东向延伸的垄岗状沙丘，比高15~20米，大部分为固定、半固定沙丘。

乌兰察布高原处于内蒙古高原的中西部，在阴山北麓低山丘陵以北，集二铁路线以西，北至中蒙边境，西与巴彦淖尔—阿拉善高原相连。乌兰察布高原主要由第三纪砂岩、砂砾岩、泥岩组成，广阔平坦，地形呈层状向北逐渐下降，海拔由1 500米降至900米左右，形成典型的层状高原。高原由于受南北向河流切割，形成了许多南北向或北东向的高原与洼地相间排列的地貌结构。在南北向高平原之间的台间洼地，切割深度30~60米，有的是现代河谷，如塔布河、艾不盖河的谷地，有的成为旱谷，在谷坡两侧保留着二至三级阶地，是古河谷的遗迹。高原南部是由花岗岩、千枚岩和石英岩组成的阴山北麓低山丘陵，低山丘陵以北为地势平缓的凹陷地带，即盆地。在凹陷带以北有一条横贯东西强烈剥蚀的石质缓丘隆起带。在高原北部中蒙边境一带略有抬升的剥蚀丘陵带。

巴彦淖尔—阿拉善高原处于内蒙古高原的西部，东起狼山及贺兰山北侧，西抵马鬃山，南起走廊北山，北至中蒙边境。地势由南向北缓倾，海拔大部分在1 000~1 500米。最低处居延海海拔820米，少数山地的海拔超过2 000米。地形起伏和缓，趋于准平原化。相对高度200米左右。干燥剥蚀的东北—西南向或近东西向低山丘陵与宽浅的山间盆地、丘间谷地相间分布。东北—西南向的雅布赖山和巴音诺尔公山以及近东西向的龙首山、合黎山均是华北地台阿拉善台隆的隆起带，褶皱基底由太古代下元古代变质结晶岩系构成，元古代以后，整体长期上升隆起剥蚀阶段，侏罗系和白垩系直接覆盖于褶皱基底之上，加里东期和华力西及印支期岩浆活动活跃。本区受燕山、喜马拉雅旋回的强烈改造，形成若干个大小不同的断陷盆地，如雅布赖断陷、吉兰泰断陷以及居延海坳陷、乌兰呼海坳陷等盆地。盆地内发育侏罗系、白垩系地层，其上堆积了较厚的第三系或第四系河湖相沉积物。在极干旱的气候和常年多大风的条件下，物理风化非常旺盛，在盆地和谷地的冲积、洪积和湖积物被风吹扬，形成了大面积的沙漠，如巴丹吉林沙漠、腾格里沙漠、乌兰布和沙漠、巴音温都尔沙漠等。这些沙漠北缘有大小不等的湖泊、干湖盆、沙丘间洼地等。高原西部为干燥剥蚀山地——马鬃山。地质构造上属北山晚华力西地槽褶皱带的北山隆起，主要由下元古界中深变质的片岩、片麻岩、千枚岩、大理石组成，古生代地层不发育，古生代末期形成的地堑式盆地内中生代地层为侏罗系夹煤层建造和下白垩统泥页岩建造。华力西中期岩浆岩最发育。山体西北—东南走向，地势由西向东倾斜，海拔1 400~1 800米，最高峰海拔2 583米（在甘肃省境内），山形破碎，以准平原化的低山残丘为主，物理风化旺盛，石质戈壁广布。碎屑石质戈壁集中分布于马鬃山以东，巴丹吉林沙漠以西，以及中蒙边界一带，其特点是地面光秃、岩石裸露，或覆盖不到一米的残积——坡积岩屑，地表覆盖一层油黑闪亮的"荒漠岩漆"。砂砾质戈壁多分布在合黎山、龙首山北麓山前地区和额济纳河两岸，砾石层厚度大，水源贫乏，无植被。额济纳河下游两岸大面积的绿洲，黄河流域内的李井滩和腰坝滩绿洲以及乌兰布和沙漠北部、古日乃淖、拐子湖、吉兰太盐池、雅布赖盐池等湖盆低地，是由泥沙质物质组成的冲积、湖积或湖积平原，地势低平、湖沼广布。

准噶尔盆地位于天山与阿尔泰山之间，西侧为准噶尔西部山地，东至北塔山山麓。地势向西倾斜，北部略高于南部，北部的乌伦古湖（布伦托海）湖面高程479.1米，中部的玛纳斯湖湖面270米，西南部的艾比湖湖面189米，是盆地最低点。准噶尔盆地在地质构造上属古陆地块。中生代砂岩覆盖在古生代基底上，从北向南增厚，北部厚700米，南部增至3 000～4 000米，含有煤和石油层。新生代地层亦向南增厚，北部不到450米，南部坳陷带厚度高达500米。盆地内平原可分为两个区，北起阿尔泰山南麓，南抵沙漠北缘的北部平原，有大片风蚀洼地，属额尔齐斯河和乌伦古河流域，较大的湖泊有乌伦古湖（布伦托海）、吉力湖等。南部平原南起天山北麓，北至沙漠南缘，是天山北麓山前平原，主要农业区。中间为中国第二大沙漠古尔班通古特沙漠，固定和半固定沙丘占优势，流动沙丘仅占3％。西南部为博尔塔拉谷地，其南有婆罗科努山，北有阿拉套山。

三、南部山地、高原及平原区

本区范围是蒙古高原南部边缘及毗邻地区，主要包括南部边缘山地、平原、高原及盆地。南部边缘山地是大兴安岭、冀北山地、阴山山脉、贺兰山、走廊北山和天山山脉。南部边缘及其毗邻地区的平原是指嫩江平原、西辽河平原、土默特平原和河套平原。有蒙古高原的南部组成部分鄂尔多斯高原和张北—围场高原。盆地主要是毗邻地区的塔里木盆地。

大兴安岭在蒙古高原南部边缘山地的东南部，是东北—西南走向的弧形中低山组成的山脉。它绵延于中国东北平原与内蒙古高原之间，东西长达1 400公里，宽约200～450公里，海拔1 400～1 600米，最高可达2 000米，是内、外流水系的重要分水岭。在地质构造上，属于华北地台北缘和兴安地槽古生代褶皱基底上形成的大兴安岭中生代火山岩构造单元。它是构成中国东部大陆边缘的北北东向隆起之一，在地质力学上称之为新华夏构造体系的第三隆起带。在大兴安岭地区广泛发育了燕山旋回钙碱性火山岩和中—

浅成侵入岩。火山活动从早期基性岩浆喷发开始，经中期酸性岩浆喷发，到晚期的基性—中基性岩浆喷发结束。总厚度500～6 500米。喷发间隙期夹有河湖相碎屑岩沉积和煤层。侵入岩以小岩株、岩枝和中—小型岩基为主。岩石类型主要为花岗岩和花岗闪长岩。本区构造线方向为北北东向，在总体隆起的背景下发育了一系列北东、北北东断裂和小型隆、坳相间的垒—堑构造体系。大兴安岭主脊断裂纵贯全区，以左旋剪切为主，对构造、岩浆活动起了显著的控制作用。北西向张扭性断裂的产生晚于主脊断裂，往往成为喜马拉雅旋回玄武岩浆喷溢的通道。褶皱构造以火山岩系的宽缓短轴背、向斜为主，轴向北北东。大兴安岭地区在中生代沿古构造线发生断裂及岩浆活动，新生代主要是剧烈的块断隆起和阶梯状断裂，并有玄武岩喷发，造成多种火山地貌类型。在海拔1 000米左右较平坦的岭脊和山峰组成的分水岭上，可见到古新世形成的兴安期夷平面。在大兴安岭东侧海拔300～600米的山前地带有被河流切割得支离破碎，常沿河谷呈带状延伸的中新世布西期夷平面和谷滨夷平面，山坡上还存在侵蚀阶地，在河谷内有堆积阶地，形成了高度不等的层状地貌景观。大兴安岭山地具有东坡陡于西坡的不对称形态特征，西坡以300米高差由丘陵谷地过渡到内蒙古高原。而山岭东坡陡峻，阶梯地形显著，从分水岭往东由中山、低山、丘陵逐级下降，坡面多切割成较深的峡谷。大兴安岭山体比较浑圆，山顶缓平，山脊不明显，多呈散离而不连续，山坡有大量岩屑堆积。根据地貌营力的差异，把大兴安岭可分成南北两段。大兴安岭北段长约670公里，宽200～300公里。地势从北向南逐渐升高，海拔1 000～1 400米。山顶浑圆，山脊不明显，山体低平宽阔，保存较完整的准平原面，是中等切割的中低山地。海拔1 100～1 700米中山带有古冰川遗迹和永久冻土，最高山峰海拔1 720米。洮儿河以南为大兴安岭南段，长600公里，宽70～150公里，是中等山地，海拔1 000～1 600米，相对高度100～500米，北部低，西南高，最高峰黄岗梁2 029米。山地主脊为中山带，中山带西侧起伏平缓，与锡林郭勒高原相接。中山带东侧群山重叠，山势陡峻，由中山带、低山丘陵至浅丘漫岗过渡到西辽河平原。

冀北山地主要包括七老图山与努鲁儿虎山及其延续部分。在地质构造上属华北地台内蒙古台隆喀喇沁断隆，出露的基底岩系为太古界麻粒岩相变质建造，但由于燕山期钾长花岗岩的侵入破坏而分布零星。古生代盖层不发育，局部有上寒武统浅海相碎屑岩、碳酸盐建造。中生代上侏罗统往往直接不整合覆盖于基底岩系上，为火山岩、火山碎屑岩建造。冀北山地的西段为七老图山，呈北北西走向，山势陡峻，属构造侵蚀中山地貌景观。海拔在1 000～1 200米以上，不少山峰超过1 700米，相对高度150～500米。谷坡坡度大，一般达30°～47°。基岩大部分为喷发岩和花岗岩，在部分地段规模不大的玄武岩分布。主要地貌类型有侵蚀剥蚀的中山、山间洪积—冲积平原和玄武岩台地。努鲁儿虎山位于冀北山地的南侧，呈东北—西南走向，海拔多在 700～1 000 米之间，峰顶高度多为 900～1 000 米，呈现出古代曾受准平原化的特色。山势由南向北低山、丘陵与台地，逐渐过渡到海拔 400 米左右的波状平原。相对高度 100～200 米，坡度 20°～25°，少数可达 30°～40°。山地基岩由花岗岩、长英岩、片麻岩、砂页岩、凝灰质火山角砾岩等组成。绝大部分山体基岩裸露，坡麓有较厚的坡积物，但面积小。

阴山山脉横亘于蒙古高原南部边缘山地的中段，是中国北方巨大的东西向山地。阴山山脉的西部是狼山、色尔腾山和乌拉山，中部为大青山，东部以察哈尔熔岩台地、低山丘陵延续至滦河与西拉木伦河的分水岭，东西绵延 1 000 余公里，南北宽 50～100 公里。山势西高东低，大青山以西海拔 2 000 米，向东递减为 1 400～1 600 米，最高峰在西端狼山的呼和巴什格，海拔 2 364 米。在地质构造上，属华北地台内蒙古台隆阴山断隆，是前寒武纪变质基底岩系集中出露的地段，晚元古界及古生界稳定盖层直接不整合于基底之上。阴山地区在古生代末开始处在长期构造活动中，其构造线近东西向。中生代初印支旋回之后，经燕山、喜马拉雅旋回的阶段性隆起抬升，形成今日之横亘于内蒙古中部的崇山峻岭地貌景观。中生代沉积仅限于断陷盆地中，中下侏罗统为含煤建造，上侏罗统为磨拉石建造、火山岩建造；下白垩统为红色建造和含煤、油页岩建造。本区岩浆活动频繁，华力西晚期花岗岩类、印支期粗粒似斑状花岗岩及燕山期钾长花岗岩均广布，喜马拉雅期大面积玄武岩喷溢。阴山的主体构造形式以乌拉山复背斜和大青山复背斜为代表。乌拉山复背斜位于阴山断隆的西段，呈东西向展布，长约 100 公里，宽约 20 公里。复背斜由上太古界的片麻岩、变粒岩、大理岩、石英岩组成的乌拉山群构成，印支期花岗岩的侵入破坏了复斜的完整形态。大青山复背斜位于阴山断隆的东段，呈东西向展布，长 90 公里，宽 40 公里，核心以乌拉山群片麻岩为主，由于花岗岩充填和断裂破坏，复背斜的形态很不完整。南翼多为断陷盆地，北翼依次出现下元古界变质较深的混合化片麻岩、混合岩和片岩组成的色尔腾山群，下元古界绿色片岩、片岩夹大理岩和大理岩夹片岩组成的二道凹群，再往北出现中元古界白云鄂博群、渣尔泰群等板岩、页岩、灰岩、石英砂岩组成的地层。复背斜西南部由乌拉山群构成一系列东西向复杂的背、向斜型构造。大青山复背斜可能是阴山断隆中的古老隆起的核心。阴山山地的现代地貌营力为东部以流水侵蚀为主，西部干燥剥蚀强烈。山地地貌组合主要由块状的侵蚀剥蚀中低山、山间盆地和丘陵组成。卓资—察哈尔右翼中旗一线以西，是由脉络清楚、以山间谷地相间，山峰高度相差无几的构造断块山组成。山体南侧，由东向西大断层造成的陡峻峭壁、巍峨壮观的山地，以相对高差千余米与河套—土默特平原截然分开。山地北坡剥蚀低山丘陵与盆地交错，相对高度 200～400 米，向北逐渐过渡到内蒙古高原。卓资—察哈尔右翼中旗一线以东，山体地势较低，海拔 1 500 米左右，山岭走向凌乱，峰顶浑圆，山坡平缓。其地貌类型有低山、丘陵、熔岩台地及盆地、滩川地。

贺兰山位于阿拉善高原东缘，银川平原之西，南北长270公里，东西宽20～40公里，是南北走向干燥剥蚀的中山。海拔2 000～3 000米，相对高度1 500～2 000米，最高山峰达呼洛老峰，海拔3 556米。山势雄伟险峻，远望如奔腾的骏马。在地质构造上，属华北地台鄂尔多斯西缘坳陷贺兰山褶断束。基底岩系为太古界结晶变质岩系，其上被中元古界浅海相石英岩建造、泥页岩建造、镁质碳酸盐建造不整合覆盖。在奥陶纪沉积了厚4 000余米的海相类复合岩建造。晚古生代，随着祁连山加里东地槽的褶皱回返，贺兰山也曾一度上升，地壳活动相对减弱。石炭系、二迭系沉积厚度不大。本区燕山运动中发生强烈褶皱，其褶皱构造为由石炭系和侏罗系组成的相间排列的两个背斜和三个向斜，两翼对称或不对称，次一级褶曲发育，东翼较完整，西翼被南北向断层破坏。喜马拉雅运动期再度抬升，造成纵卧南北、高亢突兀的山势，从而造成了始新统与渐新统、中新统与上新统沉积间断，并且导致寒武系逆冲于渐新统之上。山体的中部和北部山高谷深，分水岭狭窄，坡度陡峭，有头关、大武口等交通隧道多处。南部山势较低，孤山远布，在平顶山中常有狭深的山谷。山地的东西坡显著的不对称，西坡平缓，切割较浅，零星分布第四纪冰川遗迹。东坡陡峻挺立，坡度可达30°以上，沟谷狭窄而深险，新构造运动活跃，现今山体仍有抬升的态势。

走廊北山位于中国河西走廊以北，阿拉善高原的南缘，主要包括合黎山、龙首山及东延的红崖山、阿古拉山等。地质构造上，龙首山属华北地台阿拉善台隆龙首山断隆，其基底岩系由下元古界一套角闪岩至绿片岩相的变质建造构成，中、上元古界盖层性质的沉积。在山间盆地中，有中、下侏罗统和下白垩统沉积。加里东期岩浆活动较发育。早期为基性、超基性，晚期以花岗岩侵入为主。褶皱构造以龙首山复向斜为主体形态，其核部由中、上元古界构成，两翼出露下元古界，轴向北西，北翼陡，南翼缓。合黎山属天山地槽北山晚华力西地槽褶皱带合黎山隆起，基底岩系由下元古界龙首山群片岩、片麻岩构成，其上不整合具有盖层性质的中、上元古界。晚古生代具有明显的构造活动带特征，沉积了石炭系—下二迭统的海相碎屑岩建造、中基性火山岩建造。合黎山地东西向前寒武纪基底褶皱和断裂均较发育，古生界继承前期构造方向，形成紧密线型褶皱。北西向的中、新生代构造盆地和短轴状穹窿改变了隆起区的构造格局。走廊北山的龙首山山势较高，海拔约2 500米，主峰东大山海拔3 616米。山地北坡平缓，南侧为断崖，地形陡峻，干燥剥蚀作用强烈，岩石裸露，山坡下岩石碎屑堆积较厚，形成砾石戈壁。走廊北山与阿拉善高原间有地层断陷及流水切割形成的山口多处，在历史上成为南北交通隧道。

天山山脉以东西向耸立于准噶尔与塔里木盆地之间，东西长约1 760公里，南北宽

250～350 公里。海拔多在 4 000 米以上。位于西部的托木尔峰，海拔 7 435.3 米，东段的高峰是博格达峰，海拔 5 445 米。地质构造上，属天山地槽褶皱系。天山地槽是一个早加里东期由古地台解体而成的再生地槽。经加里东运动，特别是华力西运动，地槽发生全面性回返，褶皱隆起形成古天山山地。构成山地的主要岩石是古生代变质岩和火山碎屑岩及华力西期的侵入岩。中生代至早第三纪末，古天山被剥蚀夷平成为准平原。晚第三纪，特别是上新世以后，准平原发生断块抬升，形成多级山地夷平面。后经冰川与流水交替作用，成为现代天山。山脉由一系列大致平行的北天山、中天山和南天山所组成，山体之间夹有许多宽谷和盆地。天山山地从山顶到山麓的现代地貌过程可分为：①位于海拔 3 800～4 200 米以上的冰雪覆盖带为常年积雪和现代冰川作用带；②位于海拔 2 600～2 700 米以上的山区，堆积了大量的古冰川沉积物，保留了许多冰川侵蚀地形，常年气温低，是冰缘冻土作用带；③位于海拔 1 500～2 700 米的山区，河网密布，河谷阶地发育，是流水侵蚀、堆积带；④位于海拔 1 300～1 500 米以下，降水量 100～200 毫米，外营力以干燥剥蚀作用为主的干燥剥蚀低山带。

嫩江平原处在大兴安岭北段东麓丘陵台地以东的冲积洪积平原，东接松嫩平原。地质构造上，属吉黑褶皱带松辽坳陷，地质力学称为新华夏第二沉降带的西缘部分。其基底岩石为花岗岩、凝灰岩、砂砾岩，其上沉积了深厚的白垩系、第三系和第四系地层。海拔 150～200 米，地势较平坦。主要地貌类型由河谷平原、低湿洼地、漫岗和浑圆的残丘组成。嫩江平原水系发育，河网密度大，河床宽阔，河流阶地广布。在地势低洼、坡度小，地表水排泄不畅之处，形成大面积的沼泽型、下湿地型、潴水湖沼泽型甸子地。局部地区沙丘覆盖，发育风沙地貌。

西辽河平原位于大兴安岭南段山地与冀北山地之间，东与辽河平原相接，是西辽河及其支流的冲积平原。东西长 270 公里，南北宽 100～200 公里，西部狭窄，东部宽阔，呈楔形尖朝西的平原。地势西高东低，南北向中部倾斜，海拔由西部 950 米到东部下降为 120 米。在地质构造上，内蒙古中部地槽褶皱系晚华力西地槽褶皱带开鲁坳陷，是在晚华力西褶皱基底上发育的中、新生代断陷、坳陷盆地。侏罗纪为断陷期，发育了一组火山岩，厚约 2 000 米以上。白垩纪以坳陷为主，沉积了含煤、油碎屑岩建造及红色建造。中、新生代沉积总厚度为 2 000～3 000 米。新生代区域性上升隆起，第三系、第四系不够发育。现代的泛滥平原是由河漫滩和阶地组成，遗留有许多古河道，低洼处湖沼分布。泛滥平原之外的西辽河中下游老冲积平原上覆有大面积近代风成沙丘，即形成了科尔沁沙地。科尔沁沙地中，固定、半固定沙丘约占 80% 以上，流动沙丘占 15% 左右。沙丘相对高差 5～20 米，波状起伏，多呈现北西西—南东东向与当地主风向一致的垄、甸相间的特有地貌景观。

土默特平原处在蒙古高原南缘阴山山地之南,鄂尔多斯高原以北,西起乌拉山西端南麓,东至蛮汉山,东西长400公里,南北宽200公里,略呈三角形盆地状。地质构造上,属华北地台鄂尔多斯台坳河套断陷,从中生代侏罗纪晚期发生坳陷,第三纪中新世喜马拉雅运动进一步发展成断陷盆地,沉积了1 000米以上的河湖相沉积物。它是由北部山前洪积冲积倾斜平原和南部黄河及其支流大黑河冲积平原组成,地势从西、北、东向南倾斜,海拔1 000米左右,最低处在黄河沿岸一带。

河套平原位于蒙古高原南缘阴山山地西段狼山以南,鄂尔多斯高原北部的库布齐沙漠之北,西临乌兰布和沙漠,东至乌拉山西端,东西长210公里,南北宽75公里,呈扇弧形。地质构造上,属鄂尔多斯台坳河套断陷。在早白垩世和新生代强烈坳陷,形成了断陷盆地。在盆地北部深大断裂对南部的垂向拉张,促使盆地南部产生一系列东西向断裂,致使盆地呈阶梯状下降,形成了北深南浅的簸箕状盆地。沉积物由南向北从河流相过渡到湖滨、浅湖相乃至半深湖相,再向北,由半深湖过渡到浅湖相,再北缘为山麓相。河套平原地势由西南向东北缓倾,平原下游末端乌梁素海最低,平均海拔1 050米,地形十分平坦。在地貌类型上,北部为狼山山前洪积平原,宽度10公里左右,地面坡度较大,多为1/50~1/150,主要由砂砾石洪积物组成,海拔1 020~1 200米,由北向南倾斜。南部为黄河冲积平原,其组成物质上部粉砂、细砂和黏土混合的黄河现代冲积物,下部为深厚的湖积物。地势西高东低,自西南向东北倾斜。河套平原西部为乌兰布和沙漠北缘的一部分,是由黄河故道细粉沙经风蚀形成的沙丘平原。地势由东南向西北降低,沙丘形态多样,有新月形沙丘链、垄岗形沙丘、丘陵状沙丘和丘间平地及丘间洼地等。

蒙古高原南部边缘有处于分离状态的两个重要的高原,即鄂尔多斯高原和张北—围场高原。在地学界,一般把这两个高原视为广义的内蒙古高原的组成部分。同时,这两个高原是蒙古民族重要的聚居区域,有内蒙古自治区鄂尔多斯市和河北省围场满族蒙古族自治县。鄂尔多斯高原处在河套平原的南面,它的西、北、东三面被黄河河湾环抱,东南面与黄土高原相连,是一个方桌状干燥剥蚀砂砾质高原。地质构造上,属华北地台鄂尔多斯台坳。鄂尔多斯台坳是一个基底硬化程度很高、比较稳定的地块。在此基础上,经历多施回构造发育阶段,形成具有多次坳陷叠加的中生代盆地。古生代早期,鄂尔多斯北部隆起,其余部分为浅海盆缓慢地接受沉积。值得提出的是,晚石炭世的海边低地、河湖沼泽区都长有大片森林,其中准格尔地区最为繁茂,形成巨厚的煤层。早中生代印支运动期,鄂尔多斯台坳周边显著抬升的构造背景下,出现了不均衡的坳陷,东部沉积了红色砂砾岩、泥岩,中部沉积了灰绿色砂泥岩,局部夹煤层。晚中生代燕山运动期,鄂尔多斯地区强烈坳陷,沉积了中、下侏罗统和下白垩统巨厚的红色建造、含煤建造。在晚第三纪中新世初期,由于喜马拉雅运动,鄂尔多斯构造盆地急剧抬升为构造隆起剥蚀高原。地势中西部高，四周低，西北部高于东南部，向东微微倾斜，海拔一般在 1 450～1 550 米，东部黄土丘陵区海拔 1 200 米，其中马棚是最低的河谷洼地，海拔 850 米。东南部黄河支流谷地海拔 900～1 200 米。西部桌子山一带地势高亢，平均海拔 1 500～2 000 米，桌子山主峰海拔 2 149 米。鄂托克高平原是鄂尔多斯高原的主体，地面常见桌状地形（梁地）、孤立剥蚀残丘及风蚀洼地与盐湖。在锡尼镇以东、东胜区西部、乌审旗以北广大地区为东胜高平原，是鄂尔多斯高原的中心部分，有少数宽浅凹地，普遍覆盖残积物，高原内陆洼地主要包括杭锦洼地、伊金霍洛—乌审洼地与东南洼地。杭锦洼地以哈日莫淖尔（盐海子）为中心，盆地宽浅，沉积薄层湖积沙层，多被风吹蚀，堆积成固定沙丘。伊金霍洛—乌审洼地为宽平内陆湖盆，呈西北—东南向长条状分布，组成物质以湖积物为主，厚度 100 米以上。洼地内西南部为毛乌素沙地，以新月形沙丘链与格状沙丘为主。东南洼地大致与长城平行，洼地多为黄土堆积。桌状高地是指西部的桌子山、岗德尔山、新召山，海拔 1 750～2 150 米，主要由太古界片麻岩、震旦纪灰岩、石英岩、板岩以及古生代、中生代、新生代地层组成。其中上、中古生代地层占优势，上覆第三纪红色砂岩、砂页岩。山体遭受强烈的剥蚀，所以山顶平齐，坡形陡峻。高原东部准格尔、和林格尔等地为黄土丘陵，是内蒙古高原向黄土高原的过渡地带，基底片麻岩，盖层为古生代灰岩、页岩、砂岩及第三纪砾岩，地表广泛分布萨拉乌素系黄土，厚度 20～70 米，河谷深切，沟谷密集，地形破碎。库布齐沙漠呈东西向分布于鄂尔多斯高原北缘，以格状沙丘与新月形沙丘链为主。

张北—围场高原是内蒙古高原的南缘部分，东、北、西三面与内蒙古自治区接壤，南面与冀北山地丘陵为界。地质构造上，属华北地台内蒙古台隆冀北断陷。震旦纪以来为长期稳定隆起的剥蚀地块。燕山运动，花岗岩侵入，褶皱发育。本区为中生代强烈坳陷带，大部地区为侏罗纪地层为覆盖，古老结晶基底岩系零星出露。中下侏罗统为含煤、油页岩建造，上侏罗统为基性—中酸性火山岩建造夹含油页岩建造。岩浆侵入活动以燕山期花岗岩和亚碱性正长粗面岩的侵入活动为主。构造变动表现为上侏罗统的褶皱和断裂。褶皱形态简单，以短轴背、向斜为主。断裂构造比较发育，以高角度的逆断层为主，断裂方向为北东向或北北东向。喜马拉雅运动期又形成断裂，有火山活动，喷发了大量中、酸性火山岩和汉诺坝玄武岩，经长期剥蚀侵蚀，形成高原剥蚀面，雕塑出现今的波状高原景观。地势高耸，但地面起伏不大，一般海拔 1 400～1 800 米。山地、丘陵相对高度不大，坡度平缓，有"远看似山，近看是川"之说。张北—围场高原大致可分为三个部分：①北部为阴山余脉组成的舒缓丘陵，多为古老变质岩和花岗岩组成，相对高度一般 100 米以下，坡度小于 15°，有丘间宽谷，固定、半固定沙丘分布于东部，沿河两岸有沼泽地。②南部地势较高，为内、外流域分水岭，海拔均在 1 500 米以上，相对高度大于200米。西段为汉诺坝玄武岩形成的张北熔岩台地；中段为中、酸性侵入岩组成的垄状山地，最高峰花皮岭海拔2 129米；东段则为低山丘陵，有黄土分布。③中部波状高原面积最大，为一系列岗梁、滩地、湖泊相间分布组成，一般海拔1 400米。岗梁多由变质岩、花岗岩组成，相对高度不足50米，坡缓；滩地坡度一般小于3°。

塔里木盆地和柴达木盆地为蒙古高原南面的毗邻地区，也是蒙古民族长期繁衍生息的地方，有现今的新疆维吾尔自治区巴音郭楞蒙古自治州和青海省海西蒙古族藏族自治州、河南蒙古族自治县。因此，在这里还要简述这两个盆地的地貌景观。

塔里木盆地处于天山山脉与昆仑山脉之间，中国最大的内陆盆地。南北最宽处520公里，东西最长处1 400公里。塔里木盆地是大型封闭性山间盆地，地质构造上属被许多深大断裂所限制的稳定地台。基底为古老结晶变质岩系，基底上有厚约千米的元古代和古生代沉积覆盖层，上有较薄的中生代和新生代沉积层，第四纪沉积物的面积很大。塔里木地块还要包括四周的低山丘陵，而地貌上塔里木平原则只限于有第四纪沉积且较坦荡的部分。盆地沿山麓带，北部有库车坳陷，西南部有喀什—叶尔羌坳陷。坳陷内有巨厚的中生代和新生代陆相沉积，最大厚度达万米，是良好含水层。盆地呈不规则菱形，地势西高东低，微向北倾，海拔800~1 000米，旧罗布泊湖面780米，是盆地最低点。盆地地貌呈环状分布，边缘是与山地连接的砾石戈壁，中心是浩瀚的沙漠，边缘与沙漠之间是洪积扇和冲积平原，并有绿洲分布。塔里木河发源于塔里木盆地周围山地，在盆地内部流动构成向心水系—塔里木河水系，是中国最大的内陆水系。塔里木河以南是塔克拉玛干沙漠，是中国最大沙漠，流动沙丘占85%，沙丘形状复杂，有金字塔形、穹状、鱼鳞状、复合型沙丘链、复合型沙垄等多种形态。

柴达木盆地，位于青海省西北部，四周被昆仑山脉、祁连山脉与阿尔金山脉所环抱，属封闭性巨大山间断陷盆地。地质构造上，属柴达木地块。盆地基底为前寒武纪结晶变质岩系。盆地形成最早在晚古生代华力西运动，普遍沉降发生在早侏罗纪之后。第三纪渐新世以来大面积强烈断陷，盆地内形成巨厚的山麓相和河湖相沉积，绝大部分地面被晚新生代沉积所覆盖。地势由西北向东南微倾，海拔自3 000米渐降至2 600米左右。地貌呈同心环状分布，自边缘至中心，砾石戈壁、冲积洪积平原、冲积湖积平原，并有湖泊与沼泽分布。盆地西北戈壁带内缘分布垄岗状丘陵，东南有广阔的冲积湖积平原，东北部由变质岩系形成的低山，并出现一系列小型山间盆地。

第五章　蒙古高原及其毗邻地区气候

第一节　气候特点

蒙古高原地处内陆，幅员辽阔，东西绵长，地貌类型多样，自然环境复杂，对气候有非常大的影响。蒙古高原的气候具有强烈的大陆性和干旱性特征，同时气候区域差异显著，气候特点明显。

一、寒暑变化剧烈，冬季严寒漫长，夏季温热短促

1. 年平均气温较低，区域差异大

蒙古高原及其毗邻地区纬度高，同时大部分地区是高原和山地，一般都在1 000米以上，蒙古高原的平均高程为1 580米，因此年平均气温较低，为–9℃～9℃。蒙古高原的北部地带，即蒙古国杭爱山北麓、肯特山西北麓以北以及大兴安岭北段以北地区，也包括俄罗斯布里亚特地区和阿尔泰、乌梁海地区，年平均气温零度以下，其中乌斯季奥尔登斯基市的年平均气温为–3℃，在蒙古国库苏古尔湖盆地、乌布苏湖盆地、特斯河流域年平均气温–5℃，特别是在扎布汗省巴彦特斯县、陶松臣格勒县年平均气温–6.5℃～–7.6℃，有些年份达尔哈德盆地、库苏古尔省仁钦勒浑贝县附近出现年平均气温–9℃（图5-1）。

而在蒙古高原的南部，即内蒙古自治区，年平均气温的分布具有由大兴安岭向东南和西南方向递增的特点（图5-2）。大兴安岭北端段年平均气温–4℃以下，岭南地区年平均气温在0℃以上，南部达6℃左右。呼伦贝尔高原和锡林郭勒高原年平均气温–2℃～–4℃，乌兰察布高原、阴山山地及其南麓地区的年平均气温4℃～6℃。

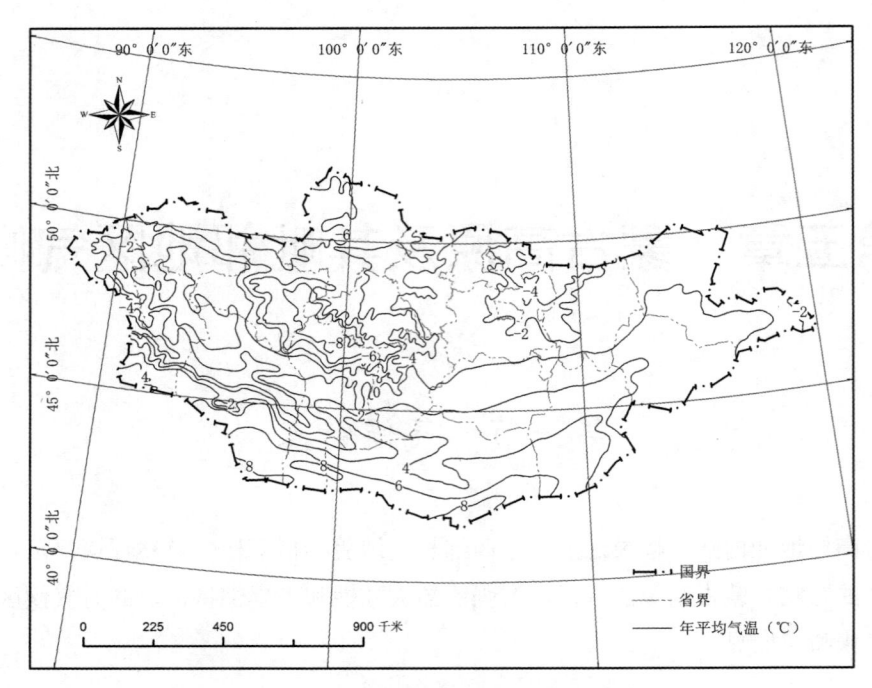

图 5-1 蒙古国年平均气温分布

资料来源:《蒙古国地图集》

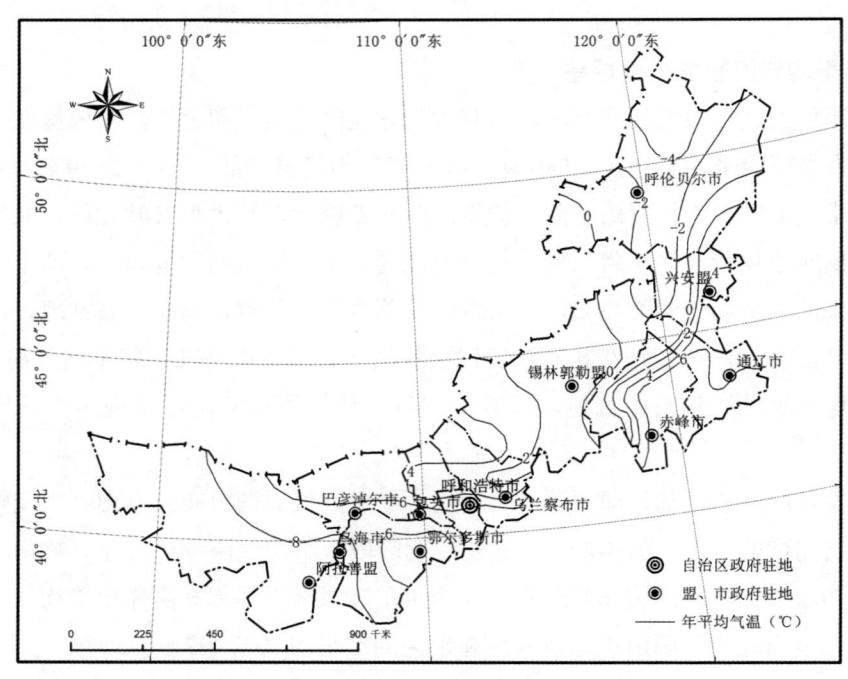

图 5-2 内蒙古自治区年平均气温分布

资料来源:湖春主编,《内蒙古自治区农牧林业气候资源》

阿拉善盟年平均气温 7.5℃～8.3℃，尤其额济纳旗年平均气温达 9℃。由此可见，蒙古高原及其毗邻地区年平均气温由南向北随着纬度的增加而降低，也受地形和气压场及大气环流的影响而发生变化，致使年平均气温的区域差异变大，其相差近 20℃。

2. 气温年较差大，气候的大陆性强

内蒙古自治区的气温年较差在 34℃以上，是属大陆性气候（图 5-3）。其中，大兴安岭北端的气温年较差高达 46℃以上，呼伦贝尔市岭东地区、兴安盟、呼伦贝尔高原和锡林郭勒高原为 38℃～44℃，通辽市、赤峰市以及乌兰察布高原和巴彦淖尔—阿拉善高原地区为 34℃～38℃，察哈尔丘陵、土默特平原、河套平原和鄂尔多斯高原及阿拉善高原南部为 34℃左右。气温日较差为衡量气候大陆性的指标，一般以日较差 10℃为大陆性气候与海洋性气候的分界。内蒙古自治区气温平均日较差为 12℃～16℃，其分布规律是从东北向西南递增，说明气候的大陆性由东北向西南逐渐增强，干燥程度越来越大。

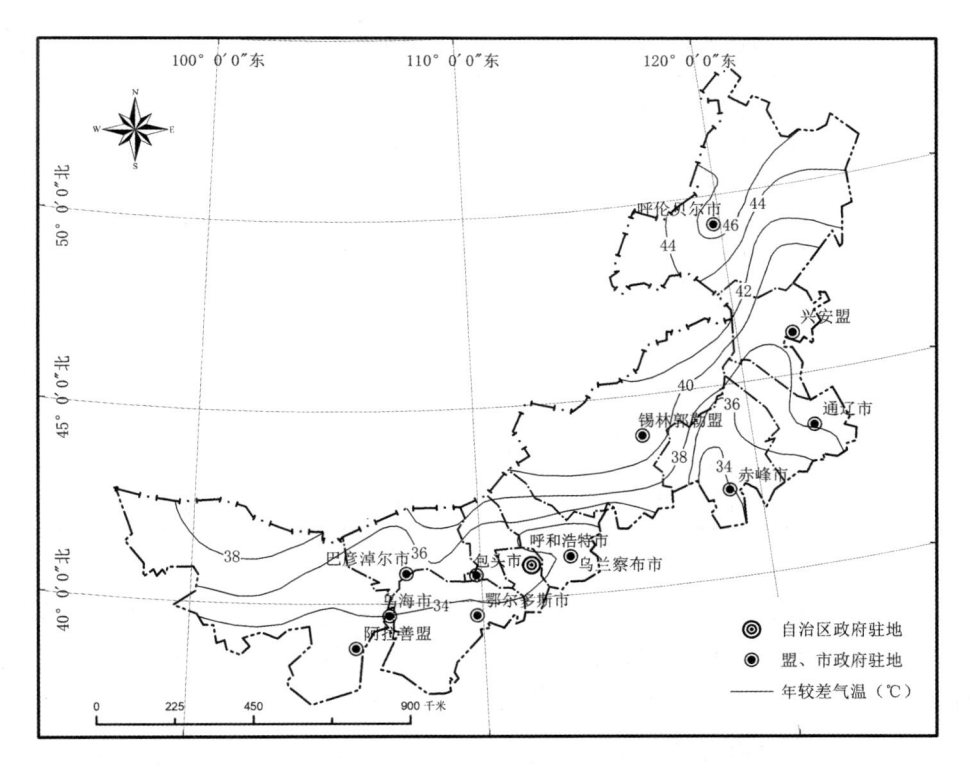

图 5-3 内蒙古自治区年较差气温分布

资料来源：马玉明总主编，《内蒙古自治区资源大辞典》

表 5-1 蒙古国各月日均最高和最低气温表（℃）

地区	项目	1月	2月	3月	4月	5月	6月	7月	8月	9月	10月	11月	12月
蒙古国全国	日均最高	−13	−8	1	11	19	23	25	23	17	9	−2	−10
	日均最低	−25	−22	−13	−4	4	10	12	10	4	−4	−14	−22
达拉扎达嘎德	日均最高	−7	−3	4	14	21	26	28	26	20	12	2	−4
	日均最低	−20	−15	−9	0	7	13	16	14	8	−1	−11	−17
额尔登特	日均最高	−11	−7	−1	9	17	21	22	20	15	8	−3	−9
	日均最低	−22	−20	−13	−5	2	8	10	9	2	−5	−14	−19
科布多	日均最高	−16	−10	1	12	19	24	25	24	18	9	−2	−12
	日均最低	−28	−25	−14	−3	5	11	13	10	4	−4	−15	−24
乌兰巴托	日均最高	−14	−9	−1	9	17	21	22	19	14	8	−3	−12
	日均最低	−25	−22	−14	−5	2	8	10	8	2	−5	−14	−22

表 5-2 蒙古国四季日均最高和最低气温表（℃）

地区	项目	春季	夏季	秋季	冬季
蒙古国全国	日均最高气温	1	22	16	−8
	日均最低气温	−13	9	3	−20
达兰扎达嘎	日均最高气温	5	25	19	−3
	日均最低气温	−9	12	7	−16
额尔登特	日均最高气温	0	20	14	−6
	日均最低气温	−13	7	2	−18
科布多	日均最高气温	1	23	17	−10
	日均最低气温	−14	9	3	−23
乌兰巴托	日均最高气温	0	20	14	−10
	日均最低气温	−14	7	2	−20

蒙古高原的日均气温年较差、月较差和日较差均大。从表 5-1 和表 5-2 可知，蒙古国的日均气温年较差达 50℃，日均气温月较差大出现在 4~5 月份，其值 15℃~17℃，而日均气温日较差更大些，一般日均气温日较差为 20℃~30℃。如 1928 年 5 月的一天，乌兰巴托曾于 12 小时内气温由 0.3℃ 急速上升到 25.9℃，其日较差值达 25.6℃。

3. 冬季漫长严寒，多寒潮天气

冬季在蒙古高原北部山地和大兴安岭山地为最长，自 9 月下旬入冬，翌年 5 月上旬回春，长达七个多月。蒙古高原中部和大兴安岭东麓、阴山及内蒙古高原大部在 10 月上、中旬入冬，翌年 4 月中、下旬回春，冬季长达半年多。西辽河平原、河套平原、土默特平原与鄂尔多斯高原、巴彦淖尔—阿拉善高原冬季较短,自 10 月下旬至翌年 3 月末、4 月初,冬季长达 5 个多月。蒙古高原冬季,最冷月 1 月平均气温为–12℃～–32℃(图瓦共和国 1 月份平均气温达–32℃),极端最低气温在–62℃以下(阿尔泰山脉雪线附近曾出现–62℃)。

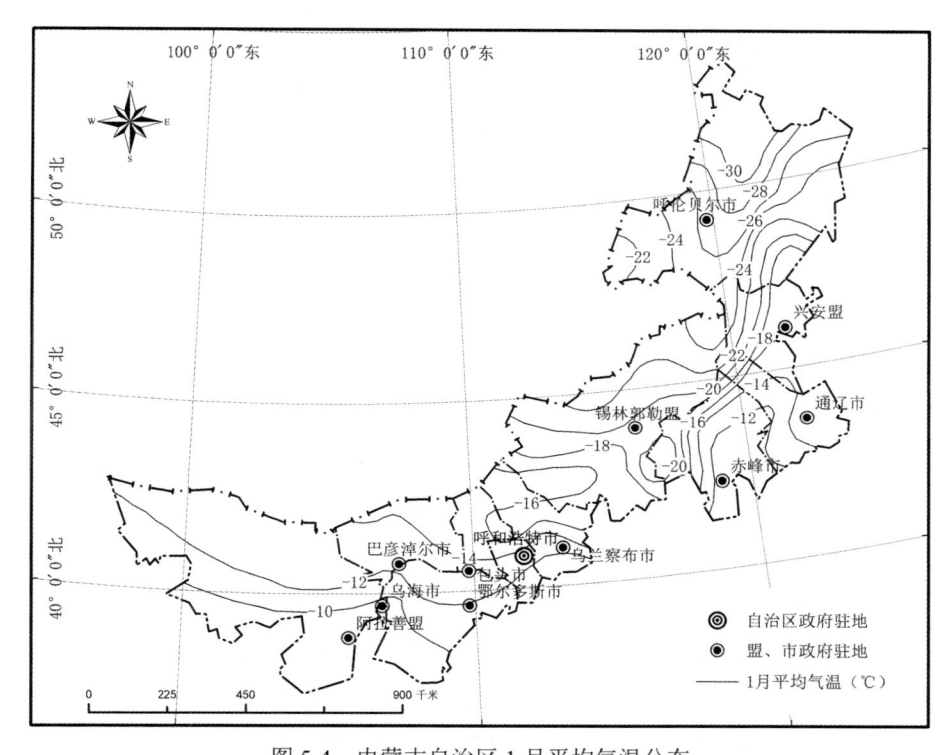

图 5-4　内蒙古自治区 1 月平均气温分布

资料来源:湖春主编,《内蒙古自治区农牧林业气候资源》

内蒙古自治区从 1 月份的平均气温分布和极端最低气温分布看,大兴安岭北段和呼伦贝尔高原北部最冷,平均气温低于–24℃,极端最低气温–40℃以下,图里河 1966 年曾达到–50.2℃,成为内蒙古自治区有记录的气温最低的地区。锡林郭勒高原、乌兰察布高原比较寒冷,1 月份平均气温为–22℃～–16℃,极端最低气温–43℃～–35℃。其他地区的平均气温为–16℃～–12℃,极端最低气温低于–32℃。由寒暖程度的分级标准衡量,蒙古高原北部山地和地区以及大兴安岭山地严寒期(–20℃～–29.9℃)长达 50～120 天,大寒期(–10℃～–19.9℃)120～170 天。西辽河平原南部,河套平原、鄂尔多斯高原和巴彦淖尔—阿拉善高原大寒期在 30～50 天。其余地区大寒期在 60～120 天。蒙古国的冬季更严寒期(<–30℃)在南部东戈壁省的西南部、南戈壁省和巴彦洪戈尔省的南部、戈壁阿尔泰省的东南部少于 10 天;东戈壁省大部、南戈壁省中部和北部、东戈壁省中南部、

戈壁苏木布尔省乔伊尔市以南地区、前杭爱省南部、巴彦洪戈尔省的中南部、戈壁阿尔泰省南部更严寒期10~20天；蒙古国中东部，即东方省大部、苏赫巴托尔省、戈壁苏木布尔省北部中央省、中戈壁省北部、后杭爱省东南部、前杭爱省中北部、巴彦洪戈尔省的中南部、戈壁阿尔泰省中部更严寒期20~30天；肯特省、布尔干省、后杭爱省北部、后杭爱省西北部、扎布汗省中南部、科布多省和巴彦乌列盖省大部更严寒期30~40天；色楞格省、库苏古尔省东南部、扎布汗省南部、乌布苏省南部、巴彦乌列盖省西部阿尔泰山脉山麓地带更严寒期40~50天；色楞格省的呼德勒县、库苏古尔省的查干乌尔县北部、库苏古尔省西部、扎布汗省北部乌布苏省北部、巴彦乌列盖省西部阿尔泰山脉更严寒期50~60天；库苏古尔省林沁勒呼木贝县、扎布汗省特勒门县、乌布苏省乌布苏湖附近和塔斯县、东戈壁县、西图伦县更严寒期60天以上。蒙古国1月份平均气温在为–15℃~–25℃，区域差异较大。东戈壁省西南部、南戈壁省南部、巴彦洪戈尔省南部、戈壁阿尔泰省东南部1月份平均气温在–15℃以上；东戈壁省大部、南戈壁省北部、中戈壁省大部、中央省西南部、前杭爱省大部、后杭爱省东南部、巴彦洪戈尔省和戈壁阿尔泰省中南部戈壁阿尔泰山脉的南北两侧山前倾斜平原和众湖谷地、科布多省中南部1月份平均气温在为–15℃~–20℃；东方省、苏赫巴托尔省、肯特省大部、中央省和色楞格省大部、布尔干省南部、库苏古尔省东部、后杭爱省西部和杭爱山脉南部山麓地带、巴彦洪戈尔省北部和戈壁阿尔泰省北部、巴彦乌列盖省中部、乌布苏省南部的大湖盆地1月份平均气温为–20℃~–25℃；肯特省西北部和中央省北部及色楞格省的东部的肯特山脉、布尔干

表5-3　内蒙古自治区各地冬季大寒及严寒期

项目 地区	大寒（–10℃~19.9℃）			严寒（–20℃~29.9℃）		
	初日（日/月）	终日（日/月）	日数（天）	初日（日/月）	终日（日/月）	日数（天）
根河	30/10	25/3	147	19/11	27/2	101
海拉尔	10/11	18/3	129	10/12	14/2	67
阿尔山	7/11	10/3	133	13/12	9/2	58
阿木古郎	11/11	11/3	121	13/12	6/2	56
乌兰浩特	28/11	15/2	80			
开鲁	5/12	4/2	62			
通辽	2/12	4/2	65			
林东	8/12	21/2	76			
林西	2/12	6/2	67			
赤峰	22/12	26/1	36			
巴彦乌拉	16/11	1/3	106			

省北部、库苏古尔省中部、后杭爱省北部及扎布汗省中部和前杭爱省北部的杭爱山脉山麓地带以及大盆地偏北部分、戈壁阿尔泰山脉1月份平均气温为–25℃～–30℃；肯特省与中央省交界的肯特山脉的南部、杭爱山地、库苏古尔省东部额古日河谷地及达尔哈德盆地和库苏古尔山地、布汗省北部、乌布苏省南部1月份平均气温为–30℃～–35℃；乌布苏省北部1月份平均气温<–35℃（图5-5）。

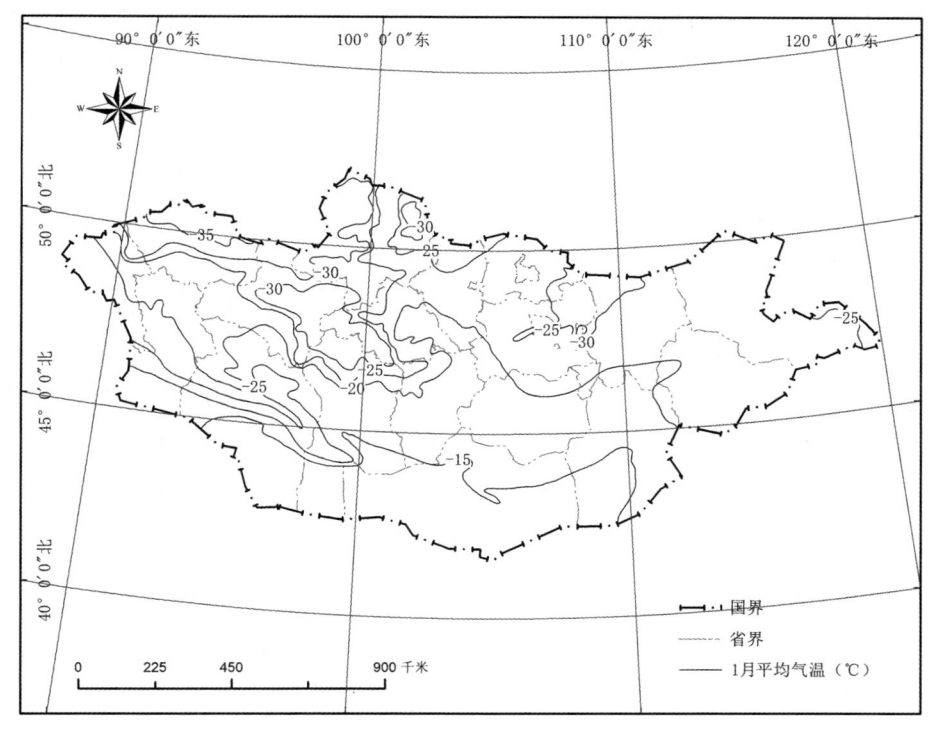

图 5-5　蒙古国1月平均气温分布

资料来源：《蒙古国地图集》

俄罗斯联邦布里亚特共和国、图瓦共和国和阿尔泰共和国的大部更严寒期40～50天，局部地区的更严寒期>50天。俄罗斯联邦布里亚特共和国冬季长且寒冷，冬季气温变化幅度为–18℃～–28℃。早期霜冻一般在8月下旬来临。图瓦共和国冬季寒冷，1月份平均气温–32℃。阿尔泰共和国冬季漫长而酷寒。1月气温在丘陵区–14℃，东部山谷中–32℃，而在楚河草原地带，气温可降至奇冷的–60℃。其间有永久冻土带，赤塔州阿加布里亚特自治区1月份平均气温–24℃～–26℃，极端最低气温达到–50℃。冬季由于受强反气旋的影响，出现寒冷、干燥、晴朗、无风天气。伊尔库兹克州乌斯基奥尔登斯基布里亚特自治区1月份平均气温–22℃～–26℃，气温最低可达–58℃。

冬季处于蒙古高压的中心，是亚洲冷源，反气旋中心，冷空气活动的发源地北极寒冷气团的过境地,寒潮频繁爆发并南下,平均每年 5 次以上影响蒙古高原地区。大兴安岭西侧、阴山山脉以北向广大的蒙古高原受寒潮影响次数最多,程度最严重,平均每年 4 次以上。大兴安岭东侧、阴山山脉以南地区寒潮较少、较轻,平均每年 3 次以上。

4. 夏季短促,气温温热

内蒙古自治区夏季短促,有些地区甚至没有夏季。贺兰山以西地区夏季最长,如达来呼布 5 月下旬入夏,9 月初终夏,长达 3 个月。鄂尔多斯高原西部,河套平原以及西辽河平原大部 6 月上、中旬入夏,8 月中、下旬终夏,为期 2 个月。大兴安岭及其西麓、锡林郭勒高原东北部和阴山山地、多伦至化德一带无夏季。其余大部分地区大致在 1 个月左右,即 7 月上旬入夏,8 月初终止。夏季温热,7 月份平均气温为 18℃~26℃。大兴安岭和阴山山地及丘陵地区气温较低,7 月份平均气温在 20℃以下,大兴安岭山地北部在 18℃以下。西辽河平原、土默特平原、河套平原 7 月份平均气温较高,在 26℃以上。由于鄂尔多斯高原地势较高,所以 7 月份平均气温较低,在 22℃以下。从极端最高气温来看,除阿拉善地区由于沙漠下垫面影响极值较高以外,一般多低于 43℃,且大部分地区不到 40℃。特别是高温出现的时间短促,日平均气温高于 40℃或者 35℃的高温日数几乎没有或很少出现(图 5-6)。

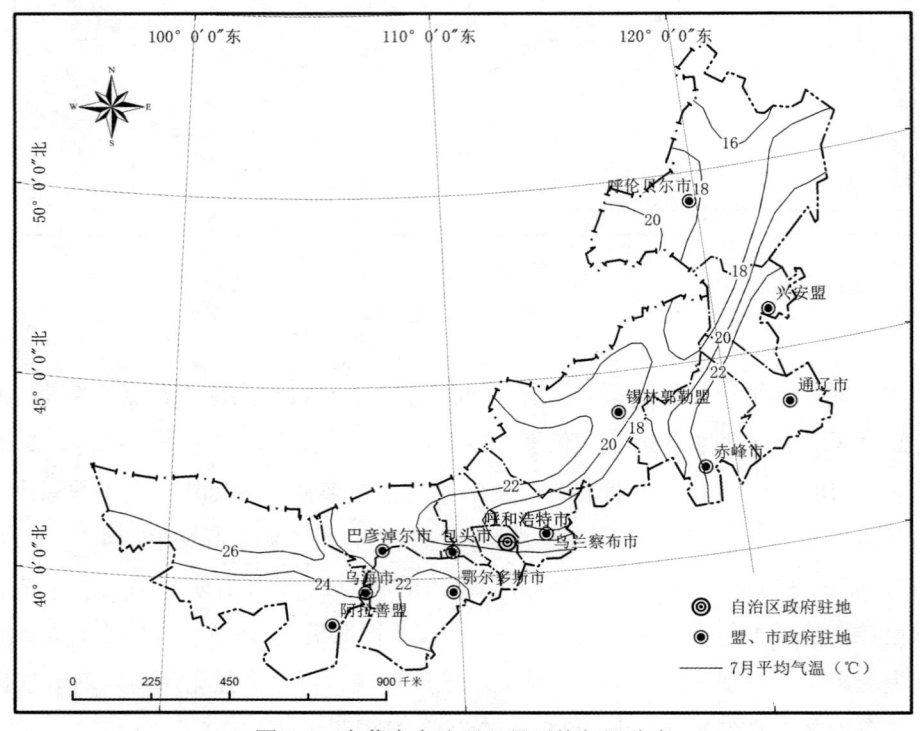

图 5-6 内蒙古自治区 7 月平均气温分布

资料来源:湖春主编,《内蒙古自治区农牧林业气候资源》

蒙古国 7 月份平均气温为 10℃～25℃。蒙古国的最南部戈壁和沙漠地区 7 月份平均气温 25℃以上；东方省东半部、苏赫巴托尔省南部、东戈壁省大部、中戈壁省南部、南戈壁省大部、前杭爱省南部、巴彦洪戈尔省南部、戈壁阿尔泰省和科布多省南部的阿尔泰山地山前山麓地带 20℃～25℃；东方省西半部、苏赫巴托尔省北部、肯特省除西北角外全部、中央省除东北角外全部、中戈壁省北部、色楞格省、布尔干省、前杭爱省东南部、后杭爱省东北部、库苏古尔省东南部、杭爱山脉山前山麓地带、众湖谷地和大湖盆地 15℃～20℃；后杭爱省和库苏古尔省大部、杭爱山脉周围山地丘陵地区、扎布汗省和乌布苏省北部以及阿尔泰山脉 10℃～15℃；库苏古尔山地北部、杭爱山地主体部分、蒙古阿尔泰山地 10℃以下（图 5-7）。

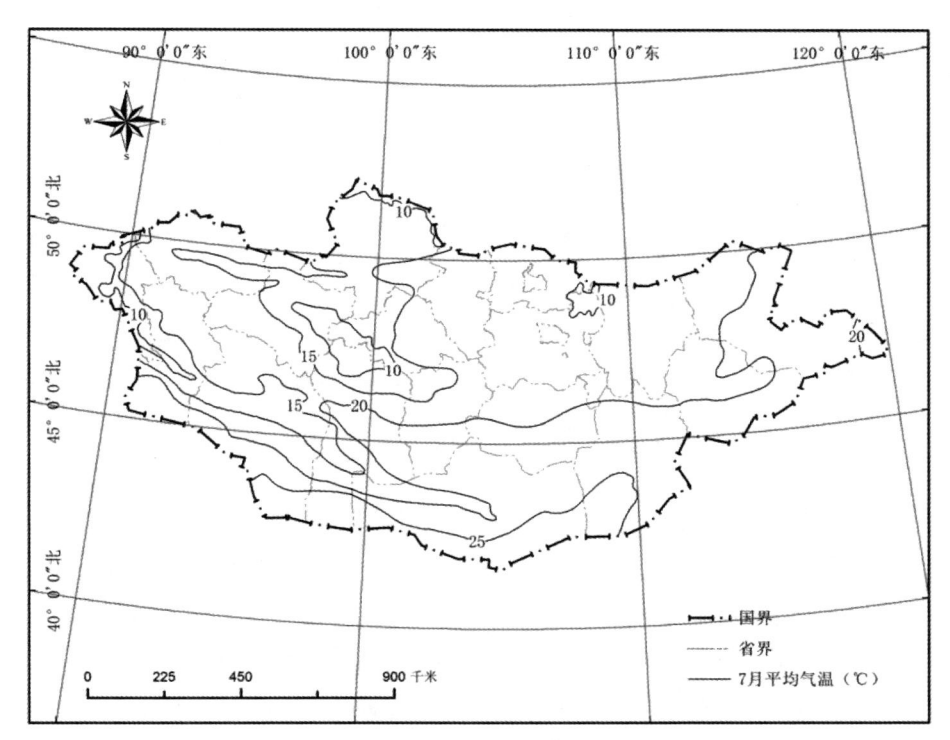

图 5-7 蒙古国 7 月平均气温分布

资料来源：《蒙古国地图集》

二、无霜期短

内蒙古自治区的无霜期自东向西、由北向南递增。呼伦贝尔市北部和兴安盟西北部无霜期 60 天以下，其中图里河 40 天，为内蒙古自治区最短的无霜期。呼伦贝尔市大部、兴安盟北部、锡林郭勒盟北部和南部为60~100天。

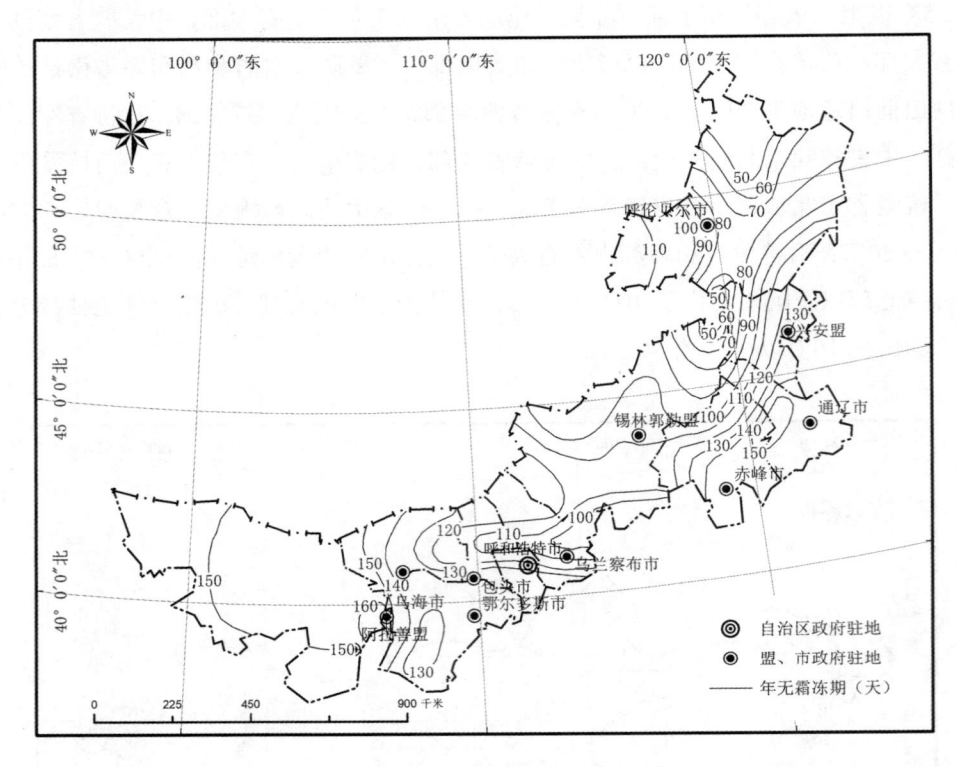

图 5-8 内蒙古自治区年无霜冻期分布

资料来源：湖春主编，《内蒙古自治区农牧林业气候资源》

呼伦贝尔市西部、兴安盟东南部、通辽市北部、锡林郭勒盟西部、乌兰察布市、鄂尔多斯市、巴彦淖尔市大部为100~140天。通辽市南部、赤峰市南部、巴彦淖尔市、阿拉善盟无霜期为145~150天，乌海市为163天，是内蒙古自治区无霜期最长的地区。

蒙古国植物生长期在各地区区域差异较大，自北向南逐渐增加。在高山地带植物生长期不足90天，在鄂尔浑河—色楞格河流域、鄂嫩河、乌勒兹河、哈拉哈河流域112~119天，草原地区110~130天，草原带农业地区122~126天，荒漠草原地区130~150天，荒漠地区150天以上。俄罗斯联邦布里亚特共和国的无霜期为90~150天，早霜冻一般在8月下旬来临。阿加布里亚特地区的无霜期90~115天、乌斯蒂奥尔登斯基布里亚特地区无霜期139~149天、阿尔泰共和国的无霜期160~170天，是无霜期最长的地区。

三、年降水量少，年内分配不均，年际变化大

蒙古高原位于内陆，距海遥远，海洋的水汽强弩之末很难达到，再加上外围山脉的阻挡和沙漠、戈壁、植被稀疏等下垫面的影响，以及大气环流的强弱和变换，使年降水量非常稀少，而且时空分布不均衡。蒙古高原一般年降水量为40～500毫米。

1. 降水量分布不均衡

内蒙古自治区年平均降水量为50～450毫米，自东北向西南递减。阿拉善盟西部年降水量40～100毫米，其中额济纳旗多年平均降水量只有37.4毫米，是全内蒙古年降水量最少的地区。阿拉善盟东部、巴彦淖尔市大部、鄂尔多斯市西部、乌兰察布市北部、锡林郭勒盟西部等地一般为100～250毫米。鄂尔多斯市中部、巴彦淖尔市东南部、乌兰察布市中部、锡林郭勒盟东部、呼伦贝尔市西部为250～350毫米。鄂尔多斯市东部、乌兰察布市东南部、赤峰市、通辽市、呼伦贝尔市中部、兴安盟为350～450毫米。呼伦贝尔市东北部为450～480毫米，其中鄂伦春自治旗486毫米，为内蒙古自治区降水量最多的地区（图5-9）。

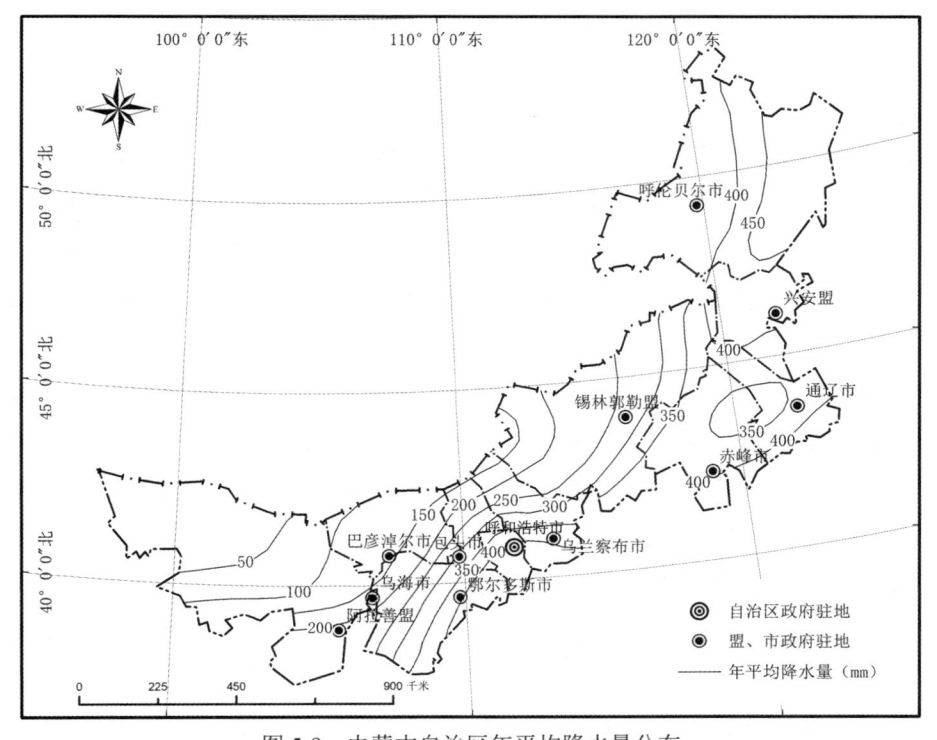

图5-9 内蒙古自治区年平均降水量分布

资料来源：湖春主编，《内蒙古自治区农牧林业气候资源》

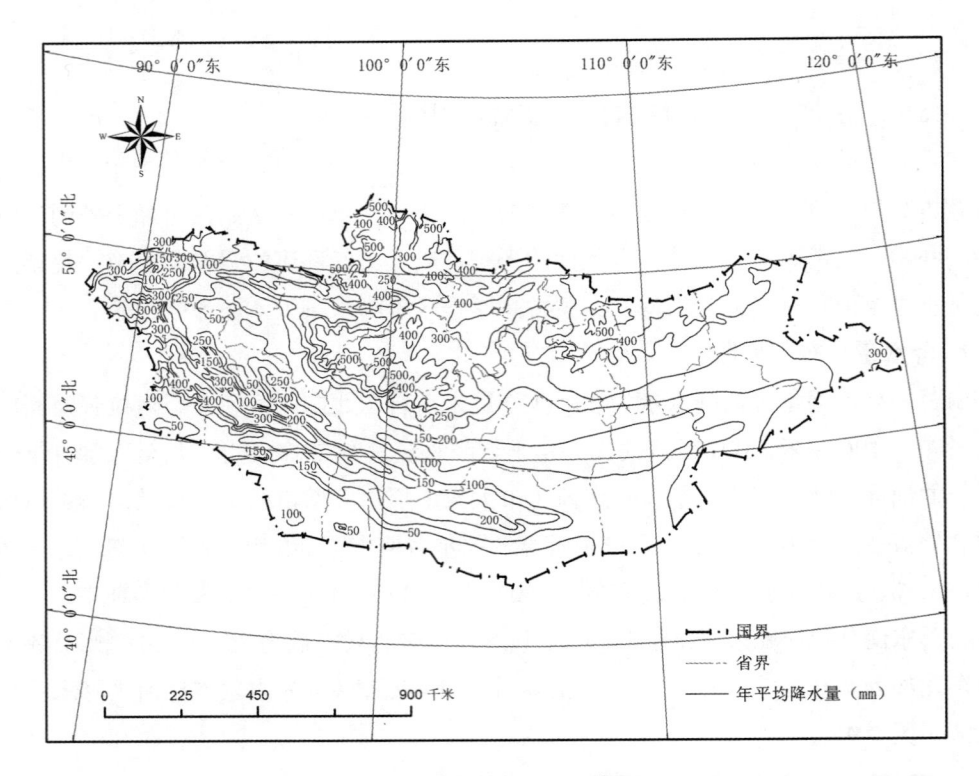

图 5-10　蒙古国年平均降水量分布

资料来源：《蒙古国地图集》

　　蒙古国年平均降水量为 50~500 毫米。蒙古国南部荒漠地区，即南戈壁省南部、巴彦洪戈尔省南部、戈壁阿尔泰省东南部和阿尔泰市的西部沙尔嘎县一带以及乌布苏省吉尔吉斯湖南扎布汗县附近以及西部谷地中央部分年平均降水量在 50 毫米以下；东戈壁省大部、南戈壁省南部和北部、众湖谷地东半部（中戈壁省南部、巴彦洪戈尔省中部）、大湖盆地中部（扎布汗省西部、戈壁阿尔泰省北部、科布多省东北部）和西部谷地周围地区年平均降水量为 50~100 毫米；蒙古东方大高平原（东方省南部、苏赫巴托尔省、东戈壁省北部、戈壁苏布尔省、中戈壁省）、中央省西部、杭爱山脉南麓倾斜平原（前杭爱省中部、巴彦洪戈尔省北部）、众湖谷地西半部（巴彦洪戈尔省西北部、科布多省北部、扎布汗省南部）、大湖盆地大部（乌布苏省、扎布汗省西半部、科布多省东部）阿尔泰山地南侧山麓地带，以及乌布苏省东北部和扎布汗省北部的特斯河谷地、库苏古尔省木伦市周围盆地年平均降水量为 100~250 毫米；东方省大部、肯特省中南部、中央省和色楞格省大部、杭爱山地周围山麓地带（后杭爱省中北部、前杭爱省和巴彦洪戈尔省北部山麓地带）、色楞格省和布尔干省的色楞河谷地和鄂尔浑谷地、库苏古尔省南部和库苏古尔湖周围地区及达尔哈德盆地、乌布苏省西南部、巴彦乌列盖省北部山地、阿尔泰山脉的主体部分年平均降水量在250～400毫米；肯特山地大部、布尔干省中部和北部山地、库苏古尔省东部和西部山地、乌布苏省西南的图日根山河和哈拉黑日山地区、蒙古阿尔泰山脉主体部分年平均降水量在400～500毫米；肯特山脉珠峰地区、库苏古尔山地的喇嘛台嘎山和德屯土本山年平均降水量在500毫米以上。蒙古国降水量分布受地形影响较大，肯特山脉中部、东萨彦岭、浩尔迪勒萨里达格山等地年降水量500毫米以上；杭爱、肯特山脉的2 000米以上的高山地区降水量400～500毫米，阿尔泰山脉3 000米以上的高山、鄂尔浑—色楞格流域、乌勒兹河流域、森林草原地区300～400毫米，草原地区200～300毫米，荒漠草原地区100～200毫米，大湖盆地、阿尔泰以南地区100毫米以下（图5-10）。

俄罗斯布里亚特共和国平均年降水量为300毫米，由于地形复杂，全国降水量地区差异大，总分布特征为山区多平原少，迎风坡多，背风坡少。卡梅尔岭、巴尔古津山北坡和西北坡降水量最丰富，年降水量达1 000～1 400毫米，尤其是在卡梅尔岭地区，夏季暴雨日降水量可达150～200毫米；贝加尔湖沿岸地区，年降水量为400～950毫米；而山间盆地和色楞格河谷地，年降水量仅为200～300毫米。外贝加尔边疆区阿加布里亚特地区年平均降水量300～400毫米。伊尔库兹克州乌斯季奥尔登斯基布里亚特地区的年平均降水量250～400毫米。其中，降雨量占年降水量的78%，降雪量占16%，雨夹雪占6%。冬季少雪，11月至次年4月为降雪期。森林草原降雪雪被厚度100～250毫米，高原雪被厚度达400～600毫米。阿尔泰共和国降水量适中，全年平均为250～350毫米。阿尔泰山耸立于亚洲腹部的干旱荒漠和干旱半荒漠地带，西风环流带来大西洋水汽，顺额尔齐斯河谷地和哈萨克斯坦斋桑谷地长驱直入，向北遇阿尔泰山，受逼抬升降水。降水较为丰富，降水随高度递增和由西而东递减，冬夏多，春秋少，低山年降水量200～300毫米，高山可达600毫米以上；降雪多于降雨，且积雪时间随高度增加而延长，中高山积雪长达6～8个月，低山仅5～6个月。气温变化随海拔高度增加而递减。阿尔泰山区气候垂直梯度变化明显，具有冬长夏短而春秋不显的特征。阿尔泰整个地区年均降水量为500～700毫米。

2. 降水量年内分配不均，集中于夏季

内蒙古自治区的降水变率大，季节分配不均，集中于夏季。在夏季降水集中，约占全年降水量的60%～75%。大兴安岭岭东、岭南地区及西辽河流域夏季降水量占全年降水量的71%～75%，锡林郭勒高原南部及土默特平原夏季降水量占67%，呼伦贝尔高原和锡林郭勒高原大部夏季降水量占68%～70%，河套平原夏季降水量占62%，乌兰察布高原、鄂尔多斯高原夏季降水量占60%～66%，阿拉善高原夏季降水量仅为35毫米，但占全年的70%。

蒙古国受大气环流、下垫面自然地理因素的影响，各地降水分配情况不同。该国降水的10%的是由地面蒸发的水汽成云致雨而成，其余部分是由湿润空气入境所形成的降水。降水夏季多的主要原因是锋带气旋活动有关，而冬季降水少。蒙古国冬季降水仅占全年降水的10%～15%，山区30毫米，戈壁地区10毫米以下。大部分降水集中在4～10月，占全年降水量的85%～90%，仅7～8月降水占全年降水量的50%～60%。如，蒙古国南部的达兰扎达嘎6～8月（夏季）平均降水量为91毫米，占全年降水量的69.5%，然而冬季降水量为5毫米，占全年降水量的3.8%；蒙古国西部的科布多夏季平均降水量为95毫米，占全年降水量的69.5%，而冬季降水量为4毫米，占2.9%；北部的额尔登特夏季平均降水量为263毫米，占全年降水量的70.9%，而冬季的降水量为10毫米，仅占2.2%；乌兰巴托夏季平均降水量193毫米，占全年降水量的71.7%，而冬季降水量为7毫米，占2.1%。降水天数自北向南递减，即山区60～70天，中山地区、山间谷地、东部地区30～60天，戈壁地区30天左右。在暖季，杭爱、肯特、库苏古尔山地降水＞300毫米，蒙古阿尔泰森林草原地区150～200毫米，草原地区150～200毫米，自北向南递减，戈壁地区≤100毫米。蒙古国大部分地区降雪较早，结束较晚，形成雪被（积雪覆盖）早，消融较晚，北部雪被形成于10月底，稳定（持续）雪被形成于11月中旬，戈壁地区几乎不形成稳定雪被。稳定雪被在山地消融晚，南部地区消融早，持续时间最短30天，最长196天。根据雪被形成状况可分为常年雪被、稳定雪被、不稳定雪被，雪被平均最大厚度在山地＞30厘米，森林草原地区15～20厘米，草原地区10～15厘米，戈壁地区2～5厘米。有的多雪年份北部地区可达50厘米，平均积雪密度0.14～0.25克/立方厘米，水资源随着积雪厚度而增加，积雪消融时达到最高值。

3. 降水年际变化大，保证率低

蒙古高原降水变率大，保证率低。降水变率指降水年际变化的幅度，可用年降水量的变率和变差系数Cv表示。内蒙古自治区降水年际变化幅度大，其变率为15%～40%，年降水量变差系数0.25～0.60。内蒙古自治区年降水变率有自东向西递增的变化规律。由于年降水变率大，因而降水保证率不高。80%保证率降水量在350毫米以上的地区有呼伦贝尔市东北部、兴安盟东北部。80%保证率降水量在250～350毫米的地区有呼伦贝尔市中部、兴安盟大部、通辽市、赤峰市、锡林郭勒盟东南部、乌兰察布市南部、呼和浩特市、包头市南部、鄂尔多斯市东南部。这些地区的降水仅能满足春小麦、莜麦、马铃薯、谷子、玉米、高粱、胡麻等全生育期需水量的最低要求，可以种植旱作农业。80%保证率降水量在150～250毫米的地区有呼伦贝尔市西部、锡林郭勒盟中西部、乌兰察布市中部、鄂尔多斯市中部、包头市中部、巴彦淖尔市东部、阿拉善盟东南部。这些地区若无灌溉条件就无法进行旱作农业。80%保证率降水量不足150毫米的地区有锡林郭勒盟西北部、乌兰察布市北部、包头市北部、巴彦淖尔市大部、阿拉善盟大部。这些地区只能发展绿洲灌溉农业。

蒙古国位于蒙古高原的中部，在1961年至1990年的49年中年降水量递减的趋势比较明显，全国气象站年降水量平均值减少6.5毫米。根据多年的观测研究认为，蒙古国年降水量具有11～12年周期变化的特点，但这种周期性变化在全区域并不十分明显。1961年与1990年的年平均降水量相比较的话，后20年中出现连续几年的降水量减少的现象。在这段时期2002、2004、2007年的降水量最少。多年平均降水量的季节分配同样观测到有明显的变化，在冬季降水有增加的趋势，而植物生长的季节，即春季和夏季降水有减少的趋势。后20年间的春夏两季降水量减少3～7.5毫米或者与年降水量相比较减少3%～4%。年降水量的从空间地域分布来说，与1961年相比在森林草原地带（额尔登特、西哈日嘎、伊如等气象站）减少20～40毫米，而戈壁荒漠地带（南戈壁、扎布汗、杜尔布勒金、科布多等气象站）增加了30～50毫米。在高山地带的年降水量少量减少。春夏季大部分地区的降水减少，同时有减少的趋势。全世界多年平均年降水量减少6%～8%，而蒙古国的年降水量减少3%～4%，可见降水量比别的地区减少不够明显。

四、日照充足，光能资源丰富

内蒙古自治区年日照时数为2 600～3 400小时，其分布规律为自东北向西南逐渐增多。其中，图里河地区为2 544小时，是全内蒙古最短地区；额济纳地区为3 446小时，为最长。内蒙古自治区年总辐射量在4 750～6 500兆焦耳/平方米，仅次于西藏，在中国居第二位，比同纬度的东北、华北地区偏高1 000～1 200兆焦耳/平方米。

蒙古高原北部布里亚特共和国北部森林地区年平均日照时数1 500～1 600小时，南部平原盆地地区为2 200～2 700小时，年太阳辐射总量南部平原地区高于北部山地森林地区。蒙古高原中部蒙古国年日照时数为2 600～3 400小时。蒙古国海拔较高，蒸发量和空气浑浊度小，太阳光能资源丰富。因而自然光照、植物生长所需光热条件充足。地面的年太阳辐射量在该国北部2 500～2 900兆焦耳/平方米，南部3 500～3 800兆焦耳/平方米。太阳高度最小的12月份南部125～129兆焦耳/平方米，北部37.8～83.8兆焦耳/平方米，随着太阳高度的增加。地面直接辐射量6月份达到最高值，南部419兆焦耳/平方米，北部335兆焦耳/平方米，但在云量少的大湖盆地比相邻地区直接辐射量大，云量多的杭爱肯特、库苏古尔山地的直接辐射量稍小。

五、水热同期，但匹配不均

蒙古高原地区在一年内气温最热出现在 6、7、8 月，而降水量也集中在这些月份，形成水热同期。但是水热匹配很不均衡。内蒙古自治区年平均气温的分布趋势是自东北向西南递增，而年降水量的分布趋势则与气温分布相反，从东北向西南递减，从而造成热量最多的地区降水量最少，热量最少地区降水量最多，形成水热分布不平衡。在蒙古高原中北部年平均气温自北部向南部递增，而年降水量由北部向南部减少，仍然形成了水热同季但水热匹配不均衡。

六、冬春大风、沙尘天气频繁发生

蒙古高原各地四季都可出现大风，但主要集中于冬、春两季，约占全年大风出现总日数的 60% 左右。春季 4、5 月大风日数最多，占全年大风日数的 1/3。由于空气湿度小，气候干旱，春季风多风大，常形成"白毛风"和沙暴天气，造成风灾。蒙古高原中部和南部大风终年不断，3～5 月占全年风日的 50% 多，9～11 月占 18.5%，冬季和夏季大风出现频率小。大风日数自山区向草原、戈壁区递增，年平均大风时数 36～632 小时，最大时数出现在蒙古国南戈壁省布尔干县和内蒙古中西部地区，最小时数出现在蒙古国乌里雅苏台和内蒙古大兴安岭地区。

从全年沙尘暴发生情况看，61% 发生在春季，12% 发生在夏季，15% 发生在秋季，其余发生在冬季。在蒙古国一年中沙尘暴持续时间之和在车车尔勒格最小，7 小时/年，在扎门乌德最大，326 小时/年，塔木萨格布拉格 147 小时/年。杭爱、肯特、阿尔泰、库苏古尔山区水分条件较好，沙尘暴天数 <5 天。森林草原地区 15 天，大湖盆地、草原地区大部分地区 >15 天，扎门乌德地区沙尘暴天数最多。

七、以旱灾为主的气象灾害频繁

由于蒙古高原地区降水量较少，降水年内分配不均，主要集中于夏季，而且年际变化大，因此几乎每年都有不同程度的干旱发生，有"十年九旱"之说。同时经常连续几年发生旱灾，在冬春季节叫"黑灾"，干旱十分严重。还时常发生白灾、风灾、冰雹、霜冻、洪涝等气象灾害，造成程度不同的灾情。

在蒙古国雪暴可分超级、中级、小级三级，超级雪暴每年有 0.3~9.7 天，大雪暴经常发生在蒙古国中央省额尔德尼桑特县，小雪暴发生在科布多省；中级雪暴发生在 10 月至第二年 5 月，在额尔德尼桑特、呼吉尔特 12.3 天；小级雪暴在额尔德尼桑特县附近每年持续时间 1 664 小时。雪暴对牧业生产造成很大的损失。

八、四季分明

根据内蒙古自治区的自然景观特征，农事活动和物候现象，选用候平均气温等于和低于 5℃为冬季，候平均气温等于和高于 20℃为夏季，候平均气温 5℃~20℃为春季，20℃~5℃为秋季来划分四季。冬季长达 7 个月以上的有根河、海拉尔等呼伦贝尔市的北部地区，冬季长达 6~7 个月的有呼伦贝尔市南部、兴安盟、锡林郭勒盟、乌兰察布市、包头市北部地区，其余地区的冬季不到 6 个月。其中，通辽市和赤峰市南部、乌海市、阿拉善盟和鄂尔多斯市南部的冬季长度小于 155 天。而根河市的冬季长达 230 天，是内蒙古自治区冬季最长的地区。根河、海拉尔和多伦等地的春季和秋季直接相连，中间却没有夏季。春季长达 3 个月的有集宁地区，春季在 80~85 天的有呼伦贝尔市南部、赤峰市北部和鄂尔多斯市东部地区，70~75 天的有通辽市、赤峰市、锡林郭勒盟、呼和浩特市、包头市北部和东胜地区，其余地区基本在 60~65 天左右，阿拉善地区的春天最短，仅有 55 天左右。阿拉善地区的夏季长达 105 天，是内蒙古夏季最长的地区。通辽市、赤峰市、包头和鄂尔多斯市南部以及巴彦淖尔市夏季长达 75~85 天，夏季较长，达两个半月以上的地区。呼伦贝尔市的根河、海拉尔等地区的北部、大兴安岭北段林区、锡林郭勒盟东南部多伦以及乌兰察布市灰腾梁和大青山山地没有夏季，在集宁地区仅有 5 天的夏季。其他地区的夏季只有两个月或两个月以下。春秋两季相连而没有夏长的地区之外，乌兰察布市集宁地区以及包头市和鄂尔多斯市北部东胜、伊金霍洛地区秋季长达 75~80 天，即两个半月以上。兴安盟、通辽市、赤峰市、锡林郭勒盟、阿拉善盟以及巴彦淖尔市西部秋季为 50~55 天，其中锡林浩特市和额济纳地区秋季为 50 天，是内蒙古秋季最短的地区。而其他地区秋季为 60~70 天。

蒙古高原中部和北部春季具有显著的寒冷和温暖轮流交替为特征，以寒冷为主，经常被寒流所袭击，大风时常发生，大气降水量少，空气干燥度很高。从寒冷到温暖不仅在春初时突然变化，甚至在夏末温暖突变到寒冷也是很普遍的现象。例如，戈壁地区在 4 月和 5 月末白天气温可达到 22.2℃以上，与此同时，夜晚和早晨的温度可降至-4℃~-6℃。在蒙古高原北部地区 4 月份的气温还很不稳定，不仅在 4 月份上旬，而且在 4 月下旬寒冷的夜晚可达-10℃。在 5 月，山地的植被才开始生长，在此时期夜间寒冷，常常可达–5℃～6℃，而有时还降雪。在戈壁和草原地区的春季还没到生机盎然的时期，还残留着上一年的枯萎的植被。尽管4月和5月上旬气温上升到25℃以上，但时间暂短，此时乔木还未抽叶，而沼泽中的芦苇还像冬天一样一片黄色。春天发生大风次数多，时常出现强风和风暴，风速达到35米/秒时，太阳被风暴吹到大气中的沙霾、尘埃以及盐土上的细盐粒所覆盖，致使白昼昏暗，能见度不到20～30米，从而造成巨大损失。

夏季，蒙古高原北部并不炎热，夜间凉爽，在山间谷地有丰富的露水，夏季降水量150～200毫米，占年降水量的60%～70%。中南部荒漠戈壁地区，夏季比较炎热，7月份气温时常达到39℃～40℃，夏季降水量30～100毫米，占全年降水量的70%左右，空气干燥度大，戈壁的夏季几乎没有露水。夏季风力弱，风速小，夜晚常常是平静的，没有风。在戈壁平静炎热的白昼中，特别是在中午和午后局部地段常卷起旋风。山地地区夏季降水量较多，有时出现暴雨和雷雨。

秋季，在蒙古高原地区一年中最好的季节。天气晴朗凉爽，9月份的中午气温达18℃～20℃，有时甚至在10月中旬天气也十分温暖。10月下旬河流开始冰冻。在秋季降水量稀少，10月和11月的降水量20～40毫米，占年降水量的13%～16%。蒙古高原北部在秋季降雪。

冬季，蒙古高原冬季寒冷漫长，而且降水量少，晴朗的天气占统治地位，风大，暴风雪时常发生，出现白灾和风灾。

第二节 气候区

蒙古高原及其毗邻地区大部分处在中温带，其北部，即中国大兴安岭北段北部，蒙古国杭爱山和肯特山以北以及俄罗斯贝加尔湖周围、萨彦岭、唐努山和阿尔泰山地属于寒温带；其南部，即中国鄂尔多斯高原和阿拉善高原南部以及塔里木盆地中南部属于暖温带，纬度地带性分异较为显著。蒙古高原的四周山地，特别是分布于高原北缘和南缘山地，属寒温带和温带山地气候，垂直带明显。在高原内部呈环状分布的半湿润和半干旱地区属温带草原气候；高原中央干旱地区属温带和暖温带荒漠气候，呈现出干湿度地带性分异。

根据蒙古高原及其毗邻地区地域分异规律的特点，其气候可分为四个气候类型区：北部山地寒温带湿润及半湿润气候区、中部中温带半湿润及半干旱气候区、中央中温带与暖温带干旱气候区和南部中温带山地及平原半湿润半干旱干旱气候区。

一、北部山地寒温带湿润及半湿润气候区

　　本区范围为蒙古国杭爱山北麓、肯特山西北麓以北以及大兴安岭北段以北地区，也包括俄罗斯布里亚特地区和阿尔泰、乌梁海地区，大部属北冰洋流域。以布里亚特地区为例，位于贝加尔湖西岸的乌斯季奥尔登斯基布里亚特地区气候特点是冬季严寒而漫长，无夏季，热量资源不足，雪灾和冻害严重。年均气温–3℃，最冷月1月份平均气温–22℃～–26℃，极端最低气温达–58℃。7月份最热，平均气温14℃～18℃，极端最高气温可达30℃以上。地区内年降水量250～400毫米，其中降雨量占年降水量的78%，降雪量占16%，雨夹雪占6%。位于贝加尔湖南岸的布里亚特共和国年均气温低于0℃，中、南部地区年均气温–0.5℃～–0.3℃，西南和北部地区–0.3℃～–8.7℃。最冷月1月份平均气温–24℃，最热月7月份平均气温17℃。年降水量山区多，平原少，迎风坡多，背风坡少。卡梅尔岭、巴尔古津山的北坡和西北坡年降水量达1 000～1 400毫米，贝加尔湖沿岸地区年降水量400～950毫米，山间盆地和色楞格河谷地年降水量仅为200～300毫米。蒙古国北部地区年均气温–2℃～–8℃，其中杭爱山地达–8℃以上。最冷月1月份平均气温–20℃～–30℃，在杭爱山地、库苏古尔山地和乌布苏省北部–30℃～–35℃。极端最低气温在陶臣庆格勒地区–53℃。最热月7月份平均气温15℃～17℃，在杭爱山地、肯特山地北部10℃左右。极端最高气温在巴润哈拉和达尔汗43℃。年降水量300～500毫米，其中肯特山地、库苏古尔山地西部和北部年降水量超过500毫米，而库苏古尔盆地、图拉河谷地、东哈拉一带年降水量仅为200～300毫米。本地区连续积雪覆盖的时间从11月1～15日至翌年4月20日～3月20日；连续积雪覆盖天数100～150天，其中大部分地区在150天以上。所以，本区容易出现雪灾。大于15米/秒的大风出现天数少，不到10天。沙尘暴也很少出现。中国大兴安岭北段地区以根河市为例，年平均气温–4.8℃，最冷月1月份平均气温–29.9℃，极端最低气温–49.6℃；最热月7月份平均气温16.8℃，≥10℃积温1 353℃，严寒（–20.0℃～–29.9℃）平均出现日期11月26日至翌年2月28日，95天。酷寒（–30.0℃～–39.9℃）平均出现日期12月26日至翌年1月21日，27天。无霜期47天。年降水量437.4毫米，降水集中于夏季，占全年降水量的67.4%，冬季降水少，仅占6.3%。冬季漫长，平均从9月23日至翌年5月10日，长达229天。无夏季。大风日数10天以下，无沙尘暴。

二、中部中温带半湿润及半干旱气候区

本气候区范围广,包括蒙古国中部、中国内蒙古自治区北部和新疆维吾尔自治区准噶尔盆地、伊犁河谷、博尔塔拉谷地、塔城谷地等,是半湿润和半干旱地区。本区气候特点是冬季寒冷而较长,夏季温暖而暂短,四季分明,降水量少且集中于夏季,风大,气象灾害频繁。中温带半湿润及半干旱气候区东西向延伸的带状分布特征明显,特别是蒙古国杭爱山脉以南和肯特山脉东南至戈壁阿尔泰山脉以北广大的高平原、盆地与谷地地区中温带半湿润及半干旱气候的纬度地带性十分显著,是属于中温带温凉草原气候区。年平均气温2℃～-1℃。最冷月1月份平均气温-18℃～-25℃,极端最低气温-46℃;最热月7月份平均气温18℃～23℃,极端最高气温41℃。年平均日照时间2 900～3 200小时。年降水量150～300毫米,连续积雪覆盖的日期自11月20日至翌年3月10日或12月10日至翌年2月20日,时间50～100天,沙尘暴出现的天数10～35天。中国内蒙古自治区中温带半湿润半干旱气候区的走向略偏离东西向,呈东北—西南向,仍呈带状分布。内蒙古中温带半湿润半干旱气候区,范围包括大兴安岭西麓丘陵地带、呼伦贝尔高原、锡林郭勒高原和阴山北麓地带。以锡林郭勒高原乌珠穆沁盆地为例,其气候特点:冬季寒冷多白灾,夏季温和,降水集中,多大风。年平均气温1℃～2℃,最冷月1月份平均气温-19℃～-21.5℃,极端最低气温-45℃。最热月7月份平均气温19℃～21℃,夏季仅有1个月左右。≥10℃积温1 900℃～2 200℃,无霜期90～110天。年降水量250～350毫米,夏季(6、7、8月)降水量占全年降水量的68%～69%,降雪期220～230天,降雪日数24～37天,容易发生雪灾(白灾),湿润度0.3～0.6。年平均风速3.5～5.2米/秒,大风日数55～70天,年累计有效风速总时数3 000～5 000小时,年均有效风能密度150～200瓦/米^2,属风能较丰富区。新疆维吾尔自治区准噶尔盆地西部以博乐为例,年平均气温5.6℃,最冷月1月份平均气温-17.3℃,极端最低气温-36.2℃;最热月7月份平均气温23.1℃,极端最高气温39.5℃。年较差40.4℃。≥10℃积温3 137.9℃,持续日数161.7天。年降水量180.7毫米,夏季降水量占全年降水量的43.1%。年日照时数2 700小时。年平均风速4.0～5.0米/秒,大风日数60～90天。

三、中央中温带及暖温带干旱气候区

本气候区位于蒙古高原及其毗邻地区的中央偏南部,主要包括蒙古国南部东戈壁省中南部、中戈壁省南部、南戈壁省、前杭爱省南部、巴彦洪戈尔省南部、戈壁阿尔泰省

和科布多省南部，中国内蒙古自治区锡林郭勒盟西北部、乌兰察布市北部、包头市北部、巴彦淖尔市北部和阿拉善盟大部，以及新疆维吾尔自治区准噶尔盆地中南部和甘肃省北部。本气候区特点：气温变化剧烈，降水稀少，干燥、多大风，光热资源丰富。蒙古国南部戈壁和荒漠地区年均气温4℃～8℃，最冷月1月份平均气温–20℃～–25℃，极端最低气温–37℃；最热月7月份平均气温20℃～22℃，极端最高气温45℃。年日照时数3 200～3 400小时。年降水量50～100毫米，连续积雪覆盖的日期12月20日至翌年2月10日，连续积雪覆盖的天数50天。大于15米/秒的大风日数30～50天。沙尘暴出现天数40～50天。内蒙古地区中温带及暖温带干旱气候区以额济纳旗为例，全年太阳辐射总量6 550～6 650兆焦耳/平方米，日照时数3450小时左右，是光能资源丰富的地区。年平均气温8℃～9℃，最冷月1月份平均气温–11℃～–12℃，极端最低气温–37.6℃；最热月7月份平均气温25.5℃～27℃，日最高气温≥30℃的炎热日数77～93天，日最高气温≥35℃的酷暑日数18～30天，极端最高气温43.1℃。≥10℃积温3 500℃～3 700℃，无霜期140～145天。年降水量38～50毫米。年平均相对湿度32%～35%，湿润度0.03左右。年平均风速4.0～4.5米/秒，大风日数45～62天，发生沙尘天气日数20天，其中3～6月发生沙尘暴日数达13天，占全年沙尘暴日数的65%。新疆维吾尔自治区中温带及暖温带干旱气候区以准噶尔盆地的克拉玛依为例，年平均气温8.0℃，最冷月1月份平均气温–16.7℃，极端最低气温–35.9℃；最热月7月份平均气温27.4℃，极端最高气温42.9℃，年较差44.1℃。≥10℃积温3 968.1℃，持续日数177天。年降水量105.3毫米，夏季降水量占全年降水量的53.5%。年日照时数2 700小时。年平均风速4.0～5.0米/秒，大风日数50～90天。

四、南部中温带半湿润及半干旱气候区

本气候区范围为蒙古高原及其毗邻地区南缘山地、高原及平原、盆地等。由于地区狭长所横越的经度较多，地貌类型多样，干湿度变化大，因此本气候区可分为7个气候亚区：①南部中温带山地丘陵半湿润气候亚区，包括大兴安岭南段中低山丘陵区。气候特点是，海拔高，热量较少。年平均气温2℃～4℃，最冷月1月份平均气温–17.5℃～–14℃，极端最低气温–45.5℃（克什克腾旗白音敖包）。最热月7月份平均气温19℃～21℃。≥10℃积温1 900℃～2 300℃，无霜期65～120天。年降水量330～420毫米，年湿润度0.4～0.6。②南部中温带山地丘陵半干旱气候亚区，由于所处的纬度和海拔高度的不同，又可分为温凉和温暖两种气候类型小区。南部中温带山地温凉半干旱气候小区，主要包括阴山山地。气候特点是，热量不足，降水分布不均，无霜期短，垂直变化明显。

年平均气温1.3℃～3.0℃，最冷月1月份平均气温–14℃～–16℃，极端最低气温–38℃，严寒期2个月以上。最热月7月份平均气温17℃～20℃，无夏季或夏季不到1个月。≥10℃积温1 700℃～2 200℃，无霜期70～90天。年降水量220～490毫米，年相对湿度50%～60%，湿润度0.3左右。南部中温带山地丘陵温暖半干旱气候小区，主要包括大兴安岭东南丘陵区、燕山北麓丘陵区和察哈尔丘陵台地区。气候特点是，气温温和，降水不够充沛，多春旱。年平均气温4℃～6℃，最冷月1月份平均气温–13℃～–17℃，最热月7月份平均气温22.0℃～23.5℃。≥10℃积温2 600℃～3 100℃，无霜期120～145天。年降水量320～420毫米，春季（3～5月）降水量34～42毫米，占全年降水量的8%～11%。年相对湿度48%～57%，湿润度0.4～0.6。③南部中温带高原半干旱气候亚区，主要包括鄂尔多斯高原东部和张北—围场高原。气候特点是，热量偏多，降水不够充沛，有春旱，多冰雹暴雨。年平均气温6℃～7.5℃，最冷月1月份平均气温–10℃～–11℃。最热月7月份平均气温21℃～23℃。≥10℃积温2 500℃～3 100℃，无霜期125～135天。年降水量350～450毫米，其中春季（3～5月）降水量48～53毫米，占全年降水量的13%～14%。年相对湿度51%～54%，湿润度0.3～0.4。④南部中温带高原干旱气候亚区，包括鄂尔多斯高原西部。气候特点是，光热资源较丰富，雨量少，干燥。年平均气温6.5℃～7.5℃，最冷月1月份平均气温–10℃～–12℃。最热月7月份平均气温22℃～23℃。≥10℃积温2 700℃～2 950℃，无霜期120～125天。年降水量250～280毫米，年相对湿度48%～52%，湿润度0.13～0.2。⑤南部中温带平原半湿润气候亚区，包括嫩江右岸平原。气候特点是，热量较少，水分较多。年平均气温1.5℃～3.0℃，最冷月1月份平均气温–17℃～–22℃。最热月7月份平均气温19℃～22℃。≥10℃积温2 200℃～2 400℃，冬季寒冷持续时间长，无霜期100～120天。年降水量400～480毫米，降水主要集中于夏秋季，湿润度0.6～1.0。⑥南部中温带平原半干旱气候亚区，主要包括西辽河平原和土默特平原。气候特点是，热量较丰富，降水偏少，春旱严重，多风沙。年平均气温5.5℃～7.0℃，最冷月1月份平均气温–11℃～15℃。最热月7月份平均气温22℃～24℃。≥10℃积温2 800℃～3 200℃，无霜期120～150天。年降水量300～480毫米，其中春季降水量35～57毫米，占全年降水量的11%～14%，出现春旱。年相对湿度48%～60%，湿润度0.2～0.4。年平均风速3.5～4.4米/秒，大风日数30～60天，年均有效风能密度120～240瓦/平方米。⑦南部中温带平原干旱气候亚区，包括河套平原地区。气候特点是，光热充足，气温日较差大，降水少，空气干燥。全年太阳辐射总量6 350～6 450兆焦耳/平方米，日照时数3 200～3 300小时，是光能资源丰富区。年平均气温7℃～7.8℃，最冷月1月份平均气温–10℃～–12℃，最热月7月份平均气温23℃～24℃，极端最低气温–36.7℃，极端最高气温38.2℃，气温年较差35.4℃，日较差13.5℃。日较差最大为5月份，均在20℃

以上。≥10℃积温 2 900℃～3 300℃，无霜期 130～140 天。年降水量 140～220 毫米，其中春季（3～5 月）降水量 22 毫米，占全年降水量的 11.9%。年相对湿度 47%～54%，湿润度 0.1～0.2。

除以上南部中温带半湿润及半干旱干旱气候区之外，属于蒙古高原及其毗邻地区南部边缘山地天山山脉为寒温带半湿润及半干旱气候区，而塔里木盆地为暖温带干旱及极端干旱气候区，柴达木盆地为青藏高原柴达木极端干旱气候区。

第三节 气候资源

一、蒙古国气候资源

蒙古国位于中亚北部，山地面积较大，属于北温带。该国领土面积广大，包括若干个地理地带、地形复杂、海拔高、距海远、高山四周环绕、大气环流、太阳辐射等因素，使气候条件和资源有了很大的独特性。

1. 光热资源

蒙古国地面的年太阳辐射量在北部 2 500～2 900 兆焦耳/平方米，南部 3 500～3 800 兆焦耳/平方米，太阳高度最小的 12 月份南部 125～129 兆焦耳/平方米，北部 37.8～83.8 兆焦耳/平方米，随着太阳高度的增加，地面直接辐射量 6 月份达到最高值，南部 419 兆焦耳/平方米，北部 335 兆焦耳/平方米，但在云量少的大湖盆地比相邻地区直接辐射量大，云量多的杭爱、肯特、库苏古尔山地的直接辐射量稍小。辐射平衡值在北部全年 1 675～1 760 兆焦耳/平方米，南部 1 885 兆焦耳/平方米，11 月～1 月 –0.2～1.4 千卡/平方厘米，6 月最大，6～9 千卡/平方厘米，从北向南辐射平衡的正值逐渐增加。

地面热量平衡值 12 月最小，–0.6～1.6 千卡/平方厘米，6 月最大，3.4～5.7 千卡/平方厘米，全年总量在戈壁地区 30.1～32.6 千卡/平方厘米，北部 12.3 千卡/平方厘米。该国境内平均 4 月到 10 月期间地表 1 厘米面积上积累约 1.5～3 千卡/平方厘米热量，地表温度最大值出现在 7 月，最小值出现在 1 月，7 月 19℃～24℃，而在冬季因地而异，表明气温具有典型的大陆性。地表年平均温度在山间大型盆地 –4℃～6℃，戈壁荒漠地区 5℃～7℃，说明地表年平均温度在北部呈负值，在南部呈正值。

日平均气温≥10℃的持续时间在各地有很大的差异。自北向南逐渐增加，在高山带不足 90 天，在森林草原地区 90～110 天，在鄂尔浑—色楞格流域、鄂嫩河、乌勒兹河、哈拉哈河流域植物生长期112～119天，这里≥10℃积温的天数有100多天，在草原地区110～130天，草原带农业地区122～126天，荒漠草原地区130～150天，荒漠地区150天以上。山地地区≥10℃活动积温总量不足1 500℃，在鄂尔浑—色楞格、鄂嫩、乌勒兹、哈拉哈河流域1 700℃，草原地区2 000℃～2 500℃。农业地区≥10℃的积温2 000℃～2 200℃，热量资源充足。

2. 降水资源

受大气环流、自然地理因素的影响，各地降水分配情况不同。降水夏季多，冬季少。降水天数自北向南递减，即山区60～70天，中山地区、山间谷地、东部地区30～60天，戈壁地区30天左右。肯特山脉中部、东萨彦岭、浩尔迪勒萨里达格山等地年降水量500毫米以上；杭爱、肯特山脉的2 000米以上的高山地区降水量400～500毫米，阿尔泰山脉3 000米以上的高山、色楞格流域等北部河流域以及森林草原地区300～400毫米，中南部草原和荒漠草原地区100～300毫米，大湖盆地、众湖谷地、阿尔泰以南地区100毫米以下。

冬季降水占全年降水的10%～15%，山地30毫米，戈壁地区不超过10毫米。降水的大部分集中在夏季各月，4～10月占全年降水的85%～90%，7、8月占50%～60%。暖季，杭爱、肯特、库苏古尔山地降水＞300毫米，蒙古阿尔泰森林草原地区150～200毫米，草原地区150～200毫米，自北向南递减，戈壁地区≤100毫米。大部分地区降雪较早，结束较晚，山区出现在9月中旬，草原地区出现在10月。形成雪被（积雪覆盖）早，消融较晚，北部雪被形成于10月底，稳定（持续）雪被形成于11月中旬，戈壁地区几乎不形成稳定雪被。

二、中国蒙古民族聚居区气候资源

1. 内蒙古自治区气候资源

（1）内蒙古自治区光能资源

①太阳总辐射：内蒙古自治区太阳辐射能丰富，仅次于西藏，在中国居第二位，比同纬度的东北、华北地区高出1 000～1 200兆焦耳/平方米·年。内蒙古自治区太阳总辐射量的分布规律是，自东北向西南递增。其中西部高于东部，高原高于平原。最低值出现在鄂伦春自治旗阿里河镇，其值为4 674.14兆焦耳/平方米·年。大兴安岭北段纬度高，太阳总辐射量为4 670～5 083兆焦耳/平方米·年，是全内蒙古自治区最少的地区。由此向西和向东逐渐增多。太阳总辐射向东嫩江右岸平原增至5 260～5 340兆焦耳/平方米·年。兴安盟和锡林郭勒盟的太阳总辐射量5 270～6 280兆焦耳/平方米·年，其中苏

尼特草原和二连盆地的总辐射量在 6 000 兆焦耳/平方米·年以上，属光能资源丰富区。通辽市太阳总辐射为 5 000～5 500 兆焦耳/平方米·年，属光能资源较丰富区。赤峰市、乌兰察布市、鄂尔多斯市以及呼和浩特市和包头市太阳总辐射 5 420～6 210 兆焦耳/平方米·年，属光能资源丰富区。巴彦淖尔市、乌海市和阿拉善盟太阳总辐射量 5 970～6 650 兆焦耳/平方米·年，是内蒙古自治区光能资源最丰富区。阿拉善盟额济纳旗的吉诃德总辐射量达 6 650.3 兆焦耳/平方米·年，为全内蒙古自治区极高值。内蒙古自治区太阳总辐射量的年内变化大。4～6 月由于空气干燥，阴雨天少，太阳辐射最强，总辐射量直线上升趋势，5、6 月达到全年最大值，月总辐射量为 604～840 兆焦耳/平方米。7、8 月随阴雨天增多，而太阳辐射相对减少，9 月份锐减，12 月减至全年最低，月辐射量只有 130～308 兆焦耳/平方米。各季总辐射量夏季为最大，占年总辐射量的 34.6%，冬季最小，仅占年总辐射量的 13%，且只有夏季总辐射量的 38%。

内蒙古自治区≥0℃期间的总辐射地区分布由于≥0℃初日和终日间隔天数的长短不一而很不一致。总的趋势是从西向东、从南向北递减。其中阿拉善盟和乌海市最多，为 4 800～5 000 兆焦耳/平方米，巴彦淖尔市、鄂尔多斯市和包头市为 4 120～4 860 兆焦耳/平方米，呼和浩特市、乌兰察布市、锡林郭勒盟的中西部、赤峰市、通辽市西部为 4 000～4 400 兆焦耳/平方米，赤峰市北部、通辽市北部和东部、兴安盟东南部为 3 600～4 000 兆焦耳/平方米，呼伦贝尔市东部和呼伦贝尔高原为 3 200～3 600 兆焦耳/平方米，大兴安岭山地为 3 200 兆焦耳/平方米以下，根河市为 2 906.1 兆焦耳/平方米，属最低值。≥10℃初日与终日间隔日数比≥0℃期间日数短，故≥10℃期间总辐射也随之减少。内蒙古的≥10℃期间总辐射分布趋势为自西向东递减。阿拉善盟西南部为 4 000 兆焦耳/平方米以上，阿拉善盟东北部、巴彦淖尔市西部为 3 660～4 000 兆焦耳/平方米，巴彦淖尔市河套平原、鄂尔多斯市、包头市中南部、呼和浩特市、赤峰市大部和通辽市南部、兴安盟东南部为 3 000～3 600 兆焦耳/平方米，包头市和呼和浩特市北部、乌兰察布市大部、通辽市和兴安盟中部为 2 700～3 000 兆焦耳/平方米，通辽市和兴安盟北部、锡林郭勒盟大部、大兴安岭东部和呼伦贝尔市西部为 2 400～2 700 兆焦耳/平方米，呼伦贝尔市岭西、大兴安岭林区及兴安盟西北部为 2 300 兆焦耳/平方米以下，其中根河、阿里河、拉布达林和阿尔山的≥10℃期间总辐射分别为 1 543.3 兆焦耳/平方米、1 874.4 兆焦耳/平方米、1 888.3 兆焦耳/平方米和 1 956.7 兆焦耳/平方米，是内蒙古自治区≥10℃期间总辐射值最少区。

②日照：内蒙古自治区年日照时间为 2 500～3 400 小时（图 5-11）。其分布规律是自东北向西南逐渐增加。大兴安岭林区日照时数为 2 520～2 590 小时，是全内蒙古自治区日照时数最短的地区，其中牙克石市图里河为最短，只有 2 523.5 小时。阿拉善盟是全区日照时数最长的地区，其中额济纳旗为最长，值为 3 448.4 小时。呼伦贝尔高原和

大兴安岭岭东地区、兴安盟、通辽市、锡林郭勒盟大部、赤峰市、乌兰察布市、呼和浩特市、包头市、鄂尔多斯市为2 800～3 100小时。巴彦淖尔市、乌海市为3 100～3 300小时，是全内蒙古自治区日照时数较长的地区。内蒙古自治区日照时数年内变化大，隆冬日照时数量少，初夏日照时数最多，年内变化曲线呈单峰形。

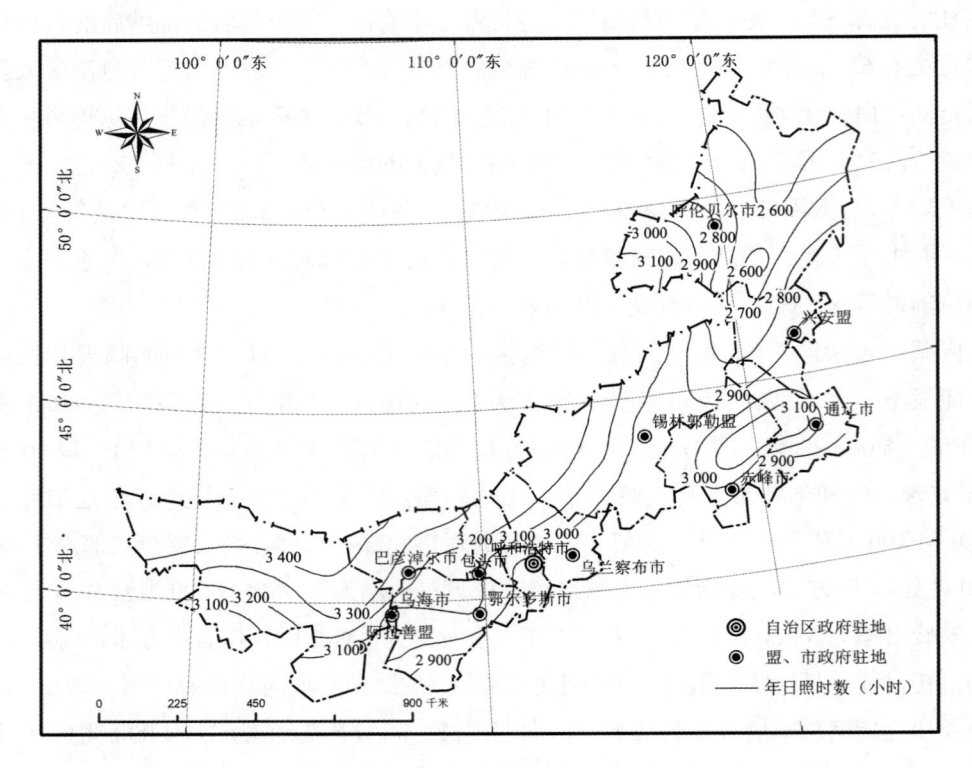

图 5-11 内蒙古自治区年日照时数分布

资料来源：湖春主编，《内蒙古自治区农牧林业气候资源》

内蒙古自治区属日照百分率较高的地区，为57%～78%。大兴安岭林区的阿尔山、图里河和阿里河的年平均日照百分率分别为56%和57%，属全内蒙古自治区日照百分率最小的地区。阿拉善盟额济纳旗为78%，属全内蒙古自治区日照百分率最大的地区。呼伦贝尔市大部、兴安盟、通辽市、赤峰市、乌兰察布市前山地区、锡林郭勒盟东部和南部、鄂尔多斯东南部、呼和浩特市、包头市南部为63%～69%，呼伦贝尔市西部、锡林郭勒盟西北部、乌兰察布市后山地区、鄂尔多斯西北部、包头市北部、巴彦淖尔市、乌海市和阿拉善盟大部为70%～77%。

（2）内蒙古自治区热量资源

①**年均气温**：内蒙古自治区年均气温的分布规律总趋势是从呼伦贝尔市大兴安岭北

端向东南和西南递增。呼伦贝尔市大兴安岭最北端年均气温在–4℃以下，是全区最低的地区。大兴安岭北段年均气温为–2℃～–4℃。呼伦贝尔市岭东地区年均气温在0℃左右，兴安盟东部广大地区2℃～4℃。通辽市、赤峰市北部地区4℃～6℃，赤峰市东南部和通辽市西南部在6℃以上。呼伦贝尔市岭西地区以及锡林郭勒盟东北部年均气温为–2℃～4℃。由此西南，年均气温逐渐增高。锡林郭勒盟中东部为0℃～2℃，锡林郭勒盟西部、乌兰察布市阴山北麓为2℃～4℃。乌兰察布市北部边境地区及土默特平原、巴彦淖尔市后山地区4℃～6℃，鄂尔多斯市大部、巴彦淖尔市西北部及阿拉善盟东北部和东南角6℃～8℃。东胜区一带因海拔高而年平均气温低于6℃。阿拉善盟大部分地区年平均气温8℃以上。

②**极端最高气温**：内蒙古自治区夏季虽然高温日数不多，总的气候比较凉爽宜人，但西部地区深居内陆，再加上沙漠等下垫面的影响，极端最高气温比较高。其中大兴安岭山地因纬度高和植被覆盖作用，极端最高气温较低，一般不超过36℃。然而东部科尔沁沙地和西部阿拉善地区的腾格里沙漠、巴丹吉林沙漠和西部戈壁地区极端最高气温超过40℃，阿拉善西北部可达43℃以上，其余广大地区为36℃～40℃（图5-12）。

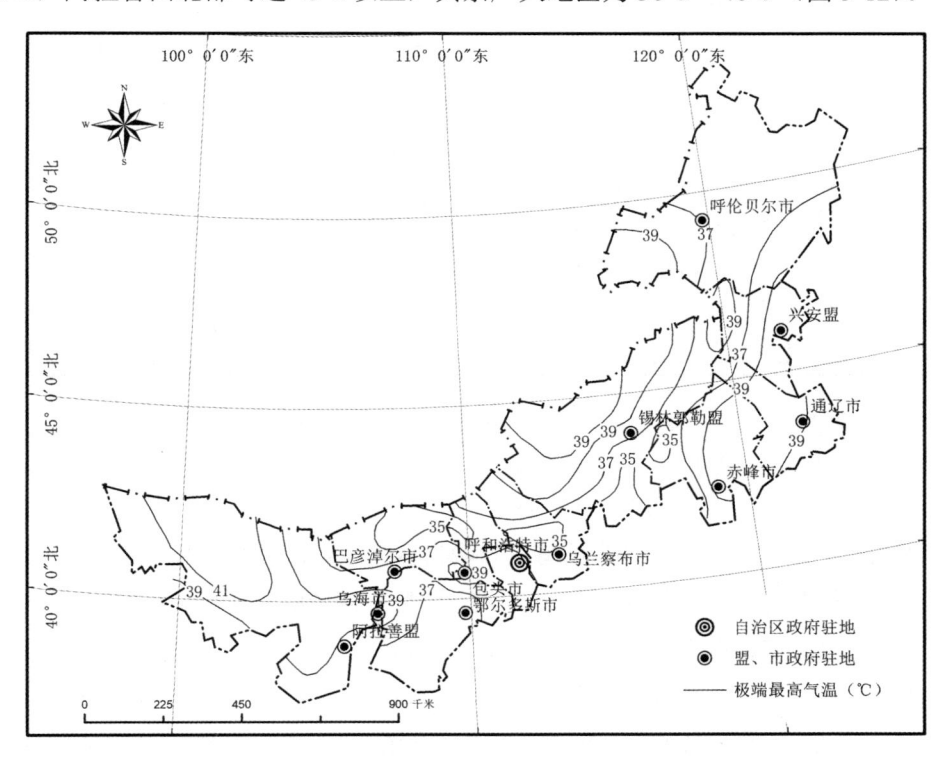

图5-12 内蒙古自治区极端最高气温分布

资料来源：马玉明总主编，《内蒙古自治区资源大辞典》

③极端最低气温： 内蒙古自治区大部分地区的极端最低气温在–30℃以下，低值区沿大兴安岭山麓向西南明显伸展，呼伦贝尔市大部、兴安盟北部、锡林郭勒盟中东部及阴山山地北侧的极端最低气温在–40℃以下。其中呼伦贝尔市图里河曾观测到–50.2℃的极低值，是内蒙古自治区的寒极，也是除新疆的富蕴和黑龙江的漠河以外的中国第三个寒极。通辽市和赤峰市的中南部、鄂尔多斯市东南部和阿拉善盟西南部极端最低气温在–30℃以上，是内蒙古自治区极端最低气温较高的地区（图5-13）。

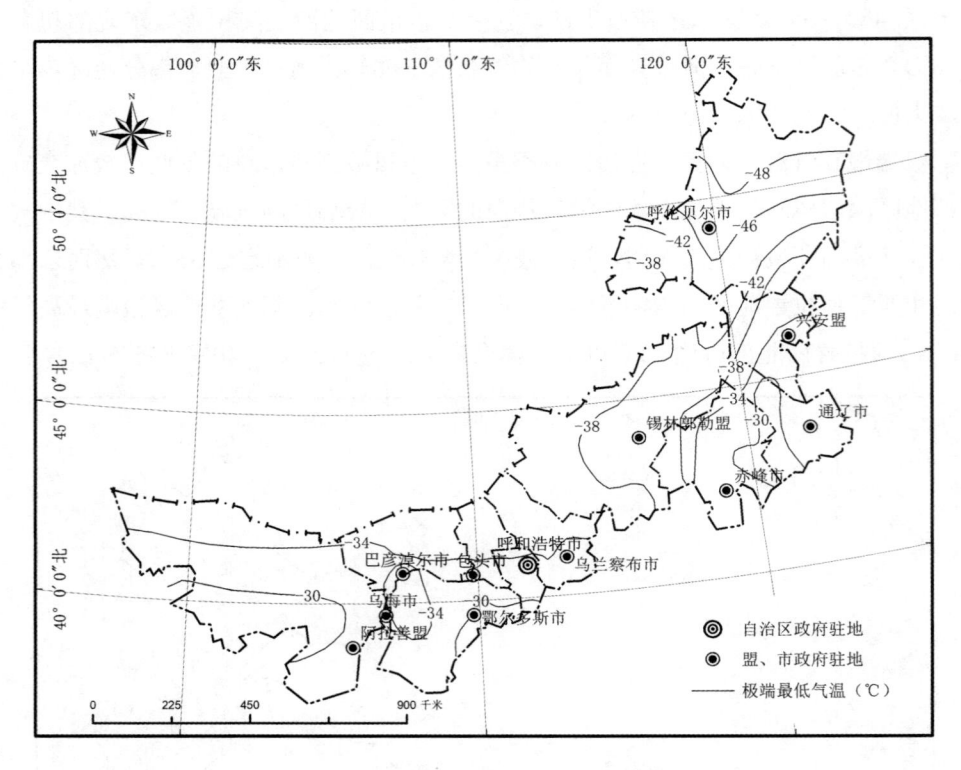

图5-13 内蒙古自治区极端最低气温分布

资料来源：马玉明总主编，《内蒙古自治区资源大辞典》

④积温： 内蒙古自治区≥10℃的持续日数自西向东逐渐减少。最多在阿拉善盟、乌海市、赤峰市和通辽市南部为160~170天，其中吉兰泰178天，为全内蒙古自治区最长。鄂尔多斯市、巴彦淖尔市大部、呼和浩特市和包头市、乌兰察布市南部及北部边境地区、赤峰市大部、通辽市、兴安盟东南部，为140~160天。乌兰察布市中部、锡林郭勒盟、呼伦贝尔市西部、大兴安岭岭东、兴安盟西北部120~140天。大兴安岭山地及呼伦贝尔市部分地区90~120天。其中根河市只有85天，为全内蒙古自治区最短。内蒙古自治区≥10℃的积温为1 200℃~3 600℃，其分布规律是自东北向西南递增。大兴安岭北段、

中段及南段的岭上≥10℃的积温不足1 200℃,是内蒙古自治区热量资源最少的地区,属寒温带气候型。呼伦贝尔市岭东地区≥10℃的积温在1 600℃~2 400℃左右。兴安盟东南部为2 600℃~3 000℃,赤峰市和通辽市除大兴安岭和七老图山外,其余广大地区在3 000℃以上,是热量资源较丰富的地区。锡林郭勒盟从乌珠穆沁高原到二连盆地随地势的降低≥10℃的积温从1 600℃逐渐增高到2 800℃。阴山山脉的大青山、灰腾梁、蛮汉山、苏木山等地区≥10℃的积温不到1 600℃。土默特平原热量资源较丰富,在3 000℃以上。阴山北麓到中蒙边境≥10℃的积温从1 800℃增加到2 800℃以上。乌拉山、狼山山区只有1 800℃左右,而其南部的河套地区超过3 200℃,北部的乌拉特草原由东部的2 800℃向西增加到3 200℃。鄂尔多斯市除东胜区周围外,大部地区为2 800℃~3 200℃,其中晋蒙交界处在3 400℃以上。乌海市附近热量资源很丰富,3 400℃以上。贺兰山西麓地区2 600℃~2 800℃,热量较低,其余阿拉善广大地区3 000℃以上。其中,额济纳旗在3 600℃以上,是内蒙古自治区热量资源最丰富的地区(图5-14)。

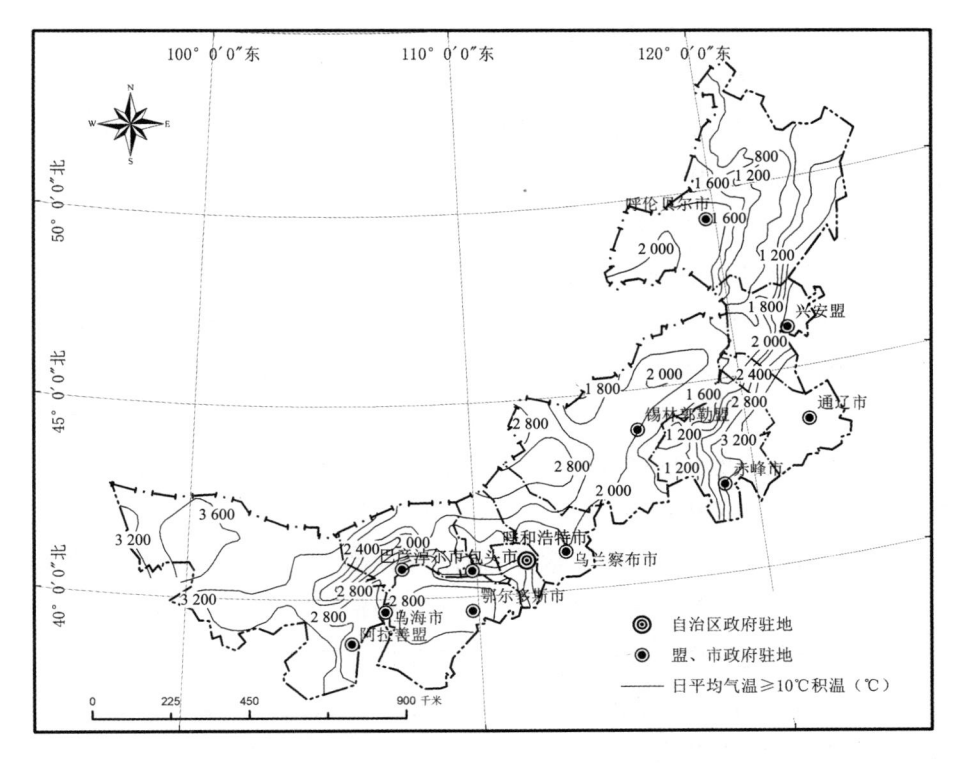

图5-14 内蒙古自治区日平均气温≥10℃积温分布

资料来源:湖春主编,《内蒙古自治区农牧林业气候资源》

(3) 内蒙古自治区降水资源

内蒙古自治区年平均降水量从东到西为 450～500 毫米，降水资源明显缺乏，已成为内蒙古自治区经济社会发展十分重要而宝贵的资源，同时又成为限制性因素，制约着区域发展。

内蒙古自治区降水的区域差异明显，东多西少，自东向西递减。降水量最多的是呼伦贝尔市东北部大兴安岭北段山区，平均年降水量450～510毫米，其中蘑菇气镇达511.2毫米，是内蒙古自治区年降水量最多区。年降水量最少的是阿拉善盟西部地区，平均年降水量在100毫米以下，其中额济纳旗37.4毫米，是全内蒙古自治区降水最少的地区。呼伦贝尔市中部、兴安盟、通辽市、赤峰市、锡林郭勒盟东南部、乌兰察布市大部、呼和浩特市、鄂尔多斯市东南部和包头市南部平均年降水量为350～450毫米；呼伦贝尔市西部、锡林郭勒盟东部、乌兰察布市中部、包头市中部、巴彦淖尔市东南部和鄂尔多斯市中部平均年降水量250～350毫米；锡林郭勒盟西部、乌兰察布市和包头市的北部、鄂尔多斯市西部、巴彦淖尔市大部和阿拉善盟东部平均年降水量100～150毫米。由于内蒙古自治区年降水量分布自东向西递减，而热量分布与此分布规律正相反，自东向西递增，从而造成了降水资源最多的地区（大兴安岭）热量资源最少，降水资源最少的地区（阿拉善盟）热量资源最多，水热资源匹配倒置的特点。这一特点，确定了内蒙古自治区农牧林业生产的大格局，同时也影响了水热资源的充分利用。

内蒙古自治区降水变率大，保证率低。内蒙古自治区降水年际变化幅度大，其变率为 15%～40%，年降水量变差系数 0.25～0.60，自东向西递增。由于年降水变率大，因而降水保证率不高。80%保证率降水量在 350 毫米以上的地区有呼伦贝尔市东北部、兴安盟东北部。80%保证率降水量在 250～350 毫米的地区有呼伦贝尔市中部、兴安盟大部、通辽市、赤峰市、锡林郭勒盟东南部、乌兰察布市南部、呼和浩特市、包头市南部、鄂尔多斯市东南部。这些地区的降水仅能满足春小麦、莜麦、马铃薯、谷子、玉米、高粱、胡麻等作物的全生育期需水量最低要求，可以种植旱作农业。80%保证率降水量在 150～250 毫米的地区有呼伦贝尔市西部、锡林郭勒盟中西部、乌兰察布市中部、鄂尔多斯市中部、包头市中部、巴彦淖尔市东部、阿拉善盟东南部。这些地区无灌溉条件就无法进行旱作农业。80%保证率降水量不足 150 毫米的地区有锡林郭勒盟西北部、乌兰察布市北部、包头市北部、巴彦淖尔市大部、阿拉善盟大部。这些地区只能发展绿洲灌溉农业。

(4) 内蒙古自治区风能资源

内蒙古自治区有丰富的风力资源，是中国风能资源最为丰富的地区之一。内蒙古自治区 90%左右的地区年起动风速小时数在 4 000 小时以上，占全年总时数的 46%，其中锡林郭勒盟西部、乌兰察布市和巴彦淖尔市北部起动风速小时数在 6 000～7 000 小时以上，占全年总时数的 70%左右。≥3 米/秒和<20 米/小时之间的风速称为有效风速，以全年累积小时数为单位，是可利用的风速。自治区年有效风速小时数分布总趋势是由东向西增多。大兴安岭地区年有效风速小时数在 3 000 小时，是全区低值区之一。河套平原、土默川平原、赤峰市、通辽市中部年有效风速时数为 3 000～4 000 小时，是全区较低值区。其余广大地区的年有效风速小时数均在 5 000 小时以上，大兴安岭以西、阴山山脉以北地区年有效风速超过 6 000 小时，尤其在朱日和一带达 7 000 小时以上，为全自治区之冠（图 5-15）。

全内蒙古自治区约一半面积的年平均有效风能密度在 100 瓦/平方米以上，其中部分地区达到 200～250 瓦/平方米以上。此外还有 35%面积的年平均有效风能密度在 50 瓦/平方米以上。自治区年有效风能储量在阿拉善盟、巴彦淖尔市部、乌兰察布市、锡林郭勒盟中西部，以及呼伦贝尔市岭西地区都在 1 000 千瓦小时/平方米·年以上，其中巴彦淖尔市北部、乌兰察布市西北部高达 1 400～1 800 千瓦小时/平方米·年，为全自治区有效风能储量最高地区。呼和浩特市西南、鄂尔多斯市东南及赤峰市西南地区仅为 500 千瓦小时/平方米·年以下，为全自治区最少地区。

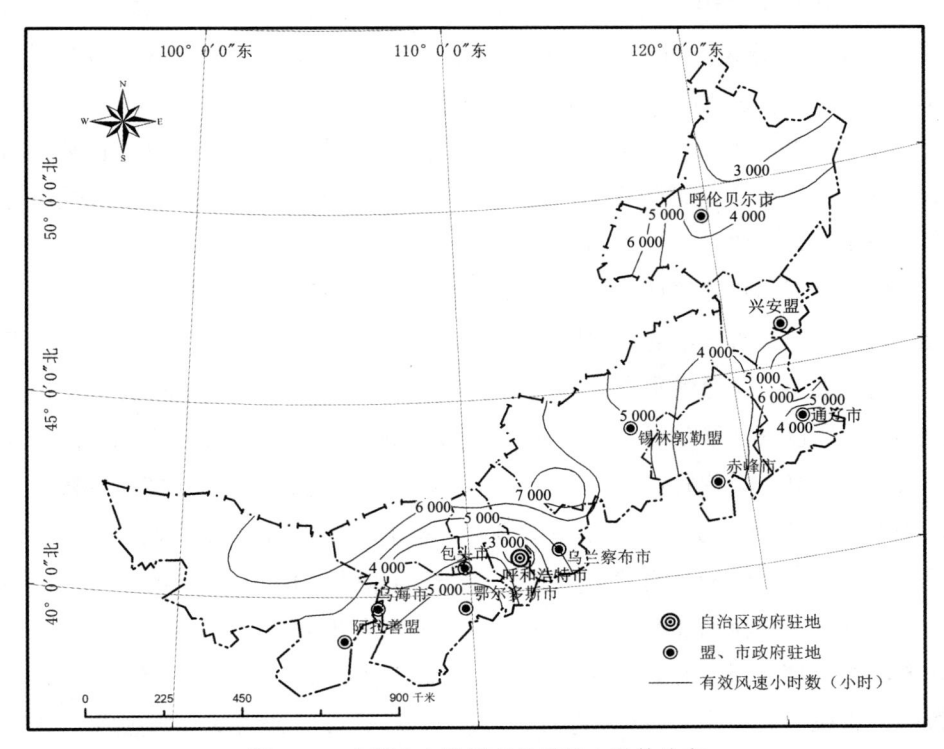

图 5-15 内蒙古自治区有效风速小时数分布

资料来源：马玉明总主编，《内蒙古自治区资源大辞典》

据初步估算，全自治区风能储量为3.09亿千瓦，约占中国风能储量的1/5。其中，广大牧区风能蕴藏量为2.5亿千瓦，约占全区风能储量的82%，是内蒙古自治区风能资源开发利用的重点地区。

2. 蒙古自治州气候资源

（1）新疆维吾尔自治区巴音郭楞蒙古自治州气候资源

巴音郭楞蒙古自治州属极端干旱的大陆性气候，因地处中纬度地带，欧亚大陆中心，四周远离海洋，南有青藏高原阻滞印度洋水汽北上，西有帕米尔高原阻滞西风气流携带的水汽，所以其气候呈极干旱的特征。全州降水量差异极大，总的分布特点是：北部多南部少；山区多平原少；盆地沙漠区更少；山区又以迎风坡多，背风坡少；天山山区多，阿尔金山山区少。年平均降水量86.4毫米，平原区年降水量20～80毫米，由南向北递增。全年降水量主要集中在5～9月，夏季降水量占50%～70%。全州降水量最多的地区巩乃斯林场，降水量800～1 000毫米，降水日数可达185天。

巴音郭楞蒙古自治州的气温，垂直地带性明显，年平均气温随着海拔高度的增加而降低。相同的海拔高度上，南部温度高、北部温度低。州境内罗布淖尔洼地年平均气温最高达12℃；塔里木盆地周边绿洲地带，年平均气温10.2℃～11.5℃；焉耆盆地8.1℃～8.6℃；天山山区沟谷5℃～6℃；海拔2500米以上的天山山区及海拔3 000米以上的昆仑山区，年平均气温在0℃以下；高山盆地珠勒图斯年平均气温–4.6℃。极端最高气温，塔里木盆地绿洲可达40℃～44℃，荒漠地区高达45℃。极端最低气温珠勒图斯高山盆地曾达–48.1℃。全州年总辐射量最多的地方是焉耆盆地，全年为156.8千卡/平方厘米。巴音郭楞州全年平均日照时数为2 605～3 167小时，日照百分率为59%～70%。

（2）新疆维吾尔自治区博尔塔拉蒙古自治州气候资源

博尔塔拉州属极端干旱的大陆性气候。因处于中纬度地带，欧亚大陆中心，四周远离海洋，南有天山山脉阻滞水汽北上，北有阿尔泰山脉，西有帕米尔高原阻滞西风气流携带的水汽，所以其气候呈干旱的特征。博尔塔拉州的年平均气温由西向东随着海拔高度的降低逐渐升高。以阿拉山口地区为最高，年平均气温达8.5℃；精河城镇附近年平均气温为7.4℃；海拔2 094米的赛里木湖畔，年平均气温为1.1℃。在艾比湖盆地，气温年较差在41℃以上。随着海拔高度的升高，气温年较差减少。博尔塔拉州各地≥0℃、≥10℃的活动积温以阿拉山口最多，多年平均分别为4 360℃和3 960℃以上。保证率向西随着海拔高度上升而逐渐减少。太阳辐射总量为5 370～5 800兆焦耳/平方米，博尔塔拉州的太阳总辐射量以5～8月最大，4个月合计2 830～2 960兆焦/平方米，占全年太阳辐射量的51%～53%。博尔塔拉州全年日照时数为4 444～4 446小时，各地差异不太大。博尔塔拉州年降水量为90～500毫米，各地差异较大。阿拉山口及艾比湖沿岸年降水量在 100 毫米左右，向西随海拔高度的升高年降水量逐渐增多，至海拔高度 500 多米的博乐市年降水量增加到 190 毫米左右；海拔 1 300 多米的安格里格，年降水量增加到 200 毫米左右。海拔 2 000 米左右的赛里木湖降水量接近 400 毫米，是艾比湖地区的 4 倍。博乐市小营盘镇至温泉县哈日布呼镇为多雨地带，年降水量明显高于附近地区。博尔塔拉州降水量以夏季为最多。艾比湖盆地夏季降水占年降水量的 36%～50%。

（3）青海省海西蒙古族藏族自治州气候资源

海西州属于典型的高寒干燥大陆性气候区，具有高寒缺氧、空气干燥、少雨多风等高原气候的特点。年平均降水量 16.7～487.7 毫米，地域分布不均衡。山地降水多于盆地，迎风的北部山区多于背风的南部山区，因水汽通道偏东的缘故，东部地区又多于西部地区；全州降水在时间分配上也极不均衡，5～9 月份的降水量占全年降水量的 82%～94%，其余月份降水极少。

海西州年平均气温 –5.6℃～–5.2℃，因受地形和纬度的影响，气温地区差异也很明显，呈现中间高四周低，南部高北部低的分布特征。1 月份盆地平均气温 –9.8℃～–13.9℃，山区为 –14.7℃～–17.2℃，分别以大柴旦和木里为最低；7 月份盆地平均气温 13.6℃～19.2℃，山区为 5.6℃～10.4℃，分别以察尔汗和天峻为最高。盆地平均气温年较差为 25.2℃～30℃，山地为 22.8℃～25.1℃。最高气温出现在 7 月底 8 月初，南部山区 24.7℃，盆地 35.3℃，山区 19.5℃。极端最低气温在南部山区 –45.2℃，盆地 –34.3℃，北部山区 –35.8℃。年日照时数平均在 3 000 小时以上，太阳辐射量达 628.9～741.3 千卡/平方厘米。海西州大风日数多，西部地区 8 级以上大风日数年均 114～117 天，东部地区在 79～86 天，中部较少，亦在 30～53 天。

三、俄罗斯蒙古民族聚居区气候资源

布里亚特共和国全年平均日照时数南部平原盆地区为 2 200～2 700 小时，北部森林区为 1 500～1 600 小时，年太阳辐射总量南部平原地区高于北部山地森林区。平均年降水量为 300 毫米，由于地形复杂，全国降水量地区差异大，分布特征为山区多平原少，迎风坡多，背风坡少。卡梅尔岭、巴尔古津山北坡和西北坡降水量最丰富，年降水量达 1 000～1 400 毫米。而山间盆地和色楞格河谷地，年降水量仅为 200～300 毫米。无霜期约为 90～155 天。早霜冻一般在 8 月下旬来临。

阿加布里亚特地区属于典型的大陆性气候。夏季短、温凉，冬季长、少雪、寒冷，具有年降水量季节性差异较大、空气干燥、日照期长、冻土层厚等特点。全区年平均降水量为 300～400 毫米，85%～90%集中于暖季（5～9 月）。降雪少，雪层平均厚度为 10～12 厘米，雪少时 2～3 厘米，降雪多时 20～23 厘米。由于少雪，冻土层最厚达 3.5～4 米。区内有些地区分布着多年冻土层。

乌斯季奥尔登斯基地区属于典型的大陆性气候。冬季寒冷而漫长，年降水量少，夏季温暖短暂。夏初炎热、干燥、晴朗。如巴彦泰区 5 月份日照时数 223 小时，6 月份 228 小时，7 月份 226 小时。区内年平均降水量 250～400 毫米。其中，降雨量占年降水量的 78%，降雪量占 16%，雨夹雪占 6%。

第六章　蒙古高原及其毗邻地区水文

第一节　河流水系特征

一、南部河流水系特征

蒙古高原及其毗邻地区南部内蒙古自治区有内流和外流两大水系。位于内蒙古自治区东部东北—西南向的大兴安岭和中部东西向的阴山山地以及西部的贺兰山是内、外流水系的分水岭。大兴安岭、阴山山地和贺兰山以东、以南地区除个别封闭盆地外，大部分河流均为外流水系，主要汇入太平洋流域中的鄂霍次克海和渤海，主要有额尔古纳河、嫩江、辽河、滦河、永定河和黄河等六个水系组成。总流域面积 61.34 万平方公里，占内蒙古自治区总面积的 52.5%。地表径流不能流入海洋的区域，在大兴安岭以西，阴山和贺兰山以北、以西，包括呼伦贝尔高原、锡林郭勒高原、乌兰察布高原和鄂尔多斯高原局部洼地等地区均为内流水系和无流区。内流水系分布比较零星，自东而西有达里诺尔、乌拉盖、查干诺尔以及黄旗海、岱海和内蒙古高原西部的塔布河、艾不盖河、额济纳河等水系，皆系无尾河，河川径流均消失于各自封闭的湖盆或洼地内。流域面积 11.41 万平方公里，占全内蒙古自治区总面积的 9.8%。

内蒙古自治区流域面积在 1 000 平方公里以上的河流有 107 条，主要河流的多数发源于大兴安岭和阴山山地两侧。

内蒙古自治区河网类型可分为：树枝状、扇状、羽状、梳状、格状和线状等，分布在山地和丘陵地区的河流主要为树枝状河网，如西辽河流域；众多的内流河，除了发源地附近有少数短小的支流汇入外，沿途干流上基本没有支流汇入，形成了单一的线状河网，这是水网极不发育的一种反映。但内蒙古自治区的河流不以单一结构为主，不同地质构造、不同地貌类型及不同气候条件下发育的河流均有各自不同的特点。

内蒙古自治区的河网密度相差很悬殊，总的分布趋势是由东北向西南递减，这与降水量和径流深的分布线相吻合，河网密度最大地区是嫩江干流右岸、额尔古纳河右岸和海拉尔河上游的山区流域，以及乌兰察布南部浑河及鄂尔多斯南部纳林河流域等河网密度约 0.2~0.3 公里/平方公里。其次是西辽河上游老哈河一带，河网密度为 0.15~0.2 公里/平方公里。阴山山地南侧的山洪沟和黄河北岸支流以及乌兰察布南部土石丘陵区，河谷较多，河沟短小，河网密度居中等水平，约为 0.1~0.2 公里/平方公里；其余广大地区河网密度小，都在 0.05 公里/平方公里以下。

二、中部及北部河流水系特征

蒙古国位于蒙古高原及其毗邻地区的中部及北部，其水系的形成受到地理位置、山系、气候的影响。该国境内有北冰洋流域、太平洋流域和中亚内流流域的 4 113 条河流，总长度可达 6.7 万公里。河网密度 0.02 公里/平方公里，在北部山区河网密度很大，为 0.35 公里/平方公里，占据了大部分的水系，南半部河网密度为 0.01 公里/平方公里，可见在南部和东南部常年河流较少。在蒙古阿尔泰山脉 0.25 公里/平方公里，杭爱、肯特山脉 0.8~0.35 公里/平方公里，太平洋流域 0.1~0.15 公里/平方公里，杭爱山脉南部 0.05 公里/平方公里。

布里亚特共和国境内共有 2.5 万条大小河流，属于三大水系，即贝加尔湖水系、勒拿河水系和安加拉河水系。境内所有河流总长达 12.5 万公里。众多河流中，90%以上的河流为总流程小于 10 公里的短小河流。最大的为色楞格河，其总流程 1 024 公里，注入贝加尔湖。属于贝加尔湖水系的另一个主要河流是巴尔古津河。巴尔古津河流域地区，河网发育程度较好，共包括 2 544 条河，其总流程 10 750 公里。其中，92%的河流为总流程小于 10 公里的短小河。勒拿河水系，包括共和国北部、东北部的玛玛河、维季姆河和楚雅河。其中，最长的是勒拿河支流——维季姆河，总长 1 978 公里，流域面积 22.5 万平方公里。

阿加布里亚特地区位于蒙古高原的北部，属于上阿穆尔河（黑龙江）流域。水系不够发育。最大的河流为起源于蒙古国肯特山脉东北侧的鄂嫩河。起源于萨哈耐山的伊利雅河、阿达嘎里科河、祖特库里河等河流注入鄂嫩河。鄂嫩河东岸支流的南北阿加河汇合后称阿加河，地区名称由此而来。阿加河境内流程长达 180 公里。

在蒙古高原西北部的阿尔泰共和国山川巨河纵横交错，河网密度大。主要河流有：卡通河—鄂毕河左侧支流，全长 688 公里，流域面积 6.09 万平方公里，它的主要支流有阿尔古特河、乔亚河、科克萨河和谢马尔河等；比亚河—鄂毕河右侧主要支流，发源于捷列茨科耶湖，全长 301 公里，流域面积 7.3 万平方公里。

三、西南部河流水系特征

蒙古高原及其毗邻地区西南部,即新疆地区,其河流水系也有外流水系和内流水系。外流水系是鄂毕河的主要支流额尔齐斯河水系。额尔齐斯河源于阿尔泰山南坡,下游为俄罗斯境内鄂毕河,最后注入北冰洋。额尔齐斯河从河源到鄂毕河长 4 000 多公里,流域面积 195 万平方公里。中国境内河段长 546 公里,流域面积 5 万多平方公里。干流沿阿尔泰山南麓、准噶尔盆地北部,从东南向西北流入哈萨克斯坦共和国境内。支流均源于阿尔泰山南坡,从北向南在北岸汇入干流,形成典型的梳状水系。

内流水系也叫漠西内陆流域,主要由塔里木河和准噶尔盆地内陆水系组成。内陆水系处在山地的上游支流较多,水系较发达,而出山后基本上无支流而形成线状水系。塔里木河水系是指源于天山和昆仑山,又能流到塔里木盆地的所有河流,向盆地内部流动而构成的向心水系。诚然,称塔里木河的是塔里木河水系的下游河段。从塔里木盆地周围山地流到塔里木盆地的大小河流约 100 条,目前能汇入塔里木河的只有阿克苏河、和田河、叶尔羌河 3 条大河。但各河的地下径流最后归宿点可能仍是罗布泊。塔里木河原以罗布泊为归宿,1952 年尉犁县境堵坝引水,塔里木河改道南流,以若羌县的台特玛湖为终点,河长约 900 公里。1972 年以后,塔里木河终点从台特玛湖退缩到铁干里克的大西海水库,河长不到 800 公里。

准噶尔盆地内陆河水系发源于准噶尔盆地周围山地,是河流向盆地内部流动而构成的向心水系,由四个水系组成,即乌伦古湖水系、玛纳斯湖水系、艾比湖水系和天山北坡水系,流域面积共约 31.65 万平方公里。乌伦古河,其上源布尔根河源于蒙古阿尔泰山南坡,向西北流,经吉力湖注入乌伦古湖(布伦托海),河长 715 公里,流域面积 2.2 万平方公里。玛纳斯河,源于天山北麓,主要支流有红霓沟、芦草沟、清水河等。各支流在肯斯瓦特汇合,经红山嘴出山,流入玛纳斯湖。河长 406 公里,流域面积 4 056 平方公里。上游水急多峡谷,下游平原坦荡,河曲发育。艾比湖水系的主要河流有精河、奎屯河和博尔塔拉河。精河,源于天山西北部的婆罗科努山,经精河县城向北流,穿过沙地,注入艾比湖。河长 80 公里,流域面积 0.142 万平方公里。天山北坡水系主要由乌鲁木齐河水系组成。乌鲁木齐河发源于天山北坡,河长 54 公里,流域面积 924 平方公里。这些河流的归宿是内陆盆地和山间封闭盆地的低洼部位,但现在汇入盆地低洼部位的河流不多,河流流出山口后被大量截引或修水库拦蓄,从而下游断流。

第二节 河流及湖泊水文特征

一、河流补给及水情

1. 河流补给

蒙古高原及其毗邻地区的地表径流由降水、雪水、冰川融水形成，但由于受到自然地理特征、山体和谷地的位置和走向、海拔高度等的影响，他们所占的比重各地不同。蒙古国从蒙古阿尔泰山脉发源的河流，冰雪融水占全年流量的50%～70%，雨水占5%～10%，而从库苏古尔山地、杭爱山脉、肯特山脉发源的河流，雨水占56%～75%。蒙古国河流补给中，自北向南、自西向东雨水比重逐渐增大，雪水比重逐渐减小。

河流流量的15%～40%由浅层地下水补给。发源于库苏古尔山地、杭爱山脉、肯特山脉的河流以雨水补给为主，戈壁地区季节性河流基本上只有雨水补给。戈壁地区地下水的水量补给中雨水比重达50%，其余部分为水汽凝结水。蒙古国河流水文特征有明显的雪水汛期、雨水汛期和冬季枯水期。阿尔泰山脉河流在4月中旬，而流域位置较高的河流在4月下旬、5月中旬开始进入雪水汛期。发源于杭爱山脉、肯特山脉的河流，雪水汛在河口处于4月上旬开始，流域位于海拔2 500米以上的，则于5月上旬开始进入雪水汛期。

发源于蒙古阿尔泰山脉的河流于4月中旬或下旬开始进入融雪水汛期，融雪水汛期结束于8月下旬9月上旬，汛期为110～150天。而杭爱山脉、肯特山脉南侧和东侧的河流于5月下旬，西侧河流于6月上旬分别结束雪水汛，融雪水汛期为30～50天。雪水汛在阿尔泰山脉河流占全年总流量的60%～90%，在发源于杭爱山脉西侧、库苏古尔山地的河流占20%～30%，在肯特山脉北侧、西侧河流占10%～12%，在杭爱山脉和肯特山脉南侧河流占10%。河流流量状况的一个特点是除蒙古阿尔泰山脉河流以外的其他河流在春季雪水汛结束后，6月出现短时间的枯水期。这一枯水期的持续时间自西向东逐渐加长。雨水汛出现在夏秋雨季，水量达到最大值。有春夏雪水汛的蒙古阿尔泰山脉河流，在此时流量增加很多，但大部分补给还是雪水和冰川水。大部分河流于6月下旬进入夏季雨水汛期，但每条河流情况不尽相同。流域位于2 000米以上的河流从7月5日～15日持续到8月10日左右，流域海拔在2 000米以下的河流从7月15日～20日持续到8月10日左右。最大雨水汛过程出现在7月15日～30日。春夏季、夏秋季出现短时间的两次枯水期，有春夏雪水汛的河流出现在秋季枯水期，有春季雪水汛和夏季雨水汛的河流枯水期出现在 10 月，少水年枯水期出现在 6 月。冬季枯水期从河流封冻开始持续 4~5 个月，出现最小流量 3 月结束。

根据河流水文特征，可分为蒙古阿尔泰山脉河流、杭爱—肯特山脉河流、东方蒙古河流和戈壁阿尔泰山脉河流 4 个基本类型。

处于蒙古高原南部的内蒙古地区的河流补给类型以降水补给类型为主。内蒙古地区河川径流的主要补给来源为大气降水，而水量的多少与降水量的多少和迟早有关，而这些又受东南季风的影响很大。当东南季风强烈，在北进过程中深入全区内陆时，该年的降水量就大，河川径流的水量也相应地丰富；反之，如果东南季风势力弱小，其边界偏南，不能深入内陆，该年为少水年，河川径流水量也小，可见，降水量的年际变化直接影响河川径流的水量年际变化。由于内蒙古地处季风尾闾区，降水年际变化大，径流的年际变化也大，而径流年际变化对于农林牧业生产以及防洪、抗旱，城镇工矿和水利工程的设计规模、效益都有重要意义。径流的年际变化通常以变差系数 C_v 表示，C_v 数值大表示径流的年际变化大，反之则变化小。内蒙古径流的 C_v 值一般为 0.5~1.0，并且由东北向西南逐渐递增，仅有大兴安岭及岭东、岭北地区径流的 C_v 值小于 0.5，为 0.25~0.5，其原因是距离海洋较近，水汽来源相对充足，特别是茂密的大兴安岭森林覆盖，起到明显的径流调节作用，使得变化较大的地表径流通过地表调节导致河川径流变化减小。C_v 值最大的地区是内蒙古高原的西北部，这里不仅夏季的海洋气流不易到达，年降水量少，变化大，而且地表土壤多沙性，渗透和蒸发损失大，少量的降水难以产生地表径流，只有降水强度大，降水量较多时，地表径流才能产生。从若干典型河流水文站资料逐年模比系数变化曲线分析，全区各河流径流的年际变化的周期性是不太明显，丰、平、枯水交替频繁，反映在逐年模比系数变化曲线上多呈犬齿状，这与每年东南气流的北进速度、强度和界限的多变是息息相关的。以 10 年左右时间为变化周期来反映全区径流的年际变化大致趋势，即 20 世纪 50 年代至 60 年代中期为丰水期，60 年代后期至 70 年代初期属枯水期，70 年代末期后出现偏丰趋势。总之，全区河川径流的年际变化特点是自东而西越来越大，丰、平、枯水的多年变化规律也是自东而西逐渐越来越明显。

位于蒙古高原西南部新疆地区河流补给主要来自山区降水，因为山区降水多，坡度大，少量降水也能汇集成径流补给河流。平原地区的降水大部分耗于地面蒸发，地下水少量补给，很难形成径流。据估算，大气降水的 35%补给河流，约占河川径流的近 80%。新疆地区的冰川分布决定于山势和气候，总的分布趋势是山势越高，冰川面积越大，同时北疆多于南疆，西部多于东部。据估算，冰川融水约占新疆年径流总量的 21%，加重了夏季洪水的集中度。新疆河流补给中地下水补给很少。

2. 河流水情

蒙古国北半部流域在冬季形成稳定的冰雪覆盖，进而为形成春季雪水汛创造了物质条件，而戈壁带由于降水稀少，常年河流很少。在山区，由于雪被、多年积雪、冰川存在，形成径流垂直带。纬度带差异首先表现在冷季的持续时间、雪被的形成和结束时间、固体降水量。雪被（积雪覆盖）天数在库苏古尔山地200天，杭爱—肯特山脉180天，中部地区150天。冬季降水量12～20毫米到40～60毫米。从北部山区流向戈壁地区，湿度递减，蒸发量递增。水分充沛的地区河流形成雨汛，而在戈壁地区河流的枯水期持续时间很长。一个地区的水分状况反映浅层地下水埋藏深度及其在河流补给中的比重。北部山区地下径流深25毫米，中部草原带5～12毫米，南部荒漠带2～5毫米。水分充沛地区和水分缺乏地区的界线以南夏秋枯水期持续很长时间。冬季枯水期在山区取决于冷季温度状况，同时也受纬度影响，北部地区持续时间长，中部地区持续时间短。

河流年内流量分配中除降水季节分配外，土壤、地质、地貌等下垫面因素起很大作用。蒙古国河流流量分配受到补给影响，各月、各季有所不同，但夏季径流量占绝大部分。蒙古阿尔泰山脉河流大部分径流量出现在7～8月；发源于库苏古尔山地西侧的河流最大径流出现在发生春季雪水汛，夏季雨水汛在5～9月；肯特山脉、杭爱山脉河流出现在7～8月。河流径流量年内在分配地区上有所不同。蒙古国河流根据径流量年内分配可分为蒙古阿尔泰山脉、库苏古尔山地、杭爱山脉南侧、杭爱山脉北侧、肯特山脉西侧、肯特山脉东和东北侧等类型。

春季雪水汛形成中冷季（10～4月）降水起重要作用。初雪降于10月中旬至11月初，11月中旬形成稳定的雪被。雪被于3月中旬至4月初开始融化，4月底完全消失。积雪消融时间在北部40天以上，中部、东部和山区35～40天。南部不是每年形成雪被。即使形成了雪被，因为厚度小，5～10天内全部融化。在库苏古尔山地、蒙古阿尔泰山脉、杭爱山脉高处，雪被保留时间140～150天，色楞格河流域、东方蒙古草原为100～120天，南部地区35～40天，西南部、东部地区7天左右。雪被最厚在2月份，南部地区平均厚度5厘米，海拔1 800～2 000米高的山区25厘米或更厚。雪被厚度最大时平均密度达0.15～0.20克/平方厘米。雪水储量在2月中下旬达到最大值，北部地区、杭爱山脉北侧、库苏古尔山地平均20～30毫米，山地高处达60～80毫米，蒙古阿尔泰山脉诸高峰达100～200毫米。积雪融水，影响春季雪水汛流量的形成，通常在地表封冻时或半融冻时发生。在蒙古阿尔泰山脉、库苏古尔山地、肯特山脉、杭爱山脉较高部位河流的年最大流量出现在春季雪水汛。

雨水汛最大流量的形成，受到降雨强度、蒸发量、气温、地形的影响。雨水汛形成于40～120毫米以上的日降水量。蒙古国境内，强度大的暴雨发生在7月中旬至8月中旬，最大日降水量在杭爱山脉、肯特山脉西侧和西北侧为 75～115 毫米，在色楞格河流域、中亚内流流域、肯特山脉东北侧为 60～70 毫米，在蒙古阿尔泰山脉 20～50 毫米。该国境内最大日降水量随高度的增加而增加，雨水汛流量也随之增加。暖季形成雨水汛的雨型为暴雨，持续时间较短。暴雨的最大强度 1.5～3 毫米/分，平均强度 0.20～0.30 毫米/分。

河道稳定度受到构成河床的沉积岩结构、地形坡度、水文特征等的影响。蒙古国河流平均含沙量 2.65 克/立方厘米。在河床变宽的平原，分布有沙、泥、悬移质等细小颗粒沉积物，而在河源、山地河流溪水、沟谷河床中的泥沙颗粒增大。平原河流泥沙颗粒直径很小，0.11 毫米，泥质颗粒直径 0.001 毫米，占悬浮质泥沙的 8%～14%。发源于蒙古阿尔泰山脉、杭爱山脉、肯特山脉、库苏古尔山地的河流源头含沙量小，5～20 克/立方米，出山口后含沙量增加。

蒙古国河水化学成分中阴离子重碳酸（HCO_3^-）、阳离子钙（Ca^{2+}）为主。研究的所有河流湖泊水中 90.9%为碳酸型水、3.6%为混合型水、2.9%为氯化物型水、2.6%为硫酸型水。发源于蒙古阿尔泰山脉的内陆河流中 Cl^-比 SO_4^{2-}多，发源于杭爱山脉西侧的，乌布苏湖盆地一些河流 Mg^{2+}比 Na^++K^+多。这一指标表明河流水质较好。钙离子 2～70 毫克/升，占主要离子成分的 19%～30%，占阳离子的 40%～60%，其含量自北向南递减。河水中的镁含量 1～30 毫克/升，占主要成分的 10%～15%，占阳离子的 18%～30%。河流水硬度稳定，但在春、夏季有些变化。大部分河流水硬度小，水质软。河流水矿化度 60～500 毫克/升，但通常为 300 毫克/升。根据水质等级划分，蒙古国河流整体上属于极纯净到轻微污染等级。中亚内流流域河流比其他流域河流纯净，全部河流的 50%属于极纯净和相当纯净的等级。

沿河道的河水温度分布取决于河水补给、山地坡度、流向、流域的高程、地质构造等。河流自 11 月到次年 4 月初为封冻期，水温 0℃左右。5 月中旬水温达 4℃以上，变暖。7 月水温达到最高值，月平均温度 10.2℃～19.6℃。发源于永久积雪和冰川的蒙古国河流水温终年较低。自 8 月开始降低，9 月降低到 6℃～8℃，11 月上旬降到 0.2℃，冰冻现象开始。河流秋季冰冻现象从边缘的结冰、薄冰、浮冰等开始。结冰现象的发生、持续时间受当时的水土气热量交换、水文动态变化的影响，每条河流各不相同。东西向河流全程结冰现象持续时间相同，流速大（4 米/秒）的河流持续 10～20 天。蒙古高原北部河流从结冰现象开始到形成稳定的冰盖需要 15 天，而在南部需要 30～45 天。河流每年平均有 140～180 天的冰盖，封冻后平均厚度 20 厘米，最大厚度可达 80～120 厘米。发源于杭爱山脉和肯特山脉南侧的河流在 4 月的前半个月解冻，库苏古尔山地的河流在 4 月的后半个月解冻。

内蒙古各河流的洪水主要集中在 7~8 月，其次是融冰、融雪形成的春汛，后者主要发生于大兴安岭两侧的河流及黄河干流，其他地区的河流不明显。暴雨洪水主要取决于暴雨特性，即暴雨量、暴雨强度，同时也与流域的地形和地表渗水能力有关。猛烈的洪水多出现在暴雨频繁的地区，如大兴安岭东南麓的洮儿河、绰尔河，西辽河流域的老哈河，大青山山前和鄂尔多斯高原北麓的山洪沟。全区暴雨洪峰形状大致可以分为两类：一类为陡涨型，其特点是洪峰高、洪量小、洪水历时短、陡涨陡落。一般洪水历时 1~3 天，短小河流只有几个小时。洪水过程线近似于三角形，因而对防洪、用洪不利，这种类型多为西部山区各河。另一类为缓涨型，其特点是洪峰涨落平缓，洪水历时较长，一般洪水历时 10~20 天，有的河流达一个月以上。洪水过程线近似于梯形，对于防洪、用水较为有利，这种类型多为东部大兴安岭山区和锡林郭勒东北部草原区河流。融雪洪水是在春季 3~4 月份气温急剧回升，冰雪融水汇聚，大量补给河流，致使洪水出现，一般称为春汛（也称桃汛）。降雪较多的大兴安岭岭北地区的河流和锡林郭勒盟东部地区河流的融雪洪水大，并且较明显。全区其余地区河流的春汛不明显。与此同时，春汛的洪峰流量和洪量均不大，但是持续时间较长，一般一次洪水可达一个月左右。此外黄河在内蒙古地段春季出现凌汛，这是由于黄河的内蒙古段所处纬度较其上游河段高，河水封冻早、解冻迟，因此每当上游解冻、大量冰块下泄时，在本段河道的弯曲狭窄处，往往结成冰坎或冰坝，使得河水水位急剧上升，漫溢两岸河堤，造成水灾。如河套的三道坎、拦虎圪旦及团结渠口等处，均为易于形成冰坎、冰坝的地点，对于河流上的建筑物和两岸堤防的安全威胁甚大，每年都要人工爆炸冰坝，消除冰凌的危害。

内蒙古地区河流枯水的出现与降水有着密切的关系。冬季是全年降水量中降水量较小的季节，同时气温低，河流封冻，而且大部分河流河槽切割深度小，所以出现枯水，流量很小或近于零。如大黑河冬季流量不足 1 立方米/秒；中部西辽河流域集水面积虽然较大，河槽切割较深，但其较大支流的冬季流量也不超过 2~3 立方米/秒；大兴安岭地区植物茂密，降水丰富，但是到了冬季河流冻结，一般河流的冬季流量都在 1 立方米/秒以下。内蒙古地区不少河流在春季也有一个枯水期，一般出现在 5~6 月。全区中西部地区河流的春季枯水期比较明显，枯水流量最小，是全年的最低流量，而且枯水期较长，所以容易造成严重的春旱局面。内蒙古地区河流的枯水流量与洪峰流量相差较大，相差约几倍到几百倍，而且自东而西越来越突出。这也说明全区河流的径流年内分配极不均匀。

河流泥沙是指组成河川或随水流运动的矿物、固体颗粒。河流泥沙对河流水情及河道变迁都有影响，防洪、灌溉、航运、水电等水利工程设施都必须考虑泥沙问题。因为泥沙的淤积使得河槽容量减小，若遇到洪水便会引起河水泛滥，重者成灾，甚至会使河流改道；河床抬高影响航运；泥沙在水库淤积会影响水库的效益和使用年限；但当泥沙被带到河口入海处，由于流速减小，泥沙落淤形成滩涂或者三角洲，能够成为新的农田和建设用地。

内蒙古处于内陆，气候干旱，物理风化强烈，地表组成物质大多疏松，植被覆盖稀疏，加之降水多暴雨或阵雨，水土流失严重，因此河流的含沙量普遍较高，但是差异很大。其分布规律是：东部小于西部，北部小于南部。大兴安岭两侧和锡林郭勒草原区河流含沙量最小，年平均含沙量一般都在 0.1 公斤/立方米以下，只有其南部的洮儿河和绰尔河的含沙量略高，如绰尔河两家子站年平均含沙量达 0.17 公斤/立方米。中部西辽河流域的含沙量明显高于大兴安岭地区的河流，一般年平均含沙量在 20～100 公斤/立方米，其中西拉木伦河的含沙量较小，约 10～20 公斤/立方米，孟克河的含沙量较高，年平均含沙量在 100 公斤/立方米以上。西部地区河流的含沙量又普遍高于西辽河流域，其中鄂尔多斯高原东侧的纳林河年平均含沙量近 200 公斤/立方米，年平均最大含沙量达 610 公斤/立方米，是全区含沙量最大的河流。全区河流含沙量的年内变化过程基本上与流量过程线一致，每当河流水量上涨时，含沙量也随之增大；当河流水量消退时，含沙量也随之减少。河流年输沙量的多少，不仅取决于含沙量的多少，而且也取决于河流径流量的大小。在西部，纳林河年平均输沙量为全区最大，为 6 220 万吨，浑河为 5 050 万吨，大黑河为 2 890 万吨。而东部地区的嫩江为 14 万吨，锡林郭勒河约为 1 万吨，巴音河最小，只有 0.38 万吨。各河的年输沙量多集中在 6～9 四个月份，约占全区的 90%。根据实际测量估算，全区河流的多年平均输沙总量为 3 亿吨以上（不包括黄河干流）。河流泥沙主要来自流域表面和河床，因此，河流泥沙的多少也反映着流域表面水蚀程度。流域表面水蚀程度，通常用水蚀模数来表示。内蒙古地区是全国水蚀模数最高的区域之一。年水蚀模数的分布规律与含沙量的分布规律一致，仍是东部小于西部，北部小于南部。大兴安岭西侧额尔古纳河水系的多年平均水蚀模数为全区最少，约为 5 吨/平方公里。嫩江右岸诸河为 5～10 吨/平方公里，唯有洮儿河的科右前旗一带较高，约为 25～50 吨/平方公里。西辽河上游老哈河流域由于植被覆盖差，水土流失严重，水蚀模数高，在 500 吨/平方公里以上。其中，老哈河中上游和大凌河北岸各支流水蚀模数在 2 000 吨/平方公里以上，教来河上游达 5 000 吨/平方公里，柳河上游达 8 000 吨/平方公里，是内蒙古地区水蚀模数最高的地区之一。西拉木伦河流域的水蚀模数在 500～3 000 吨/平方公里。西部地区的水蚀模数普遍比东部高，其中南部远大于北部。南部地区以鄂尔多斯市准格尔旗、伊金霍洛旗、东胜区水蚀模数最大，约为 10 000～20 000 吨/平方公里。呼和浩特市清水河县、和林县和乌兰察布市凉城县次之，水蚀模数在 7 000～10 000 吨/平方公里。鄂尔多斯市达拉特旗为 1 600～6 000 吨/平方公里。乌兰察布市丰镇市为 1 000～3 000 吨/

平方公里，兴和县为 300~1 000 吨/平方公里，卓资县、呼和浩特市大青山及后山、包头市固阳县一带为 700~3 000 吨/平方公里。锡林郭勒盟、乌兰察布市北部因属于丘陵地带，径流小，水蚀作用微弱，其水蚀模数为 5~50 吨/平方公里。从水蚀模数可看出，全区水土流失是比较严重的。因此，应大力开展营林种草，保护生态环境。河流泥沙既有害也有利。河流泥沙中含有丰富的有机质，可以"引洪淤灌""引洪淤地"来改良土壤，恢复土壤肥力。其不利在于河流泥沙能淤积水库、渠道，积高河床，加快水轮机的磨损，甚至堵塞河道和造成农田沙化等。

二、湖泊水文特征

蒙古国的大型湖泊以河流水补给为主，其水文特征直接受到注入河流的影响。注入河流的流量变化与湖泊水位的变化很接近，有季节变化。没有河流注入的湖泊的补给中以降水、地下水为主，降水占全部补给的 60%~70%，降水的 50%~60%集中在 7、8 月，湖泊水位此时最高。6 月末是河流枯水期，此时湖面蒸发量增加，湖泊水位出现短期降低，7、8、9 月受降水影响湖泊水位急剧上升。9 月末，湖泊水位下降，小型湖泊于 10 月、大型湖泊于 11 月结冰，出现最低水位。直到翌年 4 月湖泊水位处于冬季枯水期。从湖泊水量平衡看，无流出河的湖泊水量支出以蒸发为主，水量收入以注入河流、降水为主，草原、戈壁湖泊以地下水补给为主；而吞吐湖水量支出除了蒸发外，流出河最重要。湖面蒸发量在各地有所不同，蒙古国南半部地区湖泊平均年蒸发量 1 000 毫米以上，草原带、森林草原带蒸发量 600~900 毫米，山区 500 毫米以下。湖面蒸发的 60%~70%在 5、6、7 月进行。湖泊水温状况各季节差别很大，全年 6~7 个月为封冻期。平原湖泊于 4 月中旬或下旬开始解冻。山区湖泊于 5 月中旬解冻，阿尔泰、杭爱山区海拔较高的湖泊到 6 月中旬仍未解冻。湖泊冰冻现象的发生、冰层厚度情况各异，小型淡水湖 10 月初开始结冰，7 天内全部封冻，大型湖泊到 12 月末 1 月初开始结冰。咸水湖比淡水湖结冰晚，解冻早。自 10、11 月至翌年 3 月底，冰层平均厚度约 1.0~1.2 米。蒙古国湖泊由于接受太阳辐射的情况不同、湖水浑浊度、注入河水量、矿化度、植物、动物等原因，水色、清澈度各异。冬季湖水清澈度最高，夏秋季降低。矿化度高的深水湖泊清澈度较淡水湖小。山区淡水湖呈蓝色或蔚蓝色，浑浊度高的湖泊水呈黄绿色。

淡水湖主要以吞吐湖为主，矿化度 200~300 毫克/升，在山区有超淡水湖（矿化度 100 毫克/升以下）。咸水湖占中亚内流流域所有湖泊的70%多。湖水根据主要离子成分分为碳酸型水、硫酸型水、氯化型水等。随着湖水矿化度的变化有碳酸盐→硫酸盐→氯化物型转化的趋势，碳酸型湖泊属超淡水湖，硫酸型湖泊处于矿化度中等，氯化物型湖泊属于易溶盐过饱和的咸水湖。

根据湖泊的地理位置和水文状况，蒙古国河流可分为山地湖泊区和平原湖泊区两个基本区域。山地湖泊区分为杭爱、肯特、库苏古尔和阿尔泰分区，平原湖泊区分为草原分区和戈壁分区。山地湖区包括阿尔泰、杭爱、肯特、库苏古尔山地的全部，占湖泊总数的33%，占100平方公里以上湖泊的33.3%，1 000平方公里以上湖泊有最深的库苏古尔湖。按成因有古代和现代冰川湖、构造湖、热融湖。湖泊水温特征是暖季水温20℃以下，一年中有190～200天的封冻期。湖面蒸发量500～800毫米，降水、地表径流两者的和往往比蒸发量大。多数湖泊是有流出河的淡水湖，水位变化小。该湖泊区包括库苏古尔湖、道德查干湖、特勒门湖、桑根达赖湖、乌拉格沁哈尔湖、巴彦湖、敖伊贡湖、特尔呼查干湖、阿其特湖、乌雷格湖、陶勒包湖、浩吞湖、浩尔贡湖、达彦湖、纳米林哈尔湖等湖泊。

平原湖泊区包括该国草原、戈壁广大区域，占全国总面积的77%，100平方公里以上湖泊的76%、1 000平方公里以上湖泊的75%、50平方公里以上湖泊的42%在这个湖泊区。湖盆成因有构造型、热融型、风成型。湖水温度夏季20℃以上，一年中有150～180天的封冻期。冰层厚度小于1米。湖面蒸发量800～1 000毫米，大部分湖泊属于尾闾湖。咸水湖水位多年和季节变化达2～3米。化学成分属于硫酸盐类和氯化物类。该湖泊区有乌布苏湖、吉尔吉斯湖、哈尔湖、本查干湖、敖劳格湖、德尔根湖、乌兰湖、贝尔湖、呼和湖等，此外还有几百个小型湖泊。

蒙古国湖泊所处地区海拔高度相差很大。如海拔500～1 000米处的湖泊占全部湖泊的27.8%，1 000～1 500米处的占46.4%，1 500～2 000米处的占9.1%，2 000～2 500米处的占8.8%，2 500～3 000米处的占6.4%，3 000以上的占1.5%。

布里亚特共和国境内除贝加尔湖之外，还有34 422个大小湖泊，其流域总面积267平方公里。这些湖泊的50%以上位于贝加尔湖流域范围之内。多数湖泊为淡水湖，并且面积小于50公顷的小湖泊。只有16个湖泊的面积大于1 000公顷。其中，嘎鲁图湖为最大，面积为163平方公里。矿化度均小于0.1～0.15克/升。贝加尔湖，名称源出蒙古语，亦称"贝加尔达赉"，意为"自然的海"。贝加尔湖是亚欧大陆最大的淡水湖，面积为31 500平方公里。长640公里，平均宽50公里，是世界上第七大湖泊同时也是最深的湖泊，最大深度为1 637米。它容纳了地球全部淡水（指河湖的淡水）的1/5，其水量相当于北美洲五大湖的总水量。有336条河流注入贝加尔湖，而只有一条河——安加拉河从湖泊流出。贝加尔湖也是世界上最古老的湖泊之一（据考证历史已有2 500万年）。布里亚特共和国经济、生活用水的90%来自地表水。各经济部门中，农牧业用水量最多，约占全部用水量的60%。

阿加河西岸支流包括多个湖泊，尤其是在春季会形成一个大的水库。阿加布里亚特地区内除了诺吉、巴里兹诺科等较大的湖泊之外还有很多小型湖泊。尤其在南部多分布小盐湖和淡水湖。

阿尔泰共和国是西伯利亚与远东乃至俄罗斯湖泊最集中的地区之一，大小湖泊7 000余个，其中多数为岩溶湖、冰碛湖和天然堤堰塞湖，最著名的是捷列茨科耶湖。捷列茨科耶湖在当地素有"黄金般的湖泊"之美称，位于阿尔泰山地东北部，面积223平方公里，水深325米，水量40立方公里以上。

内蒙古湖泊中，湖面小且湖水浅居多，淡水湖少而咸水湖居多。由于湖泊分布区内的地表径流补给少，水面蒸发又强烈，因而内蒙古的湖泊面积多数在几平方公里，或更小。湖水水深在0.3~1.0米，有许多湖泊还属于季节性湖泊，雨季湖水上涨，水量丰沛，非雨季尤其是春季，湖泊水很少，甚至干枯无水。只有少数湖泊大量接受河川径流或地下水补给，湖泊水面和湖水深度较大。其中湖水面积1 000平方公里以上的有著名的呼伦池（又称达赉湖），500~1 000平方公里的有中蒙两国共有的贝尔湖，100~500平方公里的有乌梁素海、达里诺尔、查干诺尔、岱海、黄旗海等。水深1.5~9米，最深处可达50米。全区湖泊80%以上属咸水湖，是中国现代咸水湖的重要分布区，达布素诺尔（蒙古语意为盐湖）到处可见，其中西部多于东部。阿拉善地区盐湖主要分布在阿拉善左、右旗和额济纳旗的巴丹吉林及腾格里沙漠之中，吉兰泰盐湖为阿拉善盟第一大盐湖，以面积大、储量多、易开采、产销历史悠久著名区内外，阿拉善南部著名的盐湖有雅布赖、中泉子。鄂尔多斯高原主要盐湖有西部杭锦旗盐海子、鄂托克前旗的北大池、苟池。锡林郭勒盟东乌珠穆沁旗的额吉诺尔盐湖、二连诺尔盐湖。呼伦贝尔高原新巴尔虎左、右旗的好吉尔、库库诺尔、察汗诺尔等碱湖。如此广泛盐碱湖的分布，完全是由盐碱湖沉积环境和气候变迁所决定的。在第三纪时期，内蒙古高原气候转化干热，内陆湖相红色建造相当发育，渐新世末期到中新世是盐类富集时期，湖水大量蒸发浓缩，氧化作用强烈，岩层中高价铁富集，石膏、天青石盐类沉积等等，都为盐湖的盐分累积提供了物质基础。到了上更新世晚期，全区地壳普遍上升，随着湖泊萎缩，盐分又进入了另一次富集，与此同时，还出现了天然碱、芒硝等盐分的沉积。全新世中晚期气候更为干燥，湖泊中的盐分进一步浓缩。所以，目前许多大小不等的盐湖形成与分布，是与本区长时期处于湖泊沉积盐分积累有关的。盐湖化学类型以硫酸盐为主，分布非常广泛，在呼伦贝尔高原和锡林郭勒高原基本都属于这种类型。其次是碳酸盐型，主要分布于鄂尔多斯高原上。此外还有少量的氯化物型以及碱水湖。淡水湖分布比较零星，以河川径流或地下水补给的湖泊，一般都属含盐量小于1.0克/升的淡水湖。

第三节 地下水

　　蒙古高原地下水按储存形式可分为孔隙水和裂隙水。孔隙水储存于中生代和新生代未固结的松软沉积物中，裂隙水储存于从更早期到古生代晚期—中生代中期的各种年龄的沉积岩、岩浆岩和变质岩中。地下水储量分布不均，有自北向南减少，而矿化度增大的趋势。地下水资源形成中，河流、湖泊、降水、水汽凝结、断裂构造特别是地带性大断裂起主导作用。占据杭爱山脉、肯特山脉大部分面积的北冰洋流域以浅层地下水为主，变质岩地带裂隙水埋深30～60米。萨彦岭、唐努山地、库苏古尔山地、杭爱山脉、肯特山脉中部地下水涌水量为50升/秒。第四纪松散沉积物中的浅层地下水深0.5～10米，对水量丰富的河流补给起着很大的作用。山区的浅层地下水以雨水补给来源，河流对地下水的补给受雪水汛和夏季雨水汛的重要影响。浅层地下水矿化度在山地0.05～0.07克/升，山麓地带0.2～0.3克/升。自流水在蒙古东方草原、大湖盆地、众湖谷地有大面积分布。含水层岩性有砂岩、煤、页岩、各种沉积岩和喷出岩。自流水在盆地边缘部分埋深15～20米，有时为50～60米，而在盆地中央埋层较深。在山区地下水水位随雨量而变化。自流水矿化度通常很高。

　　内蒙古地区地下水根据其埋藏状况和水力特征，可以分为裂隙水、上层滞水、潜水和自流水等主要类型。

　　裂隙水：主要分布于全区的山地、丘陵的基岩地带，如大兴安岭、阴山山地构造裂隙发育，裂隙水广泛分布。大兴安岭中低山及低山丘陵区，裂隙水多含于花岗岩和中生界火山岩及部分古生界变质岩裂隙中，其埋藏深浅不一，水量不稳定，以泉的形式出露不多，但也有热矿泉出露。阴山山脉的大青山、乌拉山及狼山地区的裂隙水主要分布于前震旦系片岩和片麻岩，以及侏罗系砂岩、砂砾岩的裂隙中。花岗岩的裂隙水也很发育。埋藏条件不稳定，受地表水文网的切割，有较多的泉水出露，涌出量10～100吨/日。卓资山的古生界灰岩大理岩、砂岩、石英岩等是裂隙水的主要含水层，一般裂隙水的涌水量小于100吨/日，但灰岩中岩溶水十分丰富。贺兰山的古生界变质岩是裂隙水的主要含水层，山区沟谷发育，径流通畅，泉水出露较多，但水量不稳定，涌水量一般为25吨/日。海拉尔盆地西部及乌珠穆沁丘陵区的裂隙水分布于火山岩、花岗岩和变质岩中，其涌水量10～100吨/日。内蒙古高原中部丘陵区的裂隙水主要含于古生界变质岩及花岗岩中，泉水出露不多，涌水量小于10吨/日。内蒙古高原西部丘陵区，裂隙水的含水层为古生界变质岩、火山岩及花岗岩，埋藏深度不定，其涌水量1～30吨/日。鄂尔多斯高原东胜丘陵区，裂隙水的含水层为上古生界和侏罗系的砂岩、砂砾岩，由于沟谷切割大，泉水较多，涌水量仅为3.5~4.3吨/日。在内蒙古高原及山间盆地的第三系、白垩系泥岩、砂岩、砂砾岩中，以及玄武岩地区亦有裂隙水的分布。其中玄武岩台地的裂隙水的水量较大。

上层滞水：包气带中因为局部隔水层存在，下渗的重力水被隔水层拦截集聚起来而形成的水体，其分布范围有限，距地表又近，补给区与分布区一致，水量不大，动态变化显著，只可作小型或暂时性的供水水源。在内蒙古，地下水中的上层滞水主要分布于高原地区。因为，高原地区的下伏岩层多为胶结的或半胶结的砂岩、泥岩等互层沉积，并且岩相水平变化大使隔水层在地表以下零星分布，同时高原起伏和缓的地形，有利于降水的聚集而入渗。这些为形成上层滞水创造了地质和地貌条件。鄂尔多斯高原西北部的"百眼井"，就是利用众多的井孔来蓄存埋藏于红色泥岩上的上层滞水。蒙古高原上普遍有上层滞水，其埋藏很浅，水量不大，只能作为季节性农牧业用水资源。

潜水：广泛分布于高原区、平原区和沙漠区。高原区的潜水，主要埋藏于砂岩和砾岩的孔隙当中。构成高平原的岩层，由于受构造运动的影响和地理环境的变化，致使含水层结构十分复杂。所以致使高平原的潜水分布具有不普遍和不连续的特点，往往形成局部的潜水。在沿着古河道、断裂带，潜水呈带状分布。高原区的潜水分布，常受地形、地貌的影响与制约，不同的地貌形态类型，使各地段地下水埋藏条件很不相同，从而使地下水具有埋藏深度不一、出露条件各异和水量不同的特点。如高原的台地，它是由层状高原或玄武岩熔岩台地组成，台地四周有高差达10~60米的较陡的边坡，由于高台地含水层遭到切割，使地下水以泉水形式出露于台地边坡。而高原本部的地下水，是另一种情况。组成高平原表层砂砾岩层，比较疏松，渗透性良好，便于降水渗入，当下部有起伏不平的厚层泥岩时，则在集水地段容易形成局部潜水；当下伏泥岩或胶结紧密的砂砾岩形成隔水透镜体时，其上部形成上层滞水。分布于高平原的碟状洼地、盆状洼地的地下水情况又不相同。当组成洼地的岩层为厚层砂岩、砂砾岩时，地下水的埋存状况取决于下伏隔水层的产状。如下伏泥岩有一定面积的低洼面，则储水条件较好，蓄有一定水量，其埋藏深度随洼地底部的地形高低而变化。当下部不存在良好的隔水层时，则地下水缺乏。高平原的河谷、旱谷及古河床地带，一般潜水较丰富，埋藏也很浅。分布于平原区的潜水，均埋藏于第四系松散沉积物中，构成冲积、洪积层孔隙潜水。平原区的潜水具有统一的、连续的自由水面，其埋藏深度较浅，同时潜水深度、径流、化学成分及排泄均呈现自山前向平原下部有规律的变化，即埋藏深度由深渐浅，矿化度由低渐高，径流状况逐渐变差，排泄形式由水平排泄逐渐变成垂直排泄等现象。沙漠地区普遍有潜水分布，埋存于风积沙地的孔隙中，一般埋藏深度较浅，尤其是沙丘间洼地水位更浅，有时形成小型湖泊。由于沙地含水层的径流通畅，水质尚好。此外，在阴山山间盆地中潜水丰富，埋藏于第三系砂岩、砂砾岩或第四系的砂砾岩层的孔隙中。其埋藏深度、水量变化，循环条件等，均显示着干旱区封闭型、半封闭型盆地的水文地质特征。

自流水：内蒙古地区从东到西分布着若干构造沉降带及典型构造盆地，构成了自流水形成的基础条件。全区的构造沉降带多属于新生代的沉降带，其中有的沉降带边缘部分存在着大小不同、深度不一的裂隙或断裂，为自流盆地地下水的补给创造了有利条件。构造沉降带的另一个特点是，新生代以后有的处于上升阶段，有的继续处于下降阶段，从而使得水文地质条件出现差异。如鄂尔多斯盆地，自震旦纪以来就接受沉积，其中沉积了古生代、中生代地层，由于构造作用在本区表现微弱，比较稳定，具有蕴藏自流水的良好条件。在大兴安岭西麓及阴山南麓都存在着宽度不一的倾斜沉积层，是构成自流斜地的典型地区，其上部覆盖着厚层的冲积、洪积物，其内蕴藏着第四系承压自流水。而在其下部为内陆断陷盆地中还蕴藏着深层承压自流水。在蒙古高原主要山脉山前低山丘陵地带分布着由新生代凹陷或断陷形成的山间盆地，如内蒙古高原的乌兰花、百灵庙、岱海、海流图、川井等盆地，都是含自流水较丰富的自流盆地。内蒙古承压—自流水主要分布在海拉尔地区、乌珠穆沁地区、塔木钦塔拉—赛汉塔拉、浑善达克地区（小腾格里沙地）、乌兰西里地区、阴山北麓山间盆地、河套地区和鄂尔多斯盆地等地。

第四节　水资源

一、蒙古国水资源

蒙古国地表和地下水资源不均衡。河流分外流和内流区域。外流区主要有色楞格河及其支流鄂尔浑、图拉河等支流，起源于库苏古尔西部山地锡什锡德河等河流共同流入北冰洋，流域面积占蒙古国总面积的 20%，水资源量达 49%。太平洋水系河有鄂嫩河、克鲁伦河等河流，占水资源量的 11%，流域面积占全国总面积的 12%。内流河流域面积占全国总面积的 68%，内流河主要有科布多河、布彦图河等，河流水资源量占 40%。除常年有水的河流外，季节性河流在干旱戈壁、荒漠地区多，而长达数十公里的不少。

在蒙古国境内大小湖泊有 3 060 多个，总面积相当于国土总面积的 1/10，而水的总储量 500 立方公里。淡水湖库苏古尔湖最深 262 米，最大储水 380 立方公里，面积 2 760

平方公里，仅次于乌布苏湖（3 350 平方公里）居第二。除这两个湖泊外还有哈尔乌苏、吉尔吉斯湖、布伊尔、哈尔诺尔、图尔根、阿希特、巴彦查干、额勒格、特勒门、桑音达来、艾里格敖日格等 140～1 850 平方公里的大型湖泊，而它们多数分布在蒙古国西部。全国湖泊的 34%分布在阿尔泰、杭爱、肯特山地，其余 66%分布在平原、戈壁地区。按湖泊的成因可分为构造湖、火山湖、冰川湖、堰塞湖、风蚀湖、岩溶湖等。蒙古国湖泊处在海拔 560～3 050 米，在 560～1 500 米海拔高度的湖泊大体上没有外流，属于咸水湖，占全部湖泊的 75%。在海拔 1 500 米以上高地的湖主要是吞吐湖属于淡水湖。

在蒙古国境内山脉主峰海拔 3 200 米以上近代冰川有 262 条，总面积 659 平方公里，并且冰层厚度最薄地段 4.6 米，最厚地方达到 185 米。面积在 10 平方公里以上的冰川就有 10 条，其中面积最大的是阿尔泰塔本博格多山的查干河保塔宁冰川面积 53.3 平方公里。高山冰川为淡水资源，蒙古国全部冰川容积为 63 立方公里。在蒙赫海尔汗、查木巴嘎日布、阿尔泰塔本博格多进行的研究证明，由于受气候变暖的影响雪线每年上升 3～6 米。

蒙古国河流平均年径流量 30.6 立方公里，加上境外来水 34.6 立方公里，湖泊水量 500 立方公里，山地冰川水量 62.9 立方公里，地表水总储量 600 多立方公里。但是，水资源地区分布不均，由于草原、戈壁地区地表水缺乏，人畜饮用水、生产用水供应困难。地表水大量用于灌溉农业、工业、畜牧业、人民生活，工业和畜牧业用水量正在增加。

二、中国蒙古民族聚居区水资源

1. 内蒙古自治区水资源

（1）地表水资源量

内蒙古各条河流的多年平均径流总量为 370.96 亿立方米，全区河川平均年径流深为 32 毫米。由地理位置和地形条件决定，内蒙古年径流深的地区分布与年降水自东北向西南逐渐递减的经度带状分布规律大体一致。发源于大兴安岭的东部河流，降水量为全区最高，约 500 毫米，导致这些地区年径流深在 200 毫米左右，在大兴安岭北端山脊地区年径流深最高可以达到 250 毫米以上，属于多水带。大兴安岭西麓至呼伦贝尔高平原径流深由 110 毫米降至 50 毫米以下。沿着大兴安岭东下进入松嫩平原，径流深降至 10 毫米，沿大兴安岭南下，由阿尔山山地森林区至归流河进入草原或半农半牧区，径流深由 150 毫米陡然降至 50 毫米。往南至西拉木伦河河源地区，又出现径流深 110 毫米的高值区。再往南至老哈河发源地七老图山区一带，径流深再出现175毫米的高值区。往西进入锡林郭勒高原径流深急剧下降到5毫米以下，这一带深居内陆，水汽难以波及，河流进入沙地或湖泊，河道下游都出现渗透损失而形成无尾河。西辽河流域的老哈河和西拉木伦河等由河源向下游径流深逐渐减少，到达两河的交汇口附近，进入冲积平原区，出现河道大量渗漏和蒸发损失减至5毫米到零。西部以大青山为中心，出现了径流深90毫米的高值区。往北进入乌兰察布高平原区，深居内陆，降水少蒸发量大，径流深降至5毫米以下的干涸带。往南进入土默川平原时径流深达10毫米。黄河以南准格尔旗一带，又出现90毫米的高值区。继续往西，除了贺兰山及狼山山麓径流深在50毫米以外，其余广大高原和沙漠地区，降水几乎全部消耗于蒸发和渗透，形成无流区。按照水系河川径流量的分布看，额尔古纳河水系多年平均径流量为120亿立方米，占全区多年平均径流总量32.4%；嫩江水系为184亿立方米，占总量的49.6%；西辽河水系为31.03亿立方米，占总量的8.4%；海河、滦河水系3.93亿立方米，占总量的1.0%；黄河各支流水系为21.9亿立方米，占总量的5.9%；内流河水系为10.1亿立方米，占总量的2.7%。其中东四盟、市多年平均径流量合计为335亿立方米，占全区径流总量的90.4%，西部盟市多年平均径流量合计为35.93亿立方米，占全区径流总量的9.6%。内蒙古河川径流年际变化大，保证率也比较低。

（2）地下水资源量

经计算，内蒙古平原区（包括高平原、沙漠）地下水平均年补给总量为174.35立方米，扣除井灌回归补给量2.27亿立方米，平均年地下水资源量为172.08亿立方米。平原区地下水平均年天然补给总量中，降水入渗补给量为101.90亿立方米，占平原区地下水天然补给总量的58%，是主要的补给来源。

内蒙古山丘区面积是63.90万平方公里，地下水平均面积63.83万平方公里。全区山丘区地下水平均年资源量为112.68亿立方米。其中河川基流量为80.23亿立方米，占山丘区地下水资源量的71.2%。

2. 新疆维吾尔自治区巴音郭楞蒙古自治州水资源

巴音郭楞州地表水年均自产流量106亿立方米，相邻地区年入境水量35亿立方米，年出境水量26亿立方米。州境内河流均属内陆山溪河流，多发源于天山、昆仑山的冰山雪原，上游流经高山峡谷，形成河道坡陡峻，蕴藏着丰富的水力资源。按各河道平均流量计算，全州水能蕴藏量为296万千瓦，其中开都河干流140万千瓦，可建11个梯级电站，装机容量可达112万千瓦。全州地下水天然补给量为30.41亿立方米/年，地下水可开采量为21.73亿立方米/年。

3. 新疆维吾尔自治区博尔塔拉蒙古自治州水资源

博尔塔拉蒙古自治州水资源总量为 25.29 亿立平方米，境内地表水资源总量 23.53 亿立方米。其中可利用的地表径流量为 20.26 亿立方米（包括入境水量），占全州地表径流总量的 86.1%。冰川总储量 153.546 亿立方米。

4. 青海省海西蒙古族藏族自治州水资源

海西州的水资源较丰富。流域面积大于 500 平方公里，共有河流 160 余条，多属地下水补给型，其次为冰雪融水补给型和雨雪水补给型，河流年径流总量为 107.839 亿立方米。海西州湖泊众多，广泛分布于各地，大于 1 平方公里的天然湖泊共 47 个，湖泊率 0.61%。总储水量为 270 亿立方米，其中淡水湖储量为 90 亿立方米。而且，祁连山、昆仑山、阿尔金山、唐古拉山等高山地带，广泛分布现代冰川，形成天然的巨大"高山固体水库"，总面积达 2 624.88 平方公里。冰川融水是主要河流的最初水源和径流补给的重要组成部分。地表水资源开发利用率为 10.26%。海西州地下水较丰富，但盆地边缘山区贫乏，昆仑山前及东部区富集。平原区是地下水主要分布区，以空隙水的形式储存在含水岩层中。基岩山区以裂隙水形式储存，其季节性变化大。山区有少数温泉分布。地下水资源 42.12 亿立方米/年，可开采的地下水集储存在山前平原，可开采量为 20.38 亿立方米/年，开发利用率为 2.72%。理论储藏量大于 1 万千瓦的河流 23 条，总储藏量达 125.166 万千瓦，可建装机容量大于 500 千瓦的水电站址 39 处，总装机可达 35.93 万千瓦，年发电量可达 18.79 亿度。全州已有小型水电站 24 座，装机容量 4.67 万千瓦，年供电 1.4 亿度。

三、俄罗斯蒙古民族聚居区水资源

布里亚特共和国境内的大小河流分别属于三大水系，即贝加尔湖水系、勒拿河水系和安加拉河水系。境内最大的河为色楞格河，每年注入贝加尔湖径流量约 300 亿立方米。注入贝加尔湖的众多河流，年径流量共达 350 亿立方米，其中 53% 的径流形成于布里亚特共和国境内，27% 的径流形成于蒙古国境内，16% 的径流形成于外贝加尔边疆区境内，4% 的径流形成于伊尔库茨克州。贝加尔湖水系的另一个主要河流是巴尔古津河。巴尔古津河流域地区，河网发育程度较好，共包括 2 544 条河。勒拿河水系，包括布里亚特共和国北部、东北部的玛玛河、维季姆河和楚雅河。其中，最长的是勒拿河支流——维季姆河，多年平均径流量 580 亿立方米，其中 30% 的径流形成于布里亚特境内。除贝加尔湖之外，布里亚特共和国境内还有 34 422 个大小湖泊，其总面积 267 平方公里。多数湖泊为淡水湖，并且面积小于 50 公顷的小湖泊。

阿尔泰共和国山川巨河纵横交错，大小湖泊星罗棋布。主要河流为鄂毕河支流卡通河和比亚河等河流水系发达，河网密度大，水资源丰富，是西伯利亚与远东乃至俄罗斯湖泊最集中的地区之一，大小湖泊 7 000 余个，其中多数为岩溶湖、冰碛湖和天然堤堰塞湖，最著名的是捷列茨科耶湖。该共和国地下水资源亦很丰富，冰川是该共和国水资源的重要组成部分。现已查明，冰川共计 1 500 余处，总面积 900 平方公里以上，水体积为 52 立方公里。

图瓦共和国水力资源丰富，拥有许多有价值的山间河流。目前，已开发许多含碳酸、氡、硫化氢及其他具有疗养作用的冷泉及温泉。

第七章　蒙古高原及其毗邻地区土壤与动植物

第一节　土壤带

蒙古高原及其毗邻地区属于中亚山系支脉的广袤山地和高原，受大陆性气候及地形的影响，形成了各具特色的土壤。蒙古高原北部，由于降水量较大，植被茂密，土壤比较肥沃，但在高山地带受冻土影响土壤的腐殖质层较薄；其南部降水少，植被稀疏，土壤则贫瘠，土壤内有机质积累少。由于生物气候等自然地理因素的差异，土壤的地域分异明显，钙层土分布面积大。自北向南，由东向西依次分布着五个纬度地带性土壤带：①山地泰加林生草灰化土壤带，主要分布有生草碳酸盐土、冻原草甸土、山地草甸泥炭土、山地冻土灰化土、山地黑土；②森林草原—山地灰化森林土和山地草原棕色土壤带，主要有山地灰化土、山地棕壤、暗棕壤、山地草甸土、黑钙土分布；③典型草原土壤带，主要分布栗钙土、暗栗钙土、淡栗钙土、河滩草甸碱土、碱化栗钙土、盐化栗钙土；④荒漠草原或戈壁棕色土壤带，以戈壁棕钙土和淡棕钙土为主；⑤荒漠灰棕漠土带，以荒漠灰棕漠土为主。

在各水平带内海拔高度较大的山地，土壤垂直分异也十分明显。地貌、水文和地面组成物质的差异，也出现隐域性土壤，主要有草甸土、沼泽土、盐土、碱土、风沙土等。

第二节　平地土壤

平地是指平原、高平原、河谷平原、盆地、谷地等起伏不大的平坦地形。平地上发育的土壤主要受水热条件的支配，形成分异明显的地带性土壤，也出现隐域性土壤。蒙古高原及其毗邻地区的平地地带性土壤主要包括黑土、黑钙土、栗钙土、棕钙土、灰漠土、灰棕漠土、褐土、黑垆土等，隐域性土壤主要有草甸土、沼泽土、盐土、碱土、风沙土等。

一、地带性土壤

1. 黑土

黑土主要分布于贝加尔湖盆地周围、通虎盆地、巴尔古津盆地、色楞格河河谷平原等地局部地段，以及大兴安岭东麓山前丘陵平原区，在通辽市和赤峰市也有零星分布。黑土可分为黑土、草甸黑土和白浆化黑土。黑土按其腐殖质层的厚薄、腐殖质含量的多少分为三类：①腐殖质含量大于 10%，称乌黑土或富腐殖质黑土。富腐殖质黑土大致分布在蒙古国东北部和东部的杭爱、肯特、库苏古尔等山地北坡、林内空地及森林边缘海拔 1 500～1 600 米处；②腐殖质含量 6%～10%，称普通黑土。普通黑土分布在森林草原带杭爱、肯特、库苏古尔等山地北坡富腐殖质黑土分布区的下侧；③腐殖质含量 4%～6%，称少腐殖质黑土，少腐殖质黑土分布在森林草原带高原普通黑土分布区山地南坡和东南坡上。

2. 黑钙土

黑钙土主要分布于叶尼塞河上源谷地、安加拉河上游谷地、色楞格河上游谷地、鄂尔浑河、特斯河上游谷地、大兴安岭西麓的呼伦贝尔高原北部和东部、大兴安岭东麓丘陵和谷地、锡林郭勒高原东部乌珠穆沁盆地、新疆的照苏盆地海拔 1500～1800 米的山前倾斜平原地区等。黑钙土可分为典型黑钙土、淋溶黑钙土、石灰性黑钙土、草甸黑钙土和淡黑钙土。

3. 栗钙土

栗钙土是在蒙古高原及其毗邻地区分布最广的土壤类型。在蒙古国色楞格河中下游谷地、鄂尔浑河和图拉河中下游河谷平原、克鲁伦河上中游河谷平原和蒙古东方平原大面积分布暗栗钙土；图拉河和克鲁伦河以南的蒙古中部高原的广大地区、杭爱山脉南麓部分地段、东方省东部分布典型栗钙土；大湖盆地东部、众湖谷地北部、蒙古中部高原中部呈东西带状分布着淡栗钙土。在内蒙古，栗钙土主要分布于呼伦贝尔高原中西部、锡林郭勒高原中西部和南部、西辽河平原北部和西部、冀北山地北麓丘陵台地区、乌兰察布高原大部、巴彦淖尔—阿拉善高原东北部、土默特平原、鄂尔多斯高原东部。在新疆，栗钙土主要集中分布于伊犁地区的特克斯、巩乃斯、尼勒克谷地、塔城盆地的山前倾斜平原和低山丘陵。栗钙土可分为暗栗钙土、栗钙土、淡栗钙土、草甸栗钙土、盐化栗钙土、碱化栗钙土、栗钙土性土。

4. 棕钙土

棕钙土是草原向荒漠过渡的一种地带性土壤。在蒙古国，棕钙土广泛分布于大湖盆地的各湖盆外围地带，众湖谷地大部、蒙古中部高原南部以东西向带状连续分布。在内蒙古，棕钙土分布于内蒙古高原中西部和鄂尔多斯高原西部，包括锡林郭勒盟西部、乌兰察布市北部、巴彦淖尔市东北部、鄂尔多斯市西部、乌海市东部和阿拉善左旗东南部。在新疆，准噶尔盆地北部乌伦古河和额尔齐斯河流域、塔城盆地、托里和布克谷地以及中部天山北麓山前洪积扇上部。在青海省，棕钙土零星分布。棕钙土分布区冷蒿、小叶锦鸡儿、梭梭、芨芨草等植物居多。棕钙土可分为棕钙土、淡棕钙土、草甸棕钙土、盐化棕钙土和碱化棕钙土。

5. 灰漠土

灰漠土是介于棕钙土和灰棕漠土之间的一种荒漠土壤。在蒙古国，灰漠土广泛分布于蒙古阿尔泰山南麓西南干旱谷地、戈壁阿尔泰山南麓干谷、扎哈苏吉音戈壁、嘎勒布音戈壁等地。在内蒙古，主要分布于巴彦淖尔市哈腾套海、沙金套海和乌兰布和沙漠东缘、鄂尔多斯市杭锦旗西北部、阿拉善盟阿拉善左旗东南部、阿拉善右旗东部。在新疆，灰漠土广布于中部天山北麓山前倾斜平原。灰漠土可分为灰漠土、钙质灰漠土、草甸灰漠土、盐化灰漠土和灌溉灰漠土。

6. 灰棕漠土

灰棕漠土是极干旱气候条件下的典型荒漠土壤类型。在蒙古国，灰棕漠土主要分布于西南部的阿尔泰南戈壁、沙尔根戈壁、英根胡德尔谷地等。在内蒙古，灰棕漠土集中分布于巴彦淖尔市乌拉特后旗西北部，阿拉善盟阿拉善左旗、阿拉善右旗和额济纳旗北部。在新疆，广布于艾比湖流域、成吉思山前平原、诺敏戈壁以及塔里木盆地四周边缘戈壁。在青海省柴达木盆地四周广布。灰棕漠土地表广布黑色砾木（荒漠黑漆），通体细土少，多为砾质土。灰棕漠土可分为普通灰棕漠土、石膏灰棕漠土和碱化灰棕漠土。

7. 褐土

褐土是暖温型森林灌丛植被下发育的半湿润半淋溶性土壤。主要分布于冀北山地北麓低山丘陵区，是中国华北褐土带的北缘。褐土的地形为低山丘陵及河谷平原阶地。褐土可分为典型褐土、淋溶褐土、石灰性褐土、潮褐土。

8. 黑垆土

黑垆土是一种暖温型草原土壤。零星分布于鄂尔多斯高原东南部、清水河、和林格尔、凉城、丰镇及赤峰一带黄土丘陵上。黑垆土一般是耕作土壤，因此在腐殖质层上面有熟化层和古耕层。黑垆土是具有厚度50厘米以上的厚暗色表层和假菌丝体钙积特征的土壤。

二、非地带性土壤

1. 草甸土

草甸土受地下水浸润，在草甸植被下发育的暗半水成土，是个隐域性土壤。分布于蒙古高原及其毗邻地区河流冲积平原、高原宽浅盆地、山地丘陵间谷地、河谷平原、湖泊外围平地、山前洪积扇外缘相对低洼、径流汇集、地下水位较高的地方。草甸土的形成和土壤性状有两个主要特点，一是在较好的水分条件，草甸植被的生物量大，还给土壤的有机物较多；二是随地下水位的变化，造成土壤氧化还原过程交替发生，铁、锰氧化物还原时水溶而移动，氧化时则沉淀，形成锈纹锈斑甚至铁、锰质结核，即潴育化。草甸土可分为典型草甸土、石灰性草甸土、灰色草甸土、盐化草甸土和碱化草甸土。

2. 沼泽土

沼泽土在长期积水或季节性积水，生长有沼泽植被的条件下发育的一种隐域性土壤。主要分布于蒙古高原及其毗邻地区河谷平原、谷地、盆地、河滩地、湖泡周围、丘间洼地等地。集中分布于蒙古高原及其毗邻地区的北部和东部，而其他地区零星分布。沼泽土上部为有机质层，包括草根层、泥炭层或腐泥层。沼泽土可分为沼泽土、腐泥土、泥炭沼泽土、草甸沼泽土和盐化沼泽土。草甸沼泽土和沼泽土广泛分布在蒙古国北部杭爱、肯特、库苏古尔山地和色楞格河、特斯河、哈拉河、耶勒河、泽勒特尔河、包劳河、克鲁伦河、乌勒兹河、鄂嫩河等河流及泽勒特尔查干诺尔湖、乌格塔勒柴达木湖、艾尔汗湖、后杭爱额吉湖等湖泊谷地。而在中部地带未见草甸沼泽土和沼泽土分布。

3. 潮土

潮土是在近代河流沉积物上，受地下水影响，有机质弱度积累的一种淡半水成土。集中分布于河流冲积平原上，如内蒙古黄河后套平原、土默特平原、西辽河平原等地。潮土的形成过程包括旱耕熟化过程和氧化—还原过程，是一种耕作土壤。

4. 盐土

盐土是指土壤中大量含有易溶性盐类的土壤。蒙古高原及其毗邻地区的盐土是气候干旱，地形封闭，出流不畅，地下水位高，地下水矿化度高，灌溉水量大而又缺乏排水系统，都会导致盐土的形成。主要分布于蒙古高原及其毗邻地区的大湖盆地、众湖谷地、高平原宽浅盆地、洼地、谷地、河谷平原、湖泊四周低地、低平地等地区。盐土可分为草甸盐土和碱化盐土。

5. 碱土

碱土是一种含有危害植物生长和改变土壤性质的多量交换性钠的土壤，因此又称纳质土。常与盐土成分区零星分布，所处的自然环境与盐土基本相似，只是碱土多位于略高的地形部位。碱土可分为草原碱土、草甸碱土和龟裂碱土。

6. 风沙土

风沙土是干旱、半干旱地区风积沙性母质发育的初育土的一种土壤类型。主要分布于蒙古高原及其毗邻地区的沙漠和沙地。风沙土的形成与几个方面的条件有关：下覆母质为古湖相沙质地层或古代及现代河床及其附近的风积沙；自然植被稀疏或植被遭人为破坏使地表裸露；气候干旱，大于4米/秒的起沙风经常发生，干燥的沙土遭吹蚀而活化移动。风沙土剖面发育微弱或没有发育，一般只表现腐殖质层和母质层，缺乏淀积层。风沙土可分为流动风沙土、半固定风沙土和固定风沙土。风沙土依据其所处的生物气候条件和土层发育分化特点，可分为荒漠风沙土、草原风沙土和草甸风沙土。

7. 灌淤土

灌淤土是人类长期引洪灌溉和不断耕种培肥而形成的耕作土壤，是人为土壤。主要分布于平原地区和其他小片滩川地。由于所处的地理位置的不同，灌淤土的灌淤层和腐殖质层的厚度有很大差别。

第三节　山地土壤

蒙古高原及其毗邻地区四周被高大山脉所环绕，水热状况重新再分配，致使山地垂直分异明显，形成了多种类型的山地土壤，是非地带性土壤。主要山地土壤有冻土、灰化土、灰色森林土、灰褐土、暗棕壤、棕壤、石质土、粗骨土、山地草甸土、山地草原土等。

一、冻土

冻土是指地表至100厘米范围内有永冻土壤温度状况，地表具有多边形土或石环等冻融蠕动形态特征的土壤。蒙古高原及其毗邻地区分布的冻土是属冻土土纲中的山地冰沼土和冻漠土两个土类，主要分布在本区边缘高山地区，即分布在蒙古阿尔泰山脉、唐努山脉、库苏古尔山地、杭爱山脉、肯特山脉海拔2 500～3 000米，大兴安岭北段北部，新疆阿尔泰山南坡海拔2 400～3 300米地带。

二、淋溶土

1. 灰化土

灰化土是指具有灰化淀积层的土壤。在中国没有典型的灰化土，相近于灰化土的土壤称为漂灰土。灰化土主要分布于唐努山脉、库苏古尔山地、杭爱山脉北麓、肯特山脉和大兴安岭北段北部，新疆阿尔泰山西北部海拔1 800～2 400米的喀纳斯山区等。灰化土的植被为针叶林。灰化土可分为正常灰化土、生草灰化土、潜育灰化土和棕色灰化土。

2. 灰色森林土

灰色森林土是一种发育于温带森林草原或森林向草原过渡地区以落叶阔叶林为主的森林植被下的弱淋溶土的土类。灰色森林土较广泛分布于蒙古高原及其毗邻地区北部山地，即唐努山脉、库苏古尔山地西侧、杭爱山脉和肯特山地北部，鄂尔浑、色楞格、乌勒兹、鄂嫩等地区的河流阶地、分水岭和山脊，蒙古阿尔泰、哈尔黑拉山地的有林地带；在大兴安岭西坡和南部山地，海拔在1 200～1 400米到1 800～1 900米之间，分布于栗钙土和淋溶黑钙土之上；在新疆阿尔泰和准噶尔西部山地，分布于海拔1 200～2 500米的森林地带。灰色森林土是具冷凉性土温状况的土类。灰色森林土可分为灰色森林土和暗灰色森林土。灰色森林土分布在蒙古高原森林草原带的有林高地，这类土壤属具有生草层的灰化土是草甸草原带黑土的过渡类型，是在木本植物、禾草植物较湿润条件下形成的。

3. 灰褐土

灰褐土是温带森林灌丛草原下发育的半湿润弱淋溶土的一种土类。主要分布于杭爱山地南坡、蒙古阿尔泰山北坡、戈壁阿尔泰山地、阴山山脉、蛮汉山、贺兰山、天山南北坡等地。灰褐色可分为灰褐土、淋溶灰褐土和石灰性灰褐土。

4. 暗棕壤

暗棕壤是温带夏绿阔叶林和针阔混交林下发育的淋溶土的一种土类，又称暗棕色森林土。分布于蒙古高原及其毗邻地区北部丘陵山地，即杭爱山地南坡和东坡、肯特山地南坡和东坡，色楞格河和鄂嫩河流域丘陵地区；大兴安岭山地东坡丘陵地区。暗棕壤具有湿润土壤水分状况和冷性土壤温度状况。土壤可分为典型暗棕壤、灰化暗棕壤、白浆化暗棕壤、草甸暗棕壤。

5. 棕壤

棕壤是暖温带夏绿阔叶林下发育的淋溶土的一种土类。主要分布于冀北山地北麓和大兴安岭南段东坡低山丘陵区，是中国华北棕壤带的北缘。棕壤具有湿润土壤水分状况和温性土壤温度状况。棕壤可分为典型棕壤及潮棕壤。

三、高寒土

高寒土是指高山和亚高山草甸和草原植被下形成的、具有寒性土壤温度状况和胡敏酸与富里酸比值小于 1 的暗色表层的土壤。高寒土分布在高山垂直带上部森林郁闭线以上或无林的高山、高原地区。主要分布在蒙古阿尔泰山脉、唐努山脉、库苏古尔山地、杭爱山脉、肯特山脉和戈壁阿尔泰山脉海拔 2 500～3 000 米以上森林线上部；阴山山地东、中段，蛮汉山海拔 1 900～2 300 米平缓山顶及分水岭地段；新疆阿尔泰山东南部 1 800～3 300 米以上，准噶尔西部山地海拔 2 000～3 000 米以上，天山北坡海拔 1 800～3 000 米以上，天山南坡海拔 2 400～3 500 米以上。高寒土分为亚高山草甸土、高山草甸土、亚高山草原土、高山草原土四个土类。亚高山草原土，是高寒土中具有接近湿润水分状况、寒冷土壤温度状况和粗暗色表层、淀积层有淀积腐殖质胶膜，但缺失暗色腐殖质层与淀积层的过渡层的土壤。高山草甸土，是具有接近半湿润土壤水分状况和寒冻土壤温度状况、有粗暗色表层，其上覆有厚度大于 5 厘米未分解或半分解草毡状有机物质，铁和碳弱淀积，并有片状结构的暗色腐殖质层和淀积层过渡层的土壤。亚高山草原土，又名寒钙土，是高寒土中接近半湿润土壤水分状况和寒冷土壤温度状况、有钙积层或钙积特征，或石灰性的土壤。高山草原土，又称寒冻钙土，是高寒土中具有半干旱土壤水分状况和寒冻土壤温度状况，有细暗色表层、钙积层或钙积特征，或石灰性的土壤。

四、初育土

在蒙古高原及其毗邻地区的石质山地、洪积—坡积物上，或严重侵蚀地段，分布有石质土和粗骨土。这些土类属初育土，有极薄的淡色腐殖质层，其下为基岩或母质层，土壤生物活动性很微弱，未显物质的淋溶与淀积，有机质含量很少，肥力水平低。

第四节　植被

蒙古高原及其毗邻地区，虽地域辽阔，自然地理环境复杂多样，但由于地形以高原地貌为主，气候的大陆性十分显著，水热条件随经纬度和海拔高度而分布与变化明显，因而决定了植被类型的多样性和分布的地带性与区域性。本区植被类型主要有寒温带和中温带的由针叶林、针阔混交林和夏绿阔叶林组成的森林植被和以灌木、蒿属的某些半灌木种类为建群种的灌丛植被，由高山草甸、山地草甸、草甸组成的山地草甸、草原植被，草甸草原、典型草原、荒漠草原组成的草原植被，由沼泽、湿地和水域的湿生、水生植物组成的沼泽植被和水生植被，由盐土、碱土上生长的盐生植物组成的盐生植被，由沙地和沙漠中生长的沙生植物组成的沙生植被等。这些植被类型因地理位置、地形、气候、水文和地面组成物质等自然地理因素的不同而出现分布的差异性，但以地带性植被为主，而隐域性植被零星分布。蒙古高原及其毗邻地区地带性植被可划分6个植被带，即寒温型针叶林带、中温型夏绿阔叶林带、中温型草原带、温暖型草原带、中温型荒漠带、暖温型荒漠带。这些植被带包括在森林植被带、草原植被带和荒漠植被带三大植被类型中。

一、高山带

高山带可分为亚高山亚带、高山亚带、雪山亚带和山顶亚带等亚带。山顶亚带包括永久冰雪覆盖的裸露悬崖峭壁，雪山亚带是长有单一的寒冷岩性三白草苔藓植物的裸露山崖，亚高山亚带和高山亚带长有灌丛、半灌丛、草本植物、苔藓植物和石斛、茅草的寒冷草甸植物居多。此带有时可与高山草原亚带直接连接，而这一条地带旱生杂草、禾本科草类较丰富。亚高山亚带长有分布于泰加林上部的西伯利亚松—落叶松、雪松疏林。高山植物带在蒙古阿尔泰山脉、杭爱山脉、库苏古尔山地、肯特山脉等山地顶部有普遍分布，戈壁阿尔泰山脉有些支脉顶部有茅草、石斛寒冷草甸植物零星分布。

二、森林植被带

1. 寒温型针叶林带

寒温型针叶林带主要分布于蒙古高原北部山地和大兴安岭北段，为欧亚针叶林带沿山地向东延伸的部分。在贝加尔湖南、东南沿岸诸山脉上以西伯利亚冷杉、西伯利亚松、云杉为主的暗针叶林，贝加尔湖东北部山地分布西伯利亚落叶松和兴安落叶松组成的针叶林，在东萨彦岭、卡梅尔岭、吉德山脉分布由西伯利亚落叶松、西伯利亚松、西伯利亚冷杉、云杉等组成泰加林，位于肯特—库苏古尔附近局部地带主要分布西伯利亚松、西伯利亚松—落叶松林，在肯特和东库苏古尔山地泰加林与灌丛矮树林相间分布。在大兴安岭北段以浅根生耐寒、喜光的兴安落叶松林为主的明亮针叶林。除此之外，华北落叶松分布于燕山山地北缘，青杆林分布于阴山山地和贺兰山海拔1 400~1 750米的地带。

青海云杉林分布于阴山山脉和贺兰山海拔 1 750～3 000 米地段，多组成纯林。西伯利亚五针松、西伯利亚冷杉、西伯利亚云杉、雪岭云杉、西伯利亚落叶松等分布在水分条件较好的新疆地区一些山地阴坡和半阳坡。其中西伯利亚五针松、西伯利亚冷杉、西伯利亚云杉只分布在阿尔泰山区；雪岭云杉分布最广，构成南北疆中山—亚高山带的森林垂直带；西伯利亚落叶松常与其他针叶树种混交成林，集中分布于阿尔泰、萨乌尔山、巴尔库山—哈尔里克山及北塔山等地；还零星分布有樟子松、红皮云杉疏林。落叶松林下，常有杜鹃、越桔、岩高兰、鹿蹄草等群落，以及禾草类群落。山顶往往是偃松、高山松等为主的矮林和灌丛。谷间常有沼泽植被发育。低湿的草甸上，分布有柳兰、笃斯越桔、苔草属等群落或其他湿生植物群落。

2. 中温型夏绿阔叶林带

中温型夏绿阔叶林带主要分布于大兴安岭北段的东南坡，是东亚夏绿落叶林区域西北端的一小部分。该阔叶林带以蒙古栎—胡枝子林为主。遭受破坏后，大多发育为次生黑桦林、白桦林、山场林和蒙古栎的根蘖萌生矮林，以及榛子灌丛和杂类草草甸等。林缘和河流两岸，常有山荆子、稠李、光叶山楂、柳属、杨属、钻天柳、黄檗、鼠李、楔叶茶藨等，形成单独成林或混生林，以及禾草群落。该带阔叶林中，也混生有兴安落叶松等针叶树，形成针阔混交林。辽东栎林主要分布于阴山山地，多为小片林。椴树林主要见于燕山北部及阴山山地，多为幼龄林。岳桦林是大兴安岭山峰顶部分布的矮曲林。榆树林主要在典型草原带的沙地上形成疏林。胡杨林是在荒漠区分布的河岸林。新疆地区的落叶阔叶林不具有地带性意义，是典型的落叶阔叶林在荒漠条件下的变体，使残遗、衍生和隐域的植被类型，主要有野苹果、野杏、野胡桃、樱桃李、疣皮桦、天山桦、欧洲山杨、崖柳等。河谷地段为银白杨、苦杨、密叶杨等。平原河岸和洪积扇边缘古河床上为胡杨、灰杨、白榆等。野苹果、野杏、野胡桃、樱桃李等仅限于伊犁天山和巴尔鲁克山地。胡杨、灰杨主要分布于塔里木河流域。白杨主要在准噶尔盆地南缘现代冲积锥中上部及河谷构成带状或块状疏林。其他落叶阔叶树群系分布于阿尔泰山、天山北麓和准噶尔西部山地。杭爱山地北麓和库苏古尔西部山地东西坡麓地带分布桦树林、山杨林和山杨白桦林。

3. 山地森林草原带

山地森林草原带位于库苏古尔—肯特边缘支脉、杭爱山脉、蒙古阿尔泰山北部支脉、大兴安岭东西山麓地带和阴山山地北坡。那里除有羊茅、扫帚草、溚草等禾草、杂类草草类的山地草原植物和高山、高山下部的高山植物外，还混杂一些草原植物。森林植物群落中杂类草化苔藓、越橘化苔藓、泰加化落叶松林居多。下部分布长有草本植物的落叶松和桦树林，还出现泰加林。在河谷和沿河滩有草甸和河谷灌丛矮树林。植被以小丛生禾草为主。多生长山地草原杂类草、苔草。在杭爱山脉、蒙古阿尔泰山支脉和戈壁阿尔泰山脉部分山地上部山地草原以上分布有高山冷干杂类草—丛生禾草草原，形成垂直带的独立亚地带。植被以小丛生禾草类高山种类为主，多生长高山苔草、石斛、杂类草。山口源头、阴坡、谷地中可见草甸草原植物。而兴安岭山地森林草原的植被比较有特性。那里有桦树林杂类草—禾草、禾草—杂类草草甸草原交替分布。植被以湿生禾草、杂类草、苔草居多，在中国东北省份生长丰富。

三、草原植被带

蒙古高原草原是亚洲大陆中部草原区的主要组成部分。它的北部和中部属蒙古高原草原植被省，其植物区系以草原成分为主导，植被以草原群落占优势。它的东南部西辽河平原和大兴安岭南段的东南侧属于中国松辽草原植被省，其植物区系的特点是华北成分与东北成分的侵入。它的南部冀北山地北麓的黄土丘陵平原和鄂尔多斯高原地属中国黄土高原草原植被省，植物区系组成以亚洲中部成分和东亚区系成分占优势。蒙古高原草原区是具有典型的大陆性气候特点，并表现出较明显的地带性分异。气温由北向南逐渐增高，降水量由北向南和由东南向西北递减，高原中部降水量最少。水热组合的差异，形成了不同的草原生物气候环境。蒙古高原北部和东南部在靠近森林区的一侧为半湿润气候，湿润度 0.6~1.0，发育着黑钙土和草甸草原；在中南部和西部靠近荒漠区一侧为干旱气候，湿润度小于 0.2，发育着棕钙土和荒漠草原；二者之间为广阔的半干旱地带，湿润度 0.2~0.6，发育着栗钙土和典型草原。根据气温的高低，即热量条件以及适应热量条件的植物种类成分的不同，将蒙古草原分为中温型和温暖型草原带。草原区的山地出现垂直带谱，呈现出山地森林草原景观。蒙古高原草原区的沙地生境分布很广泛，形成了独特的沙地疏林草原景观。

根据蒙古高原草原植被的区系组成和外貌特点，可分为中温型草原植被带和温暖型草原植被带。以大青山为界，山北为中温型草原带，山南为温暖型草原带。

1. 中温型草原植被带

中温型草原植被带植物区系组成以达乌里—蒙古区系成分为特色。由于群落组成的水分生态适应类群不同，而分化出草甸草原、典型草原和荒漠草原三个亚型。

（1）中温型草甸草原：中温型草甸草原是由适应温寒与温凉气候的中旱生多年生草类组成的草原，分布在森林草原地带。按照群落中植物生活型组成不同，可再分为丛生禾草草原、根茎禾草草原和杂类草草原三个群系组，其各自代表性群系为贝加尔针茅草原、羊草草原和线叶菊草原。东部山地阴坡上森林、灌丛和杂类草草原出现，而阳坡上草甸化禾草群落和线叶菊群落分布。西部山地呈现出无林景观的自上而下由旱生而耐寒的线叶菊群落、中旱生的贝加尔针茅群落和旱生—中旱生的羊草群落有规律地分布。中温型草甸草原区内的沙地上分布有郁闭相当高的樟子松林。山麓有胡枝子—杂类草灌丛、榛子—蕨菜灌丛，以及山杏等稀疏灌丛。谷间，则有谷柳灌丛和柳兰、杂类草群落，以及黄花菜、莲子菜、珍珠菜、婆婆纳、败酱、蚊子草、唐松草、地榆、龙牙草、水杨梅等草本群落。低湿地上，由踏头苔草、羊胡子草、燕子花、拳参、绶草、绵枣等组成的沼泽植被，以及以寸草苔、牛毛毡、石龙芮、鹅绒委陵菜、莓叶委陵菜、金莲花等组成的杂类草草甸。中温型草甸草原主要分布在蒙古高原及其毗邻地区北部山地山间谷地、河谷平原以及杭爱山脉与库苏古尔山山间谷地和色楞格河河谷平原，杭爱山脉南麓地带和肯特山脉西麓和南麓及肯特山以东的东方平原的北部一带，大兴安岭西坡、南坡和东南坡一小部分，乌珠穆沁盆地东部，以及新疆天山分水岭以北各山地的针叶林带与典型草原带之间。

（2）中温型典型草原：位于 0.3 湿润度线以北和以东地区，主要包括杭爱山脉南麓草甸草原以南至巴彦洪戈尔市以北地区、蒙古阿尔泰山脉山麓地带、汗赫黑山脉的北坡和东坡、图拉河中下游河谷平原和鄂尔浑河下游谷地以及乌兰巴托市以南至曼达勒戈壁市的广大高平原、喀拉喀中部高原和蒙古东方平原的南部，中国呼伦贝尔高原的西部、锡林郭勒高原的中西部、阴山山地的东段山麓，新疆阿尔泰山南麓和天山北麓以及伊犁河谷。典型草原的东部和北部，以独特的根茎禾草草原的大针茅群落为主；南部和西部，以丛生禾草草原的阿尔泰针茅、克氏针茅群落为主。此外，有糙隐子草群落、半灌木冷蒿群落和麻黄群落等。在沙地上，分布有榆树疏林和锦鸡儿灌丛。盐碱化低地，有芨芨草群落等。

（3）中温型荒漠草原：位于 0.13~0.3 湿润度线的地区，主要包括蒙古国南部广大高原区、大湖盆地和众湖谷地周围地区以及东戈壁低高原、戈壁阿尔泰山脉等地，中国内蒙古锡林郭勒高原西北部，乌兰察布高原大部，阴山山地西段山地、巴彦淖尔—阿拉善高原东北部，新疆天山以北各山地典型草原带的下部地段。荒漠草原内除草原成分之外，还进入较多的强旱生的荒漠种类成分，以戈壁针茅、沙生针茅、石生针茅等强旱生小型针茅群落为主，以小禾草无芒隐子草、荒漠冰草，小半灌木三裂亚菊、蓍状亚菊和鳞茎草类、碱韭、红沙、雀猪毛菜、优若藜、艾菊、棉叶锦鸡儿、疏叶锦鸡儿、白刺、刺叶柄棘豆、无芒隐子草、碱葱、冷蒿、旱生黄蒿、无叶假木贼等。在盐渍化土地上，生长有芨芨草群落。

2. 温暖型草原带

温暖型草原带又称温带南部草原带。温暖型草原带主要分布在鄂尔多斯高原东部和中部、阴山南部丘陵、冀北山地北麓地区、西辽河平原、土默特平原，以及天山南坡海拔 2 000 米以上地段等。该草原带植物种类是以亚洲中部区系成分和华北成分为主导，由于所处地理位置偏南，在气温和降水方面都略高于北部中温型草原带。其建群种以喜暖耐旱的长芒草和短花针茅占优势。东部以长芒草为主，往西逐渐为短花针茅所代替。依其水分条件适应的特点，可分为温暖型典型草原和温暖型荒漠草原。

（1）温暖型典型草原：是由喜温暖的旱生多年生草类组成的草原，分布在西辽河平原、冀北山地北麓黄土丘陵地区。植被组成以长芒草群落及其变体为主。坡地上有短花针茅片段出现。侵蚀严重的地段，通常演变为百里香群落。沙地上，大多锦鸡儿群落或沙蒿群落。局部分布有芨芨草群落和麻黄群落。

（2）温暖型荒漠草原：由喜暖的强旱生多年生草类所组成，主要分布在鄂尔多斯高原中部、贺兰山西麓地带、天山南麓典型草原带的下部。植被以短花针茅、戈壁针茅、沙生针茅、沙生冰草等丛生禾草组成的群落为主，伴生以蓍状亚菊、旱蒿、驼绒藜、藏锦鸡儿、刺叶柄棘豆等。沙地上，分布有以油蒿群落为主的沙生植被。锦鸡儿类灌木发达。在流动、半流动沙丘上，由沙鞭、沙蓬、虫实、白沙蒿等固沙先锋植物组成的群落。丘间低地和低洼湿地有寸草苔、马蔺、二裂委陵菜、水葫芦苗或金戴戴群落等。有些湿地上有芦苇群落，局部地段有芨芨草群落。

四、荒漠植被带

蒙古高原及其毗邻地区的荒漠，属于亚洲荒漠区域的中部荒漠区域。荒漠是年降水量低于 150 毫米，干燥度大于 4.0（或湿润度小于 0.15）的旱生生态系统。荒漠植被以超旱生灌木、半灌木或盐生—旱生的肉质化灌木为主要成分，组成结构简单，覆盖度低（＞15%）的不郁闭群落。根据水热条件适应的植物种类的不同，荒漠带划分为中温型荒漠带和暖温型荒漠带。

1. 中温型荒漠带

中温型荒漠带主要分布在蒙古国大湖盆地，众湖盆地以及戈壁阿尔泰山地山间谷地，新疆准噶尔盆地内部荒漠区。其荒漠植被以耐寒超旱生灌木、半灌木或盐生—旱生肉质化灌木为主要成分的旱生生态系统。依其水分条件的适应性，可分为中温型典型荒漠和中温型草原化荒漠。

（1）中温型草原化荒漠：在荒漠植物成分中进入了少量草原植物成分而组成的植被类型。草原化荒漠的主要植物成分有驼绒藜、锦鸡儿、假木贼、珍珠柴、碱韭、短花针茅、戈壁针茅、沙生针茅、杂类草、亚菊、沙生冰草等。

（2）中温型典型荒漠：超旱生的灌木、半灌木和小灌木为建群种的植物群落，主要植物成分有红沙、驼绒藜、蒿属、假木贼、霸王、麻黄、白刺、绵刺、短舌菊、扁桃、柽柳、盐爪爪、碱蓬等以及乔木和亚乔木的胡杨和梭梭。中温型典型荒漠又可分为中温型小灌木丛生荒漠、灌木荒漠和小半乔木荒漠。

2. 暖温型荒漠带

暖温型荒漠带主要分布在蒙古国南部和西南部戈壁，中国内蒙古巴彦淖尔高原西北部、鄂尔多斯高原西北部和阿拉善地区，新疆包括塔里木盆地、嘎顺戈壁、天山南坡、祁曼塔格山北坡，青海柴达木盆地等。荒漠植被种类成分贫乏、类型多样的简单群落组成。其大多数植物是强旱生、耐盐碱的盐生灌木、半灌木、小半灌木。该荒漠带的特征植物有绵刺、四合木、沙冬青等。此外，常见的还有珍珠猪毛菜、红沙、霸王等。在盐碱下湿地常有芨芨草盐生草甸群落、盐爪爪等盐生植物群落。在沙砾质荒漠中有梭梭疏林，河流两岸分布有耐盐碱的胡杨—柽柳林和沙枣林。沙生植物或喜沙植物有白刺、泡泡刺、沙拐枣、沙鞭、白沙蒿、锦鸡儿等。依据其水分条件所适应的植物种类成分的不同，可划分为暖温型草原化荒漠、暖温型典型荒漠。

（1）暖温型草原化荒漠：位于荒漠带北部和东部，以 0.1 湿润度等值线与典型荒漠分界。暖温型草原化荒漠具有明显草原化特点，在藏锦鸡儿、四合木、绵刺等灌木、小灌木、小半灌木等木本群落之中，常有沙生针茅、短花针茅、无芒隐子草、沙生冰草、碱韭、中亚细柄茅、类狭叶苔草等伴生。

（2）暖温型典型荒漠：气候十分干旱，植被非常稀疏。沙砾质戈壁和砾质戈壁上，主要是稀疏的梭梭、红沙、珍珠猪毛菜、沙冬青等组成的群落。砾石质戈壁上，主要是霸王、泡泡刺、膜果麻黄等灌木群落。低山丘陵剥蚀地段，主要出现短叶假木贼、木本猪毛菜、合头藜等小半灌木群落。荒漠带绿洲滩地上，主要出现胡杨林、芨芨草草甸、碱茅草甸、盐爪爪和碱蓬等。

五、其他植被

1. 灌丛

灌丛的建群种多为中生簇生灌木，群落盖度大于30%。蒙古高原地区的灌丛这一植被型组主要有3个植被型，即常绿针叶灌丛、常绿革叶灌丛和落叶阔叶灌丛。常绿针叶灌丛植被型有偃松灌丛和叉子圆柏灌丛2个群系。常绿革叶灌丛植被型有照山白灌丛和岩高兰灌丛2个群系。落叶阔叶灌丛植被型分为高寒落叶阔叶灌丛和典型落叶阔叶灌丛植被亚型。高寒落叶阔叶灌丛植被亚型有毛蕊杯腺柳灌丛、鬼箭锦鸡儿灌丛和金露梅灌丛 3 个群系。典型落叶阔叶灌丛植被亚型有山地中生落叶阔叶灌丛、河谷落叶阔叶灌丛、沙地灌丛、半灌丛和盐生灌丛。

2. 草甸

草甸是以中生多年生草本植物为主体所组成的一种在适中水分条件下发育而成的非地带性植被类型。蒙古高原地区的草甸植被型可分典型草甸、高寒草甸、沼泽化草甸和盐生草甸 4 个植被亚型。典型草甸亚型包括杂类草草甸、根茎禾草草甸、丛生禾草草甸和苔草草甸 4 个群系组。高寒草甸植被亚型包括杂类草高寒草甸和嵩草高寒草甸 2 个群系组。沼泽化草甸植被亚型包括苔草沼泽化草甸、扁穗草沼泽化草甸、针蔺沼泽化草甸和禾草沼泽化草甸 4 个群系组。盐生草甸植被亚型包括丛生禾草盐生草甸、根茎禾草盐生草甸和杂类草盐生草甸 3 个群系组。

3. 沼泽植被

沼泽植被在土壤过湿、积水或有泥炭堆积的生境中以湿生植物为建群种所组成的植物群落，是一种隐性植被类型。蒙古高原地区沼泽植被型分为木本沼泽、草本沼泽和苔藓沼泽 3 个植被亚型。木本沼泽植被亚型只有一个灌木沼泽群系组，其下可分为狭叶杜香、尖叶泥炭藓沼泽和柴桦、羊胡子草沼泽 2 个群系。草本沼泽植被亚型分为莎草沼泽、禾草沼泽和杂类草沼泽 3 个群系组。苔藓沼泽植被亚型只有一个藓类沼泽群系组，其下只有泥炭藓沼泽一个群系。

4. 水生植被

水生植被在水域环境中以水生植物为建群种所组成的水生植物群落。蒙古高原水生植被分为沉水水生植被、浮水水生植被和挺水水生植被 3 个植被亚型。沉水水生植被亚型只有一个沉水水生植被群系组，其下分为狐尾藻群落、竹叶眼子菜群落、龙须眼子菜群落、轮叶狐尾藻、狸藻群落和毛柄水毛茛群落 5 个群系。浮水水生植被亚型只有一个浮水水生植被群系组，其下分为槐叶苹群落、浮萍、品藻群落、莕菜群落和眼子菜群落 4 个群系。挺水水生植被亚型也只有一个挺水水生植被群系组，其下只有野慈姑群落一个群系。

第五节　植物地理分区

一、蒙古国植物地理分区

根据蒙古国地形、土壤、气候、植被特点，将泛北极植物区的 2 个亚大区、2 个省、

5个旗等单元，划分出植物地理的16个带（图7-1）。①库苏古尔山地泰加林带。植被优势种是山地落叶松和落叶松—西伯利亚松泰加林。这里有桦树松树混交林，还有多种为草本植物、木本和灌木植物。②肯特山地泰加林带。这个针叶林带有西伯利亚松林、落叶松林、西伯利亚松泰加林、松树林、桦树林、桦树—落叶松林、落叶松—松树林。这里有多种高等植物。③杭爱山地森林草原带。这个植物区里混杂着西伯利亚泰加林成分、蒙古草原植物代表和达斡尔植物成分，形成了山地草原、森林独特的植物群落。④蒙古达斡尔山地森林草原带。植被多见杂草落叶松林、桦树林、松树林、桦树—落叶松混交林和桦树林。⑤兴安山地草甸草原带。此带以小片松树林、小榆树林、柳条、杂类草、禾草、线叶菊草甸为主。现已被统计的中有403种是草本植物，58种是木本和灌木植物。本区大体上以中国东北植物界代表为主，达斡尔—蒙古草原植物为数不少。东西伯利亚泰加林植物代表参与较少，是一个世界上绝无仅有的、匹配独特植物区。而且，中亚荒漠、草原植物代表也极少。珍稀、濒临灭绝的植被为数不少。⑥科布多山地荒漠草原带。此带有干草原成分匹配齐全的独特植被。目前统计有559种为草本植物，98种为木本和灌木植物。⑦蒙古阿尔泰山地草原带。此带有石斛、苔草、禾草、杂草高山草甸和地衣、苔藓。少数地方还有落叶松、雪松林。植物界由阿尔泰山脉高山植物和北方山地植物和中亚荒漠、半荒漠植物，以及哈萨克斯坦土兰荒漠和草原植物种群组成。已被统计中889种为草本植物，131种是木本、灌木植物。⑧中部哈拉哈草原带。此区大部地区针茅—碱隐子草、针茅—冷蒿、针茅—苔草、针茅—羊草、针茅—碱葱、锦鸡儿、锦鸡儿—冷蒿、禾草草原为主。此带因位于若干植物区交界处而有其独立的特征。有403种是草本植物，63种是木本、灌木植物。⑨东方蒙古草原带。以针茅、针茅—丛生草、金丝草—碱葱群丛为主。北方的达斡尔植物种群、南方的蒙古植物种群，东边的中国东北植物种群在这里汇合而形成具有特色的蒙古草原植物群。有479种是草本植物，63种是木本、灌木植物。⑩大湖盆地荒漠草原带。区内有荒漠、荒漠草原植被。乌布苏湖盆地形成哈萨克斯坦荒漠植物种小蓬、角果藜、白蒿、藜蓼、雀猪毛菜、戈壁针茅群丛。大湖盆地中部以戈壁针茅—万年蒿、戈壁针茅、针茅—碱葱、针茅—隐子草群丛居多。本区有570种为草本植物、96种为木本、灌木植物。⑪众湖谷地荒漠草原带。此带以针茅—碱葱—无叶假木贼、锦鸡儿—针茅匹配为主。现已被统计有296种为草本植物，50种为木本、灌木植物。是一个较多地适应干旱的荒漠、草原和杭爱植物组合体的独特植物区。⑫东戈壁荒漠草原带。此带以欧洲针茅、欧洲针茅—隐子草、欧洲针茅—碱葱、欧洲针茅—艾菊荒漠草原为主。现已被统计中有279种为草本植物，68种为木本、灌木植物。⑬戈壁阿尔泰山地荒漠草原带。此带有针茅—无叶假木贼—碱葱、针茅—雀猪毛菜、碱葱、蒙古葱荒漠草原、羊茅草原、石斛—苔草草甸。此区主要植物虽然以戈壁植物组成，但

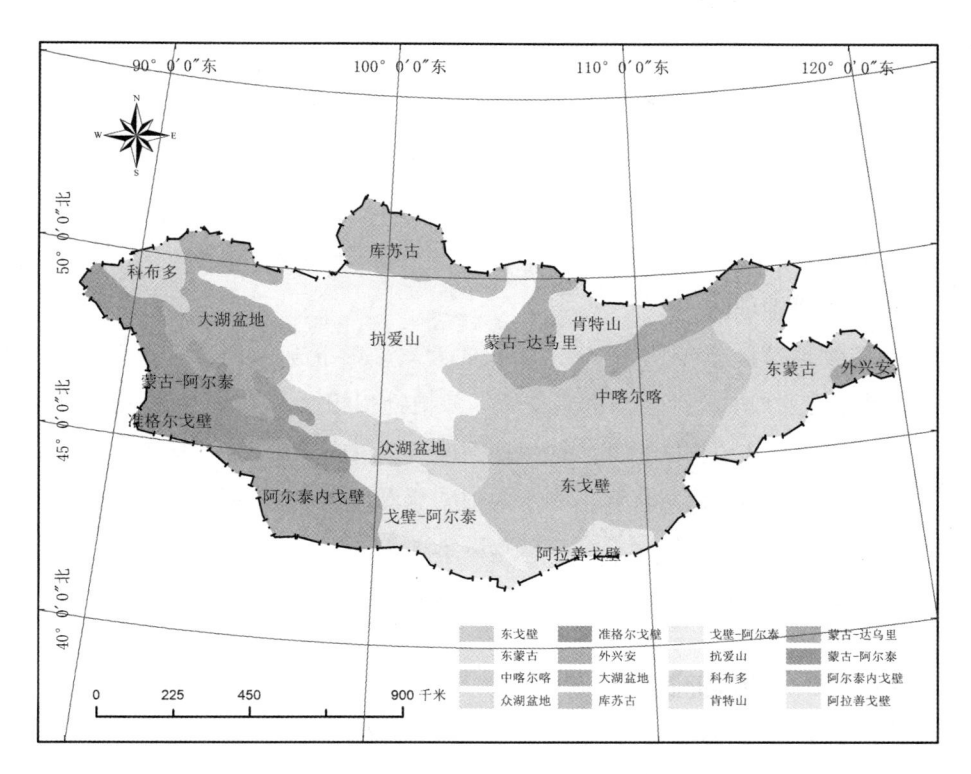

图 7-1 蒙古国植物地理分区

资料来源：《蒙古国地图集》

沿着山地在山地草原见到可证明冰河时期与贝加尔—达斡尔植物界有关联的北方冷性、湿生种类外在高山带见到少量阿尔泰—萨彦、西藏高山种类。此区有 596 种为草本植物，114 种为木本、灌木植物。⑭准噶尔戈壁带。此带是戈壁、北土兰、准噶尔、蒙古阿尔泰、戈壁阿尔泰、植物界混生更具特色的植物区。有 402 种为草本植物，81 种为木本、灌木植物。⑮阿尔泰南麓戈壁带。此带有 259 种是草本植物，67 种是木本、灌木植物。⑯阿拉善戈壁带。以雀猪毛菜、无叶假木贼、绵刺、喀什霸王、黄柏、艾菊、红沙、梭梭、白刺居多。此区有古生代和中生代独特荒漠。有 130 种是草本植物，53 种是木本和灌木植物。

二、中国内蒙古植物地理分区

内蒙古植物地理区划的位置，从东北向西南依次隶属于泛北极植物区的四个植物地理区域，即在欧亚针叶林区、东亚夏绿林区、欧亚草原区和亚非荒漠区中各占一小部分。各植物区之间，植物的科属组成、区系地理成分、生活型和植物的生态类型都有很大的差异。所以各区域的生物生产力水平、植物资源的属性和价值以及开发的方向等都有区域性特点。因此，进行植物地理分区研究。

植物区（Region）为植物地理分区的高级单位，是根据植物区系的特征科属和反映地带性植被分布的优势生活型类群来划分的。内蒙古所跨越的植物区即针叶林植物区、夏绿阔叶林植物区、草原植物区、荒漠植物区。

1. 针叶林植物地理区

针叶林植物地理区位于北纬 46°以北的大兴安岭北部山地，占内蒙古总面积的 11.9%，其西界沿大兴安岭西坡与大兴安岭西麓植物州相接，东界自呼玛沿东麓向南延伸至西口与夏绿阔叶林植物区相邻，往南逐渐向大兴安岭南部植物州过渡。山地植被以兴安落叶松明亮针叶林占绝对优势，为东西伯利亚泰加林向南的舌状延伸，由于大兴安岭北部山地东侧与东亚夏绿针阔混交林植物区为邻，西侧与蒙古高原草原植物区相接，因此，植物区系组成上表现一定的过渡性。在内蒙古境内仅有一个中级单位，即兴安植物省。

2. 夏绿阔叶林植物地理区

位于内蒙古的东部和东南部，是东亚夏绿阔叶林植物区北部边缘的一小部分，约占内蒙古总面积的 4.07%。本区是一个植物区系相当古老的区域，东亚植物区系从温带一直分布到亚热带，保留了很多第三纪甚至更古老的孑遗植物。植被类型为夏绿阔叶林，主要由栎、栲、石栎和水青冈等组成，针叶树以具不同"喜温属性"的松属植物为主。东亚阔叶林植物地理区在内蒙古境内仅仅包括大兴安岭东麓植物州和燕山北部植物州两个山地森林植物州，分属于兴安—长白植物省和华北植物省。

3. 草原植物地理区

内蒙古境内的草原区位于欧亚草原区的东部，并与蒙古国境内的草原区共同构成亚洲中部主体部分。内蒙古境内的草原区占全内蒙古总面积的 57.22%。它由东部的松辽平原草原区经大兴安岭南部山地、蒙古高原草原区、阴山山地，到鄂尔多斯高原与黄土高原草原组成一个连续的草原。草原的特征是以多年生旱生丛生禾草植物为优势成分，在干旱荒漠带与湿润森林带之间占据特定的位置，是陆地生态系统的一个重要类型。由于自然历史的原因，尽管各地的草原植被在区系组成、外貌上有一定的差异，但其基本结构和生态功能都是一致的。

内蒙古境内草原植被主要建群种由针茅属的三个组：光芒组（Sect.Leiostipa）、须芒组（Sect.Barbatae）和羽针组（Sect.Smirnovia）组成。属于光芒组的种都是亚洲中部分布的大型针茅，如贝加尔针茅、大针茅是达乌里—蒙古成分，克氏针茅是亚洲中部成分；属于羽针组和须芒组的种都是和古地中海植物区系的关系较为密切的亚洲中部分布的小型针茅，如戈壁针茅、沙生针茅及短花针茅是亚洲中部广布种，小针茅、蒙古针茅是蒙古高原种。

据初步统计，内蒙古草原地区共有维管束植物 1 779 种，隶属于 590 属、127 科；其中蕨类植物 50 种（15 科 24 属）；裸子植物 16 种（3 科 7 属）；被子植物中双子叶植物 1 278 种（90 科 427 属），单子叶植物 435 种（19 科 132 属）。

草原地区的植物区系，相对而言比较年轻，是在第三纪末，第四纪早期冰川所用后，可能在几个中心同时发生的。也有相当一部分是从相邻的森林区、高山区和荒漠区随着气候的波动逐渐渗透和迁移而来，再经过当地气候环境的长期改造所形成的。因此植物区系的科属组成和区系地理成分都是比较丰富和复杂的。依据草原类型和主导植物区系地理成分等特征，内蒙古草原植物地理区可进一步划分三个植物省：松辽平原草原植物省、蒙古高原东部草原植物省和黄土高原草原植物省。

4. 荒漠植物地理区

内蒙古境内的荒漠植物地理区是亚非大陆荒漠地理区的东翼，是一个独特的植物地理区域，通常称为阿拉善荒漠区，南边与甘肃河西走廊荒漠地区相连，北边与蒙古国境内的南戈壁荒漠地区连成一体，西面与新疆荒漠相接，共同构成完整的亚洲中部荒漠区。内蒙古境内荒漠植物地理区面积仅次于草原地理区，占内蒙古总面积的 27.62%。

从植物区系来看，亚洲中部荒漠区是古老而贫乏的，古地中海区系的荒漠成分（戈壁成分）占主导地位。据初步统计，内蒙古荒漠地区共有维管束植物 843 种（占内蒙古总种数的 36.7%）、隶属于 354 属（占内蒙古总属数的 52.0%）、86 科（占内蒙古总科数的 64.2%），其中蕨类植物 11 种（7 科 8 属）；裸子植物 12 种（3 科 5 属）；被子植物中双子叶植物 644 种（63 科 270 属），单子叶植物 176 种（12 科 71 属）。

亚洲中部荒漠区的植物种类虽不丰富，但其特有现象却很突出，植被的建群种和优势种约有一半是特有种。还有蒺藜科的特有亚科——四合木亚科。特有属有下列几个：沙冬青属共含有两种，蒙古沙冬青分布于西鄂尔多斯—东阿拉善，矮沙冬青分布于新疆喀什噶尔昆仑山西北麓。绵刺属系单种属，只有一种绵刺分布于东阿拉善—西鄂尔多斯。四合木属（单种属）仅分布于西鄂尔多斯。革苞菊属的革苞菊分布在东阿拉善—西鄂尔多斯—戈壁阿尔泰。紊蒿属的紊蒿分布于阿拉善及其周边地区。种数较多的特有属可举出二属：紫菀木属共含 7 种，中亚紫菀木分布于中央戈壁以东的荒漠区和荒漠草原区，紫菀木分布于新疆天山南坡的山前地带；毛叶紫菀木分布于蒙古国西部的荒漠区和荒漠草原区；异冠毛紫菀木分布于科布多—大湖盆地；庭齐紫菀木和软叶紫菀木 2 种均为蒙古高原东戈壁的特有种。沙芥属也含 5 种，其中巨翅沙芥、冠沙芥、宽翅沙芥出现在阿拉善及其相邻地区的沙漠中，沙芥进入蒙古高原草原区小腾格里沙地及西辽河流域沙地，另一种异果沙芥分布在蒙古国大湖盆地区。亚洲中部荒漠区具有代表性的特有种可举出：霸王（戈壁种）、喀什霸王（塔里木种）、泡泡刺（戈壁种）、唐古特白刺（柴达木—阿拉善种）、齿叶白刺（戈壁种）、长叶红莎（东阿拉善戈壁种）、五蕊红纱（塔里木—柴达木种）、刺旋花（东戈壁种）、戈壁短舌菊（东戈壁种）、蒙古沙拐枣（戈壁种）、阿拉善沙拐枣（东阿拉善—西鄂尔多斯种）、南疆沙拐枣（塔里木种）、蒙古扁桃（阿拉善种）、柠条锦鸡儿（东阿拉善—西鄂尔多斯种）、白皮锦鸡儿（中戈壁种）、短脚锦鸡儿（东阿拉善—西鄂尔多斯种）以及膜果麻黄（戈壁种）等。蒿属的龙蒿亚属的一些种，例如沙蒿、白沙蒿、黑沙蒿及其近似种等则是亚洲中部沙地上广泛分布的蒿类。此外，黄蒿、糜糜蒿等也是亚洲中部广为分布的一二生蒿类。根据亚洲中部荒漠地理区内的区系分布差异和主导植物的组合特征，内蒙古境内的荒漠地理区划分为两个植物省：阿拉善荒漠植物省和西戈壁荒漠植物省。

第六节　动植物资源

一、蒙古国动植物资源

1. 植物资源

蒙古国植物种类有 122 科 641 属 2 710 种高等有花植物，39 科 133 属 930 种地衣植物，38 科 162 属 417 种苔藓植物，28 科 136 属 875 种菌类植物，60 科 728 种藻类植物，600 多种微生物植物。由于荒漠草原带低等植物的研究尚未进行，肯特山脉、库苏古尔山地，鄂嫩河、乌勒兹河源头、包尔宗沙漠、准噶尔沙漠、蒙古阿尔泰山脉等地的高低等植物精确的研究尚未进行，植物种类的数量有可能增多。现统计的有 3 000 多种高等植物。蒙古国境内高等有花植物中占多数的科属有菊科 338 种，豆科 311 种，禾本科 227 种，十字花科 311 种，莎草科 129 种，玫瑰科 113 种，毛茛科 107 种，藜科 89 种，石竹科 75 种，唇形科 71 种，玄参科 73 种，伞形科 59 种，农作物 56 种，柳条科 51 种，紫草科 43 种等，共计 414 个科，1 800 多种。植物界大属中有莎草 85 种，棘豆属 82 种，黄芪属 80 种，黄蒿属 78 种，凤毛菊属 44 种，狗蛇草属 43 种，柳条属 41 种，马先蒿属 33 种，葱属 32 种等。

蒙古国全部植物中 348 种为木本植物和灌木植物，2 095 种为草本植物。木本植物和灌木植物可细分为：乔木 17 种，矮树、大灌木 40 种，灌木 146 种，半灌木 91 种，藤本植物 6 种，还有其他种。草本植物有 1 765 种多年生草本植物，330 种一年生草本植物。

蒙古国有 145 种特有种、197 种半特有高等植物，5 种特有、68 种半特有、43 种残遗地衣植物，5 种特有和半特有藻类植物，5 种半特有苔藓植物。杭爱、戈壁阿尔泰、蒙古阿尔泰等山地比其他地区多特有植物，库苏古尔、科布多、蒙古达斡尔等地半特有植物丰富。蒙古国有蒙古沙冬青、黄柏霸王属、膜果麻黄、准噶尔红沙、合头草（黑藜）、戈壁藜、假芸香、胡杨、家榆（白榆）、胡颓子属、沙棘、盐豆木多枝怪柳、大丛棘豆、藏锦鸡儿、短茎锦鸡儿、鬼箭锦鸡儿、雪莲、阿尔泰葱、苍葱、细柄茅、西伯利亚冷杉、睡莲属、美花草属等 100 多种残遗植物。在这些残遗植物中有不少特有和半特有植物。残遗植物是由古荒漠、第三纪河滩森林、古萨瓦纳、冰期和第三纪湖水植物代表组成。

蒙古国境内有 845 种药用植物，1 000 多种营养植物，173 种食用植物，64 种经济植物，489 种观赏植物，195 种有各种用途的植物。其中含有维生素的 1 150 种、含酯油的 200 多种，含食用物质的 250 种，含颜料物质的 200 多种，含生物碱的 281 种，含黄酮的 231 种，含香豆素的 65 种，有固沙保土作用的 68 种。为了使工业原料、人口粮食、牧业饲料源源不断地供应，保护、恢复和合理利用植物资源问题比较重要。蒙古国有 130 万平方公里牧场，1.9 万平方公里打草场，有优质适口植物 102 种，优良适口植物 385 种，中等适口植物 310 种，较差适口植物 184 种。

根据研究资料，1987 年版的《蒙古国红皮书》中记载了濒临灭绝的 86 种高等植物。1997 年修订的《蒙古国红皮书》中濒临灭绝的种类增加为 128 种。被破坏而趋于灭绝的植物，75 种药用植物中即将灭绝的有 20 种，11 种食用植物中即将灭绝的有 6 种，16 种经济植物中即将灭绝的有 10 种，15 种其他用途植物全部灭绝的趋势。

2. 动物资源

蒙古国动物界中脊椎动物，即哺乳类、鸟类、鱼类、两栖类、爬行类等动物种类已被统计的有 665 种类。无脊椎动物种类中对昆虫类的研究较多，有 13 000 种昆虫分布在蒙古国。据蒙古国科学院生物所昆虫研究室不完全统计，有 8 600 种昆虫。昆虫类主要研究牲畜、野生动物的寄生虫，已被记录到 456 种。软体类记录到河流湖泊水中 36 种。

哺乳类。蒙古国有 8 个目 22 个科 70 个属 136 种哺乳动物。其中发现和确定了食虫目 14 种，翼手目 12 种，兔 11 种。蒙古鼠兔、蒙古沙鼠、戈壁跳鼠仓鼠等只在中亚、蒙古国分布的特有种很多。除了迁徙较远的白黄羊外，其他哺乳类动物是随着水源和食物的季节变化而做近距离短期迁徙的留驻动物。蒙古国现有哺乳动物虽然具有中亚、东亚、西伯利亚动物渗透的混杂成分，但大多数均中亚种类。按其分布将哺乳动物分为森林动物、高山动物、草原动物、荒漠动物。哺乳类中 39 种是冬眠动物。

鸟类。蒙古国位于从太平洋、印度洋、地中海到北冰洋沿岸、苔原的候鸟迁徙路上，鸟类成分多样而独特。蒙古国共有 426 种鸟类，其中，322 种候鸟，占 78%；94 种留鸟，占 22%。

鱼类。蒙古国山区水质清凉的河湖和戈壁盆地咸水湖里生活着 11 个科 36 个属 75 种鱼。太平洋流域河流中鱼类丰富，有鳟、黑龙江鲟、鱼骨等 40 多种鱼类。北冰洋流域河湖中有贝加尔鲟、鳟、细鳞鱼、狗鱼、鲈、达尔哈德鲷鱼、江鳕鱼等 26 种鱼类。中亚内陆流域蒙古鲅鱼、阿尔泰鲢鱼等 5 种鱼类。

两栖类。蒙古国有 2 科 8 种两栖类中小鲵 1 种，蟾蜍类 3 种，蛙类 4 种。这些动物生活在湿润凉爽的北部湖泊里。

爬行类。蒙古国有 3 个科 13 种蜥蜴，4 个科 9 种蛇，共 22 种爬行类动物。这些冷血动物大都分布在相对温暖的草原、戈壁、荒漠地带。

昆虫类。已统计到 27 目 350 多科 3 200 多属 13 000 种昆虫。同时还确定了对农业具有某种有利意义的 190 多种昆虫、对农业和人的健康有害的 600 多种昆虫。

软体类。蒙古国目前已统计到 36 种软体动物。这些软体动物生活在水域、沼泽、湿地、土壤中。已记录到介壳纲中达斡尔珍珠贝、兴安珠母贝、色楞格珠母贝等 10 多种，腹足纲有湖螺、池螺等 20 多种软体动物。

1997 年再度修订的《蒙古国红皮书》中变为哺乳类 30 种，鸟类 30 种，爬行类 5 种，两栖类 4 种，鱼类 6 种，软体类 4 种，昆虫 19 种，甲壳类 2 种。蒙古国具有狩猎意义的 56 种哺乳动物、132 种鸟、45 种鱼组成了狩猎动物资源。狩猎动物按照狩猎情况分 3 类：多猎、少猎、不习惯猎。

二、中国蒙古民族聚居区动植物资源

1. 内蒙古动植物资源

内蒙古地区横跨针叶林、夏绿阔叶林、森林草原、荒漠草原、草原化荒漠、荒漠几个自然地带，而且又处于中国东北、华北及蒙古区等植物区相互渗透的地区，因此内蒙古的植物资源比较丰富，是由种子植物、蕨类植物、苔藓植物、菌类植物、地衣植物等不同植物种类组成。目前搜集到的种子植物和蕨类植物共计 2 351 种，分属于 133 科 720 属。其中，引进栽培的有 184 种（均为种子植物）；野生植物有 2 167 种（种子植物 2 106 种、蕨类植物 61 种）。内蒙古地区的植物种类分布不均衡，其中山区植物种类最丰富。东部的大兴安岭拥有丰富的森林植物及草甸、草原、沼泽和水生植物，中部的阴山山脉及西部的贺兰山等山区不但有森林和草原植物，而且还有草甸、沼泽植物。山地与丘陵地区面积占全内蒙古土地面积的 37%，有种子植物和蕨类植物 2 000 多种。而广大的高原和平原的面积占全内蒙古土地面积的 62%，但植物种类只有 1 500 种左右。

内蒙古共有兽类 114 种、鸟类 362 种，其中有珍贵稀有动物 10 余种，属于国家一类保护动物有野马、野驴、野骆驼、丹顶鹤、白鹤、黑鹳、白鹳、梅花鹿等 8 种，二类保护动物有盘羊、马鹿、驼鹿、马麝、大天鹅、小天鹅、疣鼻天鹅、白枕鹤、白头鹤、鸳鸯、雪豹土狗、貂熊、兔狲、猞猁等 15 种，三类保护动物有青羊、山北羊、岩羊、鹅喉羚羊、紫貂、石貂、雪兔、蓝天鸡、白鼬、银鼠、玉带雕、大鸨、小鸨、细嘴松鸡、水獭、榛鸡等 16 种。其中的野驴、野骆驼、驯鹿、驼鹿、貂熊、疣鼻天鹅、大鸨、蓝天鸡、榛鸡等为内蒙古特产动物。内蒙古地区的动物因生存环境不同而呈现出不同的特点。森林地带（主要是大兴安岭林区）的动物具有换毛、改变毛色、冬眠、更换食物、储存食物、迁移等共同特点。大兴安岭是动物资源丰富的地区，兽类动物主要有狐、黑熊、棕熊、猞猁、黄鼬、水獭、紫貂、松鼠、林姬鼠、驼鹿、马鹿、麝、梅花鹿、野猪等，鸟类有真榛鸟、细嘴松鸡、啄木鸟等。草原地带的动物组成比较简单，兽类中以啮齿类特别繁盛，有蹄类种类虽少但数量多，昆虫和以昆虫为食的动物也多。兽类多具有洞穴生活、奔跑迅速、长途迁徙、冬眠等特点，主要有草原田鼠、草原鼢鼠、黄羊、黄鼠狼等。鸟类多为候鸟和旅鸟，有云雀、角百灵、蒙古百灵等。荒漠地带的动物以啮齿类和有蹄类为主，爬行类也较多。动物耐干旱的生理特点非常突出，视觉特别发达，穴居、冬眠、善跑。主要动物有跳鼠、沙鼠、鹅喉羚、沙狐、沙蜥、麻蜥等。

2. 新疆维吾尔自治区巴音郭楞蒙古自治州动植物资源

巴音郭楞州有野生动物 73 种，隶属 6 目 8 科，占全新疆野生动物种数的 56%。巴音郭楞州鸟类有 264 种，隶属 16 目 24 科，占新疆鸟类种群的 74%；两栖爬行类野生动物有 10 种，鱼类有 14 种。其中名贵的野生动物有野骆驼、大天鹅、普氏原羚、塔里木兔、塔里木马鹿、罗布泊盘羊、白尾地鸦、新疆大头鱼等。其中国家一级保护动物有野骆驼、野牦牛、野驴、黑颈鹤、黑鹳、白鹳；国家二级保护动物有棕熊、马鹿、雪豹、猞猁、盘羊、岩羊、北山羊、藏羚羊、藏原羚、普氏原羚、兔狲、天鹅。分布在境内的野生植物有罗布麻、芦苇、甘草、紫草、麻黄、香蒲等经济价值较高的野生植物。还有紫花针茅、羽柱针茅、硬叶苔草、银穗草、龙须眼子菜、海韭菜、水麦冬、沿沟草、早熟禾等。药用植物 477 种，主要有紫草、青兰、羌活、雪莲、贝母、独活、党参、唇香草、决明子、弥草、耳蕨、水龙骨等。

3. 新疆维吾尔自治区博尔塔拉自治州动植物资源

博尔塔拉州生物资源极其丰富，其野生动植物资源种类多。境内树种资源有乔木 17 科 49 属 108 种，主要有：天山云杉、雪岭云杉、天山桦、疣皮桦、山圆柏、野蔷薇、茶藨子、胡杨、柽柳、梭梭柴、白梭梭、沙棘、河柳、密叶杨、白榆、水柏枝、沙枣、榆树、柳树、白蜡等。草场资源较丰富，常见植物有408种，分属258属52科。现有鱼类20余种，浮游植物100余种，浮游动物40余优势种，主要有高体雅罗鱼、贝加尔雅罗鱼、准格尔雅罗鱼、鲤鱼、鲫鱼、鲢鱼、泥鳅、北方条鳅、小眼条鳅、黑斑条鳅、中亚条鳅、背斑条鳅等。境内珍稀野生动物有3纲10目17科39种。其中属国家一级保护动物的有9种，即紫貂、雪豹、北山羊、河狸、金雕、白肩雕、玉带海雕、胡兀鹫和大鸨；属国家二级保护动物的有26种，即豺、棕熊、石貂、水獭、鹅喉羚、猞猁、兔狲、马鹿、盘羊、雪兔、大天鹅、小天鹅、鸢、苍鹰、大雁、游隼、红隼、燕隼、猎隼、黑琴鸡、高山雪鸡、灰鹤、雕鸮、雪鸮、纵纹腹小鸮和长耳鸮。除此之外，自治区一级保护动物有3种，即新疆北鲵、白鼬和赤狐；二级保护动物有1种即伶鼬。有已发现的植物类药用资源包括甘草、麻黄、肉苁蓉、沙棘、锁阳、罗布麻、枸杞、新疆赤芍、元胡、伊犁贝母、博乐贝母、龙胆等413种、79科。

4. 青海省海西蒙古藏族自治州动植物资源

海西州野生动植物种类多、资源丰富。鱼类27种、两栖类2种、爬行类3种、鸟类107种、哺乳类57种。植物类193种，列为国家一级保护动物的有：野骆驼、麝、野驴、白唇鹿、马鹿、藏羚羊、天鹅、野牦牛、盘羊、雪豹、金钱豹、兔狲、黑颈鹤、白马鸡、黑鹳、羚等数十种，二级保护动物有：水鹿、毛冠鹿、猕猴、荒漠猫、猞猁、岩羊、熊、雪鸡等。鱼类有：湟鱼、唐古拉高原鳅。野生植物有：枸杞、沙棘、高山蒿草、唐香松、雪莲、梭梭、柽柳、芦苇、云杉、圆白、胡杨等。动植物资源中不少有很高的药用价值，中药和蒙药药材共有782种，植物类主要有大黄、麻黄、锁阳、黄芪、甘草、雪莲、秦艽、枸杞、沙参等；动物类主要有羊羚角、鹿茸、熊胆、麝香、雪鸡等。

三、俄罗斯蒙古民族聚居区动植物资源

布里亚特共和国境内有很丰富的野生食用动植物资源和药用资源。如布里亚特共和国松子的年可生产量为15万吨，野果可采集量为0.18万吨，蘑菇为500吨，岩白菜为0.68万吨、越橘叶为0.45万吨、枸杞为16吨。但野生植物资源的利用率很低。

布里亚特共和国渔业资源较为丰富，渔业在国民经济中具有很重要的位置。1938年以来，捕猎鱼类资源的活动主要在贝加尔湖及其周边的其他湖泊地区进行。捕猎的鱼类中，捕猎量的54%为贝加尔秋白鲑。贝加尔湖大约有1 800种生物在湖中生活，其中3/4是贝加尔湖所特有的世界其他地方寻觅不到的。如各种软体动物、海绵生物以及海豹等珍稀动物。其中，最值得一提的是特有品种淡水海豹即贝加尔湖海豹，是世界上唯一的淡水海豹。贝加尔湖流域为俄罗斯联邦传统的狩猎经济带。布里亚特共和国境内有可供

狩猎的动物有：哺乳动物 30 多种，禽类 6 种，水鸟类近 30 种。从利用野生动物资源情况看，仍不利用驼鹿、黄羊、野羊、鹿、麝等动物。在泰加林中废弃浪费的野生动物皮每年达 1 500～2 000 张。这是值得重视、考虑的经济问题。目前，正在注重发展鹿茸业，姆胡尔—西伯利亚区为鹿茸生产区。而且，以保护狩猎动物为目标，国家已建立野生动物保护区。

外贝加尔边疆区阿加布里亚特地区共有 1 300 多种植物，近 600 种医用植物。其中有红景天、西伯利亚小檗、大肚草、岩白菜、杜鹃、桦树、松树芽、越桔，除此之外还有收入《俄罗斯联邦红皮书》中的大花杓兰、紫点杓兰、矮山丹、阿尔泰葱等四种稀有植物。阿加布里亚特地区森林中有花鼠、松鼠、兔、麝鹿、野猪、狗獾、西伯利亚黄羊、猞猁、堪达汗、貂、红狼、熊等丰富的野生动物资源。草原带有黄鼠、花背仓鼠、仓鼠、跳鼠等啮齿类动物。狼、獾、麝鼠、狐狸等动物到处可见。野猫、旱獭等较少见。候鸟和留鸟较多，有乌洛夫黑兀鹰、豆雁、天鹅、查尔姆雕、高原鹰、海青鸟、大鸨、有凤头鹤等稀有鸟类。河湖内有 30 种鱼类，其中有白肚鳟鱼、细鳞白鱼、黑龙江刺鱼、黑龙江茴鱼、鲤鱼、鲇鱼、鲫鱼、鲍鱼。

伊尔库兹克州乌斯季奥尔登斯基地区，现存的有鹿、驼鹿、雪兔、麝、猞猁、松鼠、狐狸、黄鼬、榛鸡、乌鸡等狩猎野生动物。库达河流域大量的麝鼠近来有灭绝迹象。安加拉河渔业资源较为丰富。

据不完全统计，阿尔泰共和国有 60 多种哺乳动物，220 余种禽鸟和 11 种爬行动物及其他两栖动物，江河湖泊中有 20 多种鱼，仅捷列茨科耶湖中的鱼就有 13 种之多，其中捷列茨科耶白鲑在全俄是绝无仅有的。有 50 余种动物和禽鸟具有狩猎价值，阿尔泰共和国山区也因此成为西伯利亚地区最佳天然狩猎场之一。生长着 2 000 余种植物，其中各种浆果 40 余种，维生素的抗菌成分含量高。迄今已有 100 余种植物的根、茎、叶、花、果正式用于医药生产。

卡尔梅克共和国现存的可猎野生动物有：狼、狐狸、野猪、沙狐、灰兔、地虎、浣熊、麝鼠等，还有鸟、鸭、鹅、环颈鸡等。对数量减少的一些野生动物进行了限猎，如蜜鼠、银鼠、水貂、獾、羚羊、豺狼等。据专家估计，境内有 55 万只各种野鸭、大约 1 万只天鹅、8 千～9 千只环颈鸡，11.03 万只琴鸟栖息。

卡尔梅克共和国渔业资源主要集中在里海东北岸边的浅海区，海岸线长约 110 公里，捕鱼带宽 15～35 公里。内陆内部水库内可进行捕鱼业水库面积达 5 万公顷。

第八章　蒙古高原及其毗邻地区自然地理环境与自然区划

第一节　自然地理环境

地域分异规律是自然地理环境及其各组成成分在地表沿一定方向分异或分布的规律性现象，是地理现象的基本规律之一。引起地域分异规律存在的原因是：①因太阳辐射能按纬度分布不均引起的纬度地带性；②大地构造和大地形引起的地域分异；③海陆相互作用引起的从海岸向大陆中心发生变化的干湿度地带性；④随山地高度而产生的垂直地带性；⑤由局部地形、地面组成物质以及地下水埋深不同而引起的地方性分异。蒙古高原及其毗邻地区可视为区域自然地理综合体，处于北温带欧亚大陆内部，地域辽阔，南北跨越近 20 个纬度，东西横越 46 个经度，距海岸较远，地形复杂多样，四周环绕高大山脉，海拔高，高原面积大。因此，蒙古高原及其毗邻地区的自然地理环境及其组成成分地域分异规律十分明显，既有纬度地带性和干湿度地带性（经度地带性），又有垂直地带性和地方性（隐域性）分异规律。

由于蒙古高原及其毗邻地区自然地理环境地域分异十分显著，因而造成了生态环境的复杂多样。

一、自然地理环境的复杂多样性

1. 自然地理环境的多样性

蒙古高原地处欧亚大陆东部，地域辽阔，东西狭长，大部分位于中温带。从东到西和自北向南有湿润区、半湿润区、半干旱区、干旱区和极端干旱区等 5 个气候区。地貌以高原为主体，有山地、丘陵、沙地、沙漠、平原、谷地与盆地等，类型多样，多呈相间排列的分布格局。寒温带针叶林带、中温带阔叶林带、中温带草原带、中温和暖温带荒漠带等自然带由北向南或由东北向西南依次出现在蒙古高原广大土地上。蒙古高原及其毗邻地区自然地理环境具有过渡带的性质十分明显,地貌从高原到平原的过渡带,气候由季风性气候到大陆性的气候、由湿润到干旱的过渡带,植被由森林植被、草原植被到荒漠植被的过渡带,土壤由灰化森林土、棕色森林土到灰棕漠土的过渡带,从而使内蒙古生态环境不仅具有脆弱性,而且具有类型多样性和生物物种丰富的特点,成为宝贵的基因库。

蒙古高原及其毗邻地区有辽阔的草原、空旷无垠的荒漠、茂密的森林、浩瀚的沙漠、大面积的天然湿地以及农田和聚落,生态景观类型丰富多样。蒙古高原北部和大兴安岭北部寒温带针叶林是欧洲—西伯利亚针叶林的舌状南伸,与东南亚阔叶林相连接,为中国仅有的泰加林两块中的一块,是生物种类丰富的泰加林区。蒙古高原中南部的阔叶林是东亚阔叶林带的西北部边缘,为草原区森林岛,受草原影响大,是目前保存较好的阔叶林。蒙古草原位于欧亚草原的东部,是典型较完好的天然草原。蒙古高原的荒漠位于亚洲中部荒漠的东部,是荒漠中比较典型、丰富的地段,是以干旱区最古老、特有现象最明显为特点。天然湿地,包括有湖泊型、河流型、沼泽型、山地型、滩地型、洼地型湿地,不仅湿地类型多样、面积大,而且还有贝加尔湖、乌布苏湖、库苏古尔湖、达赉湖、达里诺尔、乌拉盖湿地、科尔沁湿地等国际著名湿地,在湿地中除众多的水生、湿生植物外,还有鱼类、两栖类、鸟类等动物,如珍稀鸟类丹顶鹤、大天鹅、鸳鸯等。蒙古高原有浩瀚的沙地、沙漠,特别是东部沙地,分布有樟子松林、云杉林、杨桦林、栎林、油松林和大面积的榆树疏林,还有西伯利亚杏、山楂、山荆子、稠李、木蓼、柳灌丛、岩黄芪、沙蒿灌木丛等沙生植物。在沙丘间低地分布有草原、草甸和沼泽植被组成的多样植被复合体。沙地和沙漠对维护干旱区的水分平衡和水循环有特殊意义。蒙古高原及其毗邻地区的农田、牧场、林地、城镇、聚落等人工生态系统类型多样,有鲜明的地区特点。

2. 自然地理环境特点

(1) 地处内陆,地形以高原为主体。海拔高,外围山地多,平原少,致使降水稀少且时空分布不均,干旱、半干旱区域广大,太阳辐射量大,日照长,光能资源丰富。

(2) 具有重要的"水塔"作用。如果说孕育黄河、长江、澜沧江、雅鲁藏布江的青藏高原是中国的"第一水塔",那么中国东北、华北的诸多河流,如额尔古纳河、嫩江、辽河、滦河、海河的既是发源地,又是这些河流上游流经的大兴安岭地区和内蒙古高原,应被视为中国的"第二水塔"。作为"第二水塔"的内蒙古自然地理环境对北方诸多河流起着涵养水源、蓄水保土的作用。位于蒙古高原北部的杭爱山脉、肯特山脉是色楞格河、伊德尔河、鄂尔浑河、图拉河等北冰洋流域诸河流,太平洋流域的鄂嫩河、克鲁伦河,中亚内陆流域的扎布汗河、拜德拉格河、特斯河、翁金河等诸河流的既是发源地，又是河川径流形成地，是蒙古高原的重要的"水塔"。

（3）纬度偏高、处于西风带。强烈地受到蒙古冷高压的控制，夏季季风不强盛并难于深入，致使热量资源不够丰富，冬季寒冷漫长，夏季温和短促，水资源匮乏，容易造成干旱、寒潮、风雪、洪涝等灾害频繁发生。

（4）幅员广阔，地域狭长。东西跨度大，深入内陆，致使气候的大陆性强，寒暑变化剧烈，蒸发强烈，水热匹配不平衡，土壤植被经度地带性表现明显，植被稀少，荒漠广布，土壤发育不良，盐分含量高，使蒙古高原的自然地理环境十分脆弱。

（5）受古地理环境的控制与影响。蒙古高原大多数地区的地表组成物质主要是冲积、洪积、湖积和风积的松散沉积物，虽覆盖厚度不一，但分布范围广，为土地沙化、砾化、退化和水土流失提供了物质基础，是蒙古高原自然地理环境脆弱，容易引起土地退化、荒漠化、沙尘暴的自然因素之一。

（6）极地大陆气团南下侵袭时，蒙古高原首当其冲，处于风口。致使风力大，大风天数多，风力资源丰富，容易发生沙尘暴、暴风雪等风灾，同时引起风蚀沙化，是蒙古高原沙漠化的重要自然因素之一。

（7）蒙古高原拥有广阔的草原和独特的荒漠区以及著名的北部山地茂密的森林和广袤的森林草原，以及大兴安岭林区，为发展畜牧业、林业以及绿色产业提供了良好的资源条件，蒙古高原也形成了重要的天然绿色生态屏障。

（8）近100年以来，迅速增长的人口造成了对水资源、食物、生物多样性等生态系统服务功能快速过度索取，进一步加重了蒙古高原局部地区生态系统的压力，使原本就比较脆弱的生态系统遭到了破坏，土地承载能力急剧退化而下降。坡耕地的过度开垦、天然林资源过度开发、草原生态系统过度放牧、湿地生态系统的大量开发和污染等对蒙古地区生态系统不合理的开发、利用，人类的不当经济活动，导致植被破坏、表土流失、耕地质量下降、荒漠化面积迅速增加，干旱、暴雨、洪涝、滑坡、泥石流等多种自然灾害频繁发生，许多生物种类濒临灭绝的生物多样性遭到破坏等生态问题的出现。

3. 蒙古高原及其毗邻地区生态环境类型

依据蒙古高原及其毗邻地区大地貌类型以高原、山地和平原的带状阶梯形自然格局控制了自然环境的气候、水文、土壤及动植物变化而形成不同自然景观特征，又按照区域地质构造特点和大地貌单元，结合蒙古高原及其毗邻地区生态环境特点，将生态环境类型划分为三个结构层次，即生态类型区、生态类型亚区和景观生态类型小区。蒙古高原中北部，包括蒙古国和俄罗斯蒙古民族聚居区的生态环境划分为：北部山地生态类型区、贝加尔湖盆地—通虎盆地—上叶尼塞河盆地生态类型区、库苏古尔山地—肯特山地生态类型区、杭爱山地高原生态类型区、蒙古阿尔泰山地生态类型区、大湖盆地—众湖盆地—东戈壁生态类型区、东蒙古平原生态类型区、戈壁阿尔泰生态类型区、阿拉善南戈壁生态类型区。

内蒙古生态环境划分为七大生态类型区，即内蒙古高原生态类型区、鄂尔多斯高原生态类型区、大兴安岭山地及燕山北麓山地生态类型区、阴山山地生态类型区、嫩江右岸平原生态类型区、西辽河平原生态类型区和河套平原生态类型区，以及与蒙古国共有的阿拉善南戈壁生态类型区。

在同一生态类型区中，由于其地理位置、地形起伏以及人类活动类型和强度的差异，造成生态环境的水热条件的差异性变化，从而形成不同类型的景观生态特点。植被是一个地区的土壤、水分、热量组合的产物，是景观类型的重要标志。利用植被和其他组成生态环境的要素如气候、水文、土壤以及地貌特征作为划分生态类型亚区的指标，在生态类型区中可划分出若干个生态类型亚区。

生态环境最小的也是最基本的单元是景观生态小区，它能直接而且十分明显地反映出生态环境的质量和影响质量的障碍性因素，因此划分出景观生态小区非常重要。

4. 生态系统

依据其系统论的理论，每一个地区生态环境的物质组成、结构、景观、功能以及分布格局均不一样，差异大，从而构成了不同地区的生态系统。

根据蒙古高原及其毗邻地区生态环境的景观特征、空间格局、服务功能，可将其分为：

（1）森林生态系统：蒙古高原的森林生态系统包括山地泰加林带、寒温带针叶林带、中温带针阔叶混交林带、中温带落叶阔叶林带。主要分布在阿尔泰山地、萨彦岭、唐努山地、库苏古尔山地、杭爱山、肯特山地、大兴安岭山地、燕山北麓山地、阴山山地和贺兰山等山地丘陵区。

（2）草地生态系统：草地生态系统包括草甸草原、典型草原、荒漠草原、沙地草原等生态子系统，主要分布在蒙古高原中部、鄂尔多斯高原、西辽河平原、河套平原以及大兴安岭西麓及其南段山地、阴山山地和黄土丘陵区。

（3）荒漠生态系统：包括典型荒漠、草原化荒漠和沙漠，主要分布在蒙古高原中南部以及乌兰察布高原西部、巴彦淖尔高原的北部、鄂尔多斯西部和阿拉善高原。荒漠生态系统中包括戈壁和沙漠，荒漠面积较大。

（4）湿地生态系统：湿地包括河流及泛滥平原、河流、湖泊、沼泽、水库、池塘、渠道等，也可视为一个内部过程长期为水所控制的生态系统。蒙古高原及其毗邻地区湿地生态系统可为蒙古高原北部湿地和中西部干旱、半干旱区湿地。

（5）农田生态系统：农田生态系统包括坡耕地、旱地、水田、水浇地、园地、草田轮作地、饲草饲料地等农田生态子系统，蒙古高原北部上叶尼塞河盆地、通虎盆地、鄂尔浑—色楞格河谷地、戈壁绿洲地区，以及在内蒙古除牧区之外，广泛分布。

（6）城镇生态系统：包括城市、镇、乡村聚落及独立工矿等人工景观。

5. 生态系统生物多样性

1995年，联合国环境规划署（UNEP）发表的《全球生物多样性评估》（GBA）对生物多样性的定义："生物多样性是生物和它们组成的系统的总体多样性和变异性。"生物多样性表现在三个不同的层次上：生态系统多样性、物种多样性和遗传多样性。

（1）生物多样性的特点：蒙古高原及其毗邻地区生物多样性具有分布广泛、地带性分异显著、类型多样、区系复杂、联系广泛、主体突出、特点明显、特有种集中等特点。蒙古高原地处四大植被区的交汇处，具有多样的动植物类型和生态环境类型。通过阿尔泰山脉、萨彦岭、唐努山地以及大兴安岭与欧洲—西伯利亚的连通，成为欧洲—西伯利亚、环北极成分南下的通道；燕山北麓山地为东亚成分进入蒙古高原及其毗邻地区的门户；贺兰山为蒙古高原与亚洲中部山地和青藏高原区系联系的跳板；东亚区系成分在蒙古高原南部所占比例最大。草原和荒漠是蒙古高原生态系统的主体。在第四纪更新世冰川的影响下，西鄂尔多斯—东阿拉善地区，特别是阿尔巴斯山成为亚洲干旱区孑遗植物避难所，特有种都集中分布在这里，有古老、珍稀、特有植物70余种，成为生物区系的主体成分。由半日花、四合木、沙冬青、绵刺等古老残遗种构成了古老、特有的生态系统，成为重点保护的对象。

（2）生物多样性的价值：生物多样性的价值可分为使用价值、选择价值和存在价值。

①使用价值。使用价值就是被人类作为资源使用的价值，又分直接使用价值和间接使用价值。直接使用价值是生物为人类提供食物、纤维、建筑和家具材料、药物及其他工业原料。蒙古高原北部阴坡生长着针叶林和针阔混交林，形成了有丰富木材资源的森林生态系统，成为蒙古国和俄罗斯蒙古地区的林业生产基地。在大兴安岭有丰富的森林资源成为中国重要的木材基地。内蒙古草原有野生优良牧草267种，是很多著名牧草的原产地，以牛、羊、马、骆驼等组成的牧业区成为中国最大牧业生产基地。蒙古高原大面积的天然湿地，著名的河湖较多，又是重要的渔业基地。内蒙古的甜菜、莜麦、向日葵、菜籽、胡麻、马铃薯、玉米、大豆、华莱士瓜等作物在中国占有重要地位，已成为粮油糖生产基地。蒙古高原药用植物一千余种，同时有丰富的动物脏器资源，发展生物制药业有很大潜力。无污染、天然生物资源种类多、数量大，可以大力发展绿色食品。这些都是生物多样性消费性直接使用价值。除此之外，生物多样性对于人类还有非消费性使用价值，这就是提供人们欣赏的对象。如果自然界没有动植物，也就谈不上旅游和

休憩。正是雄奇秀丽的山和水,与五颜六色的森林、草地和千姿百态的飞禽走兽及虫鱼相结合,才构成使人欣赏不尽的美景,不仅丰富了人们的精神生活,也为艺术和科学创造提供了灵感的源泉。蒙古高原有美丽的草原风光、浩瀚的沙漠、秀丽的山景湖色、林海雪原、保存完好的古河湖岸、丰富的古生物化石、大量的古人遗址、丰富的动植物资源以及冰川、火山遗迹和水蚀、风蚀、冻融侵蚀的天然公园等等,都是开展生态旅游,进行科学研究和野外考察与实习的最理想场所。

间接使用价值是指间接地支持和保护人类的经济活动和财产的环境调节功能,又称生态功能。人类生存环境是生物世界为我们创造的。具体地说,地球大气的活性气体的组成,地球表面的温度以及地表沉积物的氧化还原势和 pH 值是被生物学所控制的,它使得对生命有益的条件得以保持。生物多样性的调节功能具体表现为涵养水源、净化水质、调节径流、保持水土、降低洪峰、改善地方气候、森林吸收污染物、CO_2 的吸收、碳汇等等。蒙古高原处在东亚地区生态环境和生物多样性保护的关键地区,来自西伯利亚的干燥、寒冷的西北风,首先经过蒙古高原,再与温暖湿润的东南风相遇,是大陆型气团和海洋型气团交会的地区。内蒙古生态环境和生物多样性能够降低西北风前进的速度和强盛的势力,从而减少或缓解中国的气象灾害,起着保护周边地区生态环境的屏障作用,可以说蒙古高原是东亚地区的绿色生态屏障。蒙古高原是欧亚大陆的"重要水塔",东亚地区的重要河流,如北冰洋流域的色楞格河、鄂尔浑河、图拉河等,中亚内陆流域的扎布汗河、拜德拉格河、特斯河等,太平洋流域的克鲁伦河、鄂嫩河等发源于杭爱山脉和肯特山地。黑龙江的上源额尔古纳河、嫩江,以及辽河、滦河、海河等江河均发源于内蒙古高原及周围山地,还有黄河上中游流经内蒙古高原中西部,因此蒙古高原的生物多样性的涵养水源、调节径流、保持水土、降低洪峰等生态系统功能对这些河流的水情以及其他生态环境影响巨大。

②选择价值。选择价值是为后代人提供选择机会的价值。许多动植物和微生物以及生态系统的价值目前还不清楚,如果这些物种遭到破坏,后代人就再没有机会利用或在各种可能性中加以选择,因此必须加以保护。例如,包含在各种生物中的遗传信息无论从商业、科学和教育的角度看,都是十分宝贵的,不能任其丢失。当前的全球气候变化将引起自然植被和农业系统的很大变化,在这种气候变化的条件下保护遗传资源保持其生产力,是非常重要的。所以,保护生物多样性,保护物种,对于生态环境脆弱的蒙古高原来说,是一种基础建设。

③在生物多样性价值中还有存在价值,即伦理或道德价值,意思是每种生物都有它自己的生存权利,人类没有权利伤害它们,使它们趋于灭绝。对存在价值的另一种理解,自然界多种多样,极其繁杂的物种及其系统的存在,有利于地球生命支持系统的保持及

结构的稳定，无论发生什么灾害，总有许多会保存下来，继续功能运作，使自然界的动态平衡不致遭到瓦解。存在价值是难以用金钱衡量的。但对于那些对人类有害无益的物种，也不能让它们存在下去。

二、生态环境现状

1. 蒙古国生态环境现状

蒙古国《国家生态政策》中指出，人地关系中人和自然均无损害，自然按照自己的规律得到恢复，根据它的承受能力人们享受其一定的资源，改善生活环境是生态平衡的标准。为了保持这一平衡，提供健康、无害的生活环境，减少子孙后代可能遭受的生态损失，同时走保护自然环境，利用自然资源，创造性地结合符合自然的传统方式与利用现代科学技术先进成果的道路，使保持生态平衡的行为通过自然环境、经济、社会统一的政策协调来实现。

蒙古国草牧场面积，减去国家专门保护地区的草牧场，可利用面积有 12 730.69 万公顷。其中，草原牧场 9 489.66 万公顷，山地森林牧场 936.78 万公顷，高山牧场 737.61 万公顷，森林和河滩牧场 718.57 万公顷，荒漠区牧场 2 834.05 万公顷。200 多种类型的草场中生长着 2 600 多种植物。据统计，牧场总面积按羊单位计算（1 头牛=5 只羊），可牧养 5 000~6 000 万头（只）牲畜。全国平均每 100 公顷牧场拥有的 54 头牲畜（按羊单位计算），西部带 64 头，中部和东部带 31~41 头，鄂尔浑—哈尔和林带 81 头，比全国平均数高 1.5 倍。在蒙古国社会经济发展和国民经济中占有主要地位的草地畜牧业、种植业、采矿业，农产品产量与气候及其变化有很大的关系。由于受到气候变化和人类活动的共同影响，近 40 多年来蒙古国生态系统发生显著变化，表现在荒漠化、土壤侵蚀加剧、水资源和生物种类减少。1985 年以后，多年平均温度升高，自 1940 年以来的最高温度出现在 1998 年。

从近 60 年降水过程看，20 世纪 40 年代中期和 80 年代初期降水减少。20 世纪 50~60 年代、80 年代中期到现在出现了多雨时期。20 世纪 80 年代暖季降水量虽然增加，但温度高于 0℃的日数增多，总蒸发量增强，影响着农作物和植物的生长。根据 Л·纳楚克道尔济、Д·达格巴道尔济、П·贡布鲁德布等人在蒙古国进行的 61 年观测资料看，年平均气温升高 1.7℃。其中冬季升高 3.6℃，春及秋升高 1.4℃~1.5℃，而夏季下降 0.3℃。直到 2005 年降水虽然有少量增多的趋势，但也有蒸发量出现增加的记录，这必然会对农业生产带来一定的影响。根据 1970 年以后的统计，蒙古国遇到 25~30 次气象危害，其中 1/3 左右已达到了自然灾害的程度。蒙古国森林占国土面积的 8.1%，对调节河流水情、防止土壤侵蚀、调节气候、吸收温室气体、保护动植物和微生物的环境起着重要的作用。从森林利用情况看，到 1980 年底，平均每年砍伐 200 万立方米木材，自 20 世纪 90 年代到现在，每年平均砍伐 80 万立方米木材，2000 年为了供应内部需要只砍伐了 52 万立方米木材。在气候干旱的春秋季节，发生森林火灾的几率增多，所造成的损失也逐年增加。

根据多年平均状况，蒙古国牧场禾本科植物受当地气候条件和地理环境的影响，4 月下旬至 5 月下旬幼苗出土。近年来，由于夏季气温增高，植物未进入开花季节而产生干旱枯萎现象。

蒙古国地表水资源的 83.7%为湖泊水，10.5%为冰川水，5.8%为河流水。在评定蒙古国河流污染等级中，104 个观测点的 85%被评为"非常纯净"和"纯净"，全部观测点的 3%为"重度污染"，其余为"中度污染"和"轻度污染"。经专业部门研究，由于蒙古国 20%的人口饮用矿化度过高的水，6.8%的人口饮用缺碘、有氟的水而得一些地方性疾病。

在蒙古国生活着多种自然带的各类动物，而这些动物中普遍分布于西伯利亚泰加林、欧洲型森林、西亚和图兰荒漠中的动物很多。与此同时，只生活在中亚和东亚草原的特有动物也很多。列入 1997 年修订的蒙古国《红皮书》中的动物分为很少、稀少两类，有 30 种哺乳动物。其中野骆驼、戈壁熊、野马、蒙古羚羊、驼鹿、芦苇野猪、亚洲河狸、麝、盘羊、岩羊等动物分布区的 70%采取了专门保护。蒙古国对很少、稀少、特殊的有用植物进行研究，进行了经济评价，确定其利用的可能性。

由于土壤肥力下降、表土被侵蚀、耕作方式落后、机动车辆的碾压剧增，100 多万公顷土地受到了侵蚀和破坏。由于牧场上有害啮齿类动物数量过多而牧场植被受到损害。由此沙地流动增强，出现了新的沙化现象。

蒙古国沙地基本上属于风成堆积和水成堆积，形成于第四纪。沙漠虽有各种起源，但它们在风的作用下重新沙化，移动其位置。蒙古国沙漠是属于中亚戈壁大省蒙古亚省的一部分，其中又分为戈壁和杭爱 2 个大区、8 个区、29 个亚区、多个中心。戈壁大区沙漠的大部分分布在戈壁带，即大湖盆地、阿尔泰前戈壁东南部、东戈壁中部。蒙古国北部有古湖泊和河流起源的小型沙地分布于河流沿岸。据研究，蒙古国山地森林、戈壁、草原兼备的杭爱大区广阔土地的 2.79%，即 4.37 万平方公里面积上有沙漠分布，其中 3 800 平方公里是 1941 年以后新的沙化面积。在蒙古国沙地生长近 160 属 390 种沙生植物。其中有乔木 6 个属 8 个种，灌木 26 个属 81 个种，半灌木 6 个属 36 个种，草本植物 117 个属 261 个种，蓼科植物 4 个属 8 个种。74%为草本植物，20%为灌木半灌木，4%为乔木，2%为蓼科植物。沙漠被风吹动的现象多发生在春季。戈壁地区风速和频率比其他地区大，年平均风速 3.5~5.5 米/秒，最大风速达 4.5~6.7 米/秒。沙漠流动和堆积受风等自然因素的影响的同时，由于不合理的人为活动，使沙漠化加大。

荒漠化最普遍的定义是，由于降水、水分缺乏而某一段时间内草场产草量下降，进而这种现象长时间稳定连续地出现，使土地退化的过程。荒漠化的原因是自然因素和经济活动的影响，干旱地区生态系统被破坏，生物量减少，最后当地的生态系统出现自然、经济功能下降的现象。由于受地理位置和气候特点的影响，蒙古国90%的地区属于干旱、半干旱、稍干旱、少湿润地区，荒漠化问题特别引人注目。戈壁荒漠带自北向南自然荒漠化逐占优势，在人口稀少的极干旱地带愈加明显。根据蒙古国地理—冻土研究所的研究成果，蒙古国41.3%的土地是戈壁荒漠带，其中19.5%为戈壁，21.8%为荒漠带。蒙古国总荒漠土地的 76%出现轻度荒漠化，20%出现中度荒漠化，3%出现强度荒漠化，1%出现严重荒漠化。造成荒漠化的自然和人为因素不是单独进行的。主要是自然干旱下垫面上，在人的错误的经济行为过程中出现土地退化。影响蒙古国荒漠化的自然因素，有以下几方面：①蒙古国远离海洋，空气水分少，干燥度大。②蒙古国周围有蒙古阿尔泰、戈壁阿尔泰、库苏古尔、肯特、兴安等山地环绕，海洋湿润空气进入困难。③降水少，以夏季降水为主，干旱频繁，春季多出现干风。④春季干旱，风力大，风蚀增强。影响蒙古国荒漠化的人为因素有以下几个方面：①长期重复利用草场，植被减少。②无灌溉农业，经营落后，耕作粗放，改变土壤特性，从而导致土壤风蚀，肥力下降。③以薪炭目的砍伐木本植物。④牲畜的饮水井点布局不合理而导致附近植被被践踏、土壤遭破坏。

蒙古国大中城市空气质量下降的主要原因，从自然方面看，与城市大部分位于河谷、盆地，冬季近地面寒冷且风力小，空气对流减弱，污染空气长时间滞留在城市附近有关。目前，总人口的 2/3 生活在城市，随着工厂企业的大量兴建，特别是大量消耗非清洁能源的经济部门也兴起，这是大气污染的根源所在。蒙古国乌兰巴托、达尔汗、额尔登特、乔巴山等大中城市的主要大气污染源是燃烧煤炭取暖、发电而产生的烟尘，此外居民家庭炉灶排放的烟尘、机动车辆的尾气等。为了减少中心居民点的大气污染，正在实行植树绿化。也在着手进行对大量排放空气污染物，特别是对排放一氧化碳、二氧化碳的家庭炉灶、锅炉等小型污染源进行技术改造，着力推进燃料结构的改变和改善工作。进而正在探索天然气、气化煤、无烟燃料、太阳能、风能、核能的利用。

蒙古国自然环境研究中心（实验室）对较大城市附近的土壤性能和状况进行了研究。蒙古国废物垃圾处理系统尚未形成，固体垃圾露天丢弃在城市居民点附近，成为土壤污染源。根据较大城市附近土壤化验结果看，乌兰巴托、额尔登特、巴嘎诺尔、乔巴山等城市的土壤中重金属含量较大。

蒙古国土壤破坏主要表现在牲畜践踏草场、开垦荒地、盲目开矿、交通运输随意碾压草场等方面也是土壤污染和破坏的原因。

根据研究，涵盖蒙古国全境50%以上的旱灾在20世纪40年代发生了4次，50年代没有发生，60年代和70年代各发生1~2次，80年代发生4次，90年代发生2次。蒙古国水文气象观测站（点）从20世纪60年代末开始对各省和县进行了旱情评价。根据这一评价，蒙古国杭爱（山地森林）带、草原带、阿尔泰山地有10年一遇的旱灾，荒漠草原带有2年一遇的旱灾。

在蒙古国牧区气象灾害分为白灾、黑灾、风暴灾、冰冻灾等。从气象台站对牲畜过冬和过春情况进行评价看，在杭爱、库苏古尔、肯特山区和兴安山地西部3年出现一次白灾，在荒漠草原带10年出现一次白灾。蒙古国北部森林带在山火分布范围内，除了库苏古尔、肯特山地泰加林、类泰加林区外，其他地区均列在高易燃等级。

2. 内蒙古生态环境现状

生态环境与人类生存和发展有着密切关系，是经济、社会发展及稳定的基础，又是重要的制约因素。内蒙古自治区地跨"三北"，是横亘在中国北疆的重要生态屏障。然而，由于所处独特地理位置和自然地理环境，形成了干旱的气候，高海拔，稀疏的植被，大面积的沙质地面，强劲的风力和少而集中的降水等自然生态环境特征，再加上20世纪以来，全球气候变化、人口的迅速增长和人类不合理的经济社会活动，使内蒙古本已脆弱的生态环境更趋恶化，出现了不少生态环境问题：

（1）草原退化。据《1989年内蒙古自治区环境公报》，内蒙古草地退化面积已达到2992万公顷，占可利用草原面积的44%。据测定，80年代与60年代相比，内蒙古锡林郭勒盟的草甸草原产草量下降54%~70%，典型草原下降30%~40%，荒漠草原下降50%。在退化的草地上，多年生禾本科牧草和豆科牧草的数量大大减少，毒害杂草的数量却大大增加。

（2）土地荒漠化。目前，内蒙古荒漠化总面积为65.9万平方公里，占中国荒漠化总面积的25.1%，占内蒙古土地总面积的56.9%，其中，近30年中荒漠化面积发展了106.6万公顷，平均每年以33.35万公顷的速度扩展。近十几年荒漠化速度已减缓，出现了逆荒漠化现象。

（3）水土流失。内蒙古水土流失面积达2717万公顷，占内蒙古土地总面积的22.97%，水土流失在赤峰市、乌兰察布市、鄂尔多斯市和通辽市较为严重。

（4）气候干旱化。据气象资料分析，近50年内蒙古气候呈明显干旱化特征。一是，干旱周期缩短，农区和牧区轻度干旱年份频率达到89.1%和91.4%，中度干旱年份频率达到了70.3%和77.4%；大旱年份频率为32.4%和31.4%。二是，旱情加重，尤其是大面积干旱，连年干旱和春季大旱的年份逐年增加。三是，气候日渐变暖。据气象数据统计分析，内蒙古地区从20世纪60年代开始，气温在逐渐回升，到90年代末，绝大部分地区的上升幅度在1℃以上。同时，还发现80年代以后，气温上升的速率进一步提高。气温的升高,使蒸发量增大,干旱危害加剧。四是,干旱区加速向东南扩张,近50年内蒙古地区湿润度0.3线向东推移了80~100公里。

（5）水资源总量减少,近50年来内蒙古地区大部分河流年径流量逐渐减少,同时由于水资源的开发利用不当,不少河流受污染。地下水的过度开采,出现大范围的地下水位下降而形成区域性降水漏斗。不少湖泊干涸或大幅度的水面面积的萎缩等,导致了水资源的严重缺乏,生态环境遭到严重破坏。

（6）森林资源锐减,生态功能减弱。内蒙古森林主要分布于大兴安岭、阴山山脉和贺兰山山脉。多年来,大兴安岭一直作为重要的木材生产基地,由于长期过度采伐,致使林区可采资源面临枯竭,森林质量显著下降,森林的防护和调节生态功能减弱,林区生态环境质量明显下降,加剧了干旱的发生,引发了暴雨频繁,河流含沙量增大,洪水增多,其生态屏障作用大为降低了生物多样性的丧失。

（7）土壤肥力衰退,盐碱化加重。内蒙古是以旱作为主的地区,旱地面积占总耕地面积的七成以上。长期实行广种薄收,相当一部分旱地肥力投入不足,同时坡耕地占相当大的比例。近些年来,耕地里施农家肥逐年减少,再加上风蚀沙化和水土流失的加剧,使土壤肥力显著下降,全内蒙古每年损失土壤肥力相当于60万吨化肥。例如,鄂尔多斯市准格尔旗每年从土壤流失有机质1 500吨,折合氮素6 000吨,土壤有机质含量普遍低于1%。河套灌区、西辽河灌区和土默川灌区是内蒙古粮油糖生产基地,但由于排水系统不健全和长期大水漫灌,土壤次生盐渍化日趋严重。例如,河套地区耕地次生盐渍化在20世纪50年代的13.9%,发展到目前的70%以上。内蒙古1/5耕地存在着不同程度的盐渍化。盐渍化总面积328万公顷,占内蒙古土地总面积的2.77%,除上述三大灌区外,主要分布在河谷平原、山间盆地、丘间洼地以及高原上的湖泊盆地周围。

（8）农田受污染日趋严重。由于工业"三废"和生活垃圾以农业生产活动本身所造成的污染,致使菜地、果园和大田作物受污染的程度有逐年增大的趋势。内蒙古每年农用化肥和农药用量在总量上不多,但是局部地区施用过量,尤其是氮肥用量过大,潜伏着地下水硝态氮超标的危险。近年来,内蒙古每年农田覆膜面积有66.67万公顷以上,使用地膜4万多吨,但70%以上地膜残留在田间,造成了白色污染。

（9）城镇生态环境有所好转。近年来,随着城镇建设的加快,铺装道路面积的扩大,公共绿地面积的增加,人居环境的改善,"三废"治理力度的加大,水、热、气等公共设施的改善和提高,出现了城镇生态环境好转的局面,空气质量良好和较好的城市,占内蒙古城市的72.7%。城市环境空气的首要污染物仍是颗粒物。呼和浩特空气质量近年来由较好升为良好,包头市由中度污染变为轻度污染,整个内蒙古空气质量连续呈好转趋势。

（10）生物多样性遭破坏，许多物种濒临灭绝。随着人们的乱捕、滥猎、滥挖以及生境和栖息地环境的破坏，野生动植物的数量锐减，有的动植物已灭绝或濒临灭绝。相反使鼠虫害和有害植物数量增加，危害加剧。

三、生态环境的保护与建设

蒙古高原及其毗邻地区原本是一个森林茂密、水丰草美的好地方，曾经是游牧文明的摇篮。但经历战乱的破坏，近百年来的滥捕、滥垦、滥伐、滥挖、滥牧等人类不合理的社会经济活动，造成生态环境恶化。生态环境恶化使生态功能严重受损，出现了许多生态环境问题，严重制约了蒙古高原及其毗邻地区经济社会的发展。蒙古高原及其毗邻地区生态环境的问题是全球性生态环境问题的一个组成部分，因此应站在全球、全欧亚大陆的高度去认识保护蒙古高原及其毗邻地区生态环境的重要性。

蒙古高原及其毗邻地区是东亚的生态屏障。冬季半年，西伯利亚和蒙古冷高压控制着蒙古高原及其毗邻地区，气压梯度很大，常形成又冷又干的偏西、偏北风。强劲的冬季季风经西伯利亚长驱直入到蒙古高原及其毗邻地区首当其冲，首先必须先到蒙古高原的北部和中部或进入新疆北部的冬季季风向东南移动，经过内蒙古才能到达关内和口里的河北、北京、天津、山西、陕西、宁夏、甘肃或关东的东北三省及至中国东南部诸省。冬季西北风流经蒙古高原及其毗邻地区时，受到高原、山地、丘陵等地形和森林、草原等植被的长距离阻挡，有效地减缓了西北风的前进速度和风力，其所挟带的沙尘锐减，到达中国关内或口里时已成强弩之末之势，大大减少了危害，起到了生态屏障作用。与此同时，蒙古高原北部山地阿尔泰山脉、萨彦岭、唐努山地、斯坦诺山脉、库苏古尔山地杭爱山地高原、肯特山脉以及大兴安岭、阴山、贺兰山、燕山北麓山地以及黄河中上游山地丘陵、内蒙古高原和鄂尔多斯高原，通过涵养水源，蓄栏经流，保持水土等对色楞格河、鄂尔浑河、图拉河、克鲁伦河、鄂嫩河、扎布汗河、特斯河、拜德拉格河、额尔古纳河、嫩江、辽河、滦河、海河、黄河的水量和泥沙产生影响，并出现其他生态环境效应。如嫩江的水灾、华北的旱情、黄河的断流、沙尘暴的肆虐等等都与蒙古高原及其毗邻地区生态环境有关。这种蒙古高原及其毗邻地区生态环境对周边乃至全东亚和邻近国家的生态环境保护作用，免遭危害，保障生态安全的生态效应就是蒙古高原及其毗邻地区生态屏障效应。蒙古高原及其毗邻地区生态屏障效应与蒙古高原及其毗邻地区生态环境的好坏密切相关。蒙古高原及其毗邻地区生态系统结构与功能处在良好状态时，其生态屏障效应愈大，对周边地区生态环境的保护作用就愈大。而当蒙古高原及其毗邻地区生态系统结构与功能处在不佳状态，遭到破坏而恶化时，其生态屏障效应低下，周边地区的生态系统因受到严重危害而恶化。因此，蒙古高原及其毗邻地区生态屏障问题受到广泛关注，蒙古高原及其毗邻地区生态环境的保护，同时重视生态建设。

1. 蒙古高原及其毗邻地区生态环境的保护与建设

蒙古国、俄罗斯和中国蒙古民族聚居区的国家和地区长期坚持保护生态环境的工作，特别是自 1970 年蒙古国开始采取生态建设措施，取得了良好的效果，局部区域的生态环境有所改善，但生态环境整体恶化的趋势仍没有完全扭转过来，出现了一方治理、多方破坏，治理一点、破坏一面，边建设、边破坏的被动局面。因此，必须重视生态环境保护，牢固树立生态环境保护与生态环境建设并举的工作方针，在加大生态环境建设力度，加快对生态环境恶劣区建设的同时，必须强调生态环境保护的重要性，应确立优先保护的思想，加强对生态环境的保护长久坚持下去，才能实现生态环境建设的实效性。生态环境保护与生态环境建设实质上是防与治的关系，应以防为主，防治结合，以防促治。在生态环境保护与生态环境建设中，应遵循统筹规划，分类指导，分区推进，分期实施，重点突破的原则，动员和组织社会各界力量，紧紧抓住重点区和突出的生态环境问题，全力做好生态环境保护、建设以及对其监督管理，尽快扭转生态环境总体恶化的趋势。

近 30 年来，在内蒙古先后启动"三北"防护林体系建设工程、防沙治沙工程、黄河流域防护林建设工程、辽河流域防护林建设工程、平原绿化工程、林业生态建设重点县、大青山林业生态建设工程、水土保持治理工程、草原生态建设工程等工程项目建设，取得了可喜的成绩。特别是西部大开发战略的实施，内蒙古生态环境建设出现了良好发展态势。东部国有林区天然林资源保护工程的启动，黄河上中游地区退耕还林还草试点示范工程的顺利实施，北京风沙源治理工程的全面展开，对内蒙古生态环境建设有很大促进作用。

（1）生态环境的保护措施

①建立特殊生态功能保护区。为确保蒙古高原生态安全，遏制生态环境的不断恶化，保护并尽快恢复其生态功能，需要在地区的关键部位，对全局具有举足轻重作用的地段建立特殊生态功能保护区。在特殊生态功能保护区内，严禁导致破坏或继续退化生态功能的各类生产建设活动；控制区内人口数量，已超出区域人口承载力的采取必要的生态移民措施，或通过调整经济结构，改变生产方式降低对生态环境的压力；必须改变目前的粗放经营方式，要进行集约经营，走生态经济型发展道路；遭受破坏的生态环境应限期重建和恢复，优先安排生态环境建设项目，并加强监督管理。

②抢救性建立一批自然保护区。根据蒙古高原一些特有的生态系统逐渐在失去其典型性和代表性，不少珍稀濒危物种逐渐消失的危险，一些价值极高的自然历史遗迹正在

遭到破坏的严峻形势，必须抢救性地建立一些自然保护区。与此同时，尽快解决在已建立的保护区中存在的问题。

③建立高标准的生态示范区。生态示范区的建设要因地制宜、统一规划、突出重点、分批实施。在生态示范区应包括：生态农业示范区、生态旅游示范区、生态城市示范区、乡镇合理布局示范区、农工贸一体化示范区、矿区生态恢复治理示范区、农村环境综合治理示范区、湿地合理开发与保护示范区、土地综合治理示范区等。

④对资源开发区的生态环境实施强制性保护。在生态环境建设的同时，应切实加强各类自然资源开发活动的监督管理，制止和避免资源开发活动对生态环境造成新的破坏。各类资源开发、工程建设以及生态建设工程项目，都必须做好环境影响评价工作，履行环境影响评价手续，否则严禁开发和开工。对于造成不可逆转的区域性和长期性生态破坏和影响的项目，要严格禁止开发建设。对造成局部和短期影响生态的项目，要做到生态保护和生态恢复与资源开发和工程建设同步设计、同步施工、同步验收，真正做到谁开发、谁保护，谁破坏、谁恢复与建设。资源开发活动主要包括：矿产资源开发、土地资源开发、水资源开发、森林资源开发、草地资源开发、农业资源开发、生物资源开发和旅游资源开发以及交通道路等其他工程建设项目，对这些开发活动项目实施监督管理，严格实施环境补偿机制。

（2）生态环境建设

①突出重点，在中国内蒙古地区着重对黄河中上游和黄土高原区、阿拉善荒漠区、阴山前后沙化及水土流失区、科尔沁沙地、浑善达克沙地、毛乌素沙地、草原区、农牧交错区等生态环境恶化严重地区进行生态建设。

②因地制宜，创建荒山造林、治沙、小流域治理、人工草场建设、基本农田建设、沙区绿洲建设、水利建设、发展生态经济等不同类型的有示范意义的工程项目，并且有计划地进行推广。

③对蒙古高原北部山地，阿尔泰山脉、萨彦岭、唐努山地、库苏古尔山地、杭爱山地、肯特山脉、大兴安岭、阴山、贺兰山的天然林实施封育保护；在宜林地段积极造林，扩大森林覆盖率，提高林木质量，增进生态效益和经济效益；严禁毁林开荒，加强防范森林和草原火灾和防治病虫害。

④采取飞播、封育与人工营造相结合，乔、灌、草相结合，建立防风固沙带网，创建沙区农牧林复合经营模式，建设水、草、林、机、料五配套的草料基地和人工草场。

⑤以小流域治理为中心，采取种草、种树、乔灌草结合，营造水土保持、草田轮作、植被建设等生物措施与修水平沟、鱼鳞坑、梯田、筑坝、打堰、修塘、淤地造田等工程措施相结合，进行综合治理。

⑥采取山、水、林、田、路的综合治理，营造农田、河渠防护林、兴修水利工程，建设基本农田，改造中低产田，改善农田生态环境，提高农业生产的效益。

⑦重点整治城市环境污染，建设和改善废水、废气和废渣以及垃圾、污水和综合重复利用的工程设施和设备，严格控制和监督检查污染物总量和做到达标排放；改变城市能源结构，实行集中供热、供气、供水；建设园林绿地的同时，扩大城市周围的生态绿地，由建设人工绿地向扶育和恢复自然绿地转变；通过调整产业结构，要发展节约资源和能源进行清洁生产的产业，要限制和制止大耗资源污染环境的企业的发展和引进；改善城市交通道路，合理布局城市功能结构，减少城市噪声污染。

⑧发展生态农业、生态畜牧业、生态林业、生态工业和绿色产业及清洁工业，关停污染严重的企业，保护和改善生态环境，使经济社会与生态环境可持续发展。

2. 生物多样性的保护

在历史上，蒙古高原及其毗邻地区曾经是气候温湿、森林茂密、生物多样性丰富、生态系统平衡的地区。然而由于过去开发利用不当，战争和灾害频发以及气候变化，导致生态环境恶化，生态系统失去平衡，已出现恶性循环，使得森林面积在减少，草原大面积退化，沙漠化进程在加快，生物多样性受损，很多珍贵物种濒临灭绝，特殊生态系统面临消失的危险境地。蒙古高原及其毗邻地区生物多样性丧失的原因是自然因素和人为因素共同作用的结果。而人类活动对蒙古原及其毗邻地区生态环境和生态系统的影响更加速了生物多样性丧失的速度，造成了许多不可逆转的变化。因此，加强生物多样性保护，其措施：

（1）确定生物多样性保护的重点地区及重点物种。为确保蒙古高原及其毗邻地区生态安全和生物多样性，在一些生态环境脆弱和具有重要生态功能的地域，实施生物多样性重点保护，建立重要的生物多样性重点保护区。

（2）加强自然保护区的建设与管理。建立自然保护区是保护生物多样性的重要措施。近年来，中国内蒙古抢救性建立了一批自然保护区。针对内蒙古境内一些特有的生态系统失去其典型性和代表性，许多珍稀濒危物种面临丧失的威胁，必须抢救性再建一些自然保护区。同时，加强自然保护区的建设与管理。

（3）建设一批生态示范区。中国内蒙古截至2004年已建成国家级生态示范区10个，自治区级生态示范区21个，总面积3 780.5万公顷，占全自治区面积的32%。其目的是恢复和改善生态环境，保护生物多样性，充分发挥生态系统的服务功能，实现区域经济、社会和环境保护协调发展。

（4）对资源开发区的生态环境实施强制性保护。为做到生态保护和生态恢复与资源开发和工程建设的协调发展，就必须对资源开发区的生态环境实施强制性的保护。各类资源开发和工程建设，都要执行国家有关环境保护的法律、法规，做好环境影响评价，履行环境影响评价手续，否则严禁开发和开工。

（5）严格控制外来种入侵。外来种入侵是造成生物多样性丧失的原因之一。外来种入侵对生物多样性破坏以至灭绝已成为世界性问题。外来种入侵的生态效应在短期内人们不一定觉察到，过了一段时间后所造成的后果将是严重的，需要付出巨大的代价。因此，建立对外来物种入侵的预警机制和防范体制，加强科学研究，控制外来种的入侵。

第二节　自然区划

一、蒙古国自然区划

蒙古国自然区域可分为自然大区、自然区、自然亚区、自然地区、自然亚地区。确定自然区域考虑自然条件、区域形状和结构的一致性以外，还考虑其气候区、景观结构形成过程起调节作用的大气环流与区域形状结构相互作用的一致性。根据自然条件把蒙古国分为杭爱—肯特山地自然大区，中亚高平原、盆地、山地自然大区，大兴安岭山地自然大区三个区域。

1. 杭爱—肯特山地自然大区

本大区河网发达、多年冻土分布广之外，与其他自然大区相比，湿度较大，气候属典型的大陆性气候。该自然大区包括杭爱山脉、肯特山脉和库苏古尔山地，占据蒙古国北部，拥有森林草原带、垂直自然带。该自然大区包括库苏古尔、布尔干、后杭爱、色楞格、鄂尔浑、达尔汗乌拉等省的全部和扎布汗、肯特、中央、前杭爱、乌布苏、东方等省的部分地区，占全国总面积的30%多。组成该自然大区的山系大体上属于向南突出的山列，主要山脉在西部呈西北—东南走向，在东部呈西南—东北走向，库苏古尔山地则呈南北走向。山系中部有古代冰川遗迹，寒冻风化、冻融作用强烈。该自然大区大部分山地形成年代早，形成之后长期受到风化侵蚀作用而坡度较缓，顶部浑圆，大部分地区以具有中山特征为主，向自然大区边缘逐渐过渡为低山、丘陵。由于山地大体上接受西北气流带来的水汽，所以降水较丰富，年降水量达200~300毫米，库苏古尔山地、肯特山脉中部是蒙古国降水量最多的地区，年降水量达500毫米。年平均气温-5℃~-6℃，较其他自然大区低，绝对最低气温-50℃。7月平均气温16℃，绝对最高气温40℃，故热量资源少。库苏古尔山地≥10℃活动积温880℃~1 000℃，自然大区南部1 200℃~1 900℃。该自然大区有属于北冰洋流域、太平洋流域和中亚内流流域的诸多河流，降水、地下水补给居多，但雪水补给也占一定比例。虽然没有现代冰川，但是高山顶部有积雪覆盖。该自然大区两大外流流域的大部分河流，如发源于杭爱山脉、肯特山脉和库苏古尔山地的色楞格河、鄂尔浑河、鄂嫩河、克鲁伦河、埃格河、德勒格尔河、图拉河、哈拉河、耶勒河、乌勒兹河、伊德尔河、楚鲁特河等河流，水量较丰富。湖泊数量不多，但这里有蒙古国最深的库苏古尔湖，还有桑根达赖湖、特勒门湖、浩勒宝湖、图纳马勒湖、布斯特湖、特尔胡查干湖、车根湖、沙尔嘎湖等湖泊，属于构造湖、冰川湖、火山湖、热融湖等类型。湖泊大部分为淡水湖，咸水湖分布在低山丘间低洼地中。具备较好的土壤成土条件，土层较厚，腐殖质和养分含量高，因多为山地地形，土壤垂直带明显，主要分布山地草甸土、灰化森林土、山地黑土、暗栗钙土、栗钙土、淡栗钙土。河谷低地分布有黑土和草甸土、沼泽土。暗栗钙土、栗钙土、淡栗钙土约占该自然大区60%的面积，而且这类土壤适于农业，是蒙古国农用土地的主要分布地区。气候、土壤适于植物生长，植物种类特别丰富，出现从高山到草原带的植被垂直带谱，森林带的面积较大，蒙古国森林资源的大部分在这里，有落叶松、西伯利亚松、冷杉、云杉、松树等针叶树种，桦树、杨树等落叶阔叶树种丰富。植被中草原植物占优势，但以山地草原为主，典型草原面积较小。动物种类丰富，有森林动物熊、鹿、驼鹿、麝、狍子、猞猁、狼獾、松鼠、紫貂，草原动物旱獭、黄羊、狐狸、野猫、狼等。杭爱—肯特山地自然大区可分为4个自然区。

（1）鄂尔浑—色楞格自然区

本区在景观方面比较复杂，山地森林草原、山地典型草原、山地森林相互镶嵌分布。该区湿度较大的西北部河谷和盆地有黑钙土分布，呈现杂类草—禾草草原景观，而湿度较小的东部和南部分布有暗栗钙土，生长丛生禾本科植物。盆地底部有草甸、沙地景观，有盐沼。

（2）肯特山地高原自然区

本区中部、西北部广泛分布着泰加林景观，在高山更替为山地森林带、山顶裸岩带和雪山冰缘景观。山地和高原向东逐渐降低，从山地泰加林带往下依次更替为山地森林、山地森林草原、山地草甸草原，向南与山地典型草原相接。

（3）鄂嫩—乌勒兹自然区

本区是杭爱—肯特山地自然大区东部终端，较湿润，在景观结构上有黑钙土草甸草原，山地上部草原景观再往下依次更替为山地草甸土的森林草原。以典型草原为主的宽谷和盆地到处见到草甸、小松林、盐沼。

（4）杭爱山地高原自然区

本区地理结构很复杂。杭爱山地高原部分有山顶裸岩景观、嵩草属植物和山地草甸组合，形成零散分布的山地草甸草原景观。自杭爱山脉以北可看到山地森林垂直带，由山地阴坡森林、山地阳坡草原两个部分组成。杭爱山地高原自然区南部的中山垂直带以山地北坡典型草原和南坡荒漠草原景观为主。盆地中央以草原、南方草原和北方草甸景观为主。

2. 中亚高平原、盆地、山地自然大区

本大区包括蒙古国西部、西南部、南部、东南部，占全国大部分地区，北与杭爱—肯特山地自然大区交界，东与大兴安岭山地自然大区接壤，南至国界。该自然大区涵盖上述自然大区未包括的各行政省的全部和部分地区。该自然大区与其他自然大区截然不同的是，该自然区地貌类型复杂，有高大的山脉和宽阔的谷地、盆地、平原、丘陵。从西边的蒙古阿尔泰山脉、西鲁格敏山、哈尔黑拉山、图尔根山，经戈壁阿尔泰山脉、大湖盆地、众湖谷地、达里干嘎平原、扎门乌德平原，东至蒙古东方草原。

蒙古阿尔泰山脉、戈壁阿尔泰山脉自西北向东南延伸 1 800 公里，是蒙古国最大的山脉。蒙古阿尔泰山脉又是古代冰川和现代冰川的主要分布区。因为气候属于大陆性和极强大陆性，地表径流较少，主要是内流河流。多年冻土零星分布，森林稀少，以典型草原和荒漠草原、半荒漠（草原化荒漠）、荒漠景观为主是该自然大区的特点。山地景观种类多样，相互之间区域内部有很大区别。该自然大区盆地均沿着山脉走向分布，成为侵蚀基准面。蒙古阿尔泰山脉诸峰接纳来自西面的湿润气流，降水较多，蒙古阿尔泰山脉年降水量达 100～200 毫米，在戈壁阿尔泰山脉 100 毫米以下，东方草原大部分地区 100～250 毫米，戈壁地区降水稀少。该大区热量资源很丰富，尤其在戈壁、荒漠地区达到最大值。蒙古国湖泊的大多数分布在该大区。乌布苏湖是全国最大的湖泊，还有吉尔吉斯湖、哈尔乌斯湖、哈尔湖、阿其特湖、德尔根湖、浩吞湖、浩尔贡湖、达彦湖、陶勒宝湖、本查干湖、敖如格湖、乌兰湖、贝尔湖等几百个湖泊。这里有中亚内流流域的扎布汗河、科布多河、布尔干河、拜德拉格河、翁金河、图音河、达茨河，太平洋流域的克鲁伦河、哈拉哈河，还有北冰洋流域的呼里木特河发源于该区。该区分布有草甸—沼泽土、暗栗钙土、栗钙土、淡栗钙土，戈壁部分主要分布灰漠土。动物种类较丰富，有盘羊、岩羊、野马、野骆驼、野驴、羚羊、黑尾黄羊、戈壁熊、黄羊、旱獭、豆鼠等稀有动物。中亚自然大区各盆地的地形复杂，互相隔绝，具有独具特征的自然景观。中亚高平原、盆地、山地自然大区又划分 8 个自然区。

（1）蒙古阿尔泰山地高原自然区

本区形成时间较杭爱—肯特山地较晚，受到较晚期造山运动影响，产生一定程度的褶皱运动，进而抬升很高，并受水蚀和冰蚀作用使山峰和山脊峻峭，中生代侵蚀面保存较好。该区四周被戈壁、荒漠环绕，物理风化强烈，山谷大部分狭窄幽深。蒙古阿尔泰山脉自西端的塔本博格德山起，向东南延伸至吉其根山结束，深受戈壁影响，山坡陡峭，被干谷切割，顶部平坦，主脉在东部有很多支脉。其中最大的是赫布齐山、阿吉博格德山，向南突出，进入阿尔泰南戈壁盆地。第二支脉为达尔察格呼尔尼山、苏泰山、巴塔尔海尔汗山、巴彦图木贝尼山等。第三支不是从主脉直接分出，但在山纹方面有着联系，有扎尔嘎朗特海尔汗山、额木讷海尔汗山、巴彦努鲁山。在这些山的北面有泰希尔山、哈萨格特海尔汗山。各山脉之间有陶勒宝湖、达彦湖、车车格湖、泽尔根湖、伊赫斯湖、达尔宾湖、沙尔嘎戈壁、贝格尔湖诸盆地分布。该区的高山上普遍分布山地草甸和山地草原景观，还零散分布具有垂直带成分的积雪、山顶裸岩景观。中山以山地典型草原、荒漠草原、半荒漠景观为主。

（2）戈壁阿尔泰低山自然区

本区分布有属于高山垂直带谱下部的山地典型草原至山地荒漠景观。自巴彦查干山起向东南延伸至赫尔赫山结束，有 4 条并列山脉。沿着山脉走向形成的谷地中分布有沙地，如洪格尔沙漠长 185 公里，面积 952 平方公里；比尔德沙漠面积 493 平方公里。在宽广的盆地和谷地中分布具有纬度地带性特征的半荒漠、南方和北方荒漠外，盐沼、沙地占有不少面积。

（3）大湖盆地自然区

本区在面积、位置、分割方面相互有别，但是互为相连的山间大型凹地、洼地系统与各自独立的低山相间分布。其中包括乌布苏湖、吉尔吉斯湖、哈尔乌斯湖、哈尔湖、德尔根湖、本查干湖、敖劳格湖等湖泊盆地，并有阿尔泰—杭爱山系的支脉伸入。这里有蒙古国诸多大沙漠，如伯勒格沙漠、阿勒坦沙漠、蒙古沙漠、包尔哈尔沙漠、巴嘎诺尔乌尔德沙漠、阿尔查格沙漠，这些沙漠大部分由固定沙丘组成。这里的自然景观多样，结构复杂，因为这一自然地理区既有盆地特征，又有山地特征。盆地底部以半荒漠为主，稍高处更替为荒漠草原。山脉、丘陵、山地以典型草原，并被低山环绕，各自形成独立的荒漠盆地。

（4）西呼赖盆地及周围低山自然区

本区三面环山，与蒙古国其他地区处于隔绝状态，而与相邻的准噶尔盆地相连，故对该自然区的自然环境有很大影响。盆地最低处有盐沼、泥沼，还有典型的大陆性极干旱荒漠分布。灰棕漠土土兰—准噶尔荒漠禾本科—半灌木植物群落组成的南方荒漠景观围绕盆地中部，盆地最高处、山坡下部和山麓形成了生长土兰—准噶尔植物群落的荒漠景观。从低山山麓到山顶，更替为具有北方荒漠、准噶尔植物群落的半荒漠、荒漠草原，进而形成在山地顶部有典型草原景观的高山垂直带。

（5）蒙古中部和东南部高平原、平坦盆地、残丘、低山自然区

本区景观带分布基本上取决于纬度地带性因素。蒙古中部自北向南出现小丛生禾本科和灌木群落栗钙土南方典型草原景观、丛生禾本科和半灌木群落淡栗钙土荒漠草原景观。由此以南连片分布棕钙土草原化荒漠，该区最南边缘以禾本科—半灌木群落草原化荒漠、淡棕钙土北方荒漠景观为主。

（6）蒙古东南部自然区

本区景观带谱缺失典型草原景观亚带。在荒漠草原、半荒漠、荒漠为主的广阔盆地、低地中广泛分布盐沼、碱土、沙地组合景观的同时，愈是向南出现更多的泥沼。

（7）蒙古东部波状高平原、平坦盆地、残余丘陵自然区

本区几乎没有山地，以丘陵平原为主。这种地形影响到这里的景观，形成特色。元古代早期转化为地台后继续保持着较低平的状态。该区南部山地中多古代火山，蒙古国死火山集中在这里。这里有蒙古国最低点，但平原海拔较高，平均高度为800～1 000米。从国境线到大兴安岭自北向南只有一个北方草原景观为主的典型草原带连续分布，并分布具有南方典型草原景观的广阔盆地，在其内部有景观亚带的差异。残丘和达里干嘎火山顶部出现山地草原带。

（8）阿尔泰南戈壁低山、平原、盆地自然区

本区地表起伏差异大，分布有北方和南方荒漠、极干旱荒漠等自然景观。自北向南，北方荒漠景观依次更替为南方荒漠景观和极干旱荒漠景观。位于荒漠带最南部沿干谷分布有灌木植物和含有石膏的碱土极干旱石质荒漠景观，它不受纬向地带性因素的影响，而与该地区地貌独特结构有关。在低山出现荒漠景观外，还出现有垂直带成分的山地半荒漠、荒漠草原、山地典型草原，有的地方可见到山地草甸草原、山地草原。

3. 大兴安岭山地自然大区

本大区包括蒙古国东部靠近国界的小部分地区，是在东方省范围内。位于中国大兴安岭支脉伸入蒙古国境内，形成大致东西走向的低矮山脉，被宽谷隔开，海拔自东向西逐渐降低。高的山峰均在国界上，海拔1 400～1 500米。山地为缓坡、浑圆或扁平山顶，有时分水岭平顶出现沼泽。山地向西逐渐降低为海拔700～800米的平原，形成一些海拔900～950米的孤立山头。谷地较宽，但哈拉哈河谷地上游直到河口下切较深，下切到300～400米，河流谷地沼泽化，形成一些小湖泊。该自然大区气候受季风影响，较为湿润。有哈拉哈河的支流德盖河、讷木勒格河。土壤以栗钙土、暗栗钙土为主，山地上部有黑土分布。河流谷地有草甸—沼泽土分布，有些地方还有风沙土分布。植物群落大体上由山地草原组成，但也有针茅—杂类草草原，山谷和盆地也有草甸分布，植物组成有

满洲芍药、黑藜芦、岐花鸢尾等。该大区有山地森林草原、山地草原、草甸草原景观，景观的空间差别与该地区的基本地形结构有密切关系。

二、俄罗斯布里亚特共和国自然区

根据布里亚特共和国的地貌、气候、土壤和植被等自然景观将全国可分为三个自然区：萨彦—贝加尔—斯塔诺高原自然区、色楞格中低山自然区、维季姆低山丘陵自然区。

1. 萨彦—贝加尔—斯塔诺高原自然区

该区新构造运动活跃，年轻火山较多，冰川地貌广布。在新生代（距今2 000万年前）构造运动之下，贝加尔一带出现深层断裂带，之后以这些断裂带为基础逐渐形成诸多盆地和谷地，主要有贝加尔盆地以及南部位于东萨彦岭支脉间的通虎盆地和东南部上安加拉盆地、姆伊—库温德荫盆地等，其中以贝加尔盆地为最大。这些盆地与其周围的山脉形成长达250公里的贝加尔断裂构造体系。由于现代冰川作用，该区内诸多山脉，如东萨彦岭及其周围的奥吉中低山、卡梅尔岭、巴尔古津山、北部的北贝加尔山、斯坦诺山脉等均形成别具特色的冰川地貌景观。相间分布于上述山脉之间的盆地，使该区的地形地貌变得更加复杂。该区起伏较大，相对高度（从贝加尔湖最深处–1 367米至浩日达格萨日达格山峰）在5 000米左右。贝加尔湖沿岸地区年均气温为–0.3℃～–0.1℃。卡梅尔岭、巴尔古津山北坡和西北坡降水量最丰富，年降水量达1 000～1 400毫米，尤其是在卡梅尔岭地区，夏季日降水量达150～200毫米；贝加尔湖沿岸地区，年降水量为400～950毫米。无霜期约为90～120天。早霜冻一般在8月下旬来临。本区大小众多河流，属于三大水系，即贝加尔湖水系、勒拿河水系和安加拉河水系。水系发达，河网密度大。高山草甸土，面积较小，主要分布于高山针叶林带以上的山梁、山脊上。山地森林土以寒带山地泰加林土和灰色森林土为主，广泛分布于泰加林中、上部的永久冻土层一带，生长有落叶松、西伯利亚松和落叶松林地区。贝加尔湖沿岸山脉的西坡与西北坡地区相对湿润，以云杉、西伯利亚松为主的森林中，不均匀分布着生草灰化土。泰加林棕色针叶林土，集中分布在卡梅尔岭北坡有高草地的冷杉、西伯利亚松深棕色针叶林区，以及零星、点状分布在小卡梅尔岭、高伦丁山脉的面向贝加尔湖的山坡、巴尔古津自然保护区境内的耶族沃卡河、达沃沙河谷地。小面积草甸草原主要分布在巴尔古津盆地。在森林上限以上的丘陵、高山地带，生长有苔藓、地衣、仙女木和沙拐枣灌木。在山地陡坡上，零星分布着五蕊梅蒿草、西伯利亚银莲花为主的高山草甸植被。另外，垫状西伯利亚松密集生长在斯坦诺山地高原、贝加尔湖沿岸山地、卡梅尔岭的平缓的山峰及其阴坡地区，呈现出了布里亚特共和国高山植被的另一独特特征。

2. 色楞格中低山自然区

该区位于东南部，以东西向为主的马拉罕、吉德、甘珠尔山脉及其支脉和丘陵为主。其山脉以平顶中低山为主，海拔高度为 1 000～1 300 米，相对高度为 500～700 米。山脉及其支脉间相间分布着嘎鲁图湖盆地、奥布津盆地、奥楞桂盆地、伊沃勒盆地、乌达谷地等宽平谷地和盆地。中、南部地区年均气温为-0.5℃～-0.3℃。色楞格河谷地，年降水量仅为 200～300 毫米。全年平均日照时数南部平原盆地区为 2 200～2 700 小时。无霜期约为 100～155 天。色楞格河主要支流在境内有吉德河、特莫尼克河、尼奎河、辉鲁克河和乌达河等。色楞格河及其主要支流的下游为布里亚特共和国重要水路，水路里程约为 282 公里。泰加林生草土，大面积明显分布在落叶松、西伯利亚油松为主的季节性冻土带。森林生草灰化土分布在桦木、油松、红杨、落叶松等混交的疏林草原带。草原土壤以黑钙土和栗钙土为主，广泛分布在色楞格中低山区。其中，栗钙土分布面积最广，主要分布于平原草原地区。森林草原区的黑钙土主要分布于山地无森林的阳坡上，而典型草原区的黑钙土主要分布于山地阴坡海拔 800～1 000 米的地带。而在山间盆地的低洼处、河谷、湖泊周围，斑状分布着草甸土、沼泽化草甸土和草甸化沼泽土、泥炭沼泽土等。草原植被大面积分布在恰克图区和伊尔库特河河谷等地，海拔 1 100～1 200 米的地区。草原植被中，山地草原的分布最广，其中以线叶菊草草原、羊茅草原为主，在向阳的沙砾性坡地上，多为生长着由冷蒿、百里香、无茎委陵菜、羊草等组成的草原。典型草原植被广泛分布在海拔 750 米以下的平原和丘陵地区。其中以克氏针茅草原、恰草草原、茅茛苔草草原及冰草草原为主，在风沙土分布区主要生长着锦鸡儿。以前，草甸草原大面积分布在本区内。目前，大面积的草甸草原被开垦成农田。草甸草原的组成成分以贝加尔针茅草原、旱生羊草草原、杂类草草原和喜湿性萱草草原等为主。南部较干旱的山间盆地及盐湖周围分布着盐化草原植被，以芨芨草、赖草、鸢尾草、鼬瓣花为主。

3. 维季姆低山丘陵自然区

该区位于东北部，由低山、丘陵以及其间的低地、盆地组成，山区海拔为 1 200～1 300 米，山脉以桌状山脉为主，其表面被玄武岩覆盖，该区内的火山多为死火山。在山间盆地内形成了众多小湖泊，如大小耶尔瓦诺耶湖、哈尔古湖、伊心嘎湖、巴温托湖、布斯奈湖和乌尔纳湖等。北部地区年平均气温为-0.3℃～-8.7℃。勒拿河水系，有玛玛河、维季姆河和楚雅河。其中，最长的是勒拿河支流——维季姆河，总长 1 978 公里，流域面积 22.5 万平方公里，多年平均径流量 580 亿立方米，其中 30%的径流形成于布里亚特境内。小面积草甸草原主要分布在耶尔沃宁盆地。草甸植被面积有 34.7 万公顷，主要分布在大小河谷盆地以及森林带的无林木处。组成草甸植被的禾本科植物主要有羊草、早熟禾、潟草、看麦娘、拂子茅和翦股颖，苔草属有红穗苔藓膨囊、苔草、泡苔草；杂类草植物以地榆、唐松草、金莲花、牦牛儿苗为主，还有广布着苔藓。

三、中国内蒙古自然带

内蒙古境内地形以高原为主，有内蒙古高原和鄂尔多斯高原，是蒙古高原的东南部分，多数地区在海拔 1 000 米以上，高原面积约占全内蒙古总面积的 53%。以大兴安岭、燕山北麓山地、阴山山脉、贺兰山和走廊北山为主构成了高原外缘山地地貌，约占内蒙古总面积的 20.8%。嫩江右岸平原、西辽河平原、土默特平原和河套平原分布在山地的外围或镶嵌于山地与高原的中间，其面积有10万多平方公里，约占内蒙古总面积的8.5%。丘陵、谷地、盆地分布在高原与山地和平原交接地带，面积19万多平方公里，约占内蒙古总面积的16.4%。还有沙漠、沙地和戈壁等干旱区地貌类型。

按照内蒙古地区自然地理环境经度地带性及特点，可分为寒温带湿润针叶及针阔混交林棕色森林土带、中温带湿润阔叶林暗棕壤带、中温带半湿润森林草原黑钙土带、中温带半干旱典型草原栗钙土带、中温带干旱荒漠草原棕钙土灰钙土带、中温带强干旱草原化荒漠灰漠土带、暖温带极干旱荒漠灰棕漠土带七个自然带。

1. 内蒙古寒温带湿润针叶及针阔混交林棕色森林土带

分布于大兴安岭北部山地，呈北宽南窄的楔形延伸至北纬47°。海拔在 900～1 200 米。气候寒冷湿润，属寒温带。年平均气温–2.7℃～–4.9℃，≥10℃积温 1 320℃～1 770℃，无霜期47～85天，土壤冻结期7个月，冻结深度2～3米，并有岛状永久冻层存在。年降水量 430～510 毫米，湿润度＞1.0。植被分布最广泛的为兴安落叶松—杜鹃林，常出现在坡度较大的山坡上；缓坡上构成兴安落叶松—草类林；在低山漫岗和阶地上，形成兴安落叶松—杜香林和兴安落叶松—水藓林；在海拔 1 000 米以上的山地，出现兴安落叶松—偃松林；更高的山顶上分布着低矮的偃松和高山桧。在本自然带东部出现兴安落叶松—蒙古栎林和兴安落叶松—黑桦林等过渡性林。上述各类兴安落叶松林遭到火烧或砍伐后，变成白桦林或兴安落叶松——白桦林。除此之外，还有樟子松和红皮云杉，面积不大，呈片状穿插分布。棕色针叶林土为大兴安岭土壤垂直带谱中分布最高的土壤，广泛分布于针叶林、针阔混交天然林下。此自然带是发展林业的主要基地，但因潮湿、低温、阴暗，冻土分布，有效养分少，因而林木生长缓慢，应加强抚育更新，防止水土流失。

2. 内蒙古中温带湿润阔叶林暗棕壤带

主要分布于大兴安岭北段东麓低山丘陵地区。海拔在 400～900 米，地势起伏较大。

气候温凉湿润，年平均气温-1.6℃~2.7℃，≥10℃积温1 800℃~2 400℃，无霜期80~120天，土壤冻层深1.0~2.5米，年降水量440~480毫米，湿润度0.7~1.0或≥1.0。以蒙古栎—胡枝子林或蒙古栎—黑桦林为代表的中温型夏绿阔叶林，林下灌木层和草本层发达，以胡枝子为优势种的灌丛成团块状分布，主要草本植物有凸脉苔草、东方铃兰、大花杓兰、单紫苞尾、裂叶蒿、苍术等。蒙古栎林被破坏后，代之而起的是黑桦林、白桦林、山杨林、蒙古栎矮林、榛灌丛以及杂草类草甸等次生植被。暗棕壤也称暗棕色森林土，曾称灰棕壤或灰棕色森林土，发育了蒙古栎和兴安落叶松为主的夏绿阔叶林和针阔混交林，分布在大兴安岭北段海拔300~800米的山麓漫岗上。此自然带的山地和漫岗上适宜发展林业，在地形平缓地段可开发为农田。

3. 内蒙古中温带半干旱典型草原栗钙土带

本自然带分布很广，约占内蒙古总土地面积的1/3，是内蒙古分布面积最大的自然带。主要集中分布在大兴安岭和阴山山地内侧的内蒙古高原的东部、大兴安岭和阴山山地之外的西辽河平原和鄂尔多斯高原东部及晋北黄土高原的北端。本自然带内部气候差异较大，岭西和阴北地区年平均气温-1.6℃~2℃，≥10℃积温2 700℃~3 100℃，无霜期120~140天，年降水量300~450毫米，湿润度0.3~0.6。典型草原又称干草原，是内蒙古天然草地的主体，是欧亚大陆草原的重要组成部分。该类草原的饲用植物比较丰富，共271种，占内蒙古饲用植物物种的34%左右，主要优势植物有大针茅、克氏针茅、羊草、冰草、冷蒿、百里香等。其中，含有锦鸡儿灌木丛的草原群落，称为灌丛化草原，是内蒙古典型草原的一大特点，它的形成和沙性土壤基质有密切相关。本自然带东部的典型草原植被种类较多，覆盖度和高度较大，很少见灌丛，植物群落外貌较华丽；本自然带西部的典型草原植被植物种属比较简单，覆盖度和高度较小，旱生植物和草原灌木成分显著增多，植物群落外貌比较单调。栗钙土最具有草原土壤的特征，主要表现在中性和微碱性环境下的腐殖质累积过程和钙化过程，虽与黑钙土较相近，但它的腐殖质累积过程已渐趋减弱，而钙化过程增强。栗钙土属中等肥力水平，农牧兼用型土壤，防止风蚀沙化和水土流失。本自然带是重要的畜牧业生产基地，也是旱作农业区。

4. 内蒙古中温带半湿润森林草原黑钙土带

分布于大兴安岭西麓和东南麓低山丘陵、嫩江右岸平原，以及大兴安岭南段山地，再向西延伸至阴山山地。此自然带既有山地垂直带形式出现，也有水平地带性分布的表现，自东北向西南狭长，地形起伏较大，气候差异也很大。年平均气温-2.0℃~4.0℃，≥10℃积温1 800℃~2 600℃，无霜期80~120天，年降水量300~450毫米，湿润度0.6~0.8，属温凉半湿润气候。森林草原是森林带和草原带的过渡类型，而以草原植被为主，森林植被居次要地位，具有地带性性质的草原带部分，故称草甸草原。草甸草原是以中旱生和广旱生多年生草本植被为主构成的植物群落。植被以根茎型和丛生型禾草和杂类草为主，植物种类丰富。建群种植物主要有羊草、白羊草、贝加尔针茅、羊茅、线叶菊等。森林以零散块状分布的形式常出现于低山丘陵区阴坡草地之中，其树种以白桦、黑桦、山杨、蒙古栎、樟子松、榆树等为主。土壤为黑钙土、黑土以及暗栗钙土。黑钙土有强烈的腐殖质积累，同时钙积化过程明显。该自然带的自然环境条件优越，宜农宜牧。

5. 内蒙古中温带干旱荒漠草原棕钙土灰钙土带

分布于内蒙古高原中西部和鄂尔多斯高原西部，由北向南呈狭长分布，是典型草原栗钙土带与荒漠灰漠土带过渡带的东半部，仍是草原地带的一部分。本自然带气候与典型草原相比，大陆性更强，气温较高，降水量稀少。年平均气温 3.0℃～7.8℃，≥10℃积温 2 500℃～3 200℃，无霜期 120～140 天，年降水量 150～300 毫米，湿润度 0.13～0.3，高温热干旱气候型。本自然带植被类型以稀疏的强旱生的多年生草本植物为主，并混生有大量旱生小灌木所组成的荒漠草原，是草原向荒漠过渡的在草原植被中最干旱的类型。建群植物分别由小针茅、戈壁针茅、短花针茅，以及沙生针茅、无芒隐子草等旱生丛生小禾草组成，葱属主要有多根葱、蒙古葱等。其中小针茅分布广，面积大。旱生灌木、小灌木和小半灌木的成分增加。以各种锦鸡儿组成的灌丛化荒漠草原最为常见。荒漠草原的生产力低而不稳。草地质量高，以优质低产型为主。由于长期过牧，致使草地退化严重，风蚀沙化最为突出。棕钙土是温带干旱荒漠草原生物气候条件下分布的土壤，其腐殖质层上往往有沙化、砾化现象，并有假结皮及微弱的裂缝。棕钙土养分贫，质地粗糙，肥力低下。灰钙土是温带暖湿型荒漠植被下的土壤，主要分布于鄂尔多斯市鄂托克前旗南部及西部，可分为淡灰钙土和草甸灰钙土 2 个亚类。灰钙土质地较轻，养分含量低，水分条件差，肥力水平低下。本自然带应以畜牧业为主，防止风蚀沙化、草场退化，严禁超载过牧。

6. 内蒙古中温带强干旱草原化荒漠灰漠土带

主要分布于巴彦淖尔市北部及西部、乌海市、阿拉善盟阿拉善左旗中东部和阿拉善右旗东南部，在荒漠草原棕钙土带之西呈南北斜狭长的带状分布。本自然带是草原带与荒漠之间过渡带的西半部，其景观已接近典型荒漠。气候更加干旱温暖，年平均温度 5.0℃～8.0℃，≥10℃积温 2 700℃～3 600℃，无霜期 120～160 天，年降水量 100～180 毫米，湿润度 0.06～0.13，属强干旱温热型气候。本自然带植被以强旱生和超旱生小灌木、半灌木为主，也有一些旱生的多年生和一年生草本植物，主要建群种有藏锦鸡儿、驼绒藜珍珠、红砂、短用锦鸡儿、柠条、霸王、籽蒿、沙冬青以及沙生针茅、戈壁针茅、无芒隐子草等。草原化荒漠植被稀疏,产量低。灰漠土是半荒漠向荒漠过渡的土壤类型,既有荒漠土壤形成的一些特点,如龟裂、结皮等,又有草原土壤形成的一些特点,如腐殖质积累过程略有表现,碳酸钙受到微弱的淋溶等。灰漠土土体通体表现为强石灰反应,盐化和碱化普遍存在。本自然带牧业生产条件较恶劣,严禁超载过牧,沙漠化地段应休牧或禁收。

7. 内蒙古暖温带极干旱荒漠灰棕漠土带

分布在内蒙古最西部,大致在雅布赖山以西地区。该自然带热量很高,降水量很少,蒸发强烈,极端干旱的地区。年平均气温 7℃～9℃,≥10℃积温 3 500℃～3 700℃,无霜期 140～150 天,年降水量 30～50 毫米,年蒸发量 3 700～4 200 毫米,湿润度 0.01～0.06,属暖温极干旱型气候。本自然带以超旱生的半灌木和灌木以及盐生植物为主组成的典型荒漠植被。植物群组成十分简单,稀疏的红砂荒漠、珍珠荒漠是戈壁荒漠的主要类型。砾石质荒漠的植物组成有合头藜、短叶假木贼、霸王、泡泡刺、膜果麻黄等半灌木、灌木。湖盆外围沙地上琐琐分布。在额济纳河岸与湖盆洼地上有胡杨林和沙枣林及白刺、盐瓜瓜等植物。灰棕漠土是极干旱的荒漠植被下发育的一种典型荒漠土壤类型。灰棕漠土的成土母质以粗骨性石砾和沙土为主,地表广布黑色砾幕,荒漠结皮层 1～3 厘米,灰白色,多孔状。腐殖质积累不明显,几乎不存在腐殖质层。石膏层埋藏很浅而且较薄。本自然带气候极端干旱,水资源十分匮乏,土壤粗骨性,植被非常稀少且产量极低,农牧业生产条件恶劣,不易开发的地区。

Ⅲ 人文篇

第九章　蒙古民族文化地理

第一节　蒙古民族的文化之源

蒙古高原及其毗邻地区是蒙古先民活动的重要地域之一，各个角落都留下了蒙古民族繁衍生息的足迹。同时，与中原历史难解难分的荤粥、猃狁、鬼方、山戎、北狄、匈奴、东胡、乌桓、突厥、回纥、柔然、契丹、女真等游牧民族不断发祥、壮大，直到13世纪初才最终形成了稳定的民族共同体——蒙古民族。

蒙古民族的文化与其历史一样源远流长。文化的概念十分广泛，很难捉摸。说到蒙古民族的文化之源，很显然，从蒙古民族世世代代生息的生态环境、生产方式、生活方式、思维方式、价值观念及生活中创造的艺术、技艺等诸多方面中可以找到蒙古民族古老的文化之源。

一、草原地理环境是蒙古民族文化的自然基础

蒙古高原在晚第三纪至第四纪早更新世，经历了草原化过程。草本植物在渐新世、中新世发展，上新世和早更新世形成草原景观。地理位置、区位和地势决定了蒙古高原既严酷又富饶的自然地理环境。远古时代，辽阔的蒙古草原是人类活动的重要区域。据考古发现，早在公元前6000年至前2000年，蒙古高原地区曾存在过原始农耕文化，如兴隆洼文化、赵宝沟文化、夏家店下层文化、朱开沟下层文化等。此后出现了游牧文化，如夏家店上层文化、朱开沟上层文化等都有游牧文化的痕迹。游牧文化成为了蒙古高原的主导文化，大约开始于公元前16世纪。游牧民族形成和发展的过程，也是游牧民族与草原生态环境和谐共存、长期相互协调与磨合的产物——游牧文化形成和发展的过程。因此，既严酷又富饶的自然地理环境是游牧文化的自然基础。自从游牧文化在蒙古高原上诞生后，绵延不绝，生生不息，成为蒙古草原最有代表性的文化，创造了游牧文明。

蒙古高原的游牧文化在孕育成长的过程中，曾有过氏族部落、部落联盟及其后裔山戎、匈奴、东胡、鲜卑、乌桓、突厥、回纥、柔然、党项、女真等民族的智慧和贡献，在这些民族和部落的培育下游牧文化更加强壮，逐渐发展成基于草原地理环境的地域性文化，即草原文化。兴起于13世纪初的蒙古民族，传承游牧民族的草原文化，使其更加繁荣和强盛，成为草原文化的集大成者。

英国著名历史学家约翰·曼到蒙古高原深处，经过多年的研究和实地考察观感，得出"简古而丰富的自然环境，是蒙古民族古老文化之源之一"这样一个结论。

二、人地地域系统的和谐是蒙古民族文化的人文基础

1. 草原自然地理环境的挑战与奉献

草原游牧业并非一种"原始的"生产方式，它与农耕一样复杂而先进。大约在公元前4000年，草原游牧业从中国东北一直延续到匈牙利，横跨欧亚大陆6 000余公里的草原（"steppe"一个取自俄语的英文词汇）。

在这片绿色的海洋中，蒙古草原构成了一个长1 600公里、宽500公里的富饶区。西面通过阿尔泰山脉和天山山脉间的走廊与更远的草原相连接；东面沿阿穆尔河河谷进入满洲；北面为西伯利亚的山脉与森林所包围；南面则为遍地的戈壁、荒漠所阻断。这样的环境对人类来说无疑是一种挑战，甚至它的"低地"也有海拔1 200米的高度。盛夏，戈壁白天的气温超过40℃，而夜里气温可降到蒙古包上结满霜冻。从1月到4月，乡村居民的用水都是取冰雪融水。

农民们发现他们只能在草的海洋边缘或者在罕见的绿洲及肥沃的河谷生存，而这片绿色海洋则从这里延伸到落叶林地及树木稀少的稀树草原。生活在这些可居住地区的人们比边缘的人们过着更为艰苦的时光，因而也有更强的动机在草原里寻找更美好的东西。如果使用得当，草原也会提供食物、坐骑、增长的人口、军队以及升华为精神、文化，甚至最终的帝国。当然这样的结果并不一定能够被那些首次涉足草原的未留下任何记录的实验者所看到。这是英国史学家约翰·曼到蒙古草原考察后在他的著作《成吉思汗》一书中对蒙古草原的描述。从他的描述中可看出，蒙古草原生态环境的严酷和对人类的无私奉献。

2. 开启草原财富的革命

草原上的进步无疑是数不清的磨难、挫折、绝境、退却的结果，就像曾经是被捕食的动物被捕捉，然后被关在圈中、被饲养、被吃掉、被驯化以至最终被骑乘一样。一些物种证明是可以被驯化的，如西伯利亚与蒙古边界地区的驯鹿、西藏的牦牛及半沙漠地

区的骆驼。而其中一个特别的物种变成了开启草原财富的钥匙,这就是马。

在亚洲,马的驯化约在公元前 4000 年,这是顿河下游的一个考古遗址所确定的时间。最初,就像这里堆积的骸骨所示,马被当作食物饲养。后来,通过漫长地驯化发生了革命性的变化。在鄂毕河上游发现的公元前 2000 年的一把刀柄上,刻有一个人牵着一匹被拴着的马的图像。这似乎证明,在那时人们就已经驯化了这种敏捷动物的野性,他们使用青铜的马嚼子来强加他们的意志,把被捕食者变成了伙伴,由于其温顺、力量和耐力而饲养与改造它们。经过一千多年的进化,这个新的亚种看上去依然充满野性——低矮结实、脖子粗壮、毛皮粗硬,但它的性格却截然不同了,今日的蒙古马仍与那时的野马极为相似。在欧洲人的眼里,它们并不是漂亮的动物,但它们却和过去一样坚韧。它们在室外度过冬天,刨开雪吃下面的草。只有最严酷的天气,如像那种能把草原冻成了无法穿透的冰壳的暴风雪才能害死它们。大多数年份它们都生存了下来,繁殖的数量远远超过了居民的需要。至公元前 1000 年,中亚的马是重要的交通工具,放牧的助手,在狩猎中的价值无法估量,也是战争中的精华,总之它们是草原经济的支柱。其他以驯鹿与牦牛为基础的游牧经济也在持续,但是马这种最快捷、最适合的坐骑则有着特殊的优越性,被人们特别重视。有关马的知识也反映到了人们的语言与表情中,他们有 100、300 个或更多与马有关的术语。至少 169 这个数字是可以被确定的,它以蒙古民间最有意义的数字 13 为基础。根据这种晦涩难解的分类体系,马的主要颜色有 13 种(从浅枣红色到灰色),而每一种颜色又有 13 种细分(其中有一种浅枣红色是:从毛根到末梢由深入浅的优雅的浅栗色)。由此,一匹马可以通过颜色、一般的体形、次要特征(像鬃毛与尾巴)、能力、性格以及任何这类品质的结合来辨别。与马一样,草原上的先民们通过利用草原的草、水以及气候、地貌等资源与条件将草原的一些野性动物长期地驯化、饲养,变成了他们的生产对象——畜牧业,草原的资源发生了革命性变化,为人类所利用。

3. 游牧生活方式

以蒙古包为例,穹顶与圆形无须牵拉索就可以抵御强风。今日的蒙古包和过去一样,是由屋顶的上辐条及在称为"哈那"的格架结构的墙上铺开一两层厚毛毡所构成的。那些喜欢将艰苦与特殊的游牧生活方式浪漫化的人,常常把蒙古包赞誉为一种完美的典范,仿佛它发端于草原自身。事实并非如此。它来源于森林,它的格架墙与穹顶辐条是木质的,而木材在草原上稀有。蒙古包的原生形态是森林的帐篷,一种圆弧的锥形结构,现在的猎人也偶有制作,用作过夜的场所。随着草原游牧经济的成熟,牧人们发现他们可以通过加墙壁,提高圆锥形的顶子使其成为屋顶,这样就把低矮的圆锥形帐篷变成了有顶的房屋,即蒙古包。同时,可以使用马匹和车辆携带蒙古包的所有装备,从而使得游牧生活更加地轻便、灵活和舒适，非常适应"逐水草而居"的游牧生活。制作蒙古包与大车的木材必须取自森林。

　　蒙古民族祖祖辈辈生活在蒙古高原及其毗邻地区。牧人们在草原上自由自在地四处放牧欢歌。他们通过饲养其家畜——绵羊、山羊、骆驼和牛（在山区，牦牛代替了骆驼）来使这片草原充满活力。历史时期，蒙古草原上的蒙古民族始终从事着游牧生产，过着游牧生活。依据人们长期积累的人与自然地理环境和谐相处的经验和认知，为充分而合理地利用水、草、气候、地貌等自然资源，牧民进行畜牧业生产时，实施"四季轮牧"的生产方式。冬季，地形低洼背风、在草丛较高有雪的地方放牧；春季，草高而早返青，在幼弱畜和母畜都能吃到足够的青草的地方放牧；夏季，把牲畜安排在海拔高、阴坡或高岗，并且有水源充足的地方；秋季，在较凉爽而且能够抓膘的地方放牧。这样不断地轮换草场，使草场资源得到合理利用，而且牲口获得不同草场的草，不断调换口味能长膘。"四季营盘"能够使草场得到休养生息，保持草原生态平衡，畜牧业得到可持续发展。随着畜牧业生产的"四季轮牧"，牧民们必须过"逐水草而居"的游牧生活。他们从牲畜身上获取肉、毛、皮、作燃料的粪、作衣物与蒙古包的毡，还有150种不同的奶制品，包括牧人的主要饮料，一种微微发酵的马奶酒。在中亚大多数地区，它的突厥语名称是"忽迷思"，而在蒙语中它被称为"艾里呼"。的确，这种由"五畜"中任何一种的奶酿制的"艾里呼"可以被进一步蒸馏成类似伏特加的烈酒，但却有着上等葡萄酒的平和，这也同样使人的胃极为舒服。他们的衣、食、住、行都来自于草原和牲畜。在此蒙古草原的人地地域系统中孕育出的草原游牧文化，与草原自然环境、自然资源、游牧经济和游牧生活密切相关，而且是以它们为基础的。

第二节　蒙古民族的文化发展

一、游牧文化

　　游牧文化是从事游牧生产、逐水草而居的游牧部落、游牧民族和游牧族群共同创造的文化。游牧人的观念、信仰、风俗、习惯以及他们的社会结构、政治制度、价值体系等，无不是游牧生产方式和生活方式的历史反映和真实写照。游牧文化是以在游牧经济的基础上形成的，包括游牧生活方式以及与之相适应的文学、艺术、宗教、哲学、风俗、习惯等具体要素。游牧文化崇拜、依赖、适应大自然，与自然融为一体，完美的自然环境是畜牧业发展的基础条件和基本资源，游牧业有与自然相适应的固有机制，游牧民族有与自然相适应的固有观念。游牧文化是以游牧经济为基础的经济型文化。游牧是草原畜牧业的最佳选择，是经过几千年考验的、利用草原最经济、获得最大利润、最有效的经营方式。

游牧文化的特点表现在居所上，游牧民族的居室蒙古包早在匈奴时期就已发明并广泛使用，它由木骨架和外覆毡片组成，拆迁方便，冬暖夏凉，抗风御雪，可随牧群移动，极为灵活，是适应游牧生产生活的一大创造。

在生活饮食上，更可以看出游牧文明的创造力，如食用羊、牛、马肉，饮用羊、牛、马、骆驼奶，发明出各种各样的独具游牧特色的饮食品，同时产生了蒙古民族饮食文化，不仅在游牧民族中代代相传，对中原饮食文化也产生了重要影响。

在精神文化上，蒙古民族自古就创造了自己特有的文化艺术，在音乐、舞蹈、绘画及文学诸多领域中都反映了特有的民族风格，例如蒙古的歌舞等，史有盛誉，世有流传，是中华文化的重要组成部分。宗教文化也反映了草原游牧文明独有的创造力，萨满教便是草原游牧文明衍生出的特有宗教，是适应游牧生产和游牧生活的一种自然宗教崇拜，其以自然界的万物有灵为信条，在维系草原民族思想上起到了重要作用。

游牧文化是草原生态系统的赋予，蕴含着草原游牧民族的智慧与才略，是具有很强生命力和广泛影响力的区域性文明和文化。没有草原生态环境，就没有游牧文化的形成和发展。游牧文化与草原文化同样孕育于草原生态系统中，但它们之间有一定的区别。游牧文化的实质是生态文化，这是它的灵魂。而人类未来文明的价值走向是生态文明。生态文明的思想与游牧文化的生态观完全吻合，是在草原文化的启示下提出的对工业文明的反思。蒙古民族的思想和智慧为人类文明的发展做出了不可磨灭的贡献。

二、草原文化

草原文化是指世代生息在草原地区的先民、部落、民族共同创造的一种与草原生态环境相适应的文化，这种文化包括草原人们的生产方式、生活方式以及与之相适应的风俗习惯、社会制度、思想观念、宗教信仰、文学艺术等，其中价值体系是其核心内容。从目前的文化定位特征来看，草原文化是具有浓厚地域特色和民族特征的一种复合性区域文化。

考古资料证明，中国北方广大地区是草原文化的发祥地，分布有许多早期人类活动的遗迹，如大窑文化、萨拉乌苏文化、扎赉诺尔文化等，而且还有可以认证中华文明起源的文化遗存，如兴隆洼文化、赵宝沟文化、红山文化等也分布在草原地区。草原文化与黄河文化、长江文化一样既有丰富性和多样性，又是充满生机与活力的灿烂文化。

　　草原文化是中华文化的重要组成部分，主要分布在我国的北方地区，在中华各区域文化中分布最广。在中原地区建立统一农业区政权的同时，北方草原上的匈奴、鲜卑、柔然、突厥、契丹、蒙古等游牧民族也相继建立了统一游牧区的政权。在很长历史时期中，草原文化通过与中原文化的碰撞、交流、吸收、融合，已经演变成为以蒙古地区为主要集聚地、蒙古民族文化为典型代表、历史悠久、特色鲜明、内涵丰富的文化体系。在文化类型上，这个以北方游牧文化为支撑的草原文化体系，与中部的农耕文化和南方山地游耕文化一起构成我国三大类型经济文化区。草原文化不断参与中华文化的构建与发展，积极地融入博大精深的中华文化体系之中，三大文化相互交融辉映，使中华文化成为一个多元一体、丰富耀眼的文化体系。关于草原文化的特质，至少可以概括为如下四点：

　　历史传承的悠久性。从远古开始，在中国北方辽阔的草原上就有人类的祖先繁衍生息，远在旧石器时代，人类的祖先就在这里留下原始生产和生活的足迹。这里大量丰富的考古遗存，是探索早期人类活动的有价值的核心地区之一。最早的有呼和浩特市郊区大窑村南山的石器制造场，其年代可追溯到旧石器时代的早期。从旧石器晚期到新石器时代，这里相继产生多种开文明先河的文化成果；特别是游牧文明将草原文化推向一个新的发展阶段，使草原文化成为具有历史统一性和连续性并充满活力和发展潜力的文化。

　　区域分布的广阔性。作为地域文化，草原文化是在草原这一特定历史地理范围内形成和发展的文化。草原文化植根于草原自然环境，而草原自然环境在世界上分布比较广，分散于各大洲，草原面积约占地球陆地面积的 1/5 以上。其中最大的是欧亚大草原，东西横跨 110 个经度，从大兴安岭东侧到多瑙河下游，从阿尔泰以南至昆仑山南北的绵延万余里的广大蒙古地区。在这一广大的区域范围内，虽然不同民族在不同时期所创造的文化不尽相同，但都是以草原这一地理环境为载体，并以此为基础建立起内在的联系，形成具有复合特征的草原文化。草原文化是地域性文化，因此它既属于历史文化地理范畴，又是重要的现代文化地理概念。

　　创造主体的多元性。草原文化是草原地区以蒙古民族为主体的多民族共同创造的文化。由于这些民族分别活跃在不同历史时期，此起彼伏，使草原文化在不同历史时期呈现出不同的民族文化形态。这是草原文化创造主体多元性的集中体现，也是草原文化区别于中原文化的重要标志之一。虽然草原文化的创造主体是多元的，但由于这些民族相互之间具有很深的历史渊源和族群传承关系，因此这种连续性和统一性体现在草原文化发展的整个历史进程之中。

　　构建形态的复合性。草原文化是一种内涵丰富、形态多样、特色鲜明的复合型文化。

草原文化在早期经历新石器文化之后，前后演绎为以西辽河流域为代表的早期农耕文化和聚落文化，以朱开沟文化为肇始的游牧文化以及中古时期逐步兴起的游牧和农耕文化交错发展的现象。因此，草原文化不仅是地域文化与民族文化的统一，也是游牧文化与其他经济文化的统一。不同的文化形态在不同历史时期从不同角度为草原文化注入了新的文化元素和活力。草原文化随之呈现出传统与现代、地域与民族相统一、多种经济类型并存的复合型文化形态。

草原文化作为地域文化，是繁育、成长于某一草原地域的文化，包括原生文化、次生文化和共生文化在内。这里，草原生态环境是一个自然地理、区域历史地理概念，而草原文化又是重要的文化地理的概念，蕴涵着特有的普遍意义。草原文化作为地域文化，相较于两河流域文化、黄河流域文化这些大地域文化而言，重要区别之一在于它是一种多民族文化，是由部落联盟、民族族群共同创造开发的文化，而不是单一的或单一民族主导的民族文化，因此，草原文化在各个历史时期表现出不同的民族形态和族群文化样式。而游牧文化作为一种经济类型文化，主要是产业经济与民族的统一，但是游牧生产也离不开草原自然生态环境区域。

草原文化与游牧文化的概念与特点前面已叙述过，吴团英在《草原文化与游牧文化》中提出，草原文化与游牧文化在一定意义上和特定范围内具有内在的不可分割的联系性或同一性，但一旦超出特定范围，二者之间就有不可忽视的质的差异和区别。从文化类型看，草原文化从属于地域文化，而游牧文化则从属于经济文化；从地域分布看，草原文化基本同草原地带的分布相一致，而游牧文化的分布与草原地带的分布则不尽相同；从其起源、形成和发展历程看，草原文化和游牧文化并非一直处于同步发展状态；从其建构特征看，草原文化是一种复合型文化，是游牧文化与多种文化的统一，而游牧文化是一种单一经济文化，虽然我们不能将之绝对纯粹化，事实上那种纯粹的绝对游牧生产和由此产生的纯粹的游牧文化并不符合历史状况；草原文化是现代文化与传统文化的统一。草原文化悠久的底蕴和古老的传统，在保持和发扬固有的古老传统的过程中，积极吸纳现代文化的一切有益因素，从内涵到外在形式不断增强其现代性，与时代同步发展，使草原文化成为传统文化与现代文化有机统一的整体。而游牧文化自近、现代以来，随着生产方式的改变和多样化，其典型逐水草而不断迁徙的生活方式已开始向定居、半定居及城市化的生活方式转变和过渡，游牧、定居、半定居和城市化生活并存已成定局。在这种情况下，游牧文化受到冲击是显而易见的。其基础和核心，即游牧生产和游牧生活方式的历史已趋于终结。

三、传承者和捍卫者

蒙古高原是早期人类活动比较集中的地方，无数草原先民经过数千年的竞争、融合与进化发展，到了 13 世纪，才最终形成了蒙古民族共同体。蒙古民族是草原文化的传承、弘扬和集大成者。

1. 蒙古民族对草原文化的传承与发展

世界上任何一种成熟的文化，都不是单一的文化，而是在其发展的基础上，广泛吸收、借鉴其他民族的优秀文化，丰富其自身的内涵，在与其他文化的碰撞、交流、融合过程中不断繁荣与发展。草原文化也是如此。蒙古民族原其先祖是在蒙古高原世世代代生息繁衍的原住民，也是蒙古高原的主体民族，与其他草原民族共同创造了草原文化。蒙古民族本身是蒙古高原诸部族和民族的集大成者，蒙古文化是蒙古高原各民族智慧的结晶，是各民族优秀文化的集成。所以，草原文化就是蒙古民族文化，在数千年的历史进程中，不仅逐渐丰富了自身文化内涵，也包容了蒙古高原诸部族、民族的文化。也就是说，草原文化兼容并蓄了匈奴、鲜卑、突厥、契丹、女真等草原民族在经济、政治、文化、意识形态等层面上呈现出的优秀文化。蒙古高原的草原民族，尤其是蒙古民族以及它的先民们，长期在严酷的自然环境中进行游牧生活与生产，从而决定了草原文化具有英雄豪爽、博爱、和谐、自由开放的品质。这些草原文化的品质形成了草原文化不断发展与进步的基本动因。由于蒙古高原地区生产与生活的流动性和内部交换形态的单一性，直接导致了人们需要通过战争掠夺草场，扩大生存空间，同时扩大对外贸易范围和渠道，改变其内部交换的单一性来满足其自身生产和生活的需要。成吉思汗及其子孙们通过多年的征战，征服了中亚、西亚和东欧诸地区，13 世纪中叶建立了横跨欧亚大陆的大蒙古国之后，草原文化与其他文化进行广泛交流、碰撞、融合，为促进草原文化本身繁荣发展打下了坚实的基础，创造了机会和条件。在蒙元时期，草原文化以自由开放的姿态，不仅与中原文化（儒家）、中亚文化（萨满教）相互影响和融合，而且与相距较远的南亚文化（印度佛教）、西亚文化（伊斯兰教）甚至欧洲文化（基督教）保持着联系与交流。草原文化积极吸收了欧亚大陆地区的诸多文化成分，并在与不同民族的异质文化相互吸纳、交融中不断丰富和完善了草原文化的内涵和外延，使草原文化成为独具特色的，在游牧生产方式、管理模式、军事战略、规章制度、风俗习惯、语言文字、宗教信仰、文学艺术、伦理、道德、审美情趣等方面丰富而有先进内涵的，有独立于其他文化的生存空间，与周边诸族群具有千丝万缕联系并自成一体，在历史进程中长盛不衰，有强大生命力的民族文化系统的草原文明。

2. 蒙古民族是保护生态环境、坚持人地地域系统和谐发展的实践者

作为蒙古民族文化的草原文化，始终贯穿着生态文化这条主线。从价值理念、意识形态到审美情趣、风俗习惯上都蕴涵着生态观。人地关系的和谐，是草原文化的核心思想。自古以来，蒙古民族顺应自然规律，选择以游牧的生产和生活方式与草原生态环境和谐共存；以简约的生活适应游牧生产，节约自然资源，保护生态环境；把自己视为自然的部分，相信万物有灵，崇拜自然，关爱生命，构成了保护、管理、利用和占有自然环境和自然资源的价值体系。不仅如此，为了更为有效地保护生态环境，合理利用自然资源，维护生态平衡，很早就将重视保护草原生态的习惯法纳入法治轨道，制定了许多法律法规，主要内容：第一，保护草原、牧场。严禁坑镂草地、严禁失火燎荒、严禁在灰烬上溺尿。对破坏草场、坑镂草地者"诛其家"，对放火烧荒者严厉处罚。第二，保护水资源。要爱惜水，不许浪费，禁止人们徒手汲水。汲水时规定必须使用某种器皿。禁止人们向水中溺尿。第三，规定宰杀牲畜不许砍头，要破胸，人手挑断脊背主动脉，不使牲畜血液流出。《成吉思汗大札撒》规定如宰杀牲畜用砍头法，要用此法杀其人。第四，保护野生动物。无论习惯法时期或是有了成文法之后，都要在冬春季围猎以补充食物。围猎绝不做灭绝性捕杀，母畜和仔畜要放走。禁止猎取鹤、天鹅、秃鹫等等飞禽。在北元时期，喀拉喀蒙古两库仑召庙范围内规定了禁猎区，区内禁止猎取的动物种类更加广泛，甚至连蛇、黄雀、青蛙、麻雀都在保护之列。第五，保护树木。禁猎区内，活树不许砍伐，枯树也不许砍伐。甚至不许折树枝，专门派人看管。这些成文的法律法规的中心思想是保护生态环境，保护和合理利用自然资源。如今蒙古国的有关法律和法规，继承了古代蒙古民族保护生态环境和自然资源的思想和内容，并进一步得到了完善和提升。

第三节　蒙古民族的语言文字与宗教

一、语言文字

1. 蒙古语

蒙古语是蒙古民族通用的语言。在蒙古国，蒙古语是全国通用的语言。在中国和俄罗斯，蒙古语是以蒙古族为主体的加盟共和国、蒙古族自治区、蒙古族自治州以及蒙古族自治县地方通用语言。在蒙古民族聚居区和蒙古民族较为集中的地方的人以蒙古语为语言交流的工具。蒙古民族与懂蒙古语言的其他民族之间也可以蒙古语作为语言交流的工具。

　　中国的蒙古语和蒙古国的蒙古语相互之间有一些区别。蒙古国的蒙古语以喀尔喀方言为基础方言，以乌兰巴托一带的语音为标准音。中国的蒙古语则以内蒙古方言为基础方言，以察哈尔土语正蓝旗一带语音为标准音。虽然二者之间有一些差异，但二者之间的共同性是主要的。历史上形成的基本词汇和语法构造是相同的，二者长期共同使用传统的蒙古书面语，二者的标准音又较为接近，而且近邻相互之间的文化交流比较多。因此人们将二者语言看作同一种语言是比较自然的。

　　蒙古语属阿尔泰语系蒙古语族。有关阿尔泰语系，语言学界有不同意见。阿尔泰语系诸语族分布在西起地中海、黑海，经欧洲东南部，横贯亚洲大陆中部，东到日本海、太平洋的广袤地区。其中，突厥语族分布在西部，由土耳其、鞑靼、楚瓦什、巴什基尔、阿塞拜疆、土库曼斯坦、乌兹别克斯坦、吉尔吉斯斯坦、维吾尔等30多种语言组成；满·通古斯语族分布在东部，由埃文基（通古斯）或鄂温克、鄂伦春、埃文（拉穆特）、纳奈（戈尔德）或赫哲、锡伯、满等10多种语言组成；蒙古语族大体上分布在中部，由蒙古、达斡尔、青海和甘肃一带的土族、东乡、保安、东部裕固以及俄罗斯境内的布里亚特、卡尔梅克和阿富汗境内的莫戈勒等9种语言组成。多数学者肯定阿尔泰语系，也有学者主张把朝鲜语和日本语也划入阿尔泰语系中。还有一些学者把匈牙利、芬兰等乌拉尔语系语言与阿尔泰语系联系起来，统称为乌拉尔—阿尔泰语系。

　　在蒙古语言研究的最初阶段，学者普遍认为，现在的蒙古语族语言都是蒙古语的方言。其中最具代表性的是苏联著名蒙古学家Б.Я.弗拉基米尔佐夫在他的《蒙古书面语与喀尔喀方言比较语法》中的分类方法：

①卫拉特方言（a. 欧洲卫拉特；b. 科布多卫拉特）

②阿富汗莫戈勒方言

③布里亚特方言

④巴尔虎布里亚特方言

⑤达斡尔方言

⑥南蒙古方言

⑦喀尔喀方言

后来，苏联蒙古学家桑席耶夫和鲍培认为，蒙古语族由6种独立语言组成：

①阿富汗蒙古语（或莫戈勒语）

②青海蒙古语（或蒙古尔语）

③达斡尔语

④卫拉特蒙古语（或卫拉特语，鲍培称卡尔梅克语）

⑤布里亚特蒙古语（或布里亚特语）

⑥本土蒙古语（鲍培称东蒙古语，简称蒙古语）

中国科学院、中央民族大学和内蒙古大学等大学及科研所先后进行了大量的考察与研究。综合蒙古语言学界的主导意见认为，蒙古语族的独立语言有9种：蒙古语、卡尔梅克语、布里亚特语、达斡尔语、土语（蒙古尔语）、东乡语、保安语、东部裕固语、莫戈勒语（莫卧儿语）。

在中国，经过20世纪50年代中期的调查和70年代末两次蒙古语文研究科学讨论会，得到了共识。大家比较一致地认为，中国境内的蒙古语可以分为3个方言，即内蒙古、卫拉特、巴尔虎布里亚特方言。内蒙古方言包括内蒙古自治区、辽宁、吉林、黑龙江等地区的蒙古族操察哈尔、巴林、鄂尔多斯、阿拉善额济纳、科尔沁、喀喇沁、土默特等土语。内蒙古方言是中国蒙古语的基础方言，察哈尔土语正蓝旗一带的语音为标准音。内蒙古方言的人口在中国蒙古族人口中占绝大多数。卫拉特方言包括新疆、青海、甘肃等地区蒙古族操土尔扈特、厄鲁特、察哈尔（卫拉特化的）、和硕特等土语。巴尔虎布里亚特方言包括内蒙古自治区呼伦贝尔市境内的陈巴尔虎、新巴尔虎、布里亚特土语。

在蒙古国的蒙古语方言，可分为4种，即喀尔喀、卫拉特、布里亚特、内蒙古方言。喀尔喀方言是全蒙古国人口的90%以上人所操的方言。内部可分为中部喀尔喀土语、西部喀尔喀土语和东部喀尔喀土语。卫拉特方言分布在西部几个省。内部分北部土语和南部土语。北部土语包括巴伊特、杜尔伯特、厄鲁特等次土语。南部土语包括乌梁海、土尔扈特、扎哈沁等次土语。布里亚特方言分布在蒙古国北部和东北部地区。

在蒙古语言中还有卡尔梅克语（卫拉特语）和布里亚特语主要分布在俄罗斯卡尔梅克共和国、布里亚特共和国以及其他一些地区。

2. 蒙古文字

蒙古文字一般指蒙古民族长期通用的传统文字。它是一种拼音文字，其字母分元音字母和辅音字母两种。这些字母相拼，能够构成蒙古语中所有音节。在这一点上，它与世界其他各族拼音文字没有什么不同。不但如此，从渊源关系来说，蒙古文字与西欧和世界其他各族拼音文字有着共同的来源，是从腓尼基字母—阿拉马字母—粟特字母—畏兀儿字母经过漫长的演变过程发展而来的。在其演变过程中，蒙古文字系统比起原先的字母形式有了显著变化，书法也由横写变为竖写。蒙古文字在当今世界拼音文字系谱中形成了具有自己特点的独特文字。它以词为单位，从上到下写，行序为从左到右。大部分字母有词首、词中、词末3种变体。后来从蒙古文字中派生出了满文和现在的锡伯文，以及新疆蒙古族使用的托忒文和布里亚特蒙古族用过一时的瓦金达拉文等。

1946年，蒙古国的蒙古族改用了借俄文字母而创制的文字，一般称"新蒙古文"或西里尔（基里尔）蒙古文。这种文字的字母表比俄文多 θ 和 Υ 两个元音字母。长元音用双写字母表示。

蒙古文字，其发展和演变一般分为四个阶段：第一阶段为中古蒙文阶段（13～15 世纪）；第二阶段为近古蒙古文阶段（16～18 世纪前半期）；第三阶段为近代蒙文阶段（18 世纪后半期～20 世纪初）；第四阶段为现代蒙古文阶段（20 世纪初至今）。

蒙古文字可分为回鹘文、八思巴蒙古文字和新蒙文三种。

回鹘文也称回纥文，回鹘（古代维吾尔）人使用的拼音文字。主要流行于今吐鲁番盆地和中亚楚河流域。回鹘文从什么年代开始使用，目前尚无定论。10 世纪后，今新疆南部回鹘人虽已改用阿拉伯字母，但回鹘文并未完全停止使用，这种文字一直到 17 世纪仍在使用。回鹘文有印刷体和书写体，书写体又分楷书、草书两种。行款起初由右往左横写，后改为从左往右竖写。

回鹘文字母在元代为蒙古族所采用，形成后来的蒙古文。16 世纪以后，满族又仿照蒙古文创制了满文。

元世祖忽必烈在 1260 年即位后，封授吐蕃萨迦喇嘛八思巴为国师，命他制作蒙古字。至元六年（公元 1269 年）正式颁行，称为蒙古新字，次年又改称蒙古国字。

八思巴蒙古字始终作为官方文字流行使用。元朝亡后，北元也还用以铸造官印。后来，八思巴蒙古字渐不通用，而蒙古畏兀儿字经过改革沿用至今。

今中国境内的蒙古族则使用从回鹘字母演变而来的蒙古文，由上至下连写，从左到右移行。为区别于新蒙文，人们习惯上称其为旧蒙文。

关于文字的创建、使用方面，匈牙利当代著名蒙古学家卡拉·捷尔吉在其《蒙古文字七百年》中强调指出："成吉思汗创立蒙古诸部和其他部族联合在一起的游牧大国以后，要求使用全国通用的文字。13 世纪初就借用了源于塞米特（阿拉蛮）字母的畏兀儿文字体系。"

正如卡拉所正确指出的那样，蒙古民族借用了畏兀儿字母全部，甚至包括正字法。这种语言与文字不相吻合的情形导致了一字多义新情况的出现。蒙古民族一开始按蒙古语拼写文字，而不是按克列亦惕语或乃蛮语来拼写。对此，中国历史学家屠寄（1856～1921 年）曾说：蒙古民族也用"畏兀儿"文字拼写蒙古语。

早在 13 世纪，识字一事在蒙古民族中广泛流行起来。卡拉说："每个有自尊心的王公都想找一个识字的人来做自己的私人秘书。"这里说明大蒙古国及其各部门的管理机构需要文书。据《蒙古秘史》记载，早在蒙古国建立之公元 1206 年，成吉思汗的义弟失吉忽秃忽在汗廷主持"白纸青册"文书时，就记下了成吉思汗关于法律问题的决定。

蒙古文字流行于大蒙古国的各个角落：金帐汗国的萨莱、伊朗的大不里士、察合台汗国的首都别失八里克、本土国都哈剌和林，以及元大都（北京）。

文字不仅用于公务机关，还用于将佛经翻译成蒙古语。卡拉搜集的有关 13 世纪至 14 世纪蒙古人用蒙古语翻译佛经的资料甚为有趣。

二、宗教

蒙古民族最原始的宗教信仰是孛额，即萨满教。成吉思汗统一前，乃蛮、汪古、克烈等蒙古化的突厥部落或突厥化的蒙古部落都信奉基督教聂思脱里派（唐代称景教），其余蒙古各部落均信奉萨满教。成吉思汗及其子孙四处征伐，随着征服地区的扩大，蒙古贵族接触到了佛教、基督教、伊斯兰教、道教等各种宗教，他们对这些宗教采取了"兼容并蓄"的宽容态度，允许其自由传播，对其宗教职业者一律免除赋役使其为自己的统治服务。蒙古贵族也自由信仰某一宗教，对中原的道教、佛教，中亚的伊斯兰教，西方的基督教各有偏好。各汗国的蒙古统治者一般都随自己统治下居民的信仰，以得到当地人的支持，维护其统治。西域各汗国的蒙古民族受周围穆斯林的影响，普遍接受了伊斯兰教。元朝的皇帝和贵族大多数接受藏传佛教，但是，藏传佛教没有传入民间。明代，藏传佛教格鲁派传入蒙古后，成为蒙古民族的信仰。

孛额，即巫师，相当于通古斯语族各民族中的萨满，亦指蒙古民族信奉的原始宗教。为叙述方便，以下称蒙古巫师"孛额"为萨满，其教为萨满教。萨满被阿尔泰语系各民族所信奉。萨满是指可以在神灵与人之间进行沟通的人，因此，萨满主持祭祀神灵，请神驱鬼及占卜问卦，避害趋利。蒙古的男萨满称作孛额，女萨满称亦都罕。蒙古民族供奉"翁衮"（守护神），"翁衮"是用毡或丝绸制成的人形的偶像，大蒙古国时期有些人将其供奉于蒙古包内门两侧或北隅，有些供奉于专门的车内。萨满受到蒙古贵族和平民的尊崇，成吉思汗时命兀孙老人为别乞，穿白袍，骑白马，坐众人之上。

元朝大汗和贵族们接受佛教、基督教和伊斯兰教，优礼其宗教首领。但是，在蒙古民族中没有出现自己的宗教职业者，这些宗教都没在蒙古大众中生根，普通蒙古人依然信奉萨满教。元朝皇帝也没有摒弃萨满教，在元朝宫廷中仍保留着萨满教的祭祀和仪式，由男女萨满分别主持各种祭祀和丧葬活动。

明代，萨满教在蒙古居于统治地位。蒙古贵族出征或决定重大事情之前必先问大神、神官（即萨满），占卜问卦，然后行事。蒙古民族按萨满教习俗，人死后即以其妻妾和马匹殉葬。藏传佛教传入蒙古各部的过程就是与萨满教进行斗争的过程。在《一世内齐托音传》中记载，一世内齐托音在科尔沁传播佛教时，与萨满进行了非常艰苦的斗争，最终战胜萨满教，使科尔沁蒙古人皈依了佛教，并坚定了信仰。清代，藏传佛教在蒙古地区广泛传播，并占据了统治地位，但是，萨满教依然得到保存，佛教在传播过程中为适应蒙古地区的特点，还不得不在一些仪式、仪规方面采用萨满教的形式。内蒙古地区的"祭敖包"和青海蒙古的"祭海（青海湖）"都是萨满教的习俗，只是与佛教结合起来。尽管后来佛教在蒙古民族信仰中占据了统治地位，萨满教仍在民间流传，一些萨满世代传承，继续跳神作法，直到近现代还进行宗教活动。

佛教在蒙古地区传播广、影响大，特别是藏传佛教。《蒙古史纲要》对佛教在元、明、清三朝传播和发展有如下较详细的介绍：成吉思汗时期，蒙古开始与中原的佛教和道教接触，成吉思汗曾会见全真教首领丘处机。蒙古贵族随后与畏兀儿地区和藏地佛教僧人接触，他们对佛教、道教都加推崇优礼道士和僧人。蒙哥汗时进行两次佛教道教辩论，佛教逐渐占据上风。元世祖忽必烈尊奉藏传佛教萨迦派八思巴喇嘛为帝师，并令其统领天下释教，从此藏传佛教萨迦派得宠于朝廷，萨迦派僧人担任元朝历代皇帝的帝师。

元朝在中原的统治崩溃后，吐蕃僧人仍在蒙古地区活动。鬼力赤汗、也先太师等蒙古贵族都有自己信奉的喇嘛、国师等。答言汗平定蒙古右翼叛乱后，蒙古势力进入青海、甘肃等地，蒙古民族再次与藏传佛教密切接触，特别是与宗喀巴在15世纪初创立的格鲁派（因该派僧人戴黄色僧帽，俗称黄教）建立了联系。答言汗统一东部蒙古之后，蒙古社会安定，生产发展，物质生活得到一定的满足。1571年，俺答汗封贡之后，贡市贸易使人们的生活更加丰富，人们对文化和精神方面的追求更加强烈，因此，佛教的传入水到渠成。1578年，俺答汗与黄教首领索南嘉措在青海相会，互赠尊号，俺答汗封索南嘉措为达赖喇嘛，并决定皈依佛教。令右翼各部停止尊奉萨满教，严禁祭祀翁衮，人死后禁用牲畜殉葬，还选派一批蒙古贵族和平民受戒，出家当喇嘛。俺答汗强令蒙古大众接受黄教，使黄教开始在蒙古右翼诸部中传播。

俺答汗从青海返回土默特时，三世达赖喇嘛索南嘉措派遣其弟子二世栋科尔呼图克图随俺答汗来蒙古地区传教。1583年，俺答汗病故。1586年，三世达赖喇嘛受俺答汗子第二代顺义王僧格都楞汗的邀请来到土默特，为俺答汗念经超度，举行葬礼，然后在蒙古传教，以巩固蒙古民族对黄教的信仰。漠北喀尔喀、察哈尔、喀喇沁各部封建主都曾遣使来邀请三世达赖喇嘛前去讲经传教，明朝亦遣使邀请他去京师。1588年，三世达赖喇嘛前往察哈尔部，途中至喀喇沁境内圆寂。黄教上层为巩固与蒙古封建主的关系，认定1589年出生的俺答汗孙松木台吉之子为达赖喇嘛的转世灵童，受戒，起法名云丹嘉措，即四世达赖喇嘛。1602年，云丹嘉措14岁，达赖喇嘛的母寺哲蚌寺派人来迎取，土默特封建主派人专程护送其入藏。1603年，进驻拉萨哲蚌寺，云丹嘉措坐床巩固了黄教在蒙古的地位，促进了其在蒙古的广泛传播。同时加强了黄教在西藏的政治宗教地位。

北元时期，黄教刚刚传入蒙古，蒙古地区主要依靠西藏、青海等地的喇嘛来传经授法，蒙古喇嘛人数不多，活佛体系刚刚出现，蒙古佛教还处于翻译经典，修建佛寺，建立僧侣组织的初级发展阶段。

清代，黄教在蒙古地区的传播达到鼎盛时期，清朝对蒙古采取因俗而治的政策，尊崇黄教，优礼蒙古喇嘛，以此笼络蒙古各部。顺治年间，邀请五世达赖喇嘛来京师朝觐，康熙年间邀请六世班禅呼图克图来京师朝觐，对哲布尊丹巴呼图克图、章嘉呼图克图也尊崇备至。清廷承认各地的大活佛体系，允许转世，安排朝觐年班。为保障上层喇嘛的特权和利益，凡蒙古地区活佛徒众较多者，设扎萨克喇嘛管理，清廷还出资为一些大活佛修建寺庙。从 16 世纪末开始，经过一百多年的发展，蒙古地区寺庙林立，香火缭绕，至 19 世纪末在内蒙古地区的寺庙达到 1 200 余座，外蒙古 700 余座，加上青海、新疆的蒙古民族聚集区内所建寺庙，其数量相当可观。蒙古民族的喇嘛人数和活佛体系不断增加，乾隆年间，蒙古地区注册活佛达到 200 多人，普通喇嘛不计其数。蒙古社会大量财富用于供养喇嘛、朝佛和布施。蒙古民族每家有二丁者必有一丁出家当喇嘛，三丁则有二丁出家。喇嘛不参加社会生产，寄食而生，有些喇嘛不守戒律乱搞两性关系，致使性病流行，使蒙古地区人丁不旺，生产的衰退和佛事消费的无度严重影响了蒙古社会经济的发展进步。

黄教传入初期，由于印藏文化的传入，促进了蒙古文化的发展，寺庙成为文化传播的据点。

第十章　蒙古民族聚居区经济

第一节　蒙古国经济发展历程与现状

一、经济发展历程

蒙古国位于蒙古高原的中部，富饶、辽阔、美丽的草原为世世代代在这里生活和生产的人们提供了雄厚的物质基础和宜居的生态环境。蒙古国的经济发展可分为四个时期，即革命之前的传统经济时期（1921年以前）、经济初步发展时期（1921~1989年）、经济徘徊艰难发展时期（1990~2009年）和经济迅速发展时期（2010年至今）。

1. 革命之前的传统经济时期（1921年以前）

1911年，在外蒙古地区掀起了民族独立运动，其结果是哲布尊丹巴呼图克图为皇帝建立了蒙古国。这是一个仍保留农奴制的具有封建体制的王朝，它的税收不是来自田庄，而来源于畜牧业。广大的牧民放牧贵族们的牲畜，而后以牲畜及畜产品的形式完成贵族和政府的贡赋。贵族们的牲畜和牧民们的牲畜不加区别地在自己的草牧场自由地放牧，这是早先蒙古地区的一个特点。建立博格多汗蒙古国之后的十年或甚至博格多汗蒙古国之前的蒙古地区漫长岁月里，其经济是以畜牧业为主体，还包括少量的农业、手工业、狩猎业和商业的非常脆弱而单一的经济体系。这个时期能反映蒙古地区的经济状况、经济领域、基本收入等经济方面的统计数据基本没有，因为没有经济方面的统计机构。仅有一位俄罗斯学者伊·麦斯基撰写的《革命之前的蒙古地区》中反映了1916~1919年蒙古地区的经济数据。书中蒙古地区的财富以当时的行情估价为25 000万卢布。其中，畜牧业群13 200万卢布，占全蒙古地区财富价格的52.8%；城镇、住宅、居民点聚落、文化设施、服装等7 000万卢布，占28%；寺庙及供品、舍施物等共计3 500万卢布，占14%；纳莱赫煤矿和其他贵重物品等1 300万卢布，占5.2%。当然，伊·麦斯基对蒙古地区财富的估价显然少了很多。因为当时很多矿产资源没有勘测清楚，特别是已经开采的金矿没有进行勘测估价。伊·麦斯基对蒙古地区 1919 年的基本收入以当时的价格估算为 7 450 万卢布，占蒙古地区全部财富经济价格的 30%。其中，18.8%是宰杀和变卖牲口的收入，57%是畜产品的收入，13.4%是运输收入，10.7%是狩猎、盐碱、采煤业以及个体其他劳动收入。从此可看出，1919 年蒙古地区基本收入的 90%是由单一的畜牧业生产承担的，这种状况一直延续至今。1919 年的基本收入中一年的支出占 73.5%，其中人民群众的饮食、衣服、居住、家庭生活用品的支出占 88%左右。从当时蒙古地区的经济状况来分析，每个蒙古居民平均得到财富 460 卢布，人均生产 137 卢布，人均支出 135 卢布。以当时的卢布价格来计算，1919～1920 年蒙古地区的基本收入的基础数据为 24 000～24 300 万图格里克。当时蒙古地区进口 2 500 万卢布，出口很少。每年出口 10 万头牛、10 万头马、80～90 万只羊，以及 7 000 吨羊和骆驼毛绒、100 万张羊皮和羔皮、13 万张马和牛皮，还有许多旱獭皮。当时，国际多个公司合作开采金矿，依据协议开采出来的黄金的一部分给蒙方。在纳莱赫建设的小型煤矿在采煤。在图拉河的源头有林业企业。1920 年蒙古的经济既落后又十分贫穷。根据蒙古地区经济状况，伊·麦斯基提出四条规划意见：一是，蒙古地区拥有丰富的矿产资源，特别是煤、铁、铜矿十分丰富，应发展采掘工业和金属冶炼工业；二是，为解决蒙古居民的饮食问题，应发展农业，种植粮食作物、蔬菜和饲料，建设牧业设施；三是，蒙古最有前途的产业是畜牧业，应改善和合理利用草场，准备好冬天的饲草饲料，以 6 000 万头为目标大力发展牲畜头数；四是，以畜产品为原料，大力发展畜产品加工业和轻工业、食品工业。

博格多汗蒙古国时期，家庭收入的主要来源是畜牧业、狩猎、盐碱生产、运输、小规模种植业生产、服务业。当时家庭的支出大于收入 1.7%。

博格多汗蒙古国政府于 1918 年对全国的牲畜进行了统计，1918 年底牲畜总头数为 1 220 万头。其中有 150 万匹马、140 万头牛、30 峰骆驼、950 万只羊。

虽然蒙古地区有悠久的种植业历史，可以追溯至公元前 20 世纪，但种植业没有发展成独立的门类，只是畜牧业的附属性质的部门。18 世纪至 20 世纪初，蒙古地区在种植业方面取得了较大的进步，农业工艺得到了很大改善。直到 20 世纪 20 年代，蒙古地区还没有真正意义上的工业，牧民家庭在生产各种畜牧业产品的同时，还一直经营着传统的家庭作坊式手工业，但其工艺和技术十分落后。

自古以来，蒙古就形成了狩猎业的传统。通过狩猎获得 30 余种动物的肉、皮毛、血和犄角。19 世纪末至 20 世纪初，蒙古进入世界市场，扩大了动物皮毛的出口。当时世界市场动物皮毛价格比较昂贵，因此激活了狩猎活动。俄罗斯学者伊·麦斯基对 20 世纪初的蒙古市场概况、规模以及品种作过概述。蒙古居民户总消费的 70%由国内生产满足，其余部分从国外进口。据伊·麦斯基的调查，1919～1920 年，蒙古进口货物中食品类占 62%，纺织品占 16%，其他商品占 22%。蒙古每年出口 100 万头牲畜、50 万普特毛和鬃毛、100 万张牲畜皮革以及野生动物皮，补充进口商品支付费用。

博格多汗蒙古时期，首都库伦市场面积最大、品种摊位最多。其中有食品、牲畜、家庭用品、烧菜、饲料市场。除此之外，还有无固定场所的零售商业等，构成了当时蒙古地区市场的特点和商业性质。17 世纪末中国商人和 19 世纪中期沙俄商人开始渗透到蒙古地区，因此贸易市场逐渐扩大，大库伦、恰克图、乌里雅苏台成为贸易中心。19 世纪后半期，蒙古地区逐步进入国际市场。蒙古商人以牲畜、毛、油、皮革等畜牧业产品换取商品的行为越来越多，从而拉近了中国商人、俄罗斯商人、欧洲商人与蒙古廉价原料市场的距离。20 世纪初期，俄罗斯、中国商人在蒙古市场上仍然起着重要作用。

2. 经济初步发展时期（1921～1989 年）

1921 年取得人民革命胜利之后，蒙古国的经济获得新生，进入了一个新的发展时期。当初，共和国在经济上遇到了许多困难，如废除农奴制，规范和限制外商的金融活动，建立和健全金融和国库的各种规章制度等。因此，对这些问题和困难采取了许多措施和对策。1923 年，蒙古政府制定了《经济基本政策》文件。在文件中首先提出了畜牧业是国家经济的基础，发展畜牧业经济是增强国家和地区生产力的根本所在；其次，在文件中着重强调发展民族经济的重要性，提出了金矿、煤矿、盐、石灰岩等矿产资源的开采，皮革、毛绒、肉等畜产品的加工，机械装配业，运输业和邮电通信业的发展。在文件中还指出了发展职业技术学校、中高等技术人员在国外培训、让喇嘛广泛参加公益劳动的措施。对自然资源开发和利用国家拥有的特殊权利，自然资源归全民所有，支持供销社的兴办，扩大对外方面，首先要与苏联加强商业联系等都提出了意见。《经济基本政策》这个纲领性文件，指导了 1923～1940 年蒙古国的经济发展。1940 年召开人民革命党第十次大会，通过了新的纲领文件。这个新的纲领性文件的目的是建设社会主义的蒙古，消灭私有制，其结果是把蒙古国的经济引上了错误的方向。此纲领性文件指出："蒙古人民共和国的政策是完全消灭本地区经济上存在的封建残余，与人民群众意识上存在的封建残余作斗争……使本国向非资本主义道路方向发展。"从 20 世纪 40 年代至 50 年代间实行的经济政策的目的是要建立社会主义经济的基础。建立社会主义经济基础是生产资料全民所有制，全部生产部门归社会主义全民所有制体制。在蒙古国为建立社会主义经济体制，1960 年之后提出了三个重要问题：一是，在社会所有制领域内以公有制为主体；二是，在经济领域内建立社会主义生产物质和技术基础；三是，在文化和形态领域内培养新人，并为其定型。当时认为，社会主义的基本理论和实质就是单一的国家和社会的所有制经济形式，即公有制。这样在数十年内经济的多种形式和所有制的多样性得到抑制，发展受到了限制。这是蒙古国的经济系统发展的主要障碍和遇到困难的根本原因，也是蒙古国的经济发展缓慢的根源所在。1958 年人民革命党第十三次会议上提出三年内搞完合作化运动，其实两年内已搞完个体经济合作化，建立了许多合作社。实际上在不自愿的原则下实施了合作社。20 世纪 50 年代已经明确地提出了经济要工业化的目标，即减少工业发展的不稳定性，发展新产业部门、近代运输业和通讯业，改变国家和地区经济的落后面貌，使蒙古从畜牧业国家转变为农牧业—工业化国家，所以要建设好产业生产基地。1961 年召开的人民革命党第十四次大会提出，重要的是国家实现工业化和农牧业机械化。蒙古国为了提高人民大众的生活水平，加快经济发展，进而增加国民生产总产值，就必须在大力扶持传统的畜牧业生产的同时，尽可能发展工业的其他部门。为实施经济政策，实现奋斗目标，首先合理地发展以畜牧业产品为原料的加工工业生产和自然资源的开发利用，发展矿山采掘业和金属加工业以及燃料动力工业部门，发展建筑材料工业等基础工业部门，使这些工业部门在国家经济中占重要地位。20 世纪 60～80 年代，蒙古国的经济得到了较大的发展。同时不失时机地提出了大力发展畜牧业产品为原料的轻工业、食品工业的任务。20 世纪 70 年代后半期制定的蒙古国经济社会发展远景规划中提出了建立工业中心，形成地区—生产和农牧业—工业综合体。直至 20 世纪 90 年代的 20 年期间，建立了达尔汗、额尔登特、乔巴山、巴嘎诺尔等新型工业中心。

20 世纪 20～50 年代，蒙古国经济虽有增长和变化，但是那个时候蒙古国的经济和企业总量和规模都不大。据统计，1940 年国民经济固定资产（包括牲畜）15 亿图格里克，社会总产值不到 10 亿图格里克，国民收入 5.5 亿图格里克，工业总产值按 1986 年可比价格 1.2 亿图格里克，农牧业总产值按可比价格 8.5 亿图格里克，对外贸易总额 1.4 亿图格里克。20 世纪 70 年代开始，蒙古国经济规模、结构、增长速度方面发生了很大变化。随着蒙古经济的发展，工作岗位数量的增加使就业人数大量增加。1990 年，从业的职工人数为 65.14 万人，比 1960 年增加了 23.34 万人，增长了 55.8%。

1960～1990 年，社会总产值增长 5.1 倍，每 10 年增长 1.6～1.8 倍；这 30 年国民收入增长 4 倍。其中，1970～1980 年增长了 1.8 倍，1980～1989 年增长了 1.75 倍。1970～1990 年，年平均增长率为 6%。在蒙古国的经济快速增长中，工业增长最快。1960～1989 年，工业部门总产值增长 13 倍，净产值增长 14.5 倍。1970～1989 年，工业总产值年均增长 11.5%。同期，农牧业总产值增长 2.3 倍。建筑、运输、邮政、商业以及服务部门等行业部门也于 1960～1989 年总产值增长 4.4 倍（表 10-1）。

表 10-1　蒙古国生产、服务部门固定资产规模和增长速度（亿图格里克）

产业部门	1960	1970	1980	1990	增长速度（%） 1960~1970	1970~1980	1980~1990
国民经济固定资产	37	100	237	537	270.2	237.0	225.7
1. 产业	27.5	64	157	341	232.7	245.3	217.2
工业	5.4	20	67	168	370.3	335.0	250.7
农牧业	11	21.6	46	73	196.3	212.9	158.7
2. 服务部门	9.5	36	80	194	378.9	222.2	242.5

20世纪70~80年代，蒙古国经济高速增长的时期，先后投入生产的工厂有：额尔登特铜钼厂、宝日温都尔萤石选矿厂等数个工厂，还有呼图勒水泥石灰厂、绒毛皮革加工厂、许多新型的食品厂以及巴嘎诺尔煤矿、乌兰巴托第四电厂、建筑材料厂和木材加工厂等。这些工矿企业的建立，对蒙古国的经济发展起了举足轻重的作用。1970年以后的30余年里，蒙古国经济实力、规模快速增长，国民收入年均增长率为6%。1989年，人均国民收入4 038图格里克（710美元）。1990年人均国民收入却减少到3 792图格里克（670美元）（表10-2）。

表 10-2　蒙古国主要产业、经济指标、增长率（当年价格，亿图格里克）

指标	1960年	1970年	1980年	1989年	1990年
1. 社会总产值	35.812	57.523	108.951	192.617	181.938
增长率%	100.0	160.6	304.2	537.8	508.0
年均增长率%	—	4.5	6.9	6.5	6.1
工业	7.154	18.758	48.463	92.437	88.874
农牧业	12.722	16.228	17.461	29.673	28.584
其他部门	15.936	22.541	43.033	70.507	64.480
2. 国民收入	20.971	27.361	49.393	86.460	83.275
增长率%	100.0	129.9	235.5	412.3	397.1
年均增长率%	—	2.7	6.1	5.9	5.7
工业	2.009	5.348	15.752	29.198	29.151
农牧业	8.461	9.030	10.049	17.229	16.869
其他部门	10.501	12.883	23.597	40.033	37.255

蒙古国的经济从1960年至1989年有较快的发展，但是整体水平和规模以及实力上仍然不高，还没有达到自给自足的能力。实际上自己生产的国民收入，满足不了自己的

需要，对外贸易出口资源，满足不了进口需求，需要国外大量投资和贷款。所以保障不了经济的快速和均衡发展。与此同时，蒙古国的经济结构不够合理。从蒙古国的主要产业部门来看，有农牧业及其原料加工轻工业，以及燃料、电力、矿山采掘业、建筑材料工业等，这些基础产业部门占重要地位。国家的出口主要由农牧业原料、半成品、成品，以及矿山工业品组成。由此看出，蒙古国的经济基本上是以原料加工、原料出口为主的经济，没有有色金属冶炼和机械、电子、化学等工业部门，这些工业部门是一个国家经济发达的重要标志。20世纪80年代中叶为止，蒙古国在原料基地、动力和技术方面没有条件发展冶金、机械制造、电子和化学工业。与此同时，由于当时主要经济联盟的苏联和其他国家不给予支持或不感兴趣，尽力往后拖。因而造成蒙古国的经济结构不均衡、不合理，严重影响了经济的持续发展和效益。

20世纪80年代中后期，蒙古国的经济得到较快发展，整个经济状况有了一定的改善，但是仍然处在生产原料性经济状态，存在着经济结构不完善、规模不大、实力不强的问题，同时不少生产部门和企业严重亏损。当时严重亏损的工厂和企业不破产，均由国家通过补偿途径来扶持他们生产，这样加重了国家的负担，影响了国民收入的提高。蒙古国的经济是一个大量消耗资源和牺牲生态环境，又效益不高，依附于"经互会"的粗放型经济。

3. 经济徘徊艰难发展时期（1990~2009年）

20世纪90年代初，东欧剧变，苏联解体，蒙古国用和平方式由社会主义体制转变为市场经济体制。1992年通过的新宪法中明确地提出，在经济体制、所有制形式上，将建立符合世界经济发展总趋势，符合自己特点的多种成分的经济。国家承认公有制和私有制的一切形式，依法保护国内外所有者的权利。宪法还宣布，蒙古国要过渡到共同的市场经济体制模式，并与世界同样体制国家一样，保障国民经济安全，以合理的、有效的方式指导经济的各种成分和人口、社会的发展。

在新宪法颁布之前，1990~1991年极力宣扬没有必要调节经济，市场机制自己将逐步引导国家社会、经济发展。所以，在1~2年内市场经济体制还没形成之前，国家放松了对产业部门、企业的具体调节，让企业和经济部门放任自流，使经济处于混乱状态，经济出现严重下滑。1990年，蒙古国新议会的常设机构小呼拉尔，在蒙古国民法中增加了关于可以允许有私有制的新条款，这为制定和实行私有化政策奠定了法律基础。蒙古国从1990年开始私有化，其主要方法是向每一个蒙古国公民无息发放一万图格里克的《投资证券》。公民可持此证券，无偿购买一万图格里克的牲畜、财产或某一份股票。一万图格里克投资证券的3 000图格里克为粉红色的票券，叫做小私有化，可参与农牧业、商业服务业及小型工厂企业的私有化；其余7 000图格里克为浅蓝色的票券，叫做大私有化，可以参与大中型工厂企业的私有化。私有化最初的拍卖于 1991 年 6 月在乌兰巴托市举行，拍卖的是一个商店，私有化由此开始。当年作出了对 18 家企业进行私有化的决定。同时，将农牧业社、国营农牧场的牲畜，利用"投资证券"证书，在较短时间内实行了私有化。蒙古国大呼拉尔在 1995 年 1 月批准了《国家关于财产私有化应坚持的政策和基本方针》。据 1995 年的统计，私有化的固定资产达到 93%。在小私有化的范围之内，中小型工厂、商业合作社、公共饮食和服务业全部实行了私有化，牲畜的 98% 实行了私有化。1995 年基本上完成了两种颜色私有化票券的交易。据 1996 年的统计，在大私有化的范围内，工厂、企业单位的 70%，固定资产的 50% 实行了私有化。1991～1996 年小私有化阶段，私有化的财产价值 21 亿图格里克，私有化的企业 3 046 家、新产生的企业 3 176 家。同一期间大私有化阶段，私有化的大型工厂企业 344 家、共计 916 家企业单位，通过证券交易所交易的浅蓝色的票券价值 109 亿图格里克，新成立的股份公司 475 家，有限责任公司 369 家，持股份人数达到 130 万人。实际上发给公民的两种颜色的证券集中到了少数人的手里。1996～2000 年，私有化的小型企业 448 家，交易价值达 235 亿图格里克，私有化的大型企业单位 80 家，交易价值达 160 亿图格里克，全部纳入国家预算收入。实际在实行私有化过程中，蒙古国几代人经过数十年的奋斗建设创造的大量的资本和资源遭受到损失，国家的主要经济部门的生产出现下滑，造成了严重的后果。过去，效益比较好的很多企业，被私有化之后，有的很不景气，有的甚至停产停业，处于瘫痪状态。蒙古国的基础产业的农牧业社、国营农牧场、饲料企业实行私有化解散以后，牲畜棚圈、深水井、饲料工厂、车间、牛奶厂、养猪、养禽类企业大部分已不复存在，损失掉大量财产，挥霍了很多物质财富，使农牧业生产完全陷入困境。20 世纪 90 年代之前的 20～30 年，蒙古国的经济逐年增长，经济规模逐步扩大，其中 1989 年是经济增长最快最好的年份。改革开放刚刚开始的 1990 年的国内生产总值和国民收入比 1989 年分别下降 2.5% 和 2.3%。改革初期经济增长率的下降，一直延续到 20 世纪 90 年代中后期。从基本经济指标比较来看，1993 年比 1989 年国内生产总值下降了近一半，工业总产值下降了 42.4%，国民收入和农牧业总产值分别下降了 20%。这说明，蒙古国那个时候经济大幅度下降，已经陷入了严重的经济危机。为扭转经济下滑的严重局面，经过十来年的努力，2002 年国内生产总值、国民收入达到或超过 1989 年的水平，只有农牧业和工业总产值按 1995 年可比价格计算，比 1989 年下降很多。尤其是农牧业总产值，2002 年的下降更为严重（表 10-3、表 10-4）。

表 10-3 蒙古国改革时期宏观经济水平（1995 年的可比价格，单位：%）

基本指标	与 1989 年水平相比						
	1989 年	1990 年	1993 年	1995 年	2000 年	2002 年
国内生产总值	100	97.5	52.2	84.4	97.2	102.1
国民收入	100	97.4	80.7	88.6	108.0	120.2
工业总产值	100	94.3	57.6	64.7	70.7	78.9
农牧业总产值	100	96.2	80.2	90.6	93.3	68.3

表 10-4 蒙古国经济指标绝对值（1995 年的可比价格，单位：亿图格里克）

指标	1989 年	1990 年	1993 年	1995 年	2000 年	2002 年
国内生产总值	6 506.442	6 342.713	5 053.060	5 502.533	6 325.071	6 642.525
人均（万图格克）	32.2292	30.5599	22.7483	24.6237	26.4597	27.0131
国民收入	5 821.074	5 678.793	4 701.059	5 389.009	6 291.137	7 001.322
人均（万图格克）	28.8344	27.3612	21.1635	24.1157	26.3172	28.4722
工业总产值	3 444.815	3 248.593	1 919.465	2 236.897	2 436.745	2 717.344
农牧业总产值	2 951.283	2 841.168	2 369.100	2 674.657	2 754.603	2 036.337

蒙古国向市场体制转变的近十几年间，畜牧业、商业、服务部门在整个经济中所占比重增加，而工业尤其是加工工业所占的比重有了明显下降。工业在国内生产总产值中所占的比重，2002 年比 1990 年下降 9.3%，而农牧业、商业分别增长了 8.3%、5.8%。工业在国内生产总值中所占比重的下降，主要受加工工业的生产下滑影响。加工工业在国内生产总值中所占比重 1990 年为 22%～23%，而在 1999 年下降为 5.9%。近十几年中，畜牧业在国内生产总值中所占比重明显增加，而种植业明显衰退。这些说明，蒙古国的经济结构在那几年中出现了严重倒退现象（表 10-5）。

表 10-5 蒙古国经济结构的变化（%）

指标	1990 年	1993 年	1995 年	2000 年	2002 年
国内生产总值	100	100	100	100	100
工业	35.6	30.9	25.9	22.6	26.3
农牧业	15.2	35.1	38.0	33.9	23.5
运输邮政	12.0	4.6	6.4	9.3	11.9
建筑	5.0	1.6	1.7	1.3	1.5
商业、物资供应	19.4	16.0	17.0	21.5	25.2
服务业	11.5	9.5	9.0	9.1	9.4
其他	1.3	2.3	2.0	2.3	2.2

人均国民收入是表示国家发展的基本指标。2002年,蒙古国人均国民收入为460美元(按当年价格)。这个收入水平在世界各国的收入水平排行中居160位,属于人均收入少的国家。

1989年是蒙古国经济、企业、生产、服务业水平在数量上达到最高水平的时期,而1990年开始连续几年下降,导致经济不断下滑出现危机。例如,1993年国内生产总值比1989年下降23%,国民收入下降21%,农牧业产值下降20%,工业总产值下降42%,各类货物运输下降80%,旅客运输下降21%,对外贸易额、出口额下降50%~54.55%。蒙古国经济危机的特点是数十年来进行的生产、服务企业几乎都停止,对外贸易大量减少。在20世纪90年代,居民所需商品短缺,少量的粮食品种按卡供应,银行处于破产状态,货币汇率大幅度下跌,商品价格、服务费用大幅度上涨,在短期内数万人失业,众多人口生活困难,处于贫困状态。1993年之后,蒙古经济出现转机,经济开始复苏,连续几年经济增长率达到5%左右。2002~2007年蒙古经济发展更为强劲,年增长率达到10%以上。1998年出现世界性经济危机,蒙古国经济未幸免,出现严重下滑跌入谷底,经济增长率出现负值,人均国民收入大幅度下降。2009年蒙古国对外贸易额呈现负增长。

4. 经济迅速发展时期(2010年至今)

2010年开始蒙古国经济迅速发展,蒙古国"矿业兴国"战略渐现成果,同时拉动了相关产业和基础设施建设的发展。2010年蒙古国国内生产总值41 540.0亿图格里克(以下简称图),同比增长6.1%。其中,批发零售、车辆维修服务部门产值651.0亿图,同比增长23.4%;加工工业产值264.0亿图,同比增长11.3%;采掘业产值449.0亿图,同比增长6.3%,这些部门的增长影响较大。2010年对外贸易总额61 086亿美元,同比增长51.8%,人均国内生产总值按2005年可比价格达到了150.6万图。

到2015年,蒙古国内生产总值达158 507.26亿图(按2010年可比价格),同比增长2.4%,人均国内生产总值781.03万图(3 857美元)。其中,农牧业总产值29 551.86亿图,同比增长10.7%;工业总产值148 032.19亿图(按当年价)同比增长2.8%。近几年蒙古国经济发展非常迅速,2011年国内生产总产值增长速度达到了前所未有的17.3%。2011年之后蒙古国经济增长有所放缓。

二、经济发展现状

2016年,蒙古国国内生产总值160 018.32亿图(按2010年可比价格),同比增长1.0%。人均国内生产总值528.65万图(2 569美元)。其中,农牧业总产值30 155.37亿图,同比增长4.8%;工业总产值167 183.32亿图(按当年价格),同比增长14.1%。蒙古国 2016 年全年财政预算收入（含外来援助）总额 5.852 1 万亿图，同比减少 2.2%；财政支出（含偿债金额）总额 9.519 9 万亿图，同比增加 33.4%；财政赤字 3.667 8 万亿图。2016 年，蒙古国与世界 157 个国家和地区贸易总额为 82.75 亿美元，同比减少 2.3%。其中，出口总额 49.17 亿美元，同比增长 5.3%；进口总额 33.58 亿美元，同比减少 11.6%；贸易顺差 15.59 美元。

2016 年，种植谷物总产量 48.35 万吨，土豆 16.53 万吨，蔬菜 9.44 万吨，饲料作物 127.54 万吨。2016 年牲畜数量继续增长，达历史新高。截至 2016 年底，牲畜存栏量共计约 6 154.92 万头。其中，马 363.55 万头，占 5.9%；牛 408.09 万头，占 6.6%；骆驼 40.13 万头，占 0.7%；绵羊 2 785.66 万头，占 45.3%；山羊 2 557.49 万头，占 41.6%。

2016 年工矿业总产值为 99 432 亿图（按 2010 年可比价格）。其中，矿业总产值为 70 593 亿图，同比增长 20.5%；制造业总产值为 20 230 亿图，同比减少 3.2%；水电暖供应等行业总产值为 8 610 亿图，同比增加 12.7%。

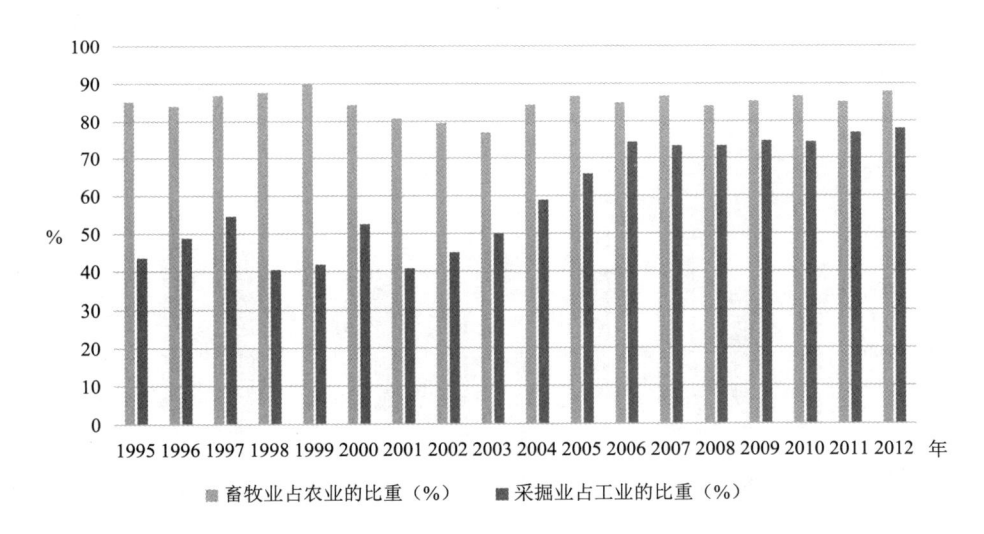

图 10-1　蒙古国 1995～2012 年畜牧业占农业、采掘业占工业的比重

资料来源：孟和，"经济全球化背景下蒙古国产业结构优化研究"，大连海事大学

2016 年，蒙古建筑业总产值为 20 371 亿图，较上年减少 17.9%。运输业总收入 12 185.4 亿图，同比增长 12.1%。

蒙古国国民经济中畜牧业和采掘业是两大支柱性基础产业，畜牧业在农业总产值的比重始终在 80% 左右波动，而采掘业在工业总产值中逐年上升的趋势，甚至达到 77% 左右。这说明，蒙古国经济结构不够合理，具有畸形发展的性质，依赖资源，只生产畜产品和矿产品，成为原料输出的单一结构的经济。

三、农业

1. 畜牧业

草地畜牧业是蒙古民族绵延几千年经营的传统产业，又是蒙古民族聚居区的支柱基础产业。畜牧业在蒙古国以及中国和俄罗斯蒙古民族聚居区的国民经济中占据重要地位，也是支柱基础产业。蒙古民族几千年来经营五种牲畜，即牛、马、骆驼、绵羊、山羊。蒙古民族称为"五种珍宝"。在蒙古社会发展的过程中主要经营的是畜牧业，畜牧业成为基础经济部门。从畜牧业获得毛、绒、皮革等轻工业的原料和肉、脂肪、乳等食用产品。

（1）草地畜牧业发展现状

蒙古国总人口的 1/2 从事畜牧业，畜牧业产品占农业经济总产品的 85%。在蒙古国出口产品中由畜牧业的原料加工的地毯、绒毛制品、皮革及毛制品等产品占重要地位。人民生活水平的提高，主要受畜牧业发展的影响。2004 年牲畜总头数达 2 600 万头（只），人均牲畜头数居世界第二位。

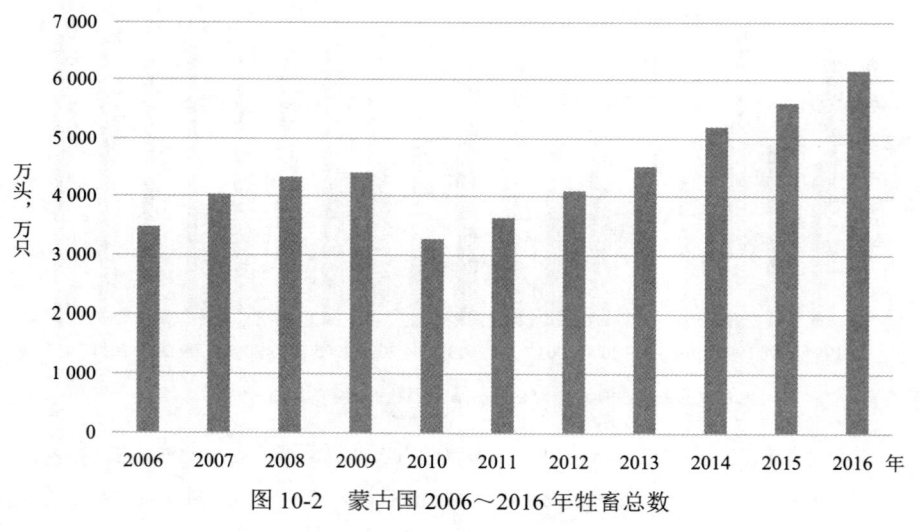

图 10-2 蒙古国 2006~2016 年牲畜总数

数据来源：《蒙古国统计年鉴 2016》

2010 年之后，蒙古国的牲畜头数很快恢复，连续六年迅速增长，到 2016 年时，牲畜总头数为 6 154.92 万头（只），创历史新高，同比增长 9.9%，比 2010 年增加了 2 880.17 万头（只），年均增长 17.6%。其中，马 363.55 万头，占牲畜总头数的 5.9%；牛 408.09 万头，占 6.6%；骆驼 40.13 万头，占 0.7%；绵羊 2 785.66 万头，占 45.3%；山羊 2 557.49 万头，占 41.6%。

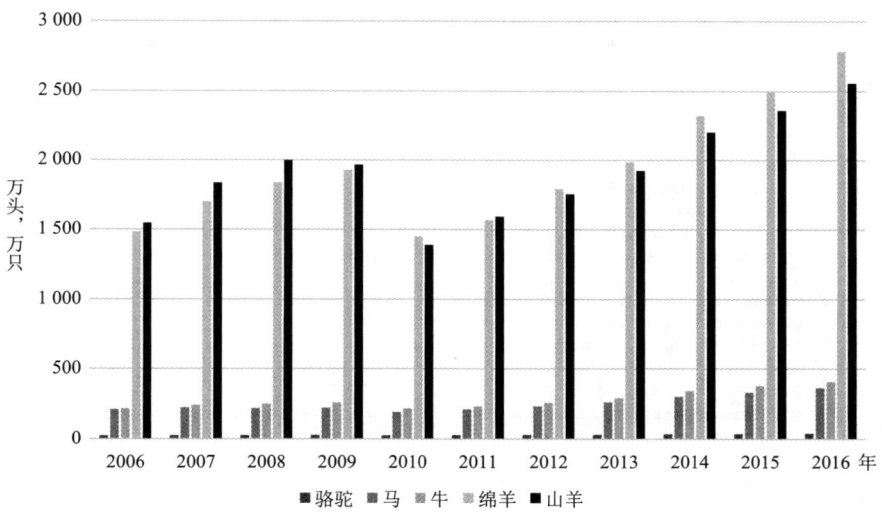

图 10-3　蒙古国 2006~2016 年牲畜总数及构成

数据来源：《蒙古国统计年鉴 2016》

目前，因世界气候变化，干旱、寒冷、暴风雪对畜牧业的稳定发展有很大影响。发展畜牧业不仅要增加牲畜头数而且要提高经济效益。要提高经济效益，首先要以科学方法，对适应当地自然条件的地方优良畜群进行结构性调整和高效益的优良牲畜种杂交改良。其次是因地制宜，分区分类发展。蒙古国经济可用土地的 97% 是草牧场，这些广阔的草原牧场是蒙古草地畜牧业赖以生存和发展的基础和条件。可是由于地势高低和自然环境的差异，五种牲畜的分布也不同。蒙古国每平方公里牲畜头数为 15 头（只），但这种指标各地有很大差异，在高原、戈壁荒漠地区牲畜头数明显减少。正是有这种差别对草地畜牧业的种类、经营方式，畜群结构产生很大影响。

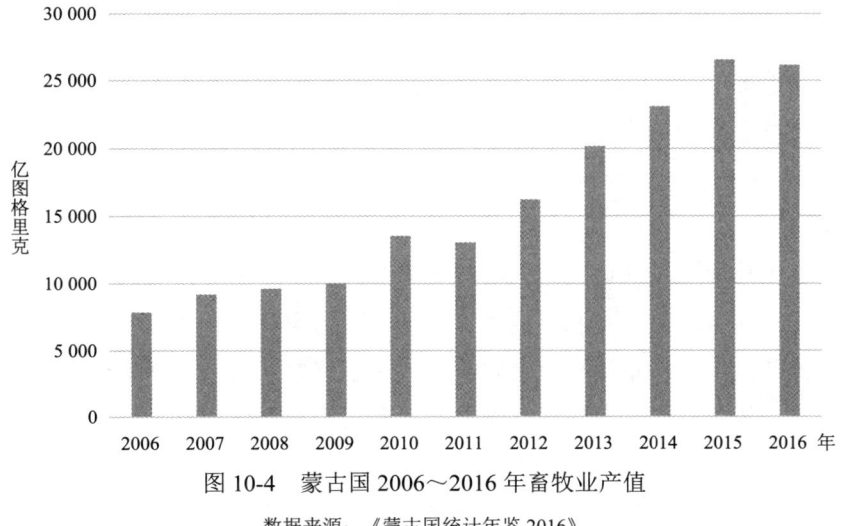

图 10-4　蒙古国 2006~2016 年畜牧业产值

数据来源：《蒙古国统计年鉴 2016》

从图 10-4 可看出，蒙古国畜牧业产值在 2006~2016 年中逐年增加，2015 年和 2016 年畜牧业总产值已超过 2.5 万亿图格里克。

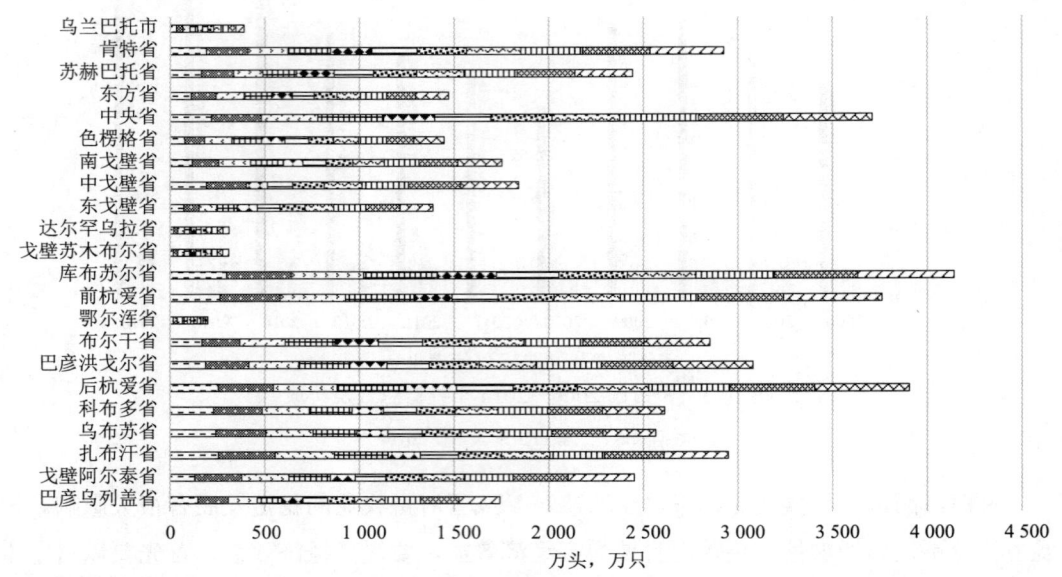

图 10-5　蒙古国 2006~2016 年各省市牲畜数量

数据来源：《蒙古国统计年鉴 2016》

由图 10-5 可知，蒙古国的牲畜分布不均衡。2016 年，500 万头以上牲畜头数的省有 3 个，即前杭爱省、库苏古尔省和后杭爱省，其牲畜头数分别为 520.86 万头（只）、508.94 万头（只）和 500.96 万头（只）；其次，400 万～500 万头（只）牲畜头数的省有 2 个，即中央省有 470.95 万头（只）牲畜，巴彦洪戈尔省有 423.63 万头（只）牲畜。最少的是鄂尔浑省，牲畜仅有 13.42 万头（只），因为鄂尔浑省主要包括额尔登特工业城市，牧民人数少，牧场面积也很小。

从图 10-3 也看出，2010 年是蒙古国牲畜减少最多的一年，各省市的牲畜都有一定程度的减少。

实现蒙古国草原畜牧业现代化，必须致力于改变粗放的经营方式，注重保护和合理利用草地资源，注重草地改良和兴建人工草场，着力家畜良种化和饲养科学化，着力生产专业化和经营规模化。不论草原畜牧业现代化道路怎么走，其基本途径是改变粗放经营的生产方式，依靠建设养畜科技兴牧，将各种生产要素优化组合，合理配置，走集约化经营的路子。只有这样，才能从根本上改变靠天养畜、受制于自然的状况，大幅度提高劳动生产率，使蒙古国草原畜牧业走上可持续发展的道路。

（2）畜牧业专业化类型

畜牧业专业化类型受可用土地类型结构与性质、土壤、水源、气候、地形地貌等自然条件和工业、人口、交通等经济条件的影响。对畜牧业专业化类型的确定，首先选择适合于地区自然条件的，从个体获得大量产品和产值的畜牧业专业化类型。其次，与有关企业有密切联系，在区域畜牧业发展中起重要作用，对地区国民经济有意义的畜牧业专业化类型。再次，此畜牧业专业化类型与当地群众的生活密切相关，有丰富的饲养经验和正确的经营方式。还有饲料基地。畜牧业专业化类型有六种，即绵羊饲养业、养牛业、山羊饲养业、养马业、养驼业和其他饲养业。

绵羊饲养业：蒙古绵羊是终年适应于草场放牧，能克服严酷的气候和自然条件，并有很强适应能力的畜种。在五种牲畜中数量、商品数量居首位。蒙古绵羊是以肉、脂肪、畜毛、皮、乳等产品利用为目的养殖。2016 年，蒙古国绵羊共 2 785.7 万只，并且人均头数在世界上居新西兰、澳大利亚之后第三位（图 10-6）。

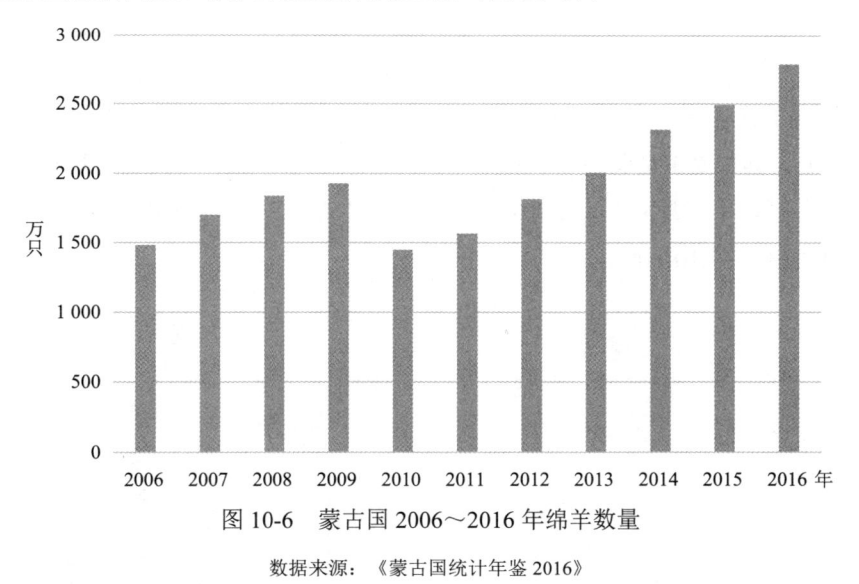

图 10-6　蒙古国 2006～2016 年绵羊数量

数据来源：《蒙古国统计年鉴 2016》

目前，在前杭爱省、库苏古尔省、中央省、后杭爱省、肯特省、扎布汗省等省份绵羊均在 180 万只以上，属于绵羊头数最多省区（图 10-7）。

蒙古把绵羊饲养业分成 4 个地带：①细毛—粗毛绵羊繁殖带，包括森林草原、草原带的北部各省的若干县和企业。②肉—脂—毛绵羊繁殖地带，包括巴彦乌列盖、乌布苏省、科布多省。③肉—毛绵羊繁殖带，包括戈壁带的戈壁阿尔泰的北部，中戈壁、东戈壁的北部，前杭爱、巴彦洪戈尔省的南部地区。④毛—皮绵羊繁殖带，包括在戈壁荒漠带的北部，南戈壁、东戈壁省的若干县。除此之外，还有卡拉库尔绵羊繁殖带和俄罗斯的黑卷毛羊繁殖带。

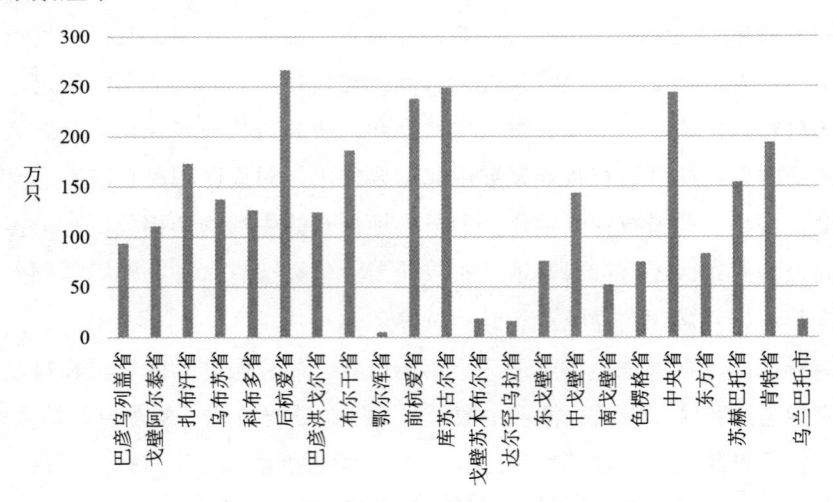

图 10-7　蒙古国 2016 年各省市绵羊饲养数

数据来源：《蒙古国统计年鉴 2016》

养牛业：在蒙古国的大牲畜中数量、效益指标居首位。蒙古牛主要以蒙海纳格牛古牛、牦牛组成，其中 2/3 是蒙古牛。据 2001 年统计牛共有 210 万头，多数分布在杭爱经济区的各省山区。牛发展很快，2016 年蒙古国的牛总头数已达到 408.09 万头，是 2001 年牛总数的 2 倍（图 10-8）。

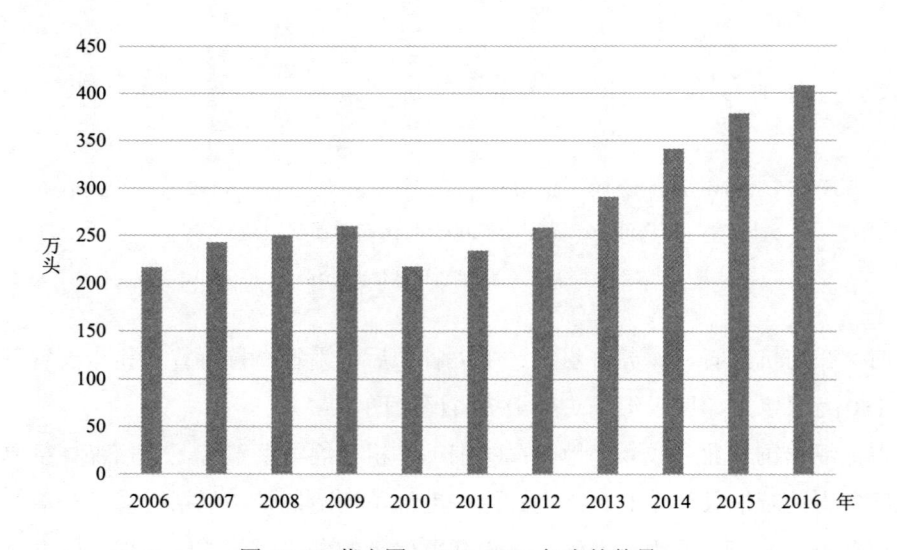

图 10-8　蒙古国 2006~2016 年牛的数量

数据来源：《蒙古国统计年鉴 2016》

牛对自然地理环境要求较严，最适宜在有高原的森林草原、草原带，尤其是牦牛、海纳格牛适宜在山地、高原地形区养殖。在平原、戈壁区的中等高山、山间谷地也可养殖蒙古牛，在后杭爱、库苏古尔山区最多。蒙古牛的80%分布在森林草原、山地草原带。为增加养牛业产品满足城镇居民的需求，在城市郊区建立乳牛企业，繁殖黑白花牛、西门塔尔牛、塔林乌兰等乳肉兼用牛。在鄂尔浑河、色楞格河流域养殖肉用牛品种。其中"色楞格"品种的牛体重、出肉率比蒙古牛多。适应于东部草场的东方蒙古牛、草原红牛，其肉乳产量高。在森林草原、草原带的北部的牛，属于肉乳兼用品种。在戈壁和其他区主要为肉用牛品种。

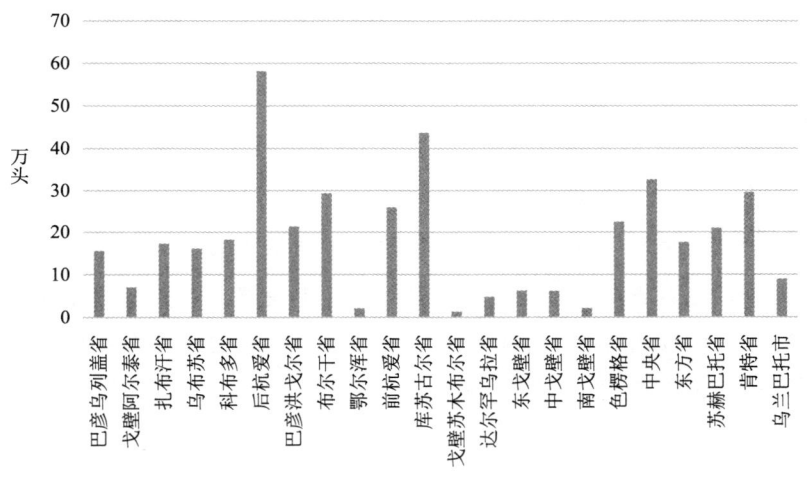

图 10-9　蒙古国 2016 年各省市牛饲养数

数据来源：《蒙古国统计年鉴 2016》

山羊饲养业：山羊饲养业是非常适应蒙古国的自然、气候条件的畜牧业部门之一。在牲畜总头数中居第二位，2016 年山羊共有 2 557.49 万只，人均山羊头数居世界第一位（图10-10）。其中蒙古山羊的躯体骨骼发育好、强壮、胸脯宽阔、稍短而有肌肉发达的腿，特别适应于牧场放牧。蒙古山羊除提供优质绒毛以外，还提供肉、奶、皮等产品。目前，以顿河山羊和当地山羊杂交培育出了戈壁"古尔班赛汗"新品种，其山羊绒产量 450 克。到龄的成年羯羊和种羊可梳 1.2 公斤绒。蒙古国经济转变为市场经济以来产绒毛的山羊数量增加，绒毛产量增多，经济利益成为最主要的驱动因素，山羊饲养业商品性逐渐增强。

蒙古国平均每年生产 3 000 吨山羊绒，相当于世界总产量的 1/3。对绒毛进行初步加工后，向国外出口，其经济效益高。

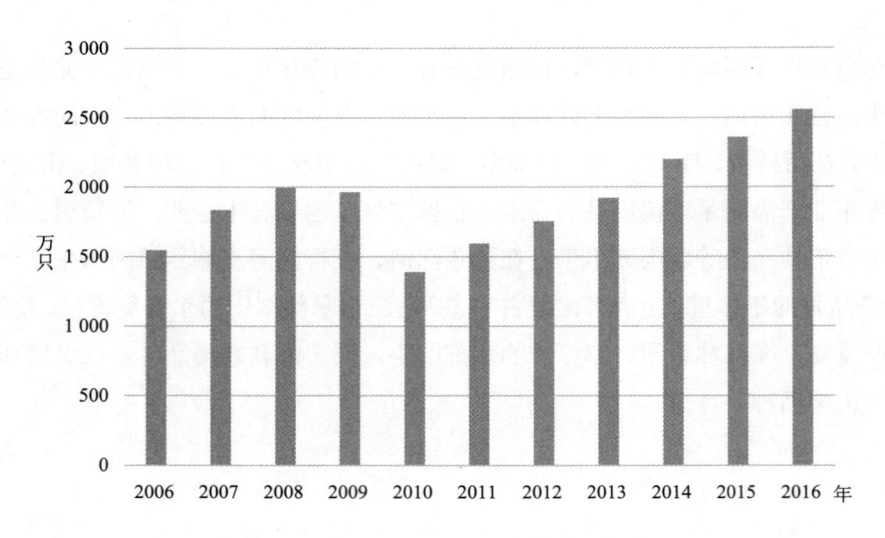

图 10-10　蒙古国 2006~2016 年山羊饲养数

数据来源：《蒙古国统计年鉴 2016》

山羊分布于蒙古全国，但较集中于戈壁地带和阿尔泰山区。山羊头数最多的是巴彦洪戈尔省、戈壁阿尔泰省、前杭爱省、南戈壁省，中央省、肯特省等山羊数为 130 万~260 万只。每百公顷农用地的山羊数也多。鄂尔浑省和色楞格省的草原的东部平原、东戈壁省、肯特山地山羊数相对较少（图 10-11）。

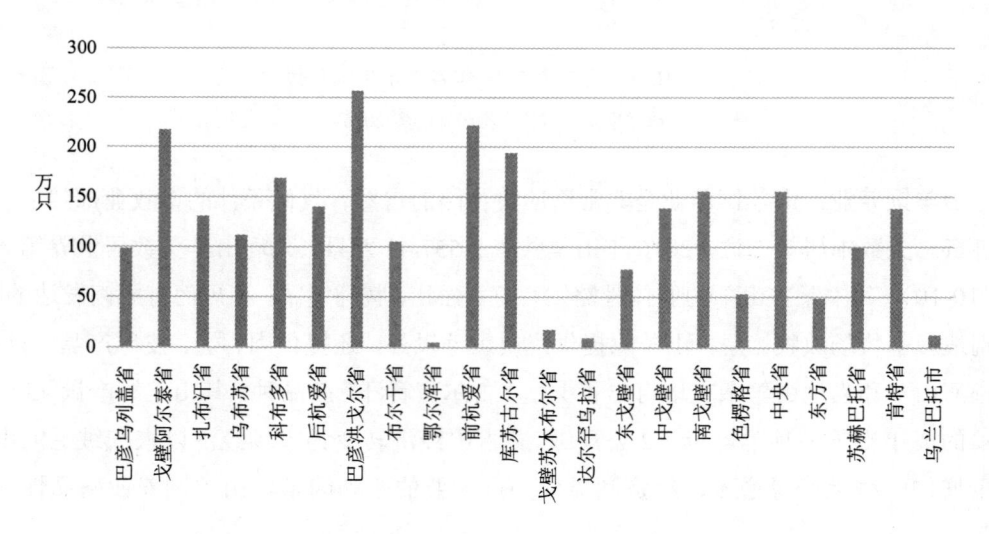

图 10-11　蒙古国 2016 年各省市山羊饲养数

数据来源：《蒙古国统计年鉴 2016》

养马业：马在蒙古牲畜总头数中居第四位。蒙古民族是马背民族，不能没有马。蒙古马群十分适应大陆性气候，终年以草场放牧，具有个体矮小、力气大、速度快、耐久性强的特点。蒙古马群主要以蒙古马为主，每匹蒙古马平均体重有250公斤，净肉率可达76%。蒙古马在乘骑和运输中起着重要作用，为蒙古国国防事业曾经做出了不可估量的贡献。目前，多用于放牧畜时乘骑和作为主要交通工具，蒙古国每天用于乘骑的马有30万匹。蒙古马还提供肉、奶、绒毛等畜产品。蒙古马除产马肉之外，还产营养价值很高的作为医疗保健品的饮料马奶酒，而每匹母马在挤奶期产奶达200多升。马群分布相对均匀，大多数分布在森林草原、草原带。位于平原、喀尔喀高原、大江大河流域的省份马群数最多，在戈壁、荒漠地带马群相对少。

图 10-12　蒙古国 2006～2016 年马饲养数

数据来源：《蒙古国统计年鉴 2016》

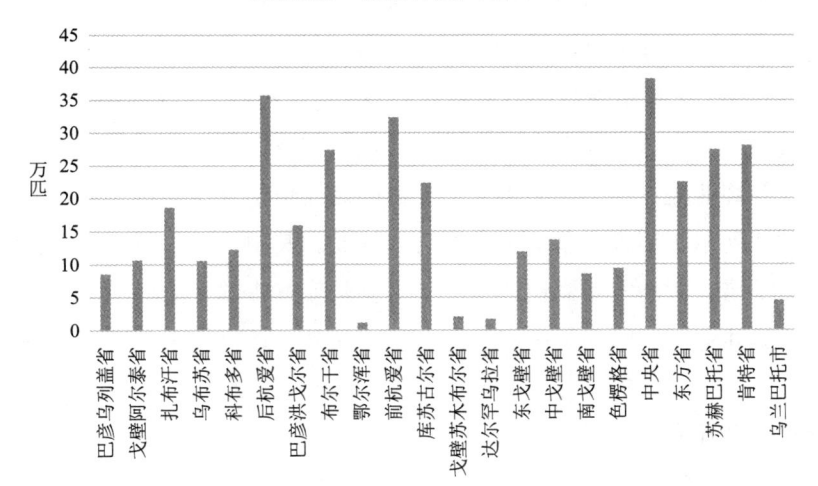

图 10-13　蒙古国 2016 年各省市马匹数

数据来源：《蒙古国统计年鉴 2016》

养驼业： 在蒙古国经济中骆驼群居特殊地位，在牲畜总头数中居第五位。蒙古骆驼主要以双峰骆驼为主，按人均占有的骆驼数，蒙古国居世界首位。蒙古双峰骆驼占世界双峰骆驼的50%以上。双峰骆驼非常适应于别的牲畜不宜放牧的戈壁、沙漠地区的牧场。

2016年，蒙古国骆驼共有40.13万峰（图10-14），蒙古国骆驼是高效益的牲畜，骆驼除了提供肉、毛、乳、皮等畜产品以外主要作为交通工具。蒙古国每年产驼绒量1 200吨，驼绒加工出口。骆驼的大部分集中在戈壁地区，即南戈壁、东戈壁、巴彦洪戈尔、戈壁阿尔泰、中戈壁等省。

图10-14 蒙古国2006~2016年骆驼饲养数

数据来源：《蒙古国统计年鉴2016》

其他畜牧业： 畜牧业经济，除传统的五种牲畜之外还有养猪业、养禽业、驯鹿、养蜂业等，这是蒙古畜牧业的辅助性部门，它们是随着种植业发展而逐步发展起来的。蒙古养猪业发展较快，多集中在色楞格省的东哈拉、乌兰巴托市。养禽业主要以养鸡为主，同时饲养少量鹅和鸭，养禽业同养猪业一样，从无到有，主要由乌兰巴托的松根禽业经济公司经营。养蜂业先在沙马尔特水果酱汁试验站（位于色楞格省）开始发展。现在，蒙古杭爱、戈壁阿尔泰等森林草原带多经营养蜂业。其中沙马尔特、巴图苏木布尔企业的养蜂业效益不错。驯鹿业得到快速发展，主要是库苏古尔省的乌兰乌拉、林沁勒呼木贝县察坦人的驯鹿业，鹿除提供肉、乳、皮等产品外，还可用于役畜，是进行短途运输的主要工具。

（3）畜牧业产业布局

畜牧业是蒙古畜牧业经济基本部门之一，也是传统性支柱产业。据2005年统计，畜牧业产值占农牧业经济总产值的80.1%，出口产品的25%。在蒙古从事畜牧业的人数占全国总人口的40.2%,有20万户40万牧民。蒙古农业可用土地的87%是适宜牲畜业的牧场,所以,广阔的草原牧场是蒙古草地畜牧业赖以生存的基础和条件。研究草地畜牧业各部门的发展、布局,及其差异,对找出发展畜牧业的科学依据十分重要。五种牲畜每一种畜种的躯体、繁殖、外形、遗传特征、役力、坚韧、畜产品、繁殖力强弱经营管理等指标都有差异,对五种牲畜进行科学的产业布局,有益于畜牧业的持续健康的发展。

养驼产业布局区:蒙古国的养驼业在世界草地畜牧业中占据重要地位,这与蒙古地区戈壁荒漠地区面积广大有着密切联系。根据养驼业对自然条件的适宜性,将蒙古国养驼产业布局区划分为最适宜区、适宜区和不太适宜区三个区(图10-15)。

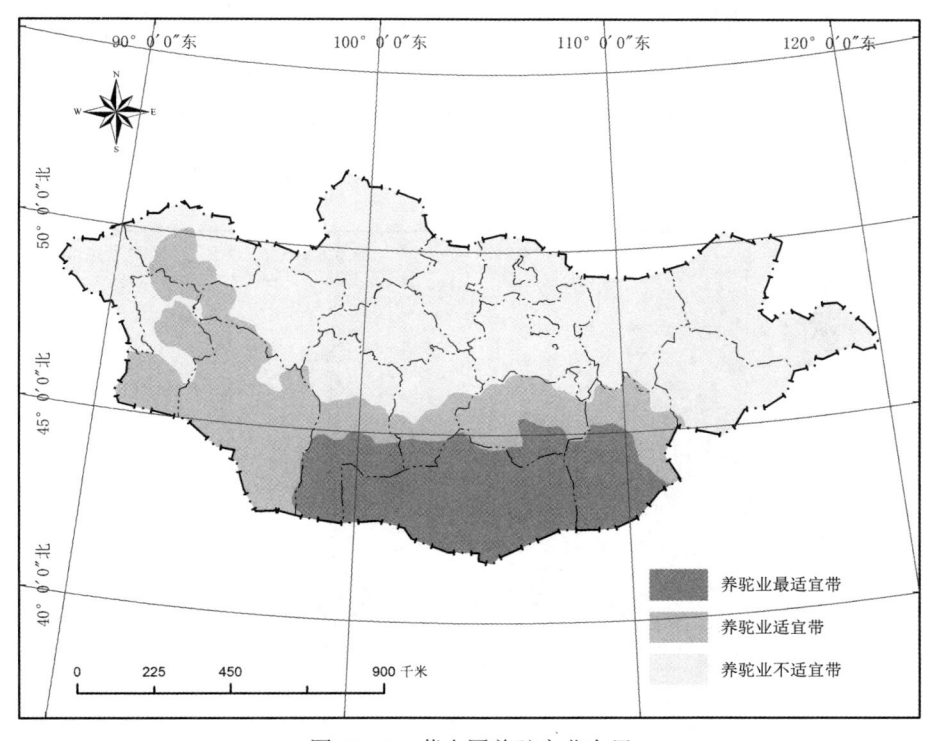

图10-15 蒙古国养驼产业布局

资料来源:宝音主编,《蒙古学百科全书·地理》

养驼业最适区,占全国总面积的20%,占全国县(苏木)总数的8%,其骆驼数占全国总骆驼数的44%。养驼业不太适宜区,占总面积的57%,占全国县(苏木)总数的72%,其骆驼数占全国总骆驼数的21%。同时在全牲畜中骆驼数量所占比重,近20年中在每个分布带有所下降,但在最适宜区下降速度慢,而在养驼业不太适宜区下降速度很快,没有养殖骆驼的苏木和企业多起来了。目前出现骆驼数量有减少的态势将会继续。

在养驼业最适宜带，制定出大力加强的优惠政策，要求每个养驼户，把它当作经济收入的主要部门来养殖。

养马产业布局区：养马业与畜牧业的其他部门一样有重要意义，在乘骑和运输中起着重要作用。养马业，根据养殖业的自然条件的适宜性，划分蒙古国养马产业布局区（图10-16）。养马业最适宜布局区，约占全国总面积的28%，马数占全国总马数的42%，养马最适宜的苏木数占全国苏木的32%。养马业不太适宜带，占全国总面积的27%，马数占总马数的14%，养马不太适宜的苏木数占全国苏木的23%。从近20年间马数量和增长速度来看，在养马业最适宜区，马的增长速度尽管慢些，但有发展的态势，在总牲畜中马的数量所占比重有所增加。而在不太适宜区，马群数量大量减少，在总牲畜中所占比重下降趋势更加明显。而在养马业适宜区的多数苏木企业，在总牲畜中马群数量所占比重有逐渐下降趋势。从而可见在养马业最适宜区，应加强养马业，以商品化方向发展，支持个体户和企业，专门建立统一的马肉、马奶酒加工企业，并且向马业旅游、体育运动方向利用。

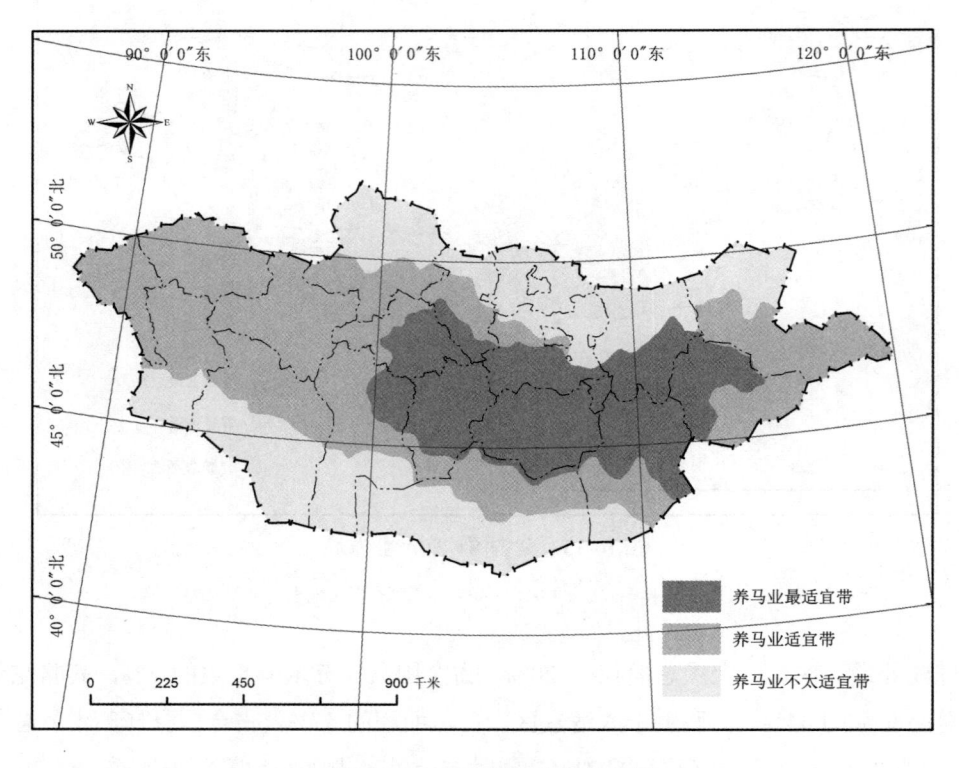

图 10-16　蒙古国养马产业布局

资料来源：宝音主编，《蒙古学百科全书·地理》

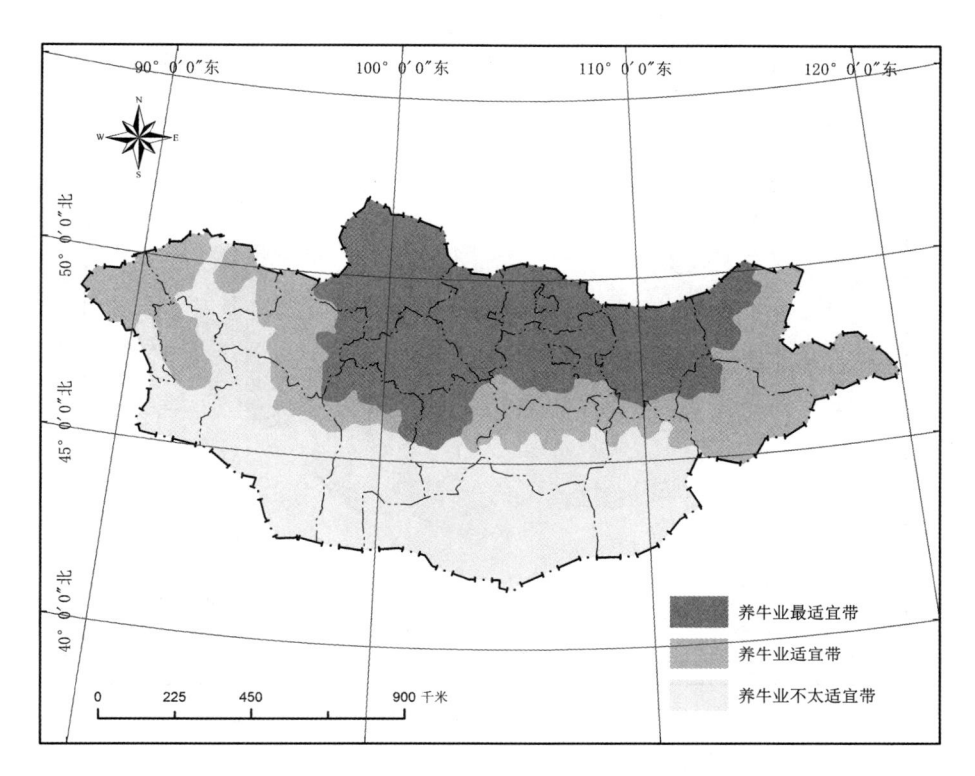

图 10-17 蒙古国养牛产业布局

资料来源：宝音主编，《蒙古学百科全书·地理》

养牛产业布局区：养牛业在蒙古国仅次于养绵羊业，居第二位，是对经济有重要意义的部门。蒙古牛最适宜草地放牧，长膘快，有多种效益。

养牛产业布局最适宜区占全国总土地面积的 29%，牛的数量占全国总头数的 58%，养牛业最适宜的苏木数占全国苏木的 43%。养牛产业布局不太适宜区占全国面积的 39%，牛的头数占全国牛的总头数的 12%，养牛业不太适宜的苏木数占全国苏木的 24%。近 20 年间牛的所占比重变化，在养牛产业布局适宜区的许多苏木，牛的数量有增长态势，但速度稍慢些。发展养牛业，应按这三个基本产业布局区采取不同的发展途径。

绵羊产业布局区：在蒙古国绵羊总数中喀拉喀绵羊约占 90%，蒙古绵羊品种中有许多优良品种。蒙古绵羊因为具有抗旱、耐寒性强特点，在本地区分布均匀（图 10-18）。绵羊饲养在高山、戈壁、荒漠带的适宜性相对不如高平原地区。

山羊饲养产业布局区：蒙古山羊体魄健壮，适应性强，躯体大，终年在单一草场放牧，耐旱寒性强。山羊饲养产业布局最适宜的是高山、山地草原—戈壁组合的生态环境。山羊饲养业分布于全国，但在戈壁地带和阿尔泰山等地较集中（图 10-19）。

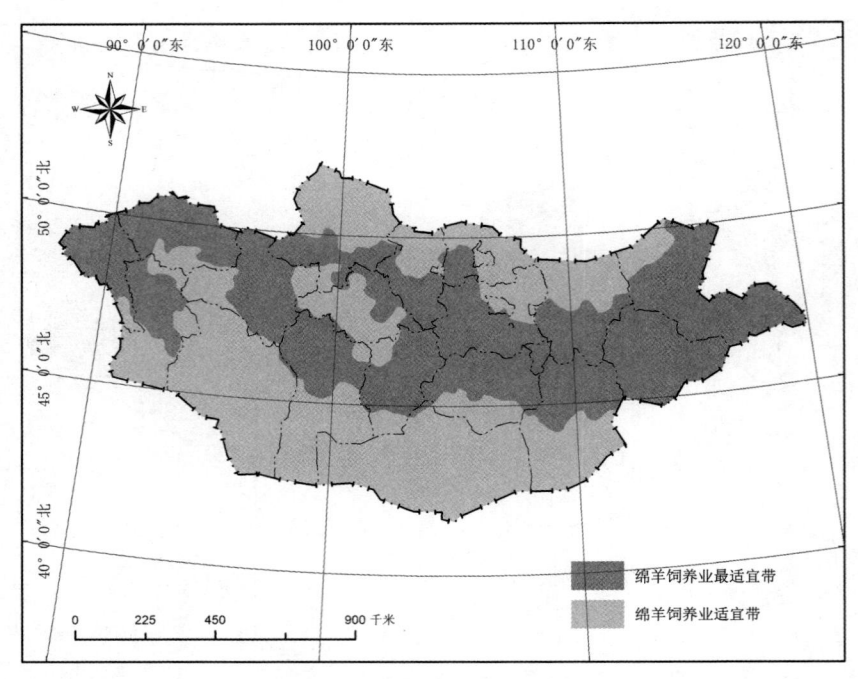

图 10-18　蒙古国养绵羊产业布局

资料来源：宝音主编，《蒙古学百科全书·地理》

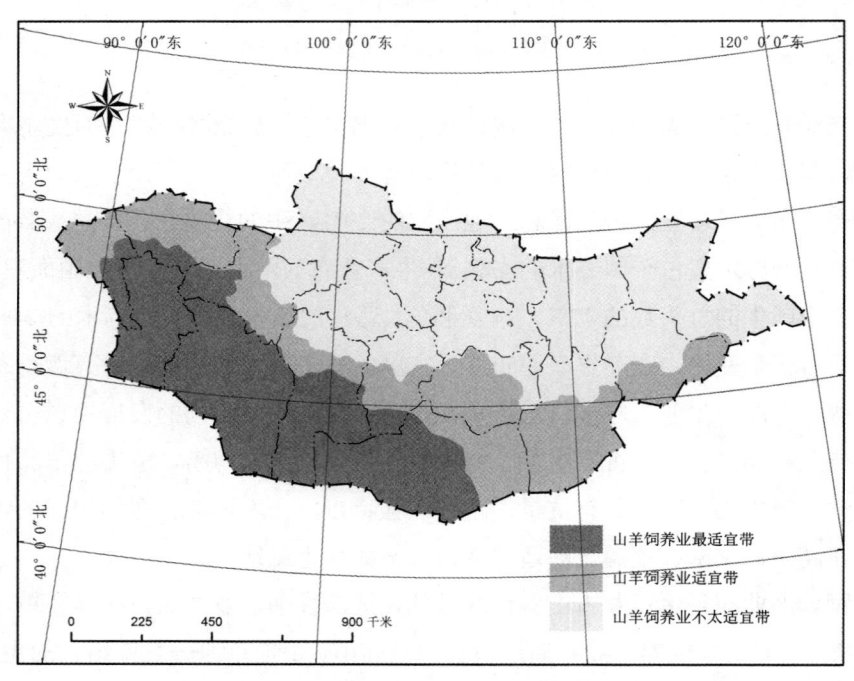

图 10-19　蒙古国养山羊产业布局

资料来源：宝音主编，《蒙古学百科全书·地理》

（4）草地畜牧业区划

草地畜牧业区划，是根据畜牧业的自然环境和畜牧业各畜种的分布现状，以及最适宜区为基础进行相互组合，确定了4个蒙古国草地畜牧业区、6个亚区（图10-20）。经营草地畜牧业的国家和地区，不能随便更换适宜饲养的牲畜种类，要相对稳定。自然条件、资源成为草地畜牧业区划的主要因素。

草地畜牧业区、亚区：

阿尔泰—汗呼赫山地草原区：在戈壁高山垂直分异的适宜生态地区，社会—经济单位和个体企业，养殖山羊、骆驼、绵羊已成为畜牧业的基本部门，是最有经济效益的正确组合。

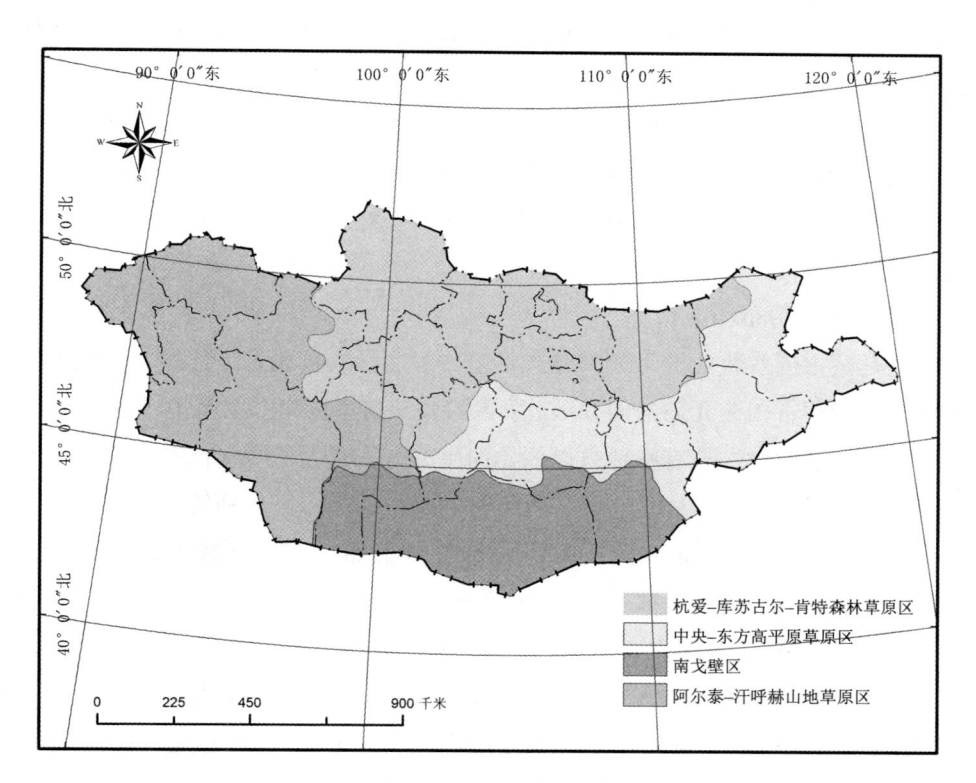

图10-20 蒙古国草地畜牧业布局

资料来源：宝音主编，《蒙古学百科全书·地理》

蒙古阿尔泰—汗呼赫亚区，在养殖企业的全牲畜中绵羊占50%，山羊占20%。牛占20%（绵羊单位）为合理。

在戈壁—阿尔泰—大湖盆地的亚区。在养殖企业的牲畜中山羊占50%，骆驼占20%，绵羊占20%为合理。

杭爱—库苏古尔—肯特森林草原区：在森林草原和高山垂直分异的适宜生态地区的社会—经济单位和个体企业，养殖牦牛、绵羊已成为基本部门，是最有效益的正确组合。

杭爱—库苏古尔—肯特亚区，在杭爱—库苏古尔地区的养殖企业全部牲畜中牦牛占60%，绵羊占30%为合理。在肯特附近地区的养殖企业的全部牲畜中蒙古牛占50%，绵羊占40%左右为合理。

森林草原低山亚区，全部牲畜中蒙古牛占40%，绵羊占40%左右为合理。

中央—东方高平原区：森林草原和北方草原分异的生态适宜地区，社会—经济单位和个体企业的绵羊占总牲畜头数的70%，牛、马各占30%左右为合理。

南戈壁区：戈壁—阿尔泰的支脉山地—戈壁和戈壁岗地、崎岖不平的丘陵与盆地组合的草地畜牧业生态适宜地区为主，这里的企业单位和个体企业以养殖小畜、骆驼为基本畜牧业部门，在经济上是合算的。

古力班—特斯亚区：每个企业的总牲畜中小畜占60%，骆驼占40%为合理。

嘎勒宾戈壁亚区：每个企业的总牲畜中骆驼占50%，小畜占30%为合理。

草地畜牧业区划，是与自然条件、资源和社会—经济相组合的，所以比较适合于生产实践的需要。

2. 种植业生产与布局现状

种植业是蒙古国农牧业的组成部分，目前占蒙古国农牧业总产值的 1/5 以上。农业的发展历史源于蒙古国公元前的匈奴国。蒙古国公元前 7 世纪开始至 19 世纪，游牧畜牧业和狩猎业发展的同时，在有些地方以原始的生产方式经营着少量的种植业，在戈壁阿尔泰、科布多、苏赫巴托尔、乌布苏、色楞格、中央、布尔干、库苏古尔、南戈壁等省区较早出现种植业。蒙古国的农业发展是从 1921 年开始，1924 年宣布土地归全民所有，建立国营农牧场，开发适宜发展种植业的荒地。1944 年，农田面积扩大到 7.72 万公顷，比 1941 年约增长 3 倍。此时农田面积中个体经济占 63%，国营农牧场约占 37%。蒙古国为发展种植业，实现粮食自给，开垦了大量荒地。1959～1960 年开荒的结果，1960 年耕地面积达到 26.55 万公顷，比 1957 年增长了 3 倍，比 1941 年增长 10 倍。

蒙古国特别重视发展粮食和蔬菜生产，大量提供技术设备、种子、肥料，采取了施肥、灌溉、提供机械动力、推广农业技术等许多措施，其结果种植业已成为农业经济的独立部门，它的播种面积如图 10-21 所示。

种植业成为农业经济的独立部门之后可分为两个阶段：大力发展种植业，满足国内需求，并向国外出口的时期；国内种植业发展适应市场经济时期。

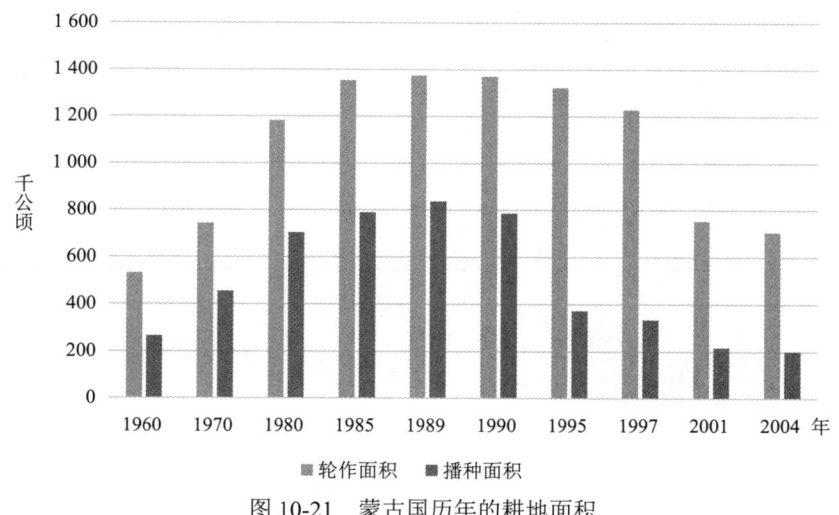

图 10-21 蒙古国历年的耕地面积

在蒙古国种植业的历史上，1985~1990 年播种面积最大，收成最高，即由 1960 年的播种面积 26.55 万公顷，增加到 1989 年的 83.79 万公顷。蒙古国种植业的主要作物是谷物，占播种面积的大部分，播种面积由 1960 年的 24.66 万公顷，增加到 1989 年的 67.33 万公顷。马铃薯播种面积由 1960 年的 2 200 公顷增长到 1988 年播种面积 1.31 万公顷。蔬菜播种面积由 1960 年的 835 公顷增长到 1989 年的 4 300 公顷，是播种面积最大的年份。饲料播种面积由 1960 年的 1.57 万公顷增长到 1988 年的 16.92 万公顷。为落实稳定发展畜牧业的政策，在全国各省均播种饲料作物。1990 年之后，种植饲料作物面积大为缩减。从 2001 年开始逐渐恢复种植饲料作物。在蒙古国历史上，1985 年谷物收获量达到 88.62 万吨，创历史最高收成纪录。其中，小麦产量达到 68.85 万吨（表 10-6）。2012 年马铃薯收成最高，达到 24.59 万吨。蔬菜产量最高的年份是 2014 年，其产量为 10.48 万吨。特别是近十几年中种植业播种面积的扩大和产量的提高，使种植产值及比重基本上逐年提高（图 10-22）。

表 10-6 蒙古国历年农产品产量（千吨）

年	谷物	其中小麦	马铃薯	蔬菜	饲料作物
1940	14.9	—	5.3	2.8	—
1960	259.5	215.5	18.5	6.9	34.4
1970	326.5	288.1	22.0	12.6	47.5
1980	286.8	229.8	39.3	26.0	102.8
1985	886.2	688.5	113.9	41.2	601.2
1989	839.1	686.9	155.5	59.5	551.0

续表

年	谷物	其中小麦	马铃薯	蔬菜	饲料作物
1990	718.3	596.2	131.1	41.7	527.1
1995	261.4	256.7	52.0	27.3	18.7
2000	142.1	138.7	58.9	44.0	4.1
2004	138.5	135.6	80.2	49.2	9.6

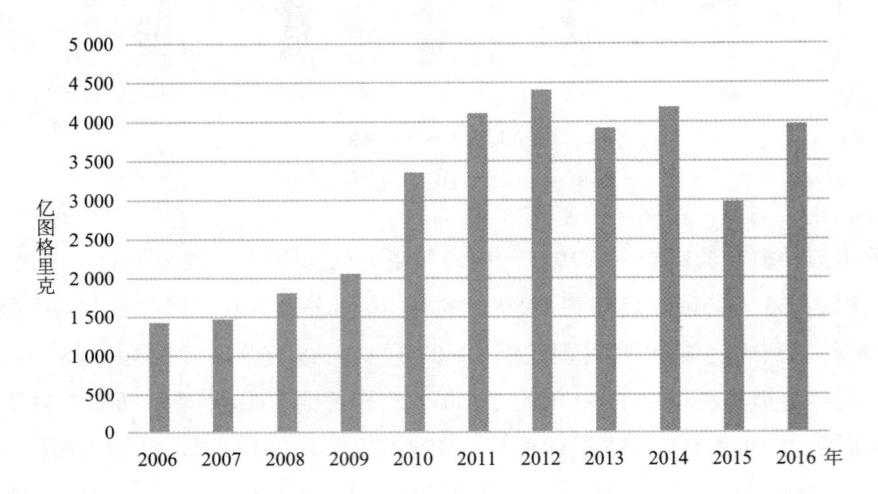

图 10-22　蒙古国 2006～2016 年种植业产值

数据来源：《蒙古国统计年鉴 2016》

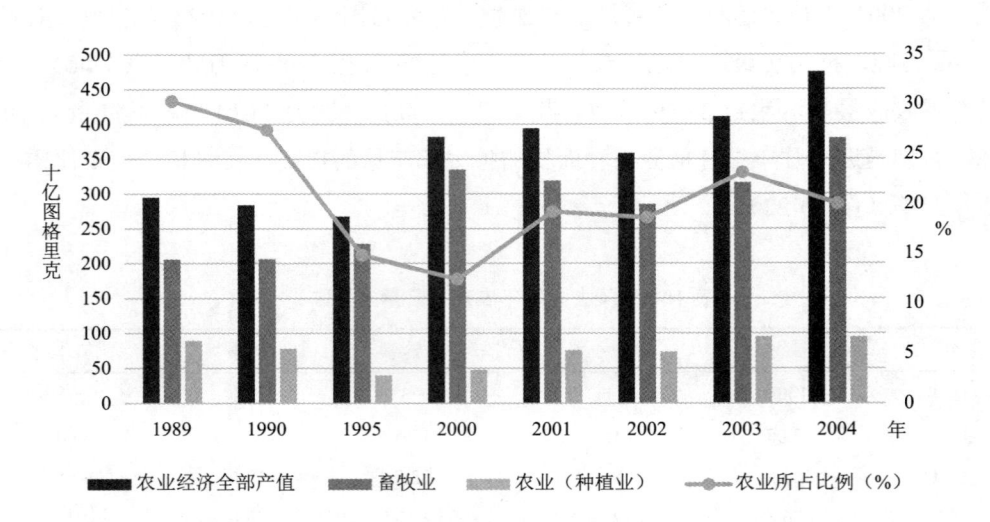

图 10-23　蒙古国农业产值和比重以及畜牧业、种植业产值

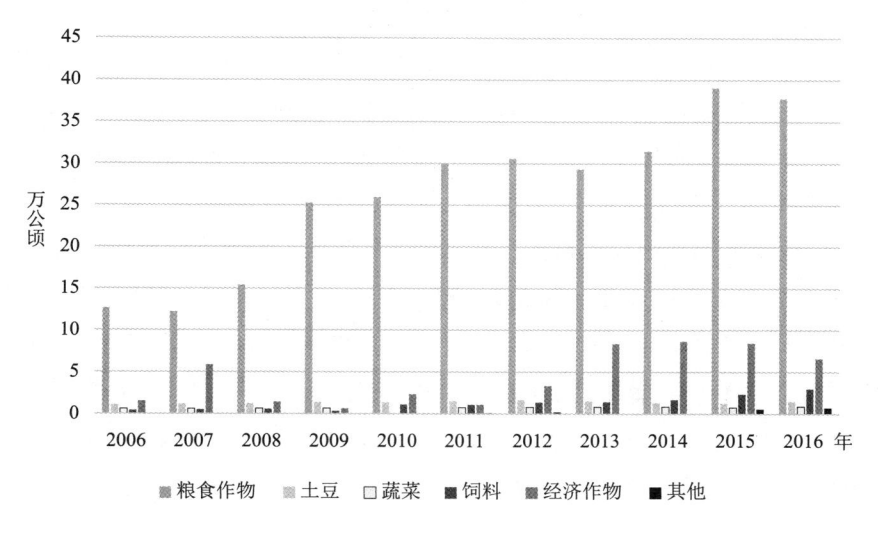

图 10-24　蒙古国 2006~2016 年农作物播种面积

数据来源：《蒙古国统计年鉴 2009》《蒙古国统计年鉴 2016》

种植业生产快速发展，使其在农业经济所占的比重稳步上升。农业经济全部产品中，种植业产品所占比重由 1940 年的 0.4%到 1983 年增长为 31.8%，达到最高值。在种植业部门中，1990 年前每年平均收获谷物 70 万~88 万吨、马铃薯 10 万~12 万吨、牲畜饲料 50 万~70 万吨。1990~1996 年，把所有的经营种植业的国有农场改变为由国家参股的股份公司，减少国家直接或间接给予财政资助，在市场经济条件下，由企业单独经营。由于机械化程度低、经营不善，种植业比重明显减少。农业经济产品中种植业所占比重比 1989 年有所下降，但在以后的年份比重有所增长是与种植业的产品生产增加有直接关系。种植业产品生产产值，从所有制私有化的 1991~1992 年开始下降到 2000 年，后来种植业生产值和比重从 2001 年以后的年份呈现增长态势。2006~2016 年，2015 年粮食作物播种面积最大，达 37.78 万公顷，占蒙古国的农作物播种面积的 74.8%。农作物产量在这十几年中连续增加，粮食产量由 2007 年的 11.48 万吨增加到 2016 年的 48.35 万吨。蒙古国的农作物的分布很不均衡，主要集中分布在中北部的色楞格省、中央省、布尔干省和库苏古尔省，其粮食产量分别是 244 594.5 吨、85 742.9 吨、53 710.0 吨和 22 550.4 吨。这四个省的粮食产量共占蒙古国粮食总产量的 84.1%。蒙古国农作物播种面积居第二位是马铃薯播种面积。马铃薯播种面积由 2006 年的 1.07 万公顷增长到 2016 年的 1.50 万公顷，特别是 2011 年、2012 年和 2013 年这三年曾增长到 1.55~1.68 万公顷。马铃薯产量由 2006 年的 10.91 万吨增加到 2016 年的 16.53 万吨，其中 2011 年、2012 年和 2013 年的马铃薯产量最高，增长到 19.16 万~24.51 万吨左右。蒙古国各省市中马铃薯产量最多的是中央省，其产量为 64 696.6 吨，占全国马铃薯产量的 39.13%；其次是色楞格省、科布多省、达尔汗乌拉省和布尔干省，其马铃薯产量分别为 42 487.6 吨、9 332.2 吨、7 420.5 吨和 4 990.0 吨。蔬菜播种面积和产量在 2006～2016 年连续增长，播种面积由 2006 年的 0.59 万公顷增加到 2016 年的 0.91 万公顷；蔬菜产量由 2006 年的 7.04 万吨增加到 9.44 万吨。蔬菜产量最多的省市是色楞格省、达尔汗乌拉省、科布多省、中央省和乌兰巴托市，其产量分别是 32 715.6 吨、14 358.8 吨、9 021.6 吨、8 074.4 吨和 5 434.0 吨。饲料作物播种面积由 2006 年的 0.39 万公顷增加到 2016 年的 2.99 万公顷；饲料作物产量由 2006 年的 7.04 万吨增加到 2016 年的 9.44 万吨。饲料作物产量最多的省市是中央省、色楞格省和乌布苏省，其产量分别是 12 169.9 吨、12 124.8 吨和 4 661.0 吨，共计 28 955.7 吨，占蒙古国饲料总产量的 54.2%。除上几种农作物之外，还有经济作物和果品等。

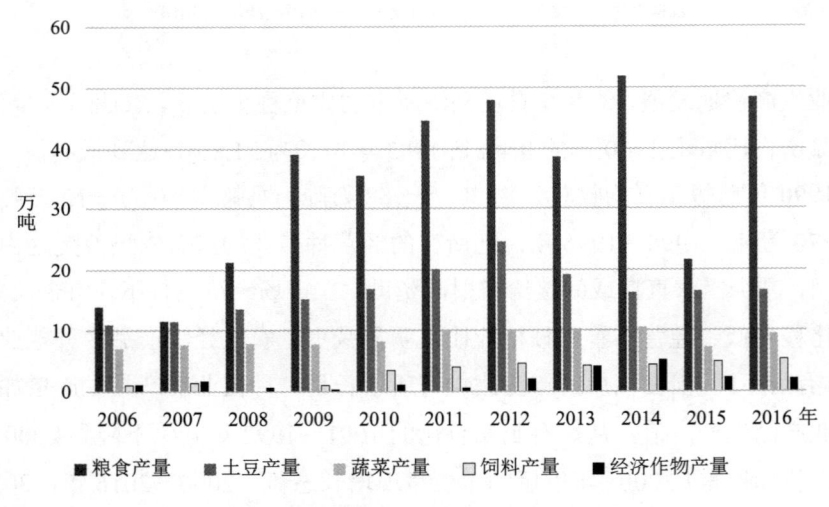

图 10-25　蒙古国 2006～2016 年农作物产量

数据来源：《蒙古国统计年鉴 2009》《蒙古国统计年鉴 2016》

3. 林业发展现状与布局

蒙古国杭爱、库苏古尔、肯特、阿尔泰的山地有森林资源。这些森林保护着区域土壤、水、草场，调节着河流和气候，起着维护蒙古国非常脆弱的生态平衡的作用。蒙古国的森林位于东西伯利延伸的原始森林的南部边缘，承受中亚荒漠草原干旱气候的影响，具有维护和恢复森林生态功能的特点。蒙古国 2016 年林地面积有 1 433.43 万公顷（图 10-26），其中森林面积 1 000 多万公顷，其余的是戈壁林地。蒙古国森林多为过熟林，并且多数是以生长缓慢的针叶林为主。因此,不可避免地需进行育林、更新、伐木。蒙古国森林树种有 140 多种树木、灌木,总储藏量为 14 亿立方米。蒙古国林业主要进行育林、更新、保护、加工等工作。依托森林资源的森林企业在伐木的同时,要进行培育林苗、栽树、种草。严禁在达尔汗地(自然保护区)、沿河地区、城市居住地附近边缘绿化带采伐,这些地区只能保护、培育林木,禁止砍伐。目前每年采伐 200 万立方米木材,少伐木,多栽培,禁止木材产品向国外出口。蒙古国的森林全部属于国有,中央政府设有自然与环境部,负责森林的经营管理及有关法律的制订与执行,各地方政府一般设有森林资源与狩猎方面的管理部门,负责地方森林资源的经营与管理,包括采伐区的划定、自然资源保护及法规的实施。

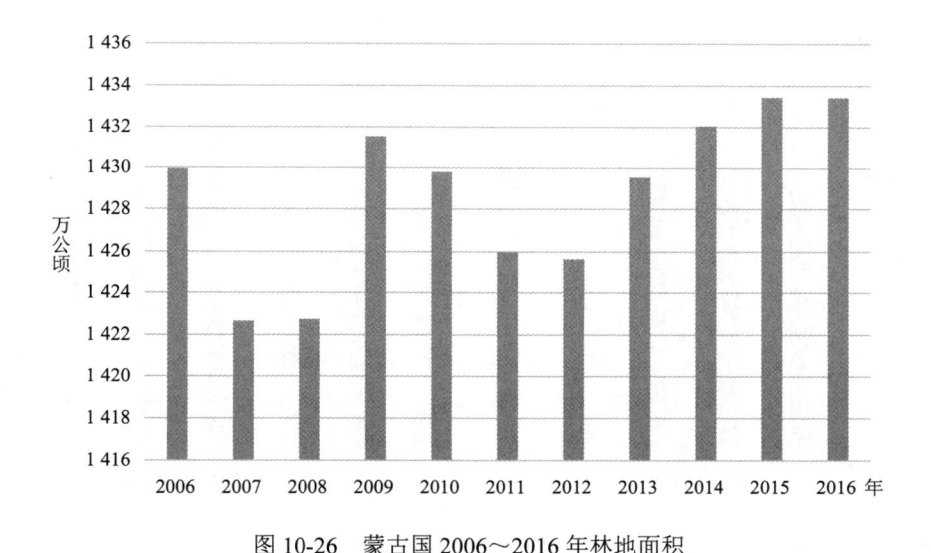

图 10-26 蒙古国 2006～2016 年林地面积

数据来源:《蒙古国统计年鉴 2009》《蒙古国统计年鉴 2016》

  1995 年 4 月蒙古国通过并开始实施新的《森林法》,其主要原则是:注重森林资源与环境的保护;不再允许皆伐,但仍可进行择伐;自然与环境部规定各地采伐限额,各地区根据采伐限额确定采伐区;采伐企业每采伐 1 棵树,必须植树 3～5 棵,对未达到要求的予以处罚;大城市建立 80 公里保护区,小城市为 30 公里;主要河流两岸建立保护带;30 度以上的坡地禁止采伐;100 公顷以下的小林地,森林边沿 50 米禁止采伐;将生物多样性丰富的地区、濒危物种栖息地、生态敏感地区、对集水区保护有重要作用的地区、土壤侵蚀与滑坡严重的地区、重要的狩猎与游憩地区划为保护地带或保护区。

  蒙古的森林资源在过去 20 年里减少了约 120 万公顷,占森林总面积的 8%。其中火灾是导致森林减少的主要原因。1978~1990 年，平均每年有 18.6 万公顷的森林毁于火灾（而每年采伐面积仅 1.2 万~1.5 万公顷），共有 340 万公顷的森林和 590 万公顷的草地受火灾影响。森林面积减少的另一个重要原因是森林病虫害，由于森林病虫害，每年约造成 0.4 万~15 万公顷的森林损失，年均约 8.2 万公顷。全国因火灾及森林病虫害造成的损失达到生长量的 80%，而商业采伐只占生长量的 10%~20%。过去 20 年里，蒙古仅造林 5 万公顷，其他迹地主要靠天然更新。

森林采伐主要在资源相对集中且靠近俄罗斯的中北部地区。20 世纪 80 年代，年采伐量为 200 万~250 万立方米。1990 年以后，木材年产量不足 100 万立方米（图 10-27）。主要树种为落叶松和樟子松。

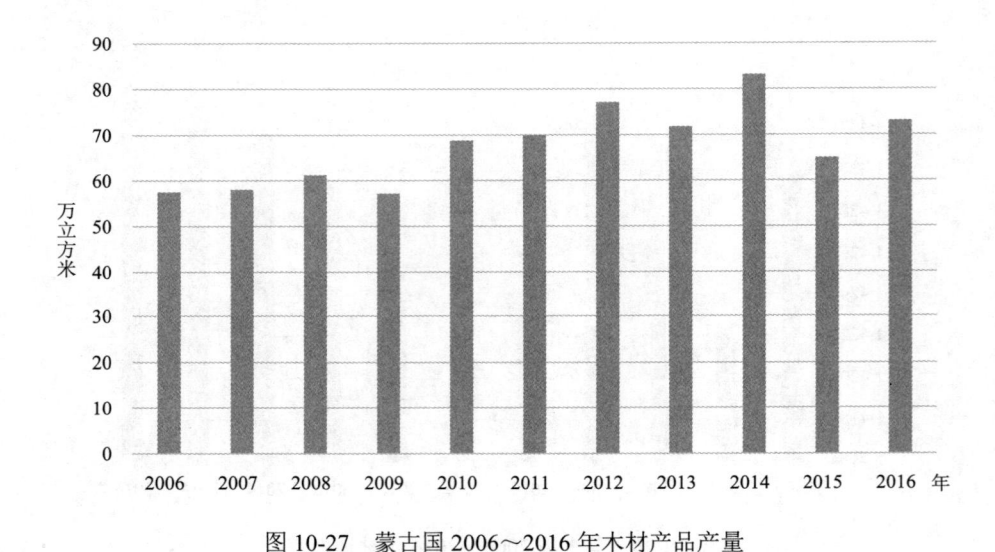

图 10-27　蒙古国 2006~2016 年木材产品产量

数据来源：《蒙古国统计年鉴 2009》《蒙古国统计年鉴 2016》

2006~2016 年，蒙古国的林地面积变化较大，2014 年后有所增长，基本上保持在 1 422 万~1 433 万公顷左右（图 10-26）。这期间，木材产品产量也有所增长，为 57.5 万~83.2 万立方米，其中 2012 年、2013 年和 2014 年木材产品产量稍微高一些，其产量分别是 77.16 万立方米、71.83 万立方米和 83.16 万立方米。蒙古国各省市中库苏古尔省的林地面积最大，为 400.54 万公顷，其木材产品产量 13.66 万立方米，也是最多。从 1995 年开始禁止原木出口，而以锯材出口为主。1996 年国内锯材生产量为 12.9 万立方米，其中 89%用于出口。

4. 渔业发展现状

蒙古国山区水质清凉的河湖和戈壁盆地咸水湖里生活着 11 个科 36 个属 75 种鱼。其中 30 种鱼有商业价值，主要有鲫、鲤鱼、白鱼、鳟鱼、细鳞鲑鱼等鱼类。太平洋流域河流域中鱼类丰富，有鳟、黑龙江鲟、鱼骨等 40 多种鱼类。北冰洋流域河湖中有贝加尔鲟、鳟、细鳞鱼、狗鱼、鲈、达尔哈德鲴鱼、江鳕等 26 种鱼类。中亚内陆流域有蒙古鲹鱼、阿尔泰鲢鱼等 5 种鱼类。具有渔业价值的湖泊有查干湖、本查干湖、贝尔湖、哈尔湖、哈尔乌苏湖、陶勒宝湖、阿奇特湖、库苏古尔湖、巴彦湖、吉尔吉斯湖等，其中查干湖年产鱼 120 吨、本查干湖 80 吨、贝尔湖 200 吨，哈尔湖、哈尔乌苏湖、陶勒宝湖、阿奇特湖、库苏古尔湖、巴彦湖、吉尔吉斯湖共年产鱼 300 吨。

蒙古国渔业于 20 世纪 50 年代开始在东部贝尔湖、中部的乌兰湖和北部的查干湖发展。1959 年这三个湖泊的年捕捞产量 779 吨，到 1964 年减到 400 吨，而到 1990 年之后全国年产量在 120 吨～200 吨左右。渔业资源枯竭的原因是过度捕捞，长期实施拖网作业，几乎鱼籽子孙"一网打尽"，同时破坏了哲罗鱼、白鲜等的原始生存条件，威胁着这些鱼类的种群数量，水域"荒漠化"开始出现，严重影响了渔业年捕捞量。

蒙古国盛产冷水性鱼类，主要有鳇鱼、施氏鲟、哲罗鱼、细鳞鲑鱼、短颌白鲑、黑龙江茴鱼，其中哲罗、细鳞等鱼属肉食性鱼类，肉质细嫩，生存环境要求极高，具有极高的经济价值。冷水性鱼类肉质细嫩鲜美，鱼籽营养丰富，是市场畅销的高级水产品，又是游钓业游钓对象，享誉世界。蒙古国注重发展具有极高经济价值的冷水性鱼类的渔业，打造名优特水产品品牌，保护水域环境，养殖与捕捞协调发展，严禁过度捕捞，产与捕相对平衡，并且通过建立渔业协会和渔业市场，利用国内外经济关系，拓宽营销渠道，在邻近国家的大小城市建立直销窗口或开通网上营销渠道，增加创汇，振兴渔业经济。

四、工业

1. 工业发展现状

蒙古国在 20 世纪 90 年代由计划经济体制转到市场经济体制期经济秩序混乱，生产倒退、产品产量下降，产值负增长，整个经济状况远不如 90 年代以前，陷入十分困难的境地。但蒙古国的人民群众和政府经过十几年砥砺前行、时艰克难、开拓奋进、协调求实，较短时间内实现经济恢复，工业得到发展，进入 21 世纪后工业经济发展非常迅速，其产品产量、产值的增长（图 10-28、表 10-7）。

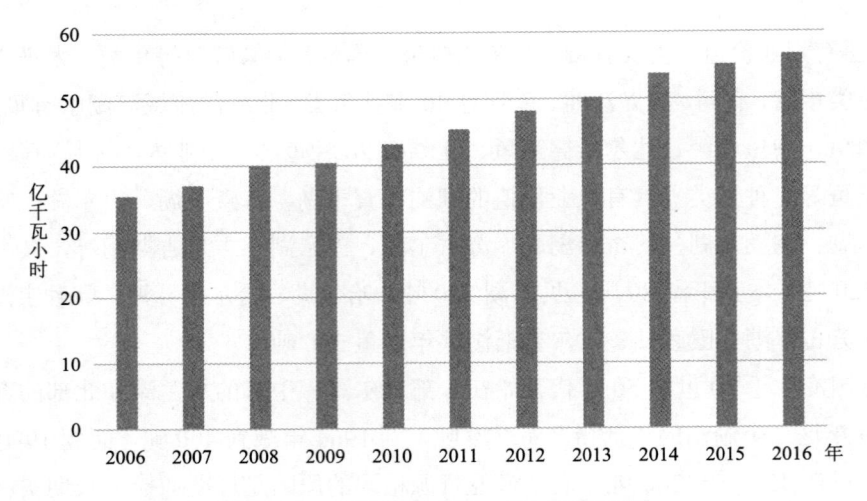

图 10-28　A.蒙古国 2006~2016 年发电量

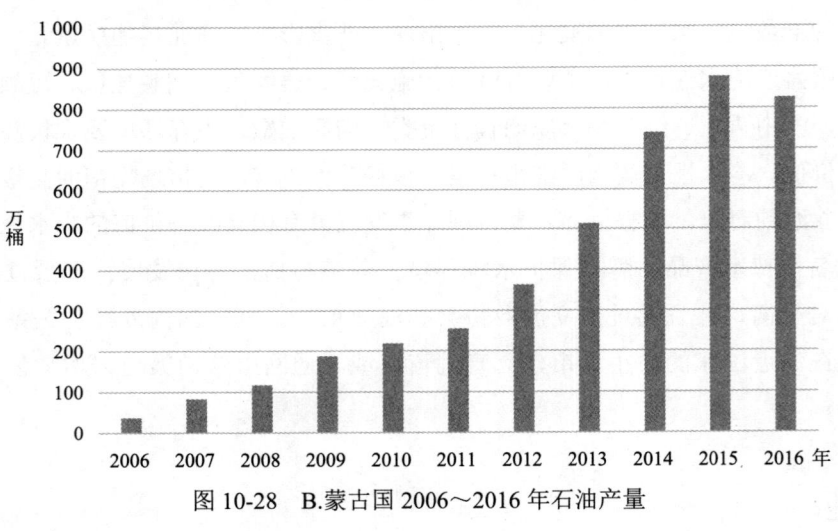

图 10-28　B.蒙古国 2006~2016 年石油产量

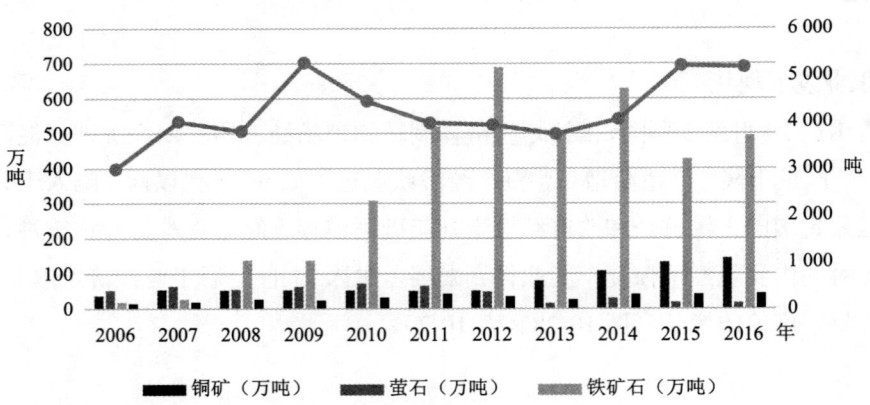

图 10-28　C.蒙古国 2006~2016 年矿石产量

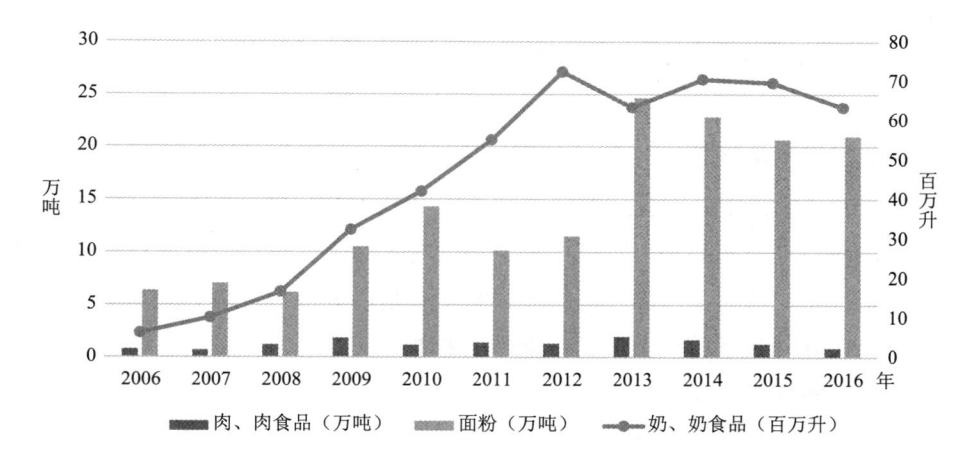

图 10-28 D. 蒙古国 2006~2016 年轻工业产品产量

数据来源：《蒙古国统计年鉴 2009》《蒙古国统计年鉴 2016》

表 10-7　蒙古国工业部门 1999~2003 年发展状况

指标		1999 年	2000 年	2001 年	2002 年	2003 年
工业生产产品产值按 1995 年比较价格		2 379	2 437	2 618	2 717	2 766
其中	采掘工业（亿图格里克）	1 249	1 326	1 423	1 317	1 305
	加工工业（亿图格里克）	678	645	757	942	1 005
工业生产部	采掘工业所占比例	52.5%	54.5%	54.3%	48.5%	47.2%
	加工工业所占比例	28.5%	26.5%	28.9%	34.7%	36.3%

数据来源：《蒙古国统计年鉴 2009》《蒙古国统计年鉴 2016》

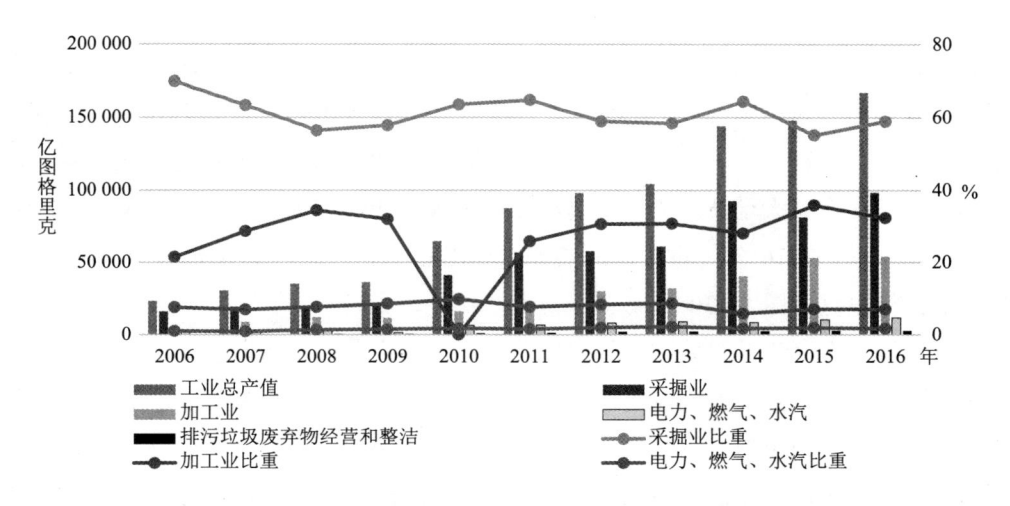

图 10-29　蒙古国 2006~2016 年工业总产值和工业部门产值及比重

数据来源：《蒙古国统计年鉴 2009》《蒙古国统计年鉴 2016》

2. 工业部门的发展

（1）轻工业

蒙古国较早发展起轻工业部门，为整个工业的发展打下了基础。轻工业生产食品和人们日常广泛需要的产品，其原料来源主要是农产品和畜产品。

蒙古国的轻工业是主要加工农畜产品的最老的工业部门之一，加工畜产品乳肉、皮革、绒毛和植物原料等。蒙古国目前的最大轻工业是以先进设备装备的制革工业、制鞋工业、皮制品工业、毡子呢料工业等基础性工业部门。这些工业企业在 20 世纪 30 年代中期投入生产，并且之后向专业化发展成为大型工业。因而，在轻工业拥有洗毛、加工、皮革、制鞋、毛织品、缝纫等部门。蒙古国开始向市场经济转移时期，以上工业部门的生产与服务发生了很大变化。

毛纺皮革工业： 1921 年之后，最初建立的轻工业之一是哈特嘎勒洗毛厂，工业联合企业所属的呢绒、毡子厂也投入了生产。毛纺工业包括洗毛、半加工、再加工等毛纺工业部门。洗毛厂多集中在乌兰巴托市、乌列盖市、乔巴山市。把洗好的毛转送到现代加工工业的纺绒、纺织、编织、制毡、制鞋、地毯、絮毛等产品的生产厂家。在蒙古国毛纺工业中，地毯厂占有重要地位，因为一般蒙古绵羊的粗毛最适合编织地毯。地毯生产厂家是乌兰巴托的"乌兰巴托地毯"牌服装公司、乔巴山市的"克鲁伦"牌地毯服装公司，额尔登特市"额尔登特"牌地毯服装公司等。蒙古国加工山羊绒、加工骆驼绒工业是毛纺工业之重要部门。纺绒、编织、绦子的羊绒产品，以轻、柔、暖、美等性能誉满世界，是蒙古国向外出口最主要产品之一。2016 年，蒙古国纺织工业产值达到 3 875.21 亿图格里克。

居蒙古国轻工业第二位的皮革、制鞋、毛制品工业，是蒙古国传统工业。皮革厂的布局受肉联公司分布的制约。制鞋皮革工业最早于 1930 年初在乌兰巴托市建立。当时有加工绵羊皮革厂、鞋厂、大型皮革厂。后来，以上工业变为大型工业企业，主要生产加工绵羊皮、山羊皮、大型革、鞋子、缝纫、皮革等。通过引进先进技术，改造设备大大提高了产品质量。2016 年，蒙古国服装和皮革工业产值分别为 2 858.75 亿图格里克和 411.02 亿图格里克（图 10-30）。

食品工业： 食品工业是蒙古国轻工业的主要部门之一。蒙古国食品工业按产品种类分为肉类、面粉、糕点、乳制品、酒类、饮品等食品加工业。食品工业产品不仅满足内部需要，而且向国外出口。食品工业部门与农业经济部门有密切联系。食品工业可分为如下部门：①肉产品加工业：蒙古国近五年，年平均屠宰量为 26 万多吨，人均 110 公斤。蒙古国肉类加工业，原来只集中在乌兰巴托市，而现在主要分布于工业、交通运输发达，人口集中的乔巴山、达尔汗等城市。目前，在乌兰巴托市郊区具有世界先进技术水平的

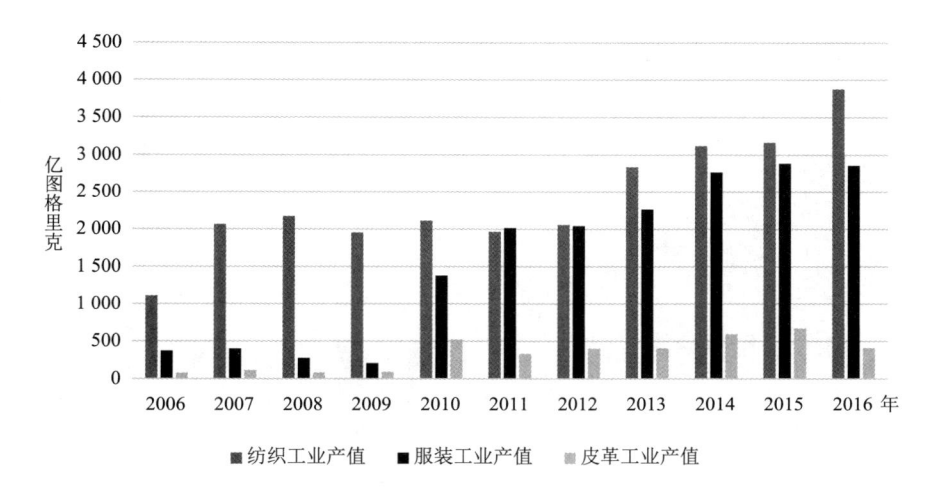

图 10-30　蒙古国 2006~2016 年纺织、服装、皮革工业产值

数据来源：《蒙古国统计年鉴 2009》《蒙古国统计年鉴 2016》

马肉加工企业已投入生产，产品出口到国外。②乳制品工业：年均产奶量 36 万吨，人均拥有 150 公斤。该国奶制品工业多集中在人口多的乌兰巴托市、达尔汗、乔巴山等城市。③面粉加工业：面粉加工业是蒙古食品工业中的主要部门。蒙古国为了保证居民的国产面粉供应，大量开垦荒地，扩大粮食作物的种植面积。蒙古国的面粉加工业主要分布在种植业地区。目前，在木伦、哈尔和林、温都尔汗、乔巴山等城市有面粉、饲料联合企业。面粉工业多分布在北部，接近种植业基地。④食品其他加工业：随着面粉加工业的发展，蒙古国的其他食品加工业有了很大发展，出现了面包、糕、糖、挂面、甜饮料等加工企业。这些工业企业分布于乌兰巴托市和各省首府和有些县驻地。2016 年，蒙古国食品工业产值达 26 611.21 亿图格里克，比上年增长 5.77%；饮料加工业产值 6 953.72 亿图格里克，比上年增长 7.77%（图 10-31）。

（2）能源工业

能源工业是蒙古国的重要工业部门之一。发展国家生产力的主要依托是能源工业的发展，这关系到整个国家的经济发展和国计民生。能源工业是蒙古重工业中最早建立和发展的部门。

煤炭工业：在能源工业中煤炭工业占主要地位。在全国范围内，有 200 多个煤矿区，其中 40 个煤矿，年生产 3 500 多万吨煤。煤炭工业除大型煤矿外，还有地方性的小型煤矿。它们年生产 2 万~4 万吨煤。较大型煤矿，年生产 10 万吨煤。大型煤矿有：位于中部经济区和乌兰巴托经济区内的纳莱赫煤矿，年开采能力 60 万吨煤；深层煤已被开采利用。沙林郭勒露天煤矿，年生产 100 万吨煤，后来露天煤矿的生产能力增加了 2 倍，近

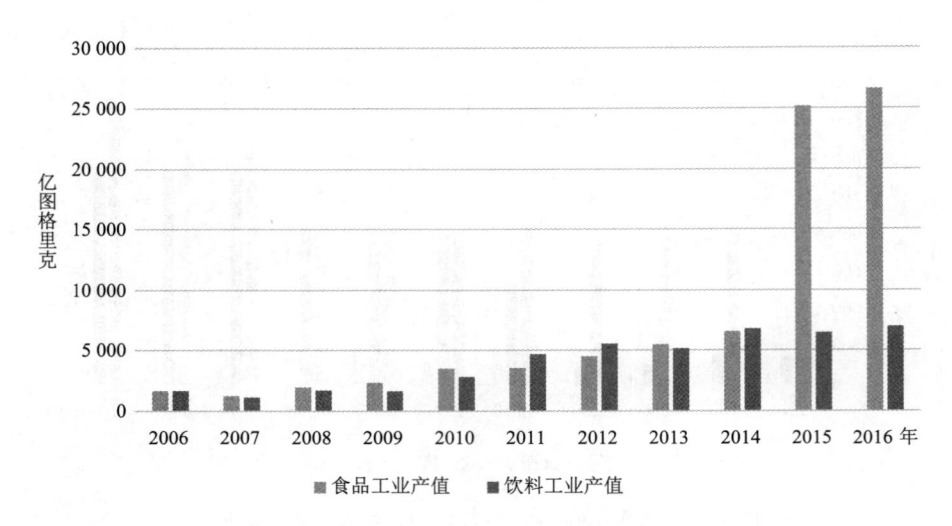

图 10-31　蒙古国 2006～2016 年食品工业产值

数据来源：《蒙古国统计年鉴 2009》《蒙古国统计年鉴 2016》

20 多年来成为能源工业的最大基地；现在生产能力最大的是巴嘎诺尔煤矿，虽然有年生产 600 万吨煤的能力，但目前年开采量 400 万吨，主要供乌兰巴托市热电站；希伯一鄂博煤矿是位于乌兰巴托市以南，在乔伦市郊区，该矿的设计年生产能力 100 万吨。主要供应乌兰巴托、包如温都尔、赛音山达和沿铁路线城镇用煤；塔本陶勒盖焦煤矿，是蒙古国大型煤矿之一，位于南戈壁省的朝格图车其格县的乌兰诺尔盆地之内，含硫、磷少，灰分中等，热量大，质量好，易燃烧的煤，将来建设开采能力达 700 万～2 000 万吨煤矿，其产品焦炭大量向国外出口；纳林苏海特的煤质量好、储量大，现在每年开采 1 000 万吨煤，主要向国外出口。煤炭是蒙古国的主要能源，储量多、分布广，可露天开采，成本低，不仅满足国内需要，而且向国外大量出口煤炭。随着煤炭工业的发展，蒙古国煤炭工业的生产方式和生产技术有了很大进步，基本上实现了机械化和半机械化的开采。2016 年，煤炭产量 3 552.23 万吨，其产值为 16 904.59 亿图格里克（图 10-32）。

石油工业：已探明 22 个石油油田，已勘探开发的有东部的塔木斯格油田和东戈壁省的宗巴彦查干额勒顺油田。2016 年，原油产量达 824.98 万桶，产值为 7 473.24 亿图格里克（图 10-36）。

（3）采掘业

在蒙古国有发展采掘业各部门的矿产资源的种类较多。现已探明的有铜、锌、钨、钼等混合金属、金银等贵重金属和稀有金属。

有色金属采掘业：蒙古国有色金属有矿物种类多、伴生矿多、品位低的特点。目前蒙古国的矿山开采及筛选的矿产品，占全部工业产品和国外出口产品的 50%。在蒙古国

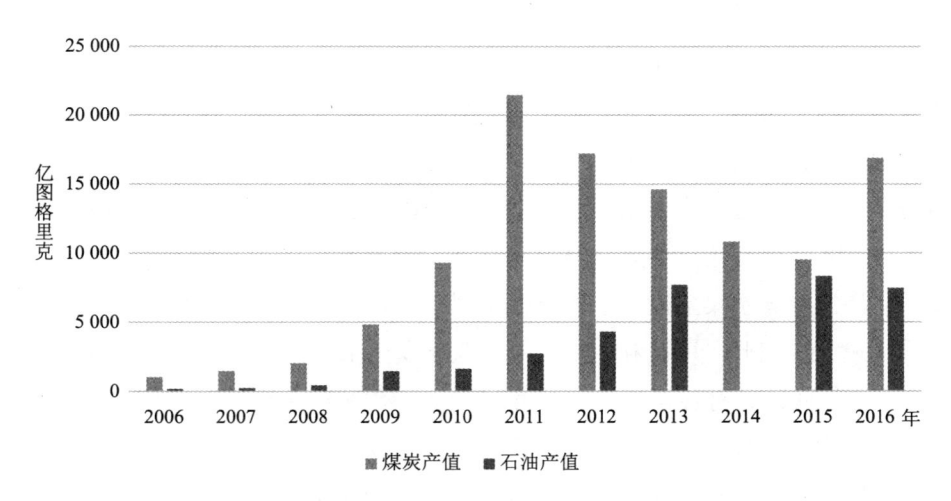

图 10-32　蒙古国 2006～2016 年能源工业产值

数据来源：《蒙古国统计年鉴 2009》《蒙古国统计年鉴 2016》

有色金属工业中铜矿业比较发达。蒙古国铜矿工业中最大的是额尔登特铜钼选矿联合企业。现代化设备和劳动成果方面成为世界十大优秀企业之一。该工业加工世界第一流铜钼产品。额尔登特铜钼联合企业多年平均年产量 35 万吨铜矿石，4 000 吨左右钼矿石，是向世界各地区出口产品的大型企业。有色金属采矿业中，已经开采或准备利用的有钨、锡、锌、铅等大型矿。

贵重金属采掘业：贵重金属，特别是金矿是蒙古国采矿业的一个主要部门。在杭爱、肯特、蒙古阿尔泰山脉中，先辈们早已开采黄金了。其中，在肯特金矿，砂金和脉金均有。从这里开采的黄金占蒙古国所开采黄金的 80%。经地质勘查和研究，在杭爱、肯特发现开采价值非常大的新金矿。目前年均开采 20 吨黄金，满足国家需要。蒙古国开采黄金主要在图拉河流域的扎麻尔山脉、哈拉—伊罗河流域地区以及杭爱山脉南部的图翁特山脉、拜德拉格河流域和其他许多地区。在近几年，对南戈壁地区的奥尤陶勒盖的铜金矿进行综合开发利用，已成为大型工业中心。

萤石采掘业：萤石开采业是蒙古国采矿业的一个重要部门。萤石采矿业大部分分布在肯特省的贝尔赫、哈朱乌兰、包如温都尔，东戈壁省的宗查干德勒、额尔根、哈拉艾拉格等地。蒙古高原是属于世界著名的萤石矿大区。蒙古国萤石储量在世界上占据重要地位。在包如温都尔建立了萤石开采选矿联合企业，年均开采 60 万吨萤石矿石，并把大部分进行筛选，以满足不同需求。

2016 年，蒙古国除煤炭和石油采掘业产值外，其他采掘业产值为 74 055.90 亿图格里克，占工业总产值的 44.3%，比上年增长 16.31%。

（4）电力工业

蒙古国的煤、石油、油页岩、水能、太阳能、风能等资源具备了发展电力工业的条件。蒙古国坚持优先发展电力工业的策略。蒙古国的电力部门具有国家和地方性质，由中央电力系统、东部区电力系统、西部区电力网以及省、县政府驻地的热电厂、小型水电站等组成。年生产35亿千瓦小时电力中大部分是由热电站生产的。近几年蒙古国哈尔和林、鄂尔浑河灌溉水渠上建立了季节性小型水电站，现已投入生产。蒙古国日照天数多，年均风速大。因此，可以利用太阳能、风能发电来满足牧民生产和生活的需要。在蒙古国中、东、西部区有各自独立的电力网。蒙古国中部经济区的50%的地区，由中央动力网供应电力。中央动力网输电线路长达8 000多公里。目前还没有形成统一的电力网络的有戈壁阿尔泰、扎布汗、巴彦洪戈尔等省，用液体燃料的电厂发电。2016年，全国发电量为56.67亿千瓦小时，热力发电量为1 079.88万Gkal，其产值为11 798.42亿图格里克。

（5）建筑材料工业

随着蒙古工业化进程的快速推进以及由此而导致的城市化的出现，工程建筑和居民住宅所需的建筑材料工业的生产得到了迅速发展。建材工业的布局大部分集中在经济区中心城市。向市场经济时代转轨时，在主要工业部门中短期内恢复生产的是建材工业部门，因此，依靠国内外投资，扩大生产规模，更新设备，迅速崛起新型建材工业部门。开采石灰的年均产量为20万吨的企业较多，其中乌兰巴托附近有白石灰矿，在乔巴山市以北的阿尔勒特石灰岩矿是最大的。建筑业大量使用花岗岩、大理石等自然岩石。依靠这些采矿业产品，水泥、石膏、矿物染料等建材工业得到了发展。蒙古国，最初的水泥工业是达尔汗市的水泥工业，成为发展蒙古国建筑业的重要基础。在达尔汗市附近的呼德勒特建设了第二个石灰、水泥大型综合企业。目前，在乌兰巴托、达尔汗等地建立了生产钢筋混凝土预制件的建筑联合中心，年安装有效面积28万立方米。蒙古国建材生产中有生产铁质用品、建筑木质用品、矿质棉、斑纹的石地板、建筑填筑材料的大型工业。2010年，非金属矿物制品业产值为1 444.64亿图格里克，到2016年非金属矿物制品业产值增加到3 011.60亿图格里克。

（6）林业及木材加工工业

木材加工企业分布在伊罗、杜兰汗、布干特色楞格、蒙根毛勒特（中央省）、海牙勒干特（鄂尔浑）等地方，主要是伐木、建材加工、家用木器加工业。大型木材加工联合企业分布于乌兰巴托市、苏赫巴托尔、陶松臣格勒等地。这里主要是加工板材、制造木房、木器家具等，满足国内需要。2010年，木材加工业产值为509.47亿图格里克，家具制造业产值为43.09亿图格里克。到2016年，木材加工业产值为1 875.41亿图格里克，家具制造业产值为 330.97 亿图格里克。

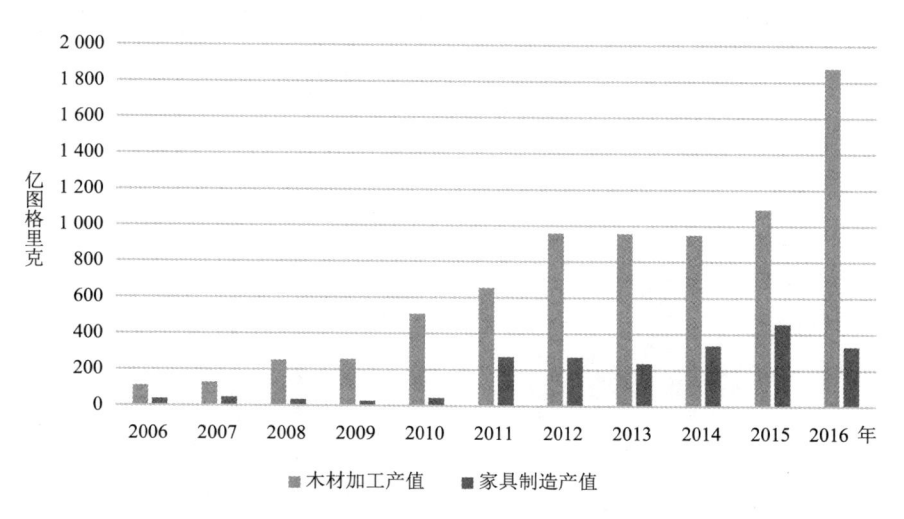

图 10-33　蒙古国 2006～2016 年木材加工和家具制造业产值

数据来源：《蒙古国统计年鉴 2009》《蒙古国统计年鉴 2016》

（7）化学工业

蒙古国有各种盐、磷、林木和药用动植物等化学工业原料。蒙古国化学工业中人兽用注射药业得到了快速发展。兽用注射药在乌兰巴托市附近的生物联合公司生产。在蒙古国不仅有动植物、矿物药品原料丰富，而且多年来生产蒙药，是大量用传统蒙药的国家。在蒙古国有开采加工盐业的化工企业，但产品数量少。开采化学工业矿物原料，进行初步加工的有磷矿、钾盐、硫磺、自然碱、食盐、碘等化学原料工业。矿山化学工业中包括分选矿物、加工等工业部门。蒙古国有库苏古尔磷矿，希敦山扎莫齐的盐为原料的化学工业。塔本陶勒盖的焦煤的焦化工业、森林资源为原料的森林化学工业等。还有与有色金属工业联合（合作）生产的有色金属化学工业。2006～2016 年，蒙古国化学工业产值见图 10-34。2016 年，化学工业的产值为 2 356.18 亿图格里克。

（8）金属冶炼加工工业

金属冶炼加工是重工业的部门之一，它的产品在近几年出口产品中增加了比重。蒙古国发展这部门工业的原料资源非常多，并且在各经济区都有大型矿的开发。金属冶炼加工工业是相对快速发展的部门。其中最大的是达尔汗市金属冶炼加工工业，拥有固定资产 300 亿图格里克的工业基地。该工业是利用达尔汗地区的特木尔泰、特木尔陶勒盖铁矿以及收集的废铁废料，为供应内部市场需要而建立的。蒙古国金属冶炼加工业的第二个中心是额尔登特铜、钼矿附近的矿山机械维修工业。该工业主要冶炼废铁铸造加工生产本工业设备的一些零件。过去，蒙古国第一个金属加工企业是乌兰巴托市铁工厂，铁工厂如今已变为股份公司。现有的金属冶炼铸造业以小型企业为主，主要是维修与服务。2006~2016年，蒙古国金属冶炼加工工业产值如下所示（图10-35）。

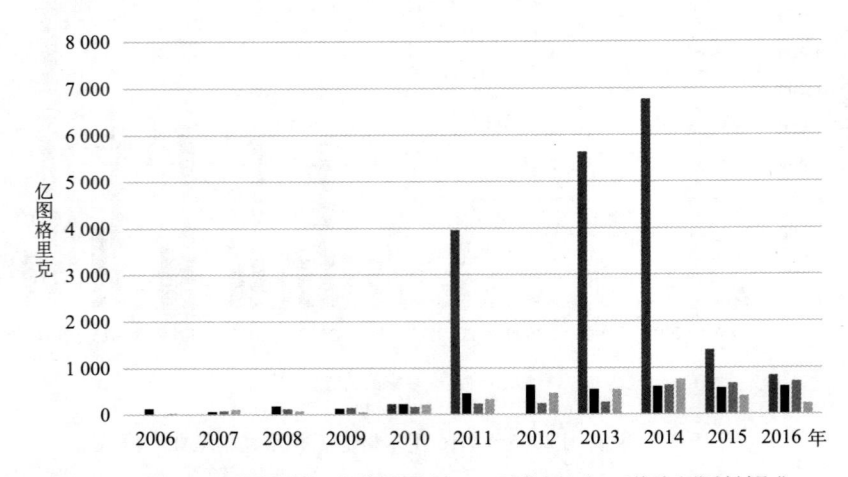

图 10-34　蒙古国 2006~2016 年化学工业产值

数据来源：《蒙古国统计年鉴 2009》《蒙古国统计年鉴 2016》

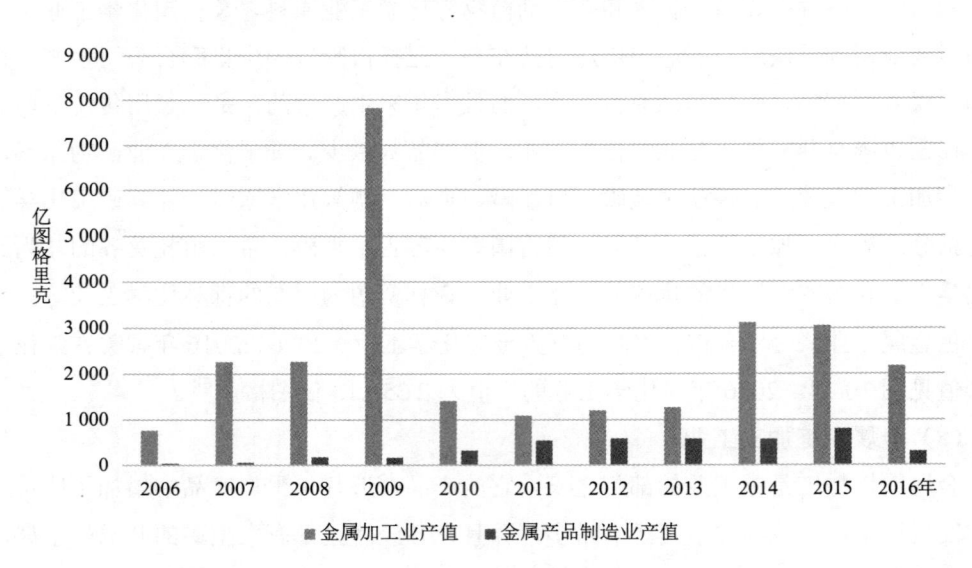

图 10-35　蒙古国 2006~2016 年金属冶炼加工工业产值

数据来源：《蒙古国统计年鉴 2009》《蒙古国统计年鉴 2016》

(9) 有色金属工业

蒙古国依托各种类型的有色金属、重金属、稀有金属资源，使有色金属冶炼工业得到了快速发展。额尔登特的选矿工业为提高它的效益采取用酸分离（还原）的新的方法生产纯铜，年生产能力 3 000 吨铜逐步扩大到年生产量达到 10 000 吨纯铜。开发额尔登特敖包、奥尤陶勒盖等大型铜矿，可以建设年生产能力不少于 25 000 吨铜的企业。

(10) 机械维修工业

额尔登特矿山机械维修工业是目前蒙古国最大的机械维修工业，主要承担设备维修、维修和恢复磨损的器材、橡皮带和其他用品、备件、电器设备，以及冶炼钢、铁、有色金属和铸造等任务。蒙古国的机械维修、金属加工工业主要为公路、铁路机械制造和维修服务而发展起来。机械维修工业的一个特征是，集中分布在各大型工业中心和经济区的中心城市。在乌兰巴托市的工业中最大的维修企业是汽车维修厂，该厂对运输车辆进行维修，为中部经济区服务。除乌兰巴托市外，有布勒特、科布多、乌里雅斯台、乔巴山市机械维修金属加工工业。近几年蒙古从国外进口的机器种类增多，因此，维修工业的发展有了新的方向和新的机遇。在乌兰巴托市的维修铁路内燃机车车间，成为维修车辆的中心，对内燃机车进行大、中型维修。

五、旅游业

1. 旅游业发展与现状

蒙古国政府为使旅游业成为经济先导产业，确定了 1995～2005 年旅游业发展基本方向，这对蒙古国旅游业的发展起到了重要作用。同时，在市场经济体制下，2000 年蒙古国大呼拉尔通过了有关旅游的法律外，对旅游服务、旅游经营单位实施免除增值税。在这些措施和旅游经营部门的努力下，近年蒙古国接待的游客人数每年平均增长 15%～20%，旅游业收入占到了国内总产值的 10%左右。按市场需要，旅游业在进行公平竞争中，旅游服务的文化品位在提高，旅游产品的名目在增多。在 1990 年有唯一的"旅行者联合公司"，在乌兰巴托市有两个旅馆，三个旅游基地在开展活动。到了 2004 年，增至 546 个旅游企业单位、300 个旅馆、160 个旅游基地、110 个度假村开展活动，旅游人数每年按 20%增加。应社会需求，有了培养旅游专业技术人才的大学、高等学院，由 2000 年的 17 所增加到 2004 年的 35 所。与此同时，精心编写了《旅游高等教育内容提要》，并且 2003 年蒙古国被吸收为世界旅游技术教育联盟成员。在国内生产总值中，旅游业部门收入所占比例由 1999 年的 2.8%增加到 2004 年的 10%。根据世界旅游组织的统计，来蒙古国旅游人数近几年平均增长 7.5%，并且比世界旅游平均增长高 3.5%。2006 年以来，蒙古国入境旅游人数逐年增加，到 2016 年达到 271.19 万人次，其中外国旅游人数为 47.12 万人次（图 10-36）。在外国旅游人数中中国旅游者人数为 18.58 万人次，占外国旅游者总人数的 39.43%，是最多的；其次是俄罗斯，旅游人数为 8.77 万人次，占 18.60%；再次是韩国，旅游人数为 5.95 万人次，占 12.63%。

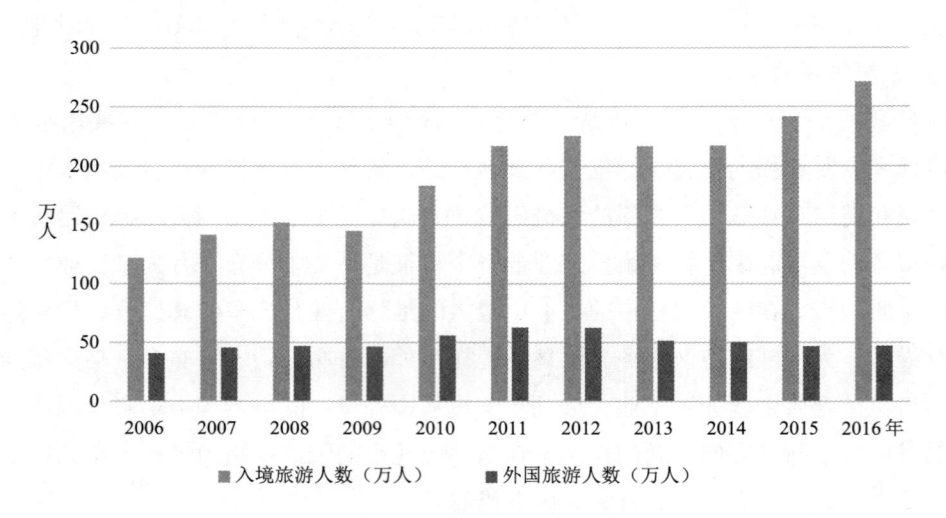

图 10-36　蒙古国 2006～2016 年入境旅游人数

数据来源：《蒙古国统计年鉴 2016》

蒙古国美丽的山川原始风貌、历史文化、名胜古迹、游牧文化、考古学珍贵文物、珍稀动植物，还有蒙古民族好客的风俗是蒙古国主要的旅游资源。历史文化专项旅游有增长趋势。随着入境游客人数的增加，蒙古国民族纪念品、针织品、绒毛制品工业得到发展，产品的品种增加，花色、质量在提高。2002 年，游客购买工艺品、文化纪念品所支付的费用，占总费用的 14%，比 1998 年增长了 25%。入境游客在蒙古国逗留时间平均 12.8 天，一天平均费用 87 美元。

目前，在蒙古国范围内 2 030 万公顷的土地纳入了专门保护，占全国总面积的 13.3%。2000～2001 年国内外 3.15 万游客前往杭爱山脉、浩尔高山、特尔胡音查干湖、辉斯奈曼湖、戈壁古尔班赛汗山、库苏古尔湖、汗肯特山等自然保护区和高尔黑—特雷勒吉自然综合区观光旅游。

蒙古国旅游业发展前景较好的是医疗保健旅游。蒙古国有国际认证的 90 多个矿泉地，其中温泉 40 处，冷泉 52 处，天然蒸气泉 1 处，类矿泉泉水 108 处，具有医疗淤泥、黏泥的湖泊、泥潭 40 处。目前，全国性矿泉医疗机构有 9 处、地方性有 3 处常年或季节性地被利用。

蒙古国地大人稀，牧民从事草地畜牧业，过着游牧生活，自然条件和地理环境未受污染，未受人类活动破坏等，这些是吸引游客的重要因素。为了享受洁净的空气和水，观赏这里的珍稀野生动物和原始自然风貌，外国游客络绎不绝地来到这里。除了自然风貌外，蒙古国有众多的历史文化遗迹，作为成吉思汗的故乡，与他的历史有关的纪念地也很多。

2. 蒙古国旅游经济发展战略和重点发展区

蒙古国从计划经济转入市场经济后，各个经济部门开始蓬勃发展起来，旅游业是其中的一个。近年来，蒙古国政府在发展旅游业规划中，确定了蒙古国国家旅游业发展总战略：①发展自然和历史文化旅游；②增加和改善旅游项目；③加强旅游业领导、组织机构，使服务质量达到世界水平；④开发和发展旅游人才资源等。发展旅游区方面，巩固和提升乌兰巴托、哈尔和林、南戈壁地区已经形成的旅游业基础，发展库苏古尔、肯特、巴彦乌列盖等省特色旅游。蒙古国将使国家旅游业适应世界发展潮流，向着高效、独立的行业方向发展，维护生态环境，促进经济稳定发展。蒙古国在区域发展中把旅游业与社会经济长期发展结合起来。

蒙古国近15～20年旅游业发展基本方向：①根据各地自然环境、历史文化、风土人情的差异，分地区发展旅游业。②宾馆旅社和旅游区要按照现代要求，建设好餐馆、酒吧、娱乐场、商店、游戏厅、体育场馆、游泳池、热水洗浴、洗涤、邮政通信、货币兑换服务、公路、广场、清污水管道网络等全套服务设施。③创造培养和培训旅游行业专业人员的条件，研究制定教学大纲。④使旅游区、宾馆旅社、矿泉疗养地、运输部门、旅行社等，以各种所有制形式得到自由发展。⑤旅游部门要采取使各类服务达到国际水平的措施，提高服务质量。⑥增加向游客提供的蒙古民族工艺品和纪念品的花色品种，提高产品质量。⑦进一步扩大世界及国际旅游组织的联系，积极参加他们的活动。⑧在游客流量大且具有较大市场的一些国家，设立旅游代办处，要利用国内外新闻报道、国际会议、国际博览会等做好本国旅游市场的宣传、旅游广告。⑨采取促使旅游经济快速发展的行之有效措施。⑩采取保障外国游客在蒙古逗留期间和蒙古游客在外国逗留期间的健康和安全的措施，纳入保险规范。⑪特别注意建设旅游地区基础设施。⑫修复历史文化古迹，将考古发现的研究项目做成陈列品，向国内外游客开放。⑬发展旅游业的同时，加强保护自然环境工作，逐步采取和实施使自然环境保持原貌，不超过其承载能力的办法和措施。

发展蒙古国旅游业的重要地区：①乌兰巴托市附近高尔赫、特尔勒吉自然地理实体、博格多山禁区；②前杭爱省、后杭爱省的哈尔和林、鄂尔浑谷地；③南戈壁、科布多的古力班赛汗自然地理实体。优先发展旅游业的地区：①浩尔高、特尔胡查干诺尔自然地理实体；②胡斯台诺尔自然资源区；③呼格敖汗山自然资源区。

国家专门保护区列入国际保护区的世界自然遗产地：乌布苏湖流域禁区（自然保护区）。在世界文化遗产地：鄂尔浑谷地文化纪念地。被新曼达勒资源地网收录的地区：戈壁的禁区、乌布苏河流域禁区、博格多山禁区、胡斯台淖尔自然资源区。国际湿地网收录的地区：众湖谷地、蒙古达斡尔、哈尔高特尔赫查干诺尔、翁金湖、哈拉乌苏湖自然地理实体等。

在将来有发展潜力的地区：鄂嫩河巴拉吉自然地理实体、奥特冈腾格尔山禁区、哈拉乌苏湖自然地理实体、东方禁区（保护区）、额莫若格禁区（保护区）、杭爱湖群自然地理实体、蒙古—达斡尔禁区（保护区）。在这些地区为发展文化旅游业应开辟新旅游路线。

国家发展旅游业的基本纲领中提出，将总面积的30%纳入国家专门保护区。

3. 旅游区和重点景区

来蒙古国旅游的外国人主要目的是游览蒙古国山川和原野的原貌、了解和研究蒙古古代历史、文化、游牧经济特点。依据旅客的旅游目的和为蒙古国旅游业长足发展出发，1999年蒙古国政府提出的划分区域来发展旅游业的规定得到大呼拉尔通过。在此规定中确定分7个旅游区来发展旅游业。这些旅游区和主要景点是：

①**库苏古尔旅游区**：淡水湖、自然风光俱全的库苏古尔旅游区拥有湖盆谷地游览、捕鱼、观赏自然风光和珍稀动植物，在冬季滑雪、溜冰、山地滑雪运动，了解和欣赏达尔哈特、养鹿人生活状况、习俗、文化、养鹿经济等。此旅游区的主要景区：库苏古尔湖景区、达尔哈特盆地。

②**鄂尔浑河谷地旅游区**：有蒙古古代历史、文化珍贵纪念地和美丽自然风光的鄂尔浑河谷地旅游区的旅游产品和旅游类型非常丰富。对蒙古古代部落和部落联盟及国家留下的历史文化遗迹、城郭遗址、蒙古木雕艺术、古代建筑艺术、蒙古民族生态文化和习俗进行了解和认识，还可以乘马骑牦牛、捕鱼、洗温泉和疗养，也可进行考察和研究自然界各种地貌形态和地质构造变化以及欣赏原野风光。此旅游区的名声很高，来蒙古旅游的人绝大部分都来这里旅游。现在有70多种旅游设施在工作着，服务质量比较好。旅游区主要景区：横穿沙漠路、额尔德尼召、哈剌和林市、胡吉尔图温泉疗养、鄂尔浑河河谷区、乌兰楚特朗瀑布、八个诺尔景区、青陶鲁盖、朝克图洪台吉白宫等。

③**戈壁旅游区**：对内陆戈壁的自然、动植物的认识，对戈壁原始状态下严酷的自然、气候、植物，以及自然的各种奇特构造和现象的观察，古有机界的遗迹、古生物出土文物场的观赏，对被允许的捕猎物进行狩猎，介绍饲养骆驼、山羊经济状况等都是戈壁旅游区的旅游内容。本旅游区主要的自然、历史景点：巴音扎格（梭梭）、髭兀鹫嘴、红格

尔沙漠、呼热门深谷、朱勒嘎乃、戈壁三座赛罕（美丽）山等。

④东方旅游区：蒙古东方大草原是反映原始自然环境的广阔无边的大草原，可狩猎动物、观赏鸟类、游览死火山、欣赏古代人像石碑和"二战"时期的战场遗址，了解东部蒙古民族的习俗和文化生态。东方旅游区有自然和历史方面的景区：克鲁伦虎城、奥里扎河、海钦查干诺尔、阿拉坦敖包、干嘎诺尔、塔拉音岩洞等。

⑤三河流域旅游区：与成吉思汗生活有关系的三河流域旅游区，主要向旅游者介绍与成吉思汗名称有关联的地区、石碑等纪念地、美丽的自然风光、布里亚特人的生活习俗等。三河流域旅游区主要景区：鄂嫩河、哈喇吉如肯呼和诺尔、杭嘎勒诺尔、巴日亚板庙宇、德力衮宝乐杜格山头、鄂嫩巴乐吉河流域、宾德尔敖包等。

⑥中央旅游区：中央旅游区是能够了解对本区杭爱山区美丽自然风光、动植物的观赏，历史文化纪念地、各种博物馆、工业场所以及人们生活状况、各种会议和商业活动。中央旅游区的主要自然、历史和文化景区有：高如哈—特热乐基、文殊庙、图拉河、阙特勤碑等。

⑦阿尔泰杭爱旅游区：在旅游区内有阿尔泰、杭爱高山雪景、裸岩山体、盐池和淡水湖的湖光、形态奇特的自然、动植物以及西部蒙古部族的生活、习俗、文化等，可进行游览、欣赏、参观以及狩猎活动内容的旅游。本旅游区的主要景区：奥特冈腾格尔山、好日高、特日呼查干诺尔湖、嘎鲁特峡谷（雁子峡）、希日嘎勒吉古特音温泉等。

第二节　中国内蒙古自治区经济发展历程与现状

一、经济发展历程

内蒙古自治区成立已经 71 周年了。自治区的经济经历了起步、探索、艰难曲折、改制转轨、高速发展、创新发展的进程，实现了新的飞跃。

据历史文献记载，1947 年内蒙古自治区成立之初，经济十分落后，有较大规模的洋行 21 家，由英、美、德、法日等外资经营的各种贸易公司 73 家，苏联和日资金融机构 12 家，主要经济命脉基本上掌握在外国资本和官僚资本手里。外国列强控制着 3 000 公里的铁路，近代资本主义的经济虽有所显现，但半封建、半殖民地经济特征十分突出。1947 年自治区成立时，全自治区工农业总产值 5.25 亿元，人均 93.47 元。其中，农业总产值 4.72 亿元，人均 84 元；工业总产值 0.53 亿元，人均 9.44 元。社会商品零售总额

0.834 亿元，人均 4.85 元。年财政收入 9 万元。粮食总产量 184.5 万吨。牲畜总头数 838 万头。原煤产量 35 万吨。铁路和公路通车里程分别为 1 557 公里和 1 021 公里。

东部地区于 1947~1948 年，西部地区于 1951~1952 年实行了土地改革的制度，大大提高了农牧民的生产积极性，为经济建设注入了强大的内生动力。1952 年，全区农业总产值比土地改革之前增长了 107.4%，耕地面积增加了 30.4%，粮食产量增长了 47.9%。全区牲畜达到 1 332 万头（只），比 1947 增长了 72.2%，比 1949 年增长了 51.4%，彻底扭转了农牧业生产长期下降的趋势，改善了广大农牧民的生活，为自治区经济建设打下了较好的物质基础。

1952~1956 年，内蒙古开展了以"农业合作社化运动、畜牧业合作化运动、个体手工业生产合作社运动、资本主义工商改造"为中心的社会主义改造运动。1957 年，实现国内生产总值 21.27 亿元，人均国内生产总值 232 元，比 1952 年分别增长 174.92%和 134.1%；社会商品零售额 8.63 亿元，出口商品总额 754 万美元，比 1952 年分别增长 244.47%和 165.2%；实现地方财政总收入 31 385 万元，比 1952 年增长 236.1%；职工平均工资达到 691 元，比 1952 年增长 152.2%；居民消费水平达到 114 元，比 1952 年增长 123.9%。

1957 年之后，内蒙古经济经历了"大跃进""人民公社化""三年困难时期""文化大革命"艰难曲折、复杂而又非常特殊的时期。内蒙古的经济受到严重干扰，一些生产部门的生产停滞甚至倒退，内蒙古经济发展经历了一个艰难曲折的特殊时期。1976 年，内蒙古社会总产值、国民收入、工农业总产值按可比价格计算，比 1966 年分别增长 44.4%、34%和 60%，年增长率分别为 3.7%、3%和 4.8%（图 10-37）。"文化大革命"期间，畜牧业生产遭到较严重破坏，增长速度较迟缓。与 1966 年相比，1976 年牲畜头数仅增长 4.01%。

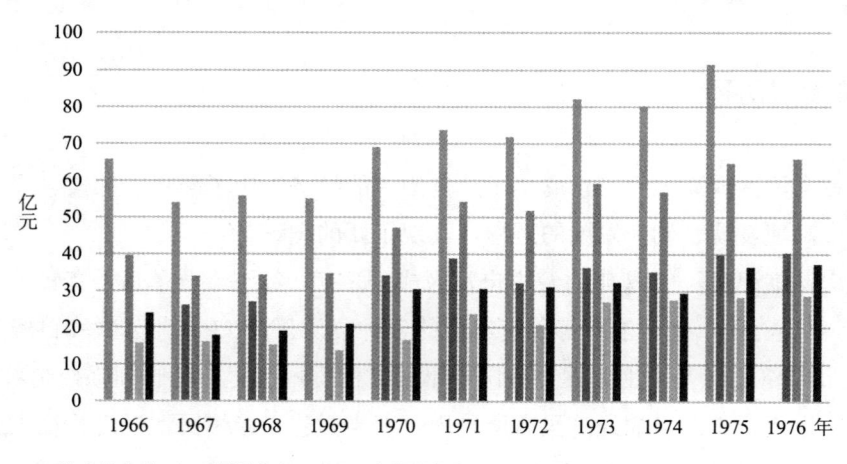

图 10-37　内蒙古自治区 1966~1976 年社会总产值、国民收入、工农业总产值

数据来源：《内蒙古统计年鉴》（1966~1976）

从上表可看出,"文化大革命"期间,内蒙古自治区经济总体趋势是有所增长,但是有的年份是增长的,有的年份负增长,呈现出起伏变化波动的趋势。1967~1969年内蒙古自治区经济下滑,1970年后,经济又开始在波动中小幅增长至1978年。1958~1978年,内蒙古自治区居民国民收入很低,而且波动也很大。1958年人均国民收入为247元,到1959年人均国民收入最高,为298元。1978年为257元。在20年间仅增加了10元。这说明人民收入水平提高非常缓慢,再加物价的上涨,实际上人民群众生活水平下降,十分艰难。

1979年之后,实施"改革开放"政策,转变资源配置方式,由计划经济转到发挥市场在资源配置中的基础性作用的市场经济,从计划经济体制向市场经济体制转轨。1979~1984年在农村牧区重点实施了以"大包干""包产到户"为主要形式的家庭联产承包责任制,使内蒙古农村牧区经济得以恢复并较快增长。农村经济体制的改革,对农业生产力的解放、发展起了极大的推动作用。1978~1990年,粮食总量由499万吨增长至973万吨,增长率为95%。1981年开始,在牧区推行牲畜草场"双承包"责任制,使内蒙古牲畜头数从1985年开始由下降转为稳定,逐步出现增长趋势。1990年内蒙古牲畜头数达到4 254万头(只)。1984~1990年,改革的重点由农村扩展到城市。城市经济体制改革是对城市经济的生产、流通、交通、分配等各方面进行配套改革。通过经济的各项改革,使内蒙古经济从1980年开始走上了持续、健康、稳定发展的轨道,此后各年的增长速度稳步上升。到1990年,内蒙古国内生产总值达到286.62亿元,国民收入、社会总产值和工农业总产值分别为233.38亿元、535.19亿元、242.65亿元,比1978年增长4倍、3.88倍、2.16倍。主要工业产品居全国的位次上升,原煤产量由第10位上升到第8位,钢产量由第9位上升到第7位,发电量由第24位上升到第17位,木材由第4位上升到第3位。

1990年地区生产总值与1980年相比,由65.16亿元增加到286.62亿元。按当年价格计算,增长了3.4倍,不仅高于全国同期的平均增长速度,也明显快于内蒙古前30年的增长速度。这个时期,农牧业生产取得了突破性进展。1990年,内蒙古农业生产总值达到55.2亿元,比1980年增长了2.43倍。粮食产量由1978年的49.9亿公斤增加到1990年的97.3亿公斤,增长了95%。据牧业1990年度统计,内蒙古牲畜总头数为5 568.1万头(只)。1990年工业总产值达到260.1亿元,比1985年增长64.4%。1988年末,自治区各种经济类型的商业、饮食业、服务业机构有21.2万个,比1978年增长了7.2倍。出口商品总额2.94亿美元,增长27倍。同时,出口商品品种增加到401种。中苏、中蒙边境贸易发展迅速,1988年成交总额达9 677万美元。

20世纪的最后10年,即1991~2000年,正是实施"八五""九五"两个五年计划的时期。这两个五年经济社会发展计划制定了要实现具有全局意义的根本转变：一是经济体制从传统的计划经济体制向社会主义市场经济体制转变，二是经济增长方式从粗放型向集约型转变。为实现两个转变任务，内蒙古制定了《内蒙古自治区国民经济和社会发展十年规划（1991～2000）》。根据内蒙古已有经济发展的现实基础，提出并实施了资源转换、开放带动、科教兴区、人才开发和名牌推进"五大战略措施"，紧紧抓住了调整结构、提高效益、开拓市场三个重要环节，从而促进了内蒙古经济综合实力的提升，全面提高了可持续发展能力。1991～1995年（"八五"），内蒙古的经济实力得到进一步增强，国内生产总值由1990年的319.30亿元，增加到1995年的857.06亿元，平均年均增长率为10.3%。人均地区生产总值从1990年的1 478元增加到1995年的3 772元，增加了2 294元。1995年，在国内生产总值中，第一产业所占比重30.4%，第二产业所占比重为36%，第三产业所占比重为33.6%。三次产业的结构由1990年的三产业比35.3∶32.1∶32.7变化为1995年的30.4∶36∶33.6。1990～1995年，粮食产量累计5 200万吨，比1986～1990年增长了47.5%，实现了自给有余。牲畜头数达到6 065万头。第二产业稳步发展，其总产值由1990年的102.43亿元，增加到1995年的208.78亿元，增长一倍以上。

  1996～2000年（"九五"），内蒙古的国民经济总量高速度增长，产业结构继续优化，农牧业基础地位更加巩固，工业实力得到增强，经济综合实力上了一个台阶。内蒙古地区生产总值由1995年的857.06亿元，增加到2000年的1 539.12亿元。人均国内生产总值由1995年的3 772元增加到2000年的6 502元。内蒙古畜牧业产值由1995年的148.56亿元增加到2000年的205.46亿元，年均增长幅度保持在5%以上。2000年牲畜头数为4 912万头（只）。2000年，全部工业增加值507亿元。1995～2000年（"九五"），内蒙古外贸进出口总额累计达到75.8亿美元，比1991～1995年（"八五"）增长54%。

  2001～2010年，内蒙古落实"五个统筹"（统筹经济社会、统筹城乡、统筹对内对外开放、统筹区域、统筹人与自然协调发展）视为科学发展的主要任务，先后提出了"快""大""长""好"的具体发展要求。"快"，即有条件、有优势的地区要努力实现跨越式发展。"大"，即不能满足于较快的发展速度和人均生活水平，要在优化结构、提高效率的前提下，努力做大经济总量。"长"，既要正确处理快增长与长周期的关系，力争使经济发展保持一个较长的快速增长期。"好"，即要全面落实树立科学发展观，切实做到统筹兼顾协调发展、遵循规律持续发展、以人为本和谐发展。2001～2010年，内蒙古经济突破了"两个万亿"和"两个千亿"大关：地区生产总值突破万亿元，2010年达11 672亿元；金融机构各项存款余额突破万亿元，达10 278.7亿元，城乡居民人均储蓄存款余额1.9万元；内蒙古自治区地方财政收入突破千亿元，达1 738.1亿元，地方财政总收入

5年翻了近两番；规模以上工业企业实现利润突破千亿元达1 047亿元。随着工业化进程的推进，至2005年在内蒙古自治区已经形成了以能源、化工、冶金建材、机械装备制造、农畜产品加工和高新技术为核心的六大特色优势产业。2005~2010年，六大优势特色产业继续呈现出较为良好的发展态势。内蒙古自治区的原煤产量占全国的比重由12%提高到24%，发电量达到260亿千瓦小时，占全国的比重由4.1%提高到6.1%，外送电量居全国首位。2010年，能源、化工、冶金建材、机械装备制造、农畜产品加工和高新技术六大优势特色产业的增加值占内蒙古规模以上工业增加值比例达到90%，成为拉动工业生产快速增长的主要动力。

2011年以来，内蒙古自治区紧紧围绕打造中国北疆亮丽风景线，与时俱进完善发展思路，凝心聚力破解发展难题，胜利完成了"十二"规划，全自治区综合经济实力、产业发展层次、城乡发展面貌、区域协调水平、发展支撑能力和人民生活水平上了一个大台阶，为决胜全面建成小康社会奠定了坚实基础。在发展定位上，提出把内蒙古建成保障首都、服务华北、面向全中国的清洁能源输出基地、全中国重要的现代煤化工生产示范基地、有色金属生产加工和现代装备制造等新型产业基地、绿色农畜产品生产加工输出基地、体现草原文化和独具北疆特色的旅游观光休闲度假基地、中国北方重要的生态安全屏障、中国北疆安全稳定屏障、我国向北开放的重要桥头堡和充满活力的沿边经济带。内蒙古把握好经济发展新常态下的新情况、新特点，牢固树立、切实贯彻"创新、协调、绿色、开放、共享"的新发展理念，破解发展中的难题，厚植发展优势，以较好的成绩完成了"十二"规划目标和任务。2011~2017年，内蒙古自治区生产总值从1.4万亿元增加到1.6万亿元，年均增长2.0%，人均生产总值由8 905美元提高到1.15万美元，居全国第6位。2011年以来，内蒙古自治区把经济结构战略性调整作为转变经济发展方式的主攻方向，围绕建设"五大基地"，坚持以提高经济发展质量和效益为中心，推动传统产业转型升级，加快发展非资源性和战略性新兴产业，产业结构调整取得明显成效。

2017年，全区地区生产总值16 103.2亿元，按可比计算，比上年增长4.0%。其中，第一产业增加值1 647.2亿元，增长3.7%；第二产业增加值6 408.6亿元，增长1.5%；第三产业增加值8 047.4亿元，增长6.1%。三次产业比例为10.2：39.8：50.0。人均生产总值达到63 786元，比上年增长6.1%，按年均汇率计算折合为9 606美元。

全区一般公共预算收入1 703.4亿元；一般公共预算支出4 523.1亿元。

农牧业提质增效，优质高产农作物加快发展，畜牧业呈现出快速发展的趋势，2017年粮食产量为2 768.4万吨，牲畜存栏12 614.8万头（只），比上年下降7.2%，牛奶、羊肉、羊绒产量居全国首位。2017年全部工业增加值5 109亿元。内蒙古自治区服务业增加值增加到 2017 年的 8 047.4 亿元，服务业增加值占地区生产总值的比重提高到 2015 年的 50.0%，服务业对经济增长的贡献率已达到 74.9%。内蒙古自治区城镇居民人均可支配收入提高到 2017 年的 35 670 元，恩格尔系数 27.4%；农牧民人均可支配收入 2017 年为 12 584 元，恩格尔系数 27.8%。

这个时期，内蒙古自治区主要经济指标增速有些波动，在下行压力持续加大的情况下稳住了经济增长，实现了新常态下新发展。

二、经济发展现状

内蒙古自治区面对复杂严峻的经济形势和艰巨繁重的改革发展任务下，全区经济运行呈现总体平稳、稳中有进的发展态势，经济结构不断优化，质量和效益稳步提升，人民生活持续改善，社会大局保持和谐稳定，实现了经济的平稳发展。

2018 年，全自治区地区生产总值 17 289.2 亿元，按可比计算，比上年增长 5.3%。其中，第一产业增加值 1 753.8 亿元，增长 3.2%；第二产业增加值 6 807.3 亿元，增长 5.1%；第三产业增加值 8 728.1 亿元，增长 5.1%。三次产业比例为 10.1：39.4：50.5。人均生产总值达到 68 302 元，比上年增长 5.0%，按年均汇率计算折合为 10 194 美元。

全区一般公共预算收入 1 857.5 亿元；一般公共预算支出 4 806.3 亿元。

工业增加值 5 461.5 亿元，比上年增长 6.9%。其中，规模以上工业企业增加值增长 7.1%。全年建筑业增加值比上年下降 2.1%。全区具有建筑业资质等级的建筑施工企业 1 147 家。

全社会固定资产投资总额比上年下降 27.3%。全年社会消费品零售总额 7 311.1 亿元，比上年增长 14.4%。

海关进出口总额 1 034.4 亿元。其中，出口总额 378.6 亿元，进口总额 655.7 亿元。

完成货物运输总量 24.8 亿吨，货物运输周转量 5 644.2 亿吨公里。完成旅客运输总量 14 612.9 万人次，旅客运输周转量 336.7 亿人公里。

旅游总收入 4 011.4 亿元。接待入境旅游人数 188.1 万人次，旅游外汇收入 12.7 亿美元。国内旅游人数 12 856.1 万人次，国内旅游收入 3 924.0 亿元。

居民人均可支配收入 28 376 元，居民人均生活消费支出 19 665 元。其中，城镇常住居民人均可支配收入 38 305 元，城镇常住居民人均生活消费支出 24 437 元；农村牧区常住居民人均可支配收入 13 803 元，农村牧区常住居民人均生活消费支出 12 661 元。城镇居民家庭恩格尔系数为 26.9%，农村牧区居民家庭恩格尔系数为 27.5%。

三、农业

1. 畜牧业发展与布局

（1）畜牧业的发展

内蒙古畜牧业历史悠久。大量的考古证实，内蒙古地区是北半球大陆重要的畜牧业起源中心。早在 6 000 万年前，内蒙古地区就有有蹄类动物的祖先古踝节类动物生存。在 60 万～70 万年以前，今内蒙古大青山南麓的古人类过着狩猎为主的生活。距今 3.5 万年左右，内蒙古乌审旗萨拉乌苏河流域的"河套人"聚居区就已有普氏野马、野驴、野猪、盘羊、诺氏驼、原始牛等与人类共存。10 000 年以前，内蒙古的先民就过着以畜牧狩猎为主的生活。10 000～4 000 年以前，内蒙古地区从东到西的新石器时代遗址大都出土有属于家畜的狗、猪、牛、羊、马等，它们与人类共生存，说明此时的畜牧业已有相当发展。

"唐虞以上，有山戎、猃狁、荤鬻居于北蛮，随畜牧而转移。其畜之所多则马、牛、羊，其奇畜则橐驼、驴、羸、駃騠、騊駼、驒，逐水草迁徙。"这是史籍对今内蒙古一带畜牧业情况较早的文字记述，距今已有 4 000 多年历史，虽非尽确，但说明游牧部族和较发达的游牧畜牧业由来已久。此后，历经诸多民族的更迭，内蒙古地区一直有着发达的畜牧业，畜牧业始终是最重要的经济形态。元代蒙古族的畜牧更加发达，"盖其沙漠万里，牧养蕃息，太仆之马殆不可以数计，亦一代之盛哉"。明代，蒙古右翼土默特万户首领俺答汗有马 40 万匹，骆驼、牛羊以百万计。民国八年（1919 年）统计，内蒙古中、东部地区就有牲畜 521.64 万头，民国二十五年（1936 年），东蒙和绥远地区有牲畜 937.60 万头，至 1947 年内蒙古自治区成立时，降到 921.90 万头，仍不失为历史留下的厚重遗产。

内蒙古自治区是国家的畜牧业大区，也是国家的重要牧区和畜牧业基地。畜牧业是内蒙古自治区的基础产业，在自治区经济中具有举足轻重的地位。牲畜存栏规模不断扩大，全内蒙古牧业年度牲畜总头数由 1947 年的 931.9 万头（只）至 1978 年 4 162 万头（只），到 2005 年末牲畜存栏头数 6 942 万头，占全国牲畜总存栏头数的 6.7%。2016 年牲畜总头数已增加到 1.36 亿头（只），比 1978 年增加了 9 435.6 万头（只），增长了 2.3 倍（图 10-38）。与此同时，内蒙古主要畜产品产量大幅度提高，2015 年肉类总产量达到 206.46 万吨，在全国的位次由 1978 年的第 19 位提高到第 16 位；牛奶产量达到 803.2 万吨，在全国的位次居第一位。羊绒、羊毛等畜产品产量实现了成倍增长。内蒙古的牛奶、羊肉、羊绒产量均居全国首位，人均占有牛羊肉、牛奶产量在全国各省、市、自治区中是最多的。

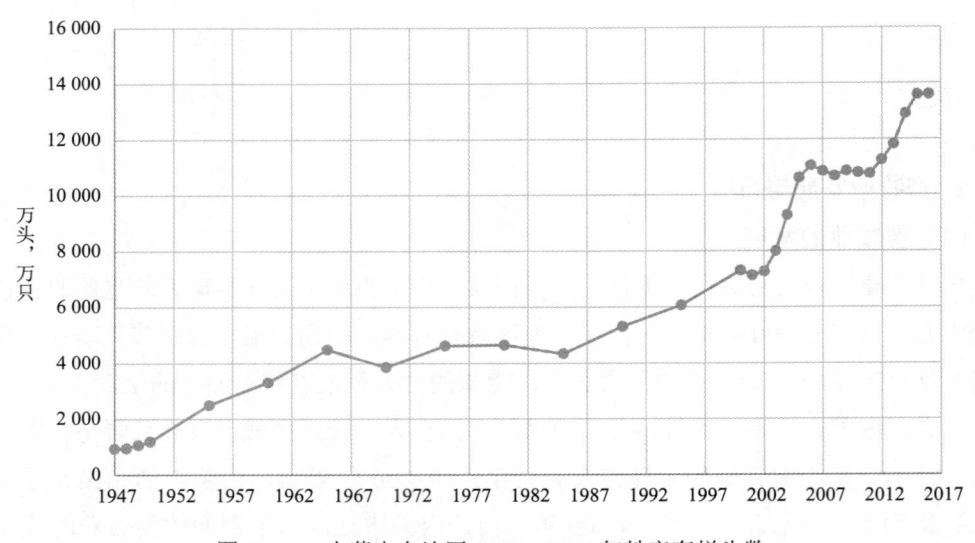

图 10-38 内蒙古自治区 1947～2016 年牲畜存栏头数

数据来源：《2016 内蒙古统计年鉴》

2016 年全区牧业年度牲畜存栏头数达 13 597.9 万头（只），比上年增长 0.1%。牧业年度良种及改良种牲畜总头数 12 398 万头（只），良种及改良种牲畜比重 91.2%，比上年提高 0.9 个百分点。全年肉类总产量 258.9 万吨，比上年增长 5.4%。

（2）畜种资源及结构

内蒙古自治区畜牧业的迅速发展，得益于数量较多，质量较好，种类比较齐全的畜种和品种资源。在自治区成立初期的 900 多万头牲畜中，马、牛、绵羊、山羊、驼、驴、骡、猪、驯鹿以及各种禽类齐全，而且具有一大批经过长期自然选择和人工选育所形成的适应性强、生产性能较好的畜禽品种。其中牛有蒙古牛、乌珠穆沁牛、三河牛，马有蒙古马、乌珠穆沁马、百岔马、乌审马、三河马、锡尼河马，绵羊有蒙古羊、乌珠穆沁羊、滩羊，山羊有内蒙古白绒山羊、布特哈奶山羊，骆驼有阿拉善双峰驼、苏尼特双峰驼，猪有河套大耳猪、金宝屯猪，以及库伦驴、边鸡等。这些品种不仅是引进优良品种进行杂交改良，培育新的优良品种的很好的母本，也是进行本品种选育，培育新的地方良种的基础。至 1995 年，全区先后培育、选育成功并经国家有关部门或内蒙古自治区人民政府正式鉴定、验收、命名的 23 个牲畜品种和品种群中，无不分别具有上述品种的基因。其中内蒙古白绒山羊、乌珠穆沁羊以及阿拉善双峰驼等一些国内特有、享誉世界的优良品种，都是在原有地方品种的基础上选育成功的。蒙古牲畜的总头数虽然增加，但其内部的结构变化不一致，大畜数量增加缓慢，并在牲畜中的比例持续下降，小畜总头数增加较快，它在牲畜中的地位和比例显得越来越突出。

(3) 畜牧业生产布局

根据内蒙古的自然条件、畜群结构与特点、经营方式、市场需求与产业效益，把畜牧业生产分为 5 个布局区，即牧区畜牧业、半农半牧区畜牧业、农区畜牧业、林猎区畜牧业、城市工矿区畜牧业。

牧区畜牧业：牧业区基本上分布在内蒙古高原，这里是中国重要的畜牧业基地，素有"畜牧王国"的美誉。2003 年牧业区包括 24 个旗市。土地面积 70 万平方公里，占自治区土地总面积的 59.17%。草场 5 618.44 万公顷，占自治区草场总面积的 71.24%。可利用草场为 4 326.98 万公顷，占牧区草场总面积的 77.01%，占自治区可利用草场面积的 69.46%，牧业旗总人口为 213.14 万人，占自治区总人口的 8.96%。2003 年中牲畜总头数为 3 216.30 万头，占自治区牲畜总头数的 40.23%。根据牧区自然地理环境结构及畜牧业地域分异特点，可分为 3 个类型区。即东部森林草原、草甸草原区畜牧业，中部典型草原、沙地草原和荒漠草原区畜牧业，西部草原化荒漠与荒漠区畜牧业。

半农半牧区畜牧业：半农半牧区的分布较零散，基本介于农业区与牧区之间。半农半牧区包括 16 个旗。人口众多，农牧兼营，有的以农为主畜牧为辅，有的以牧为主农业为辅。土地面积 17.30 万平方公里，占自治区土地总面积的 14.62%。草地面积为 1 214.77 万公顷，占自治区草场总面积的 15.40%。可利用草地为 1 025.28 万公顷，占本区草场总面积的 84.40%，占自治区可利用草场面积的 16.46%。2003 年，总人口为 512.61 万人，占自治区总人口的 37.16%。年中牲畜总头数为 2 133.51 万头，占自治区牲畜总头数的 26.71%。

农区畜牧业：内蒙古农区包括 31 个旗县市。农区畜牧业，是内蒙古地区畜牧业的重要组成部分。以种植业为主，兼有小片草场。畜牧业的经营方式，对耕役畜如牛、马、驴、骡等，多以舍饲为主，放牧为辅。一般冬春舍饲，夏秋放牧。通常都有棚圈，舍饲用的草料，主要来自农作物的秸秆及其副产品。由于自然条件和经济条件的不同，各地经营畜牧业的畜类也不同。东部区条件较好，农区畜牧业以牛和绵羊为主；西部以小畜和猪、禽为主。农区土地面积 14.50 万平方公里，占自治区土地总面积的 12.26%。草地面积为 627.84 万公顷，占自治区草场总面积的 7.96%。可利用草地为 518.47 万公顷，占本区草场总面积的 82.58%。占自治区可利用草场面积的 8.32%。2003 年，总人口为 512.61 万人，占自治区总人口的 37.16%。年中牲畜总头数为 2 101.14 万头，占自治区牲畜总头数的 26.29%。

林区畜牧业：林区包括 4 个旗县市。这一地区具备林、牧、农结合的条件。土地面积 14 万平方公里，占自治区土地总面积的 11.83%。草地面积为 302.15 万公顷，占自治区草场总面积的 3.83%。可利用草地为 256.45 万公顷，占草场总面积的 84.88%，占自治区可利用草场面积的 4.12%。2003 年，总人口为 99.05 万人，占自治区总人口的 4.16%。年中牲畜总头数为 88.07 万头，占自治区牲畜总头数的 1.10%。

城市工矿区畜牧业： 城市工矿区包括各级政府驻地和大型工矿、国营牧场和种畜场所在地。这类地区为了解决居民对肉、奶、禽、蛋、鱼、菜、果的需要，形成了以"菜篮子"产品为主的副食品生产基地。土地面积 2.50 万平方公里，占自治区土地总面积的 2.11%。草地面积为 123.64 万公顷，占自治区草场总面积的 1.57%。可利用草地为 102.68 万公顷，占草场总面积的 83.05%，占自治区可利用草场面积的 1.65%。2003 年，总人口为 686.21 万人，占自治区总人口的 28.84%。年中牲畜总头数为 454.64 万头，占自治区牲畜总头数的 5.67%。其中，奶牛饲养数和比重在各区中最高。

2. 种植业发展与布局

（1）种植业发展

从挖掘出土的新石器的石斧、石犁、石臼证实，在公元前 4 000 多年的新石器时代，内蒙古地区已经出现了农业种植的雏形。人们在游牧经济中为了生活自给，以畜牧业为主业，种植业为辅助业，有了零星分散的少量谷物种植，种植制度粗放，规模时盛时衰。西周时期的黄河流域大量种植黍、稷，为当时的主要粮食。秦汉时期小麦面积逐渐增多，还有大麦、菽、豆类、胡麻、粳稻、麻类等作物。在汉朝实行大规模戍边移民垦殖政策后，"地皆新辟"，种植业有了更大的发展。此后，在历代王朝统治下，种植业时盛时辍，长期处于天灾人祸和粗放耕作的条件下，生产力很低。据史料记载，1770 年玉米、马铃薯始传入内蒙古，1780 年燕麦开始在内蒙古广泛种植。1947 年内蒙古自治区成立时，种植业比较落后，全自治区农作物总播种面积 347.9 万公顷。其中粮食作物播种面积 318.9 万公顷，经济作物播种面积 20.4 万公顷；粮食总产 18.45 亿公斤，平均亩产 38.3 公斤，农业总产值 4.72 亿元。至 1966 年，种植业得到稳步发展，农业总产值达到 14.5 亿元，年平均增长 8.1%，人均粮食 500 公斤以上。在"文革"时期种植业处于停滞状态。从 1979 年又开始较快发展，全自治区农作物总播种面积达 488.1 万公顷，其中粮食作物播种面积为 404.2 万公顷，经济作物播种面积为 52.8 万公顷；粮食产量达 510 万吨，比 1947 年增加了 325.5 万吨，增幅高达 1.4 倍。到 2000 年粮食总产量达 140 亿公斤，人均粮食产量 525 公斤，农业总产值已达 543.16 亿元，其中种植业产值为 272.52 亿元。进入 21 世纪后，国家和自治区出台了许多惠民政策提高农民的种粮积极性，特别是 2004 年出台了"二减免""三补贴"等一系列支持粮食生产的政策后，粮食产量屡创历史新高。2006 年，粮食产量 170.49 亿公斤，人均粮食产量 713.2 公斤，农业总产值 1 085.86 亿元，其中种植业产值 421.37 亿元。到 2016 年，全年农作物总播种面积 794.7 万公顷，比上年增长 5.0%。其中，粮食作物播种面积 578.5 万公顷，增长 1.0%。粮食总产量达 2 780.3

万吨，比上年下降 1.7%；油料产量 225.5 万吨，增长 16.5%；甜菜产量 266.8 万吨，增长 15.9%；蔬菜产量 1 502.3 万吨，增长 3.9%；水果（含果用瓜）产量 316.3 万吨，增长 6.6%。2016 年的粮食产量比 1978 年增加了 2 281.2 万吨，增幅高达 4.6 倍，在全国的位次居第 10 位（图 10-39）。

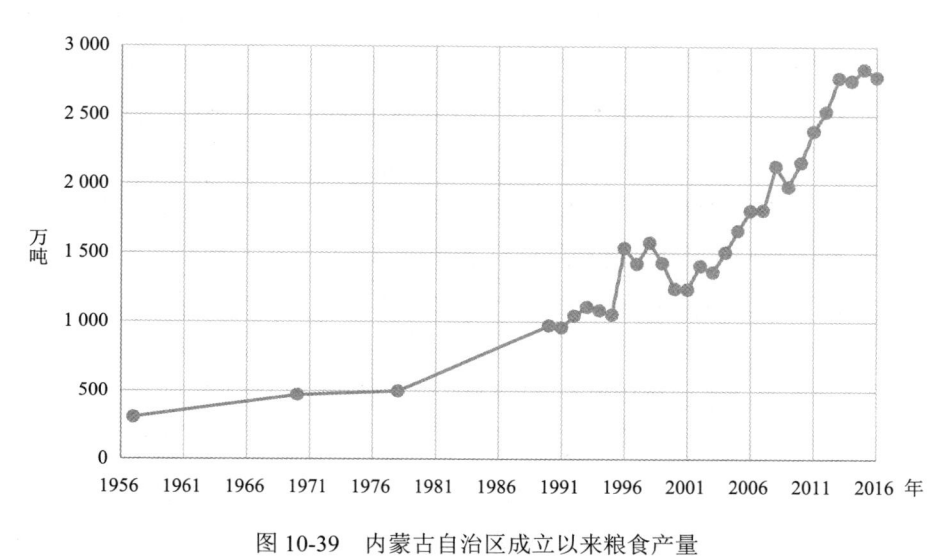

图 10-39　内蒙古自治区成立以来粮食产量

数据来源：《内蒙古自治区统计年鉴 2016》

（2）宜农土地资源利用类型

内蒙古地貌条件复杂，自然带类型多样，地表组成物质地域差异明显，因而各地区土地资源利用类型很不相同。适宜用于种植业的土地资源很有限，而且分布也不平衡。内蒙古宜农土地资源利用类型可划分为三类：①一年一熟旱作基本稳定类：包括大兴安岭山地及两麓、西辽河平原通辽以东地区。年湿润度大于 0.6，年降水量大于 350~450 毫米，旱作农业产量较高，且基本稳定；②一年一熟旱作欠稳定—不稳定类：包括西至苏尼特左旗偏西部、苏尼特右旗朱日和以南、达尔罕茂明安联合旗的百灵庙、乌拉特前旗的佘太镇、杭锦旗的四十里梁、鄂托克旗的乌兰镇一线的广大半干旱草原栗钙土地区。年湿润度 0.3~0.6，年降水量 200~450 毫米。旱作产量较低，且不稳定，自东向西产量的稳定性愈来愈差；③一年一熟不能旱作类：位于第二类以西的广大棕钙土带和灰漠土带，年湿润度小于 0.3，年降水量小于 200 毫米，南部少于 300 毫米。发展灌溉农业和绿洲农业。

（3）作物组成与结构

内蒙古农作物由粮食作物、经济作物以及其他作物组成。据 2015 年统计，粮食作物播种面积为572.7万公顷，占全自治区农作物总播种面积的75.67%；经济作物面积为184.1万公顷，占24.13%；其他作物面积47.9万公顷，占6.33%。粮食作物中，玉米播种面积340.7万公顷，产量2 250.8万吨，分别占粮食作物播种面积和产量的45.02%和79.62%；小麦播种面积56.4万公顷，产量158.3万吨，分别占7.45%和5.60%；薯类播种面积51.3万公顷，产量147.0万吨，分别占6.78%和5.20%；豆类播种面积69.0万公顷，产量103.0万吨，分别占9.12%和3.64%；稻谷播种面积7.9万公顷，产量53.2万吨，分别占1.04%和1.88%。经济作物中，油料作物播种面积91.3万公顷，占全内蒙古经济作物播种面积的49.59%；甜菜播种面积5.0万公顷，占2.72%；蔬菜播种面积27.7万公顷，占15.05%。从上面2015年与2000年作物组成与结构的对比来看，粮食、经济作物和其他作物之间比重变化不大，但这三种作物的内部变化很大，特别是玉米的播种面积扩大，产量也很大，但小麦的播种面积和产量增幅不大，比重却减少了。

（4）作物布局

1949年前内蒙古的粮食作物主要以杂粮为主，糜子、谷子、黍子、高粱、莜麦等抗旱耐瘠薄作物播种面积占粮豆播种面积的60%以上。此后，小麦、玉米、大豆、水稻等作物发展较快，至2015年这些作物的播种面积已占粮豆面积的63.7%。其中玉米在自治区单产和总产均最高，是播种面积最大的主要粮食作物。主要产区在内蒙古东部的通辽市、赤峰市、呼伦贝尔市和兴安盟，河套平原也有一定比例。小麦是内蒙古的重要作物，播种面积较大、分布最广，除新巴尔虎右旗和苏尼特右旗以外的旗（县）市均有种植。主要产区是黄河灌区、阴山丘陵区和呼伦贝尔市岭北岭东地区。河套灌区由于气候等优势条件，小麦品质好，近年生产的"雪花"面粉闻名遐迩，畅销各地。水稻是内蒙古东部盟市近几年发展很快的细粮作物，2000年播种面积为7.9万公顷。马铃薯已成为内蒙古主要栽培作物之一。播种面积近几年有扩大的趋势，2015年为57.3万公顷，约占中国马铃薯总播种面积的10%左右。乌兰察布市、呼伦贝尔市和呼和浩特市地区是主要生产基地。内蒙古粮食作物种植布局：大兴安岭丘陵旱作粮豆区，通赤山地丘陵旱作杂粮区，西辽河平原灌溉玉米区，阴山丘陵旱作小麦、莜麦、马铃薯区，土默特平原灌溉小麦、杂粮区，河套平原灌溉小麦区，鄂尔多斯高原东部旱作杂粮区。

油料作物是经济作物的重要组成部分，内蒙古是中国北方主要油料产区之一。油料作物主要有向日葵、胡麻、油菜籽以及蓖麻、油用大麻和芝麻等，2010年播种面积为69.4万公顷，占内蒙古农作物播种面积的9.17%，近年来有逐年扩大的趋势。内蒙古油料作物中向日葵播种面积最大，产量最高，分别占全自治区油料作物面积和产量的41.0%和60.0%左右，主要分布在河套平原灌溉区、通辽市和赤峰市山地丘陵旱作区。其中河套平原灌溉区向日葵面积和产量分别占全内蒙古向日葵面积和产量的40%和60%以上，与小麦、玉米、甜菜形成了粮油糖综合发展的种植业结构；通辽市、赤峰市山地丘陵旱作区向日葵以油用向日葵为主，面积占全内蒙古向日葵的近30%，是中国优质油用向日葵生产基地。油料作物的布局区：大兴安岭丘陵旱作向日葵、油菜区，通、赤山地丘陵旱作向日葵、蓖麻区，西辽河平原灌溉向日葵、蓖麻区，阴山丘陵旱作胡麻、油菜区，土默特平原灌溉向日葵、胡麻区，河套平原灌溉向日葵区。内蒙古经济作物中除油料作物之外，还有甜菜、烟叶、麻类、瓜果和蔬菜等。瓜果生产的主要布局区：燕山山地—黄土丘陵大苹果区，西辽河平原中苹果区，燕山北部丘陵山地多种果类，河套平原甜瓜、果梨区，呼和浩特市—包头大青山南麓果木、葡萄区，鄂尔多斯高原大苹果区，乌海—阿拉善甜瓜、葡萄区。在菜篮子工程的推动下，蔬菜的品种和数量不断增加，主要布局在呼和浩特、包头、赤峰、乌海、通辽、海拉尔、乌兰浩特、集宁等8个城市和主要工矿区，2015年种植面积为27.7万公顷，产量达1 445.3万吨。

（5）种植业区划

为合理利用当地自然资源和环境条件，保持良好的生态环境，种植业内部组成和结构合理而优化，建立高效、优质和持续发展的生产体系，划分出7个一级种植业区、8个二级亚区：①大兴安岭丘陵平原旱作粮、豆、油料农业区：耕地面积100万公顷，可分三个亚区：a.岭东温凉农业区；b.岭南温暖农业区；c.岭北寒温农业区。②赤峰、通辽山地丘陵旱作农业区：耕地125万公顷，以旱地种植杂粮为主，也是油料、甜菜、饲料的产区，又可分三个亚区：a.南部温热黄土沟壑谷子、玉米、高粱、大豆、油料、甜菜农业区；b.北部温暖农业区，主产杂粮、麦类、油料等作物；c.沙招坨甸温热农业区，以杂粮为主。③西辽河平原灌溉农业区：是重要的商品粮基地，玉米主产区，盛产杂粮、油料、甜菜等作物。④阴山丘陵旱作农业区：耕地面积占全内蒙古耕地面积的35%，是商品粮油基地，小麦、燕麦、马铃薯、亚麻、大麦、莜麦的主产区，可分为2个亚区：a.后山温凉农业区；b.前山温暖农业区。⑤土默特平原灌溉农业区：耕地29万公顷，主产小麦、杂粮、油料、甜菜、豆类、果树、蔬菜等。⑥河套平原灌溉区：耕地33万公顷，是以春小麦为主的产粮地区，也是甜菜、向日葵、瓜果等作物的产区。⑦鄂尔多斯高原旱作农业区：耕地18万公顷，以旱作糜、谷、黍、马铃薯、油料为主，产量不稳定。

3. 林业生产发展与布局

内蒙古自治区有着十分丰富的森林资源，其面积约占全国森林面积的12.8%，活立木蓄积量约占全国的10%，是中国的多林省区之一。其中林业用地、宜林地、森林面积、人工林面积和人均造林面积等多项指标均居全国第一位。

内蒙古的森林资源主要分布在大兴安岭原始林区和11个次生林区，以及自治区各盟市所属的国营林场。大兴安岭原始林区主要分布在中国内蒙古森林工业集团和国家林业局所属大兴安岭林业集团公司辖区境内。11个次生林区分别是大兴安岭次生林区和宝格达山、迪彦庙、克什克腾、罕山、茅荆坝、大青山、蛮汉山、乌拉山、贺兰山、额济纳等。

据1993年全区森林资源清查资料，全区林业用地面积3 214.06万公顷，占全区总土地面积的27.17%，占全国林业用地面积的12.52%。其中，有林地面积为1 406.57万公顷，占林业用地面积的43.76%，灌木林地面积为212.42万公顷，占6.61%，疏林地面积为110.07万公顷，占3.43%，未成林造林地面积为42.12万公顷，占1.31%，苗圃地面积为1.25万公顷，占0.04%，无林地面积为1 441.63万公顷，占44.85%。在林业用地中，原始林区林业用地面积为1 005.52万公顷，占全区林业用地面积的31.28%，次生林区林业用地面积为734.60万公顷，占22.86%，人工林区林业用地面积1 124.92万公顷，占35%。

内蒙古森林面积为1 633.45万公顷，占全区林业用地面积的50.82%。在森林面积中，有林地面积占全区森林面积的86.11%，灌木林地占13%；林网、四旁植树占0.89%。按森林起源分，天然林面积为1 412.14万公顷，占森林面积的86.45%；人工林面积为221.31万公顷，占13.55%。

根据2003年森林资源清查，自治区森林面积比1998年增加326.7万公顷，森林覆盖率由14.82%提高到17.57%。2015年，林业用地面积4 398.89万公顷，森林面积2 487.9万公顷，活立木总蓄积量14.84亿立方米，森林覆盖率21.03%。2000年全区林业总产值达到55.8亿元，其中森林旅游收入达到478万元。2003年全区林业总产值提高至78亿元，比2000年增加40%。2015年，林业总产值103.5亿元（图10-40）。

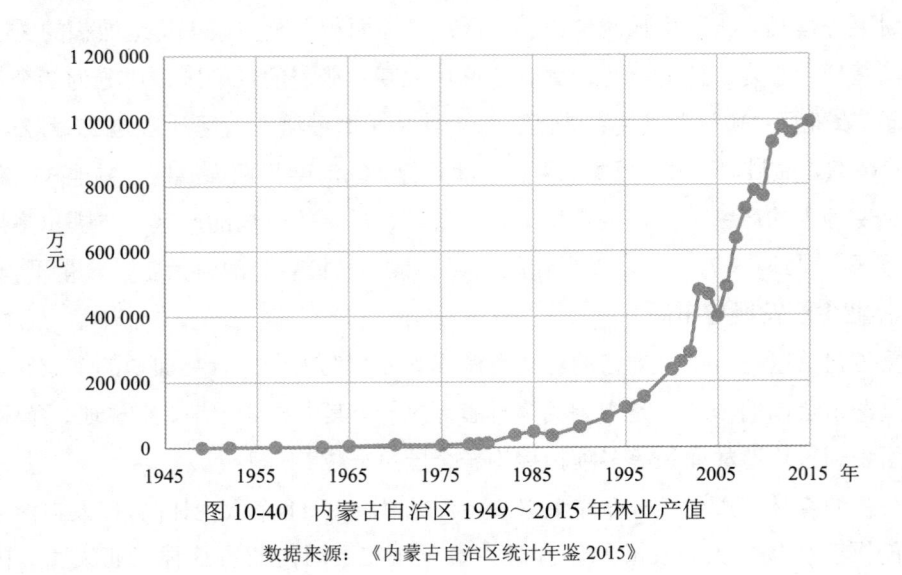

图10-40 内蒙古自治区1949～2015年林业产值

数据来源：《内蒙古自治区统计年鉴2015》

4. 渔业生产的发展

内蒙古有丰富的可利用水面发展淡水渔业生产。总面积 98.43 万公顷，占中国内陆水面面积的 4.37%，为中国淡水面积的 5%左右，在中国各省市、自治区中列第八位。可利用水面 65.5 万公顷占中国可利用水面的 0.68%，已利用水面 50.4 万公顷，人均可利用水面为 0.03 公顷。内蒙古地区渔业捕捞有久远的历史。1920 年苏联在呼伦贝尔达赉湖县建立了渔场。1938~1944 年，共捕捞鲜鱼 4 443 吨。1945~1947 年，年均捕捞咸鱼 1 845 吨。从 1930 年以后，巴彦淖尔市乌梁素海、赤峰市的达里诺尔等湖泊以及河湾里逐渐由农民从事天然鱼的捕捞。内蒙古自治区成立以来，相继建立了一些较大的国营渔场。鱼产量由 1950 年的 92 吨增加到 1960 年的 5 781 吨。1966~1976 年，渔业受到酷渔滥捕，年均鱼产量徘徊在 1 862 吨左右。1978 年以后，渔业生产得到恢复和振兴，重视开发中、小型水面。1981~1985 年，水产品平均年产量为 5 377 吨。1986 年以后，荒废的水面逐步地开发利用，加快科研推广，积极培育研究和引进养殖新品种，提高和普及养鱼技术，加强经营管理，1989 年水产品总产量达到 8 176 吨。据近年来调查和历史资料记载，全内蒙古共有鱼类 97 种（包括亚种、品种），隶属于 9 目，18 科。其中经济鱼类 30 余种。在全内蒙古渔业生产中，占首要位置的是鲤科鱼类，其中雅罗鱼亚科中的雅罗鱼，遍及全内蒙古地区，适应性强，较其他鱼类能耐盐碱水质条件。此外还有引进的草鱼，占相当的产量；鳊亚科鱼类在全区的产量中占有较大比重，以餐条属鱼的产量为主；鲢亚科主要引进的鲢、鳙鱼，在养殖水面占重要地位；鲤亚科的鲤、鲫鱼是群众喜爱的两种经济鱼类，也是上市品种。呼伦贝尔市的银鲫，体宽背高，是一个优良品种。在水质矿化度较高的察右后旗的湖泊，以及黄旗海、达里诺尔还引进了裂腹鱼亚科的青海湖裸鲤。细鳞、哲罗鱼是高寒地区的特产鱼，资源不多。近 20 年内蒙古的渔业得到了快速发展。譬如，2003 年，全内蒙古水产品总产量达 7.3 万吨，比上年增长 4.3%。名特水产品产量 1.2 万吨，占总产量的 17.1%，比上年增长 4.9%。渔业总产值 6.5 亿元，比上年增长 4.1%。渔民人均纯收入 3 800 元，比上年增长 5.3%。在渔业发展中，把大银鱼、河蟹和其他优质经济鱼类作为主导品种，大力发展以无公害、绿色为重点的特色渔业经济。2016 年，全内蒙古渔业系统认真贯彻落实《内蒙古自治区人民政府关于加快现代渔业发展的实施意见》精神，坚持"生态优先，以养为主"的发展方针，全年自治区水产品产量 15.8 万吨，同比增长 3.1%。

四、工业

1. 工业生产的发展

1947年内蒙古自治区成立时，工业生产十分落后，工业增加值总量仅0.37亿元，到1965年时发展到工业总产值26.79亿元。"文化大革命"期间，基本上处于停滞不前的状态，1970年时工业总产值27.80亿元，比1965年只增加了1.01亿元。从1978年开始工业生产恢复发展，当年的工业生产总值为52.96亿元，比1970年的工业生产总产值增加了0.9倍左右。到1990年，工业生产总值为263.33亿元，比1978年的工业总产值增长了近4倍，年均增长17.54%。工业生产增加值从1991年的103亿元增长到2000年的484亿元，在10年间工业生产增加值年增长率为8.2%～15.2%。2000年之后，内蒙古的工业生产发展速度更为加快，由2001年的工业生产增加值541亿元增加到2015年的7 939亿元。这15年间，年增长率在9.4%～38.2%。2015年工业生产总值达到了23 424.87亿元。改革开放以来，特别是近十几年来内蒙古工业生产砥砺奋进，通过改革、调整和提高，加快技术改造和体制创新步伐，淘汰和压缩落后生产能力和资产重组，关停一批高能耗、高污染的一些工业企业和不符合国家规定的小煤矿。依托资源优势和区位优势，加大工业投资力度，做强做大工业企业，建成投产了一大批具有国内国际领先水平的重大工业项目，形成了以能源、冶金、化工、农畜产品加工、装备制造和具有比较优势的高新技术产业六大优势特色工业。内蒙古工业增加值在全国的位次由1978年的第24位跃居到2015年的第13位。工业生产的产品产量在全国地位显著提高，2015年的煤炭产量在全国居第2位，发电量居第4位，原盐、肉类加工、乳制品和羊绒制品产量在全国前列，化肥、粗钢产量在全国的位次分别居第11位和第16位。

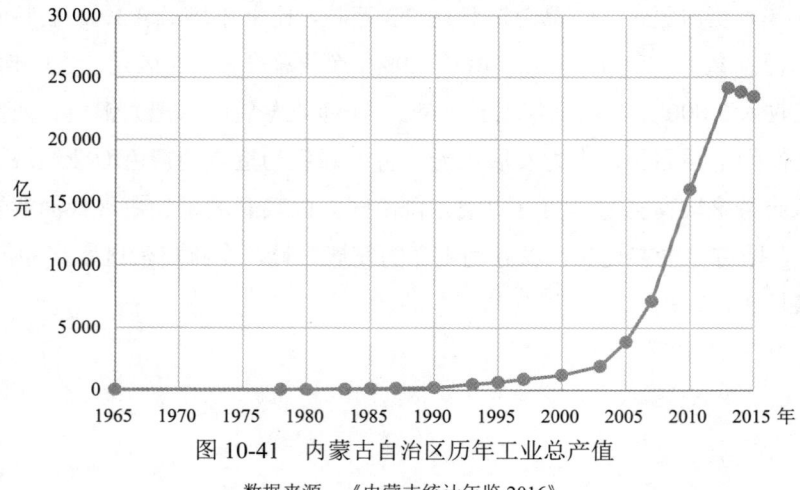

图10-41　内蒙古自治区历年工业总产值

数据来源：《内蒙古统计年鉴2016》

随着内蒙古工业生产的发展，工业企业单位数逐年增加。1947年自治区成立时，工业企业687家，其中全民所有制工业企业56家，集体所有制工业企业631家，除此之外没有其他类型的工业企业了。同时，没有大中型工业企业。1949年时，工业企业有765家，其中全民所有制工业企业增加到100家，集体所有制工业企业665家（包括私人工业企业），仍然是两种所有制工业企业。到1978年，国家进行改革开放时，内蒙古工业企业增加到7 272家，仍是两种类型的工业企业，全民所有制工业企业2 004家，集体所有制工业企业5 268家，也没有大中型企业。1980年，内蒙古工业企业发展到7 687家，其中全民所有制工业企业2 034家，集体所有制工业企业5 650家，乡（社）办和个体工业企业2 390家。同时，有了大中型工业企业80家。到2014年内蒙古工业企业已达119 868家。内蒙古的工业企业发展从小到大，从弱到强，通过国家投资和从国外引进资金建设了一批规模大、实力雄厚、实力强的大型骨干工业企业和企业集团，使之成为推动内蒙古可持续经济发展和社会稳定的中流砥柱。2015年，内蒙古各类经济成分的规模以上工业企业已达4 413家，大中型工业企业已有816家，其中大型工业企业146家，中型企业670家。年产值上亿元的工业企业有713家，上市公司有26家。

内蒙古自治区成立以来，经过70年的工业迅速发展，工业产品产量和产品种类猛增，产品质量得到明显提高。据统计，2015年的工业生产产品产量比改革开放开始的1978年大幅度增加，其中发电量3 795.6亿千瓦小时，比1978年增长近100倍，年均增长12.9%；原煤8.38亿吨，比1978年增长37.2倍，年均增长10.1%；钢材2 016.81万吨，比1978年增长54.7倍，年均增长11.2%；粗钢1 813.2万吨，比1978年增长17.3倍，年均增长8%。

1947年之前，重工业产品只有原煤、木材、照明用的电和手制农具，产值不足工业总产值的1/5。轻工业中，粮油食品加工业和纺织缝纫皮革两个行业的产值占全部工业产值的70.9%。经过70年的建设以及在发展中调整、改革与创新，从根本上改变了落后面貌，现已形成了以重工业为主，各种经济类型并存的多部门多行业协调发展的产业结构。不仅原有的煤炭、电力、森工、皮革、毛皮、毛纺、食品等传统工业得到大力发展，而且建立起钢铁、建材、医药、煤化工、装备制造、稀土、农畜产品加工以及高新技术产业等一大批新的工业门类，工业行业日渐齐全，工业布局日趋合理。2012年，规模以上主要工业企业产值占内蒙古规模以上工业企业总产值的比重：煤炭开采和洗选业21.3%、电力9.57%、冶金工业17.96%、食品工业11.89%、纺织缝纫皮革工业2.84%、木材加工1.17%、化工11.54%、机械工业7.68%。特别是钢铁、煤炭、电力、毛纺、乳制品和稀土等工业部门，不仅是内蒙古具有地方特色的产业，而且是内蒙古的支柱产业。

内蒙古工业结构以铁路为轴线，以城市为支点，以呼包鄂为中心，南密北疏，东西两翼的分布格局。2012年，内蒙古城市工业产值占自治区工业总产值的50.73%；呼和浩特市、包头市和鄂尔多斯市三个市的工业产值占内蒙古工业总产值的48.78%；东部四个盟市的工业生产值占28.50%；中西部5个盟市的工业产值占22.72%。

内蒙古工业是内蒙古经济的支柱产业部门。2012年，全内蒙古工业部门完成工业总产值21 933.29亿元（按现价计算），工业产值在国内生产总值中所占比重为48.71%。2012年工业增加值为7 735.78亿元，比上年增长13.5%。工业品出口成为内蒙古创汇的最主要来源。2012年对外贸易出口商品中，工业制成品为26.80亿美元，占出口总值的67.49%。到2012年，内蒙古已形成农畜产品加工业、能源工业、冶金工业、化学工业、装备制造、建材工业等传统支柱产业及稀土产业、生物技术产业等高新技术产业的门类较齐全的工业部门体系，为内蒙古经济的全面系统发展提供了重要依据。

2. 内蒙古部门工业的发展

（1）农畜产品加工业

内蒙古轻工业中以毛纺、乳制品、皮革、制糖等为主的农畜产品加工最为发达。毛纺工业是自治区的优势行业，以得天独厚的资源和就近原料产区为依托，分布最为广泛，几乎各旗（县）市均有各种毛纺工业，主要分布在呼和浩特市、鄂尔多斯市东胜区、赤峰市、通辽市、呼伦贝尔市海拉尔区等地，已形成5个毛纺工业基地。其中鄂尔多斯市山羊绒最为著名。鄂尔多斯市羊绒厂是世界规模最大的山羊绒加工企业之一。已能生产精纺呢绒、粗纺呢绒、毛毯、长毛绒、精纺毛线、无毛羊绒、驼绒、毛针织品、呢绒服装、毛衬布、针刺毡等10大类1 000多个品种。2014年呢绒生产量为2 055.2万米。内蒙古羊绒资源丰富，品质良好，年产羊绒3 500吨左右，占中国的1/2以上，占世界的1/4。2000年，山羊绒产量3 815吨，产品远销13个国家和地区。出口羊绒制品有无毛绒、羊绒衫、羊绒裙、羊绒大衣、呢面料等。羊绒制品作为高档商品，被国际市场誉为"纤维宝石"。2015年，山羊绒产量为8 380吨。驼绒加工业是内蒙古的优势行业之一。内蒙古驼绒原绒产量每年约800吨～900吨，60%集中在阿拉善盟。1984年，阿拉善左旗建成中国最大的驼绒分梳厂。2000年，驼绒产量455吨。主要产品有无毛驼绒、驼绒衫、驼绒呢、驼绒絮片服装。乳制品工业是内蒙古具有民族特色和资源优势的食品工业行业，已达到国内领先技术水平，内蒙古成为中国的重要乳制品生产基地之一。乳制品工业遍及内蒙古各地区，在伊利、蒙牛等乳制品龙头企业的带动下，乳制品工业已成为内蒙古的支柱产业。2015年，奶类产品达812.24万吨，乳制品293.55万吨。内蒙古各种畜皮资源十分丰富，为皮革皮毛加工业的发展提供了雄厚的物质保障，也是传统行业之一，创造出许多优质产品，已成为初具规模的皮革皮毛加工体系。2015年，规模以上皮革皮毛业产值 24 亿元，创利润 1.21 亿元。

制糖工业是食品工业的优势行业，内蒙古有近 20 座糖厂，2015 年糖产量 67.33 万吨。

（2）能源工业

内蒙古煤炭资源极其丰富，现已发现煤田 200 多处，已探明储量 1 982 亿吨，居中国各省的第二位；远景储量 1.2 万亿吨，仅次于新疆。内蒙古煤炭具有煤层厚度大、埋藏浅、地质结构简单，便于开采的特点，为煤炭工业的发展提供了雄厚的物质基础。内蒙古现有煤炭企业 690 多个，其中大中型统配煤矿 9 个，地方国有煤矿 73 个。2015 年规模以上企业 395 家，煤炭业总产值 3 004.42 亿元，原煤产量 9.10 亿吨，固定资产原价 3 196.25 亿元，主营业务收入 2 989.36 亿元，利润总额 318.47 亿元。内蒙古火电、水电、风电资源丰富，具有发展电力工业的优势条件。2015 年，规模以上电力、热力生产和供应业企业数为 461 家，生产总值 1 955.92 亿元，发电量 3 928.77 亿千瓦小时，固定资产原价 5 889.77 亿元，主营业务收入 1 736.66 亿元，利润总额 104.80 亿元。火力发电是内蒙古电力工业的主要发电形式，占内蒙古发电量的 90%以上。在电网构成上，自治区境内已建成了 3 个电网，其中内蒙古的独立电网有 2 个，即呼包电网和乌海电网组成的西部电网，呼伦贝尔岭西电网；跨省区电网 1 个，即东北电网内蒙古部分，又称科尔沁电网。内蒙古电力工业有两个显著特点：既有全国单机容量最大的高参数大型发电厂，又有星罗棋布的小火电厂、水电站和风力、太阳能发电机；既有送电能力相匹配的电网，也有小型独立供电体。

（3）冶金工业

过去内蒙古冶金工业几乎是空白。从 1954 年包头钢铁稀土公司开始兴建起，内蒙古冶金工业走上了迅速发展的轨道，逐渐形成了以钢、铁、铝、铜、锌、黄金、稀土等为主要产品，以包头钢铁稀土公司、呼和浩特钢铁厂、赤峰钢铁厂、乌兰浩特钢铁厂、乌海市千里山钢铁厂、包头铝厂为主，行业比较齐全，成一条龙配套的冶金工业体系。2015 年，规模以上冶金工业企业数 431 家，产值 3 056.86 亿元，占内蒙古工业总产值的 13.05%，固定资产原价 2 263.48 亿元。2015 年，钢产量 1 735.11 万吨，生铁产量 1 461.40 万吨，钢材 1 897.18 万吨。包头市和兴安盟的钢、铁、钢材产量占 87.40%。

（4）装备机械工业

内蒙古的装备机械工业是 20 世纪 50 年代初起逐渐发展起来的。"一五"期间，在包头兴建了 2 座设备完备现代化的大型机械厂和包头拖拉机厂。"二五"以后，陆续在各盟市和部分旗县兴建了 100 多个通用机械制造厂，开始生产金属切削机床、动力设备、矿山设备、电器设备、运输车辆和农牧业机械等产品。目前机械工业专业技术水平、机器设备及装备、产品质量、经济效益明显提高，形成了一批骨干企业，产生了一批名牌产品。2015 年，规模以上机械装备工业企业数 435 家，产值 1 404.46 亿元，占工业总产值的 6.0%，实现年利润 18.23 亿元。

(5) 化学工业

内蒙古化学工业是从 20 世纪 50 年代起开始发展起来的。到 80 年代已经形成基本化学原料、化学肥料、涂料、合成材料、化学试剂、林产化学、石油化学、日用化学产品制造等几十个行业，厂矿企业 300 多个。2015 年，规模以上化学工业企业数为 536 家，产值为 2 640.40 亿元，占内蒙古工业总产值的 11.27%，固定资产原价 2 893.86 亿元，实现利润总额 33.39 亿元。内蒙古天然碱储量丰富，居中国第二位。2015 年，烧碱（氢氧化钠）265.11 万吨，纯碱（无水碳酸钠）51.67 万吨。碱化工业主要分布在内蒙古西部鄂尔多斯市、锡林郭勒盟、阿拉善盟、巴彦淖尔市、乌海市。化肥工业最早建成的是察素齐化肥厂，20 世纪 70 年代先后建成年产 3 000 吨的小型化肥厂 19 个，还有几个磷肥厂。1976 年建成中型乌拉山化肥厂，20 世纪 80 年代后期建设国家重点项目，即大型内蒙古化肥厂，1996 年已投入生产。2015 年，农用化学肥料 292.96 万吨，其中氮肥 276.30 万吨，磷肥 14.61 万吨。内蒙古石油、天然气资源丰富，有二连、呼伦贝尔、西辽河、鄂尔多斯、阿拉善等产油盆地，远景储量约 9 亿～20 亿吨。1990 年开工建成华北石油呼和浩特炼油厂，1992 年竣工投入生产，主要生产汽油、柴油、沥青、液化气、精丙烯、聚丙烯共六大类 15 个品种。化学工业经过快速发展已成为内蒙古的支柱产业，在巩固和扩大碱化工领先优势的基础上，大力发展石油化工和煤化工。发展以蓖麻、玉米和苦参等植物为原料的高技术含量的精细化工产品。

(6) 建材工业

内蒙古工业中的新兴支柱产业。现已形成包括各种建筑材料、非金属和无机非金属新材料三个部分的生产体系，以大中型企业为主，包括各种经济类型，遍布各旗县市的建筑材料生产网，产品有几十大类，上千个品种，有部分产品开始出口。2015 年，水泥产量 5 830.75 万吨，平板玻璃产量 1 014 万重量箱。乌海市西桌子山优质石灰岩矿，总储量达 1.3 亿吨以上，距西桌子山水泥厂只有 2 公里。鄂托克前旗石膏矿储量 34 亿吨，是国内罕见的适于开采的优质巨型石膏矿床。通辽市的矿砂，保有储量 3 000 万吨以上，可供应 17 个省区市的数百家用户，是玻璃用砂基地。水泥和水泥制品工业是建材工业的骨干行业之一，品种有普通硅酸盐、火山灰质硅酸盐、水渣硅酸盐水泥等。西桌子山水泥厂是年产 60 多万吨的大型企业。玻璃和玻璃制品工业是目前工艺水平最高的建材行业之一。东部有通辽玻璃厂、西部有海勃湾玻璃厂。玻璃纤维和制品业在呼伦贝尔市、通辽市、巴彦淖尔市和呼和浩特市都有玻璃纤维厂。建筑陶瓷工业企业有 8 个，主要集中在包头市、鄂尔多斯市和乌海市，主要产品有耐火砖、高压电瓷瓶和釉面砖。非金属矿资源丰富，是中国四大非金属矿基地之一。非金属建材工业的产品有鳞片石墨、矽砂、云母、石膏以及品种极多的无机非金属等。其中鳞片石墨在国际上享有盛誉，出口十几个国家。内蒙古兴和石墨矿为全中国的经营第一、产量第二的企业。石膏矿点多，杭锦旗石膏矿、阿拉善盟石膏矿在开采。内蒙古是中国三大云母生产基地之一。有土贵乌拉云母矿、包头云母加工厂、卓资县云母加工厂，主要产品云母厚片和薄片、云母纸。无机非金属品种多，目前开采的是大理石、花岗岩、水磨石产品。新近发现冰洲石矿多处，储量居全国第一。冰洲石、方解石、水晶石是国际上贵重产品。

（7）电子工业

内蒙古电子工业是 20 世纪 60 年开始出现，70 年代发展起来的新兴企业。2008 年，规模以上电子工业企业数 17 家，电子工业产值 93.25 亿元，彩色电视机 866.75 万部，手机 500 万部，固定资产原价 4.81 亿元，实现利润 3.14 亿元。2015 年，计算机、通信和其他电子设备制造业企业数为 14 家，总产值 64.49 亿元，彩色电视机产量 266.48 万台。

（8）采掘工业

内蒙古自然资源种类繁多、储量大，采掘工业发展十分迅速，已成为支柱产业。2015 年，规模以上采矿业企业数为 816 家，总产值为 5 185.46 亿元，占规模以上工业总产值的 27.10%。其中，煤炭开采和洗选业企业数为 395 家，产值为 3 004.52 亿元，占采掘业产值的 57.94%；石油和天然气开采业企业数为 12 家，产值为 702.71 亿元，占 13.55%；黑色金属矿采选业企业数为 164 家，产值为 580.07 亿元，占 11.19%；有色金属矿采选业企业数为 116 家，产值为 640.40 亿元，占 12.35%；非金属矿采选业企业数为 124 家，产值为 245.64 亿元，占 4.74%；开采辅助活动和其他采矿业企业数为 5 家，产值为 12.12 亿元，占 0.23%。煤炭采选业遍及全内蒙古，建成了万吨/年以上的矿井（露天矿）100 多处，现有煤炭企业 400 多个，其中大中型 9 个。主要分布在呼伦贝尔市、通辽市、赤峰市、锡林郭勒盟、包头市、鄂尔多斯市、乌海市和阿拉善盟。石油和天然气开采业主要分布在锡林郭勒盟阿尔善油田和鄂尔多斯市乌审旗油田。内蒙古探明黑色金属矿山 63 处，储量 16 亿吨。黑色金属矿采选业企业单位数近 160 多家。白云鄂博钛铁矿及稀土矿、锡林郭勒盟北部和巴彦淖尔市的铬铁矿等。有色金属矿采选业企业数 200 多个，主要分布于乌兰察布市白乃庙铜矿、兴安盟孟恩套力盖银、铅、锌、巴彦淖尔市霍各气铜矿、赤峰巴音淖尔铅锌矿等。全矿开发迅速，其产量已跃居全国前列。木材及采运业集中分布在大兴安岭。全自治区木材采运业企业数近 60 个，从业人员 14 多万人，2000 年，木材采伐量 321.65 万立方米。2015 年木材 142.62 万立方米。内蒙古木材采运业的特点是采伐规模大、机械程度高，木材采伐量和调出量各列全国前列。

（9）稀土工业

内蒙古冶金工业中的新兴的优势产业。稀土资源极其丰富，约占全国储量的95%，在已查明的18个矿点中，白云鄂博铁矿是最大的，铁、铌、稀土矿共生，它的稀土氯化物工业储量居世界第一位，被称为"稀土之乡"。包钢稀土一厂是中国目前产量最大、品种最多的稀土合金厂。稀土工业着力发展稀土精深加工，优化上游产品，大力发展中游产品，突出研究开发下游产品，突出抓好稀土高纯单一氧化物、稀土荧光粉、钕铁硼永磁材料、稀土永磁电机、镍氢电池等项目，内蒙古成为中国最大稀土基地。

（10）森林工业

内蒙古森林工业是传统基础产业，主要集中在大兴安岭地区。大兴安岭是中国保存比较完好、面积较大的原始林区，号称"中国的绿色宝库"。森林蓄积量9.7亿立方米，占中国森林蓄积量的1/10。2015年，木材加工和制品业企业数为117家，总产值242.11亿元，固定资产原价65.55亿元，胶合板产量140.35万立方米，纤维板产量54.83万立方米。木材加工业是森林工业的主要行业之一。大兴安岭林区是内蒙古重要木材加工基地。2000年产量，木材56.02万立方米，胶合板2.8万立方米，纤维板7.83万立方米。牙克石木材加工栲胶联合工厂技术最先进，是中国最大的栲胶联合企业。

（11）制药工业

内蒙古野生药用植物和动物脏器资源非常丰富，除了最著名的甘草、黄芪和麻黄以外，枸杞肉苁蓉等有地区特色的药材不少。目前内蒙古制药工业企业有90个左右，2008年规模以上企业数为74家，产值94.07亿元，固定资产原价55.43亿元，实现利润5.45亿元。中蒙药成药工业是内蒙古制药工业的传统优势行业。目前内蒙古制药厂共有15个，其中重点制药厂有呼和浩特中药厂、内蒙古蒙药制药厂、赤峰制药厂、通辽蒙药制药厂等，2000年，中蒙成药产量0.19万吨。生物化学制药工业是新兴优势行业，20世纪50年代后期，在海拉尔、集宁两大肉联厂的基础上，为综合利用牛、羊、猪脏器，建立了两座生物制药厂，20世纪70~90年代先后建立通辽、乌兰浩特、包头、赤峰、保康、呼和浩特、宁城7座生物制药厂。2015年，规模以上医药制造业企业数为73家，产值为341.47亿元，固定资产原价241.88亿元，实现利润总额30.69亿元。

3. 内蒙古工业区域布局

随着内蒙古经济的快速发展，工业生产的地域分布也发生了较大的变化，朝着布局合理、均衡、协调方向发展。以包头市、呼和浩特市和鄂尔多斯市为中心的内蒙古中部经济区域是一个资源富集且地域组合优良、产业匹配条件好、科技与人力资源雄厚、工业十分发达的中心地带。目前已形成了以煤炭、电力、钢铁、稀土、有色金属、化工、机械、电子、建材、轻工、纺织、食品等行业为主导的门类比较齐全的现代化水平较高的工业体系。2015年，呼包鄂三个市的规模以上工业总产值8 988.56亿元，占内蒙古规模以上工业总产值的47.39%，呼包鄂三个市的规模以上工业企业数为1 319家，占内蒙古规模以上工业企业总数的30.0%。呼包鄂三市的工业总产值占内蒙古工业总产值的比重和占内蒙古规模以上工业企业总数的比重在逐渐减少的趋势，说明内蒙古工业生产向区域均衡、协调发展。

鄂尔多斯市工业历经波折、成就辉煌，从"一煤独大"到产业多元，正在用转型升级的如椽巨笔，绘制着"富民强市"的恢宏蓝图。鄂尔多斯市工业发展非常迅速，已建立了以纺织工业、煤炭工业、化学工业和电力为支柱产业，包括电力、机械、建材、食品、皮毛加工、造纸、陶瓷、人造板等行业的工业体系。2015年地区生产总值4 162.2亿元，增长8%，其中规模以上工业增加值2 058亿元，增长11.1%，实现主营业务收入4 277亿元，利润608亿元。积极推进国家清洁能源输出基地、国家现代煤化工生产示范基地、全区铝循环和装备制造业基地建设，重点一批煤化工、装备制造、氧化铝、PVC（聚氯乙烯）深加工、建材及电子信息产业项目投入运营。大力培育发展非煤产业集群，重点打造铝加工产业、汽车产业、PVC产业、电子信息产业和装备制造5大非煤产业集群。2016年，全市规模以上工业增加值增长8.9%，高于全国、全区平均增速。鄂尔多斯市工业总量始终稳居内蒙古自治区首位，是全区工业经济和全市社会经济增长的主要驱动力。

包头市已成为门类比较齐全的内蒙古自治区最大的重工业城市，是中国的重要原材料工业基地。2015年，包头市规模以上工业企业658家，产值2 979.70亿元，居内蒙古自治区工业产值的第二位。包头市现已形成的以冶金、机械、煤炭、电力、毛纺、稀土等为骨干行业的工业体系中，冶金工业已成为包头市的一大支柱产业，2000年占工业总产值的61.24%，占内蒙古冶金工业产值的96.85%。稀土工业是新兴优势产业，包头已有6个生产稀土产品的工厂，其中包钢稀土一厂是中国目前产量最大、品种最多的稀土合金业。在包头市大型和著名企业比较多，其中包头钢铁稀土公司是国家特大型企业和重点钢铁联合企业，也是中国最大的稀土生产基地。

呼和浩特市已发展形成了以毛纺、乳制品、电子、机械、烟草、冶金等为主的行业门类比较齐全的工业体系，2015年规模以上工业总产值1 667.58亿元，重工业与轻工业的比值为53∶47。近年来，伊利、蒙牛等乳制品企业发展非常快，现已成为中国"乳都"，其产值占工业总产值的1/4左右。毛纺工业使传统工业焕发新的活力。彩电、电讯等电子工业发展迅速，是最重要的新兴先导产业。贵金属冶炼及加工业正兴起，将成为中国的金银加工中心。

西部素有"乌金之海""塞外煤都"之称的乌海市以煤炭、建材、化工、电力和冶金机械工业为主，兼有纺织、皮革、食品、服装、日用陶瓷以及国防工业，初步形成以资源开发为特色的工业体系。2016年，全市规模以上工业企业主营业务收入1 717.6亿元，比上年增长3.5%，实现利润总额102亿元。乌海市有海勃湾矿务局、乌达矿务局、千里山矿铁厂、乌海市化工厂、西桌子山水泥厂等大型或著名企业。

赤峰市是内蒙古东部重要工业城市，主要工业行业有煤炭、电力、冶金、机械、建材、化工、纺织、皮革、制药、食品、造纸等行业，已形成了比较完整、具有地方特色的民族工业。特别是煤炭、电力、毛纺、制药和食品加工业，形成了赤峰市的支柱产业。2015年赤峰市工业总产值2 075.64亿元，重工业与轻工业比值为78.03∶21.97。2016年全部工业完成增加值761.36亿元，比上年增长7.0%。在规模以上工业企业中，冶金、能源、食品、医药、建材、纺织、化工和机械等八个重点行业增加值增长7.0%。

内蒙古自治区的"玻璃工业之都"的通辽市已建立起以电力、建材、煤炭、化工、毛纺、医药、冶金、机械、乳品为骨干行业，兼有肉食加工、造纸、制糖、酿造、印刷等工业企业，其中农畜产品加工、煤电转化、医药化工、新型建材为通辽市工业的四大支柱产业，门类比较齐全、产品品种繁多，是有地方和民族特色的工业体系。在2012年培育和建设了新型能源、有色金属、新型煤化工、玉米生物、特色装备制造、建材、绿色食品加工、医药化工、新材料、新型特种钢产业十大优势特色产业。特别是新型能源、有色金属、玉米生物和建材产业在蒙东及东北地区具有较强的优势和竞争力，新型煤化工和特色装备制造产业取得了重大突破。风电产业建设规模500万千瓦，并网规模300万千瓦，配套装备制造企业14户，正在形成完整产业链。风电发展走在了全自治区乃至全国前列。2016年全区工业增加值889.95亿元，比上年增长8.6%。

呼伦贝尔市已有煤炭、冶金、机械、电力、森工、建材、化工、毛纺、皮革、乳品、肉食加工、栲胶、造纸、制糖工业。2016年全部工业增加值616.70亿元。市内有扎赉淖尔煤矿、大雁煤矿、伊敏河煤矿、海拉尔乳品厂、海拉尔肉联厂、扎兰屯纸浆厂、扎兰屯丝绸厂、牙克石木材加工栲胶联合厂等大型和著名的工业企业。

兴安盟已建立起食品、冶金、建材、纺织为主，包括机械制造、造纸、缝纫、皮革皮毛、医药、化工等行业的工业体系。2016年完成全部工业增加值165.26亿元。盟内有乌兰浩特钢铁厂、孟恩套力盖银铅厂、乌兰浩特柴油机厂、乌兰浩特雪茄烟厂帝恩斯有限公司等大型和著名工业企业。

锡林郭勒盟现已形成了以石油开采、食品制造和皮革皮毛及制品业为主，包括采盐、纺织、建材和煤炭等行业的工业结构。2008年，工业总产值增加值216.6亿元。规模以上工业企业344家。2016年末全盟发电装机容量1 011.2万千瓦。其中，火电装机容量627.2万千瓦，并网风电装机容量335万千瓦，并网太阳能发电装机容量49万千瓦。全年规模以上工业企业实现利润 12.1 亿元。盟内有查干淖尔碱矿、华北二连石油勘探开发公司、胜利油田、苏尼特右旗民族用品厂、额吉淖尔盐矿等大型和著名工业企业。

乌兰察布市已建立起电力、建材、化工、冶金、装备制造、煤炭、农畜产品加工、皮革、地毯、电焊条等工业企业。2015 年全市规模以上工业企业达到 339 家，规模以上工业产值 999.28 亿元。2016 年全年发电量完成 4 830 825 万千瓦小时。其中：火力发电完成 3 775 248 万千瓦小时，风力发电完成 969 081 万千瓦小时，太阳能发电完成 86 495 万千瓦时。盟内著名或大型工业企业有丰镇发电厂、集宁轴承厂、集宁电焊条厂、集宁毛纺织厂、集宁肉类联合加工厂、内蒙古兴和石墨厂、集宁皮件厂、丰镇市五金厂、内蒙古商都牧业机械厂等。

巴彦淖尔市已建立起以粮食加工、制糖为主的食品工业，以化学肥料为主的化学工业以及电力、建材、机械、造纸、皮革、地毯等部门、多行业的工业体系。2008 年，规模以上工业企业 231 家，其产值 495.05 亿元。2016 年全市工业实现增加值 388.73 亿元。有乌拉山发电厂、乌拉山化肥厂、内蒙古炭窑口硫铁矿、临河糖厂、巴彦高勒皮革化工厂、河套酒厂、河套面粉加工厂等大型或著名工业企业。

阿拉善盟已建立起采矿、皮毛加工、化学工业、毛纺、地毯、制革、建材、牧机、民族用品等行业，其中以盐、煤、芒硝为主的采掘业和以畜产品加工为主的轻纺工业已成为支柱产业。2016 年全部工业增加值 203.84 亿元。阿拉善盟内有吉兰泰盐场、雅布赖盐场、阿拉善左旗驼绒分梳厂。

五、旅游业

1. 旅游业发展

旅游业是内蒙古近年来发展起来的一个新兴产业。从中国或世界范围来看，内蒙古旅游资源条件具有独特性。辽阔的草原风光和独具特色的蒙古民族风情在国内外都具有极高的旅游价值和知名度，是确立内蒙古旅游发展品牌形象的载体。从目前来看，追求奇特、回归自然、崇尚文化等旅游消费偏好，完全与内蒙古旅游产业特色相吻合，对国内外消费者具有巨大的吸引力。因此，以草原文化旅游为主体的内蒙古旅游业将会成为全国旅游市场分工中的一个重要组成部分。内蒙古自治区各级政府对旅游业的发展高度重视，在 1999 年内蒙古自治区政府纳入国民经济和社会发展的整体规划，加快发展，使之尽快成为全自治区国民经济新的增长点。旅游业是一个既能保护生态环境，又能促进经济发展的双赢产业。

内蒙古自治区旅游业起步于 20 世纪 70 年代末期，其发展历程与中国的对外开放紧密联系在一起。内蒙古自治区旅游业发展经历了四个阶段：第一个阶段为探索阶段（1979～1990年）。这一阶段以接待性的国际旅游为主，国内旅游未受关注。第二阶段为产业规模扩张阶段（1991～1998年）。边境旅游发展迅速，带动了全区国际旅游人数和创汇额的成倍增长，同时以近距离节假日旅游为主的国内旅游发展迅速。第三阶段为加速发展阶段（1999～2004年）。国内旅游发展势头强劲，边贸旅游稳步发展，国际常规旅游呈兴起态势。第四阶段为高速高效益发展阶段（2005年至今）。经过旅游景点的建设和旅游基础设施质量提高与完善，旅游人数和效益大幅度增加，旅游业已进入了大发展的快车道。

经过近40年的发展，内蒙古旅游业已形成了较大产业规模，对内蒙古国民经济发展和产业结构调整发挥着愈来愈重要的作用。截至"十五"期末，全区共有国家质量等级旅游区73家，其中有4A级旅游景区8家、3A级23家、2A级35家、A级7家；国家级工农业旅游示范点9个；旅行社294家，其中国际旅行社37家；星级饭店188家，其中五星级2家、四星级9家；设有旅游院系的大专院校8所；共有8座城市称为"中国优秀旅游城市"；3处红色旅游景区被国家列为全国100个景点红色旅游景区行列。全区已基本形成了以"行、游、食、住、购、娱"等要素为主体，其他关联产业为支撑，并具有一定规模和水平的旅游产业体系。2015年，全区旅游总收入2 257.10亿元。其中，国际旅游外汇收入96 249万美元，国内旅游收入2 193.77亿元。旅行社总数969个，星级宾馆318座。

2. 旅游区区划

内蒙古旅游区区划，是以内蒙古各地区域旅游资源为基础，同时考虑其核心旅游环境和开发条件来进行区划的。根据内蒙古自治区旅游区区划的条件，可以划分为五个旅游区：①内蒙古中部中段旅游区，其主要旅游内容是黄河河套平原、大青山山地、鄂尔多斯高平原、干草原、荒漠草原、蒙古族文化遗存、现代城市与产业和蒙古族民俗。②内蒙古中部东段旅游区，其主要旅游内容是大兴安岭南段西侧、浑善达克沙地、干草原、荒漠草原、火山与熔岩山地与台地、蒙古族民俗。③内蒙古西部旅游区，主要旅游内容是三大沙漠（巴丹吉林、腾格里、乌兰布和）、黄河谷地、贺兰山与狼山山地、荒漠、荒漠草原、黑城遗址、历代水利工程、绿洲、胡杨林、蒙古族民俗。④内蒙古东北部旅游区，主要旅游内容是大兴安岭北段、草甸草原、森林、火山与熔岩、地热与温泉、冰雪、蒙古族民俗、鄂温克族民俗、达斡尔族民俗、鄂伦春族民俗。⑤内蒙古东南部旅游区，主要旅游内容是大兴安岭南段东侧、科尔沁沙地、草甸草原、古冰川地貌、蒙古族民俗。此外，根据基本客源市场定位、客源组织中心、区域旅游线路组织等因素，可以进一步将全区划分为若干个相互独立的旅游协作区域。即中部历史与民俗文化都市圈旅游区，东北部草原、森林、冰雪旅游区，东部草原、民俗与辽文化旅游区，西部沙漠与历史文化遗址旅游区。

3. 精品旅游线路与旅游景点的布局

为了进一步加快旅游业建设步伐，全区重点推出了四条各具特色的精品旅游线路。一是，以呼伦贝尔、满洲里口岸和阿尔山为核心的草原森林、火山温泉、民族风情旅游线。该线路以海拉尔、满洲里、阿尔山、乌兰浩特为旅游集散中心和核心旅游地，依托区内外有利的航空、铁路和公路交通网络构建精品旅游线路。该线路所跨地域广大、景观丰富、民风淳朴、设施齐备，是中国最具魅力的草原森林、火山温泉、地质科考、民族风情、边境旅游、冰雪运动旅游线路，也是内蒙古极具少数民族风情和山水魅力的旅游重要产品。二是，以锡林郭勒、阿斯哈图石林和喀喇沁为重点的地质奇观、民族文化、草原风情旅游线。这里是内蒙古旅游资源最富集的地区之一，特别是锡林郭勒大草原、阿斯哈图石林、大青沟、元上都遗址、辽文化遗址、喀喇沁亲王府、巴林奇石、温泉地热以及众多的宗教寺庙等均属于内蒙古的王牌旅游景区。这是内蒙古最具文化魅力的旅游产品。该线路所处的地理位置独特，距离北京、承德、沈阳、长春、张家口等大中城市较近，交通联系便捷。该线路是内蒙古极具发展潜力的线路。三是，以成吉思汗陵、响沙湾、乌兰察布草原、黄河为重点的民族文化、民俗风情、草原沙漠旅游线，所涵盖的区域包括呼和浩特市、包头市、乌兰察布市、鄂尔多斯市和巴彦淖尔市的部分地域。该线路以成吉思汗陵、响沙湾、恩格贝、格根塔拉草原、昭君墓、五当召、黄河峡谷等最具特色，是内蒙古配套设施最为齐全完备的旅游产品。四是，以贺兰山、腾格里沙漠、巴丹吉林沙漠、额济纳绿洲胡杨林和航天城为重点的阿拉善大漠秘境、岩画访古、航天科技旅游线，这里是开展沙漠探险旅游、休闲度假旅游、民族风情旅游、访古探秘旅游、爱国主义教育旅游、高科技旅游的理想之地，是内蒙古最为神奇的精华旅游产品，也是内蒙古极具发展潜力的旅游产品。

第三节 中国蒙古自治州经济发展概况

一、新疆巴音郭楞蒙古自治州经济

1. 经济发展现状

2016年，巴音郭楞蒙古自治州地区生产总值（GDP）904.89亿元。其中：第一产业实现增加值 199.08 亿元，第二产业实现增加值 439.99 亿元，第三产业实现增加值 265.83 亿元。三次产业结构为 22∶48.6∶29.4。农林牧渔业实现增加值 206.39 亿元。

巴音郭楞蒙古自治州工业增加值 359.45 亿元。其中：石油工业完成增加值 243 亿元，非石油工业实现增加值 116.45 亿元。非石油工业占全州工业比重为 32.4%。全州具有资质等级的总承包和专业承包建筑企业 84 家，2016 年施工产值 153.36 亿元。

全州投资 500 万元以上项目完成固定资产投资总额 796.22 亿元。社会消费品零售总额 165.03 亿元。进出口总值 3.54 亿美元。其中：实际出口总值 1.34 亿美元，进口总值 2.21 亿美元。

全州公路货运总量 6 287 万吨，货物周转量 108.09 亿吨公里。客运总量 1 634 万人次，旅客周转量 15.79 亿人公里。全年接待游客总人数 960 万人次。其中：接待海外游客 2.4 万人次，旅游总收入 55 亿元。

全年地方财政收入 95.21 亿元，地方公共财政预算收入 75.08 亿元。公共财政预算支出 212.88 亿元。

2. 农业

（1）畜牧业生产

巴音郭楞蒙古自治州草场类型多样，为畜牧业发展提供了良好的基础。按所处位置、地形的高低及气候条件的差异划分，主要草场类型有：高寒沼泽草场、高寒草原草场、高寒草甸草场、山地草甸草场等 4 个类型。1949 年以后，巴音郭楞蒙古自治州经过 50 多年的发展和建设改变了落后的管理经营方式，改善了生产条件和基础设施，提高和优化了畜种品质和畜群结构，养殖技术和管理模式得到发展。2015 年，全州年末牲畜存栏 470.29 万头（只），比上年增加 25.57 万头（只），增长 5.7%，其中，地方年末牲畜存栏 405.69 万头（只），比上年增加 23.86 万头（只），增长 6.2%；全州肉类总产量 14.84 万吨。

（2）种植业生产与布局

巴音郭楞蒙古自治州光热资源十分丰富，昼夜温差大，无霜期长，十分适宜小麦、玉米、棉花、瓜果、甜菜、番茄及其他经济作物的生长，形成了独特的农产品优势。库尔勒香梨是巴音郭楞蒙古自治州特有的产品，具有含糖量高、香味浓郁、果肉细嫩、酥脆多汁和耐储藏等特点。该州生产的工业用番茄红色素含量居中国首位，是生产番茄制品的上好原料。焉耆盆地也非常适宜甜菜的生长，甜菜含糖量达 17%，最高可达 24%，是优质的制糖原料。巴音郭楞蒙古自治州还是中国优质棉花重要产区之一。2002 年全州农牧林渔业总产值 27.68 亿元，其中种植业产值 20.25 亿元，占农业总产值的 73.4%。耕地面积 21.35 万公顷，其中有效灌溉面积 21.261 万公顷，占耕地面积的 99.6%。主要农作物有谷物（水稻、小麦、玉米）、豆类、油料作物、薯类、棉花、甜菜、蔬菜水果等。

2002年粮食总产量344 162吨，其中谷物343 418吨，豆类744吨；油料作物9 993吨；棉花144 200吨，甜菜744 464吨，薯10 470吨。巴音郭楞蒙古自治州有三大农业区。①焉耆春小麦、玉米、油料、糖料、豆类、瓜类、大白菜、番茄产区。1990年，油料作物面积占全州74.5%，商品率居全州首位。甜菜分布于该农业区。大瓜、啤酒花的面积、产量均居巴州第一。②天山南坡棉花、水稻、冬春小麦、蔬菜区。天山南坡是巴州稻棉生产基地，稻棉面积占全州90%以上，具有得天独厚的优势。③东昆仑—阿尔金山北坡冬小麦、玉米、棉花、油料区。该农业区粮食作物以冬小麦、玉米为主，种植面积占已垦面积的79.5%，棉花、油料经济作物种植面积只占6.7%。

2015年，全州实现农林牧渔业增加值197亿元。全州农作物总播面积49.94万公顷。其中，粮食种植面积为12.08万公顷，棉花种植面积25.77万公顷，甜菜种植面积0.67万公顷，蔬菜种植面积6.33万公顷。其中，工业辣椒种植面积3.02万公顷，工业番茄种植面积2.03万公顷。粮食产量88.61万吨，棉花产量53.91万吨，甜菜产量445.19万吨，工业辣椒131.19万吨，工业番茄224.37万吨。2015年，全州林果面积13.6万公顷，总产量96.96万吨。

（3）林业生产

巴音郭楞蒙古自治州林地总面积14万公顷，活立木蓄积数量72.23万立方米，其中幼龄林面积3.58万公顷，活立木蓄积量12.4万立方米，中龄林2.33万公顷，活立木蓄积量12.29万立方米；成熟林3.70万公顷，活立木蓄积量47万立方米。主要分布在塔里木河流域、孔雀河流域、车尔臣河、卡米兰河流域、瓦石峡河流域、迪纳河、阳霞河下游及和静县、和硕县等。该州有荒漠灌木林33.46万公顷。巴音郭楞蒙古自治州境内云杉林面积约3.90万公顷，活立木蓄积量591.5万立方米。该州天然河谷林面积1.6万公顷，活立木蓄积量24万立方米，主要分布在和静县、和硕县、博湖县、焉耆县、库尔勒市、轮台县、尉犁县的前山带河谷两岸。巴音郭楞蒙古自治州森林资源主要分布在巴音布鲁克的巩乃斯沟乡、巩乃斯林场、奎克乌苏等三个地段，森林总面积2.17万公顷。2002年林业产值5 041万元，占农业总产值的1.9%。2015年，林业用地面积142.08万公顷，森林覆盖率2.2%，绿洲森林覆盖率达23.3%。

（4）渔业生产

巴音郭楞蒙古自治州2002年全州农牧林渔业总产值276 826万元，其中，渔业产值1 869万元，占农业总产值的0.2%。

3. 工业

巴音郭楞蒙古自治州20世纪50年代初，全州只有4个工业企业，当时工业总产值254.89万元。1950~1990年，巴音郭楞蒙古自治州逐步形成以轻纺、煤炭、电力和建筑材料为龙头，机械电子、矿产开发、冶金、造纸、皮毛制革、果酒罐头、食品加工、医药化工等产业配套发展的体系。进入21世纪后，巴音郭楞蒙古自治州的工业飞速发展。现已形成一个以农牧业为依托，以优势产业为龙头，拥有石油化工、纺织、造纸、橡胶、食品、电力、煤炭、建材、机械等初具规模的工业及建筑、运输、商贸协调发展的综合经济体系。同时工业的主导地位已确立，在新疆各州市中巴音郭楞蒙古自治州的工业产值及其增加值均位居第三。已建成了机械、轻纺、制糖、制药、番茄制品、蛭石、石棉生产基地和中国西北最大的博斯腾湖造纸厂。近年来，巴音郭楞蒙古自治州发展速度较快的四大产业为石油石化、采掘业、电力和农副产品加工产业，其中机械工业已成为新疆机械行业的三大主力之一。巴音郭楞蒙古自治州工业在其发展过程中，利用丰富资源、充分发挥地区优势的同时体现出了独有的特征。2015年全州工业增加值520亿元，比上年增长1%。其中：石油工业完成增加值390亿元，比上年增长1%；非石油工业实现增加值130亿元，比上年增长1%。非石油工业占全州工业比重为25%。

4. 旅游业

巴音郭楞蒙古自治州旅游资源独具特色。天山、昆仑山区、大漠、大湖、大草原等众多自然景观，具有良好的旅游开发前景。全州现有旅游景点50余处，许多景点在国内外享有盛誉，特别是被誉为"东方的庞贝"的楼兰，充满着神秘色彩的探险旅游三绝，对国内外游客极具吸引力。巴音郭楞蒙古自治州近几年积极开展"旅游发展年"活动，旅游景区和基础设施建设得到加强。金沙滩旅游二期、塔里木河胡杨森林公园景区等基础设施建设已完工。2015年全州接待游客总人数890万人次，比上年增长12.6%，其中：接待海外游客1.77万人次，比上年增长42.8%；旅游总收入51亿元，比上年增长11.5%。全州共有星级旅游宾馆36家，全年接待人数502万人次，比上年增长2.5%；全州共有旅行社18家，A级旅游景区（点）20个，实现营业收入3.27亿元。

二、新疆博尔塔拉蒙古自治州经济

1. 经济发展现状

2016年，博尔塔拉自治州地区生产总值277.19亿元，增长10.1%。其中，地方生产总值234.53亿元，增长13.6%。第一产业增加值44.93亿元，增长4.8%，占地方生产总值的19.1%；第二产业增加值71.93亿元，增长21.3%，占地方生产总值的30.7%；第三产业增加值117.67亿元，增长12.9%，占地方生产总值的50.2%。全州人均生产总值57 913元，以当年平均汇率折算，折合8 592美元。

地方规模以上工业增加值30.92亿元，增长36.8%。其中，农副食品加工业增加值增长112.9%，纺织业增加值增长100.1%，非金属矿采选业增加值增长83.4%，化学原料和化学制品制造业增加值增长77.8%，酒、饮料和精制茶制造业增长56.1%。16种规模以上工业主要产品中有13种产品产量实现增长。

全社会建筑业增加值33.11亿元。2016年固定资产投资（不含农户）303.85亿元。全年社会消费品零售总额40.46亿元。

阿拉山口口岸全年进出口货物1 775.99万吨。进出口贸易总额78.31亿美元。其中：进口57.97亿美元，出口20.34亿美元。

全州公路完成货运量1 470万吨，公路货物周转量25.52亿吨公里。公路完成客运量578万人次，公路旅客周转量3.42亿人公里。

全年接待国内外游客300万人次，旅游收入24亿元。其中接待境外人数1 532人次。

一般公共预算收入20.07亿元，一般公共预算支出86.94亿元。

2. 农业

（1）畜牧业生产

博尔塔拉蒙古自治州畜牧业是最早的传统产业，也是基础产业之一。从地域分布看，温泉县是自治州的牧业县。博尔塔拉蒙古自治州的畜禽品种多，绵羊有哈萨克羊、新疆细毛羊；山羊有辽宁绒山羊、新疆山羊、关中奶山羊；牛有哈萨克牛、新疆褐牛、荷斯坦牛（黑白花奶牛）。还有牦牛、哈萨克马、双峰驼等。2016年末牲畜存栏头数126.36万头（只）。其中，羊存栏109.69万只，牛存栏9.07万头，猪存栏5.37万头。牲畜出栏89.3万头（只）。全年肉类总产量2.54万吨，奶产量2.38万吨。

（2）种植业生产与布局

博尔塔拉蒙古自治州具有独特的自然地理位置，为发展农业生产提供了良好的基础和条件，已发展成为新疆重要的农业州市之一。全州栽培的主要粮、棉、油、糖作物品种有39个。博尔塔拉蒙古自治州粮食作物以小麦为主，也种植玉米、水稻等。根据区域农业发展的差异，以博乐区为界把博尔塔拉蒙古自治州划分为两大农业区。一个为东部地区，包括精河县及博乐市东部的部分乡、镇。另一个为西部地区，包括温泉县及博乐市西部的部分乡、镇、农场。小麦全州均有种植，其中博乐市区是小麦主产区，特别是温泉县哈日布呼镇以西，小麦面积占到该种植区的70%，占粮食作物的98%，其春麦单产较高。玉米在博乐市区以西、温泉县哈日布呼镇以东地区为主产区。水稻集中种植在博乐市东部的贝林哈日莫墩乡，约占全州水稻面积的一半。博尔塔拉蒙古自治州主要经济作物有棉花、油料、甜菜、葡萄等。棉花主产区分布在博乐市区以东，三河下游艾比湖盆地，占全州棉花种植面积的95%左右，是优质棉区。油料在全州均可种植，博乐市区以西、哈日布呼镇以东为主产区，占全州油料总产的63%以上，而博乐市区以东的油料面积在逐年减少。糖料作物甜菜的主产区在博乐市区以西和农五师 90 团场。园艺生产全州均有分布。博乐市区以东具有发展瓜果、蔬菜的有利条件，因此也是葡萄、苹果的主产区。博尔塔拉蒙古自治州地区形成两大具有区域差异的农业区，即主产棉花、枸杞的西部地区和主产粮、油、甜菜的东部地区。

2016 年农作物总播种面积 12.04 万公顷。其中，粮食播种面积 5.11 万公顷，总产量 53.68 万吨；棉花播种面积 4.42 万公顷，皮棉总产 9.44 万吨；油料播种面积 0.96 万公顷，总产 2.72 万吨；甜菜播种面积 0.32 万公顷，总产 18.71 万吨；枸杞播种面积 0.72 万公顷，总产 1.23 万吨。

（3）林业生产

博尔塔拉蒙古自治州境内天然林地总面积 17.76 万公顷。其中，山地森林面积 8.16 万公顷，平原荒漠林面积 9.13 万公顷，河谷林面积 2 700 公顷。在山地林业用地中，有林地 1.68 万公顷，疏林地 1.40 万公顷，灌木林地 1.16 万公顷。未成林造林地 106 公顷，苗圃地 17 公顷，无林地 1 057 公顷。博尔塔拉蒙古自治州天然森林中，山地森林分布较集中，可利用价值也较大。20 世纪 90 年代初，博尔塔拉蒙古自治州山地森林总蓄积量 819.5 万立方米。其中有林地蓄积量 692.8 万立方米，疏林及次生木蓄积量 126.7 万立方米。但是森林资源遭到人为因素破坏，其蓄积量在减少。2011 年，林业产值 0.62 亿元，占全州农业总产值的 1.05%。2013 年，全年荒山荒（沙）地造林总面积 5 161 公顷，其中：人工造林 2 828 公顷，无林地和疏林地新封 2 333 公顷。全年林业产值 0.73 亿元，占全州农业总产值的 1.02%。

3. 工业

1949 年前博州的工业几乎是空白。全州仅有一个小盐场和面粉加工、铁匠、小农具修理等个体手工业作坊。1949 年，工业总产值仅有 6.4 万元，从业人数 60 人。1949 年以后，博尔塔拉蒙古自治州工业发展较快，大体经历了起步、创建、发展等三个发展阶段，已形成电力、盐化工、纺织、食品、建材、塑料、饮料、饲料、医药、皮革皮毛、机械、造纸等二十几个门类的工业体系。博州工业结构属轻型结构，以农产品为原料的轻工业居主导地位，重工业以采掘、原料与制造业为主。其工业企业规模结构均属小型企业。从博州工业布局看，工业企业集中分布在博乐和精河地区。其中在精河地区主要分布采盐、纺织、食品、电力、采矿、建材和皮革加工等工业部门。博乐地区主要分布纺织、制糖、建材、采矿、塑料、医药、机械、木材加工、皮革、电力、食品加工、造纸等工业部门。温泉地区主要分布粮油加工、医药、采矿、电力、饲料等工业部门。

2016 年地方规模以上工业增加值 30.92 亿元，增长 36.8%。分经济类型看，国有及国有控股企业增加值增长 13.3%，股份制企业增长 61.2%，私营企业增长 46.0%。分三大门类看，采矿业增加值下降 7.0%，制造业增长 55.5%，电力、热力、燃气及水生产和供应业增长 12.8%。

2016 年末规模以上工业企业发电装机容量 94.6 万千瓦，比上年末增长 15.9%。其中，水电装机容量 5 万千瓦，与上年持平；并网风电装机容量 39.6 万千瓦，与上年持平；并网太阳能发电装机容量 50 万千瓦，增长 38.9%。

4. 旅游业

博尔塔拉蒙古自治州旅游资源丰富，资源类型多样，种类齐全，独具特色。2016 年全年接待国内外游客 300 万人次，增长 15.4%，旅游收入 24 亿元，增长 60%。博州纳入 4A 级以上的景区景点 2 家，分别为博州赛里木湖风景名胜区和温泉县博格达（圣泉）景区，4A 级景区累计实现收入 7 632 万元，增长 2.3 倍。全州现有 3A 级及以下景区（景点）6 家，其中 4 家为开放式景区景点，2 家为封闭式景区景点。3A 级景区（景点）共实现营业收入 105.7 万元，同比增长 1.47 倍。

三、青海省海西蒙古族藏族自治州经济

1. 经济发展现状

新中国成立时，海西蒙古族藏族自治经济十分落后。1992 年地区生产总值 3.85 亿元。国民经济收入 3.09 亿元。1995 年地区生产总值 32 亿元。经过 50 多年的建设与发展，2001 年国内生产总值为 61.5 亿元，其中第一产业产值为 3.27 亿元，占国内生产总值的 5.32%；第二产业产值为 41.1 亿元，占 66.83%；第三产业产值为 17.13 亿元，占 27.85%。城镇居民人均可支配收入 6 383 元，农牧民人均纯收入 2 051 元。农牧民人均纯收入比 1990 年的 1 001 元增长了 1 050 元。三次产业结构由 1990 年的 18.46∶66.04∶15.50 变化为 5.32∶66.83∶27.85。地方财政收入 2.71 亿元，比 1990 年的 0.94 亿元多出 1.77 亿元，12 年内的平均增长率为 15%。

经过近 30 年的发展，2016 年全州地区生产总值达 486.96 亿元，按可比价计算，同比增长 8.5%。其中，第一产业完成 28.09 亿元，增长 10.7%；第二产业完成 326.67 亿元，增长 7%；第三产业完成 132.2 亿元，增长 12%。三次产业对 GDP 的贡献率分别为 7.7%、55.4% 和 36.9%。三次产业的比重由上年的 6.1∶67.5∶26.4 转变为 5.8∶67.1∶27.1。人均生产总值达 95 314 元。全年全州公共财政预算收入 112.9 亿元，其中地方公共财政预算收入 45.2 亿元。公共财政预算支出 125.7 亿元。农林牧渔业增加值 28.5 亿元，其中：种植业 16.2 亿元，林业 1.4 亿元，牧业 10.4 亿元，渔业 0.1 亿元，服务业 0.4 亿元。

全年规模以上工业增加值 271.2 亿元，按可比价计算，同比增长 7.4%。其中，州属

规模以上工业增加值110亿元,增长18.8%;中央省属企业增加值161.2亿元,增长2.5%。按轻、重工业分,轻工业增加值6.8亿元,增长8.3%;重工业增加值264.4亿元,增长7.4%。

全年完成地区固定资产投资560亿元。全年完成社会消费品零售总额89.8亿元。

全年全州共接待国内外旅游人数1 105.8万人次。其中,国内旅游人数1 105.4万人次,境外入境人数0.4万人次,旅游总收入58亿元。

2. 农业

(1) 畜牧业生产

海西蒙古族藏族自治州畜牧业历史悠久。海西蒙古族藏族自治州草场类型多种多样,为畜牧业的发展提供了良好的自然基础。1949年,大小牲畜48万头(只)。经过50多年的发展和建设改变了落后的经营管理方式,改善了生产条件和基础设施,提高和优化了畜种品质和畜群结构,先进的养殖技术和管理模式得到发展,目前正向着专业化、商品化和现代化方向推广。2000年末,大小牲畜存栏头(只)数达227.96万。其中大牲畜为23.9万头,占牲畜总头数的10.48%;小畜201.63万只,占88.45%;生猪2.43万头,占1.07%。牲畜出栏数73.88万头(只)。

2016年末全州草食畜存栏263.3万头(只)。其中牛15万头(只),羊243.7万只(只)。草食畜出栏122.6万头(只)。年末草食畜能繁母畜为159.2万头(只),母畜比例为60.47%。年末全州猪存栏6万头,猪出栏8.7万头。肉类总产量34 084吨,其中羊肉19 471吨,牛肉6 681吨,猪肉6 186吨。奶类产量14 365吨。

(2) 种植业生产与布局

2000年海西蒙古族藏族自治州农林牧渔业总产值按1990年不变价2.45亿元,按当年价4.42亿元,占地区生产总值的8.28%。其中,种植业产值1.69亿元,占农业总产值的38.16%。耕地4.83万公顷,占全州土地面积的7.23%,其中水浇地4.8万公顷,占耕地面积的99.34%,农作物总面积3.1万公顷。主要分布于自治州东南部和东部,由昆仑山与祁连山构成的山间盆地和谷地及柴达木盆地等,海拔一般在三千米以下地区。主要农作物有春小麦、青稞、豆类、马铃薯和蔬菜等。目前已形成希里沟、德令哈、察汗乌苏、香日德、诺木洪、格尔木等绿洲农业基地。

根据农牧业生产的自然和社会经济条件的地区差异以及保护生态环境和合理而持续利用自然资源的原则,全州可划分为四个农牧业区,其中,柴达木盆地东部农牧副渔业区,包括德令哈市、都兰县、乌兰县,总土地面积84 940平方公里,占全州总面积的26.07%。其中耕地面积3.33万公顷,占全州耕地面积的86%,播种面积2.81万公顷。柴达木盆地和茶卡盆地是本区的主体,是发展大农业的精华地带。总之,本区光热水条件较好，土地和水资源较丰富，适宜农林牧综合发展；柴达木盆地西部农牧副业区，包括格尔木市（不包括唐古拉山）和芒崖、冷湖、大柴旦 3 个行政委员会。本区总面积 166 394 平方公里，占全州总面积的 51.07%。其中耕地面积 0.52 万公顷，播种面积 0.35 万公顷，粮食总产量 9 758 吨。本区气候极为干旱、光热条件独特，水资源分布不均匀。其盆地西部地区是农牧业利用比较集中的地区。

2016 年全州完成农林牧渔业增加值 28.5 亿元，按可比价计算，同比增长 10.6%，其中种植业 16.2 亿元。全年农作物播种面积 5.36 万公顷，青稞 0.63 万公顷，豆类 0.02 万公顷，马铃薯 0.14 万公顷，油菜籽 0.33 万公顷，蔬菜瓜果 0.21 万公顷，枸杞 3.07 万公顷，其他 0.19 万公顷。粮食产量 92 683 吨。其中，小麦 32 655 吨，青稞 25 607 吨，马铃薯 29 620 吨。油料产量 7 444 吨，蔬菜 72 098 吨，药材 65 397 吨。

（3）林业生产

海西蒙古族藏族自治州林业用地面积 49.66 万公顷，占土地总面积的 1.66%。其中有林地面积 32.34 万公顷，天然乔木林面积 2.18 万公顷，灌丛面积 26.80 万公顷。天然森林主要分布于香日德、察汗乌苏、夏日哈、阿什杂、查查香卡、希里沟、宗务隆到塔拉一线的中部区。有九个林区：察汗乌苏林区、香日德林区、希里沟林区、查查香卡林区、阿依乃林区、德令哈林区、诺木洪林区、巴隆林区、巴音河林区。人工林集中分布在柴达木盆地南北的公路沿线及其城镇、居民点和国营农牧场。灌木林分布在唐古拉山地、昆仑山地、柴达木盆地戈壁、荒漠盐碱地以及乌兰、天峻等县的山地。海西森林覆盖率约 0.84%，其中乔木覆盖率为 0.02%，灌木林覆盖率为 1.27%。因受各条件的限制，森林分布不均匀，东部和南部覆盖率较高，而西部较低。"十一五"期间，海西州共建立格尔木胡杨林、柴达木梭梭林、可鲁克—托素湖、诺木洪 4 个省级自然保护区和乌兰县哈里哈图国家森林公园，保护总面积 45 万公顷，占全州的 1.5%。2016 年林业产值 1.4 亿元，占农业生产增加值的 4.95%。

3. 工业

海西蒙古族藏族自治州的工业经历了一个从无到有、从小到大的发展历程。1949 年前，海西地区的工业几乎空白，只在农村零星分布着制革、皮毛加工、铁木匠等，生产简单的初级产品，设备简陋，生产方式落后。1949 年后，重点开发了柴达木盆地，大规模勘探，发现矿产资源 84 种，为工业的发展提供了优越的条件。在此基础上重点发展了盐湖、化工、石油、电力、煤炭、金属采矿业和制造业，工业生产得到了较快的增长。20 世纪 80 年代以后，海西工业迅速发展，产业结构得到调整与优化，产品质量大幅度提高，形成了以电力、石油、天然气和煤炭开采为主的能源工业；以盐湖开发为主的盐化工业；以有色金属和石棉等矿产品采掘为主的冶金采选业和建材业；以农畜产品为原料的加工工业等四大工业格局。并逐步建成了三大具有地区特色的工业基地，即西部石油工业基地、东部以农牧产品加工为主的轻工业基地、东部及南部的盐化工和石油加工基地,工业生产保持了长期稳定和快速发展态势。2000年境内的大小工业企业单位数745个，青海省7个大型企业中的5个位于海西蒙古族藏族自治州。2000年全州工业总产值72.34亿元，1956年以来年均增长21.73%。其中重工业产值69.84亿元，占工业总产值的96.55%，居主导地位，轻工业产值2.50亿元，占总量的3.45%。目前国有工业企业仍是支撑全州工业增长的主要力量，同时看出非国有制企业发展迅速，比重明显上升。

  海西蒙古族藏族自治州主要工业部门有：①石油天然气工业。是海西蒙古族藏族自治州支柱产业之一，也是具有巨大发展潜力的产业之一。柴达木盆地沉积面积达9.6万平方公里，沉积岩厚，生油、储油条件好，可供勘探的区域十分广阔，是中国内陆采油的重点地区之一。主要油气田有19个，炼油厂有6个。其中冷湖油气田累计产油212.05万吨。平顶山油田累计产油11.18万吨，产气90.5万立方米。②盐湖化工业。也是海西蒙古族藏族自治州的支柱产业之一。柴达木盆地盐湖资源十分丰富，具有储量大、品位高、类型全、资源组合好、多种有用组分共生等特点，为发展柴达木盐湖化工业提供了物质基础。共有盐湖35个，已发现大小矿床、点和矿化点61处，主要矿种13种。③有色金属、采矿建材业和制造业。海西境内的有色金属资源丰富，已发现有20多种金属，集中分布在盆地东缘和南缘。著名的锡铁山铅矿是一大型铅锌矿。建筑建材工业产品主要有水泥、石棉、砖瓦、石灰、大理石、石料等。主要建材企业有海西水泥厂、芒崖石棉矿、格尔木灰砂砖厂和石灰厂等。主要机械制造企业有海西州通用机械厂、都兰、天峻、乌兰县和格尔木农机厂、格尔木昆仑机械厂等。④煤炭工业是海西蒙古族藏族自治州的传统产业之一。青海省仅有的10亿吨级以上的大型煤矿区木里煤田的聚乎更矿区和江仓矿区均在海西蒙古族藏族自治州境内，占全省含煤储量的93%（探明储量）和83%（预测储量）。⑤农畜产品加工业。海西农畜产品加工业历史悠久，较有名的有天峻县皮毛加工厂、都兰县皮革厂、格尔木皮毛加工厂和天峻县洗毛厂等。随着改革开放及旅游业的发展民族用品加工、缝纫业、食品加工等也得到了发展。除此之外，目前海西州已建成投产或交付使用的国家重点及地方重点项目主要有：青海油田、茫崖石棉矿、锡铁山矿务局、青海钾肥厂、茶卡盐厂、柯柯盐厂、格尔木小干沟水电站、黑石山水库、龙羊峡至乌兰330千伏输变电工程，州内形成鱼卡、木里、绿草山等煤炭基地等。

  2016年全州完成规模以上工业增加值271.2亿元，按可比价计算，同比增长7.4%。其中，州属规模以上工业增加值110亿元，增长18.8%；中央省属企业增加值161.2亿元，增长2.5%。

4. 旅游业

海西蒙古族藏族自治州的世界屋脊和深居内陆的地理环境造就了海西独具特色的自然风光和人文景观。2016年全州共接待国内外旅游人数1 105.8万人次,同比增长48%。其中,国内旅游人数1 105.4万人次,增长48%;境外入境人数0.4万人次,增长46%。旅游总收入58亿元,比上年增长59%。

第四节　俄罗斯蒙古民族聚居区经济发展历程与现状

一、布里亚特共和国

1. 经济发展历程

布里亚特共和国国民经济发展状况是在劳动地域分工、专业化以及长期的经济活动积累、发展、变革的结果。1923年(建国初期),共和国的第一产业以游牧、半游牧的原始农业为主,其产值占第一产业总产值的91%。当时共和国的工业生产几乎是空白,手工业职工仅有150人左右,工厂只有16家,包括酒、酒精、皮革、铁路养护、玻璃厂、采金矿等工业部门。贯穿西伯利亚铁路的建设与兴起,使共和国的生产力得到长足的发展。20世纪40年代,机械制造、采掘业、食品等工业部门得到一定的发展。随着工业化进程的推进,总人口的30%成为城市居民。但是,由于战争等因素的影响,一段时间内共和国经济进入停滞状态。而战后的重新建设,使共和国国民经济迅速发展至一个崭新的阶段,基础设施建设进入了快速发展阶段。由于实施"开发远东地区—生产配置东移"策略,并实行开发西伯利亚自然资源的相关政策,使布里亚特共和国的经济效益提高的同时得到了稳定发展。建设了电机厂、供热设备厂、路桥钢材厂、色楞格纤维—纸板联合加工厂等大型工业基地,为联邦市场提供了相关产品。由此,建筑、能源—动力、运输、轻工业与食品加工业等行业得到了快速发展。

布里亚特共和国各地区依托自然资源,通过区域经济和交通运输业的发展,形成了地方经济体系。根据各地方经济体系的综合特征,可分为8个经济区:①乌兰乌德市经济核心区。该区包括乌兰乌德市、色楞格区、伊沃朗区、扎卡缅斯克区,以乌兰乌德市工业核心区、古西诺奥泽尔斯克市的工业、嘎鲁图湖古西诺奥泽尔斯克市煤矿、浩勒布吉煤矿和古西诺奥泽尔斯克市水电站为主,共和国工业企业的67%布局在该区,其工业产量占全国工业产量的80%左右。另外,色楞格与伊沃朗区的农牧业,尤其是养羊业发展得较快。②南部经济区。包括比丘斯克区、姆胡尔—西伯利亚区和塔尔巴嘎台区。该区以大型能源—动力工业—图阁内煤矿为主,种子业和肉类加工业也得到了一定的发展。③贝加尔经济区。包括卡班区、贝加尔区及贝加尔湖附近地区,该经济区以色楞格斯勒尤老兹—卡尔屯纤维—纸板工业、提莫勒尤伊石棉—石板瓦厂等石料工业为主,还有蔬菜加工、奶牛业等副产品业也有较好的发展。色楞格河下游经济核心区布局在该区。④上乌德经济区。包括和林区、吉京津区、叶拉夫尼斯克区。该经济区以畜牧业为主,也有原木材加工等木材工业。⑤吉德经济区。包括吉德区和扎卡门区。该经济区以绵羊为主的畜牧业和开采钨、钼矿为主的采掘工业、胡鲁德森金属矿为基础的采矿业为主。⑥西南经济区。包括奥吉区和通虎区。该区基础性产业为畜牧业,区内阿尔山、尼鲁沃—普斯提尼、红格尔山等地有矿泉,疗养、旅游、度假等旅游业较发达,还分布有东浩卢布嘎、西浩卢布嘎、东奥斯帕等金矿。目前,该经济区存在的最大困难是交通运输不便利。⑦恰克图经济区。包括恰克图区全境,该经济区交通便利,多国铁路与公路交会在恰克图,并高等级公路穿过境内,该区也是布里亚特共和国边境贸易、税收区。目前,正准备在与蒙古国边境处建立阿拉坦宝勒格—恰克图自由经济贸易区。⑧北部经济区。包括北贝加尔斯克市、巴尔古津、库鲁木汗、姆伊、巴温托区等北部区。该经济区与布里亚特共和国其他城市、区际间的交通—经济连接度和通达度均较低,区内农畜产品,除供给区内人民生活需求之外可以向雅布提南区输送物质产品。长约 520 公里的贝加尔—阿姆尔的铁路干线,穿过区境。因此,该区将来可利用较优越的交通区位,加强与其南部的雅布提区间的物流、人流、资金流等经济联系。还有,本区可依托贝加尔—阿姆尔的铁路线,合理开采自然资源,发展本区经济。

  20 世纪 90 年代以后,全国实行经济改革,由计划经济转变为市场经济,使国民经济的许多方面有了自由发展的空间,并实行私有制经济体制。1992~1997 年,全国 1 362 家工业企业经济体制转变为私有制形式,当时这些工厂拥有 14.25 万员工转变为私有制的工厂中,80%以上为属于仅有百余名工人的小型工厂,而且其中一半以上都是以批发与零售方式经营的小型个体户。根据当时的条件,对各个企业通过拍卖、商业招标、合资、租金抵押、投资竞标等方法,进行了私有制的变革。减少国有制企业,增加和发展其他所有制类型的企业是经济体制改革的重要结果。

  2000~2010 年,布里亚特共和国的国内生产总值保持了平稳增长,但相对于全俄罗斯经济增长速度相对缓慢。同时,布里亚特共和国的经济总量偏小,仅占全俄罗斯国内生产总值的 0.36%左右。

表 10-8　布里亚特共和国 2000~2010 年国内生产总值及人均值

年份	国内生产总值（亿卢布）	人均国内生产总值（卢布）	占俄罗斯国内生产总值的比重（%）
2000 年	215.75	21 555	0.41
2005 年	749.1	77 313	0.35
2010 年	1 363.74	140 500	0.32

布里亚特共和国依托丰富的自然资源，主要发展了采掘工业、煤炭工业、水电及石油等能源工业、冶金工业、森林工业和化学工业，三次产业结构不平衡，资源性工业比重大。2011 年布里亚特共和国的固定资产为 4 302.1 亿卢布，其中运输与通信产业设备规模的固定资产 1 908.23 亿卢布，占共和国固定资产的 44.36%；电力、供气、供水生产与配送业固定资产 649.92 亿卢布，占 15.11%；不动产租赁服务业固定资产 639.48 亿卢布，占 14.86%；采掘业、加工业和建筑业加起来固定资产 456.01 亿卢布，占 10.61%；农牧业固定资产 92.67 亿卢布，占 2.15%。这说明，共和国的工业部门产业和农牧业设施规模都比较小。由于历史的原因，共和国的重工业部门起主导作用，而高新技术生产部门、轻纺工业、食品工业和农业相对比较落后。从计划经济体制转换成市场经济体制的过程中，出现了经济全面衰退，生产投资和生产产值严重下滑，通货膨胀严重失控等现象。为了抑制经济下滑，缓和经济危机，在国内需求不足的情况下，只能依靠出口带动经济走向稳定。鉴于能源工业和基本材料工业较为发达，在世界市场上具有一定的竞争力，只能倚重能源、原材料工业的出口来稳定经济的发展。但是，也出现了一些负面效应，一方面造成经济的稳定发展对燃料和原材料价格的依赖性加强，另一方面也加重了经济结构的原料化，致使经济结构不平衡性、不稳定性。

布里亚特共和国吸引外资比较活跃，外资增长速度较快。2000~2010 年，外资投入年均增长速度达到 42.6%，2000 年外资投入 30 万美元，2005 年 5 000 万美元，而 2010 年外资投资额为 3 500 万美元。并且，外资投资形式呈现出多样化的趋势。

2012 年，爆发世界性金融危机，出现燃料和原材料的价格连续下跌，再加上乌克兰内战，西方对俄进行制裁，俄罗斯经济发展遇到了困难，经济增长速度放缓，严重影响到共和国经济的发展。

影响共和国经济发展的一个瓶颈是交通等基础设施的建设滞后。西伯利亚大动脉贝阿（贝加尔到阿穆尔）铁路经过共和国境内，同时有与西伯利亚大铁路平行的公路干线，也只能相当于中国的二、三级公路，在有些地段还没有沥青路面，比较破损，运输效益较低。2000~2010 年，布里亚特共和国的交通事业有所发展，但交通建设滞后于经济建设的增长速度，拖了经济发展的后腿。向市场经济转轨之后，由于长时间经济危机，使共和国的基础设施落后，设备老化，技术过时等问题较为严重。共和国地处严寒的气候地区，拥有一批高耗能的工业生产部门，经济转轨之后燃料、动力工业部门的生产效益一直不好，地区电价和热力费用高于其他地区，使产品成本价提高而失去了市场竞争力。

在通信方面，每千人拥有的固定电话数量和当地移动电话数量落后于全俄罗斯水平，通信设施和技术条件较为落后，从而影响了与外界的联系，严重阻碍了地区和国际间的经贸合作的发展（表10-9）。

表10-9　布里亚特共和国2000~2010年公路、铁路状况（公里，公里/万平方公里）

年份	公路里程	公路密度	铁路里程	铁路密度
2000年	6 226	177.23	1 199	34.13
2005年	3 825	108.88	1 227	34.93
2010年	7 170	204.10	1 227	34.93

2. 经济发展现状

2016年国内生产总值1 848亿卢布（按当年价格），其中，农业产值17 759百万卢布，采掘业产值19 428百万卢布，制造业产值82 895百万卢布，电力、气体（煤气、天然气）石油、水供应产值25 782百万卢布，固定资产的投资107亿卢布，零售业营业总额1 626亿卢布。2016年共和国财政预算收入21 255百万卢布，财政预算支出22 849百万卢布，财政赤字–1 594百万卢布。资金平衡结构经济收益30 571百万卢布。年均就业人数44.44万人，人均月收入25 345卢布，人均月支出25 602卢布。职工平均实际月收入28 698卢布。

3. 农业

（1）畜牧业生产与布局

布里亚特共和国畜牧业主要经济指标，在20世纪末其产值、产量均下降。1990年，布里亚特共和国共有牛55.91万头，羊138.4万只，猪26.22万口，家禽类326.55万只。而到1996年，便降至牛37.29万头，羊35.83万只，猪13.53万口，家禽类103.61万只。2018年，布里亚特共和国牛存栏头数为36.73万头，羊（绵羊和山羊）31.06万只，猪11.99万头，家禽45.67万只，肉产量（活重）45.67万吨（图10-42）。

（2）种植业

布里亚特共和国国土总面积的9%为农业用地，即316.2万公顷。其中，种植业用地面积占28.8%。农业用地主要分布在布里亚特共和国南部、中部的河谷盆地、山间盆地和谷地、坡地等。农业灌溉地有15.14万公顷，其中饲料种植地占71%，耕地面积占3.7%

和打草场面积占 30%。研究表明，将灌溉地面积最大可扩至 40 万公顷，其中水浇地可扩展至 20 万公顷。

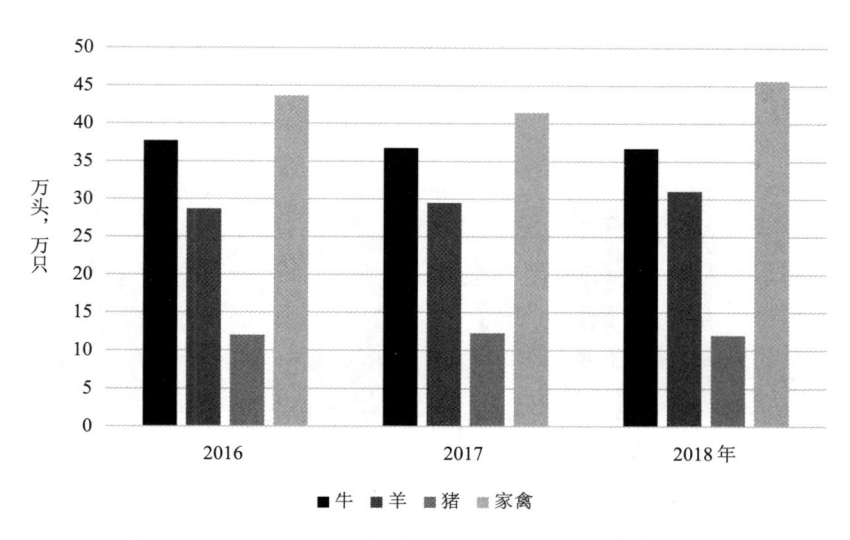

图 10-42　布里亚特共和国 2016~2018 年畜牧业发展数据

1990 年，种植业产值仅占农业总产值的 23%，而到了 1996 年，该比例已增至 43.6%。1990 年，全国耕地总面积 76.78 万公顷，粮食产量 48.97 万吨，马铃薯 17.89 万吨，蔬菜 4.24 万吨。而到 1996 年时，耕地总面积 52.04 万公顷，粮食产量 25.43 万吨，马铃薯 13.44 万吨，蔬菜 4.01 万吨，均呈现出下降趋势。2010 年，俄罗斯贝加尔地区的农业用地面积继续递减的情况下，布里亚特共和国农业用地由递减转为递增，增长 6.58%。农业产值为 7 676.6 百万卢布。2016 年，布里亚特共和国农业产值为 17 759 百万卢布。

（3）林业

布里亚特共和国森林面积占国土总面积的 62.4%。因此，共和国森林木材供给量大。20 世纪 90 年代林业生产产值虽然有所下降，但自 1996 年起对纤维—造纸工业需求的增加使林业生产又得到了一定的恢复。至 2002 年，共和国已出口 59 万立方米木材，生产 13.2 万立方米板材、8.8 万吨硬板纸和 50.2 万立方米纸箱。近年来，由于与中国的木材交易，使成品木材产量提高到了 4 163.8 万立方米（图 10-43）。

（4）渔业

渔业是布里亚特共和国主要经济产业之一，在国民经济中具有很重要的位置。1938 年以来，捕猎鱼类资源的活动不断进行在贝加尔湖及其周边的其他湖泊地区。据相关调查，1951~1955 年捕猎鱼类 10 599 吨，1995 年，鱼类捕猎量比 1955 年减少至 1/3。捕猎的鱼类中，捕猎量的 54% 为贝加尔秋白鲑。因此，该类鱼的增长情况对渔业的总体

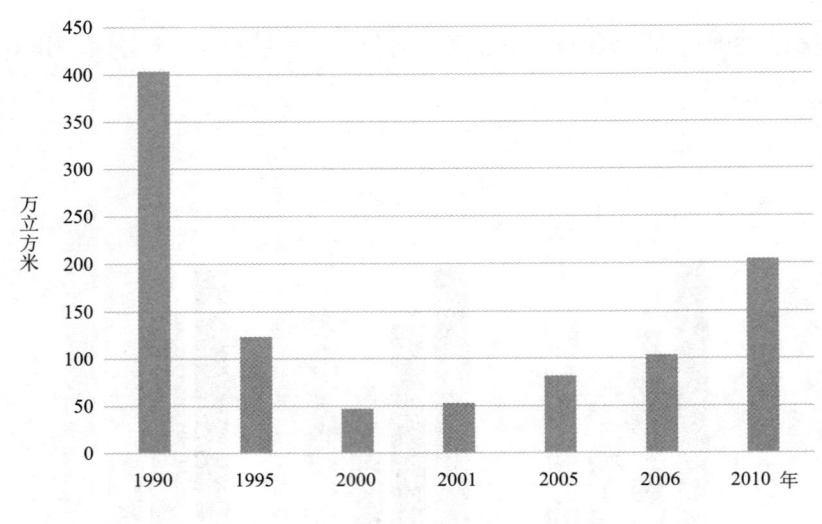

图 10-43　布里亚特共和国木材采伐量

数据来源：俄罗斯联邦林业部网站

发展的影响较大。从贝加尔湖流域捕猎的秋白鲑数量看，1989 年 2 007 吨、1998 年 2 147 吨，秋白鲑的供应较稳定，并且到 1998 年为止没有超过国家规定的捕猎标准。由于限制主要鱼类（如秋白鲑）的捕猎数量，保持其自然增长率，至 20 世纪 90 年代末鱼类捕猎量普遍呈增长趋势。贝加尔湖大约有 1 800 种生物在湖中生活，其中 3/4 是贝加尔湖所特有的世界其他地方寻觅不到的。如各种软体动物、海绵生物以及海豹等珍稀动物。其中，最值得一提的是特有品种淡水海豹即贝加尔湖海豹，是世界上唯一的淡水海豹。从贝加尔湖海豹的总数看，1994 年有 104 090 头，不包括幼体有 82 090 头。从其捕猎情况看，1989 年捕猎 3 273 吨、1995 年 2 272 吨、1998 年 3 842 吨，都没有超过国家规定捕捉标准 6 000～8 000 头。2002 年渔业捕捞量 2 200 吨。

4. 工业

（1）工业生产的发展

工业生产是布里亚特共和国的主要产业部门，在国民经济各行业中起龙头作用。布里亚特共和国属东西伯利亚经济区，是一个工农业共和国，有大型的采矿和木材工业区以及机械制造业。但是 20 世纪 90 年代初以来，全国工业总产值却呈下降趋势。1992 年，工业总产值占国内总产值的 39.1%，到 2002 年时，该比例下降至 26.3%。从事工业的职工人数占全部劳动力的比例，由 1992 年的 23.7%降至 2002 年的 17.7%。尤其是 1990 年至 1998 年，工业产值下降最为明显。工业各部门产值下降幅度分别为：面粉和饲料产值下降了 5.9%，轻工业产值下降了 7.4%，建材工业产值下降了 77.27%，机械制造和金属加工产业产值下降了 58.4%，木材加工和纤维—造纸业产量下降了 20%。但是，在此期间能源—动力、金属加工产业产值不但没有下降，反而电力产值增加 26%，能源产业产值增加 23.9%，金属加工产值增加 2.5 倍，呈现部分重工业产值增加的趋势。1999 年之后，各工业部门产值均开始上升，出现工业恢复的态势。2002 年工业总产值已恢复并增长至 1990 年工业总产值的 80%。2010 年布里亚特共和国工业总产值为 316.04 亿卢布，其中采掘业产值 65.05 亿卢布，占工业总产值的 20.58%；制造业产值 190.58 亿卢布，占 60.30%；电力、燃气和水生产和供应的产值 60.41 亿卢布，占 19.12%。到 2016 年，共和国工业总产值达 1 281.05 亿卢布，其中采掘业产值为 194.28 亿卢布，占工业总产值的 15.17%；制造业产值为 828.95 亿卢布，占 64.71%；电力、燃气和水生产和供应产值为 257.82 亿卢布，占 20.12%。2010～2015 年，2015 年工业总产值是 2010 年工业产值的 4 倍之多。说明布里亚特共和国的工业飞快增长。与此同时，共和国的工业部门的结构发生着变化，采掘业所占的比重由 2010 年的 20.58%下降到 2016 年的 15.17%，而制造业所占的比重由 2010 年的 60.30%增长到 2016 年的 64.71%，其他基本没有多大变化。

（2）部门工业的发展现状

①**能源—动力工业**：2002 年，布里亚特共和国能源动力工业产品出口量占工业产值的 34%。能源—动力工业基本资产占工业总资产值的 68.5%，职工占工业总员工的 19.3%。目前，能源—动力工业每年煤矿开采量为 380 万吨，生产电力 46 亿千瓦/小时，热能产量为 640 万千卡。全国能源—动力工业中，最有发展前景的工业有图阁内的煤矿、嘎鲁图湖古西诺奥泽尔斯克的水电站、"布里亚特共和国动力"工厂等。2002 年古西诺奥泽尔斯克的水电站发电量为 40.063 亿千瓦/小时，占全布里亚特共和国总发电量的 87.7%。另外，古西诺奥泽尔斯克、奥吉诺—克留彻夫、卡班、高日汗等褐煤矿也生产少量的煤。

②**有色金属工业**：过去，虽然钨—钼产业的生产受到限制，但通过贵重金属的开采，吸引外资，使有色金属工业依然得到稳定的发展。布里亚特共和国，金开采量在俄罗斯联邦各国中排第 11 位，属俄罗斯联邦的金开采基地之一。布里亚特共和国的金矿储量为 2 000 吨左右。因采金业是预算收入的重要可靠来源之一，所以它的发展得到广泛的关注和重视。1990 年，金矿业开采产量为 1 500 公斤，2002 年时已渐渐增加至 1990 年的五倍。1990 年，采金矿区仅有 5 处，2003 年已增加到 65 处。其中，29 处为大型或中型矿区。各采金企业中，最大的是"布里亚特采金"股份集团，其采金量占全国采金量的 57%。2002 年，该产业产量比往年增加 9.6%，比 1990 年增加了 2.9 倍。采金业的发展导致职工数量的增加。2002 年，采金业的工作人员增加到 7 800 人，占布里亚特共和国全部工业从业人员的 13%。

③制造业和金属加工业：制造业和金属加工工业是布里亚特共和国工业的重要部门之一。制造工业和金属加工业产品涉及范围很广泛，包括直升机、电动机、检验器材、电视机、电熨斗和热水器等工业产品。制造业产值占全布里亚特共和国工业总产值的31%。制造业和金属加工工业系统中，大型厂家有乌兰乌德飞机厂、电子产品厂、供热设备厂、电器电机厂、乌兰乌德路桥钢材厂等。1991～1998年，制造业和金属加工工业产值有所下降。自1999年以后，呈现略增长趋势。但2002年，又出现了下降态势，与1990年的总产值相比，下降了46.9%。2002年，该行业职工数量比1990年减少了近80%。但是，该部门的从业人员仍占布里亚特共和国工业职工总数量的33.8%。向市场经济转变的时期，由于该行业的周转资金减少、逾期贷款数量增加、财政收入不稳定，导致企业效益下降，产值不稳定。

④木材工业：木材工业在布里亚特共和国的工业中也占有很重要的地位。以纤维—造纸工业为主的木材工业具有较长的发展历史。2002年，全国木材工业生产厂共有326个，其中大、中型厂家有29个。如色楞格纤维—纸板造纸厂、"贝加尔林业公司""卡鲁纳""罕达该""伊莫普利斯"等属大型木材工业生产家。上述木材企业以育林蓄材、木材加工、木材生产为主，还生产木制建材、家具、纤维板、纸、纸箱等。在经济改革阶段，林业生产产值虽然有所下降，但自1996年起对纤维—造纸工业需求的增加使林业生产又得到了一定的恢复。至2002年，共和国已出口59万立方米木材，生产13.2万立方米板材、8.8万吨硬板纸和50.2万立方米纸箱。近年来，由于与中国的木材交易，使成品木材产量提高到了4 163.8万立方米。

⑤建材工业：建材工业不仅为建筑业提供基本原材料，而且也进行屋顶石板、石板瓦、水泥、钢筋混凝土备件、墙壁材料、砖瓦等建材的生产。1990年，全国共有158个建材工业生产厂家。至2003年初，仅剩55个。建筑业需求的减少，产品销售市场的缩小，消费者购买能力的下降等原因导致建材业的产值逐渐减少。2002年，全国建材工业生产出149万吨水泥、1 300万块墙壁材料、4.85万立方公里钢筋混凝土备件、3 300万个水泥预制板等。

⑥轻工业：轻工业与其他工业部门一样，1990年至1998年，其产值呈减少趋势。但1999年之后，却逐渐恢复，呈现出了增长的态势。2002年，轻工业产品产量分别为：毛织品279万平方米，毡靴21.4万双，洗毛1 166吨。纺织业产品的85%生产于乌兰乌德市的毛织厂（毛料厂）。乌兰乌德的毛织厂不仅从事细毛加工业，也生产纯毛料、厚呢、呢子、毛线等。该毛织厂，能生产各种颜色、款式的毛织新产品。该厂所生产的毛织品的25%出口于美国、韩国、中国等国家。此外，布里亚特共和国轻工业中"阳光—联合—

服务"合资集团是东西伯利亚地区的毡靴生产大型工厂，其毡靴生产能力达 20.5 万双/年。1998 年之后，该厂发挥其内部比较优势，得到蓬勃发展。

⑦**食品工业**：食品工业内部分支部门较多。布里亚特共和国食品工业中，甜食品加工业与肉类、奶食品加工业发展得较快。2002 年，食品业产值占布里亚特共和国工业总产值的 8.6%。食品工业各部门中，肉类和奶食品加工业占优势。食品业有 8 500 名职工，食品工业基本资产占布里亚特共和国工业总资产的 3.9%。自 1990 年以后，食品业主要产品产量有所下降。2002 年，肉及肉类产品产量 3 300 吨，奶食品产量 1.06 万吨，面包类产品产量 2.31 万吨，糖类产量 7 800 吨，面粉产量 2.31 万吨，香肠类产品产量 4 081.3 吨，植物油产量 416 吨。1999～2002 年，食品业的从业人数减少了 4 900 人。目前，该工业虽然正在逐渐脱离经济危机状况，但还有个别企业、厂家至今仍处在停滞状态。从食品工业总体发展态势看，应加大投资，从而使该工业稳步、合理、快速发展。

5. 旅游业

贝加尔湖及其流域地区拥有独特美丽的自然旅游资源，使旅游业成为布里亚特共和国国民经济收入的一项重要来源。至 1990 年，随着社会需求增长，旅游业、度假疗养服务业呈稳定增长趋势，但基础设施、各种服务设施等硬环境建设仍滞后，不能完全满足社会需求。布里亚特共和国旅游、度假及疗养业的客源地以俄罗斯联邦诸国为主。据统计，目前布里亚特共和国有 50 个国家级旅游服务机构，其中有 17 个旅游机构承办国际旅游服务，有 6 个为非营利性机构，温泉疗养处有 24 个，公共度假地有 50 处，儿童游乐场有 270 处。在上述疗养、旅游观光地中，大多数都存在着硬件服务设施不够完善、达不到服务要求，建筑设施年久失修，交通、通讯、游乐场等的服务较差等诸多问题。为了促进旅游业发展，1995 年通过了一项有关于旅游发展的法规，颁布了"1997～2005 年旅游业发展纲要"，并采取一系列措施使其落实。纲要的基本内容包括：要建立旅游业决策系统；加强广告宣传力度；突出地方特色，发挥区域优势，构建"布里亚特式旅游模式"；支持、鼓励与旅游业相关的中小型企业发展；培养专业人才；引进外资，扶持旅游业；建立现代化的旅游度假服务体系。1997 年，布里亚特共和国旅游业产值仅占国内总产值的 0.2%，仍未发挥出区域旅游资源优势。其实，布里亚特共和国有极丰富的旅游资源，有名的自然风景区有 300 余处，历史文化旅游胜地 1 500 余处，富含碳酸成分的泉水有 30 余处，温泉 50 余处，泥疗保健度假村有 23 处，宾馆、旅店有 53 处，还有 22 个专为国外游客服务的旅游公司等，为旅游业的发展打下了丰富的资源、环境、设施基础。

二、图瓦共和国

1. 经济发展现状

2016年，图瓦共和国国内生产总值（GDP）467.0亿卢布，其中农业产值6 413百万卢布，采矿、采石业产值7 717百万卢布，制造业产值625百万卢布，电力、煤气、天然气、石油和水供应业产值3 742百万卢布。2014年固定资产价值730亿卢布。固定资产投资1 114亿卢布。2016年共和国财政预算收入10 563百万卢布，财政预算支出10 608百万卢布，赤字–45百万卢布。资金平衡结构经济收益–4 949百万卢布。零售业营业额216亿卢布。年均就业人数10.1万人，人均月收入15 094卢布，人均月开支11 682卢布，职员的平均实际月收入28 704卢布。

2. 农业

图瓦共和国是一个专门生产畜产品的农业国，80%多的产品为畜产品。主要表现为养马业、养鹿业、养驼业、养细毛绵羊业和养肉、奶牛业。农业经营用地约500万公顷，占共和国领土的2/3。其中耕地为50万公顷，草场为10万公顷，牧场为400多万公顷。2016年，图瓦共和国农业产值6 413百万卢布。

图瓦共和国的森林面积达1 140万公顷，木材蓄积量为14亿立方米，其中大部分是价值较高的落叶松。年采伐量可达50万立方米。

3. 工业

图瓦共和国是东西伯利亚经济区的组成部分。它是一个农业国家，同时又蕴含着丰富的矿藏。该国国民经济中主要部门是采掘工业，其次是食品、木材加工、电力以及其他轻工业。电力工业占经济总产值的38%，燃料工业占14%，有色金属加工业占27%，建材工业占4%，食品工业占8%，轻工业及其他工业占9%。

图瓦共和国的主要工业部门有电力工业、食品工业、建材工业、木材及木材加工工业、采矿工业。最重要的工业是矿山采掘业，即有色金属、石棉、石煤、金子及其他矿产的开采。最大的企业：图瓦"钴"企业（赫乌阿克瑟市）、图瓦"石棉"企业（阿克多乌拉克市）、水银开采开发企业（德尔里克哈雅市）、金开采企业（巴伊休克、奥伊娜阿）。发展比较快的是食品行业，有肉和面粉厂、奶和啤酒酿造厂。

三、卡尔梅克共和国

1. 经济发展现状

2015 年，卡尔梅克共和国国内生产总值（GDP）460 亿卢布，其中农业产值 216.26 亿卢布，采矿、采石业产值 13.82 亿卢布，制造业产值 8.09 亿卢布，电力、煤气、天然气、石油和水供应业产值 21.55 亿卢布。2014 年固定资产价值 1 510 亿卢布。固定资产投资 1 114 亿卢布。2016 年共和国财政预算收入 49.65 亿卢布，财政预算支出 54.58 亿卢布，赤字–4.93 亿卢布。资金平衡结构经济收益–3.87 亿卢布。零售业营业额 179 亿卢布。年均就业人数 11.19 万人，人均月收入 14 234 卢布，人均月开支 12 393 卢布，职员的平均实际月收入 20 063 卢布。

2. 农业

20 世纪 70 年代中期卡尔梅克共和国建立了综合性农业产业，其目的主要是加工食品和日用品，以满足广大居民的需要。近来，由于出现经济危机，导致综合性农业企业的效益下滑，面临破产倒闭的境地，加剧了农村社会矛盾。90 年代初对经济部门进行大改革。为农业经济服务的企业的 86%、食品加工企业的 73% 实现了私有化。原集体农庄、国营经济和综合性农业企业的 53 个部门资本已转向其他产业部门。农业经济中国有部分不到 50%，其余均为集体或者私有经济。私有者的数量大量增加，经济新的经营形式和成分不断涌现。卡尔梅克农业经济可分为三大地带：（1）种植业、畜牧业为主的西部地带；（2）细毛羊养殖业、养牛业、种植业稳定生产的中央地带；（3）羊绒业、养卡拉库尔羊业、肉用养牛业的东部地带。在东部地区灌溉农业得到发展的同时，蔬菜、西瓜、饲料作物以及在萨品盆地中种植了稻米。2016 年，卡尔梅克共和国农业产值为 216.26 亿卢布。农业经济中的主要产业—畜牧业不景气。牛、羊、猪存栏率 2001 年比 1996 年分别下降 40%、55%、38%。畜牧业中的肉、奶、绒、蛋产量 1996～2000 年的平均产量比 1991～1995 年分别下降了 30%、44%、47%、30%。国家羊绒需求量减少，使得羊存栏率减少一半以上。若不及时采取有效措施，养羊业形势严峻。畜产品需求量减少，如 1996～2000 年牛肉、鸡肉、牛奶、鸡蛋、羊绒年均需求量分别比 1991～1995 年年均需求量减少 34%、54%、37%、31%。这些都说明畜牧业的发展受到了很大影响。

卡尔梅克共和国的渔业资源主要集中在里海东北岸边的浅海区，海岸线长约 110 公里，捕鱼带宽 15～35 公里。内陆内部水库内可进行捕鱼业的水库面积达 5 万公顷。1936 年里海沿岸捕鱼量为 3.72 万吨，但 1958～1962 年减少到了 0.69 万～1.66 万吨。此区域受伏尔加河水的影响，多为鲇鱼、狗鱼、鲤鱼、白鲢、鲈鱼等淡水鱼。1995～1998 年里海沿岸鱼产量急剧下降到 0.71 千~0.86 千吨, 但此后几年中捕鱼量逐渐增加, 1999 年捕鱼量为 0.138 万吨, 2003 年增加到 0.241 万吨。捕获量受市场价格的影响明显。里海捕鱼区内为保护高经济价值的鲟鱼、鲱、鲈等鱼类的繁殖和过冬, 政府严禁捕捞。内陆水库捕鱼量及鱼的种类与之相比有很大差距。内陆捕鱼主要在苏斯丁、萨品湖、朝格里水库。上述湖泊水库鱼类资源密度较小, 约 5 公斤/公顷。1994 年内陆湖捕鱼量为 210.4 吨, 2001 年下降为 23.6 吨。以白鲢、鳊鱼、鲤鱼为主。

3. 工业

卡尔梅克共和国的工业一直到 1990 年都在正常地发展。在 20 世纪 90 年代经济改革的过程中, 俄罗斯联邦所属的部分, 即各共和国和省、边区、州、区之间的经济关系失去协调性, 出现了严重的经济危机, 已达到工业经济部门丧失生产能力而崩溃的边缘。这对卡尔梅克工业经济发展影响很大。卡尔梅克共和国的工业发展基础相对薄弱。其主要工业部门有机器制造和金属加工工业、林木加工业、建筑材料工业、轻工业、食品业、能源工业(石油、天然气开采业)。这些工业部门出现了负增长, 亏损十分严重。

四、阿尔泰共和国

1. 经济发展现状

2016 年, 阿尔泰共和国国内生产总值 391.0 亿卢布, 其中农业产值 10 621 百万卢布, 采矿、采石业产值 7.14 亿卢布, 制造业产值 38.51 亿卢布, 电力、煤气、天然气、石油和水供应业产值 23.52 亿卢布。2014 年固定资产价值 1 000 亿卢布, 固定资产投资 1 125 亿卢布。2016 年共和国财政预算收入 77.79 亿卢布, 财政预算支出 80.64 亿卢布, 赤字–25 百万卢布。资金平衡结构经济收益–41 百万卢布。零售业营业额 216 亿卢布。年均就业人数 8.92 万人, 人均月收入 18 179 卢布, 人均月开支 15 203 卢布, 职员的平均实际月收入 22 735 卢布。

2. 农业

农业是共和国的主要经济部门, 农产品占共和国社会总产品的 60%, 占俄罗斯联邦农产品总量的 0.3%, 重要部门是畜牧业和养鹿业。种植业是阿尔泰农业的主要部门之一, 不过它在农业中的比重明显低于畜牧业。当地主要农作物有谷物、马铃薯和蔬菜以及经济作物。2016 年, 阿尔泰共和国农业产值 106.21 亿卢布。

阿尔泰共和国森林资源总面积 368.5 万公顷, 其中森林覆盖面积 234 万公顷, 森林覆盖率为 41.5%, 木材蓄积量为 4.72 亿立方米, 成熟林和过熟林约占 50%。针叶林占绝大多数, 主要树种有西伯利亚冷杉和云杉。有十余家林场, 部分私人经营。

3. 工业

食品工业是阿尔泰共和国工业的主要部门之一。大型食品工企业有阿尔泰肉制品厂、奶油和奶酪制品厂等，大部分产品满足共和国国内市场需求。阿尔泰共和国的森林资源丰富，有十余家林场，其中多数为私人经营，还有一些规模不大的制材厂和家具厂。建材资源有大理石、花岗岩和制砖黏土等，此基础上建立了钢筋混凝土预制构件厂、红砖厂和兽力车制造厂。阿尔泰共和国较大型金矿有 3 家，还有一家开采和加工水银和钼的企业，主要产品有：黄金、水银、含钼和钨的精矿石以及金和白银加工的金银首饰。以中小企业为主，设备和工艺落后，开发和生产新产品能力较低的机器制造部门，制造一些小型机械。总之，阿尔泰共和国工业不够发达，其在国民经济中的比重仅 10% 左右。

第十一章　蒙古民族聚居区交通运输发展与布局

第一节　蒙古国交通运输发展与布局

交通运输业是蒙古国主要经济部门之一，经历了从原始交通运输到现代交通运输发展壮大的过程。在人民革命前，蒙古的交通运输靠畜力和驿站。1921年后，蒙古有了汽车、飞机、火车、轮船等现代化交通工具，逐步建立和发展了公路、铁路、航空与水上运输业。到20世纪40年代为止，蒙古国交通运输任务基本上靠公路运输完成。40年代后，铁路和航空运输有了较大发展。目前，蒙古国交通运输以公路运输为主，铁路运输占第二位，航空运输占第三位，水上运输发展缓慢。

一、交通运输现状

随着近十几年蒙古国经济较快的发展，蒙古国的交通及其基础设施得到了一定的改善，交通运输业得到恢复和发展。1990年，蒙古国客运运输量232.2百万人，客运周转量2 056.1百万人次·公里；货物运输量5 403.85万吨，货物周转量697.16百万吨·公里。到2000年，整个蒙古国的交通运输量比1990年有所减少。其中，客运运输量93百万人，客运周转量1 948百万人次·公里；货物运输量1 064.34万吨，货物周转量441.83百万吨·公里。而到2010年，蒙古国交通运输较快发展。其中，客运运输量250.7百万人，客运周转量3 607.4百万人次·公里；货物运输量2 941.59万吨，货物周转量12 124.8百万吨·公里。2010年，交通运输收入总额5 936亿图格里克。特别是到2016年，蒙古国的交通运输量大幅提升。其中，客运运输量264百万人，客运周转量4 072.6百万人次·公里；货物运输量4 039.84万吨，货物周转量16 376.8百万吨·公里。2016年，交通运输收入总额12 214亿图格里克。2017年上半年，蒙古国交通运输的货运总量2 458.22

万吨，同比增长51.2%；客运总量完成105.9百万人次，同比增长20.7%；完成运输收入6 222.676亿图格里克，同比增长22.0%。铁路和公路是蒙古国的最重要的两个运输系统，2010年是在货物运输量方面，公路货物运输量占总货物运输量的42.87%，铁路货物运输量占57.13%；公路货物运输周转量占总货物运输周转量的15.13%，铁路货物运输周转量占84.84%。这说明货物的短途运输铁路和公路运输量相差不大，铁路运输稍微多一些，而在货物的长途运输铁路运输中占优势。然而，在客运运输方面，公路客运运输占优势。2010年，公路客运运输量占总客运运输量的98.4%，铁路客运运输量仅占1.4%；公路客运运输周转量41.03%，铁路客运运输周转量占33.82%。2016年，公路和铁路运输情况与2010年情况差不多。2016年公路货物运输量占总货物运输量的50.51%，铁路货物运输量占49.48%；公路货物运输周转量占总货物运输周转量的24.41%，铁路货物运输周转量占75.54%。2016年，公路客运运输量占总客运运输量的98.75%，铁路客运运输量仅占0.98%；公路客运运输周转量48.12%，铁路客运运输周转量占23.46%。谈起蒙古国交通运输业的发展主要是跟过去比较的，特别是跟20世纪90年代进行了对比。2007年蒙古国铁路运营总里程1 815公里。2016年蒙古国公路国道总长10 126公里，其中柏油路7 456.6公里，占国道总长的73.64%；砂石路1 696.8公里，占16.76%；土路972.6公里，占9.6%。对国土面积大、高原、山地较多的蒙古国来说，铁路和公路密度太低，同时交通设施陈旧、技术落后、通运能力低下，已成为经济社会发展的一个重要的瓶颈。蒙古国的地理位置十分优越，经济发展潜力巨大，交通运输业的发展前景非常广阔。蒙古国位于两个大国之间，这两个国家拥有庞大的市场，离石油和天然气等资源丰富的俄罗斯的西伯利亚、运输量很大的中国和东南亚都很近，同时也是"一带一路"和连接欧亚大陆最短运输路线必经之地。蒙古国又位于空中航线所有重要枢纽分布区的正中央，连接澳大利亚黄金海岸与伦敦、新加坡与纽约、东京与迪拜的最短航线都能穿过蒙古国。这些给蒙古国陆路和航空运输业的发展带来了商机。与此同时，蒙古国土地辽阔、资源丰富、人民勤劳、文化积淀深厚，目前是社会和经济快速发展的国家，人流、物流、资金流在区域之间流动必须通畅、快捷和高效，才能推动经济和社会繁荣与进步。因此，为满足运输市场的需求，应加大投资力度，扩大建设交通运输系统，引进新的技术设备和先进的经营管理方式和方法，增强通运能力和效益。为了改善蒙古国道路交通滞后状况，加快公路建设，蒙古国政府确定了2013~2016年内建成连接首都乌兰巴托和各省会的公路建设目标。同时，蒙古国政府提出将扶持和鼓励更多的国内企业参与公路建设。扎门乌德是蒙古国进出口货物的主要口岸通道，建成乌兰巴托至扎门乌德柏油路对蒙古经济发展至关重要，将会改变目前蒙古国进出口货物单一靠铁路运输的局面，同时缓解铁路运输紧张状况，对改善蒙古交通运输、改善公民生活将发挥积极作用。

二、公路运输

　　公路运输在蒙古国交通运输中，特别是在旅客运输方面，一直居首要地位。蒙古在1922年底建立了拥有十辆汽车的第一座汽车运输站。1925年成立了蒙古交通运输处，在乌兰巴托市—温都尔汗之间，用汽车运输货物、邮件，从而为公路运输打下了基础。1929年底建立了蒙苏合营的蒙古运输公司即"蒙古特冉斯"，各地的驿站逐步被汽车运输站和转运站所代替。但由于受历史条件限制，过去的驿站一直以国营、合作运输机构形式保留到1949年才全部取消。50年代后，蒙古国各省基本上都建立了汽车运输站，汽车成为蒙古国的主要交通工具。1976～1980年蒙古国建立了乌兰巴托市汽车维修中心和一些大型汽车运输企业与维修服务部门，促进了公路运输业的发展。公路运输在货运周转、客运周转运输中占重要位置。从1990年初各车队私有化，在运输业中私人汽车逐年增多。2002年底全国改善公路（沙石路）1 546.6公里，硬化公路1 801.9公里。主要公路有：乌兰巴托—阿尔拜赫雷—巴彦洪戈尔—戈壁阿尔泰—科布多—巴彦乌列盖干线，乌兰巴托—车车尔勒格—陶松臣格勒—乌兰固木—乌列盖干线，乌兰巴托—达尔汗—苏赫巴托尔干线，乌兰巴托—温都尔汗—乔巴山干线，乌兰巴托—赛音山达干线，乌兰巴托—曼达勒戈壁—达兰扎德嘎德干线等。其中，扎门乌德—赛音山达—乌兰巴托—达尔汗—阿拉坦布拉格的公路干线连接蒙古国和亚洲公路网，是连接欧亚的主要公路。规划中的"明干公路"是连接蒙古国东至点和西至点的主要干线，将承担很大的运输任务。蒙古国在扩大公路网的同时，陆续在一些河流上架设了钢筋混凝土结构的桥梁。如：图拉河桥、克鲁伦河桥、色楞格河桥等。其中，色楞格河桥是1980年建成的，是目前蒙古最大的一座桥。它的建成沟通了蒙古东西两部省份的公路运输业，对促进蒙古的经济发展具有重要意义。但是，蒙古国公路建设远远不能适应其汽车运输业的发展。目前，全国公路的多数仍然是土路，硬化公路所占比重不大。

三、铁路运输

　　蒙古国铁路运输主要承担货运任务，其货物周转量在全国各种运输货物周转量中占主要地位。蒙古国的铁路运输业起步较晚，最早的铁路铺设于1938年，是乌兰巴托至纳莱赫煤矿的窄轨道路，只有43公里。1938年又铺设了从乔巴山市到俄罗斯（苏联）境内索洛耶夫斯克的238公里宽轨铁路。1949年，铺设乌兰巴托到俄罗斯（苏联）境内的纳乌什基的400公里宽轨铁路。1955年，乌兰巴托到扎门乌德的700多公里宽轨铁路通车，沟通了中、蒙、俄（前苏）三国铁路运输。目前，蒙古的铁路线总长度为 1 815 公里。其中扎门乌德—乌兰巴托—纳乌什基连接欧洲的铁路干线长达 1 159 公里，是蒙古国内外交通运输枢纽。从乌兰巴托铁路分出岔道，修建了萨勒黑特—额尔登特铁路、小杭爱—巴嘎诺尔、达尔汗—沙林郭勒等铁路支线。这些铁路主要承担运输铜钼矿、煤和生产设备的任务，还参与国际货运。铁路运输占国内货物周转的 90%，除乌兰巴托外在达尔汗、乔伦、东哈拉、赛音山达、乔巴山、扎门乌德、额尔登特等地已形成为大型铁路枢纽。

四、航空运输

蒙古国的航空运输主要承担客运和空邮任务。目前，有首都乌兰巴托市通往全国各省省会和直辖市的 19 条国内航线和乌兰巴托—莫斯科、乌兰巴托—伊尔库兹克的国际航线。省和县市之间有 AH—24、AH—26、波音—727 和直升机服务。蒙古民航运输公司，主要负责生产活动，并且在该公司所辖区负责飞机维护和修理、运输、专门服务。还有"汗嘎尔迪""腾格尔乌拉其""特斯"等私营航空有限责任公司。蒙古国与国际民航局确立联系通航的有日本、中国、俄罗斯、哈萨克斯坦、韩国、土耳其、德国、东南亚各国等国家。航空运输的最大机场是乌兰巴托市的"布彦特乌哈"机场。蒙古航空运输（客运）旅客运输、货物运输中占一定比重。乌兰巴托市郊区仍在建设国际机场。

五、水路运输

蒙古国位于内陆高寒地带，无出海口，冰冻期长，水上运输很不发达。蒙古境内河流湖泊甚多，可通航的却为数不多。北部的色楞格河和库苏古尔湖通轮船运输这一河一湖，是连接蒙俄两国的水运枢纽。色楞格河是蒙古最大的河，该河经过蒙古北部的布尔干省和色楞格省向北流入俄罗斯境内的贝加尔湖，全长 922 公里，宽约 70~250 米，在蒙古境内的长度为 593 公里，可以航行。库苏古尔湖水道长 135 公里，暖和季节，"苏赫巴托尔"号轮船在哈特嘎勒—道尔图之间通行，冬季冰雪覆盖湖面的时候进行雪橇、汽车运输。此外，蒙古中部的鄂尔浑河和东北部的克鲁伦、鄂嫩、哈拉哈河等也可以航行。

六、其他运输

（1）畜力运输

蒙古传统的交通运输。1921年前，蒙古的交通运输靠畜力和驿站。从1949年开始畜力运输直线减少。目前，只是在短距离或企业内部货物运输使用畜力，并且在蒙古各自然带使用各种各样的畜力运输车。在阿尔泰、杭爱、库苏古尔等山地多使用牦牛车，在草原带使用马车、牛车，在戈壁带使用骆驼车。

（2）管道运输

现代运输的一种是管道运输，目前在乌兰巴托市、达尔汗市、额尔登特市、乔巴山市和其他省首府城市用管道运输冷热水，排污水。在将来，随石油工业的发展，管道运输发展前景广阔。

第二节　中国蒙古民族聚居区交通运输发展与布局

一、内蒙古自治区交通运输发展与布局

1. 交通运输现状

内蒙古现代交通运输方式主要有五种，即铁路、公路、航空、水运和管道运输。2015年，国家铁路营业里程10 611公里，地方铁路营业里程1 279公里，公路总长度175 374公里，内河2 403公里。2015年客运量总计16 986万人，其中铁路客运量5 117万人，占30.12%；公路客运量11 017万人，占64.86%；民用航空852万人，占1.02%。旅客周转量371.24亿人公里，其中铁路210.93亿人公里，占56.81%，公路160.34亿人公里，占43.19%。2015年货运量186 160万吨，其中铁路66 653万吨，占35.80%；公路货运量119 500万吨，占64.19%；民用航空7.14万吨，占0.004%。2015年货物周转量总计4 263.86亿吨公里，其中铁路2 023.90亿吨公里，占47.47%；公路2 239.96亿吨公里，占52.53%。内蒙古交通运输方式中以铁路和公路运输为主。其中，公路运输在客运量、货运量、货运周转量、三个指标中均超过铁路，只在客运周转量上小于铁路，是内蒙古主要运输方式。航空、水运和管道运输所占份额小。内蒙古运输网络可以分为东部运输网和西部运输网。西部运输网是包括锡林郭勒及其以西盟市的运输网，主要运输线包括

6 条一级铁路、1 条二级铁路、7 条三级铁路、6 条国道、5 条首府放射线省道、南北纵线 18 条、东西横线 16 条。西部运输网以运送煤炭为主，同时运送钢铁、矿建材料、矿石、石油，客货物主要运往本国东部。东部运输网包括一级铁路 6 条、二级铁路 2 条、三级铁路 6 条、国道 6 条、省道南北纵线 6 条、东西横线 3 条。东部运输网以运送煤炭为主。东西部交通由京包线、京通线、集通线等铁路线和几条高等级公路连接。内蒙古能够通航的河流航道总长 3 403 公里。主要分布在黄河水系、额尔古纳河水系、嫩江水系。2012 年通航里程 2 517 公里。2014 年内蒙古民航有国内航线 50 多条，国际航线 5 条。有 11 个机场。可以飞往北京、上海、广州、沈阳、深圳、成都、南京、香港、台湾等城市。内蒙古管道运输有两条，总里程 807 公里。位于锡林郭勒盟境内的阿尔善—赛汉塔拉输油管，输送石油，输送能力 105 万吨/年。长庆—呼市输气管道主要输送天然气，输气能力 9.5 亿立方米/年。

2. 公路运输

内蒙古公路交通是从元代的驿站交通开始，一直延续到清朝末期。民国初期驿站交通衰落，逐渐被马车的大道所代替。当时从北京到内蒙古地区的马车道主要有两条。一条是经过热河到海拉尔，另一条是经过张家口到蒙古的恰克图。1927 年开始在内蒙古修建简便的公路。真正经过测量按建筑标准建设的第一条是西部的绥宁（包头到石嘴山）公路。东部地区各盟的大部分公路是伪满时期在马车大道的基础上修建的。1947 年内蒙古自治区成立时残破不够通畅的公路统计起来一共有 1 974 公里，民用汽车有 86 辆。一直到 1952 年末，全区的公路长度为 4 821 公里。1952 年末客车和货车共有 240 辆，完成载客 1 945.2 万人公里，载货 23 533 万公里的任务。1953～1966 年，为支援包头重工业基地的建设，修复了包头—前口子、包头—白云鄂博、包头—石拐、包头—陕坝、宋家壕—石拐子公路。此外，修建了三道卡到吉兰泰盐池和锡林浩特到宝昌的公路。1966 年末，全内蒙古已经通车的公路长度为 25 180 公里。1978 年之后，内蒙古公路交通快速发展出现了新面貌。内蒙古的公路通车里程不断增加的同时，加大公路骨干线改造力度，提高公路桥的质量和扩大通车能力。据 1986 年的统计，内蒙古全区通车公路里程 40 380 公里，其中等级公路长度 37 111 公里，占公路全长的 91.9%，全区各旗县全部通车。1986 年，全年公路完成货运量 6 998 万吨，货运周转量 21.26 亿吨公里；旅客运量 4 775 万人次，旅客周转量 28 亿人公里。20 世纪 90 年代之后公路建设逐渐进入了高速发展的阶段。在 20 世纪 70 年代后期以来的 40 多年间，内蒙古公路建设有几个特点：一是，公路建设的投资逐年大幅度增加。1990 的年投资 50 亿元，2000 年投资 100 亿元，"十一五"规划之后坚持每年投资 260 亿元以上。二是，公路等级大幅度提高。2005 年至 2010 年，高速公路从 1 001 公里发展到 2 365 公里；一级公路从 2 139 公里发展到 3 387 公里。高等级公路从 1.15 万公里发展到 1.8 万公里；次高等级公路从 3.1 万公里发展到 5.4 万公里。三是，农村和牧区的公路发展更加突出。2010 年末，全内蒙古新建农村牧区公路 13.2 万公里。2005 年至 2010 年，乡镇的柏油路（水泥）通车率由 73%提高到 99.5%，嘎查村通车率由 56.2%达到 100%。2010 年末，全内蒙古乡苏木镇柏油路（水泥路）、嘎查村通车的规划全部实现。四是，公路桥大量增加，并且对其管理和维护得到加强。2010 年末，全内蒙古公路优良率达到 58.5%，其中公路主干线的优良率达到 65.5%；主干线的绿化率 56.5%。五是，公路运输持续快速增长。在"十一五"规划期间，全内蒙古公路运输完成旅客运输量 7.9 亿人次，旅客运输周转量 704 亿人公里；货物运输量 31.3 亿吨，货物运输周转量 6 475 亿吨公里。比"十五"规划期间分别增长 57.9%、281.9%、53.3%、409.2%，分别占整个运输系统的 79%、52%、61%、48%。内蒙古的国际公路运输也得到了快速发展。在公路运输能力和结构的协调方面也取得了很大成绩。2015 年，内蒙古公路里程 175 374 公里，比 2012 年增加 11 611 公里。等级公路 163 767 公里，其中，高速公路 5 016 公里，一级公路 6 010 公里，二级公路 14 607 公里。等外公路 11 607 公里。2015 年全年完成公路旅客运输量 1.10 亿人次，旅客运输周转量 160.34 亿人公里；货物运输量 11.95 亿吨，货物运输周转量 2 239.96 亿吨公里。与此同时，2015 年的公路运输四个指标占全内蒙古运输系统的比重分别是 64.86%、43.19%、64.19%、52.53%，比 2012 年有所减少。这说明内蒙古的运输依靠公路运输的程度降低了一些，出现向均衡方向发展的趋势，并且也表明近几年内蒙古去产能有成效，减少了过剩产品如煤炭、钢铁、水泥等运输，总运输量比前几年减少了许多。

3. 铁路运输

1896 年，沙俄利用《中俄密约》，从 1899 年 3 月开始修建东清铁路，1903 年 7 月通车运营。此条铁路从成吉思汗站开始，经过扎兰屯、牙克石、海拉尔，到满洲里之后与俄罗斯外贝加尔铁路连接，是当时贯穿整个呼伦贝尔盟土地的内蒙古境内的第一条铁路。1905 年 10 月开始修建京绥铁路，1921 年修到归绥（今呼和浩特），1923 年修到包头。这条铁路是中国自己集资、自己设计修建的第一条铁路。到 20 世纪 20 年代末，在内蒙古东部修建了平齐铁路线（今称滨州线）、大郑线、牙林线和博林线等铁路。"九一八"事变之后，日本为掠夺森林、矿产资源，先后修建了洮杜铁路（今白阿线）、叶赤铁路和包石铁路。到 1947 年时在内蒙古境内仅有 8 条铁路线，全长 1839 公里，其中运营里程 1 557 公里，铁路密度为 1.32 公里/平方公里，不到当时全国平均铁路密度的一半，同时路况和经营设备很差，通运能力很低。从 1955 年到 1958 年是内蒙古铁路建设第一个高潮阶段，先后建起国际联运的主干线集二线（集宁到二连）、包兰铁路线以及包白、宝石、包环 3 条国家经营的支线，延伸到大兴安岭原始森林的牙林线、伊加线等铁路，同时还对京包铁路的大同到包头段进行了技术改造。1958年内蒙古铁路网建成之后，二连浩特、满洲里两个口岸成为经蒙古、俄罗斯到欧洲的欧亚大陆桥。包兰线东面与京包线连接，西面与兰宁线、兰新线连接成为横穿中国北方地区的第2条主干线。集二线延伸到内蒙古中部草原，大大改善了民族地区的交通条件，对铁路沿线地区的石油、煤炭、天然碱的开发利用非常有利。20世纪60年代中叶到70年代末，这个时期修建了专门用于对森林、煤炭、矿产资源开发的通让线、乌吉线、嫩林线、平汝线和郭查线。80年代之后又一次掀起了建设内蒙古铁路的高潮，1981年，北京到通辽的铁路通车经营，此条铁路线是内蒙古东南地区纵向干线，与东北地区和内地联系的第二条重要干线同年呼和浩特到海拉尔的"草原列车"开通。为开发利用伊敏河和霍林河煤矿资源，从1977年12月开始修建海伊线和通让线，分别在1979年10月和1984年9月竣工并投入运营。这样在内蒙古东部地区建成了以滨洲线、通让线、京通线为骨干线，牙林线、嫩林线、伊加线、潮乌线、通霍线、海伊线成为网线的东部地区铁路网。为内蒙古西部地区的煤炭向外运送，内蒙古在国家的支持下，80年代开始筹集资金修建从集宁到通辽、包头到神木、大同到准格尔铁路，到2000年时已经修建了全长1 422公里的5条地方铁路。其中1994年通车运营的集通（集宁到通辽）线经过12个旗县，全长942公里，是全国最长的地方铁路。到1998年时已经修建了28条铁路线路，其中主干线有16条，支线线路12条，地方铁路5条。铁路实际延长线7 083公里，已经投入运营里程5 984公里。随着国民经济快速发展，铁路建设跟不上经济的发展，特别是资源丰富的内蒙古的铁路运力不足，铁路支线稀少，设备不完善，铁路的运力满足不了地方对运力的需求。因此，内蒙古自治区在"十一五"规划期间，对铁路建设投资500亿元，新增铁路3 560公里，新增电气化铁路1 500公里。2010年，内蒙古的铁路总长度已经是11 000公里以上，其中双线路的铁路2 100公里，电气化的铁路1 800公里。内蒙古自治区的铁路基本上形成了"4条出区达海、4条国外连接、6纵、6横"路网新格局。现已建成的高速铁路有集宁—包头高速铁路、长春—乌兰浩特、集宁—张家口、呼和浩特—鄂尔多斯、通辽—长春、通辽—沈阳，速度为250公里/小时。已进入国家规划中的有包头—榆林、通辽—赤峰—北京高速铁路。2015年，内蒙古铁路正线延展里程16 710公里，铁路营业里程11 890公里，客运总量5 117万人，旅客周转量210.93亿人公里；货运量66 653万吨，货物周转量2 023.90亿吨公里。

4. 航空运输

1931年5月，中国和德国合作经营的欧亚航空公司开辟了从上海到满洲里的航线，途中经过林西。后来开辟北京到银川航线，途停包头。1931~1947年，伪满航空公司、伪汇通航空公司、台湾中华航空公司和民国政府的中国航空公司等相继开辟了内蒙古的包头、归绥（今呼和浩特）、赤峰、通辽、海拉尔、乌兰浩特等地的航空线。这些航空公司主要为军事和达官贵人服务。1950年7月，中俄民航股份公司开辟北京到赤塔国际航线，途停海拉尔。1957年1月，中国民航北京管理处和中国民航乌鲁木齐管理处共同开辟北京到西宁、乌鲁木齐到北京的航线，中途停包头。1958年，内蒙古自治区交通厅民航管理局（筹备处）组织建设了呼和浩特白塔机场、锡林浩特机场、通辽机场。当年10月，开辟呼和浩特—北京、呼和浩特—锡林浩特、呼和浩特—锡林浩特—海拉尔航线。1959年5月，开辟呼和浩特—北京—赤峰—通辽航线。1979年10月，建立了内蒙古自治区民航局运输飞行队。1985年，开辟呼和浩特到广州和上海的两条航线。自1987年增加了新航线和航班密度。至1989年末，共开通自治区区内航线6条，通航呼和浩特、包头、锡林浩特、乌兰浩特、海拉尔、通辽、赤峰等7个城市；区外航线，通航北京、沈阳、石家庄、南京、上海、武汉、广州等。此外，还担负着北京至长沙、南昌、上海、杭州、秦皇岛、常州等航线的航班飞行任务。为深化改革和改善经营管理，1990年4月组建了中国国际航空公司内蒙古分公司。2003年12月成立内蒙古民航机场集团公司。2005年12月由首都机场集团公司行政管理内蒙古民用航空机场集团公司。现在，内蒙古民用航空机场集团公司直接经营管理呼和浩特机场、包头机场、呼伦贝尔机场、赤峰巨龙机场、锡林浩特机场、通辽机场、乌兰浩特机场、鄂尔多斯机场，并对二连浩特机场、根河机场、巴彦淖尔机场、阿拉善机场代理经营管理。随着内蒙古经济和社会的不断发展，内蒙古民航建设已进入了飞速发展的阶段。近二十几年投入大量资金对内蒙古地区机场进行全面建设，实施速度非常快。2009年，航线发展到122条，通航53座城市。内蒙古民航机场集团公司呼和浩特白塔机场全年完成旅客运输量290万人次，居国内机场第35位；包头机场完成旅客运输量100万人次，在国内机场居第51位；呼伦贝尔机场旅客运输量50万人次，在国内机场居第60位。2012年内蒙古航空旅客运输量605万人次，货物运输量4.68万吨。2015年，内蒙古民航机场（包括执勤和公用机场）达到20座，呼和浩特白塔机场成为华北地区的区域性枢纽机场，机场在运输和经营效益方面在国内机场中进入前列，机场的经营质量迅速提高，在支线机场管理领先，机场服务水平达到先进水平。在2015年末，内蒙古民航机场（包括执勤和公用机场）和航空网络覆盖全内蒙古地区经济总量的94%、人口的92%、旗县行政区的83%，基本上能够满足社会对航空服务的需求。

5. 水路运输

内蒙古地区有黄河、嫩江、额尔古纳河、西辽河四大水路航运水系。水路航运历史悠久。黄河水路运输可上溯到5世纪北魏时期。全内蒙古自治区能通航的航道里程3 403公里，其中，黄河水系975公里，嫩江水系951公里，额尔古纳水系1 477公里，西辽河水系因建起众多水利设施而中断通航。1989 年，全内蒙古通航里程 1 951 公里，航深在 1 米以上的 1 818 公里，设置航标 477 公里。在历史上黄河水路运输有漕运和军运两种，水陆运输工具经历了古代牛羊皮筏子、木筏子阶段，近代七站船、高帮子船、小五站船、渡船、盐碱船阶段，发展到钢制拖轮、铁驳船等先进船型阶段；动力由几十马力发展到 300 马力，载重量由几百公斤发展到 350 吨位。1989 年底，全自治区 4 大水系 12 个地区，已拥有各种船舶 3 925 艘，总吨位 6 983 吨，总客位 7 119 人位；拥有浮箱（船）519 节总吨位 4 541.8 吨。至 1989 年，内蒙古有渡口 188 处，其中黄河流域 87 处，嫩江流域 91 处，额尔古纳河流域 3 处，西辽河流域 7 处。"十一五"规划期间，水路运输的投资 1.67 亿元，增加 10 座港口、23 个泊位，疏通了 70 公里长五级河道和 30 公里长七级河道。2015 年，水路航道里程 2 403 公里，民用运输船 905 艘，其中，机动运输船 592 艘，非机动船 269 艘，挂桨船 42 艘。

6. 管道运输

（1）输油管道

阿赛石油管道：由二连油田阿尔善油区阿南联合站，西至赛罕塔拉末站，全长 361 公里。全线设有加热加压的泵站 8 座。原油从道站被吸入，经管道输送到末站，再由末站装入火车槽车外运。本管道半径为 273 毫米，设计管道最小年输油能力为 55 万吨，最大为 105 万吨。2011 年 12 月对阿赛石油管道的自动化改造工程已完成。这标志着这条长输管道可完全通过监控系统实现全线视频监控，提高了管道安全运营能力和应急处理能力。2013 年 3 月，阿赛石油管道的首站到第三站 103.3 公里之间安装了光纤预测防风险的设备，提高了预测防风险的设备的档次，成为阿赛石油管道数值化管理模式。

呼和浩特炼油厂石油加工配套工程石油管道：此石油管道是呼和浩特炼油厂扩大石油加工能力之后，把原油送进炼油厂和加工后的油输送出去的输油管道。本石油管道从陕西省靖边县开始，经陕西和内蒙古 11 个旗县区，最后到达呼和浩特炼油厂。原油来自鄂尔多斯石油盆地，石油管道全长 500 公里，管道半径 457 毫米，设计年输油能力 500 万吨。加工后的油出厂之后通过输油管道输送到包头、鄂尔多斯等地，其管道长度 300 多公里，设计年输油量 35 万吨。此输油管道工程自 2011 年 6 月开始，在"十二五"规划末期竣工运营。该输油管道投入运营，保证了呼和浩特炼油化工厂的原油来源，加大了汽油市场的供应量，对促进内蒙古经济发展具有重要的意义。

（2）天然气管道

长庆—呼和浩特天然气管道：此输气管道从长庆天然气气田第二净化厂开始，经乌审旗、伊金霍洛旗、东胜区、达拉特旗、包头市、土默特右旗、土默特左旗，到达呼和浩特市，全长 506 公里，主管道半径 457 毫米，年运输能力 9.5 亿立方米，第一个站加大压力后，年输气能力能够达到 13 亿立方米。长庆—呼和浩特天然气双线管道：由内蒙古西部天然气股份有限公司建设，2012 年 10 月投入运营，工程全长 492 公里，年输气能力 60 亿立方米。本天然气输气管道的起始点是中国石油天然气股份有限公司长庆石油油田分公司第三天然气厂，经过乌审旗、伊金霍洛旗、东胜区、达拉特旗、包头市九原区、土默特右旗、土默特左旗、呼和浩特市玉泉区、赛罕区等 10 个旗区。全天然气双线输气管道共布局了 5 座输气站场，21 座输气管道线阀门室和 18 座阴极保护站。天然气双线输气管道建成后，从长庆油气田通过输气管道，输送到呼和浩特的年输气能力 80 亿立方米，从而保证了内蒙古西部地区得到既安全又持续供应的天然气。

呼和浩特—天津—河北天然气输气管道和鄂尔多斯—天津—山东天然气输气管道：这两条是内蒙古的天然气向外区输送出去的输气管道。天然气输气管道全长 2 900 公里，设计年输气能力为 500 亿立方米，估计全投资额达 550 亿元。这两条输气管道不仅输送天然气，而且还输送煤制气。内蒙古油气投资公司投资建设了这两条输气管道，2017 年工程竣工并开始运营。

（3）铁矿石输送管道

2010 年，全中国最长的铁矿石输送管道在内蒙古包头钢铁（集团）有限责任公司投入生产。此铁矿石输送管道全长 145 公里，从黄河吸水，经过高山和草原输送到白云鄂博西矿区，在选矿厂输送来的水与铁矿精粉搅拌成矿液，粗管径的另一条输矿液管道送回到包头钢铁厂过滤系统，去掉水分，矿液很快变成乌黑铁矿精粉，再经过快速运转的输送带带到炼铁厂的总原料场。铁精粉矿液的运输和供水管道工程是包头钢铁集团减少成本和保障原料供应的重点工程，也是国内管径最大、双线管道最长的工程项目。

二、蒙古自治州交通运输发展与布局

1. 巴音郭楞蒙古自治州交通运输

巴音郭楞蒙古自治州是中国通往中亚、西亚的重要交通要道，历史上举世闻名的陆上丝绸之路，南北两道均通过巴音郭楞蒙古自治州。1949 年之前，巴音郭楞蒙古自治州的交通主要是马车道公路，民国二十九年（1940），焉耆专区建成迪化至喀什和库尔勒至若羌的 2 条马车道公路。至民国三十八年（1949），由迪化至喀什、大红沟至若羌、青海至新疆喀什、库尔勒至若羌 4 条简易马车道公路，总长 1 880 公里。现在新疆的 8 条国道省道中，有 6 条通过州境，总长 2 637 公里，占全疆的 28.7%。各类地方公路有 335 条，其总里程达 3 736 公里。2002 年，全州公路里程达 5 935 公里。境内铁路有：库库铁路，从库尔勒至库尔楚，全长 74.21 公里，属地方铁路，主要运输铁矿石和水泥生产原料。南疆铁路（吐库段），南疆铁路以兰新铁路的吐鲁番站为起点，经库尔勒至喀什。南疆铁路全长 476.5 公里，其中巴音郭楞蒙古自治州境内鱼儿沟至库尔勒西站为 363.4 公里。现有乌鲁木齐—库尔勒—库车、乌鲁木齐—库尔勒—且末、库尔勒—且末、库尔勒—塔中等航线。库尔勒民航站和且末民航站已发展成为新疆较有规模的航站。另外，塔里木河和开都河、孔雀河是巴州重要的水运航线。2016 年，全州公路货运总量 6 287 万吨，货物周转量 108.09 亿吨公里。客运总量 1 634 万人次，旅客周转量 15.79 亿人公里。

2. 博尔塔拉蒙古自治州交通运输

博尔塔拉蒙古自治州处于中国西北沿线经济带和西北边境开放带的交汇处。博尔塔拉蒙古自治州境内主要铁路线有：新亚欧大陆桥通过境内，有铁路 140 公里，10 个车站。公路：国道 312 线，由乌苏市入博尔塔拉蒙古自治州，穿越精河县、博乐市，西行至霍尔果斯口岸和伊宁市；省道新 34 线与国道 312 线衔接，经博乐市至温泉县；专用公路 92—6 线（博—阿公路）由博乐市直通阿拉山口口岸；阿拉山口和哈萨克斯坦国德鲁日巴、乌恰拉市公路相通。博乐市是全州县、乡、镇公路运输网的中心，与乌鲁木齐、伊犁地区、塔城地区公路相通。2016 年全州公路完成货运量 1 470 万吨，公路货物周转量 25.52 亿吨公里；公路完成客运量 578 万人次，公路旅客周转量 3.42 亿人公里。

3. 海西藏族蒙古族自治州交通运输

海西藏族蒙古族自治州的公路、铁路、民航等现代化的运输体系初具规模，彻底改变了海西 20 世纪 50 年代的状况。世界上海拔最高的铁路之一——青藏铁路横贯于海西境内。在海西藏族蒙古族自治州境内的路段全长 536 公里，年运输能力 400 万吨。2000 年海西州境内公路干线有 109 青藏线、315 青新线、215 敦格线等，国道基本实现柏油路面。并以这些公路为主干，形成了全州的公路网骨架，随着公路通车里程的延伸，运输车辆也迅速增加。2014 年末全州公路通车里程 14 224 公里。全年公路运输完成货物运输量 1 479.3 万吨，周转量 39.22 亿吨公里。公路运输完成旅客运输量 202.7 万人，周转量 2.84 亿人公里。全年铁路运输完成货物运输量 2 356.8 万吨。铁路运输完成旅客运输量 143.7 万人。海西的民航运输也相应得到了发展，1974 年建成了格尔木飞机场，先后开辟了飞往西宁、西安、拉萨的航线，还开展了飞机灭虫、航空测绘等工作。航空运输起降 1 684 架次，通航里程 236.06 万公里，旅客运输量 13.06 万人次，货物运输量 693.6 吨。

第三节　俄罗斯蒙古民族聚居区交通运输发展与布局

一、布里亚特共和国交通运输

在布里亚特共和国，公路、铁路、航空运输发展得较快，而水路运输发展相对缓慢。公路运输发展得较早，始于1924年。当时全国只有4辆客运车和1辆轿车。在苏联时期，国民经济部门将公路运输分为客运与公共交通运输两大类。1990年以后，在公路运输中，个体与股份制经济成分明显增多。至1997年，个体与股份制公路运输企业产值已占公路运输产值的97%，公路客运量的80%由个体公路运输企业来完成。大型公路运输机构主要集中在首都乌兰乌德市。另外，在巴尔古津镇、卡板区、恰克图镇、姆胡尔西伯利亚区、色楞格区、北贝加尔区等地也有布局。在公共汽车交通服务方面，除伊尔库兹克州负责服务通虎区、赤塔州负责服务巴尔古津区之外，其他区都由布里亚特共和国公路交通运输机构来服务。在布里亚特共和国，城市（区）之间公共汽车的运输的服务，1990年至1997年，本国公路货运周转量由19亿吨·公里降至3.6亿吨·公里，客运周转量由11.13亿人次·公里降至2.29亿人次·公里。近年来，城市间的公共汽车线路大大减少，公路运输服务市场渐渐趋于私有化。并且，呈现轿车数量增加，而货运车数量减少的趋势。柏油路路长在1940年只有500公里，到1970年增加至3 134公里，1980年增至4 960公里，1997年时增至5 820公里，公路密度达18米/平方公里。除地方公路外，还有国道或具有国际意义的优质公路也穿过共和国境内。2010年，公路货运总量662.9万吨。

在布里亚特共和国，铁路运输始于1900年，由贝加尔湖南面的美苏维亚—斯尔瓦坦斯克方向的铁路线段投入使用。铁路运输的兴起，使社会经济发展得到复苏，也使得进入共和国的外来人口迅速增加。1930年，西伯利亚铁路第二条并列轨道工程竣工。1932年通过该条铁路，布里亚特共和国出口了33万吨货物，并进口了43万吨货物。1940年，乌兰乌德—纳乌释吉方向247公里的铁路线段投入使用，使铁路货运量在1932年的基础上增长了3.2~4.2倍。1950年和1965年，乌兰乌德—纳乌释吉—乌兰巴托的铁路干线和通往北京的铁路干线全面通行，从而布里亚特国际铁路运输业发展的条件进一步增强。由于乌兰乌德—纳乌释吉—乌兰巴托方向的铁路线段穿过布里亚特共和国境内646公里，因此增加了铁路客、货运量。1970年的铁路货运量比1940年增加了3.8~4.9倍，客运量也增加了1.5倍。1980年，贝加尔—阿姆尔铁路线铺轨工程正式动工，1990年全线贯通并正式投入使用。该铁路运线穿过布里亚特共和国境内524公里，与公路运输主要线路交接于塔克西姆，乌沃彦等站，已发展成为大型交通运输体系。布里亚特共和国的铁路运输中，其货运量的90%由过境铁路运输线来完成。1992年至1997年，布里亚特共和国铁路运输量减少了40%。

布里亚特共和国空运事业始于1926年，由乌兰乌德—乌斯季恰克图—阿拉坦宝勒格—乌兰巴托方向上的固定飞行开始发展起来的。之后，又增加了乌兰乌德—赤塔—斯皮堪、乌兰乌德—巴尔古津、乌兰乌德—霍林斯克—苏斯瑙沃斯尔斯基克—巴格达林等方向的航线，并增加了空运邮件、乘客等服务。近十几年来，布里亚特共和国空中运输得到了长足的发展。航线与俄罗斯许多主要城市及蒙古国首都乌兰巴托市相通。乌兰乌德—尼热内昂嘎日斯克市机场具有客机升降的硬化场地。此外，巴格达林、北梅斯克、卡尔瓦、苏斯诺澳泽尔斯克、斯卡门斯克、乌斯季巴尔古津、库鲁木汗等城市也设有飞机场。

布里亚特水路运输业始于1905年，由贝加尔湖南岸的贝加尔、美苏维亚、棠惠等渡口之间的两只船的航行的基础而发展起来的。之后经过较长时间，才形成色楞格、尼奎、巴尔古津、安加拉等河流的水路运输体系。到1990年为止，各水路运行情况一直很稳定。至今，贝加尔湖的水路运输仍很活跃，随着贝加尔湖地区观光、度假旅游、娱乐业的发展，共和国水运必将进一步发展。

二、图瓦共和国交通运输

图瓦共和国的主要交通方式是汽车。主要公路干线有阿克多乌拉克—克孜尔—阿巴干—克拉斯诺亚尔斯克。

三、阿尔泰共和国交通运输

阿尔泰共和国受当地地形条件限制，至今没有修建铁路。目前，主要的运输形式是公路运输和航空运输。该共和国硬质路面汽车公路总长2 636公里，最长的公路是乔亚公路干线，这条干线是新西伯利亚—比斯克—塔尚塔，国家级公路的重要路段，在阿尔泰共和国境内有540公里，通往俄蒙边境附近的塔尚塔。1998年全共和国公路货运量为1.54亿吨公里，客运量为650万人次。戈尔诺—阿尔泰航空公司是该共和国主要的航空运输企业。共和国境内共有3个机场，分别设在戈尔诺—阿尔泰斯克、科什—阿加奇和乌斯季科克萨。此外，在共和国一些主要村镇修建了多处直升机机场。执行飞行任务的都是小型运输机和直升机,以货物运输为主。

四、卡尔梅克共和国交通运输

　　卡尔梅克共和国主要运输方式为汽车运输和铁路运输。萨拉托夫—阿斯特拉罕—格罗兹尼—马哈奇卡拉—巴库大铁路贯穿整个共和国。重要的公路有伏尔加格勒—厄利斯塔市、斯塔夫罗波尔—厄利斯塔—阿斯特拉罕、矿水城—里海镇。

IV 区域篇

第十二章　蒙古民族分布

第一节　蒙古民族在蒙古国分布

一、蒙古国的民族构成

蒙古国从民族构成上来看是一个以蒙古族为主体的国家。2012 年，蒙古国蒙古族人口达 250 万人，占蒙古国总人口的 90.5%，遍布全国各省市。可见在蒙古国，蒙古族人口占绝大多数。

蒙古国的少数民族主要有突厥系的哈萨克人（占 5.9%）、霍屯人（占 0.2%）、查唐人和少数俄罗斯人、乌兹别克人和华人。其中，霍屯人、乌梁海人、查唐人、图瓦人也是属于蒙古部族的人口；突厥系中，除哈萨克人之外，其他民族人口很少。这些民族在语言及风俗习惯方面受蒙古族的影响较大，只是在宗教信仰上有所不同。从地域分布上来看，这些少数民族大多居住在蒙古国西部省份，特别是哈萨克人主要聚居在蒙古国的西部边陲巴彦乌拉盖省、科布多省以及巴嘎诺尔煤矿和乌兰巴托市。据 1993 年的统计，蒙古国的哈萨克族人口为 13.3 万人，占蒙古国总人口的 5.9%；霍屯人口为 0.45 万人，占蒙古国总人口的 0.2%。哈萨克族有自己的语言、文字和出版物，信仰伊斯兰教，是蒙古国的最大异族文化群体。他们主要从事畜牧业、农业和手工业。哈萨克人属于蒙古涵化民族（蒙古血统），自古以来就生活在中亚地区，是游牧民族。蒙古国的哈萨克族属于古代哈萨克的克烈部落。1635 年西蒙古建立准噶尔汗国之后，于 1710～1723 年向邻近的哈萨克人发动进攻，加剧了原本处于分散、没有统一政权的哈萨克的分裂状态，并且掠夺了他们的牲畜和土地。伴随着哈萨克封建主之间的斗争，约 1723 年开始，克烈部从故乡向现在的新疆阿尔泰地区逐步迁徙。1758 年准噶尔汗国被清朝消灭之后，哈萨克人于 18 世纪 70 年代从阿尔泰山以西迁徙到蒙古国的科布多边区——即现在的巴彦乌拉盖省地区，并定居下来。1917 年，蒙古国的哈萨克人依照蒙古博格多汗的命令成为自治蒙古的属民，从而成为现今蒙古国合法、平等的一员。

　　1991年苏联解体，哈萨克斯坦独立之后，蒙古国的哈萨克人开始向哈萨克斯坦迁徙。大批的迁徙最初是以劳务输出的方式有组织地进行的，到年底这一趋势更加清晰。1991年1月12日哈萨克斯坦总统努·阿·纳扎尔巴耶夫向世界哈萨克人发出邀请，欢迎哈萨克人回到哈萨克斯坦国定居生活。这一召唤使大批的牧民纷纷携家带口，向哈萨克斯坦游牧迁移。后来许多人由于找不到合适工作岗位、生活无着落、水土不服、思念亲人等陆续返回蒙古国的故乡，从而使巴彦乌列盖省的哈萨克人口从1994年开始回升到了8.6万，至1997年时已达到了9.41万人。由此也出现了蒙古国西部边疆聚集了较多哈萨克人的情况。

二、蒙古民族在蒙古国分布

　　由于历史沿革的原因，蒙古民族可大体划分为喀尔喀部、卫拉特部、布里亚特部、内蒙古部等。蒙古国的蒙古民族主要由占人口绝大多数的喀尔喀人（占78.8%），还有杜尔伯特（占2.7%）、巴雅特（占1.9%）、布里亚特（占1.7%）、达里岗嘎（占1.4%）、扎哈沁（占1.1%）、乌梁海（占1%，蒙古、突厥人中均有该部落）、达尔哈特（占0.7%）、土尔扈特（占0.5%）、厄鲁特（占0.4%）、明阿特（占0.2%）、巴尔虎（占0.1%）等部族和少数内蒙古人（察哈尔、乌珠穆沁等）构成。

　　喀尔喀人是蒙古国部族中最大的一支，蒙古人民革命前归属喀尔喀四盟各旗领地，现在是蒙古国15个省的主要人口，主要居住于蒙古国的中部和南部地区。据1989年调查，喀尔喀人有160万人口，占蒙古国总人口的79%。喀尔喀人在经济、文化方面较其他部族更为发达，保留有较多的民族特点，是蒙古国的主要部族。杜尔伯特、巴雅特、厄鲁特、乌梁海、土尔扈特、扎哈沁、明阿特等部族属于历史上的卫拉特部。他们自古生活在贝加尔湖、色楞格河下游、唐努萨彦岭、叶尼塞河上游及阿尔泰丛林中。居住在蒙古国的这些部族，是在17世纪末、18世纪初清朝征服卫拉特部时移居到蒙古国的。这些部族现今大多生活在蒙古国西部省份。他们在语言、服饰、风俗习惯上与喀尔喀人有一定区别。从事农业和手工业者居多。杜尔伯特人长期与霍屯人、巴雅特人杂居生活，在各方面对他们有很大影响。而厄鲁特人与扎哈沁、土尔扈特人长期杂居，从而彼此吸收对方的文化，其方言和风俗较接近。

　　蒙古国的布里亚特人主要分布在蒙古国北部和东北部，即东方、肯特、色楞格、库苏古尔等省的十几个县。由于历史、地缘和人文环境的原因，蒙古国的布里亚特人受俄罗斯文化和语言的影响较大。

巴尔虎人在语言、历史渊源、风俗习惯、分布地域上与布里亚特人较为接近。

达里岗嘎人主要分布在蒙古国南部苏赫巴托省的6个县。该部族在语言、服饰、风俗习惯上与喀尔喀人区别不大。

第二节　蒙古民族在中国分布

中国境内的蒙古族有600多万人（2000年），其中的70%以上分布在内蒙古自治区，其余的分布在新疆、甘肃、青海和东北三省、河北等地的三个蒙古族自治州和八个蒙古族自治县。此外，蒙古族在宁夏、河南、四川、云南、北京等地也有少数聚居区域或散居分布。

一、内蒙古自治区

1947年5月1日成立的内蒙古自治区是以蒙古族为主体的少数民族自治区。2015年，内蒙古自治区蒙古族人口为457.77万人，占总人口的18.75%。由于地域辽阔、狭长，自然地理环境区域差异大，自然资源禀赋不均，开发时间早晚不一，发展水平不同，因而蒙古族在自治区区域内分布不均衡。生活在不同地区的蒙古族，其产业结构、经营方式和风俗习惯也不尽相同，尤其自清末开垦以来，蒙古民族聚居区已形成牧区、半农半牧区、农区三种不同生产经营区域。现在内蒙古农区面积占全区总面积的13.6%，内蒙古蒙古族人口的13.85%居住在农区。其中，赤峰市喀喇沁旗的蒙古族人口在农区中分布最多，为14.8万人，占全旗总人口的42.4%；其次是乌兰浩特市、宁城县的蒙古族人口分别为7.85万人、7.20万人，占全市、县总人口的25.9%和12%；乌兰察布市化德县、商都县和卓资县的蒙古族人口最少，分别为2 427人、2 900人和2 902人，占全县总人口的1.57%、0.92%和1.33%。半农半牧区面积占全区总面积的16.4%，蒙古族人口的26.29%居住在半农半牧区。其中，通辽市科尔沁区蒙古族人口在半农半牧区中最多，为25.05万人，占科尔沁区总人口的31.55%；其次是兴安盟扎赉特旗、科尔沁右翼前旗和通辽市奈曼旗的蒙古族人口分别为17.47万人、17.18万人和15.39万人，分别占本旗总人口的40.98%、46.34%和36.55%；虽然库伦旗的蒙古族人口仅为10.10万人，但蒙古族人口占本旗总人口的比例最高，占58.6%；鄂尔多斯市准格尔旗和乌兰察布市察哈尔右翼中旗的蒙古族人口最少，分别是2 171人和3 284人，占本旗总人口的8.8%和1.96%。纯牧区占全区总面积的60.5%，但那里的蒙古族人口只占全区蒙古族总人口的46.03%。

其中，通辽市科尔沁左翼中旗、科尔沁左翼后旗和科尔沁右翼中旗的蒙古族人口最多，分别是37.30万人、29.35万人和22.10万人，占本旗总人口的72.96%、73.0%和85.0%，是全自治区中蒙古族人口最多、所占比例最高的地域。总之，全自治区的蒙古族人口在牧业旗分布最多，所占比例最高；而在农业旗县市分布最少，所占比例最低。在12个盟市中，蒙古族分布最多的是通辽市，2015年蒙古族人口为147.67万人，占全市总人口的46.7%，占全自治区的蒙古族人口的34.94%。通辽市蒙古族以科尔沁人为主，还有乃蛮和扎鲁特等部族人。其次是赤峰市，蒙古族人口为85.10万人，占全市总人口的19.44%，占全自治区的蒙古族人口的20.14%。赤峰市蒙古族主要由喀喇沁、巴林、翁牛特、科尔沁等部族人组成。再次，兴安盟的蒙古族人口为70.73万人，占全盟总人口的42.10%，占全自治区的蒙古族人口的16.74%。兴安盟的蒙古族以科尔沁人为主，还有扎赉特等部族人。蒙古族人口分布最少的是乌海市，其蒙古族人口为1.89万人，占全市总人口的3.56%，占全自治区的蒙古族人口的0.45%。乌海市蒙古族以鄂尔多斯部族人为主。其次是阿拉善盟和乌兰察布市，其蒙古族人口分别为4.46万人和6.34万人，占全盟市总人口的19.30%和2.32%，占全自治区蒙古族人口的1.06%和1.50%。阿拉善盟的蒙古族由土尔扈特和卫拉特部族人组成。乌兰察布市的蒙古族主要由察哈尔部族人组成。可见，蒙古族人口在自治区内分布不均，主要分布在自治区东部通辽市、赤峰市、兴安盟、锡林郭勒盟和呼伦贝尔市，而自治区西部盟市蒙古族分布相对较少，仅有呼和浩特市相对较多一些，蒙古族人口28.60万人，占全市总人口的10.0%。

除此之外，内蒙古自治区蒙古族的巴尔虎、布里亚特部族人主要分布在呼伦贝尔市陈巴尔虎旗、新巴尔虎左旗和新巴尔虎右旗；苏尼特、乌珠穆沁、察哈尔、浩齐特、阿巴嘎、阿巴哈纳尔等部族人分布在锡林郭勒盟；乌拉特和部分鄂尔多斯等部族人分布在巴彦淖尔市乌拉特前、中、后三旗和五原县等地；鄂尔多斯部族人主要分布在鄂尔多斯市；杜尔伯特（四子部落）、茂明安等部族人主要分布在乌兰察布市四子王旗、包头市达尔罕茂明安联合旗；土默特部族人主要分布在呼和浩特市土默特左旗、托克托县、和林格尔县和包头市土默特右旗。

二、蒙古族自治州

1. 巴音郭楞蒙古族自治州

巴音郭楞蒙古族自治州地处新疆维吾尔自治区东南部，位于东经82°38′～93°45′，北纬35°33′～42°26′。土地总面积48.27万平方公里，占新疆总面积的1/4，是中国面积最大的地级行政区。成立于1954年6月23日，下辖八县一市，州府设在库尔勒市。有 41 个民族,其中蒙古族人口 4.35 万人,占巴音郭楞蒙古自治州总人口的 4.1%,占新疆维吾尔自治区蒙古族总人口的 29.1%。

2. 博尔塔拉蒙古族自治州

博尔塔拉蒙古族自治州位于新疆准噶尔盆地西南部,东经 79°53′～83°53′,北纬 44°02′～45°23′,总面积 2.7 万平方公里。元明时期为卫拉特蒙古游牧地。1954 年 7 月 13 日经国务院批准建立了蒙古族自治州,州政府所在地为博乐市,下辖两县一市和阿拉山口口岸行政管理区。全州共有 38 个民族,其中少数民族人口占 30%以上,主体民族蒙古族 2.4 万人,占本自治州总人口的 5.6%,占新疆维吾尔自治区蒙古族总人口的 16%。

3. 海西蒙古族藏族自治州

海西蒙古族藏族自治州成立于 1963 年(原包括哈萨克族,后迁新疆;1985 年改为现名),总面积 32.58 万平方公里,占青海省总面积的 45.17%,地处柴达木盆地。州政府所在地为德令哈市。蒙古族约在 13 世纪 20 年代入驻。据 2000 年人口普查,海西州蒙古族 2.7 万人,占全州总人口的 7.2%,占全青海省蒙古族人口的 27.8%。

三、蒙古族自治县

1. 阜新蒙古族自治县

阜新蒙古族自治县俗称"蒙古贞",位于辽宁省西北部,东经 121°01′～122°26′,北纬 41°44′～42°34′,总面积 6 246.2 平方公里。成立于 1958 年 4 月 7 日,全县辖 35 个乡镇。有 14 个民族,其中蒙古族占总人口的 20.3%,共有 14.5 万人,占全省蒙古族总人口的 21.6%,而且也占除内蒙古自治区外的其他中国各省区蒙古族总人口的 8.0%,是蒙古族最为聚居的自治县。

2. 喀喇沁左翼蒙古族自治县

喀喇沁左翼蒙古族自治县地处辽宁省西部,大凌河上游的丘陵地区,北纬 40°47′～41°34′,东经 119°25′～120°23′,总面积 2 237.86 平方公里。成立于 1958 年 4 月 1 日,县政府驻地大城子镇。全县有 10 个镇,11 个乡,1 个农场,1 个街道办事处。有 10 个民族,少数民族中以蒙古族为主,占总人口的 20.4%,共有 8.09 万人,占全省蒙古族总人口的 12.1%。

3. 前郭尔罗斯蒙古族自治县

前郭尔罗斯蒙古族自治县隶属吉林省。位于吉林省西北部,松辽平原中部,总面积 7 013 平方公里。成立于 1956 年 9 月 1 日,辖 10 个镇、16 个乡、17 个国有农林牧渔场。

总人口 53 万，其中主体民族蒙古族 4.32 万人，占人口总数的 7.6%，占吉林省蒙古族总人口的 25.1%。

4. 杜尔伯特蒙古族自治县

明代中叶，成吉思汗次弟哈布图哈萨尔第十四世孙奎蒙克塔斯哈拉率部游牧于嫩江流域，形成杜尔伯特部。自治县位于黑龙江省西部，隶属大庆市，1956 年成立。总面积 6 176 平方公里，全县辖 4 镇、7 乡、15 个国营农村牧渔场。有 17 个少数民族，其中蒙古族人口 3.95 万人，占总人口的 17.9%，全省蒙古族的 27.9%聚居在本县。

5. 河南蒙古族自治县

河南蒙古族自治县位于青藏高原东部，青海省的东南部。总面积 6 997.45 平方公里，占青海省总面积的 0.89%。1954 年 10 月 16 日正式成立，1955 年改区为县至今。县辖 1 个镇、4 个乡，政府驻地优干宁镇。2000 年蒙古族有 2.89 万人，虽数量少，但占总人口的比例已达 89.5%，蒙古族在本县域总人口中的比例居全国首位。本县蒙古族占全省蒙古族总人口的 33.5%。

6. 和布克赛尔蒙古族自治县

和布克赛尔蒙古族自治县位于准噶尔盆地的西北部，隶属新疆维吾尔自治区，东经 84°37′～87°20′、北纬 45°20′～47°12′，总面积 32 438 平方公里。成立于 1954 年 9 月 10 日。境内有 16 个民族，其中蒙古族 1.53 万人，占全自治县总人口的 26.6%，占全新疆维吾尔自治区蒙古族的 10.2%。

7. 肃北蒙古族自治县

肃北蒙古族自治县位于甘肃省河西走廊西段，总面积 6.67 万平方公里，约占全省总面积的 14.8%。成立于 1950 年 7 月 29 日。辖 5 乡、2 镇，自治县党政军机关设在党城湾镇。全县有 8 个民族，其中蒙古族有 4 112 人，占全县总人口的 31.5%，占全省蒙古族的 26.1%。

8. 围场满族蒙古族自治县

围场满族蒙古族自治县位于河北省最北部，隶属于河北省承德市。东经 116°32′～118°14′，北纬 41°35′～42°40′。总面积 9 219.72 平方公里，是全省面积最大的县。1989 年 6 月 29 日成立，共辖 37 个乡镇。以满族、蒙古族为主的 12 个少数民族人口占总人口的 56.2%。蒙古族人口为 5.48 万人，占总人口的 12.1%，占全省蒙古族人口的 32.3%。

第三节　蒙古民族在俄罗斯分布

一、卡尔梅克人

卡尔梅克共和国的主体民族是卡尔梅克人。卡尔梅克人属于厄拉特蒙古之土尔扈特部。从 1628 年开始游牧于伏尔加河下游一带。当沙俄的势力扩展到伏尔加河之后，土尔扈特部便隶属于沙俄。沙俄强迫土尔扈特人改信东正教，通过不平等条约取得经贸特权，又对土尔扈特部强行征兵，造成部众人口大减。在这种情况下，1771 年（乾隆三十六年）1 月，在伏尔加河下游生活了 140 多年的蒙古土尔扈特部，不堪沙俄压迫，在渥巴锡汗率领下万里东归，同年 5 月，到达新疆伊犁河畔，回归故土。一部分人因为当时伏尔加河未封冻，无法渡河，被沙俄军队堵截，留在原地。沙俄人将他们称为卡尔梅克人。卡尔梅克人在沙俄时期他们以骑士的身份为沙俄作战。十月革命胜利后，他们被看作反动沙俄势力的象征，斯大林时代苏联计划经济进行农业集体化，要求牧民入社，由于卡尔梅克人把马看作生命，反对入社，进行起义反抗，被镇压。二次世界大战苏德战争中，苏俄动员大量卡尔梅克人参军。但是因为苏军将领指挥失误，使 3 万多卡尔梅克士兵被俘。苏联部分领导借机指责卡尔梅克人叛国致使 1943 年几十万卡尔梅克人被流放到中亚和远东地区，1957 年以后才得以陆续返回家乡。现在俄罗斯境内的卡尔梅克人有 15 万多人。居住在卡尔梅克共和国，以及周边的阿斯特拉罕州、伏尔加格勒州、罗斯托夫州、斯塔夫罗波尔边疆区。列宁的祖母是阿斯特拉罕的卡尔梅克人，所以，列宁有蒙古民族血统。

布扎瓦（Buzawa）卡尔梅克人住在顿河沿岸。另有一小群萨尔特卡尔梅克人（Sart Kalmyk），住在吉尔吉斯斯坦共和国靠近中国边境的地方。

二、阿尔泰人

阿尔泰人旧称卫拉特人，即蒙古族，绝大部分居住在俄罗斯联邦阿尔泰共和国。分南北两支。南支曾被称为白卡尔梅克人、阿尔泰卡尔梅克人等，主要由 6～8 世纪分布在当地的古突厥部落与 13 世纪、15～18 世纪移入该地的蒙古部落融合而形成。阿尔泰地区曾长期处于蒙古卫拉特部准噶尔人的统治之下，阿尔泰人旧时一直被称为"阿尔泰卫拉特人",自称"卫拉特人",属蒙古准噶尔部。1679年准噶尔部与清朝开战,准噶尔部兵败,一部分蒙古准噶尔人退到这里,并融入了一些居住在阿尔泰地区的其他部落,演变成了今天的阿尔泰人。清朝战胜卫拉特后,该地区被清朝管辖,当地的准噶尔人被编入阿拉坦淖尔、乌梁海二旗,他们就是现在的阿尔泰人的前辈。1864年,沙俄强迫清政府签订《中俄勘分西北界约记》,沙俄边防当局迫使阿尔泰人归属沙俄,阿尔泰地区被并入俄罗斯版图。十月革命后,苏联于1922年6月1日在阿尔泰人的土地上建立了卫拉特自治州,1948年1月7日改为戈尔诺—阿尔泰自治州,1992年改名为俄罗斯联邦阿尔泰共和国。阿尔泰人早期操卫拉特蒙古语,由于受到突厥的影响,后来改操阿尔泰语系的突厥语族吉尔吉斯—奇普恰克语,可以和维吾尔人、哈萨克人进行语言交流,但是他们不信仰伊斯兰教,而信奉原始萨满教,有部分人在俄罗斯人的影响下,已经改信东正教。其山水地名、畜牧业术语等还是保留了蒙古语特点。到1938年为止,阿尔泰人一直使用托忒蒙古文,1938年以后开始使用斯拉夫字母拼写本民族语言。从1922年开始用蒙、俄两种文字发行《阿尔泰启明星报》至今。据2002年的统计,阿尔泰共和国的总人口为20.3万人,其主体民族阿尔泰人人口6.3万人,占总人口的31%。2015年阿尔泰共和国的总人口为21.52万人。

三、图瓦人

图瓦人(Tuvas),自称特瓦人(Tyiva)。中国史籍称之为"都波人""萨彦乌梁海人""唐努乌梁海人"等。图瓦人的族源有两方面,一个是铁勒—突厥,另一个是鲜卑—蒙古。图瓦人是居住在唐努乌梁海的乌梁海人,是一个蒙古族的部族。图瓦人分布的地域大体上位于西伯利亚南部叶尼塞河上游,具体来说主要是指萨彦岭和唐努山之间的广阔地区。这一地区面积近20万平方公里,清代称为唐努乌梁海,先后设置五旗,辖四十八佐领,分别隶属于外蒙的乌里雅苏台的定边左副将军、哲布尊丹巴大活佛及札萨克图、赛音诺颜两部。同治三年,中俄签订《塔城条约》(即《中俄勘分西北界约》),被割去唐努乌梁海西北部十佐领之地,是现今的俄罗斯阿尔泰共和国。1914年沙俄强占乌梁海。十月革命后,中国收复中东部三十六佐领,但不久又被迫撤退。从此,乌梁海东部九佐领之地,中部俄占二十七佐领之地,于1921年宣布成立唐努—图瓦人民共和国,1926年改称图瓦人民共和国,1944年加入苏联的俄罗斯苏维埃联邦社会主义共和国,享有自治州的权力,1961年改为图瓦自治共和国,苏联解体后升格为俄罗斯联邦内的共和国。据2003年统计,图瓦共和国总人口为30.66万人,图瓦人是主体民族,其人口为23.6万人。2015年图瓦共和国总人口为31.56万人。

四、布里亚特人

布里亚特人分布在俄罗斯联邦布里亚特共和国等地,共 43 万多人。最早提及布里亚特人的是《蒙古秘史》,布里亚特人是术赤降服的贝加尔湖林木中百姓部落,名为"不里牙惕"。在元代,归岭北行省管理。13~14 世纪进入贝加尔湖地区的蒙古民族与当地部落融合,使这一地区成为蒙古共同文化圈的一部分。布里亚特的民族形成过程在 17 世纪基本完成。1622 年,沙俄进入布里亚特蒙古地区,与布里亚特人发生冲突并延续 30 多年。直到 1652~1654 年沙俄建立尼布楚要塞,才基本控制住布里亚特蒙古地区的战乱。一部分布里亚特人基本臣服于沙俄。但另有一部分向南移入喀尔喀领地。还有一部分布里亚特人,投向清朝,后被赐名"巴尔虎人",编入八旗,并安置在呼伦贝尔地区。布里亚特蒙古地区在 18 世纪初并入沙俄。布里亚特人有 43.6 万,主要分布在俄罗斯布里亚特共和国(20.69 万人),其余居住在赤塔州的阿金斯克布里亚特民族地区、伊尔库茨克州的乌斯季奥尔登斯克布里亚特民族地区等地。

在蒙古国和中国的内蒙古自治区也有少量的布里亚特人,其中,中国有近 8 000 人,蒙古国有 4 万多人。

布里亚特蒙古苏维埃社会主义自治共和国成立于 1923 年 5 月 30 日,1958 年改称布里亚特苏维埃社会主义自治共和国,隶属于苏联的俄罗斯苏维埃联邦社会主义共和国。苏联解体后,1992 年,改国名为俄罗斯布里亚特共和国。2003 年布里亚特共和国共有人口 100.33 万人。布里亚特共和国的主体民族是布里亚特人。布里亚特族总人口为 42.1 万人,在布里亚特共和国领土上生活着 34.1 万人,占全俄布里亚特族总人数的 81%,占共和国总人口的 34%。布里亚特族人还生活在外贝加尔边疆区阿金斯克布里亚特民族地区、伊尔库兹克州乌斯基奥尔登斯克布里亚特地区。还有的居住在中华人民共和国东北部和蒙古国北部。

第四节　蒙古涵化民族(蒙古血统)分布

一、蒙古涵化民族(蒙古血统)

由于成吉思汗蒙古大军 13 世纪的远征,一部分蒙古人陆续离开了亚洲的腹地蒙古高原，来到了中亚、西亚和欧洲大陆，除在中原建立大元王朝（公元 1271～1368 年），奠定现代中国多民族国家版图之外，还曾建立金帐汗国（公元 1242 年建立，统治俄罗斯各公国长达 240 年，后又分裂成诸多汗国）、伊尔汗国（也称伊利汗国，公元 1264～1388 年统辖波斯地区）、察合台汗国（公元 1225～1321 年统治河中地区）和窝阔台汗国（公元 1225 年建立，居今新疆西部地区，后并入察合台汗国），以及帖木儿帝国（公元 1501 年被昔班帝国取代，统治中亚地区 100 余年）、昔班帝国（13 世纪中叶由昔班所建立的蓝帐汗国经过数年演变之后，在乌兹别克称汗后最终成为今乌兹别克斯坦共和国）和蒙兀儿帝国（也称"蒙兀儿斯坦"，存在于 15～16 世纪，大致辖天山以西包括巴尔喀什湖及其以东以南地区），还包括与明朝始终对峙的北元蒙古诸部，包括漠南蒙古诸部、漠北喀尔喀部、漠西卫拉特部（也称瓦剌、厄鲁特、卡尔梅克等）及 18 世纪中叶被清朝军队征服的准噶尔汗国等。更不可思议的是帖木儿后裔巴布尔公元 1526 年又建立了莫卧儿（莫卧儿为突厥语"蒙古"谐音之译）帝国，长期统治印度，直到公元 1858 年才告结束。由于诸多蒙古政权和汗国的建立，蒙古民族成了这些汗国和领地上的主人。他们在这些土地上劳作耕耘，创造了这一时期的人类文明。

　　成吉思汗的大蒙古国政权把蒙古人像种子一样撒向了欧亚大陆，孕育出了当今世界蒙古民族及其后裔。由于蒙古统治者的主导作用，他们的部落融合了当地民族、部落文化，在相互的影响下逐渐演变成了新的民族和国家，这一现象在文化和民族学领域中称为涵化现象。确切地说，就是两个或两个以上不同文化的民族体系间发生持续接触，导致一方或双方原有的文化模式被对方的文化所影响而发生的变化现象，称为民族涵化现象。通过涵化现象，产生了新的文化和民族。

　　这种蒙古民族与其他部落和民族融合产生的民族被称为蒙古涵化民族。几个世纪以来蒙古涵化民族在欧亚大陆扮演了突出的角色，给世界历史增添了光辉的篇章。在这些由蒙古涵化民族组成的国家里，这些民族的统治阶层和贵族大多是成吉思汗和蒙古民族的后裔。

　　由于上述原因，世界各地（主要是欧亚大陆）都散居着蒙古族和蒙古涵化民族。他们的地理分布情况如下：俄罗斯联邦境内属于蒙古族及蒙古涵化民族的有鞑靼人、卡尔梅克人、阿尔泰人、图瓦人、布里亚特人；西亚的阿富汗及印度次大陆有哈扎拉人；中亚的乌兹别克斯坦和哈萨克斯坦有乌兹别克人、哈萨克人（这两个国家最初是由成吉思汗的长子术赤的后裔建立起来的，他们的后裔就成为了这两个民族的主体）；蒙古国的喀尔喀蒙古族及蒙古族其他分支部落；中国境内的蒙古族主要分布在内蒙古，其次分布在新疆、青海、甘肃、黑龙江、吉林、辽宁、河北、河南、北京等省区，在川滇黔三省还有部分南方蒙古族。除上述蒙古族和蒙古涵化民族的集中居住地外，在全世界每个国家都不同程度地散居着蒙古族及其涵化民族的移民。

从成吉思汗大蒙古国的世系延续角度来研究，成吉思汗的四个儿子中，长子术赤（金帐汗国）、次子察合台（察合台汗国）、三子窝阔台（窝阔台汗国）的后裔基本留在了中亚、西亚和欧洲，四子托雷的一个儿子旭烈兀（伊儿汗国）的后裔也留在了中亚和西亚，只有托雷的另一个儿子忽必烈（元朝）及成吉思汗之弟哈萨尔的后裔留在了中国和蒙古国故地。成吉思汗及子孙的后人演变形成了现在的卡尔梅克人、阿尔泰人、图瓦人、布里亚特人、蒙古国的蒙古人和中国的蒙古人。成吉思汗长子术赤和他的金帐国后裔涵化演变形成了鞑靼人、乌兹别克人和哈萨克人。窝阔台汗国后来并入了察合台汗国，他们有很多后裔融入了乌兹别克人和哈萨克人中。哈扎拉人是成吉思汗四子拖雷和他的孙子旭烈兀的后裔（图12-1）。在当今世界，仍然保持"蒙古"族称的蒙古人近1 000万人，有着长达800年辉煌历史的蒙古民族的繁衍怎么这样缓慢呢？这始终是一个谜一样的问题。除了战争、天灾人祸之外，很重要的原因是因蒙古民族作为统治者和战胜者，他们都融合在蒙古涵化民族中了。

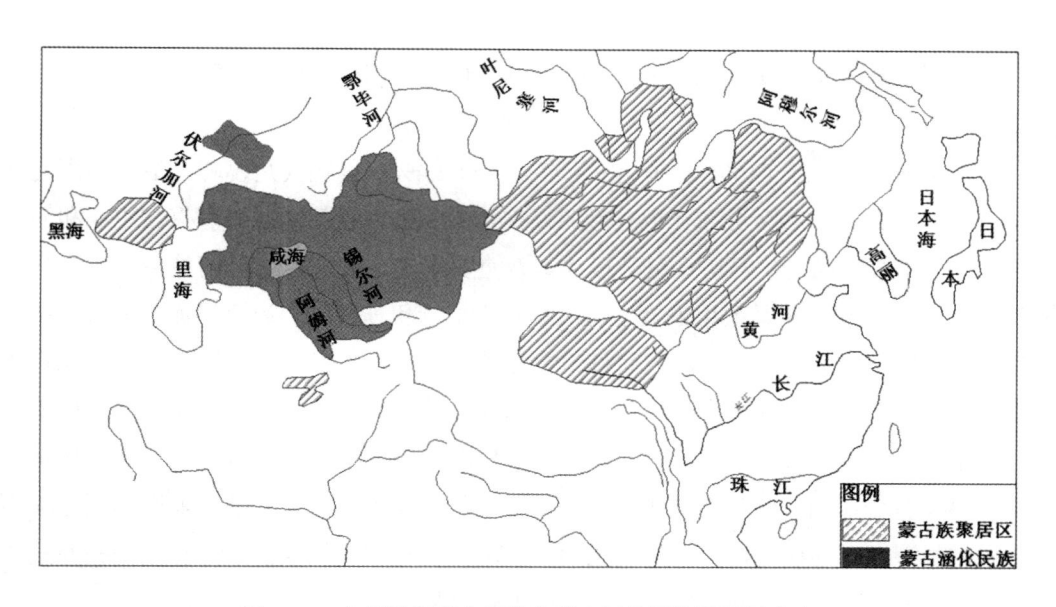

图12-1 今日世界蒙古民族和蒙古涵化民族聚居区分布

二、鞑靼人分布

鞑靼（Tatar 或 Tartar）人属突厥语民族，混合了蒙古人和跟随蒙古人西征的突厥语部落血统，鞑靼斯坦共和国的鞑靼人属喀山鞑靼人。蒙古人远征的结果，是在钦察草原及其邻近地区广大领域建立了一个大国，这个国家在东方史料中称为金帐汗国或术赤兀鲁思。金帐汗国的疆界东北包括不里阿耳城及其所辖州；北与俄罗斯诸公国接壤；南部一方面辖有克里木及其沿海城市，另一方面辖有高加索、北花剌子模及玉龙杰赤城；西部领地西起德涅斯特河或更远之处的草原地带；东部直到西西伯利亚及锡尔河下游。

大批蒙古人携带全家老小与全部财产（首先是牲畜）随着拔都的蒙古军队进入了金帐汗国，使钦察草原蒙古化。随后蒙古人在东南欧的占领和统治，这时原住民钦察人成了他们的臣民。后来，钦察人与蒙古人杂居、互通婚姻，形成了今天东南欧的现代鞑靼人。所以有学者称鞑靼人是"流入欧罗巴海洋的蒙古洪流"。

"鞑靼"一词源于7~9世纪时在贝加尔湖以南地区游牧的蒙古部落。在西方人眼里，蒙古和鞑靼一样，游牧、善骑射，并且在蒙古西征军中，不仅有许多鞑靼士兵，而且鞑靼人多身居要职。所以，蒙古被认为"就是鞑靼"，"鞑靼"便成为蒙古的代称，中国明代把成吉思汗的后裔皆称鞑靼。欧洲人也把当年成吉思汗远征大军的蒙古人通称为鞑靼人。

15世纪金帐汗国灭亡，在伏尔加河、卡马河一带建立了喀山汗国。16世纪中期，被沙俄兼并。

鞑靼人有631.7万（1979年），占全苏人口的2.4%。鞑靼人是鞑靼自治共和国的基本居民（200万人），其余分布在巴什基尔、彼尔姆、阿斯特拉罕、哈萨克、中亚和西伯利亚等地。鞑靼语属阿尔泰语系突厥语族基普查克语支，古代文字用阿拉伯字母，1927年改用拉丁语，1939年又改用俄文字母。鞑靼人信奉伊斯兰教，属逊尼派。另有一些人信东正教。鞑靼本是一蒙古部落的名称。十月革命之后，1920年5月27日，成立鞑靼自治共和国属于俄罗斯苏维埃联邦社会主义共和国的部分。90年代初，苏联政局剧烈动荡，联盟面临解体，1990年8月30日，鞑靼斯坦发表主权宣言，改国名为鞑靼斯坦共和国。1994年2月15日，俄罗斯联邦与鞑靼斯坦共和国签署了《俄罗斯联邦国家权力机关与鞑靼斯坦国家权力机关之间关于划分管辖范围和相互授权的条约》。这个条约给予鞑靼斯坦超出俄罗斯宪法规定的权力，实际上鞑靼斯坦成为留在俄罗斯联邦内的具有特殊地位和特权的国家。鞑靼斯坦共和国共有人口377.93万人（2002年），其中鞑靼人占52.9%，人口200万人。

三、乌兹别克人分布

现代乌兹别克族作为一支独立民族即始于昔班尼王朝统治时期。在中亚乌兹别克民族的形成过程中，昔班尼王朝的统治起到了关键的作用。中亚在经历了金帐汗国和帖木儿汗国两大汗国的统治之后，于16世纪初由成吉思汗后裔昔班尼（1451～1510年）、灭帖木儿帝国建立布哈拉汗国，组成昔班尼王朝，先后建都撒马尔罕和布哈拉。其疆域从咸海北岸草原南下到阿姆河与锡尔河之间的河中地区。

昔班尼王朝的创建者昔班尼是成吉思汗长子术赤的后裔，全名穆罕默德•昔班尼。昔班为术赤的第五子，而穆罕默德•昔班尼是昔班的八世孙。拔都西征（1234～1240年西征）之后，其统治中心移至都城萨莱。将咸海以北草原分给其弟昔班，建立蓝帐汗国。15世纪上半叶，昔班的六世孙阿布海尔（1428～1469年）是乌兹别克政权的真正建立者。1456年阿布海尔政权受到西蒙古卫拉特人的攻击而衰落，原来臣属于阿布海尔的大批游牧部落追随首领克烈汗和贾尼别克汗（也是术赤后裔）离开了他，迁往楚河流域建立哈萨克汗国，形成哈萨克族。那些仍留在阿布海尔境内的蒙古人被称为乌兹别克人。

昔班尼所率领的"乌兹别克人"，尽管在语言文化方面已经完全突厥化，但是在种族上是突厥化的蒙古人。"乌兹别克人"一名源于14世纪时金帐汗国统治者穆罕默德•乌兹别克汗（1312～1345年）。《元史》称这位大汗为"月即别"，在他统治期间，金帐汗国十分强盛，因而里海以北地区不同来源的游牧民统统被称为乌兹别克人。

据史书记载，在成吉思汗遗嘱中，分给术赤拔都的真正蒙古人是四千户，拔都军队的其余成员是由那些加入蒙古事业的突厥人组成。也就是说，昔班尼所率领的从额尔齐斯河以西到黑海北岸草原上纯粹的蒙古人并不多。这些蒙古人与钦察草原上的突厥人融合，已经被称为突厥—蒙古人，他们说的是钦察突厥语。但是这些乌兹别克人的统治阶层和军事将领绝大部分都是术赤的嫡孙。

在十月革命的影响下，乌兹别克人民于1919年秋起义。1920年2月，宣布成立人民苏维埃共和国，定名为花剌子模人民苏维埃共和国。1920年10月召开了全布哈拉人民代表大会，宣布成立布哈拉苏维埃人民共和国。1923年10月，加入苏联。1924年12月，乌兹别克苏维埃社会主义共和国成立。1925年2月，乌兹别克共和国宣布作为一个加盟共和国加入苏联，名称为乌兹别克苏维埃社会主义共和国。乌兹别克斯坦于1991年8月31日宣布脱离苏联，成为主权独立的国家。

乌兹别克人大部分分布在乌兹别克斯坦，其余分布在塔吉克斯坦、哈萨克斯坦、吉尔吉斯斯坦、土库曼斯坦、阿富汗等国家。属欧罗巴人种印度帕米尔类型与蒙古人种的混合。使用乌兹别克语，分多种方言，属阿尔泰语系突厥语族。1927年前有阿拉伯字母的文字，后改用拉丁字母，从1940年起又改用斯拉夫字母。信伊斯兰教，属逊尼派，保留有祖先崇拜。在乌兹别克斯坦的乌兹别克人有1 600万，阿富汗160万，塔吉克150万，吉尔吉斯60万，此外，还分布在哈萨克、土库曼和中国新疆（称乌孜别克族）。

四、哈萨克人分布

　　哈萨克斯坦国是以哈萨克族为主体民族的国家。哈萨克人分布在全球 40 多个国家和地区，主要分布在哈萨克斯坦，部分还分布在乌兹别克斯坦、中国、俄罗斯联邦、土库曼斯坦、土耳其、德国、吉尔吉斯斯坦、塔吉克斯坦，蒙古和阿富汗等地亦有分布。

　　国外学者多认为"哈萨克"名称最早出现于 15 世纪初期。15 世纪 20 年代，在金帐汗国东部出现了乌兹别克汗国，以锡尔河下游为中心，北至托波尔河，东北至额尔齐斯河。1456 年，乌兹别克汗国有两个首领克烈汗和贾尼别克汗，由于内讧向东逃入亦力把里统属地区。这一部分脱离乌兹别克汗国的人被称为哈萨克人，意为"避难者"或"脱离者"。哈萨克族的《白天鹅的传说》则认为哈萨克是 kaz（天鹅）、ak（白）的连缀词，意为白天鹅，因其族崇拜白天鹅而得名。15 世纪从金帐汗国分离，成立哈萨克汗国，哈萨克民族形成。16 世纪初，哈萨克分为大玉兹、中玉兹、小玉兹三个汗国。17 世纪中亚新兴起一个强大的游牧国家——准噶尔汗国。在准噶尔汗国的侵略下，于 1730 年 9 月、1735 年 12 月小玉兹和中玉兹加入沙俄，而大玉兹则被准噶尔汗国并吞。但准噶尔汗国于 1757 年亡于更强大的清朝，于是大玉兹成为清朝的属国。沙俄于 1864 年强占大玉兹土地，至此哈萨克全境都归沙俄所有。1917 年 12 月 13 日独立为阿拉什自治共和国。1920 年 8 月 26 日，成立吉尔吉斯苏维埃社会主义自治共和国，属俄罗斯联邦。1925 年 4 月 19 日，改称哈萨克苏维埃社会主义自治共和国。1936 年定名为哈萨克苏维埃社会主义共和国，成为苏联加盟共和国。1991 年 12 月 10 日，改称为哈萨克斯坦共和国。1991 年 12 月 16 日，宣布独立。哈萨克斯坦共和国面积 272.49 万平方公里。人口 1 716 万（2014 年 1 月）。民族 140 个民族，主要有哈萨克族（64.7%）、俄罗斯族（23.7%）、乌克兰族、乌兹别克族、日耳曼族和鞑靼族等。哈萨克语为国语，哈萨克语和俄语为官方语言。50% 以上居民信奉伊斯兰教（逊尼派），此外还有东正教、天主教、佛教等。在中国主要分布在新疆地区，其人口 160 万人。在乌兹别克斯坦哈萨克人口 100 多万人。

　　哈萨克族的形成过程经历了百年历史，直到 16 世纪，哈萨克部落的融合才最终完成，也就是现代哈萨克族才最终形成。尽管如此，中亚哈萨克民族的形成过程可以追溯到蒙古民族建立金帐汗国和白帐汗国，是蒙古政权对中亚统治的结果。纵观哈萨克民族形成的几百年历史，成吉思汗长子术赤的后裔主导造就了这个民族，并有大量的蒙古民族融入了这个民族，因此相当一部分哈萨克人认为成吉思汗是他们的祖先。

五、哈扎拉人分布

自 16 世纪晚期，哈扎拉人在波斯萨法维帝国的史书中和印度莫卧儿帝国开国主巴布尔的回忆录中开始出现，被描述为居住在喀布尔以西至古尔省，南到加兹尼省这个地区。

有些学者认为，阿富汗的哈扎拉人是蒙古民族的后裔，尽管他们现在已经不会讲蒙古语，也不使用蒙古民族姓名，但他们最早的来源的确是蒙古民族。"哈扎拉"是波斯语，意为"一千"。有些学者认为，哈扎拉是成吉思汗及其后人西征后在阿富汗留下的驻屯兵的后裔。早在 13 世纪上半叶，蒙古军队占领波斯和中亚一些地区后，就留归镇守官统辖，并留下少量军队驻屯。后来，成吉思汗之孙蒙哥又以千户为单位派遣驻屯军到这里，这些军人的后代就留了下来，与当地的波斯人、塔吉克人、突厥人通婚，融合、繁衍、发展。于是，"哈扎拉"就成了他们的称呼，意指"千户"的后裔。据欧洲旅行家报道，直到 16 世纪初，哈扎拉人还在使用蒙古语，后来才淡忘。现在他们通用波斯语。但他们所讲的波斯语里仍夹杂着不少蒙古语和突厥语词汇，与纯正波斯语相比存有区别。

从生理特征上看，哈扎拉人属于欧罗巴人种和蒙古人种的混合类型，具有蒙古民族的体质特征：他们长的大脸盘、高颧骨、少胡须、斜眼角，并有内眦褶相等。虽然长期以来与当地民族通婚已使这些特征不大典型。

2003 年根据英国牛津大学遗传科学家赛克斯通过人类染色体和 DNA 样本的调查，其中 1/3 的哈扎拉人具有成吉思汗和蒙古民族的遗传基因，因此完全体现了他们的蒙古民族族源。今天的哈扎拉人主要居住在阿富汗的兴都库什山以南、巴米扬与赫拉特河谷之间的哈扎拉贾特山区一带。此外，在坎大哈、赫拉特、构格哈尔、巴达赫尚等省，也散居着一些哈扎拉人。据统计，阿富汗斯坦约有 600 万~800 万哈扎拉人（2014 年），占全国人口总量的 20%~25%，是国内第三大民族。在西亚和印度次大陆还有约 40 万哈扎拉人。许多哈扎拉族人也自称是"中国人"，称他们同样使用十二生肖。

第十三章 蒙古民族聚居区（聚落）分布

第一节 蒙古国

一、蒙古国概况

1. 地理位置和行政区划

蒙古国地处亚洲中部，领土轮廓东西较长，位于北纬 41°35′～52°9′，东经 87°44′～119°56′，面积 156.4 万平方公里，领土最西点和最东点距离 2 392 公里，最北点和最南点距离 1 259 公里。国境线长 8 158 公里，其中 3 485 公里与俄罗斯联邦分界，其余部分与中华人民共和国接壤，是世界上第二大内陆国家。蒙古国行政划分为 4 个区、1 个首都、21 个省、330 个县（苏木）、1613 乡（巴格）（图 13-1）。

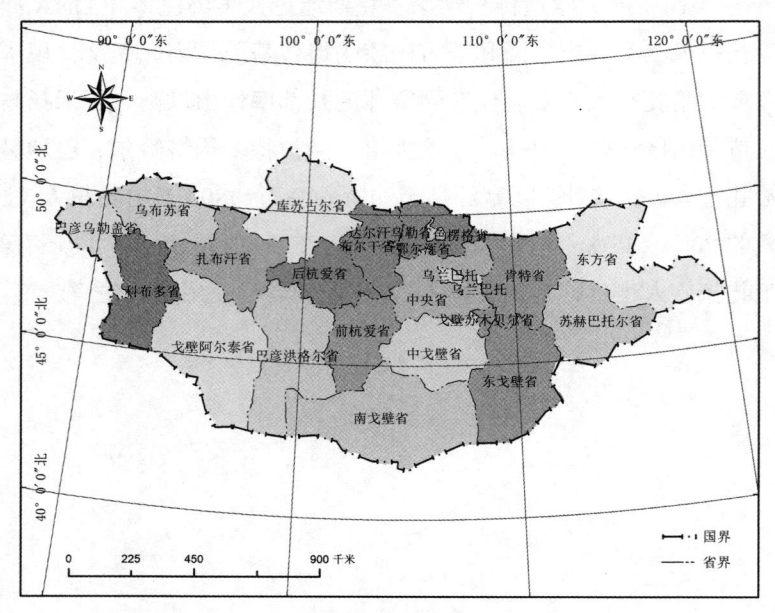

图 13-1 蒙古国行政区划

2. 自然地理环境

地形：蒙古国地形多种多样，有连绵起伏的崇山峻岭、广阔无垠的高平原、坦荡宽敞的盆地和狭长的谷地，平均海拔 1 580 米。全国 80% 的领土海拔在 1 000 米以上，由西部海拔 2 500～3 500 米高的蒙古阿尔泰山脉、戈壁阿尔泰山脉，中部西侧和北侧的海拔 2 000～2 500 米高的杭爱山脉、肯特山脉、库苏古尔山地，东部和南部海拔 1 000～1 500 米的东方蒙古高平原、低山丘陵组成，地形以高原为主体。蒙古国最高点是蒙古阿尔泰山脉主峰辉腾峰（友谊峰），海拔 4 374 米，最低点是东方蒙古高平原呼和诺尔凹地，海拔 562 米。蒙古国处于西伯利亚南部山地到中亚高平原的过渡带。

蒙古国现代山地地形大体上形成了 3 列向南突出的弧形山脉。最北的是汗赫黑山、宝勒奈山、布泰勒山、布伦黑山脉等；中间是自西北向东南延伸的杭爱山脉和自东南向西北延伸的肯特山；最南是自西北向东南延伸的蒙古阿尔泰山脉和戈壁阿尔泰山脉。西部的蒙古阿尔泰山脉自西北向东南延伸 650 公里，由具有深谷、峭壁的海拔 4 000 米以上的狭窄山脉组成，那里发育古代和现代冰川，山麓分布着具有众多冰川湖和冰碛物。蒙古阿尔泰山脉与杭爱山脉之间有大湖盆地和众湖谷地，这里分布着乌布苏湖、吉尔吉斯湖、艾拉格湖、哈尔乌斯湖、哈尔湖、德尔根湖等蒙古国较大湖泊。此盆地内分布着在风力作用下形成的伯勒格德勒、包儿赫亚尔、蒙古沙漠等大型沙地。

蒙古国北部有褶皱断裂形成的库苏古尔、达尔哈德两个盆地和南北向库苏古尔山地山脉。库苏古尔盆地中有蒙古国最深、淡水储量最多的库苏古尔湖。达尔哈德盆地以湖成平原、湖泊、河谷为主。库苏古尔西部山地有海拔 3 000 米的乌兰泰嘎山和浩尔迪勒萨里达格山。在蒙古国中部有杭爱山脉自西北向东南延伸，包括布勒奈山、塔尔巴嘎泰山、布伦山等几条较大山脉和杭爱山主脉，主峰是海拔 4 021 米的奥特冈腾格尔山，在顶部有小面积的冰川。杭爱山脉是大陆分水岭，北冰洋流域和中亚内流流域的诸多河发源于此地。杭爱山脉以南有山间狭长谷地——众湖谷地，位于北面的杭爱山脉与南面的蒙古阿尔泰山脉和戈壁阿尔泰山脉之间。众湖谷地以杭爱山脉南部倾斜山麓平原、中部石质平原、沙质和泥质沉积平原为主。众湖谷地最低部分有河流以及本查干湖、敖劳格湖、乌兰湖等。众湖谷地以南的戈壁阿尔泰山脉由几条独立的高大山脉组成，绵延 600 多公里，最高点是海拔 3 957 米的伊赫博格德山。山体坡度较陡，被横向深谷和干谷强烈切割，被破碎的平缓宽坡所环抱，新构造运动显著。戈壁阿尔泰以南的阿尔泰南麓戈壁盆地是石质荒漠。蒙古国中部、南部和东部东西长约 1 200 公里的广大地域，现代地形起伏主要受风力作用影响。杭爱山脉以东为肯特山脉，最高峰是阿斯日勒特海尔汗山，海拔 2 800 米，曾经受到古冰川作用的影响。蒙古国东部边缘哈拉哈河流域内有属于大兴安岭支脉的由玄武岩台地、花岗岩山体组成的低山，古河谷较多，阶地上有沙地分布。

气候：寒暑变化剧烈，气温年较差大，气候干燥，降水量少，季节交替明显，冬季寒冷，晴天多，是蒙古国气候的特征。年平均气温 0℃等温线沿纬线经过蒙古国中部。年平均温度在北部和中部–2℃～–8℃，东部 0℃～–2℃，南部 2℃～6℃。冬季在北部长达 5 个月或 5 个半月，在南部长达 4 个月或 4 个半月。最冷的 1 月平均气温–35℃，戈壁地区–15℃，其他地区–20℃～–25℃，乌布苏湖盆地绝对最低气温–50℃；夏季，南部地区最热，7 月平均气温 25℃，绝对最高温度 40.8℃，出现在赛音山达，中部 7 月平均气温 20℃左右，北部 7 月平均气温 10℃～15℃。气温年较差可达 50℃～60℃，表明蒙古国气候具有典型的大陆性特征。降水分布因受到地形高低、气流路径、山地的走向等影响，各地降水量不同。来自北冰洋的气流在长途跋涉中水汽逐渐减少。降水量自北向南递减，南部阿尔泰南戈壁盆地年降水量少于 100 毫米，北部鄂尔浑—色楞格河流域年降水量 300～400 毫米。蒙古阿尔泰山脉 3 000 米以上的地方年降水量达 250～300 毫米，最大降水量出现在肯特山脉和库苏古尔山地，达 500 毫米，但全国平均年降水量 230 毫米。全年降水大部分集中在暖季，冬季降水只有 10%～15%，以固体形式降落。蒙古国境内一年四季都盛行西风和西北风，盆地中平均风速 1 米/秒，草原上风速 2～5 米/秒，强风频率由北向南增加。相对湿度的年内分配，冬夏两季大，春秋两季小。夏初土壤湿度达到最小值，大部分地区缺乏水分。气象灾害如雪暴、强风、尘暴、冰雹、干旱等在各个地区程度不同。

地表水：蒙古国河流水系属于北冰洋流域、太平洋流域和中亚内流流域，各流域的河网密度不同。北冰洋流域包括蒙古国最大的河流——色楞格河上中游，希希格德河和发源于阿尔泰山脉的呼里木特河等流域。太平洋流域包括发源于大兴安岭的哈拉哈河，发源于肯特山脉东侧的克鲁伦河、鄂嫩河、乌勒兹河等。发源于蒙古阿尔泰山脉的科布多河、发源于杭爱山脉西侧的扎布汗河、特斯河、发源于杭爱山脉南侧的拜德勒格河、翁根河、塔茨河属于中亚内流流域，占蒙古国面积的 2/3 左右。蒙古国水系网络在北部和西部地区密集，大部分河系发源于这里，而在南部和东南部河网稀疏。蒙古国境内有 4 000 多条常年河，戈壁地区有很多季节性河。河川径流由降水、地下水、冰川融水补给。蒙古阿尔泰山脉地区的河流以季节性冰雪融水补给为主，而杭爱山脉、肯特山脉地区的河流以降水补给为主。总的来看，自北向南、自西向东雨水补给增大，冰雪融水补给减少。河流水量夏季较大，冬季河流封冻，水量减少，封冻期达 140～180 天。蒙古国境内有 3 000 多个湖泊，占国土面积的 1%，大部分为小型湖泊，1 000 平方公里以上的大型湖泊有 4 个，即乌布苏湖、库苏古尔湖、吉尔吉斯湖、哈尔乌斯湖。蒙古国有 262 条冰川，大部分集中在蒙古阿尔泰山脉。这里有蒙古国最大的保塔宁冰川和格拉涅冰川。

土壤：根据蒙古国土壤特点及中亚土壤—生物气候自然带，可分为杭爱和戈壁两个区。蒙古国西南边缘有一处向西敞开，其他三面被山地围绕的小面积的西部干燥盆地单独列为一个土壤—生物气候自然区。杭爱土壤区占据蒙古国北半部，其南界与淡栗钙土亚带北界重叠，该土壤区山地普遍分布暗栗钙土、栗钙土，黑土多分布在低山或在山麓平原地带，面积较小。暗栗钙土和栗钙土占蒙古国平原地区的一半以上，可以利用于农业。在山区，森林土壤、泰加林土壤垂直带明显。泰加林土壤除了有多年冻土外，季节性冻土保留时间长。蒙古国森林草原带自然条件有很大差异，所以土壤也有很大的不同。戈壁土壤区包括蒙古国南部和西部，这里土壤纬度地带性明显，自北向南有淡栗钙土、棕钙土、灰棕漠土交替分布。荒漠带山地上有淡栗钙土分布，坡麓地带有荒漠草原棕钙土、灰棕漠土分布。荒漠带西部阿尔泰南戈壁盆地最干燥，山麓平地出现石质荒漠景观，分布有极干燥的灰棕漠土和碱土。山地出现明显的垂直地带，从山体下部的荒漠草原土壤、荒漠土壤，随着高度的增加更替为典型栗钙土，进而依次分布高山粗腐殖质土、山地草甸—草原土、山地草甸土，或出现冻原土壤。土壤—生物气候区内，可分为具有纬度地带性、垂直地带性和混合地带性结构的地方性特征的土壤。混合地带性特征的土壤包括大湖盆地和蒙古东方草原。在蒙古东方草原，从北部边境到南部边境，东西向广大区域里，只有一个黑土带，低洼处可见到典型暗栗钙土，山地可见到黑土。蒙古国境内分布有 34 种基本土壤，栗钙土占全境的 50% 左右，荒漠草原棕钙土占 10%。

蒙古国大部分地区处在北半球多年冻土分布地带，属世界冻土南部过渡带，所以蒙古国冻土具有冻土层薄、岛状分布的特点，约占国土总面积的 63%。

植被： 蒙古国植被属于泛北极植物区具有典型的大陆性特征的西伯利亚亚区和中亚亚区。而且在地域方面与毗邻的土兰荒漠、哈萨克斯坦草原、中亚高山植被有关联。在平原和高平原，尤其在中部和东部地区植被自北向南以明显的带状依次更替，纬度地带性明显。在山地呈现垂直地带性。高山植被地理区，分为高山顶部由灌木、半灌木、草本植物、苔藓组成的冻原和大陆性高山地区由典型嵩草、苔草等耐寒植物组成的高山草甸两个类型。蒙古国森林主要分布在山地，但只出现于山地的北坡。组成森林的基本树种是西伯利亚落叶松，肯特山脉东部以达斡尔落叶松为主。西伯利亚松分布在肯特山脉、杭爱山脉、库苏古尔山地，桦树林是更替针叶林的次生林。蒙古国山地森林是在西伯利亚森林影响下形成的分布于杭爱、肯特、库苏古尔、阿尔泰等山地，有泰加林、类泰加林，冻原带附近出现高山松林。森林树种有 140 多种，大体上以落叶松、雪松、松树、冷杉等针叶树和桦树、白杨、红杨、榆树等阔叶树，以及梭梭等幼枝小树组成。蒙古国境内草原植物群落面积广大，以小丛生针茅、隐子草、溚草、冰草组成，在山地以羊茅、早熟禾为特征的植物为主，在内部草原地区的根茎和丛生的杂类草由独特特征的植物组成。蒙古国境内自北向南依次分布草甸草原、典型草原、荒漠草原和极为干旱的荒漠。

大体上连片分布的是由源于中亚的特有植物小针茅、碱葱、半灌木组成的独特荒漠草原。杂类草—丛生禾草中，丛生杂类草典型草原分布广泛。丛生禾草和根茎禾草的典型草原在蒙古国中部和东部平原、丘陵、山丘分布，其特征最明显。杂类草—禾草草甸草原在大兴安岭支脉山地有大面积分布。蒙古型草原包括小丛生禾草—大针茅草原、蒿草—小丛生禾草—大针茅草原、以卡尔洛夫针茅、隐子草、潴草、冰草为主的锦鸡儿—小丛生禾草—大针茅草原。达斡尔蒙古东方型草原包括小丛生禾草—针茅—羊草草原，蒙古阿尔泰、戈壁阿尔泰型山地草原以冰草为主。乌布苏湖盆地、西南部荒漠草原中由北土兰、北土兰—准噶尔、哈萨克斯坦种类和小蓬属、纤蒿、新麦草属等类型组成。沙漠地区生长蒿草、锦鸡儿、禾本科群落。在西部干燥盆地中，分布由纤蒿—沙生针茅、小蓬—沙生针茅组成的准噶尔型草原。

动物： 蒙古国有 130 种哺乳动物，北部森林带有多种有蹄类、肉食动物，在草原带东部有黄羊，中部旱獭居多，南部啮齿类较多。哺乳类以其居住地可分为森林哺乳动物、高山哺乳动物、草原哺乳动物、荒漠哺乳动物，其中 39 种冬眠。中亚和东亚草原荒漠特有动物有达斡尔刺猬、蒙古鼠兔、达斡尔鼠兔、蒙古旱獭和几种跳鼠等。荒漠地区有野马、野骆驼、蒙古羚羊、野驴、戈壁熊。山地森林有驼鹿、驯鹿等稀有动物。蒙古阿尔泰、杭爱、库苏古尔附近的山地，除了山岩动物外，还有有蹄类的麝、岩羊，兽类的青鼬、豹子、猞猁。蒙古国位于太平洋、印度洋、地中海热带地区至北冰洋沿岸冻原带的候鸟迁徙路上，所以鸟类组成多样，有其独特性。蒙古国 426 种鸟类中，322 种为候鸟，占 78%；94 种为留鸟，占 22%。有 13 种鸟从北冰洋沿岸、冰原带来这里过冬。蒙古国有 30 种左右两栖动物、爬行类，其中蒙古蟾蜍、西伯利亚青蛙分布较广。河流湖泊中有 12 科 60 多种鱼，鱼类中蒙古棘鲈、阿尔泰吹沙小鱼等特有鱼类，还有很多鲟、白肚鳟鱼、细鳞鱼、鲷等稀有和珍贵鱼种。引进贝加尔湖河豚在库苏古尔湖安了家。蒙古国动物中种类最多的是昆虫，有 1 300 种。

3. 人口

2016 年，蒙古国人口为 311.99 万人，常住人口 306.36 万人。蒙古国人口由操阿尔泰语系蒙古语和突厥语的人组成。说蒙古语的人是以喀尔喀人为主的蒙古族部族人，其中喀尔喀人占 80%，居住在全国各省。乌布苏省有杜尔伯特人、巴亚特人居住，科布多省有扎哈沁人、厄鲁特人、明阿特人、土尔扈特人居住，库苏古尔省西北部各县有达尔哈特人居住，东方、肯特、中央、色楞格、布尔干等省北部有布里亚特人居住，苏赫巴托尔省额尔德尼查干县有乌珠穆沁人居住，东方省呼伦贝尔县有巴尔虎人。操突厥语的哈萨克人占全国人口的 4%，居住在巴彦乌列盖省。据 2016 年统计，全国人口密度为 2 人/平方公里，但各地人口密度不同，鄂尔浑—色楞格流域居住着全国 60%的人口，戈壁地区人口密度很小。人口迁移主要在中部和北部进行。2016 年，全国人口的 68.33%为城市人口，31.67%为乡村人口，首都乌兰巴托市人口占全国人口的 46.67%。蒙古国总从业人口的 48%在农业，14%在工业建筑业，其余大部分在教育、卫生、服务行业。2016年，人口出生率 25.9‰，死亡率 5.8‰，净增长率 20.1‰。

4. 经济概况

农业：2016 年农业总产值 41 517.28 亿图格里克，其中畜牧业产值 34 960.77 亿图格里克，占农业总产值的 84.21%；种植业产值 6 556.51 亿图格里克，占 15.79%。自然条件较好的森林草原带是分布全国的 1/3 牲畜，提供 40%的畜产品的地方。草原带是以绵羊、马为主的草地畜牧业，50%的畜群分布在这里。而戈壁带以山羊、绵羊业为主。蒙古国土地资源中农业用地的 98%用于草牧场，1%用于耕地。

蒙古国从业人口的 1/2 从事畜牧业生产，农业总产品的 80%多由畜牧业部门提供。根据 2016 年统计，有 6 154.92 万头牲畜。在不同的自然带畜牧业生产的方向又不同。绵羊和马在各自然带分布均匀。在森林草原带以牛为主，戈壁带以骆驼和山羊为主。畜牧业部门已经行业化，养牛业已形成奶牛业、肉牛—奶牛业，绵羊业已形成肉羊业、粗毛羊业、细毛羊和次细毛羊业、黑卷毛羔皮羊业等形成独立的行业，且在五种牲畜中头数、商品量居首位。绵羊业正向肉、毛、皮、奶产品利用方向发展。目前全国有 2 785.66 万只绵羊，在中央、后杭爱、库苏古尔、乌布苏等省数量较多。山羊业适合于蒙古国自然条件，山羊在数量上仅次于绵羊，占牲畜总头数的 41.55%，共有 2 557.49 万只。山羊业主要产品是山羊绒，年产量 20 吨左右，占世界山羊绒产量的 1/3。全国共有 408.09 万头牛，占牲畜总头数的 6.63%，提供肉类加工业 1/3 的原料。蒙古国有牛、牦牛、犏牛等品种，正在培育色楞格肉牛。牛群 80%分布在森林草原带、山地草原带和草原带。骆驼业在戈壁、荒漠区畜牧业中具有重要地位，世界 1/2 的双峰驼分布在蒙古国，获取肉、毛、奶、革等产品外，普遍用于骑乘和驮运。据 2016 年统计，全国共有 40.13 万峰骆驼，数量已大为减少。全国有 363.55 万匹马，占牲畜总头数的 5.90%。马用于日常骑乘和驮运的同时，马肉、马奶、马鬃、马尾等产品价值很高。马群主要分布在森林草原带和草原带。除了草地牧业以外，还经营猪、禽、驯鹿、蜜蜂等的饲养。

蒙古国种植业分为农作物种植和果木种植两种，其中以作物种植为主，分为谷物种植、饲料种植、马铃薯、蔬菜种植等。蒙古国适于种植作物的土地的 90%分布在森林草原带和草原带，耕地总面积的 2/3 分布在鄂尔浑—色楞格流域，其余部分分布在克鲁伦河流域、鄂嫩河流域、哈拉哈河流域，以及西部地区。种植业以谷物种植业为主，其中主要作物是小麦，基本上集中在鄂尔浑—色楞格流域。马铃薯、蔬菜种植面积近年来有所增长。2016 年，马铃薯种植面积 1.5 万公顷，蔬菜种植面积 0.91 万公顷，收获 16.53

万吨马铃薯、9.44万吨蔬菜。在哈拉河流域大量种植马铃薯和蔬菜。

工业：蒙古国2016年煤产量可达3 552.23万吨，矿点在全国分布较均匀，产量较大的是巴嘎诺尔煤矿，年产200万吨煤，大部分供应乌兰巴托市。沙尔河煤矿年产200万吨煤，供应达尔汗、乌兰巴托、额尔登特和铁路沿线各居民点。还有希波敖包煤矿和阿敦楚伦、钱德干塔勒、巴彦特格、特布辛戈壁、塔勒布拉格、毛高音高勒、赛汗敖包、哈尔塔尔巴嘎泰、塔班陶勒盖、赫舍特等地方性露天煤矿，年开采量为1万~6万吨。2016年，蒙古国年发电量56.67亿千瓦小时，其中大部分是热力发电厂。乌兰巴托有3个电厂，达尔汗有1个电厂，苏赫巴托尔、乔巴山、额尔登特、乌列盖、哈尔和林等地都建有热电厂。水电站建设正在进行中。完善能源生产结构、建立地区统一能源网的工作正在展开。

蒙古国工业中采掘业具有重要地位。额尔登特铜钼选矿厂是较大的厂矿之一，与俄罗斯联合经营，生产出口精矿。萤石开采主要有包尔温都尔、贝尔赫、哈珠乌兰、东查干德勒、哈尔艾拉格等矿。包尔温都尔萤石矿的矿石用于出口。2016年黄金矿年采金18.4吨。化工工业用各种盐、磷、林木、药用植物等化工原料，优先生产人畜疫苗、预防消毒剂和抗菌素。木材工业以储备木材、加工木材、培育木材为主，年均储备木材130万立方米木材，40%用于建筑，20%用于薪炭。乌兰巴托、苏赫巴托尔、陶松臣格勒建有木材加工厂，主要生产建筑木材和日用木制品。建筑材料工业自1960年开始快速独立发展。蒙古国境内广泛分布细沙、砾砂、石灰石、石棉、泥、矿物等原料。该工业主要有生产水泥、白灰、石膏、墙体材料混凝土、钢筋混凝土板材、多孔陶结块、地板砖及涂抹材料的部门。乌兰巴托、达尔汗建有白灰烧制厂，赫特勒、查干布拉格、乌兰巴托有大型建筑公司。蒙古国轻工业以农产品加工为主，基础部门之一是皮革制靴厂。达尔汗市有羊皮加工厂和羊皮制品厂，生产羊皮袄、羊皮帽供应出口。畜毛厂用畜毛制成毡靴、毛织品、地毯等，在乌兰巴托、乌列盖、乔巴山建有2 000~8 000吨年洗毛能力的洗毛厂，向毡子厂、毡靴厂、纺纱厂提供原料。还有加工山羊和骆驼绒毛制作产品的戈壁、布彦等股份公司。服装工业制作各种内外套衣服和各种家庭生活用品。乌兰巴托、达尔汗、乔巴山、巴嘎杭爱建有肉类加工厂，达尔汗、乔巴山、额尔登特、乌兰巴托建有乳品厂，苏赫巴托尔、达尔汗、哈尔和林、温都尔汗、乔巴山建有面粉饲料厂。按照蒙古国区域发展构想，根据行政区划、经济部门间的合作等，将全国分为西部区、杭爱区、中部区、东部区、乌兰巴托区五个经济区。

交通运输：蒙古国铁路主要有莫斯科—北京铁路的蒙古国段，境内全长1 159公里。此铁路（乌兰巴托铁路）还有七条支线。铁路运输承担着国内货运的70%左右、出口货运的绝大部分。2016年全国有经过改善的公路10 126.0公里长，其中7 456.6公里为硬化公路。公路在客货运输中具有重要地位。蒙古国自从 1956 年开始有了定期航空运输，目前有至日本、中国、俄罗斯、哈萨克斯坦、韩国、土耳其、德国、东南亚地区的航线。2016 年，航空运输中客运量 67.32 万人，货运量达 3 097.6 吨。

二、主要城市

1. 乌兰巴托市

乌兰巴托市是蒙古国首都政治、经济、文化、科学中心，是全国最大的城市。乌兰巴托市位于蒙古国中部偏东北处，坐落在海拔 1 350 米的图拉河谷地，乌里雅苏台河、塞勒贝河沿岸。乌兰巴托地处以南北方向通过蒙古国并以最短距离连接俄罗斯和中国首都，甚至在连接东亚和欧洲地区的铁路线上。通过这条铁路与位于各种自然带的色楞格、达尔汗乌拉、中央、戈壁苏木贝尔、东戈壁等省的省会城市相连，还可以通过铁路支线与工业、矿业中心额尔登特、巴嘎诺尔、包尔温都尔相连。这条铁路又与东西向的公路相交，使乌兰巴托市成为全国最大的交通枢纽。乌兰巴托市也是国际航线上的一个航空港，有通往奥斯陆、北京、首尔、莫斯科、柏林等世界各大城市的直通航线。

图拉河谷地北、南、东三面是森林、动植物丰富的肯特山脉南支巴彦朱尔赫山、博格多山、钦格勒泰山，西面是相对高度较小的松吉瑙山，具有四山环抱的独特位置。特别是南面的博格多汗山，风光绮丽，山林野生动植物丰富，是座 2 200 多米海拔的雄伟的山峰。博格多汗山 17 世纪就开始被列为禁区受到保护，它不仅是蒙古国，还是世界上第一个自然保护区。

乌兰巴托附近地区属典型的大陆性气候，1 月平均气温 −27℃，7 月平均气温 18℃，年平均降水量 300 毫米，大部分降水集中在夏季。

乌兰巴托是具有 360 多年历史的蒙古国古老城市之一。1639 年，喀尔喀土谢图汗衮布多尔济之子扎那巴扎尔被封为蒙古黄教领袖温都尔葛根时，为他而建的乌尔格（宫邸）就是乌兰巴托市的基础。此后 140 多年间，乌尔格 20 多次迁移于鄂尔浑河、色楞格河、图拉河沿岸，直到 1778 年驻扎汗乌拉山之阴、图拉河之谷、赛勒贝河之畔、石像谷地之中后，再没有迁址。从此，人口增长，除了宗教职能外，还开始担负商业和其他职能，这是为当时的社会经济特点所决定的。被誉为"茶叶之路"的中国—俄罗斯商道经过乌尔格，木工、铁工、缝纫、刺绣、花边等手工艺也发展起来。民众间佛教影响逐渐扩大，陆续建立了许多大寺庙。随着社会的发展和城市职能的多样化，城市的名称也有所变更。蒙古民族自古以来把上层大贵族、大军官的住所尊为乌尔格（宫邸），而乌尔格定址图拉河谷地之后，蒙古民族开始称它为圣库伦、大库伦（库伦——蒙古语，意为寺院）。基于历史特点，大库伦不仅成为蒙古地区宗教中心，还逐渐成为行政、商业、手工业中心。19世纪后半叶，库伦已成为具有若干个城市职能的城市。市中心部分在塞勒贝河两岸，主要是寺庙，其周围是行政机构和其他机构。城市中心部分一般称为"库伦"，即"寺院"。城西高岗上是甘丹寺建筑群。20世纪20年代旅蒙俄罗斯商人麦斯基写道："这些寺庙中，甘丹寺最为壮观，堪称建筑艺术的精品。"商业店铺起初集中在甘丹高岗和塞勒贝河之间，库伦东面是沙俄和美国领事馆、邮政局和印刷厂等，再往东距市中心4～5公里处主要是由汉商和工匠们建起的"买卖城"。1870～1910年，库伦附近有2万～5万常住人口。20世纪初，大库伦成为蒙古人民争取自由、独立的大本营。1911年民族独立运动取得胜利，成立了博格多汗蒙古国，定大库伦为首都，更名为"都库伦"。

苏赫巴托领导的人民义勇军于1921年7月6日解放都库伦，推翻了在库伦的旧政府，建立了人民政府。在1924年11月召开的第一届国家大呼拉尔上宣告蒙古国为共和制国家后，将都库伦更名为"乌兰巴托"（意为红色的英雄城），定乌兰巴托为蒙古人民共和国的首都。乌兰巴托已发展成为具有现代化房屋建筑和完善基础设施的大都市。成吉思汗大街从市中心向西南通往布彦特乌哈国际机场，和平大街自市中心向东西贯穿全城，苏赫巴托广场位于城市中央。

乌兰巴托市生产总值占蒙古国国内总产值的一半，全国大部分生产、服务行业集中于此，是蒙古国最大的工业中心。2016年，乌兰巴托市地区生产总值为156 201.18亿图格里克，占蒙古国国内总产值的65.39%。一、二、三产业比值为5∶35∶65。工业区主要位于西南部和西部图拉河沿岸。畜产品加工业基本集中在西南部工业区。工业联合企业的各种皮革制品，包括成衣、毛织品、地毯等不仅满足国内市场需要，还出口国外。以此向西，沿图拉河北岸有第三发电厂、第四发电厂、建材厂、修配厂、建筑联合企业等部门。第二个工业区集中在西南和西北边沿铁路地段。这里有第二热电厂、肉类联合企业、面粉联合企业、编织厂、乳品厂、墙体材料联合企业等工业企业，还有乌兰巴托大型铁路货运站。其他各区都有一些地方性的、少量烟尘的工业企业分布。乌兰巴托市煤炭供应主要通过铁路从120公里外的巴嘎诺尔露天煤矿运来。

乌兰巴托是蒙古国国内外运输的重要枢纽，连接俄罗斯首都和中国首都的"乌兰巴托铁路"路经此地，基本上维系着蒙古国对外经济联系。连接乌兰巴托市与各省会城市的公路呈辐射状通往各地。

乌兰巴托市人口1956年为11.8万人，1969年为26.7万人，1979年为40.2万人，1989年为54.8万人。2000年制定的乌兰巴托市第四个总体发展规划中，预计乌兰巴托人口2020年将达到160万人。近十几年中，乌兰巴托市人口发展迅速。2006年，乌兰巴托市常住人口99.43万人，到2016年为138.08万人。这11年中增加了38.65万人，

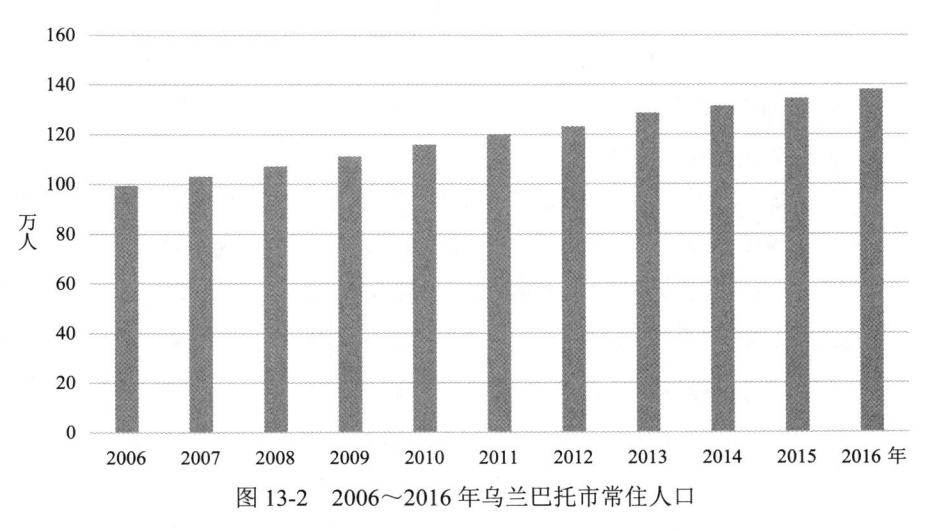

年均增长 3.51 万人，增长率为 3.53%（图 13-2）。

图 13-2　2006~2016 年乌兰巴托市常住人口

数据来源：《蒙古国统计年鉴 2009》《蒙古国统计年鉴 2016》

乌兰巴托是蒙古国最大的文化、教育、科学中心。这里有 10 所国立大学、120 多所私立院校、20 多所中等专业学校、110 多所国立和私立培训学校、拥有 20 多个研究所的科学院、国家图书馆和乌兰巴托图书馆、中央档案馆、中心文化宫、科学信息中心广场等。

市内有乔伊金喇嘛庙博物馆、博格多汗博物馆、国家历史博物馆、自然历史博物馆、军事博物馆等十多所博物馆，有国家民间歌舞团等很多大型文化艺术团体。国家图书馆藏有满、藏、梵、蒙古文珍贵的书籍和经文。目前，除国家广播电视台以外，乌兰巴托市还有 10 座电台和 5 座电视台。

乌兰巴托市有 9 个区，其中巴彦高勒、汗乌拉、巴彦朱尔赫、松吉瑙海尔汗、钦格勒泰、苏赫巴托等 6 个区位于市区。市区外还有嘎楚尔特、标库木博纳特、舒本帕布里克、扎尔嘎朗图、纳莱赫等居民点和额默勒特、洪浩尔火车站等 80 多个村落、居民点。这些居民点逐渐在扩大，正在形成乳食品基地、度假疗养地、旅游休闲地、火车站、夏令营等。这些居民点中，每日人口流动最大的是纳莱赫。纳莱赫位于乌兰巴托东南 40 公里处，它是自 20 世纪 20 年代至 90 年代供应乌兰巴托市用煤的"煤都"，有铁路和公路等交通设施，常住人口 2 万多人。

城市功能结构方面，应优先发展乌兰巴托市卫星城镇，改善城市间交通运输等基础市政设施，将乌兰巴托市的某些职能、负担、部分人口转移到卫星城镇。城市化和重点发展经济带主要包括乌兰巴托—纳莱赫方向的东南部条带状地带、松吉瑙—图拉方向的西南部条带状地带、阿尔嘎朗特方向的西部条带状地带。

2. 达尔汗市

达尔汗市是蒙古国的第二大城市，坐落在哈拉河东岸翁高特古尔班陶勒盖山北面自西向东往哈拉河微微倾斜的海拔700～780米的布尔汗特河谷平原上。北面和东面有达布哈仁山地，南面是布尔哈德、布拉格泰等低山环绕。这些山地海拔高度790～1000米。市区年平均气温–2℃，年平均降水量279毫米。年降水量的95%集中在5～9月。冬季雪被厚度5～8厘米。全年226天为晴天，只有12天为阴天，其余天数为多云。年平均风速3米/秒，盛行西风和西北风，但常吹东西方向的山谷风。哈拉河流经市西5公里处，哈拉河谷地地下水是达尔汗市的水源。达尔汗市附近石灰石、大理石、石英石、砂等建筑原料和铁、金、宝石等矿产及非金属矿产丰富。

达尔汗市1961年刚刚开始建城时，除了达尔汗车站、达尔汗县几座木房外，没有其他建筑和设施。1963年人口为8000多人，到2016年，达尔汗市常住人口8.4万人。达尔汗市是蒙古国工业中心，这里有热电厂、筑造房屋联合企业以及建材工业企业、黑色金属厂、面粉加工厂、羊皮制品厂、肉类联合企业等轻重工业。达尔汗市是蒙古国建材生产基地。建筑材料厂中有年生产20万吨水泥、300万块砖、2万吨白灰的企业，建筑抗震能力为6～7级。

达尔汗市用煤由沙尔高勒露天煤矿供应。达尔汗市热电厂与乌兰巴托市、苏赫巴托市、额尔登特市热电厂以及沙尔高勒煤矿组成了中部能源系统，并与俄罗斯古西诺奥泽尔斯克热电厂联网。

目前，达尔汗市有普通中等学校、技术大学达尔汗技工学校、医学、建筑、能源、铁路、粮食等中等专业学校，植物—农业研究院、干部培训院达尔汗分院、话剧院、文化宫、市联合医院等文化教育、科学研究、医疗卫生等机关单位亦布局于此。

在市区范围内有彼此独立的几个功能区和居民区：①旧达尔汗交通运输、行政小区是以火车站为依托而建立起来的。这里集中了市政府等行政机关外，北部建有肉类、食品联合企业、粮库、植物饲料厂、建筑材料厂。②新达尔汗或第一住宅区坐落在南面低山环抱并自东向西往哈拉河倾斜的布尔汗特谷地中。③南部工业区布局在达尔汗火车站以南10公里的古尔班陶勒盖山南面山麓地带。

3. 额尔登特市

额尔登特市坐落在布尔干省东部布伦山脉支脉巴彦温都尔山和布伦布斯特山之间海拔1300米的谷地中。市区地势总体上由北往南、由西往东向汗嘎勒河倾斜。流经市区的汗嘎勒河向东南流90公里后汇入鄂尔浑河。市区年平均气温为2.2℃，1月平均气温达–24℃，7月平均气温达18℃。

交通运输比较发达，与达尔汗、乌兰巴托等城市有铁路、公路相连。向西通过沙石公路直达布尔干市，并与蒙古国中部和西部各省联系。

额尔登特市的建设开始于 1973 年，地点选在蕴藏 9 种矿产的"额尔登特敖包山"北侧谷地，和原额尔登特选矿厂一起兴建的。根据蒙古国人民大呼拉尔主席团 1974 年 7 月 31 日命令，设立了额尔登特区。于 1976 年 1 月 1 日设立了直辖市——额尔登特市。蒙古国转入市场经济后，按照 1992 年通过的新宪法，将直辖市及其附近县组成为鄂尔浑省。1994 年，额尔登特市成为新成立的鄂尔浑省省会。这样，额尔登特市也具备了行政、文化教育、医疗、服务、商业等职能。城市人口近年来增长较快，2016 年已达到 9.79 万多人。人口数量居乌兰巴托市之后，居第二位。从业人口的大部分在工厂企业里工作。

城市住宅与工业企业彼此距离较远。额尔登特市是蒙古国文化教育的中心之一。这里有 10 多所 8～10 年制中学，其中也有私立学校。大专院校有蒙古国立大学分校和科技大学附属技术学校等几所高等学校。市政府所属的中心、文化宫外，还有额尔登特选矿厂所属"矿工"文化宫、几座电影院，以及移动通信部门。

近几年额尔登特市工业产值占全国工业产值的 21%，出口量占 30% 左右。工业企业分布在市区东南部和东部。2.8 万千瓦装机容量的额尔登特热电厂是中部能源系统三大电厂之一。中部能源系统供电线路自达尔汗市经额尔登特市，与布尔干市、哈尔和林、阿尔拜赫雷市相连。蒙俄合作项目额尔登特选矿厂每年采选 2 500 万吨矿石，分别生产 37 万吨含铜 35% 的精铜矿砂、3 800 吨含钼 42% 的精钼矿砂和 1 500 吨纯度 99.1% 的铜。还有额尔登特选矿厂附属"额尔登特金属厂"。有年生产 135 万平方米地毯的"额尔登特地毯"编织品厂和年加工 140 吨绒毛的"额尔登特绒毛厂"等，还有日宰杀 650 头小牲畜和 600 头大牲畜、冷冻、贮存 2 280 吨生肉能力的"额尔登特进步"企业，肉类加工厂和生产奶粉、鲜奶、奶制品的"额尔登特食品厂"。

蒙古国政府已做出了将额尔登特市列为杭爱经济区第二个中心城市的决议，并重新制定了城市远景总体规划。

4. 乔巴山市

乔巴山市位于蒙古国较大河流之一克鲁伦河北岸。17 世纪末，一个叫达赖车臣汗的喀尔喀贵族在克鲁伦河北岸建起了一座"干丹兰德林"寺，民间被誉为"凯旋寺"。清朝时期，称为庆阿其特扎萨克、公贝子桑斯赖道尔基旗的"桑贝子库伦"。桑贝子库伦当时成为境内外许多条道路的交会点，与北京、赤塔、多伦诺尔、海拉尔、张家口有着联系，保持着频繁的商业活动。1923 年，桑贝子旗以山水更名为巴彦图门汗乌拉旗。1931 年，成立东方省，将桑贝子库伦更名为巴彦图门，成为东方省省会。1937 年蒙古国政府决定成立巴彦图门市。

1939年，苏联从西伯利亚铁路索洛维约夫斯克至巴彦图门铺设了238公里宽轨铁路，不仅具有重要军事意义，而且开创了城市发展的新时期。从此，巴彦图门市与俄罗斯赤塔、乌兰乌德、伊尔库茨克等城市直接联系。根据1941年7月20日决议，以蒙古国领导人之一乔巴山的名字命名为乔巴山市。乔巴山市已发展成为人口数量、工业产值、货物周转量居乌兰巴托、达尔汗和额尔登特之后的蒙古国第四大城市。乔巴山市以公路与温都尔汗、西乌尔特等城市相互联系。该市的辐射带动范围不仅包括东方省，还扩大至苏赫巴托省和肯特省，成为东部经济区的重要经济中心。该市以铁路和沙石路向北与俄罗斯赤塔州联系，向东以公路通过哈必尔嘎口岸与中国内蒙古自治区兴安盟联系。

乔巴山市地形平坦，有局部岗地、残丘，但相对高度只有几十米。市区年平均气温为0.4℃，最冷的1月平均气温为-22℃，最热的7月平均气温20℃。年平均降水量240毫米，但冬季降水只有全年降水的10%。盛行西风和西北风，多年平均风速为4.2米/秒。

乔巴山市区四面开阔，总体上沿着克鲁伦河自西向东伸展。市区中心集中了行政机关、地方博物馆、文化服务场所。由市中心往南在克鲁伦河北岸有文化休闲公园和体育场。乔巴山市还有音乐话剧院、文化宫、电影院、普通教育学校、专科学校、高等学校、省综合医院等。地方住房建筑多为4~9层，分5个住宅区。每个住宅区有8~10年制学校1个，幼儿园5~8个。有占地5.4公顷的体育运动建筑、2 500个座位的娱乐园、赛马场、游乐场、消夏宫、舞场、人工湖等文化休闲中心。因地处平原，市区北面营造了3条宽40米、彼此间隔150~200米的防护林带。

市区西北10公里处的阿敦楚伦露天煤矿是乔巴山市燃料基地。该煤矿年产60万吨煤。在市区东部建起了装机容量3.6万千瓦的热电站，1969年投产。有日产10吨鲜奶、10吨~12吨奶粉、2吨糕点、3吨~4吨挂面和生产酒、饮料的食品厂。日产90吨肉、3吨腊肠的肉联厂投产于1970年。年洗毛能力2 500吨的洗毛厂也已建成投产。

乔巴山市2016年有4.35万人口，它是蒙古国基础设施较好的较大城市之一。

第二节　中国内蒙古自治区

一、内蒙古自治区概况

1. 地理位置

内蒙古自治区位于中华人民共和国的北部边疆，由东北向西南斜伸，呈狭长的疆域，状如昂首腾跃的骏马。东起东经 126°04′，西至东经 97°12′，横跨经度 28°52′，东西直线距离 2 400 多公里；南起北纬 37°24′，北至北纬 53°23′，纵越纬度 15°59′，直线距离 1 700 公里；全区总面积 118.3 万平方公里，占中国土地面积的 12.3%，是中国第三大省区。东、南、西依次与黑龙江、吉林、辽宁、河北、山西、陕西、宁夏和甘肃 8 省区毗邻，跨越东北、华北、西北三区，紧邻新疆、青海两个资源大省区，向东紧靠京津冀大城市群；北部同蒙古国和俄罗斯联邦接壤，国境线长 4 200 公里，18 个边境口岸，其中有闻名遐迩的大型口岸满洲里和二连浩特，具有"承东启西""北开南联"之作用。内蒙古确系我华夏神州之物华天宝、人杰地灵的一方宝地，是祖国北疆壮美山川、亮丽风景线（图 13-3）。

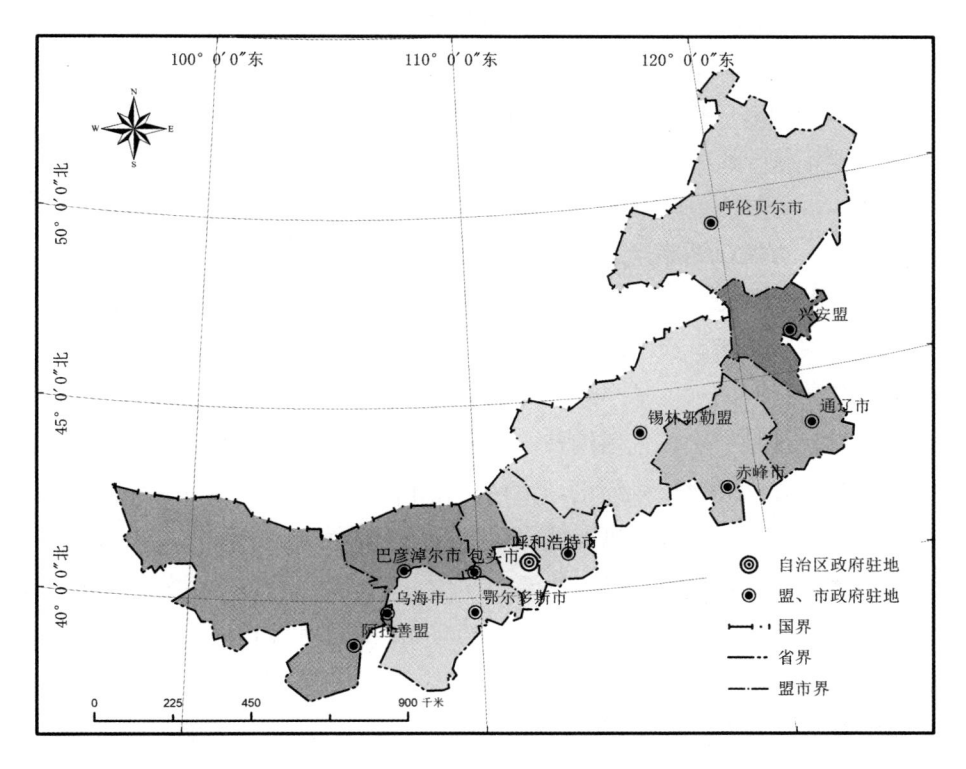

图 13-3　内蒙古自治区行政区划

1947 年 4 月 23 日至 5 月 3 日，在中国共产党的领导下，内蒙古各族各界人民代表在王爷庙（今乌兰浩特市）举行了会议。会议通过决议，成立了内蒙古自治政府，决定每年的 5 月 1 日为内蒙古自治政府成立纪念日，包括察哈尔省、兴安省以及宁夏回族自治区、热河省、黑龙江省和绥远省的部分地区。1954 年，内蒙古自治区人民政府迁到归绥市，并改称呼和浩特市，定为内蒙古自治区首府。

内蒙古名称的由来，早在清代将较早内附的漠南蒙古各部称为"内札萨克蒙古"，将后来陆续归附的喀尔喀、厄鲁特等部称为外札萨克蒙古，不设札萨克的察哈尔、唐努乌梁海等部称为内属蒙古。"内札萨克蒙古"后来演变成"内蒙古"。

2. 自然地理概况

全自治区地势较高，平均海拔 1 000 米，以高原地貌为主。在自然区划中，属于亚洲中部蒙古高原的东南部及其周沿地带，统称内蒙古高原，是中国四大高原中的第二大高原。在自治区地貌内部结构上又有明显差异，其中高原约占总面积的 53.4%，山地占 20.9%，丘陵占 16.4%，平原与滩川地占 8.5%，河流、湖泊、水库等水面面积占 0.8%。

内蒙古自治区的地貌以蒙古高原为主体，除东南部外，基本是高原，由呼伦贝尔高原、锡林郭勒高原、巴彦淖尔—阿拉善及鄂尔多斯等高原组成，平均海拔 1 000 米以上，海拔最高点贺兰山主峰 3 556 米。高原四周分布着大兴安岭、燕山、阴山、贺兰山、走廊北山、马鬃山等山脉，构成内蒙古地貌的脊梁。内蒙古高原西端分布有巴丹吉林、腾格里、乌兰布和、雅玛利克、库布其等沙漠，总面积 15 万多平方公里；自治区中东部分布毛乌素沙地、浑善达克沙地、科尔沁沙地、呼伦贝尔沙地。在大兴安岭的东麓、阴山脚下和黄河岸边，有嫩江西岸平原、西辽河平原、土默特平原、河套平原。这里地势平坦、土地肥沃、光照充足、水源丰富，是内蒙古的粮食和经济作物主要产区。在山地向高平原、平原的交接地带，分布着黄土丘陵和石质丘陵，其间杂有低山、谷地和盆地分布，属农牧交错带。

内蒙古自治区地域广袤，东西绵长，距离海洋较远，边沿有山脉阻隔，所处纬度较高，气候以温带大陆性季风气候为主。大兴安岭北段地区属于寒温带大陆性季风气候，而巴彦浩特—海勃湾—巴彦高勒以西地区属于温带大陆性气候，中部广大地区为中温带大陆性季风气候。总的气候特点是冬季漫长严寒，多寒潮天气；春季气温骤升，多大风天气；夏季短促而炎热，降水集中；秋季气温剧降，霜冻往往提前。内蒙古冬季，最冷月 1 月平均气温为 –12℃～–24℃，极端最低气温在 –40℃ 以下。冬季处于蒙古高压的东南边缘，冷空气活动频繁，常有寒潮爆发南下，平均每年 4～5 次影响内蒙古地区。最热月（7 月）平均气温，内蒙古大部分地区为 18℃～26℃，高温日数不多，气温温和宜人。大兴安岭和阴山山地为 16℃～18℃。西辽河流域、土默特平原、河套平原和鄂尔多斯高原大部 7 月平均气温在 22℃ 以上，乌海市和阿拉善盟大部在 25℃ 以上，是内蒙古 7 月平均气温最高的地区。全年降水量少，而且时空分布不均。年降水量为 50～450 毫米，其分布规律是自东北向西南逐渐减少。呼伦贝尔市东北部的年降水量达 450～510 毫米，是年降水量最多的地区。而在阿拉善盟西部年降水量在 100 毫米以下，其中额济纳旗为 37.4 毫米，是年降水量最少的地区。内蒙古年降水量年内分配不均，主要集中于夏季。内蒙古降水量年际变化大，保证率低。内蒙古日照充足，光能资源非常丰富，大部分地区年日照时数都大于 2 700 小时，阿拉善高原的西部地区达 3 400 小时以上。冬春季节多大风、沙尘天气频繁发生。内蒙古各地四季都可出现大风，但主要集中在冬、春两季，约占全年大风出现总日数的 60% 左右。春季 4、5 月大风日数最多，占全年大风日数的 1/3。由于空气湿度小，气候干旱，春季风多且大，常形成"白毛风"和沙暴天气。以旱灾为主的气象灾害频繁。干旱严重，几乎每年都有不同程度的干旱发生，有"十年九旱"之说。同时经常发生白灾、风灾、冰雹、霜冻、洪涝等气象灾害，造成程度不同的灾情。

内蒙古河流有内流和外流两大水系。位于内蒙古东部地区的东北—西南向的大兴安岭和中部东西向的阴山山脉以及西部的贺兰山是内、外流水系的分水岭。大兴安岭、阴山山脉和贺兰山以东、以南地区，以及大兴安岭北端的额尔古纳河流域，除个别封闭盆地外，大部分河流均为外流水系，主要汇入太平洋流域中的鄂霍次克海和渤海，主要由额尔古纳河、嫩江、辽河、滦河、永定河和黄河等六个水系组成。总流域面积 61.34 万平方公里，占全区总面积的 52.5%，是内蒙古水网分布区。地表径流不能流入海洋的区域，在内蒙古，大兴安岭以西、阴山、贺兰山以西、以北，包括呼伦贝尔高原、锡林郭勒高原、乌兰察布高原和鄂尔多斯高原局部洼地等地区构成内流水系和无流区。自东而西有达里诺尔、乌拉盖尔、查干诺尔以及黄旗海、岱海和内蒙古高原西部的塔布河、艾不盖河、额济纳河等水系，皆系无尾河，河川径流均消失于各自封闭的湖盆或洼地内。流域面积 11.41 万平方公里，占全区总面积的 9.8%。有近千个大小湖泊，主要有呼伦湖、贝尔湖、达里诺尔湖、乌梁素海、岱海、居延海等。

内蒙古自治区地域辽阔，土壤种类较多，其性质和生产性能也各不相同，但其共同特点是土壤形成过程中钙积化强烈，有机质积累较多。根据土壤形成过程和土壤属性，分为 9 个土纲，22 个土类。在 9 个土纲中，以钙层土分布最广。内蒙古土壤在分布上东西之间变化明显，土壤带基本呈东北—西南向排列，最东为黑土壤地带，向西依次为暗棕壤地带、黑钙土地带、栗钙土地带、棕壤土地带、黑垆土地带、灰钙土地带、风沙土地带和灰棕漠土地带。

全自治区植被由种子植物、蕨类植物、苔藓植物、菌类植物、地衣植物等不同植物种类组成。目前搜集到的种子植物和蕨类植物共计 2 351 种，分属于 133 科，720 属。植物种类分布不均衡，其中山区植物分布最丰富。东部大兴安岭拥有丰富的森林植物及草甸、沼泽与水生植物。中部的阴山山脉及西部的贺兰山不但兼有森林和草原植物，而且还有草甸、沼泽植物。广大高平原和平原地区则以草原和荒漠旱生型植物为主，只含少数的草甸植物与盐生植物。

内蒙古的植被类型主要有针叶林、落叶阔叶林、针阔混交林、草原、荒漠植被等，其中以草原植被为主要植被类型。

针叶林植被，以松柏类针叶树为主的森林群落。优势树种主要有冷杉、云杉、铁杉、松及落叶松属的种类。主要分布于大兴安岭北部山地。兴安落叶松是主要建群种，红皮云杉、樟子松也是代表性树种。

阔叶林植被，以阔叶树为主的森林群落。代表性树种有栎、樟、杨、柳等。内蒙古地区的阔叶林植被属落叶阔叶林，主要由壳斗科、椴树科、榆科、槭树科等冬季落叶树种组成。主要分布于大兴安岭东麓和燕山北部山地，其中以蒙古栎为主要树种。

针阔混交林植被，由针叶树和阔叶树组成的混交林。通常分布在针叶林和阔叶林分布区之间的过渡地区。内蒙古地区的针阔混交林主要分布在大兴安岭东麓山地，以红松为主要建群种，并混有其他针叶树种，如鱼鳞云杉、臭冷杉、沙冷杉等。

草原植被，多年生草本植物组成的一种植物类型。主要植物类型有丛生禾草、根茎禾草、杂类草和小半灌木。草原植被可分为典型草原、荒漠化草原、草甸草原等。内蒙古境内的草原植被由东北的松辽平原，经大兴安岭南部山地和内蒙古高原到阴山山脉以南的鄂尔多斯高原与黄土高原，组成一个连续的整体。其中有呼伦贝尔草原、锡林郭勒草原、科尔沁草原、乌兰察布草原、鄂尔多斯草原。

荒漠植被，由旱生或盐生灌木、半灌木或肉质植物组成的植物群落，荒漠植被分为草原化荒漠和荒漠植被。内蒙古地区的荒漠植被主要分布于鄂尔多斯市西部、巴彦淖尔市西部和阿拉善盟。主要由小半灌木盐柴类和矮灌木类组成，共有种子植物有1000多种。植物种类虽不丰富，但地方特有种的优势作用十分明显，如珍珠柴、绵刺、沙冬青、四合木、阿拉善单刺蓬、展苞猪毛菜等，均为当地所特有。此外，蒙古沙拐枣、泡泡刺、合头黎、梭梭、红砂等也是主要建群种或优势种。

在内蒙古的平原、低地、湖泊、河流及其周围地区分布草甸植被、沼泽植被、盐生植被和水生植被。

3. 人口民族

2015年末全区常住人口为2 511万人。其中，城镇人口为1 514.2万人，乡村人口为996.9万人；城镇化率达60.3%。出生率为7.72‰，死亡率为5.32‰，人口自然增长率为2.40‰。

2015年全区常住人口中，汉族人口为1 889.65万人，占77.42%；蒙古族人口为457.77万人，占18.75%；回族人口21.70万人，占0.89%；满族人口54.49万人，占2.23%；朝鲜族人口2.31万人，占0.09%；达斡尔族人口8.56万人，占0.35%；鄂温克族人口3.20万人，占0.13%；鄂伦春族人口4 528人，占0.021%；其他民族人口2.65万人，占0.22%。同2010年第六次中国人口普查相比，汉族人口减少75.42万人，下降3.84%；蒙古族人口增加 35.16 万人，增长 8.32%。

4. 经济发展

内蒙古自治区的经济自治区成立至今，在 70 年间得到了突飞猛进的发展，特别是改革开放近 40 年来，经济高速、健康、持续、协调发展（表 13-1）。

表 13-1 内蒙古自治区经济发展状况

年份	地区生产总值（亿元）	人均地区生产总值（元）	第一产业 产值（亿元）	比重（%）	第二产业 产值（亿元）	比重（%）	第三产业 产值（亿元）	比重（%）
1952	12.16	173	8.64	71.05	1.73	11.27	2.15	17.68
1960	36.56	325	11.8	32.28	17.11	46.8	7.65	20.92
1978	58.04	317	18.96	32.67	26.37	45.43	12.71	12.71
1990	319.31	1 478	112.57	35.25	102.43	32.08	104.31	104.31
2000	1 539.12	6 502	350.8	22.79	582.57	37.85	605.74	39.36
2010	11 672	47 347	1 095.28	9.38	6 367.69	54.56	4 209.02	36.06
2015	17 831.51	71 101	1 617.42	9.07	9 000.58	50.48	7 213.51	40.45

资料来源：《2016 内蒙古统计年鉴》

从以上表可看出，内蒙古经济发展相当迅速，如 2015 年地区生产总值是 1960 年地区生产总值的 487.7 倍，也是改革开放的 1978 年的 307 倍。这是按当年价格计算的，没有考虑货币汇率的变动和价格的变化，有较大误差。但是仍然说明经济发展非常快。与此同时，产业结构逐渐变化，越来越优化方向发展。1952 年三次产业比为 71：11：18；1978 年三次产业比为 32.7：45.4：21.9；而到 2015 年三次产业比却变为 9：50.5：40.5。在三次产业比值逐步优化过程中体现出农业向优质高效方向发展，工业化进程加快，工业产值比重提升很快，交通运输、通信网络和社会服务业快速发展。

5. 农牧业发展

内蒙古的农牧业资源丰富，是重要的农牧业生产基地。自治区耕地面积自 20 世纪 70 年代以来逐年增加，到 1996 年 533 万～590 万公顷左右，1997～2011 年为 686 万～752 万公顷，2012～2015 年为 910 万～916 万公顷。水浇地基本上占耕地的 1/4 左右。自治区的旱田的比重在 3/4 左右。1947 年自治区成立时，农业生产力很低，全区粮食总产量只有 18.45 亿公斤，平均亩产只有 38.3 公斤。农业总产值 4.72 亿元。1949 年之后，自治区采取了一系列发展农业生产的方针、政策、措施。经土改，极大地调动了广大农民的积极性，使自治区的农业生产迅速恢复发展。到 1956 年全区粮食总产量已达到 46.5

亿公斤，比 1947 年增长了 1 倍以上。在"大跃进"和之后的"文化大革命"中，农民的生产积极性受到严重挫伤，农业生产长期停滞不前。1978 年，实施改革开放政策，在农村牧区推行了家庭联产承包责任制，生产力得到解放，调动了农牧民的积极性，农业生产又有了新的发展。1990 年自治区粮食总产达 97.3 亿公斤，油料总产 6.94 亿公斤，甜菜总产 23.64 亿公斤。又经过 26 年的发展，到 2016 年粮食总产量达 2 780.3 万吨，油料产量 225.5 万吨，甜菜产量 266.8 万吨，蔬菜产量 1 502.3 万吨，水果（含果用瓜）产量 316.3 万吨（图 13-4）。农村牧区常住居民人均可支配收入 11 609 元，农村牧区居民家庭恩格尔系数为 29.3%。

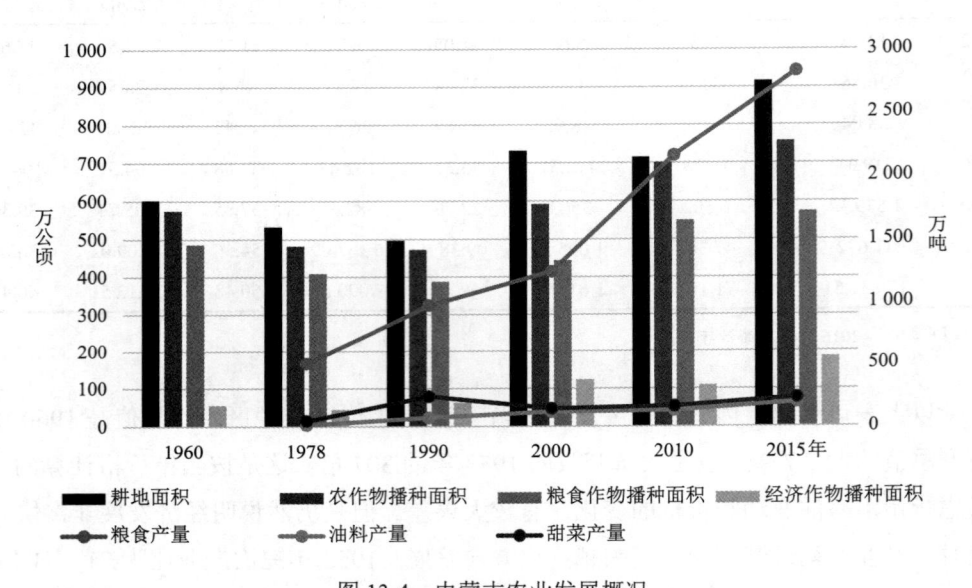

图 13-4　内蒙古农业发展概况

数据来源：《2016 年内蒙古统计年鉴》

内蒙古自治区成立之后，坚持从牧区实际出发，在不同的历史时期，针对畜牧业的特点，制定和推行了一系列科学的方针政策，使全自治区的畜牧业得到了较快的发展。1965 年，全自治区牲畜发展到 4 176.2 万头（只），是自治区成立初期的 3.9 倍。"文化大革命"期间自治区畜牧业生产遭受了重大损失。改革开放之后，实行了"草场公有，承包经营，牲畜作价，户有户养"等多种形式的责任制，推行了家庭联产承包经营，实现了畜牧业经营者的责权利统一。把发展畜牧业作为国民经济的基础产业，在领导、投资、管理、流通、加工、服务等方面进行了调整和改革，使畜牧业发展条件和环境不断改善，调整畜牧业结构和布局，加强草原基础设施和商品畜牧业生产基地建设，大力推广畜牧业生产技术和畜种改良，有效地促进了畜牧业生产的发展。1990 年全自治区牲畜存栏数达 4 254.1 万头（只），畜牧业产值 19.98 亿元，比 1978 年增长 1 倍多。1990 年之后，自治区畜牧业发展更为迅速，到 2016 年全区牧业年度牲畜存栏头数达 13 597.9 万头（只），比上年增长 0.1%；牲畜总增头数 7 847 万头（只），总增率达 57.8%。牧业年度良种及改良种牲畜总头数 12 398 万头（只），良种及改良种牲畜比重 91.2%，比上年提高 0.9 个百分点。全年肉类总产量 258.9 万吨。

自治区畜牧业生产坚持遵循生态优先，绿色发展，优化发展布局，推动畜牧业发展方式转变，提高养殖效益的原则。以"稳羊增牛扩猪禽"发展思路，按照"农牧结合"发展路径，种养业主辅换位，形成"为养而种，为牧而农，过腹转化，农牧循环"的新型种养结构，保护绿色生态、扩大生产规模、提升发展质量，提高乳肉绒等优势特色产业竞争力，加快实现畜牧业大区向畜牧业强区转变。

6. 工业发展

解放以前内蒙古工业由两个部分组成。一部分是民族手工业，始于西汉时期，元朝期间达到鼎盛，清朝中期主要是采掘、毛皮加工、地毯、制毯、酿酒等工业，发展较为迟滞。据 1946 年统计，内蒙古有手工业作坊 600 多个，手工业工人 3.47 万多，总产值 0.28 亿元。另一部分为资本主义工业。20 世纪初，沙俄在内蒙古东部修建了东清铁路，兴办了一些采伐、煤炭、发电等工业。西部地区成立了漠南矿业有限股份公司、绥远毛织厂等企业，兴办了官商合办的工业，带有官僚资本的色彩。日本侵占西部之后，投资、兴办工厂、开矿，建立蒙疆电气设备株式会社等垄断组织。1945 年日本投降后，国民政府接管了工业，到 1946 年时，工业总产值 0.8 亿元。1947 年自治区成立之后，在内蒙古工业发展初期，贯彻了优先发展重工业的方针。西部地区建设了包头钢铁联合工业基地，配套建设了煤炭、电力、建材、化工、有色金属冶炼、重型机械以及棉纺、制糖、食品等工业。东部地区建设了大兴安岭森林工业基地，配套建设了林产品化工、木材加工工业。同时根据资源特点，在呼和浩特、海拉尔、牙克石、集宁、吉兰泰等地分别建设了毛纺、机械、制革、乳品、肉类联合加工、化工、湖盐等工业企业。又经过扩建和改造、使内蒙古工业水平有了很大提高。到 1957 年，工业总产值已上升到 6.33 亿元，固定资产原值达到 3.57 亿元，上缴财政利润 0.21 亿元。工农牧业比例关系发生了重大变化：工业产值占工农牧业总产值的比重由 1952 年的 14.1%上升到 36.2%。1958～1960 年这三年工业大发展，到 1960 年国营独立核算企业固定资产原值达到 25.49 亿元，工业总产值三年的递增率分别是 83%、56%、51.2%，同时发生了两个重大变化：一是建立了一些新兴的工业部门，开始生产新的工业产品，钢铁、化工、电机电器、机床、棉纺、精纺毛织品产品等，显示了内蒙古工业生产潜力；二是工业生产地位和内部结构发生变化。工业总产值占工农牧业总产值的 65%。轻重工业比例由 1957 年的 55∶45 转变为 32.5∶67.5，形成了重型工业结构，出现了工业经济结构失衡现象。1961~1962 年工业生产调整时期，重点调整了重工业。1963~1965 年为三年经济调整时期。主要调整工业与农业、重工业与轻工业、积累与消费、农业人口与非农业人口的比例关系。经过调整使工业生产有了显著发展。1965 年与 1962 年相比，工业总产值增长 61.3%，主要工业产品大幅度增长，达到历史最好水平，工业生产重新走上了健康发展的轨道。1966 年之后，由于"文化大革命"的干扰和带来的巨大损害，工业企业利润从 1967 年开始连续出现负增长，到 1975 年净亏损达 1.1 亿元，亏损面达到 50%之多。实行改革开放以后，内蒙古自治区推行了承包经济责任制、厂长负责制，进行了企业内部经营机制的改革，加强了企业内部管理，到 1989 年，工业总产值按 1980 年不变价格计算达到 155.34 亿元，与 1978 年相比增长 181%，平均年递增 9.8%。1989 年全部工业固定资产原值达到 270 亿元，工业企业达到 8 501 个，其中大中型企业 183 个，冶金、机械、煤炭、炼焦、化工、建材、森工、电子、食品、纺织、皮革等 11 个行业成为自治区经济的支柱产业，其总产值占全部工业总产值的 70%以上。

1990 年以来，自治区经济工作重心转到了调整结构、提高效益的轨道上来，国有企业进一步深化改革、转变机制，工业经济得到持续健康发展。内蒙古发挥资源和区位优势，以信息化带动工业化，发展大产业，培育大集团，建设大基地，形成大集群；提高资源综合利用效率，发展循环经济，延伸产业链条，促进产业升级；巩固和提高能源、化工、冶金建材、农畜产品加工、装备制造和高新技术等特色优势产业的主导地位，积极发展非资源型等其他产业；继续实施名牌战略，培育和发展名牌产品，增加中国驰名商标，工业经济出现了前所未有的大好局面，2006 年工业增加值达到 3 180 亿元，年均增长 18%。

2015 年全区实现工业增加值 7 939 亿元，是 2010 年的 1.5 倍，年均增长 11.9%，占 GDP 比重达到 44%。工业固定资产投资累计完成 2.4 万亿元，是"十一五"时期的 1.6 倍，年均增长 19.2%。"四大传统工业基地"（国家重要能源基地、新型化工基地、有色金属生产加工基地和绿色农畜产品生产加工基地）建设取得突破性进展，优势产业持续壮大，发展基础不断夯实。煤炭行业增加值占规模以上工业增加值比重由 2010 年的 30.9%调整到 2015 年的 23%，扭转了"一煤独大"格局。化工、有色金属、装备制造、农畜产品加工行业占规模以上工业增加值比重由 2010 年的 42%提高到 2015 年的 53%。初步构建起多元发展、多极支撑的工业体系。

7. 服务业发展

所谓服务业，就是第三产业，包括流通部门、为生产和生活服务的部门、为提高科学文化和居民素质服务的部门，以及为社会公共需要服务的部门。1952 年，内蒙古自治区服务业产值 2.15 亿元，占地区生产总值的 17.68%。其中，交通运输仓储邮电通讯业产值 0.41 亿元，占全区服务业产值的 19.07%；批发和零售贸易餐饮业产值 0.59 亿元，占 27.44%。这说明，当时全区服务业在国民经济中的比重不到 20%，同时流通部门的产值比重在服务业中也很低，仅占 46.5%。随着自治区经济的快速发展，服务业也得到迅速发展。到 1960 年，自治区服务业产值 7.65 亿元，占全区生产总值的 20.92%。其中，交通运输仓储邮电通讯业产值 2.17 亿元，占全区服务业产值的 28.37%；批发和零售贸易餐饮业产值 2.81 亿元，占 36.73%。经过"文化大革命"，自治区经济发展受到严重干扰。改革开放初期的 1978 年，自治区服务业产值 12.71 亿元，占全区生产总值的 21.9%。其中，交通运输仓储邮电通讯业产值 2.76 亿元，占全区服务业产值的 21.72%；批发和零售贸易餐饮业产值 2.87 亿元，占 22.58%。到 1990 年，全自治区服务业产值达到 104.31 亿元，占全区生产总值的 32.67%。其中，交通运输仓储邮电通讯业产值 20.69 亿元，占服务业产值的 19.84%；批发和零售贸易餐饮业产值 24.92 亿元，占 23.89%。2000 年，内蒙古自治区的服务业产值达到 605.74 亿元，占全区生产总值的 39.36%。其中，交通运输仓储邮电通讯业产值 175.46 亿元，占服务业产值的 28.97%；批发和零售贸易餐饮业产值 195.39 亿元，占 32.26%。2000 年自治区服务业占生产总值的比重，比 1990 年提高了 6.69 个百分点，自治区服务业得到了较快发展。同时流通部门的发展更快，其比重已达到 61.23%，比 1990 年提高了 17 个百分点。近二十几年来，内蒙古以大力发展现代服务业作为加快产业转型升级的着力点。到 2015 年，内蒙古服务业产值为 7 213.5 亿元，比 2010 年增加了 3 004.48 亿元，增长 71.38%，占全区生产总值的 40.4%，比 2010 年增加了 4.34 个百分点。服务业对经济增长的贡献率已达到 36.3%。2016 年内蒙古服务业继续提质增速，快于工业平均增速，占地区生产总的比重为 42.5%，比上一年提高 2 个百分点。与此同时，其服务业内部传统行业得到优化，新兴服务业快速发展，内部结构不断优化。服务业已成为吸纳就业的主要渠道。2015 年，全区服务业就业人员达 641.7 万人，比 2011 年增加 186.9 万人，年均增长 9%。服务业就业人员占全部从业人员比重由 2011 年的 36.4% 提高到 2015 年的 43.8%，提高了 7.4 个百分点。从 2014 年起，服务业从业人员已经超过第一产业，成为吸纳就业人员最多的产业。

二、内蒙古自治区首府和包头市

1. 首府——呼和浩特市

呼和浩特市蒙古语意为"青色的城"。位于内蒙古自治区中部的大青山南麓，土默特平原北部。位于东经 111°36′～111°49′，北纬 40°46′～40°53′。呼和浩特市区所辖 4 区，市区面积 2054 平方公里，城区面积 165.05 平方公里。2015 年户籍城市人口 130.72 万人，少数民族人口有 27.2 万人，有蒙、回、满、朝鲜、达斡尔、鄂温克、鄂伦春等 36 个民族。现辖 4 个区（城、回民、玉泉、赛罕）、和林格尔国家级新区。

政区沿革： 明成化年间（公元 1465～1487 年），蒙古达延汗统一诸部，领有此地，后其孙阿拉坦汗（俺答汗）率土默特部驻牧丰州滩。隆庆五年（公元 1571 年），受明封为"顺义王"，双方达成互通关市停止战争的协议。万历三年（公元 1575 年）库库和屯建成，明朝称其归化城，即呼和浩特旧城。清雍正元年（公元 1723 年），在归化城设理事同知及五路协理通判，隶属山西朔平府。乾隆四年（公元 1739 年）在归化城东北筑绥远城，设将军署。乾隆六年（公元 1741 年），又在归化城设归绥兵备道，是山西省派出机构，管辖归化、绥远两同知和托克托、和林格尔等七协理通判厅。绥远城将军设置后，取消土默特部左右两翼都统衙门，以绥远城将军兼两翼合为一旗的都统。民国元年（1912 年），归绥道改为归绥观察使，所辖各厅改为县。1913 年设绥远特别行政区，与山西分治，归化、绥远两城合并为归绥县，属绥远特别行政区管辖。民国十八年（1929 年）撤区建立行省，称绥远省，归绥为省会。民国二十六年（1937 年）10 月，日军入侵，归绥市改称厚和豪特市，受巴彦塔拉盟管辖，下设六个镇。1945 年 8 月日本投降，更名归绥市，仍为绥远省会，市内设六个区。1950 年 1 月 20 日成立"归绥市人民政政府"。1954 年 2 月，绥远省建置撤销，划归内蒙古自治区，同年 4 月 25 日，归绥市改称呼和浩特市。

经济： 呼和浩特市是自治区第二大工业城市，基本形成了毛纺、电子、机械、食品、石化、建材工业为支柱的门类比较齐全的加工工业体系。2015 年呼和浩特市国内生产总值 2 303.92 亿元，其中第一产业产值 48.55 亿元，占国内生产的 2.11%；第二产业产值 568.70 亿元，占 24.68%；第三产业产值 1 686.70 亿元，占 73.21%，人均生产总值 17.62 万元。全市工业生产增加值 229.06 亿元。规模以上工业（指全部年主营业务收入 2 000 万元及以上的工业法人企业）企业单位数 87 家，工业总产值 583.11 亿元。

农业生产具有城郊型经济的特征。主要农作物有小麦、玉米、高粱、谷子、莜麦、马铃薯、甜菜、胡麻、向日葵、枸杞等。2015 年，农作物总播种面积 3.94 万公顷，粮食作物播种面积 3.06 万公顷。农林牧渔业总产值达 48.55 亿元。

2015 年，社会消费品零售总额 1 144.41 亿元。一般预算收入 121.84 亿元，一般公共预算支出 90.16 元。全社会固定资产投资 860.37 亿。全年客运总量 649 万人，货运总量为 18 371 万吨。城市公共汽车和出租汽车客运总数 40 290 万人次。

城市建设： 到 2015 年底，呼和浩特市铺装道路总长 898 公里，铺装道路面积 2 506 万平方米，铺设排水管道长度 1 996 公里，城市桥梁 80 座。2015 年，园林绿地面积 14 077 公顷，人均公园绿地面积 17.32 平方米，人均城市道路面积 13.32 平方米，城市人口用水普及率99.96%，自来水生产能力56.60万吨/日，城市用气普及率98.86%，供热总量热水12 008万吉焦。现有邮电局（所）60个，电信营业所8个，电信业务代办点300个。电话交换机总容量达到13.7万门，长途线路7 000多条。

文教科技及卫生：共有高等院校24所、普通中学47所、小学142所。高等院校在校学生23.52万人，普通中学在校学生10.85万人，小学在校学生12.61万人。自治区的重要科研机构都驻在市内。

各类卫生机构634个，其中有医院87家，医院拥有病床15 527张。全市共有专业卫生技术人员18 242人。

新城区：呼和浩特市最大的市辖区，位于市区东半部。历史上称绥远城，系清朝在呼和浩特旧城东北2.5公里处新建的一座边防城，因此称为新城。地处东经111°41′，北纬40°49′，北依大青山，南临黑河水。辖区总面积700平方公里，其中农区总面积677平方公里，城区面积23平方公里。区辖1乡、1镇、7个街道办事处、42个行政村、88个自然村、59个社区居委会，2003年总人口32.46万人，是自治区和呼和浩特市两级党、政、军机关、各大中专院校、新闻、出版、科研等单位的所在地，区内驻有呼和浩特火车站、长途汽车站、邮电、通讯、金融机构，是呼和浩特政治、经济、科学、文化、教育和新闻出版中心及交通、邮电、通讯的枢纽。2015年，新城区户籍人口39.31万人。常住人口61.72万人。区内有满、蒙、回、达斡尔、朝鲜、鄂温克、壮、汉等30个民族，属满族聚居区。

2015年，新城区国内生产总值728.83亿元，其中第一产业产值2.24亿元，占国内生产总值的0.31%；第二产业产值75.21亿元，占10.32%；第三产业产值651.38亿元，占89.37%。现已形成了纺织、食品、服装、医药、乳品、化工、印刷、建材、电力、机械、电子电器、五金制品等行业较为齐全的工业体系。

全区农林牧渔业全面发展，农作物以玉米、小麦、豆类、杂粮为主。近年来加大了农业产业结构的调整力度，粮、经、饲"三元结构"逐步趋于合理。大力调整种养业结构，以"奶业兴市"为龙头，农业经济向养牛业、育肥羊、畜草业、农畜产品加工业迈进。

区内公路联网、铁路航运通达，对外交通十分便利。驻辖区内的呼和浩特火车站、长途汽车客运站、中国民航内蒙古管理局，是呼和浩特市交通枢纽的神经中枢。新城区的中山东路是呼和浩特市通讯、邮电的枢纽地带，以坐落在这里的呼和浩特电信枢纽大厦为中心，形成了纵横交错、四通八达的邮电通信网络。

新城区人口集中，商业繁荣。形成了国营、集体、私营、个体商业齐发展的多种经济成分及多种经营方式并存的商业流通体系。目前，较大型的商店和商场有新世纪百货大楼、民族商场、天元商厦、九州商厦、东街五金商店、通达商场、劝业场、锡林菜市场、西街菜市场、南北商场、电子大厦等；中、小型商业网点约有4 000~5 000个。

新城区有大窑文化、将军衙署、公主府等古迹，圣水梁草原风情、劈柴沟自然景观、成吉思汗影视城，成为游客关注焦点。目前具有现代服务设施的高级旅馆有内蒙古饭店、昭君大酒店、新城宾馆、呼和浩特宾馆等。内蒙古饭店、昭君大酒店已属国际四星级饭店，旅行社有数十个，共接待中外旅客上万人。

新城区现已变成一座市政设施日趋配套，服务功能日益完善、布局较为合理，民族风格与现代美学融为一体的新型现代化城区。区内西、中部为商业中心，中部地带是金融中心，西南部为轻纺工业区，南部和东部则是大专院校区，北部是军队、公安、武警、边警机关驻地，西北有内蒙古赛马场，东北是仓库区，东部为重工业区。区内大街小巷纵横交错，呈棋盘网络式。城区已为市民营造了整洁、优美、有序的生产生活环境，2002年荣获"国家卫生城市"荣誉。

回民区： 呼和浩特市辖区之一。位于市区西北部，因回族聚居较多而得名。地处东经111°6′，北纬40°8′。辖区总面积175平方公里，辖海西、新华、环河、光明、中山、通道、钢铁路7个街道办事处和攸攸板1个镇，共有55个居委会，19个行政村；其中城区面积19.47平方公里，2015年末户籍人口23.71万人，常住人口43.25万人。区内有回、蒙、达斡尔、鄂温克、鄂伦春、维吾尔、藏等22个少数民族，其中，回族人口占全市回族总人口的50%以上。

区内有人民公园、新华广场、内蒙古人民广播电视台、内蒙古体育馆、内蒙古医科大学和内蒙古科技馆等单位和设施，清真寺既是穆斯林举行宗教仪式的地方，也是市内名胜之一。

20世纪50年代前，回民区工业寥寥无几，商业萧条，市政工程简陋，是一个典型的城市消费区。经过60多年来的发展，工业、交通、文教卫生、城市建设等各项社会事业都得到了成倍的增长。如今已是道路纵横，楼峰林立，绿树成荫，欣欣向荣，初具规模的新兴工商业城区。2015年全区国民经济总产值达399.95亿元，其中第一产业产值5 437万元，占国内生产总值的0.14%；第二产业产值42.27亿元，占10.57%；第三产业产值357.13亿元，占89.29%。

回民区在全市的商贸中心地位已经确立，形成以"一路三街"（即以现代化大型商场、超市、专业市场为主的黄金商业街——中山西路，以品牌、休闲、娱乐为主的温州商业步行街，以民族地方餐饮、小吃为主的牛桥清真食品一条街，以机电、五金批发为主的通道商业街）为主线，以专业市场、便民市场为补充的商业网络。2002年又建成钢铁路、西龙王庙、光明路、明珠、普利、九门6个便民市场，开工建设维多利商厦、宝马商城、新亚太商厦、巴黎广场、义乌市场分市场等 14 家大型商场，商贸业已经成为回民区重要的经济增长点。

回民区有清真大寺、天主教堂、城隍庙、庆凯桥、太平召等多处旅游景点。位于旧城北门外通道南街南端东侧的清真大寺，是区内八座清真寺中历史最久，规模最大的。区内道路纵横交错、四通八达。在境内的主要交通干线上有公共交通线路 9 条。有公路交通车站设施的清真寺是保护最完好的建筑群，已成为呼和浩特市重点文物保护单位。

2002 年回民区被评为自治区"两基"工作先进区。该区是市主要文化区之一，境内有工人文化宫、乌兰恰特、人民剧场、工农兵电影院和新华电影院等 5 座，还有工人俱乐部、老干部活动中心、展览馆、市文化宫、内蒙古群艺馆、内蒙古图书馆和市新华书店等文化娱乐中心。内蒙古京剧团、杂技团等文化艺术团体也驻在本区内。

玉泉区：呼和浩特市辖区之一。全区面积 213 平方公里，辖长和廊、小召、兴隆巷、大南街、石东路、西菜园、鄂尔多斯路 7 个街道办事处，小黑河镇；2015 年户籍人口 21.22 万人，常住人口 41.47 万人，是一个由蒙、汉、回、藏等 25 个民族组成的民族大家庭。玉泉区是呼和浩特的发祥地，市景繁华，召庙古迹甚多，素有"召庙浩特"之称。

2015 年，全区国内生产总值 309.50 亿元，比上年增长 7.7%，其中第一产业产值 3.20 亿元，占生产总值的 1.03%；第二产业产值 82.14 亿元，占 26.54%；第三产业产值 224.16 亿元，占 72.43%，社会商品销售额实现 213.10 亿元，比上年增长 7.8%。全年一般公共预算收入 17.73 亿元，一般公共预算支出 12.91 亿元。城市居民人均可支配收入达 36 145 元，农民人均纯收入达 16 266 元。

历史上玉泉区的手工业比较发达，归化城是土默特地区的手工业中心，有铸锻、金银首饰、皮毛、制毡制毯、麻绳、造纸、酿酒、榨油等各类作坊。经过几十年的调整和发展，1990 年工业企业 91 个，由区直属企业和街道办企业、民政办企业、劳动服务事业局办企业及校办企业组成。1990 年驻区工业企业百余家，有机械、电子、毛纺、轻工、食品等多种行业，有些区属工厂的产品，填补了自治区工业生产的相关行业空白。2000 年开发建设了呼和浩特裕隆工业园，2002 年已有 28 户企业签订了入园协议。筹建了"温州经济城"等"园中园"项目，大力发展高新技术产业，以信息化带动园区工业发展上水平、上档次。

玉泉区地处土默特平原，大黑河、小黑河横贯辖区，盛产小麦、玉米、油葵、洋葱头。

玉泉区的商业比较发达。历史上驰名中外的旅蒙商号——"大盛魁"源于境内。清代，玉泉区境内的归化城已成为土默特地区的商业贸易中心。历经 300 余年，几经兴衰，现在仍不失商业区面目。1990 年，驻区的商饮服务为网点 600 余家，行业齐全，遍布全区，也形成了几条繁华的商业街。著名的店铺有大型商场大南街百货大楼、历史悠久的麦香村饭庄、新建的浴室浴芳池、老字号亨得利钟表眼镜店、出名的烧卖馆德兴源等数十家。历史时期，玉泉区曾是呼和浩特地区的金融中心。近70年来，随着城市发展，仍有许多金融机构。

玉泉区境内古迹众多、召庙林立，素有"召庙浩特"之称，具有悠久的历史文化内涵。有融合北方少数民族特别是蒙古族历史与宗教文化涵义的大召、席力图召、五塔寺等国家重点文物保护单位，还有见证蒙汉民族和睦团结历史的昭君墓。有4块公共绿地，分别是滨河公园、小召前游园、西口外青年园和工艺巷怡园。

呼和浩特城区最早的戏园、书店、文艺团体都首先出现在本区境内。现有区文化馆、区少年之家、区图书馆。驻区内的文艺团体有市晋剧团、市民间歌舞剧团和市民族歌舞团；有影剧院3座，其中人民电影院是呼和浩特市区最早的电影院。还有内蒙古农业科学院、内蒙古畜牧科学院、内蒙古流行病防治研究所、内蒙古水产科学研究所、内蒙古林业勘测设计院、内蒙古电力勘测设计院、内蒙古电力中心试验研究所、呼和浩特市食品科学研究所、呼和洛特市市政研究所、市机械工业设计院等十多家科研、设计机构驻在区内。玉泉区的医疗机构始于民国年间。2015年，共有医院25所，卫生院2所，床位2 280张，医疗卫生技术人员3 312人。

赛罕区：呼和浩特市的市辖区，位于呼和浩特市区东南，地理坐标为北纬40°36′～40°57′、东经110°40′～112°10′，辖区总面积1 025.2平方公里，是呼和浩特市区中面积最大的市辖区。2012年总人口63.56万，辖1个自治区级开发区、3个镇、101个行政村、8个街道、81个社区。

赛罕区辖区内有汉、蒙古、回、满、朝鲜、达斡尔、俄罗斯、白、黎、锡伯、维吾尔、壮、鄂温克、鄂伦春等民族。2015年，常住人口69.24万人。

2015年，赛罕区生产总值616.57亿元。第一产业产值20.74亿元，占生产总值的3.36%；第二产业产值159.86亿元，占25.93%；第三产业产值435.97亿元，占70.71%。规模以上工业企业单位数30家，工业总产值448.05亿元。一般公共预算收入45.12亿元，一般公共预算支出39.80亿元。全社会固定资产投资351.27亿元。以菜业为主的现代设施农业蓬勃发展，成为农业增效、农民增收的主要途径。新建蔬菜保护地5 000亩，累计达到1.8万亩，菜田面积达到7.9万亩，蔬菜上市量达到38万吨。羊盖板万头奶牛牧场园区主体、大型青贮窖及配套设施已完工，已建19个奶牛牧场园区，赛罕区牧场园区达到36个，奶牛良种率、单产水平居呼和浩特市首位，养殖方式由粗放型向精细化转变。

维多利摩尔城建成开业，自治区首家外资超市家乐福投入运营。已建成永泰城、上海鹏欣金游城和星游城、中海蓝湾、彩虹城等一大批城市综合体。深圳茂业等商业项目和建行总部、万正尚都总部已建成并投入使用。中心城区金融保险、商务办公、酒店餐饮、休闲娱乐等商业类型更加丰富。沙梁铁路货运物流项目、利丰汽车公园、城发金河物流园、毅德城、内蒙古金属行业协会钢铁物流、祥泰集团仓储物流等一批具有区域特色商贸物流产业已经形成。

赛罕区的交通基础设施建设在近年来得到了较大提升。呼和浩特东站，位于呼和浩特市区东面，总体建筑面积98 300平方米。呼和浩特白塔国际机场是国家一类口岸机场和国际机场。

昭君墓又称"青冢"，蒙语称特木尔乌尔琥，意为"铁垒"，位于内蒙古自治区呼和浩特市南呼清公路9公里处的大黑河畔，是史籍记载和民间传说中汉代名妃王昭君的墓地。昭君墓，始建于公元前的西汉时期，距今已有2 000余年的悠久历史，现为内蒙古自治区的重点文物保护单位（图13-5）。

图13-5　昭君墓

万部华严经塔位于呼和浩特市区东赛罕区境内，因塔表面是白色，俗称"白塔"，建于辽代圣宗年间（公元983～1031年），是辽代丰州城内佛教寺院"大明寺"的一部分。为存放万部佛教"华严经卷"而修筑的，故名为万部华严经塔。1982年，白塔被国务院确定为全国重点文物保护单位。

2. 包头市

包头是蒙语"包克图"的谐音，意思为"有鹿的地方"，故名之。地处自治区西部，南濒黄河，地理坐标北纬40°35′～40°41′，东经109°46′～110°04′，距自治区首府呼和浩特市180公里。包头市面积2.78万平方公里，其中建成区面积195.79平方公里，2015年城市户籍人口156.78万人。城区现辖6个区，即昆都仑区、青山区、东河区、九原区、石拐区、白云鄂博矿区。

历史沿革：1870年（同治九年）前后，包头修筑城墙，辟东、南、西、东北、西北5座城门，形成了近代包头的城市雏形。19世纪后期至20世纪初，包头已发展成为中国西北著名的皮毛集散地和水旱码头。1923年平绥铁路通车包头。1950年2月13日，包头市人民政府正式成立。蒙绥合并后，1954年3月包头市成为内蒙古自治区直辖市。1956年，当时称为新市区的昆都仑区、青山区建成，原包头市一、二、三区及回民区合并成立东河区。同年，石拐矿区由乌兰察布市划入。

经济：2015年，全市生产总值3 721.93亿元，包头市城区生产总值（不包括市辖县）3 341.85亿元。包头市是内蒙古自治区最大的工业城市，城区生产总值在内蒙古城市中也是居于首位。规模以上工业企业单位数有381家，工业总产值1 732.68亿元。包头市城区工业总产值（不包括市辖县）2 262.20亿元，农业总产值（不包括市辖县）53.80亿元，固定资产投资（不包括市辖县）2 017.18亿元，一般公共预算收入（不包括市辖县）213.20亿元。2015年，包头市城区客运总量1 515万人，货运总量33 056万吨。

市政建设：城市道路长度1950年只有4公里，1990年达到421公里，2015年实有铺装道路长度1 516公里；排水管道长度1950年为2公里，1990年为610公里，2015年为2 207公里。1950年街道路灯不足百盏，1990年为7 800盏，2015年为10.27万盏。城市公交汽车在1950年还是空白，1990年发展为486辆，2015年末实有公共汽车1 105辆，客运总量16 570万人次，出租汽车5 827辆。2015年末实有铺装道路面积2 852万平方米，人均城市道路面积15.13平方米。2015年，人工煤气管道长度500公里，全年人工煤气供应总量3 090万立方米；天然气管道长度1 800公里，全年天然气供应量51 000万立方米，液化石油气供应量6 775吨，城市燃气普及率96.52%。2015年集中供热水总量达到3 697万吉焦，供热水管道长度865公里，供热面积8 014万平方米。2015年末自来水生产能力99.50万吨/日，年末供水管道长度1 750公里，全年供水总量17 909万吨，人均日生活用水量89.68升，城市人口用水普及率99.50%。污水日处理能力达到45.2万立方米，生活垃圾无害化处理率达到100%。2015年，园林绿地面积8 009公顷，公园绿地面积2 493公顷，公园28个，公园面积2 681公顷，人均公园绿地面积13.23平方米。

文教科技及卫生：到2015年，普通高校5所、中等专业学校14所、普通中学93所（包括市辖旗县）、小学138所（包括市辖旗县）。共有卫生机构1 245所，其中：医院49所，卫生院15所，医院床位14 318张。卫生技术人员118 787人。

东河区：是包头市的老城区，有200多年的历史。城区面积85平方公里，2015年户籍人口42.41万人，常住人口54.51万人，有蒙古、汉、回、满、朝鲜等26个民族，是回族居民的聚居区，现有回族 1.7 万人，大都居住在回民街道办事处辖区内。

东河区昔日曾是中国西部地区重要的皮毛、粮食、药材集散地。2015 年生产总值 510.53 亿元，其中，第一产业的产值为 7.15 亿元，占生产总值的 1.40%；第二产业的产值为 167.72 亿元，占 32.85%；第三产业的产值为 335.66 亿元，占 65.75%。人均生产总值 93 986 元。

东河区是包头市地方工业的集中地，70% 以上的市属企业驻在区内。商业贸易比较发达，全市 60% 以上的物资仓库设在东河区，内蒙古自治区及其他盟、市、旗、县驻区的转运站、采购供应站及办事机构等有 50 多个。包头市与内蒙古西部地区的商品物资交流相当多的部分在东河区进行，被包头市确定为个体、私营经济示范区。

东河区有伊斯兰教、基督教、汉佛教、喇嘛教、天主教等 5 个宗教。

交通具有公路、铁路、航空、水运等多种运输功能，是内地连接西北地区的重要交通枢纽，包头民航机场位于本区的南部。

旅游业发展迅速，由本区出发南行，有成吉思汗陵和响沙湾；北行有五当召；区境内有阿善沟门新石器遗址、福征寺、转龙藏、清真寺、吕祖庙以及南海旅游区。

九原区：环绕于包头市区，北靠大青山，南临黄河，东与土默特右旗相邻，西与巴彦淖尔市乌拉特前旗接壤。总面积 734 平方公里，2015 年，户籍人口 16.42 万人，常住人口 22.08 万人，有蒙古、汉、回、满、朝鲜等 14 个民族。

2015 年生产总值 337.99 亿元，其中，第一产业的产值为 13.08 亿元，占生产总值的 3.87%；第二产业的产值为 185.69 亿元，占 54.94%；第三产业的产值为 139.22 亿元，占 41.19%。人均生产总值 154 722 元。九原区矿产资源比较丰富，已探明的矿产有煤、黄金、黏土、铁、大理石、石灰石、石英石、长石、石墨、矿泉水等。内蒙古自治区重点产煤区之一，煤可采储量 4 800 万吨；黄金远景储量 50 吨，平均品位 5~6 克/吨；铁矿石储量约 1 000 万吨；石墨可采储量为 148.6 万吨。

九原区是包头市重要的蔬菜副食品生产基地，蔬菜年平均复种面积 8 万亩，满足了百万城市人口的供应，并远销北京等地。林地面积 0.67 万公顷，果树面积 0.1 万公顷，年提供水果 580 万公斤。

城乡工业初具规模，已形成了煤炭、制酒、建材、黄金、包装、印刷、地毯、冶金、化工、采掘、食品加工等 20 余个行业，280 多种产品。

青山区：位于包头市中部，城区面积 280 平方公里。2015 年户籍人口 36.07 万人，常住人口 51.35 万人，由蒙古、汉、回、满等 25 个民族构成。

2015 年生产总值 873.75 亿元，其中，第一产业的产值为 3.33 亿元，占生产总值的 0.38%；第二产业的产值为 364.56 亿元，占 41.72%；第三产业的产值为 505.86 亿元，占57.90%。人均生产总值170 771元。区内驻有中央、内蒙古、包头大中型企业214家，是一个以机械、汽车、电力、建材、纺织、建筑、安装为主体的现代化工业区和服务设施齐全、环境优美的新型市区。目前，青山区的区属工业已初步形成轻工、机械、化工、木器加工、电器、建材、印刷、铸造等行业。

青山区有各类商业服务网点1 700多个，宾馆、饭店、招待所十几处。全区现有科研所11个，2015年各类科技人员4.3万人；有大学、中专、技校16所；各种卫生机构362个，床位3 967张；有文化宫、影剧院13座；图书馆20座，体育场地多处。其中第一工人文化宫、一机文化宫、二机文化馆是重大演出、体育比赛的主要场所。

昆都仑区： 位于昆都仑河畔，因河得名。是包头市党政机关所在地，全市政治、经济、文化、科技、教育的中心。城区面积301平方公里，2015年户籍人口51.03万人，常住人口77.66万人，由蒙古、汉、回、满、达斡尔等28个民族构成。

昆都仑区2015年生产总值1 089.42亿元，其中，第一产业的产值为3.2亿元，占生产总值的0.29%；第二产业的产值为438.16亿元，占40.22%；第三产业的产值为648.06亿元，占59.49%。人均生产总值141 071元。昆都仑区是以钢铁、稀土、冶金、化工工业为主的新兴工业城区。包头钢铁公司坐落在本区。交通便利，通信发达。区内拥有中央、内蒙古、市属企业，科研院所和大专院校。区属工业初步形成了以机械、冶金、稀土、建材、电子、化工、服装、食品等门类为主的工业体系。商贸发达，有市属大型批零企业数十家，还有区属商业网点和集贸市场。区内有大型宾馆饭店十多家。区东3公里处，有昆都仑召和昆都仑水库风景区；区西15公里处，有天然瀑布和梅力更原始森林。

石拐区： 石拐是蒙古语"什桂图"的音译，其意为"有森林的地方"，是包头市直辖区之一，位于包头市区东北部38公里处，东经110°08′～110°31′，北纬40°35′～40°52′。土地总面积761平方公里。现辖一个国有林场，五个街道办事处。

明朝以前，石拐地区一向是北方少数民族游牧之地。明朝初年，明太祖派兵北征阴山以南，石拐地区始有汉族人迁入定居。清朝顺治九年（1652年），科尔沁草原的一部分蒙古族人迁到五当沟、水涧沟、哈隆贵沟一带。康熙年间，石拐地区蒙汉杂居村落形成并建成城堡。清朝乾隆十三年（1748年），石拐村以北22公里处扩建五当召，此后宗教活动和经贸活动日渐频繁。民国二十一年至二十五年（1932～1936年），石拐地区有十余户租赁开采煤炭的煤窑。1939年设立了"大青山煤炭株氏公社"。1945年绥远省政府在大发窑设"石拐沟煤炭矿管理所"。1951年7月成立"乌兰察布盟石拐沟矿区人民政府"。1954年1月，"包头煤矿筹备处"成立。1956年成立了"包头市石拐矿区"。1958年6月，"包头矿务局"成立，成为驻区煤炭企业。1981年1月，成立"石拐矿区人民政府"，归包头市辖。

2015年石拐区户籍人口5.57万人。以蒙古族为主体，汉族为多数，有汉、蒙、回、藏、维、朝鲜、满等10个民族。蒙古族人口898人，占本区人口的1.7%。

2015年国内生产总值102.61亿元，其中第一产业0.87亿元，占全区国内生产总值的0.85%；第二产业86.32亿元，占84.12%；第三产业15.42亿元，占15.03%。人均国内生产总值267 562元。

2015年石拐区农业总产值14 252万元。2015年末牲畜存栏头数3.56万头（只），其中大牲畜存栏0.14万头，占全区牲畜存栏数3.93%；肉猪0.24万头，羊3.19万只，占89.61%。2015年农作物总播种面积2 822公顷，粮食产量6 070万吨，油料产量81吨。主要农作物有玉米、小麦、谷子、荞麦和胡麻等。

2015年，石拐区规模以上工业企业66户。工业企业增加值83.72亿元。形成了以煤炭、电子、焦化、化工、建材、机械、轻纺为主的工业体系。煤炭采掘业，一直是该地区的主要产业，税收占全区财政收入的85%以上。年产原煤500万吨，成为包头市重要的煤炭能源基地。近两年，大力发展工业开发区，建成2个工业园区，引进和建成企业50多家，形成了以硅系合金、工业硅和粗铜生产的新产业群，年产硅系合金100万吨，铜10万吨，形成了工业硅生产基地和铜生产基地。产业工人2万余人。

旅游资源有五当召、广觉寺。有石拐地区的最高峰——马鞍山，因其形似马鞍而得名，海拔1 856米，山区森林茂密，山峦起伏。还有六道沟的冰洞，是盛夏时少有的消暑佳境。

白云鄂博矿区：白云鄂博蒙语，意为"富饶的神山"，是蒙古族人民世代繁衍生息的圣地。位于阴山之北的乌兰察布高原西北部，距包头市区149公里。东经109°47′~110°04′，北纬41°39′~41°53′。四周与达尔罕茂明安联合旗接壤。南北长33公里，东西宽18.8公里，土地总面积为303平方公里。全区设1个街道办事处，17个居委会。

历史上，白云鄂博一直为北方少数民族的游牧地。1958年3月，设立镇一级政权机构。建立了乌兰察布盟白云鄂博镇。1958年5月15日，白云鄂博划归包头市管辖，8月28日改称包头市白云鄂博矿区。

2015年，白云鄂博矿区户籍人口1.76万人，常住人口2.76万人。有蒙、汉、回、朝鲜、满、达斡尔等11个民族。汉族最多，人口2.22万人，占91.86%；蒙古族人口939人，占5.32%。

2015年地区生产总值40.17亿元，其中第一产业600万元，占地区生产总值的0.15%；第二产业30.67亿元，占76.35%；第三产业9.44亿元，占23.50%。人均国内生产总值1 463 391元。一般公共预算收入3.25亿元，一般公共预算支出5.38亿元。在岗职工平均工资70 038元，城镇常住居民人均可支配收入40 915元。

1962年，成立地方国营农场，2015年实现产值978万元。2015年大小牲畜存栏数为0.16万头（只）。

白云鄂博矿区是随着白云鄂博铁矿的开发建设，发展起来的新兴矿区。20世纪50年代末，矿区先后兴建起白云鄂博炼铁厂、地方国营砖厂、机械修配厂、城市人民公社采矿队、副食品加工厂、粮食加工厂、制鞋厂等十多家地方工业企业。进入90年代，依靠资源优势，逐步形成了以矿产资源开采、选炼和建材业为主的工业体系。进入21世纪，矿区以宝山稀土工业园区为载体，大力发展工业经济。2003年，矿区共有企业44家，涉及铁矿石采选、稀土加工、高载能冶炼、水泥、乙炔等生产领域。现已具备了年开采矿石150万吨、生产铁精粉50万吨、生铁4万吨、硅铁合金1.6万吨、稀土精矿粉3.5万吨、水泥6万吨的生产能力。2015年全区规模以上工业企业11户，年产值21.12亿元。工业企业增加值29.49亿元。

周边旅游资源有4千年前的古代岩画、隋唐时期的突厥石人墓、汉武帝时期的汉外长城、吉穆斯泰山三狮（花果山）、有康熙皇帝亲笔赐名的广福寺（百灵庙）和蒙古族茂明安部落祭奠其祖先成吉思汗胞弟哈布图哈萨尔的祭奠堂。

第三节 中国蒙古自治州

一、巴音郭楞蒙古自治州及首府

1. 巴音郭楞蒙古自治州概况
（1）地理位置及行政区划

巴音郭楞蒙古自治州隶属于新疆维吾尔自治区，"巴音郭楞"，蒙古语意为富饶的河谷。位于新疆维吾尔自治区东南部，地处东经82°38′～93°45′，北纬35°38′～43°36′。东邻甘肃省和青海省，南倚昆仑山与西藏相接，西连新疆的和田、阿克苏地区，北以天山为界，与伊犁、塔城、昌吉、乌鲁木齐、吐鲁番、哈密等地、州、市相连。巴音郭楞蒙古自治州东西和南北最大跨度为800余公里，全州总面积为48.27万平方公里，占新疆总面积的1/4，是中国面积最大的自治州。巴音郭楞蒙古自治州辖八县一市，即轮台、尉犁、若羌、且末、焉耆、和静、和硕、博湖县和库尔勒市。境内有新疆生产建设兵团农二师师部及所属的16个团场以及塔里木勘探开发指挥部等中央驻州单位。巴音郭楞蒙古自治州政府驻在库尔勒市。

（2）自然地理

地貌： 巴音郭楞蒙古自治州地貌基本格局呈"U"字形，境内有高山、盆地、河流、湖泊、戈壁沙漠和平原绿洲。山地 23.68 万平方公里，占全州总面积的 49%；戈壁沙漠 14.46 万平方公里，占全州总面积的 30%；平原 10.13 万平方公里，占全州总面积的 21%。根据其地貌形成的特点，巴音郭楞州地貌可分成三个地貌区。①天山山地及山间盆地区，天山山系横亘于准格尔盆地和塔里木盆地之间，是亚洲最大的山系之一，州境内长约 950 公里，宽 140~200 公里，走向大致呈北西西向。天山山系包括 6 大山和其中的山间盆地或平原；②塔里木盆地东部区，指东经 84°以东的塔里木盆地地区，因为东经 84°经线基本上与巴州的西部行政界线吻合，因此塔里木盆地该界限以东的地区基本属于巴州。塔里木盆地为沙漠平原，是中国内陆封闭性盆地。塔里木盆地东部地区东西长 500 公里，南北最宽处 420 公里。平原地势由南向北缓斜，南部为昆仑山脉北麓海拔 1 400~2 200 米，北部为天山南侧海拔 1 000 米，东部最低的罗布泊海拔 780 米。盆地周围为山麓带倾斜平原，包括 6 个平原 3 个沙漠。其中 6 个平原分别为：天山南麓冲积洪积倾斜平原、孔雀河三角洲及其冲积平原、塔里木河中下游冲积平原、罗布诺尔湖盆平原、车尔臣河冲积平原、东昆仑山、阿尔金山北麓冲积洪积倾斜平原。三个沙漠分别为：塔克拉玛干沙漠、库鲁克沙漠、库木沙漠。③东昆仑山—阿尔金山区，该区包括 5 个小地貌区：阿尔金山区，为荒漠山地，主要由前震旦系变质岩组成，第四纪随青藏高原的隆起而抬升；昆仑山区，位于塔里木盆地与藏北高原之间，又称东昆仑山，北坡山势峻拔，南坡与藏北高原相接，山势和缓。整个山地为高寒荒漠地带，荒漠直接与常年积雪及冰冻带相接；托库孜大阪山—阿里雅里克山区，由元古代、古生代地层及坚硬的花岗岩组成，山体一般海拔 5 000 米左右，在 5 500 米以上的山峰终年有积雪，发育冰斗及冰川，保留有古冰川地貌；祁曼塔格山，位于库木库里盆地及柴达木盆地之间，呈北西西走向，山峰一般海拔 4 500 米以上，属中生代褶皱带，新生代隆起上升成为高原；阿尔喀山，为东昆仑山的一个分支，山体走向北西，由古生代碎屑岩和灰岩组成，海拔 5 300~5 500 米。

气候与水文： 巴音郭楞蒙古自治州属极端干旱的大陆性气候，因地处于中纬度地带，欧亚大陆中心，四周远离海洋，南有青藏高原阻滞印度洋水汽北上，西有帕米尔高原阻滞西流携带的水汽，所以其气候呈极干旱的特征。全州降水量差异极大，总的分布特点是：北部多南部少；山区多平原少；盆地沙漠区更少；山区又以迎风坡多，背风坡少；天山山区多，阿尔金山山区少。年平均降水量 86.4 毫米，平原区年降水量 20~80 毫米，由南向北递增。全年降水量主要集中在 5~9 月，夏季降水量占 50%~70%。全州降水量最多的地区巩乃斯林场，降水量 800~1 000 毫米，降水日数可达 185 天。全州各地的气温，垂直地带性明显，年平均气温随着海拔高度的增加而降低。相同的海拔高度上，南部温度高、北部温度低。巴音郭楞蒙古自治州境内，罗布淖尔洼地年平均气温最高达12℃；塔里木盆地周边绿洲地带，年平均气温10.2℃～11.5℃；焉耆盆地8.1℃～8.6℃；天山山区沟谷5℃～6℃；海拔2 500米以上的天山山区及海拔3 000米以上的昆仑山区，年平均气温在0℃以下；高山盆地珠勒图斯年平均气温–4.6℃。夏季7月平均气温最高。极端最高气温，塔里木盆地绿洲可达40℃～44℃，荒漠地区高达45℃。1月，塔里木盆地很少出现严寒，平均气温–10℃～–8℃；焉耆盆地为–12℃～–11℃；高山寒区可达–26℃以下。极端最低气温珠勒图斯高山盆地曾达–48.1℃。巴音郭楞州年总辐射量最多的地方是焉耆盆地，全年为156.8千卡/平方厘米。6～7月太阳总辐射最高，12月最低。巴音郭楞蒙古自治州全年平均日照时数为2 605～3 167小时，日照百分率为59%～70%。一年中，春季是风季，夏季多阵风，冬季风速最小。高山山区则是冷半年风速最大。全州各地平时最大风速一般为18～24米/秒，但许多地方曾出现过瞬间风速达30～40米/秒（12级）的风暴。

巴音郭楞州境内有50多条大小河流。按河流的发源地可分天山水系和东昆仑山—阿尔金山两大水系。天山水系的主要河流有开都河、清水河、黄水沟、迪那河等。东昆仑—阿尔金山水系的主要河流有车尔臣河、喀拉米兰河、莫勒切河、米兰河、培什赛依河等。另外，塔里木河为客河，自西向东流经巴音郭楞州大片土地。据水文多年的观测，地表水年均自产流量106亿立方米，相邻地区年入境水量35亿立方米。各河流年内水量变化按水源补给可分为四种类型：发源于天山高山区的河流——开都河、黄水沟、清水河等为冰雪融水和雨水混合补给型；发源于昆仑山、阿尔金山的河流——车尔臣河、若羌河、瓦石峡河、米兰河为冰雪融水补给型；以降雨水补给为主的河流有迪那河、阳霞河、库尔楚河等；湖泊水补给型的河流有孔雀河，其四季变化平稳。全州实际利用水量93.6亿立方米。地下水年可开采量21.73亿立方米。州境内水源均属内陆山溪河流，多发源于天山和昆仑山、阿尔金山的冰川雪原，上游经高山峡谷，河道陡峻，都蕴藏着丰富的水力资源。巴州境内有70个左右的大小湖泊，湖面总面积2 398平方公里。其中，博斯腾湖是中国最大的内陆区淡水湖之一，面积988平方公里，湖水主要由开都河补给，是孔雀河的源头。历史上著名的罗布淖尔、台特玛湖，由于水源断绝已完全干涸。横贯州境北部的天山山地和州境南缘的东昆仑山—阿尔金山山地，在海拔3 800～6 000米的山峰间，发育着多条冰川雪岭，构成很多天然固体水库。

土壤与植被：巴音郭楞蒙古自治州境内的主要土壤类型有潮土、灌淤土、灌漠土三个类型。潮土的分布范围广，各县、市均有分布，以开都河下游的焉耆盆地最为集中，且较典型，总面积约6.10万公顷。灌淤土面积1.67万公顷，主要分布于若羌、轮台、且末三县，库尔勒市的库尔楚树、和静县的黄水沟有小面积分布。灌漠土是优质土壤，壤质土为主，州境内分布面积有 1.04 万公顷，主要分布于和静、焉耆、和硕、库尔勒等县、市，其中以和静县分布面积最大。除此之外，境内还分布有草甸土、沼泽土、棕漠土、盐土、灰褐土、棕钙土、栗钙土、亚高山草甸土、高山草甸土及高山漠土等土壤类型。

巴音郭楞蒙古自治州植被以荒漠、荒漠草原植被为主，也分布着荒漠灌木林和草甸植被。塔里木盆地南北缘山前洪积——冲积平原以荒漠为主，生长着超旱生和强旱生灌木植被；在扇缘潜水溢出带及塔里木河、车尔臣河、孔雀河流域发育着胡杨和耐盐碱植被；博斯腾湖滨发育着芦苇为主的隐域性草甸植被；罗布泊低地发育着多汁盐柴类稀疏荒漠植被。巴音郭楞州北部山区气候相对湿润凉爽，发育着草原和草甸植被。山地植被垂直带谱虽不完整，但仍有垂直分布的规律性，山地荒漠为海拔 1 200～2 300 米，山地荒漠草原为海拔 2 300～2 600 米，山地草原为海拔 2 600～3 000 米，高寒草原为 3 000～3 200 米，高寒草甸为 3 200～3 600 米，有些地方可达 3 800 米。山地草甸草原和山地草甸主要分布在和静县巩乃斯沟。高寒沼泽分布在和静县大小珠勒图斯盆地，山地荒漠草原分布在若羌县阿尔金山、且末县昆仑山。州境内荒漠灌木林以柽柳为主，常伴生有胡杨、铃铛刺、梭梭、假木贼、黑刺、甘草等植物，广泛分布于州内各地。境内的天然河谷林主要分布在前山带河谷两岸。

（3）历史沿革

从公元前 3500 年的新石器时代开始，巴音郭楞蒙古自治州境内的早期土著居民为塔里木人。秦汉时期，在巴州境内有 11 个"城国"和"行国"。公元前 60 年，西汉政府在乌垒（今自治州轮台县境内）设西域都护府，此时巴州全境隶属汉朝版图。之后，各朝代建立各种行政机构管辖此地。公元 1218 年，成吉思汗率领军队击败西辽统治者屈出律，州境隶属蒙古汗国。公元 1225 年，焉耆至且末一带在成吉思汗三子察合台的封地之内。蒙古宪宗元年（1251 年）至元至正二年（1342 年），由察合台汗国统辖。明嘉靖四十五年（1566 年）之后，焉耆、库尔勒、罗布泊一带归属叶尔羌汗国。清乾隆二十四年（公元 1759 年），清朝设置喀喇沙尔办事大臣，所属焉耆及库尔勒、布古尔实行伯克制。"丝绸之路"南道的卡墙（今且末县）、卡克里克（今若羌县）隶属于阗办事大臣管辖。乾隆三十六年（公元 1771 年），土尔扈特及和硕特蒙古部回归漠南归附清廷，乌纳恩苏珠克图盟旧土尔扈特部南路四旗五十四苏木和巴图色勒图盟和硕特中路三旗十一苏木共游牧于珠勒图斯，实行札萨克制，由喀喇沙尔办事大臣兼辖，伊犁将军节制。光绪八年（公元 1882 年），新疆建省后，设喀喇沙尔直隶厅，光绪二十五年升为焉耆府，先后管辖新平（今尉犁）、若羌、轮台三县。于 1950 年 4 月 12 日成立焉耆专署。1954 年 6 月 23 日撤销焉耆专署，分设巴音郭楞蒙古自治州（辖焉耆、和静、和硕三县）和库尔勒专署（辖库尔勒、轮台、尉犁、若羌、且末五县）。1960 年 12 月，库尔勒专署并入巴音郭楞蒙古自治州，州府由焉耆迁至库尔勒。1979 年 10 月成立库尔勒市。1983 年将库尔勒县并入库尔勒市，形成现在的八县一市格局。

（4）人口与民族

民国时期，焉耆专区地广人稀。1949 年，全专区有 146 277 人，密度只有 0.3 人/平方公里。随着国民经济的发展，人口密度随人口总数的增加而增加。1950 年增至 0.33 人/平方公里，截止到 2002 年末，总人口为 106.25 万人，人口密度达 2.2 人/平方公里。总人口中，兵团人口 21.23 万人，占总人口的 19%，人口自然增长率 7.8‰。巴音郭楞州境内各县市的人口分布，受自然条件、交通条件和开发程度的制约，在各县市间极不平衡，人口密度最大的地区是焉耆盆地的焉耆、和静、和硕、博湖四县；其次是塔里木盆地南坡的库尔勒、轮台、尉犁三县；人口分布最少的是东昆仑山—阿尔金山北坡的若羌、且末二县。

巴音郭楞蒙古自治州是以蒙古族为主体民族的多民族聚居地区。全州共有蒙、汉、维吾尔、回、哈萨克族、柯尔克孜族、藏族、土家族等 41 个民族。其中，人口总数万人以上的民族有蒙古、维吾尔族、汉、回等 4 个民族。2016 年巴音郭楞蒙古自治州总人口 126.43 万人，少数民族人口 57.45 万人，占总人口的 45.44%。其中蒙古族人口 4.99 万人，占总人口的 3.95%，占少数民族人口的 8.69%，主要分布在和静、和硕、博湖等县境内。

（5）经济概况

2016 年，全州生产总值 904.89 亿元，比 2006 年增加了 495.09 亿元，在 10 年间增长了 1.21 倍，经济发展很快。其中：第一产业增加值 199.08 亿元，占全州生产总值的 22.0%；第二产业增加值 439.99 亿元，占 48.62%，其中工业增加值 359.45 亿元，建筑业实现增加值 92 亿元；第三产业增加值 265.83 亿元，占 29.38%。三次产业结构为 22∶48.6∶29.4。2016 年，地方财政收入 95.21 亿元，固定资产投资总额 796.22 亿元，社会消费品零售总额 165.03 亿元。城镇居民人均可支配收入 28 804 元，农牧民人均纯收入 16 697 元。

农业： 巴音郭楞蒙古自治州光热充足，热量资源较丰富，非常适宜棉花、香梨、杏、红枣、蔬菜等作物的生长。北部 4 个县属焉耆盆地中温带区，非常适宜小麦、玉米、甜菜、工业番茄、色素辣椒、打瓜、酒花、孜然等作物的生长。驰名中外的名牌产品"库尔勒香梨"的主要产地就在巴州的库尔勒市，现种植面积 3.78 万公顷，产量 20 万吨。巴州还是中国优质棉花重要产区之一，已形成了 25 万吨棉花生产能力。工业用番茄红色素含量高，品质优良，是国内重要的番茄酱生产基地。2016 年全州农林牧渔业增加值 206.39 亿元。巴音郭楞蒙古自治州畜牧业历史悠久，巴音郭楞州草场类型多样，为畜牧业发展提供了良好的基础。主要草场类型有：高寒沼泽草场、高寒草原草场、高寒草甸草场、山地草甸草场等 4 个类型。2016 年末，全州牲畜存栏 498.81 万头（只）比 2002 年末牲畜头数增加了 166.08 万头（只），在 14 年间增长 49.9%。2016 年，肉类总产量 15.88 万吨。

工业：进入 21 世纪后，巴音郭楞蒙古自治州的工业飞速发展。现已形成一个以农牧业为依托，以优势产业为龙头，拥有石油化工、纺织、造纸、橡胶、食品、电力、煤炭、建材、机械等初具规模的工业及建筑、运输、商贸协调发展的综合经济体系。2016 年，巴音郭楞蒙古自治州的工业产值增加值 359.45 亿元。其中，石油工业生产产值增加值 243.0 亿元，占工业生产产值增加值的 67.6%；非石油工业生产产值增加值 116.45 亿元，占 32.4%。

2. 首府库尔勒市

库尔勒《西域图志》称"库陇勒"，由库陇勒塔格演变而来。塔格，维吾尔语意为"山"，因此库尔勒以山得名。库尔勒市位于新疆中部、天山南麓塔里木盆地东北边缘，为南疆的重镇，也是南北疆的交通枢纽，是新疆巴音郭楞蒙古自治州的首府，是全州的政治、经济、文化、交通中心。地处东经 85°12′～86°27′，北纬 41°14′～42°14′，土地总面积 7 117 平方公里。下辖 5 个街道办事处和 9 个乡以及 5 个农场。市区北距新疆维吾尔自治区首府乌鲁木齐市 471 公里。2015 年，库尔勒市户籍人口为 48.70 万人。

历史沿革：库尔勒市西汉时为渠犁国河曲地，东汉时为焉耆国所并。唐时属焉耆都督府，元明时先后隶属于察合台汗国和叶尔羌汗国。清时为"库陇勒回庄"，设三品伯克管理，属喀喇沙尔办事大臣管辖。民国六年（1917）设库尔勒县佐，属焉耆道辖。民国十九年（1930）改为设治局，属焉耆行政区。1949 年，库尔勒市总人口为 2.86 万人，其中城镇人口 5 977 人，占总人口的 20.88%。2002 年，总人口达到了 38.94 万人，城镇人口 22.76 万人。库尔勒地区属多民族聚居地区，有蒙古、维吾尔、汉、回、哈萨克等 22 个民族。2015 年，户籍人口 48.70 万人，其中少数民族人口 15.08 万人，占总人口的 30.97%。库尔勒市各民族人口中，蒙古族人口 5 000 人，占总人口的 1.03%。

经济概况：库尔勒市 2015 年生产总值 677.3 亿元，较上年增长 4.0%。第一产业增加值 44.7 亿元，占生产总值的 6.60%；第二产业增加值 506.6 亿元，占 74.80%；第三产业增加值 126 亿元，占 18.5%。三次产业比重为 6.6∶74.9∶18.5。2015 年，库尔勒市地方财政收入 56.61 亿元，公共财政预算收入 36.47 亿元。其中市本级公共财政预算收入 31.1 亿元。全年社会消费品零售总额 95.4 亿元。城镇居民人均可支配收入 25 752 元，农牧民人均纯收入 17 328.3 元。

农业：库尔勒市自然条件十分有利于农牧业生产和瓜果的生长，主要农作物有小麦、水稻、玉米、棉花、番茄、香梨等，是中国棉花生产百强县之一，是中国长绒棉生产基地和香梨生产、出口基地。2015 年库尔勒市农林牧渔业增加值 44.7 亿元。全市粮食播种面积 10.48 万亩，粮食总产量 3.19 万吨；棉花播种面积 146.73 万亩，棉花总产量 21.53 万吨；蔬菜总产量 8.08 万吨；水果总产量 43.75 万吨，其中香梨产量 40.03 万吨。畜牧业保持平稳发展。全市牲畜存栏头数 62.35 万头（只），年内牲畜出栏头数 78.65 万头（只）。

工业：库尔勒市工业已初步形成了以石油、化工、轻纺、食品、建材、造纸、电力、机械、电子、煤和橡胶等为主的门类较齐的工业生产体系。库尔勒市现有的各类工业企业接近 1 000 家。在各部门中，石油化工工业、轻纺工业、造纸工业是库尔勒市较有规模的、影响力、生产力较大的工业企业。石油化工工业是推动库尔勒市石油工业发展的主力。轻纺工业以丰富、优质的棉花资源为生产原料，也是库尔勒市具有地方特色的工业企业之一。库尔勒的纺织工业包括棉纺、丝织、针织三大类，有 6 家纺织企业，其从业人员近万人。库尔勒市境内有 4 家造纸企业，其中博斯腾造纸厂是中国西北最大的造纸企业，年生产各类纸及纸板 3 万余吨。2015 年全市实现工业增加值 445 亿元，其中石油工业完成增加值 390 亿元，非石油工业增加值 55 亿元。

全市具有资质等级的建筑企业 54 家，全年完成建筑业总产值 80.81 亿元。

旅游：库尔勒市是旅游探险的好地方。境内有许多名胜古迹、自然景观和文物。其中最有名的有：位于城北的铁门关。还有王孜千古城、托务其古城、爱力克满古城、库尔楚土墩遗址及古陶遗物等。与库尔勒相连的博斯腾湖也是欣赏、旅游观光的极佳自然风光。目前已开辟的旅游项目有"天山草原、天鹅湖、库车千佛洞、塔克拉玛干七日游""环塔克拉玛干丝绸之路十日游""天山草原游牧民俗风情游""楼兰古城探险旅游"、阿尔金山野生动物观光、狩猎旅游、西海渔村度假旅游，空中旅游等。2015 年，全市共接待国内游客 308.36 万人次，旅游收入 12.72 亿元。

城市环境：全市城市建成区绿化覆盖面积 2 914 公顷，建成区园林绿地面积 2 879 公顷，建成区绿化覆盖率和建成区绿地率分别为 40.0%和 39.52%。拥有城市公园绿地 606 公顷，人均公园绿地 14.54 平方米。2015 年，库尔勒市空气质量好于 II 级的优良天数为 244 天，占全年总天数的 66.85%。

教育与卫生：全市拥有幼儿园 63 所、小学 26 所、普通中学 45 所、中等专业学校 2 所、职业技术学院 1 所，还有电大。全市拥有医疗卫生机构 68 所，其中医院 41 所，卫生监督所 2 所，卫生院 12 个，街道卫生服务中心 9 个。全市拥有病床数 4 415 张，共有专业卫生技术人员 4 470 人。

二、博尔塔拉蒙古自治州及首府

1. 博尔塔拉蒙古自治州概况

（1）地理位置及行政区划

"博尔塔拉"为蒙古语，意为紫色平原。博尔塔拉蒙古自治州位于中国新疆西北边境，隶属新疆维吾尔自治区。西部和西北部与哈萨克斯坦共和国接壤，国境线长约380公里；东部和东北部与塔城地区相连；南部与伊犁地区毗邻。南北方向纵跨纬度1°20′14″，最宽处约125公里。全州总土地面积25 106.37平方公里。辖博乐市和精河县、温泉县、一区及农五师所属11个团场、6个镇、10个乡，国营农牧场19个。博州政府驻地在博乐市。

（2）自然地理

地貌：博尔塔拉蒙古自治州地处准噶尔盆地的西南缘。北、西、南三面绕山，南北两侧山地之间为博尔塔拉地堑谷地和艾比湖盆地，其总地势呈自西向东倾斜。根据地貌形成的特征，博州地貌可分为三个单元：山地、谷地、盆地，包括十种地貌类型，即褶皱断块山、块状隆起山、山前丘陵、冰水台地、山前洪积平原、坡积—洪积平原、冲积—洪积平原、冲积平原、湖积平原和风成地貌。山地：博州境内的山地总面积1.15万平方公里，占土地总面积的46%。山体均呈东西走向，海拔一般为2 000～4 000米。阿拉套山、空郭罗鄂博山、别珍套山和婆罗科努山的山脊及阴坡有终年积雪和冰，两山间夹着阿拉山口。谷地：博尔塔拉州谷地面积0.44万平方公里，占土地总面积的17%，境内有四大谷地，即博尔塔拉河谷地、呼苏木奇谷地、四台谷地和米里其格谷地。盆地：博州盆地面积0.92万平方公里，占土地总面积的37%，包括艾比湖盆地和赛里木湖盆地两大盆地。

气候与水文：博尔塔拉州属极端干旱的大陆性气候。本地区年平均气温由西向东随着海拔高度的降低逐渐升高。以阿拉山口地区为最高，年平均气温达8.5℃；精河城镇附近年平均气温为7.4℃；到海拔2 094米的赛里木湖畔，年平均气温为1.1℃。博尔塔拉州各地气温，7月份最高，1月份最低，呈一峰一谷型。尤其是艾比湖盆地，气温年较差在41℃以上。随着海拔高度的升高，气温年较差减少。博州各地≥0℃、≥10℃的活动积温以阿拉山口最多，多年平均分别为4 360℃和3 960℃以上。博尔塔拉州西部平原地区海拔较高，温度昼夜差异大，无霜期短，为151～163天；阿拉山口地区无霜期为最长，达195天。太阳辐射总量为5 370～5 800兆焦耳/平方米。博尔塔拉州各地全年可照时数为4 444～4 446小时，各地差异不太大。全州年降水量为90～500毫米，各地差异较大。

阿拉山口及艾比湖沿岸年降水量在100毫米左右，向西随海拔高度的升高，年降水量逐渐增多，海拔2 000米左右的赛里木湖降水量接近400毫米。博尔塔拉州各地降水量以夏季为最多。艾比湖盆地夏季降水占年降水量的36%～41%。

博尔塔拉州境内有较多的河流。这些河流由西向东或由南向北汇入艾比湖。其中调查的46条河流的多年平均总径流量为20.18亿立方米，43处山泉年径流量为0.076亿立方米。博州年径流量超过1亿立方米的河流6条，年径流量超过3亿立方米的河流2条，分别发源于温泉县和精河县境内。

全州地下水资源总量为5.89亿立方米，在平原区其储量较大，而山丘区储量较小。州境内有大小湖泊5个，其中面积在400平方公里以上的有艾比湖、赛里木湖。全州有大小冰川450条，总面积301.84平方公里。

土壤与植被： 博州土壤类型较多，灰漠土、灰棕漠土、棕钙土、栗钙土、草甸土、沼泽土、风沙土、潮土等类型均有分布。在平原区东部分布着大面积灰棕漠土，平原区西部自下而上依次分布着棕钙土和栗钙土，平原区中部分布着灰漠土，这些土壤类型的分布基本上呈水平地带性规律。在雪线以下的海拔3 500～3 200米，分布着发育极弱的原始高山草甸土；在海拔2 900～3 200米地区，土层薄，粗骨性强，分布着剖面发育较弱的高山草甸土；海拔2 400～2 900米山区分布着大面积的亚高山草甸土；在海拔1 500～2 400米的中山带主要分布着腐殖质累积量大、土体物质淋浴淀积强的黑钙土和暗栗钙土。降水较多的部分阴坡和沟谷中分布有灰褐土。上述土壤类型的分布基本上呈现垂直地带性分布规律。另外，东部的艾比湖盆地，广泛分布着盐化草甸土、盐化沼泽土、各种盐土和风沙土等。在灌溉历史悠久的洪积—冲积扇下，则自上而下有规律地分布着灌淤土、潮土、灌淤草甸上、盐化草甸土等。除在地下水藏浅的扇缘及河滩内分布着面积不多的沼泽土外，从人口密集的沿河一带向南北两侧有规律地分布着潮土、灌淤土、灌淤灰漠土（温泉县境内为灌淤棕钙土）、新垦灰漠土（温泉县境内为新垦棕钙土）等。

本地区植被以荒漠、荒漠草原为主，森林植被次之，高山地区也分布有草甸植被。境内草原植被有：草甸草原广泛分布于海拔1 900～2 200米的中山带；典型草原广泛分布于海拔1 600～2 000米的干旱地带；山地荒漠草原分布于海拔1 100～1 500米的低山区；平原荒漠草原主要分布于博乐谷地西部和北部山前洪积平原的上缘及四台谷地等地区；高寒草原分布不广，面积较小，主要集中分布于海拔2 900～3 100米的阿拉铁克等山区。荒漠植被有：平原荒漠广泛分布于博乐谷地和东部地区的冲积—洪积平原；山地草原化荒漠主要分布于东部地区海拔1 100～1 400米的低矮前山；山地荒漠主要分布于东部、中部和北部山地东段的低矮前山带，海拔为800～1 400米；平原草原化荒漠主要分布于博乐谷地北部冲积—洪积平原上缘的局部地段。除此之外，附带利用草场主要分布于东部地区的冲积—洪积平原，是供季节性转场利用而准备的各类荒漠草地。主要草甸植被有：高寒草甸，分布于海拔 2 700 米以上的高山区，是优良的夏日草场；山地草甸主要分布于东部的婆罗科努山、北部的阿拉套山南坡和赛里木湖盆地等海拔 2 100～2 600 米的中山、亚高山带；低平地草甸分布于艾比湖西、南部的广大平原，在五台、托托等地区的扇缘地带及河漫滩也有分布。高寒沼泽，集中分布于精河县南部山区的泰乌逊、阿拉铁克和夏勒尕孜等海拔 2 900～3 000 米的地区。境内的森林植被主要分布在山区和河谷地区。山地森林，主要分布在南北两侧山地海拔 1 100～2 600 米较湿润的阴坡及半阴坡；河谷林，分布于博尔塔拉河、精河、大河沿子河河谷等地的海拔 500～1 200米的河滩地上；荒漠林分布在精河绿洲以东、以北地区及博乐市以东的喀拉托别地区和东北部的阿拉山口地区，海拔高度为 189～500 米。

（3）历史沿革

约在公元前 2000 年，古老部族塞种人游牧在天山以北，包括阿尔泰山到巴尔喀什湖以东以南的广大地区。后来，月氏人、乌孙人迁居到伊犁河为中心的天山西部地区。西汉时，乌孙族在西域建立的最大的地方政权——乌孙，包括西部天山的博尔塔拉谷地。公元前 60 年，西汉在西域设置西域都护，从而乌孙所属的博尔塔拉地区进入汉朝版图。突厥部族于公元 552 年在漠北建立了突厥汗国，博尔塔拉属西突厥汗国之一部分。至公元 649 年，博尔塔拉地区归属唐朝。10 世纪，博尔塔拉地区归属喀喇王朝管辖。12 世纪，契丹族建立的西辽政权，其疆域东面包括了今博尔塔拉地区。1219 年 6 月，成吉思汗亲自率领大军越金山（今阿尔泰山），到达也儿的石河（今额尔齐斯河），经过"不剌城"即今天的博乐境内。当时博尔塔拉地区归属蒙古政权统辖。1225 年，博尔塔拉属察合台封地。14 世纪，察合台后王封地归元朝中央直接管辖。15 世纪后期，哈萨克人和柯尔克孜人曾一度占据了北疆的西部。当时在新疆的瓦剌蒙古分裂成四部，其中准噶尔部逐渐强大，蒙古民族第二次集体迁居博尔塔拉地区，成为这里的主体民族。清朝初期，准噶尔部葛尔丹取得了在新疆的最高统治权。1696 年博尔塔拉地区属由策妄阿拉布坦及其继承者统治的准噶尔管辖。公元 1757 年，清朝统一新疆，博尔塔拉属伊犁将军管辖。1763～1764 年（乾隆二十八、二十九年），清政府调宣化张家口外察哈尔蒙古族人组成的八旗官兵 1 800 户，移驻博尔塔拉、哈布塔海和赛里木湖一带。这是蒙古民族在历史上第三次集体移居博尔塔拉生活。1913 年建精河县，1920 年建博乐塔拉县（后称博乐县），1942 年建温泉县。至此，博尔塔拉形成三县建制，隶属伊犁行政长公署管辖。1954 年 7 月博尔塔拉蒙古族自治区成立，1955 年改称为博尔塔拉蒙古自治州，首府设在博乐市。

（4）人口与民族

博尔塔拉自治州是一个以蒙古族为主体民族的多民族聚居地区。全州共有汉、蒙、维吾尔、回、哈萨克、柯尔克孜、锡伯、俄罗斯、满、塔塔尔、塔吉克、乌孜别克、达斡尔族等 30 多个民族。2002 年全州总人口为 42.43 万人，其中少数民族人口 13.85 万人，占总人口的 32%。蒙古族人口 2.62 万人，占总人口的 6.13%，占少数民族人口的 19.2%，主要分布在博乐市和温泉县。2018 年末全州总人口（常住户口人口数）47.85 万人。

（5）经济概况

2016 年全州地区生产总值 277.19 亿元。其中，地方生产总值 234.53 亿元，增长 13.6%。第一产业增加值 44.93 亿元，占地方生产总值的 19.1%；第二产业增加值 71.93 亿元，占地方生产总值的 30.7%；第三产业增加值 117.67 亿元，占地方生产总值的 50.2%。全州人均生产总值 57 913 元，以当年平均汇率折算，约合 8 592 美元。博尔塔拉蒙古自治州的经济得到飞速发展，经济实力有很大提升。城镇居民人均可支配收入 27 019 元，农牧民人均纯收入 13 191 元。

农业：博尔塔拉州独特的自然地理位置，为发展农业生产提供了良好的基础和条件，已发展成为新疆重要的农业州市之一。全州栽培的主要粮、棉、油、糖作物品种有 39 个。粮食作物以小麦为主，也种植玉米、水稻等。博尔塔拉州主要经济作物有棉花、油料、甜菜、葡萄等。棉花主产区分布在博乐市区以东，三河下游艾比湖盆地，是优质棉区。甜菜的主产区在博乐市区以西和农五师 90 团场。博乐市区以东具有发展瓜果、蔬菜的有利条件，因此也是葡萄、苹果的主产区。2016 全年农作物总播种面积 18.65 万公顷。其中，粮食作物种植面积 6.22 万公顷，棉花种植面积 9.02 万公顷。全年粮食产量 68.25 万吨。其中，小麦产量 9.15 万吨，玉米产量 58.92 万吨，棉花产量 18.63 万吨，枸杞产量 3.03 万吨，油料产量 2.18 万吨。

畜牧业是博尔塔拉地区最早的传统产业，也是基础产业之一。从地域分布看，温泉县是自治州的牧业县。博尔塔拉州的牲畜优良品种多。2016 年末牲畜存栏头数 126.36 万头（只）。其中，羊存栏 109.69 万只，牛存栏 9.07 万头，猪存栏 5.37 万头。牲畜出栏 89.3 万头（只）。

工业：博尔塔拉州工业发展较快，大体经历了起步、创建、发展等三个发展阶段，已形成电力、盐化工、纺织、食品、建材、塑料、饮料、饲料、医药、皮革皮毛、机械、造纸等二十几个门类的工业体系。博尔塔拉州工业结构属轻型结构，以农产品为原料的轻工业居主导地位，重工业以采掘、原料与制造业为主。其工业企业规模结构均属小型企业。从博尔塔拉州工业布局看，工业企业集中分布在博乐和精河地区。2016 年地方规模以上工业增加值 30.92 亿元。

2. 博尔塔拉蒙古自治州首府博乐市

博乐市"博乐"是"博乐塔拉"名称的缩写。博尔塔拉蒙古自治州首府，建设兵团农五师师部所在地，是全州政治、经济、文化中心。博乐市市域地处东经80°39′～82°44′，北纬44°20′～45°23′，位于新疆维吾尔自治区西北部，天山西段北麓，准噶尔盆地西南部，北以阿拉套山为分水岭与哈萨克斯坦共和国接壤。边境线长150公里，是闻名世界的亚欧大陆桥的西桥头堡。市辖五个乡镇和两个国营农牧场及建设兵团农五师的六个农业团场，还拥有中国国家一级开放口岸——阿拉山口口岸。市域土地总面积7956平方公里。

1920年，由精河县析出设博乐塔拉县，该年11月在县城设大营盘（今博乐城），归属伊犁道管辖。1946年，将温泉县并入博乐县。1950年2月成立博尔塔拉蒙古自治区（1955年2月改为自治州），博乐县归属其所辖。1985年9月正式宣布撤销博乐县，建立博乐市（县级市）。

人口与民族： 2013年末，博乐市（含兵团、山口）总人口27.13万人。博乐市是蒙古族、维吾尔族、汉族、回族、哈萨克族等20多个民族聚居的民族自治地区。2002年，蒙古族人口1.15万人，占总人口的5.03%。

经济： 博乐市是半农半牧的经济类型区。2016年全年，博乐市（不含阿拉山口）地方生产总值104.17亿元。其中，第一产业18.12亿元，第二产业35.91亿元，第三产业50.13亿元。人均地方生产总值60 603元。

农业： 农牧业在博乐市经济中占主导地位。农作物以粮食、棉花、油料为主，与糖料、果菜、烤烟等一起成为全市主要农产品。一个以棉花为龙头的种植、加工、养殖、出口创汇农业格局已初步形成，走出了一条产供销一条龙、贸工农一体化的农业产业化的路子，农业各部门取得了长足的发展。2016年全年农林牧渔业总产值31.18亿元。其中：种植业产值22.19亿元，牧业产值7.15亿元，农作物总播种面积94.2万亩。全年粮食总产量32.11万吨，棉花6.18万吨，甜菜1.19万吨，蔬菜产量5万吨。2016年末牲畜存栏40.26万头（只），牲畜出栏31.54万头（只）。肉类总产量12 255吨。绵羊毛产量943吨，山羊毛产量42吨，山羊绒产量8 039公斤。

工业： 1949年以前博乐市工业几乎是空白。经过七十多年的建设，已初步形成为包括手工业、农副产品加工、机械工业、建筑建材业、酿酒业、电力工业、采掘业、农药塑料工业、编织工业等部门的、门类较齐全的地方工业体系。2016年博乐市规模以上工业企业累计完成工业增加值12.8亿元。其中：轻工业实现增加值2.46亿元，重工业企业完成增加值10.34亿元。供热总量183.6万吉焦，发电量19 526万千瓦时等。

交通运输： 博乐地处古丝绸之路的枢纽地段，有名的阿拉山口是东西交通的要冲，博尔塔拉河谷又是连接塔城与伊犁的主要转运场所。目前市境内主要公路干线有：省道博乐—五台、博乐—温泉公路；边防公路博乐—阿拉山口、乌图布拉格—铁列克特公路、台尔布拉格—玉科克公路、博乐—赛里克公路、库克他乌公路和博乐—江巴斯公路等；还有博乐—伊犁、博乐—乌市公路等和团场专用公路及十几条县乡公路。

市政设施：2012年全年供应自来水648万立方米。现有供热面积404.5万平方米，供热量128万吉焦。全年天然气供应民用1.64万户（含农五师），562.45万方；车用1 044.55万方。罐装液化气供应6.8万人，供应量702吨。电力供应117 540万千瓦时。供水普及率、垃圾无害化处理率、污水处理率、集中供热普及率分别达到99.15%、100%、80%和41%。新建改建了中心广场、滨河公园、人民公园、西部文化广场、赛马场、博尔塔拉纪念园、博物馆、体育馆。亚中商城、商业步行街、东风商厦、家和精品街、铜锣湾中盛百货、西郊客运综合市场相继投入使用。房地产开发建设住宅楼30余万平方米。

文化、体育、教育、卫生：各类文化经营场所223家，其中：游艺娱乐场所16家，歌舞娱乐场所21家，网络工作室40家（实际市区26家、乡镇6家，其中8家拟报停），图书报刊零售出租店40家，音像制品出租店22家等。

博乐市共有学校21所，其中归属于博尔塔拉蒙古自治州下属的学校有：实验中学、广播电视大学、蒙古中学、卫校、技工学校。归属于博乐市下属的学校有：华中师大一附中分校、中学7所。

卫生机构287个，床位1 134张，卫生机构在岗职工2 089人，其中卫生技术人员2 089人。

旅游：博乐市人文旅游资源和自然风光丰富独特，被誉为"西来之异境，世外之灵壤"。博乐境内有新疆海拔最高、面积最大的高山湖泊——国家级风景名胜区赛里木湖。境内有山水清秀、气候宜人的避暑胜地——国家级森林公园哈日图热格；有以奇石闻名的亚洲最大怪石群落——省级风景名胜区怪石峪；有山深林幽、风景如画的夏尔希里自然保护区；有堪称动植物乐园的亚洲最大的白梭梭自然保护区——甘家湖湿地；世界罕见的与恐龙同时代的活化石——新疆北鲵；守望国门的红色旅游胜地——阿拉山口第一哨；有省级文物保护单位——达勒特古城遗址；有集休闲、娱乐、购物、餐饮为一体的综合性活动场所——商业步行街；有集博五公路绿色长廊、滨河公园、人民公园、赛马场为一体，体现自力更生、艰苦奋斗的博乐精神AAA级风景区——博尔塔拉生态旅游景区；城区内还有民族文化色彩浓厚的西部文化广场和博尔塔拉纪念园。2012年接待旅游91.4万人次，旅游收入2.07亿元。

三、海西蒙古族藏族自治州及首府

1. 海西蒙古族藏族自治州概况

（1）地理位置与行政区划

海西蒙古族藏族自治州（简称海西州）因地处青海湖以西而得名。位于青藏高原的北部，青海省的西部，隶属青海省。地理坐标位于东经 96°06′～99°42′，北纬 35°01′～39°20′。北与甘肃省酒泉地区相连。从木里达坂山东段与海北藏族自治州相邻；从青海南山中段的巴音山经茶卡盆地东端至鄂拉山，与青海省海南藏族自治州相接；南自鄂拉山南段经布青山、巴颜喀拉山和布喀达坂山与青海省果洛藏族自治州及玉树藏族自治州分界。西部自布哈茫乃峰经尕斯山、尕斯口接阿尔金山，与新疆维吾尔自治区巴音郭楞蒙古族自治州接壤。全州东西长 837 公里，南北宽 486 公里，总面积为 32.58 万平方公里，占青海省总面积的 45.17%。2016 年，海西州总人口 51.26 万人，人口密度 1.57 人/平方公里。下辖德令哈、格尔木 2 个地级市，都兰、乌兰、天峻 3 县，茫崖、冷湖、大柴旦 3 个行政委员会，共 43 个乡镇、3 个街道办事处，州府驻地为德令哈市。

（2）自然地理

地貌：全州地势昆仑山、阿尔金山、祁连山环抱四周，形成柴达木盆地为主体的中部盆地区，唐古拉山横跨于海西州西南隅。全州平均海拔 4 000 米，境内最高点位于东昆仑山布喀茫乃峰，海拔 6 860 米；最低点位于柴达木盆地中部的达布逊湖南缘，海拔 2 675 米。柴达木盆地是中国海拔最高的封闭型内陆盆地，盆底海拔为 2 675～3 200 米，盆地东西长 800 公里，南北宽约 350 公里，面积为 25.66 万平方公里，占全州总面积的 78.76%。四周高山海拔 3 500～4 500 米。海西州地势呈西北高，东南低。盆地从边缘至中心依次为高山、丘陵、戈壁、平原、湖沼五个地貌类型，呈环带状分布，发育成各具特色的地貌区域。境内有四大山脉，即阿尔金山、祁连山、昆仑山和唐古拉山，其中除阿尔金山脉外的其他三大山脉及其山系支脉都呈北西西—南东东走向，构成海西州山地与山原地形的基本骨架。而且横跨于柴达木盆地的一系列独立山体、山间盆地和谷地也呈同样东西走向、纬向排列。海西州地貌复杂多样、垂直分异明显。垂直方向上分异为：四周为极高山、高山、山原和山间谷地，中间为高原盆地，即柴达木盆地、茶卡盆地和青海湖盆地。而在柴达木盆地中又有次一级的盆地，如尕斯湖盆地、马海盆地、苏干湖盆地、柴旦盆地、德令哈盆地、蓄集盆地、希里沟盆地、察汗乌苏盆地等。在高山和盆地的过渡带上为中低山丘陵地。各地貌类型也有明显的垂直分异规律性，在极高山和高山带，以冰川和冰缘作用及冻胀和冻融作用为主，发育冰川冻土地貌；海拔 4 000 米以下的中山丘陵带，受盆地干旱气候影响，干燥作用十分强烈，发育为干燥剥蚀山地貌；在高原面以下流水作用明显，发育为河流谷地等侵蚀地貌和洪积扇、洪积平原等流水堆积地貌；在柴达木盆地各湖泊周围，广泛发育有湖盆地貌；风蚀风积地貌广泛分布于海西州西部地区，成为海西州乃至青海省最大的"雅丹"地貌区。另外喀斯特地貌、黄土地貌和湖岸地貌亦有零散分布。根据内外营力作用、发育情况和地貌特征，海西州地貌可划分为3大地貌区：①阿尔金—祁连高山山原大区，包括东阿尔金高山区和祁连山高山山原宽谷区；②柴达木—青海湖盆地大区，包括柴达木盆地区、天峻鄂拉山高山区、青海湖—茶卡盆地区；③青海南部高原大区，包括昆仑山极高山高山山原区、长江源高海拔平原区和唐古拉高山极高山区。

气候与水文：海西属典型的高寒干燥大陆性气候，具有高寒缺氧、空气干燥、少雨多风高原气候的特点。年平均降水量 16.7～487.7 毫米。在地域分布上州内山地降水多于盆地，迎风的北部山区多于背风的南部山区，以水汽通道偏东的缘故，东部地区又多于西部地区。在年内分配上，5～9月份的降水量占全年降水量的82%～94%，其余月份降水极少，尤以11月到翌年3月更少。年平均蒸发量1 353.9～3 526.1毫米。全州年平均气温–5.6℃～–5.2℃，气温的地区差异呈现中间高四周低，南部高北部低的分布特征。1月份盆地平均气温–9.8℃～–13.9℃，山区为–14.7℃～–17.2℃，以大柴旦和木里为最低。7月份盆地平均气温13.6℃～19.2℃，山区为5.6℃～10.4℃，以察尔汗和天峻为最高。盆地平均气温年较差25.2℃～30℃，山地为22.8℃～25.1℃。南部山区极端最高气温24.7℃，极端最低气温–45.2℃；盆地极端最高气温35.3℃，极端最低气温–34.3℃；北部山区极端最高气温19.5℃，极端最低气温–35.8℃。年平均日照时数在3 000小时以上，阳光辐射量达628.9～741.3千卡/平方厘米。境内大风日数多，西部地区8级以上大风日数年均114～117天，东部地区在79～86天，中部较少，亦在30～53天。区域内无霜期为78～131天，海拔3 600米以上地区，无绝对无霜期。海西州内形成了两个气候区，即柴达木盆地干旱荒漠气候区和盆地四周山地高寒气候区。

海西地区河流分属内流区和外流区。内流区为：柴达木内陆水系、祁连山内陆水系、可可西里内陆水系。外流区为江河外流水系。其中柴达木内陆水系为全州河流主要分布区，有那棱郭勒河、格尔木河、柴达木河、哈勒腾河、巴音河、诺木洪河、察汗乌苏河、鱼卡河、喀克图河、呼伦河、乌图美仁河等40多条河；祁连山内陆水系包括茶卡水系、哈拉湖水系、青海湖水系和疏勒—党河水系等四个小水系；可可西里内陆水系，以唐古拉山地区西北隅的乌兰乌拉湖为中心，由50多条大小河流组成，形成若干个水系闭流的小盆地。外流水系主要有黄河流域支流大通河源水系和长江流域通天河江源水系。全州大小河流160多条，多属地下水补给型，其次为冰雪融水补给型和雪雨水补给型，河流年径流总量为 107.839 亿立方米。海西州湖泊众多，广泛分布于各地，大于 1 平方公里的天然湖泊共 42 个。在祁连山、昆仑山、阿尔金山、唐古拉山等高山地带，广泛分布有现代冰川，形成天然的巨大"高山固体水库"。海西州地下水较丰富，但盆地边缘山区地下水贫乏，昆仑山前及东部为地下水富集区。

土壤与植被：海西州土壤呈现出水平分布规律、垂直分布规律和多中心环状带分布规律。境内地带性土壤有：栗钙土，主要分布于东部天峻海拔 3 400 米以下地区；棕钙土，主要分布于盆区东部的德令哈到香日德一线以东的洪积扇区；灰棕漠土，主要分布于德令哈到香日德一线以西至格尔木到冷湖一线以东的洪积扇区，其中石膏灰棕漠土、石膏盐盘灰棕漠土主要分布于塔尔丁到冷湖一线以西的山前洪积扇区，地带性土壤呈经向分布规律。山地土壤有：针叶林灰褐土，分布于祁连山山地中的乌兰到德令哈一线以西海拔 4 050 米以下地区和昆仑山南部和东部的 4 000 米以下地区，相间分布着山地草原化草甸土和灌丛草甸土；高山草原化草甸土，乌兰到德令哈一线以东的祁连山高山带和察汗乌苏到香日德一线海拔 4 000 米以上的高山地区；高山栗钙土，分布于德令哈以西祁连山中西部的高山地区和昆仑山的香日德以西地区以及唐古拉山的西北部；高山淡栗钙土和高山棕钙土分布于高山草原土的西部；高山草甸土，分布于沱沱河以西的唐古拉山高山区。柴达木盆地土壤大体上呈环状分带的多中心分布特征，其外环是灰棕漠土，中环为自上而下沙粒由粗变细的灰漠土，内环为粉沙质地的草甸盐土和草甸沼泽土。隐域性土壤有：盐土，分布于柴达木盆地海拔 2 800 米以下的大面积新老湖积区和唐古拉山高山草原土带的湖泊河流两侧；沼泽土，多分布在微咸水湖周围和扇缘淡水溢出带，柴达木盆地的环湖沼泽土多半演变成盐土，高山草甸土带因受潜流和冰冻层的影响，广泛分布着泥炭沼泽土和草甸沼泽土或二者均有的复合区；风沙土、粗骨土和石质土，风沙土大面积分布于柴达木盆地的西部以及盆地东部的山间小盆地和山坳地区，南部沿诺木洪至格尔木及北部沿党金山口芒崖石棉矿一线的山地连续分布着粗骨土和石质土。

海西州的植被类型在空间分布上，自东向西呈经向分异规律和自下而上呈垂直分异规律，形成了差异明显的不同植被类型区。主要有：①柴达木盆地东部荒漠草原植被区。是柴达木盆地植被种类最丰富的植被区，优势的建群种有短花针茅、芨芨草、沙生针茅等，草层高 10～30 厘米，覆盖度一般在 30%甚至 50%以上，产草量较高；②柴达木盆地南部荒漠植被区；③柴达木盆地北部中低山山间盆地荒漠植被区；④柴达木盆地周围高山草甸、高寒荒漠草原植被区；⑤祁连山中段三河源头哈拉湖盆区沼泽、草甸植被区；⑥祁连山山地草原荒漠植被区；⑦长江源唐古拉山草甸、高寒草原植被区。

（3）历史沿革

海西州历史悠久，古为西羌地。元代，海西州西北地区为甘肃行省沙州路辖区，其余大部分地区为宣政院所属吐蕃等处宣慰司辖区。蒙古族从元代起开始进入柴达木，明末固始汗率和硕特部进入海西。雍正二年，清政府划青海蒙古族为8部29旗，其中8旗驻牧于海西。明初（1512年）东蒙古诸部开始进入青海，而且漠南土默特等部和漠北喀尔喀土谢图汗部等蒙古族先后移牧青海。1637年居住在新疆的卫拉特蒙古和硕特部进入青海。1658年藏族王什代海部落迁入今天峻县境内，当地蒙古部族北迁祁连山地区。光绪年间藏族两个百户部落迁入今都兰县境内落居。民国时期新疆的部分哈萨克人先后迁入海西地区。还有一部分藏族是从青海省东部一带迁来的。民国元年隶属青海办事长官，1930年隶属青海省，1949年以后成立都兰县人民政府，辖今海西全境。海西蒙古族藏族自治州建于1954年1月25日，当时称为海西蒙古族哈萨克族自治区，1955年改为自治州。1984年5月，根据青、新两省（区）座谈会议纪要，州内哈萨克族群众全部迁回新疆，国务院遂于1985年4月24日批复，将海西州更名为海西蒙古族藏族自治州。

（4）人口与民族

据统计年鉴，2000年海西州总人口为36.91万人，和1949年的1.60万人相比近50年约增加了20倍。2010年末，海西常住人口为48.93万人，与2000年第五次人口普查相比，十年共增加了12.02万人。2016年末全州常住人口51.26万人。其中，汉族人口27.36万人，蒙古族2.71万人，占全州户籍人口的6.70%；藏族5.26万人，占13.01%。

海西州是一个多民族聚居的地区。全州共有汉、蒙、藏、回、维吾尔、苗、壮、土、撒拉等30多个民族。蒙古族人口集中分布在乌兰县、德令哈市、都兰县、格尔木市和芒崖镇的尕斯等地。藏族人口的99.1%分布于天峻县、格尔木市和都兰县的部分地区。

（5）经济概况

1950年工农牧业总产值仅有567万元，其中工业产值几乎是空白。50年代初开始，国家在海西州相继建成了石油、石棉、煤炭、电力、盐业、建筑、运输、汽车修理、粮油加工、畜产品加工等工矿企业。经过60多年的建设与发展，2016年，全年全州地区生产总值达486.96亿元。其中，第一产业28.09亿元，占全州地区生产总值的5.8%；第二产业326.67亿元，占67.1%；第三产业132.2亿元，占27.1%。人均生产总值达95 314元。全州全体居民人均可支配收入23 263元，其中城市居民人均可支配收入27 720元，农牧民人均纯收入11 539元。

农业： 2016年全州农林牧渔业增加值28.5亿元。其中：种植业16.2亿元，占全州农林牧渔业增加值的56.84%；牧业10.4亿元，占36.49%。

2016年农作物播种面积5.36万公顷。粮食产量9.27万吨。其中，小麦产量3.27万吨，青稞产量2.56万吨，豆类产量741吨，马铃薯产量2.96万吨。油料产量7 444吨，枸杞产量6.49万吨。全州耕地主要分布于自治州东南部和东部，有昆仑山与祁连山的山间盆地和谷地及柴达木盆地等，海拔一般在 3 000 米以下地区。目前已形成希里沟、德令哈、察汗乌苏、香日德、诺木洪、格尔木等绿洲农业基地。

海西地区畜牧业历史悠久。海西州草场类型多种多样，为畜牧业的发展提供了良好的自然基础。1949 年，大小牲畜 48 万头（只）。经过 60 多年的发展和建设，目前正向着专业化、商品化和现代化方向推广。2016 年年末全州草食畜存栏 263.3 万头（只）。其中，牛 15 万头（只），羊 243.7 万头（只）。牲畜出栏 122.6 万头（只），出栏率为 47.96%。年末牲畜能繁母畜为 159.2 万头（只），母畜比例为 60.47%。

2016 年末全州猪存栏 6 万头，猪出栏 8.7 万头，出栏率为 164.38%。肉类总量 3.41 万吨。

工业：1949 年后，重点开发了柴达木盆地，发现矿产资源 84 种，为工业的发展提供了优越的条件。在此基础上重点发展了盐湖、化工、石油、电力、煤炭、金属采矿业和制造业，工业生产得到了较快的增长。目前形成了以电力、石油、天然气和煤炭开采为主的能源工业；以盐湖开发为主的盐化工业；以有色金属和石棉等矿产品采掘为主的冶金采选业和建材业；以农畜产品为原料的加工工业等四大工业格局。并逐步建成了三大具有地区特色的工业基地，即西部石油工业基地，东部的以农牧产品加工为主的轻工业基地以及东部和南部的盐化工和石油加工基地。

2016 年全州规模以上工业增加值 271.2 亿元。其中，州属规模以上工业增加值 110 亿元，中央省属企业增加值 161.2 亿元。2016 年全州规模以上工业企业产销率为 87.55%，主营业务收入 461.5 亿，利润 50.8 亿元，税金总额 70.1 亿元。

石油天然气工业是海西州的支柱产业之一，也是具有巨大发展潜力的产业之一。主要油气田有 19 个，炼油厂有 6 个。2016 年石油和天然气开采业产值 64.25 亿元，占全州规模以上工业增加值的 23.69%。盐湖化工业也是海西州的支柱产业之一。柴达木盆地盐湖资源十分丰富，具有储量大、品位高、类型全、资源组合好、多种有用组分共生等特点。共有盐湖 35 个，已发现大小矿床、点和矿化点 61 处，主要矿种 13 种。2016 年，盐湖采业产值 78.68 亿元，占全州规模以上工业增加值的 29.01%。海西境内的有色金属资源丰富，已发现有 20 多种金属，集中分布在盆地东缘和南缘。著名的锡铁山铅矿是一大型铅锌矿。建筑建材工业产品主要有水泥、石棉、砖瓦、石灰、大理石、石料等。主要建材企业有海西水泥厂、芒崖石棉矿、格尔木灰砂砖厂和石灰厂等。主要机械制造企业有海西州通用机械厂、都兰、天峻、乌兰县和格尔木农机厂、格尔木昆仑机械厂等。2016 年有色金属开采、建材业和制造业及采矿辅助业产值 19.03 亿元，占全州规模以上工业增加值的 7.02%。煤炭工业是海西州的传统产业之一。境内有两大含煤区，即柴达木含煤区和昆仑山含煤区。2016 年，煤炭开采和洗选业产值 7.73 亿元，占全州规模以上工业增加值的 2.85%。海西农畜产品加工业历史悠久，较有名的有天峻县皮毛加工厂、都兰县皮革厂、格尔木皮毛加工厂和天峻县洗毛厂等。2016年，农畜产品加工业产值5.64亿元，占全州规模以上工业增加值的2.08%。2016年石油加工、炼焦和核燃料加工业产值51.48亿元，占全州规模以上工业增加值的18.98%；金属冶炼和延压加工业产值9.81亿元，占3.62%；电力、热力生产和供应业产值28.36亿元，占10.46%。

2. 海西蒙古族藏族自治州首府德令哈市

德令哈市隶属青海省海西蒙古族藏族自治州。"德令哈"系蒙古语，来源于原柯鲁沟旗中心寺——阿拉腾德令哈寺的名称，含义为"金色的世界"，是青海省海西蒙古族藏族自治州的首府，也是全州政治、经济、文化科技中心。它位于柴达木盆地东北边缘，地跨东经约95°40′~98°10′、北纬约36°65′~39°10′。东与天峻、乌兰县相邻，西与大柴旦镇接壤，北与甘肃省肃北蒙古族自治县毗邻，南与都兰县相连。市域总面积为32 401平方公里，其中市区面积25平方公里。辖区还有德令哈、尕海、怀头他拉、巴音河4个州属国有农场。2013年总人口为近10万人，其中少数民族人口占23.15%。

德令哈地区曾经是游牧部落西羌的活动中心，秦朝时称为"临洮边外地"或羌中地。德令哈地区真正成为独立行政单元是1955年7月23日中共中央批准设立德令哈工作委员会（驻巴音河，今德令哈），1958年4月8日撤销德令哈工作委员会，设立德令哈县。1962年10月20日撤销德令哈县，其辖区并入乌兰县。1963年3月设德令哈区公所，为乌兰县人委派出机构，管辖蓄积、郭里木、宗务隆、戈壁、怀头他拉5个公社。1973年3月19日成立州直属德令哈城关区，1983年10月12日，改设为德令哈镇。1988年4月17日撤销德令哈镇和乌兰县德令哈区公所，设立德令哈市。

人口与民族：德令哈市是以蒙古族为主体民族，有藏族、回族、撒拉族、土族、汉族等20个民族组成的多民族聚居区。截止到2012年，全市总人口近10万人，常住人口为6.84万人，其中少数民族人口为17 659人，占总人口的26%。在少数民族人口中，蒙古族人口为7 232人，占少数民族总人口的41%；藏族人口为4 093人，占少数民族总人口的23%；其他少数民族人口为6 334人。

经济：德令哈市经济以工业为主，以农业、畜牧业为基础。2016年地区生产总值62.1亿元。其中，第一产业增加值5.4亿元，第二产业增加值29.1亿元，第三产业增加值27.6亿元。城镇、农村常住居民人均可支配收入27 797元和12 256元。

农业：从20世纪50年代中期开始，来自中国各地的移民，垦荒造田，兴修水利，植树造林，扩营绿洲，建立起青海省最大的国有农场，农场耕地面积达1.33万公顷，生产小麦1万吨，油料100吨，使德令哈盆地成为青海重要的粮食生产基地。德令哈盆地较大规模绿洲农业的兴起，推动了该地区农村牧区经济的全面发展。经济结构由基本单一的游牧业发展成为包括农、牧、林、副、渔齐发展的大农业，自给自足的自给型农业开始向商品型农业转变。2013年，德令哈市农作物播种面积0.93万公顷，种植枸杞0.62万公顷。母犏牛存栏4 415头、柴达木福牛存栏420头。新建日光节能温室1 166栋，种植果蔬5 352亩，蔬菜自给率达42%。新建畜用暖棚400多栋，各类牲畜存栏26.2万头（只），出栏13.1万头（只），商品率达43.8%。

工业：德令哈市的工业起步于20世纪50年代中期，兴建了一批小型磨坊、油坊、毡房、煤窑、砖瓦窑、石灰窑、木工、铁工作坊等生产项目。目前，德令哈市已经拥有包括盐化、化工、电力、煤炭、制氧、建材、非金属矿采选、食品、纺织、皮革、缝纫、家具、塑料、机械等20余个行业在内的工业企业36家，年销售收入500万元以上的非国有工业企业18个，初步形成了一个门类较为齐全，以全民小型企业为主，中型企业为骨干的工业体系。2013年，续建的10万吨高纯氢氧化镁、10万吨金属硅一期等8个项目已建成投产，全国首家10兆瓦光热发电项目100兆瓦光伏发电等6个项目，光伏发电装机容量120兆瓦、风力发电装机容量49.5兆瓦、300兆瓦晶体硅太阳能垂直一体化等4个重点项目建成项目，光伏发电量达3.6亿千瓦时。

交通运输：境内公路里程420公里，铁路里程313公里。青藏铁路、青新公路这两条交通大动脉，呈平行状态，从德令哈境内的南部通过，又有省级德都公路把青新公路和遥遥相对的青藏公路连接起来。德令哈市已成为青海至西藏、青海至新疆、青海至河西走廊的交通网络上的一个重要枢纽。

旅游：德令哈境内的阿勒腾德令哈寺始建于1909年，为信仰藏传佛教群众的宗教活动重要场所。还有位于市北部的柏树山，古柏参天，瀑布飞悬，市南的克鲁克湖和托素湖一咸一淡水域相通，人称"褡琏湖"，均为游览胜地。2013年内共接待游客113.6万人（次），旅游收入4.5亿元。

市政设施：现有城镇人口6.84万人，年流动人口达2.5万人。城市基础设施建设已初具规模，城区建成面积达到20多平方公里，有主干道13条，总长44公里；城区房屋建筑面积达100多万平方米，绿地覆盖率为8%。电站总装机17 245千瓦，年发电量为3 000万度以上，最高发电负荷为11 000千瓦。青海东部大电网的东电西送工程已进入德令哈市城区，有稳定而丰富的电力供应。

第四节 俄罗斯蒙古民族聚居区

一、布里亚特共和国及首都

1. 布里亚特共和国概况

（1）地理位置

布里亚特共和国位于东经 98°40′～116°55′，北纬 49°55′～57°15′，地处贝加尔湖东部山地，南邻蒙古国，西邻俄罗斯图瓦共和国，北部、西北部与俄罗斯伊尔库茨克州接壤，东邻俄罗斯外贝加尔边疆区。位于西伯利亚地区与远东地区间具有承东启西的重要位置。共和国土地总面积 35.13 万平方公里（图 13-6）。

图 13-6 布里亚特共和国

资料来源：宝音主编，《蒙古学百科全书·地理》

（2）历史沿革与政区

布里亚特原代称不里牙惕，从种族上是厄鲁特蒙古人近支，原游牧于外贝加尔地区，后来向北发展到叶尼塞河与勒拿河之间地区。1631年，俄人到达叶尼塞河支流通古斯卡河上游，立即与布里亚特人发生冲突。经过25年的战争，布里亚特人被完全压服，才臣服于沙俄。但其中一部分向南移入喀尔喀领地。另外一部分投向中国，被赐名巴尔虎人，编入八旗，并安置在呼伦贝尔地区。

布里亚特自治共和国成立于1923年5月30日，全称为布里亚特蒙古苏维埃社会主义自治共和国。1958年改称布里亚特苏维埃社会主义自治共和国，隶属于苏联的俄罗斯苏维埃联邦社会主义共和国。苏联解体后，1992年，改国名为布里亚特共和国，隶属俄罗斯联邦。共和国首都在乌兰乌德市。布里亚特共和国下辖行政机关和单位有21个区、城市6个、城镇29个、村庄611个。

（3）人口与民族

1970年时，共和国有81.22万人，至1993年时总人口105.66万人。而1993年之后，人口总数呈下降趋势。至2002年时总人口减少到98.124万人。总人口数持续下降，主要由人口迁移机械变动所造成。布里亚特共和国有布里亚特蒙古、俄罗斯、乌克兰、犹太、鞑靼、鄂温克、白俄罗斯等多民族人口生活在共和国境内。2002年，总人口中布里亚特蒙古人占27.8%，俄罗斯人占67.8%。2010年，布里亚特共和国总人口97.15万人，人口密度为2.7人/平方公里。

（4）自然地理环境概况

布里亚特共和国地貌以山地为主。海拔为456～3 491米，最高点在东萨彦岭的孟和萨利达格山，最低点为贝加尔湖湖面。主要山脉及其间盆地走向呈北南、西北—东南方向。本国地形可分三个区：萨彦岭—贝加尔—斯塔诺高原地区、色楞格中低山地区和维季姆低山丘陵地区。

布里亚特共和国属典型的温带大陆性气候，冬季长且寒冷，无风少雪，夏季短而温暖。全国年平均气温低于0℃，呈由中、东南部向西南、西北递减的规律。夏季气温为14℃～22℃，其中最热月7月份平均气温为17℃；冬季气温为–18℃～28℃，其中最冷月1月份平均气温为–24℃。平均年降水量为300毫米，由于地形复杂，全国降水量地区差异大，总分布特征为山区多平原少，迎风坡多，背风坡少。卡梅尔岭、巴尔古津山北坡和西北坡降水量最丰富，年降水量达1 000～1 400毫米，而山间盆地和色楞格河谷地，年降水量仅为200～300毫米。无霜期约为90～155天。早霜冻一般在8月下旬来临。

共和国境内属三大水系，即贝加尔湖水系、勒拿河水系和安加拉河水系，共有2万多条大小河流，其中90%以上的河流为总流程小于10公里的短小河流。境内所有河流总长达 12.5 万公里。最大的为色楞格河，其总流程 1024 公里，注入贝加尔湖。色楞格河其境内约为 282 公里长。属于贝加尔湖水系的另一个主要河流是巴尔古津河。勒拿河水系，包括共和国北部、东北部的玛玛河、维季姆河和楚雅河。除贝加尔湖之外，布里亚特共和国境内还有 3.4 万个大小湖泊，多数湖泊为淡水湖。贝加尔湖是亚欧大陆最大的淡水湖，面积为 31 500 平方公里，也是世界上第七大湖泊和世界上最深的湖泊，最大深度为 1 637 米。

布里亚特境内的土壤，根据其特性可分为高山森林土、山地森林土、草原土和草甸土四大类型。高山草甸土，面积较小，主要分布于高山针叶林带以上的山梁、山脊上。山地森林土以寒带山地泰加林土和灰色森林土为主，广泛分布于泰加林中、上部的永久冻土层一带。泰加林棕色针叶林土集中分布在卡梅尔岭北坡有高草地冷杉、西伯利亚松深棕色针叶林区，以及有冷杉、西伯利亚松的地区。泰加林生草土，大面积明显分布在共和国南部大陆性气候区的以落叶松、西伯利亚油松为主的季节性冻土带。森林生草灰化土，主要分布在共和南部大部分地区，在混交的疏林草原带。草原土壤以黑钙土和栗钙土为主，广泛分布在色楞格中低山区。其中，栗钙土分布面积最广，主要分布于平原草原地区。黑钙土，主要分布在森林草原区和典型草原区。而在山间盆地的低洼处、河谷、湖泊周围，斑状分布着草甸土、沼泽化草甸土和草甸化沼泽土、泥炭沼泽土等。

共和国境内的植被类型以森林植被为主，其分布面积较广，占共和国总土地的 64.2%。草原、高山草甸、沼泽植被景观也占有一定的比例。草原植被大面积分布在共和国南部的恰克图区和伊尔库特河河谷等地，海拔 1 100～1 200 米的地区，并且零星分布于共和国北部、巴尔古津盆地、山地阳坡地带。草原植被中有山地草原植被、典型草原植被和草甸草原植被。其中山地草原植被的分布最广，典型草原植被广泛分布在海拔 750 米以下的平原和丘陵地区。目前，大面积的草甸草原被开垦成农田，剩下的小面积草甸草原主要分布在巴尔古津盆地和耶尔沃宁盆地。共和国南部较干旱的山间盆地及盐湖周围分布着盐化草原植被。共和国森林植被在空间上呈如下分布特征：冷杉、西伯利亚松、云杉为主的暗针叶林在贝加尔湖南、东南沿岸诸山脉上密集分布，而向东分布面积和种类逐渐减少；西伯利亚落叶松和兴安落叶松为主的亮针叶林分布在东北部；在共和国西南部的东萨彦岭、卡梅尔岭、吉德山脉的泰加林区，主要生长着西伯利亚落叶松、油松、西伯利亚松、冷杉、云杉等乔木。布里亚特共和国各类森林中，暗针叶林面积约占总森林面积的 10%。草甸植被面积有 34.7 万公顷，主要分布在大小河谷盆地以及森林带的无林木处。境内的草甸植被可划分为典型草甸、草原化草甸、沼泽化草甸、泥炭化草甸和盐化草甸等五类。

(5) 经济概况

布里亚特共和国国民生产总值 2010 年 1 363.74 亿卢布。其中采矿业产值 65.05 亿卢布，制造业产值 190.6 亿卢布，生产和销售电力、燃气及水的产值 60.41 亿卢布，农业产值 76.77 亿卢布，固定资产 4 028.56 亿卢布。布里亚特共和国属东西伯利亚经济区，是一个工农业共和国，有大型的采矿和木材工业区以及机械制造业。在布里亚特共和国有 4 个主要经济区：布里色楞金斯克经济区、布里贝加尔斯克经济区、奥金斯克杜金斯克经济区和巴乌多夫斯克经济区。

2. 布里亚特共和国首都乌兰乌德市

乌兰乌德位于后贝加尔色楞格河谷地的河右岸，西伯利亚大铁路和俄—蒙铁路交会处，俄罗斯联邦布里亚特自治共和国首都，是布里亚特共和国的行政、政治、经济和文化的中心。地处贝加尔湖东南，距贝加尔湖 75 公里，城区内有 3 个区，分别为铁路区、十月区、苏维埃区。

乌兰乌德市最初起源于草原上的小田庄、城堡。1666 年俄罗斯的哥萨克部落移居至乌德河河口处，1690 年改名为上乌金斯克城堡。17 世纪 80 年代，上乌金斯克市在行政上划分于伊尔库茨克省。上乌金斯克正处在由俄罗斯通往中国、蒙古的"商贸之路"的有利地理位置上，因此迅速地发展成为俄罗斯东部主要商贸中心之一。乌兰乌德是东西伯利亚地区的第三大城市。1999 年 1 月，乌兰乌德常住人口为 37.07 万人。

经济发展方面，工业有采矿、冶金、机械、木材加工等。乌兰乌德市主要工业企业有大型机车、车辆修理、大型玻璃厂、飞机制造厂。此外，机器制造、金属加工、轻工、食品加工、毛皮、建筑材料、电子设备等也比较发达，森林资源、矿产资源丰富。农业在沿色楞格河流域比较发达，但主要还是畜牧业，养羊和肉奶业。

乌兰乌德城市风貌富于民族特征。乌兰乌德市区建筑中出现喇嘛寺庙，表现着乌兰乌德街景风格，有别于俄罗斯其他城市文化。歌舞剧院、戏剧院、博物馆等建筑、文化、艺术都综合彰显着布里亚特民族风情和俄罗斯风格。露天式民俗博物馆坐落在一片林中空地上。馆内有许多东方游牧民族的生活设施，并有古布里亚特民族的木制小屋，以及草棚、粮仓、澡堂、鸡舍等。在此已保留了一个世纪，窗棂上、大门上、护窗板上的彩绘或木雕强烈地表现出民族风格，再加上别具风情的民族服装、服饰以及佩挂精美鞍具的骏马。这一切在大森林的衬托下，俨然成为一幅美丽的天然风景画。乌兰乌德其他旅游参观点还有喇嘛教堂、自然博物馆等。

教育设施也较为齐全，有国立大学、中等专业学校和各类中小学。1988 年乌兰乌德市内拥有医院 23 家，医生 2 495 人，病床数目为 4 800 张。

乌兰乌德市有丰富的旅游资源。布里亚特不仅有贝加尔湖那赏心悦目的湖光山色，还有无数历史文化景观。在乌兰乌德南面齐果耶河右岸有一个戈罗达沃崖岩洞，洞中有一大一小两个岩穴，洞壁和洞顶用红色的赭石画有许多新石器或青铜时代的岩画。画面保存比较完好。另外，有岩画的还有位于伊切图伊河河口的萨尔巴图伊山洞，位于布里亚特南部的乌斯季—恰克图山洞等。

人文自然博物馆在全俄较为有名。交通便利，有机场和直飞国内外的航线。在布里亚特一些地区，保留着完全蒙古式生活方式的村寨部落，现在已被辟为"民俗文化村"，供人参观。多种宗教，多种文化的汇集使乌兰乌德成为声名远扬的文化旅游名城。

2000年12月6日呼和浩特市与乌兰乌德市结为友好城市。

二、阿尔泰共和国及首都

1. 阿尔泰共和国概况

（1）地理位置

阿尔泰共和国位于俄罗斯联邦西西伯利亚的南部，面积9.26万平方公里，占俄罗斯联邦领土面积的0.5%。阿尔泰共和国位于欧亚大陆中心、西西伯利亚南部的阿尔泰山地，东邻图瓦共和国，南与哈萨克斯坦、中国和蒙古国接壤，北与克麦罗沃州搭界，西北是阿尔泰边疆区。它的范围在东经84°00′至89°50′、北纬49°05′至52°35′。首都为戈尔诺—阿尔泰斯克市。

（2）历史沿革

不少蒙古学学者认为："居住在俄罗斯的阿尔泰人（Altai）与蒙古民族有着密切的族源关系，是蒙古民族的一支。"阿尔泰地区曾长期处于蒙古卫拉特部准噶尔人的统治之下，阿尔泰人旧时一直称其为"阿尔泰卫拉特人"，属蒙古准噶尔部。1679年准噶尔部与清朝开战，准噶尔部兵败，一部分蒙古准噶尔人退到这里，并融入了一些居住在阿尔泰地区的其他部落，演变成了今天的阿尔泰人。该地区被清朝管辖，当地的准噶尔人被编入阿拉坦淖尔、乌梁海二旗，他们就是现在的阿尔泰人的前辈。1864年，签订《中俄勘分西北界约记》，迫使阿尔泰人归属沙俄，阿尔泰地区被并入俄罗斯版图。十月革命后，苏联于1922年在阿尔泰人的土地上建立了卫拉特自治州，1948年改为戈尔诺—阿尔泰自治州，1992年改名为俄罗斯联邦阿尔泰共和国。

按现行行政区划，阿尔泰共和国下辖10个行政区、88个行政村和1个市。城市是戈尔诺—阿尔泰斯克，是阿尔泰共和国首都，在这里设有俄罗斯联邦和阿尔泰共和国的行政、立法机关（图13-7）。

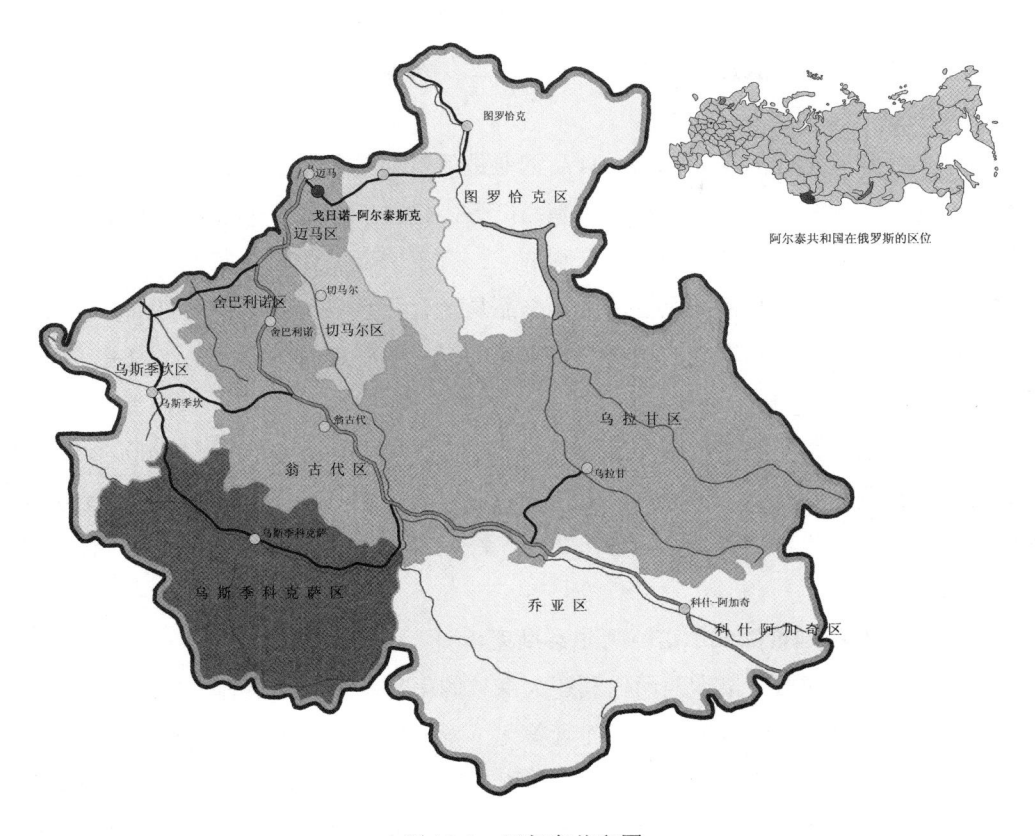

图 13-7　阿尔泰共和国

资料来源：宝音主编，《蒙古学百科全书·地理》

（3）自然地理环境

该共和国位于阿尔泰山地，地形较为复杂，山峦起伏，山间谷地和山前坡地与山顶地区之间的高度相差较大。主要山脉在东南部，即卡通山脉和库赖山脉，在西北部是较低的切金山脉和巴谢拉克山脉。别卢哈山海拔 4 506 米，是西伯利亚最高的山脉。山间低地是草原，主要有阿拜草原、库赖草原和乔亚草原等，山川众多、湖泊遍地是该地区的重要自然地理特点。

（4）人口与民族

据 2002 年统计，阿尔泰共和国人口为 20.29 万人。俄罗斯人占绝大多数，为 60.4%，其次是阿尔泰人占 31%，哈萨克人占 5.6%。人口中，14.94 万人居住在农村，占总人口 73.6%，5.35 万人生活在城市，占总人口 26.4%。2015 年，阿尔泰共和国总人口为 21.52 万人。

阿尔泰人早期操卫拉特蒙古语，由于受到突厥的影响，后来改操阿尔泰语系的突厥语族吉尔吉斯—奇普恰克语。他们不信仰伊斯兰教，而信奉原始萨满教，有部分人在俄罗斯人的影响下，已经改信东正教。

（5）工业

阿尔泰共和国工业的主要部门：食品工业是阿尔泰共和国工业的主要部门之一，大型企业有阿尔泰肉制品厂、奶油和奶酪制品厂等；建材工业是一个重要工业部门，有钢筋混凝土预制构件厂、红砖厂和兽力车制造厂；有色冶金工业有3家较大型金矿、1家较大的开采和加工水银和钼的企业，主要产品是黄金、水银、含钼和钨的精矿石；林业和木材加工业有一些规模不大的制材厂和家具厂；机器制造业以中小企业为主。

（6）农业

农业是阿尔泰共和国的主要经济部门，农产品占共和国社会总产品的60%，其中重要部门是畜牧业和养鹿业。种植业在阿尔泰农业中的比重明显低于畜牧业。当地主要农作物有谷物、马铃薯和蔬菜以及经济作物。养蜂业：阿尔泰人利用山区自然条件养蜂已数百年历史。

2. 阿尔泰共和国首都戈尔诺—阿尔泰斯克市

戈尔诺—阿尔泰斯克位于西西伯利亚大森林的南部。这一大森林不仅成为戈尔诺—阿尔泰斯克的一道天然的植被屏障，而且美化了城市环境。这里交通便利，城中的许多产业，都是以森林为依托的。戈尔诺—阿尔泰斯克不仅有山林，同时，这里还有河流，几条俄罗斯的母亲级河流都从这里蜿蜒流过。这种得天独厚的自然风光，使这个城市拥有了极为优美的自然风景。可谓流水潺潺，松涛阵阵，这些自然之美，包围着戈尔诺—阿尔泰斯克这座历史悠久的古城，就如同丛林中的睡美人古堡一般。与此同时，这里的支柱性产业，只是一些如家具、肉类加工、制鞋等产业，很少有污染，是一个清净而又优雅的地方。因此俄罗斯的许多当地人，在自己晚年的时候，都会选择在这里安度晚年。2015年城市人口6.23万人。

在这座城市中，充满俄罗斯当地风格的建筑物，木质的房屋，靓丽的颜色，以及淳朴而又善良的居民。在这里，处处弥漫着浓郁而又温馨的俄罗斯香氛。

戈尔诺—阿尔泰斯克，这座并不是非常著名的俄罗斯小城，却有最为原始的俄罗斯气息，在这里，定会让你内心平静，并深刻领略到纯正的俄罗斯风情。1932年以前被称为"乌拉尔"。1932~1948年被称为"奥伊罗特—图拉"。戈尔诺—阿尔泰斯克市夏季平均气温17℃，是避暑休闲度假好去处，冬季气温-12℃，是滑雪度假胜地。市郊的共青山和图加伊山都是滑雪胜地。

三、图瓦共和国及首都

1. 图瓦共和国概况

（1）地理位置

图瓦共和国地处亚洲中部、东西伯利亚南部、叶尼塞河上游。其南部和东南部是蒙古国，东北部为伊尔库茨克州，西北为哈卡斯共和国，东北部为布里亚特共和国，西部为阿尔泰边疆区，西北部为克拉斯诺亚尔斯克边疆区。共和国土地面积约 17.05 万平方公里（图 13-8）。

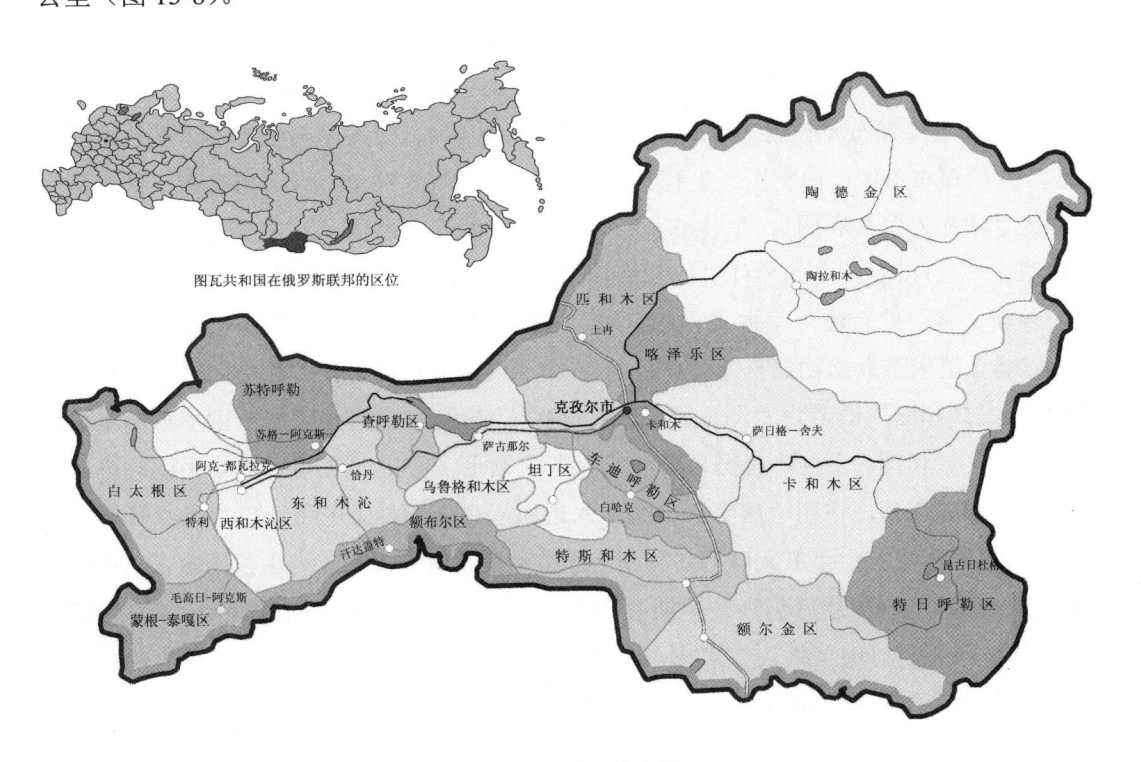

图 13-8　图瓦共和国

（2）历史沿革

唐朝以前，唐努乌梁海地区先后为匈奴、鲜卑、突厥等中亚北方少数民族政权的统治区域。公元 647~648 年，唐朝置坚昆都督府，隶属于安北都护府管辖。公元 745 年，唐努乌梁海地区归回纥汗国管辖，一度在该地建立过行宫。9 世纪中期，唐努乌梁海地区成为黠戛斯属地。1206 年，成吉思汗统一蒙古各部，第二年即遣其长子术赤领兵征服了唐努乌梁海地区，在该地设置了 4 个千户，而秃巴斯人则归成吉思汗直接管辖，后成为元朝岭北行省的组成部分。该地区成为秃巴斯族、蒙古族、汉族等多民族聚居的地区。明代，唐努乌梁海地区归瓦剌控制，明朝中期，蒙古达延汗击败瓦剌部，将唐努乌梁海地区纳入到北元统治之下。明末清初，唐努乌梁海地区属于喀尔喀蒙古扎萨克图汗部和托辉特首领管辖，并是其常驻之地。1655 年，清朝册封喀尔喀蒙古扎萨克图汗部和托辉特首领俄木布额尔德尼为扎萨克，唐努乌梁海地区由此正式纳入到了清朝的版图之中，清朝也由此开始了对该地区实施有效统治。1727 年，清朝和沙俄签订了《布连斯奇界约》，划定了唐努乌梁海地区北部沙宾达巴哈以东的中俄边界。1912 年，中国北疆出现了"独立"的危机，其影响也波及了唐努乌梁海地区。1918~1919 年，徐世昌派兵收复了唐努等 4 旗，重新将唐努乌梁海纳入中国版图。1921 年夏，苏俄红军以支援东方被压迫人民解放斗争的名义进入唐努乌梁海地区，消灭了盘踞在该地区的白俄势力。1921 年 8 月 14 日，唐努乌梁海宣布"独立"，成立"唐努图瓦共和国"，中华民国政府不予承认。同年 9 月，苏俄宣布不把"唐努图瓦"视为自己的领土。1926 年 11 月，"唐努图瓦共和国"改称为"图瓦人民共和国"，并颁布了"宪法"。1930 年，"图瓦人民共和国"开展了"反封建革命"，对反对政府的事件进行武力镇压，清除喇嘛教，实行农牧业集体化，同时推广一种新文字，停止使用蒙古文。1944 年 8 月，"图瓦人民共和国"小呼拉尔大会通过一项宣言，请求苏联接纳唐努乌梁海，同年 10 月，苏联最高苏维埃决定接受其"请求"，"图瓦人民共和国"改名为"图瓦苏维埃社会主义自治共和国"，隶属于俄罗斯苏维埃联邦社会主义共和国。至此，唐努乌梁海成为苏联领土。1948 年 5 月，中华民国驻苏联大使照会苏联外交部，声明"唐努乌梁海是永远属于中国的神圣的领土"。1991 年，苏联解体，"图瓦苏维埃社会主义自治共和国"通过主权宣言，宣布成为主权国家，并更名为"图瓦共和国"。该国最后仍为俄罗斯联邦主体之一，名为"俄罗斯联邦图瓦共和国"。1994 年 9 月 3 日，中华人民共和国与俄罗斯联邦签署《中华人民共和国和俄罗斯联邦关于中俄国界西段的协定》，法律上明确承认唐努乌梁海为俄罗斯领土。

（3）人口、民族及行政区划

2016 年图瓦共和国共有居民 31.56 万人，主要民族包括图瓦人，其人口 24.30 万人，占全国人口的 77%；俄罗斯人 6.34 万人，占 20.1%；还有少量科米人和哈卡斯人。人口密度 1.87 人/平方千米，城市人口 17.12 万人，占全国人口的 54.23%。图瓦共和国的主体民族是图瓦人，是具有蒙古血统操突厥语系的民族，信仰佛教和萨满教。此外，在蒙古国境内约有图瓦人三万人。图瓦共和国大多数居民都集中在山地之间的盆地和河谷中。图瓦人分为两种类型，山地—平原的畜牧业者（西部图瓦人）和高山森林中的养鹿者（东部图瓦人）。图瓦共和国的行政区划为 17 个区、1 个共和国直辖市、4 个区级市、3 个市镇，村苏维埃管辖的地区有 94 个。图瓦共和国首都克孜尔市建于 1914 年。

（4）自然地理特征

地形特征是四周被申格列尼山、唐努山、西萨彦岭和东萨彦岭环抱，中部为上叶尼塞盆地。境内主要河流为叶尼塞河。植被以森林、草甸和草原为主。气候属温带大陆型气候，冬季寒冷，夏季温暖。1 月份平均气温 -32℃，7 月份平均气温 18℃。

（5）经济概况

图瓦共和国是东西伯利亚经济区的组成部分。它是一个农业国家，同时又蕴含着丰富的矿藏。该国国民经济中主要部门是采掘工业，有色金属、石棉、石煤、金子及水银等矿产的开采。其次是食品、木材加工、电力以及其他轻工业。电力工业占经济总产值的 38%，燃料工业占 14%，有色金属加工业占 27%，建材工业占 4%，食品工业占 8%，轻工业及其他工业占 9%。

图瓦共和国是一个专门生产畜产品的农业国，主要产业为养马业、养鹿业、养驼业、养细毛绵羊业以及养肉、奶牛业。农业经营用地约 500 万公顷，占共和国领土的 2/3。其中耕地为 50 万公顷，草场为 10 万公顷，牧场为 400 多万公顷。

2. 图瓦共和国首都克孜尔市

克孜尔市位于大小叶尼塞河汇合处。建于 1914 年，1926 年改名为克孜尔，是"红色"的意思。克孜尔市是图瓦共和国的首都，市区面积 112 平方公里。2010 年，城市人口 10.1 万人。著名景点是人民广场和亚洲中心纪念碑。2007 年，新建了一座藏传佛教转经筒。这转经筒位于克孜尔市中心，与图瓦政府大厦、图瓦议会及图瓦大剧院相邻。从地理上来看，图瓦曾被认为是亚洲的地理中心。"亚洲中心"纪念碑在图瓦首都克孜尔市的乌卢格赫姆河岸边，蓝天白云下至今高耸着（图 13-9、图 13-10）。

图 13-9　克孜尔市鸟瞰　　　　　图 13-10　"亚洲中心"纪念碑

图瓦共和国处于俄罗斯和蒙古国的包围之中,身处亚洲腹地,是"遥远的西伯利亚"南部。由于地理位置偏僻,交通不便,图瓦几乎没有遭受现代化的侵袭,多数人还穿着传统的牧民长袍。早于公元12世纪,克孜尔已经是蒙古民族集居的地方,更是昔日大蒙古国的重要城市之一。公元17世纪初期,属外蒙古当时有管治权的唐努乌梁海地区最北端的城市,成为中国领土的一部分。1860年,当时的沙俄借"探险"和"采矿"为名,引入大量沙俄移民。于1912年,沙俄乘外蒙古独立之机,直接吞并唐努乌梁海,克孜尔也同时开始脱离中国,但不被当时的蒙古和中国承认。于1917年十月革命时,中国趁当时的沙俄混乱之际夺回唐努乌梁海地区。但不过数年又被苏联夺去,在1921年8月14日成立"图瓦人民共和国",定克孜尔为该国首都,中华民国政府不予承认。于1946年,唐努乌梁海才被中国承认为苏联所有,但仍未有正式签约承认。

在中国新疆北部的著名图瓦族人村落喀纳斯,图瓦人的房屋是三角顶小木屋,而在图瓦共和国,长年受到蒙古民族的影响,居住的是传统的大帐篷,生活习惯也依然保留着传统的游牧民族习性。图瓦人在峻秀山川狩猎,在广袤草原放牧,在湍急河流中撒网,在外界看来,不免带了许多神秘的色彩。"呼麦"就是牧民们在与西伯利亚大草原,以及草原生物长期打交道的过程中,模仿大自然发声而诞生的神秘音乐。在图瓦最好玩的是骑马、漂流、狩猎、篝火、捕鱼、登山等等户外活动。图瓦最著名的风景区之一捷列霍尔湖中的波尔巴任城堡,一座建在岛上的城堡。还有大叶尼塞河上的漂流和捕鱼,河岸的篝火夜,牧民此起彼伏的"呼麦",以及图瓦山区有全世界仅存50只的雪豹等等均是旅游资源和产品。

四、卡尔梅克共和国及首都

1. 卡尔梅克共和国概况

(1) 地理位置

卡尔梅克共和国位于俄罗斯联邦欧洲部分东南部的里海沿岸低地西部,东部与里海濒临,南北长度是640公里,东西宽度是480公里。其南部与俄罗斯的达吉斯坦共和国接壤,西邻斯塔夫罗波尔边疆区和罗斯托夫州,北接伏尔加格勒州,东接阿斯特拉罕州。卡尔梅克共和国领土面积7.61万平方公里。

(2) 行政区划

卡尔梅克共和国成立于1920年11月4日。卡尔梅克共和国首都是厄利斯塔市,该市建于1930年。全国行政单位数量为13个区、1个直辖市、两个区属市、5个镇、99个行政农庄。

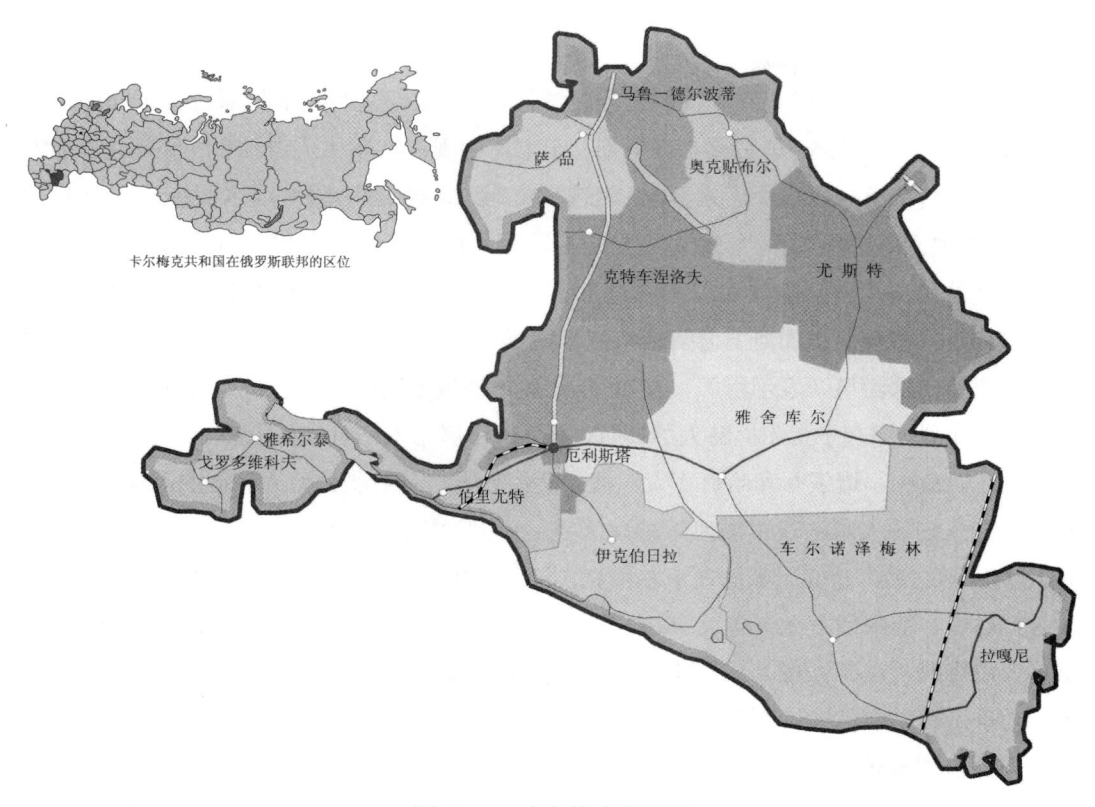

图 13-11　卡尔梅克共和国

（3）人口与民族

2002 年卡尔梅克共和国人口 49.24 万人。人口密度为 3.8 人/平方公里。其中城市人口约占共和国总人口的 44.3％。2003 年，首都厄利斯塔市 10.43 万人，拉嘎尼市 1.43 万人，戈罗多维科夫斯克市 1.09 万人。

卡尔梅克共和国主要居民是卡尔梅克人。在卡尔梅克共和国居住着约 14.6 万卡尔梅克人，占人口总数的 45％。卡尔梅克人还居住在俄罗斯的阿斯特拉罕州、伏尔加格勒州、罗斯托夫州和斯塔夫罗波尔边疆区。卡尔梅克人信仰佛教。2016 年卡尔梅克共和国人口 27.88 万人。

卡尔梅克人系卫拉特人的后裔，属蒙古人种西亚类型。使用卡尔梅克语，分土尔扈特和杜尔伯特两种方言，属阿尔泰语系蒙古语族。主要住在俄罗斯卡尔梅克共和国的蒙古民族，语言属蒙古语族的卫拉特（Oyrat）语支或西部语支。卫拉特方言也通用于蒙古西部、中国新疆和附近各省。

最近针对卡尔梅克人的基因研究报告支持他们的蒙古根源，证明历史上蒙古人和卡尔梅克人之间的密切关系。迄今为止，卡尔梅克人的遗传分析支持他们的蒙古根源。

（4）历史沿革

13 世纪时，卡尔梅克共和国属于金帐汗国，15 世纪又归属于阿斯特拉罕汗国，而阿斯特拉罕汗国于 1556 年归属于俄罗斯。明末清初卫拉特蒙古人分四部：和硕特、准噶尔、杜尔伯特、土尔扈特，后来准噶尔部强盛，土尔扈特部不服准噶尔部统治，于 1616 年在首领和鄂尔勒克带领下，越过吉尔吉斯草原，同年与俄人讲和，和鄂尔勒克领众人移居于托波尔河上游，以其女嫁西伯利亚汗后人，并征服花剌子模部分领地。1643 年，和鄂尔勒克移营至伏尔加河下游阿斯特拉罕附近，脱离沙俄。1650 年，西伯利亚的土尔扈特部遣使向顺治皇帝表示臣服。1673 年之后，沙俄不断向土尔扈特人征兵用于对奥斯曼土耳其作战，激起了土尔扈特人的反抗，部分土尔扈特人在首领握巴锡（阿玉奇的孙子）率领下东归故土，遭俄军和哈萨克人拦截，死伤无数，最后剩几万人到达中国新疆境内。其他未能东归的人留在伏尔加河下游地区继续受到沙俄的统治，成为了今天的卡尔梅克人。1920 年之后，建立了俄罗斯卡尔梅克自治州，1935 年成立共和国。1943 年卡尔梅克人被冠以"与德国侵占者合作"，并被强行驱逐到西伯利亚和北哈萨克斯坦地区。1958 年驱逐令被修改，并重新成立了卡尔梅克自治共和国，隶属俄罗斯苏维埃联邦社会主义共和国，几乎所有的卡尔梅克人都重返故土。苏联解体后升格为俄罗斯联邦内的共和国。

（5）自然地理概况

卡尔梅克共和国地貌形态可划分为四类区：里海沿岸低地，是由海相沉积物形成的平原，地势自北向南由海拔 50 米渐降至海平面以下 29 米。地形复杂多样，主要由低洼地、盆地、沙堤、小丘、岗地组成；耶尔格尼高原，是由陆相沉积物经长期剥蚀作用下形成的南北向隆起的高平原。库马—马内奇盆地，呈西北东南向，盆地底部呈方形。盆地宽约 14~40 公里，深约 20~25 米。盆地地表不平坦，剥蚀和侵蚀作用十分强烈，长几公里的条带丘陵状的高原（高差 16~20 米）较多，这些高原之间的谷地相间分布，在谷地内古阶地、干涸的洼地、滑坡地、陡坎、沟渠等微地形广布。在谷地底部有众多的咸水湖，有的已干涸；斯塔夫罗波利高原在卡尔梅克西南部占据一小部分，呈波状起伏平缓地形，内陆相沉积物深厚。

卡尔梅克共和国属鲜明的大陆性气候，夏季干旱炎热，冬季寒冷少雪，气温年较差达 80℃~90℃。太阳辐射较强,总辐射量 115~120 千卡/平方厘米,年日照时数为 2 180~2 250 小时。年降水量为 210~340 毫米，戈罗多维科夫斯克市达到 420 毫米。7 月份平均气温 24℃~26.5℃，最热可达 38℃~42.5℃。1 月北部平均气温为-4℃，南部-12.5℃。无霜期 150~200 天。暴风、沙尘、春秋寒潮、焚风等灾害性天气的经常出现造成灾害。

卡尔梅克共和国境内长度超过 10 公里长的大小河流共有 135 条，其中小河流比重占到了 86.4%。伏尔加河、西马内奇河、东马内奇河、库马河等大型河流在本国范围内的总长度为 520 公里。修建了一些水库，但由于水库水严重矿化，矿化度大，严重影响了灌溉与饮用。沿河谷分布有沼泽、泥潭、河成湖、沟渠等。

卡尔梅克草原的土壤以草原栗钙土和半荒漠棕钙土为主。受到诸多丘陵、高地、洼地、沟谷、盐湖、沙丘等起伏地形的影响，土壤分布极不均匀，在一个地区里各种土壤相互镶嵌分布，见到多种性质的土壤。西部戈罗多维科夫、雅希尔泰区分布着有机质含量较高的泥质黑土和暗栗钙土。包括伊克伯日拉、阿特尔嘎扎尔、阿萨尔湖（伯里尤特区）和首都厄利斯塔市的中部地区主要分布干旱草原泥质栗钙土、碱化栗钙土与河漫滩草甸土，有机质含量中等。北部地区的奥克帖布尔、小杜尔伯特、克特车涅诺和萨品区主要分布荒漠草原泥质淡栗钙土、盐化淡栗钙土、草原荒漠灰漠土，有机质含量较低。东南部拉嘎尼、车尔诺泽梅林（哈日嘎扎尔）、尤斯特（叶苏吐）、雅舍库尔区主要分布草原荒漠棕钙土、盐化棕钙土、荒漠碱土、盐土。

植被分为三种类型，草原植被、荒漠草原植被和荒漠植被。其中荒漠草原植被群落分布最广。草原植被带分为杂类草—针茅—禾本科典型草原、禾本科干草原、艾蒿—蒿类—禾本科干旱草原三个亚类。草原植被主要分布在卡尔梅克的西部和中部地带。荒漠草原植被主要分布在里海沿岸低地、耶尔格尼丘陵和马内奇盆地。植被群落除针茅、旱生杂类草、禾本科外，还有灌木和小灌木丛占优势。荒漠草原可分为淡栗钙土荒漠化草原、盐化棕钙土荒漠化草原、沙性棕钙土沙质荒漠化草原、风沙土荒漠化草原。水资源分十分贫乏、碱土、盐土等盐渍土上生长着荒漠小灌木群落分布面积较广。在草原、草原荒漠地区沼泽植被、草甸植被和碱化草甸植被零星分布。

（6）经济概况

卡尔梅克农业经济可划分为三个地带：①以种植业、畜牧业为主的西部地带，种植小麦、玉米、葵花为主；②细毛羊养殖业、养牛业、种植业稳定生产的中央地带，种植小麦、大麦、燕麦、饲料作物和蔬菜为主；③羊绒业、养卡拉库尔羊业、肉用养牛业的东部地带，种植饲草、紫苜蓿、水稻、蔬菜、西瓜为主，发展了灌溉农业。小麦每年播种面积 8.1 万～21.2 万公顷；作为牲畜饲料的大麦每年播种面积 6 万～15 万公顷；苜蓿等优良牧草的每年播种面积 1.4 万～12 万公顷。目前有哈尔嘎扎尔、萨品灌溉农业区。

卡尔梅克共和国的工业发展基础相对薄弱，主要工业部门有机器制造和金属加工工业、林木加工业、建筑材料工业、轻工业、食品业、能源工业（石油、天然气开采业）。机器制造和金属加工工业部门有"MT3"拖拉机企业、"车恩德韦齐—帕诺勒"企业，对农业机械采取生产技术更新和改造的措施。2002 年之后森林加工企业有所发展。建材工业部门由制作钢筋—混凝土、砖瓦厂和硅酸盐砖厂、沙和石英的开采、沥青混凝土加工等组成，近几年建筑材料工业经济效益有所增长。轻工业以缝纫、纺织、皮革、裘毛加工业为主。卡尔梅克有质量上好且丰富的羊绒、皮毛原料，依托资源优势，发展畜产品加工业有较大潜力。还有阿尔山肉业联合工厂是大型肉制品加工厂、厄利斯塔市奶制品工厂、雅希尔泰镇米面加工厂。能源工业主要是石油、天然气开发及其加工利用，其发展前景很好。

2. 卡尔梅克共和国首都厄利斯塔市

厄利斯塔市（俄语：Элиста、卡尔梅克语：Элст）位于俄罗斯联邦的南部，东经44°16′，北纬46°19′。厄利斯塔市是卡尔梅克共和国首都，也是该共和国最大的城市。城市坐落在卡尔梅克草原的中央，叶尔格尼山山麓的东南方，是卡尔梅克共和国的行政、经济、政治和文化中心。始建于1865年。1930年升格为市。市域面积210.45平方公里。人口总数为10.3万人。厄利斯塔市，城区分西北区和南区，有10个小区。

厄利斯塔属于草原气候，冬季干燥、寒冷，夏季炎热。极端最高温度为42.9℃，极端最低温度为–34.0℃。最热月7月，平均气温24.4℃；最冷月1月，平均气温–5.9℃。年均降水量349毫米。

1865年，厄利斯塔市所在地出现居民点。1888年，成为阿斯特拉罕省切尔诺雅尔县的羊毛供应中心。1927年5月，俄罗斯苏维埃批准将卡尔梅克自治州的首府从阿斯特拉罕迁至厄利斯塔。1930年3月10日，经俄罗斯最高苏维埃批准，厄利斯塔建市。1935年10月成为卡尔梅克自治共和国首都。1944~1957年，城市更名为"斯捷普诺伊"。1957年，恢复卡尔梅克自治共和国。20世纪60~70年代，厄利斯塔逐步建设成共和国现代化的文化教育中心。1970年，卡尔梅克国立大学建成。

1939年，厄利斯塔市人口为1.71万人，2002年人口为10.4万人，2010年常住人口为10.3万人。

厄利斯塔市内建有多座喇嘛墓地和佛塔，被认为是佛教的中心之一。还建有东正教的教堂，罗马天主教的教堂，福音派基督教的教堂和耶和华显灵派的教堂。释迦牟尼大金寺被称为俄罗斯乃至欧洲最大的佛教寺院。

厄利斯塔市是卡尔梅克的文化中心。有剧院、图书馆、博物馆，市中心的列宁广场上，建有七级浮屠塔、莲花喷泉和五米见方的国际象棋棋盘。有街心花园，建有白色乌拉尔大理石的释迦牟尼的雕像。各种蕴含历史、文化、神话和宗教的雕像遍布城内的各条街道，如象征长寿的白色老人雕像、江格尔的回声雕像、青铜骑士雕像和英烈碑等。1965年建成的友谊公园内有纪念卫国战争中死难的英雄的群雕。

厄利斯塔市主要工业部门有机器制造业、轻工业和食品业、采矿业（石油、天然气开采业）、建筑材料等企业。

大型牧场式畜牧业较为发达，主要有细毛羊养殖业和养牛业。

参 考 文 献

1. 巴拉吉尼玛等：《千年风云第一人：世界名人眼中的成吉思汗》，民族出版社，2005年。
2. 巴音郭楞蒙古自治州统计局编：《2016年巴音郭楞蒙古自治州经济社会发展统计公报》，2017年。
3. 宝音著：《内蒙古地理研究——宝音论文选》，内蒙古教育出版社，2002年。
4. 宝音主编：《蒙古学百科全书·地理》，内蒙古人民出版社，2012年。
5. 宝音、卢挺主编：《内蒙古资源大辞典》（旅游资源分册），内蒙古人民出版社，1997年。
6. 博尔塔拉蒙古自治州地方志编纂委员会编：《博尔塔拉蒙古自治州志》，新疆大学出版社，1999年。
7. 博尔塔拉蒙古自治州国土整治农业区划委员会编：《博尔塔拉国土资源》，新疆人民出版社，1995年。
8. 薄音湖主编：《蒙古学百科全书·古代史》，内蒙古人民出版社，2007年。
9. 布赫等主编：《内蒙古大辞典》，内蒙古人民出版社，1991年。
10. 布仁图：《内蒙古历史文化》，内蒙古大学出版社，2010年。
11. 策·达木丁苏隆译：《蒙古秘史》（蒙文版），内蒙古人民出版社，1957年。
12. 陈文："蒙古国地质构造概况及金成矿区分布特征"，《甘肃地质》，2009年第18卷，第2期。
13. 陈永胜等主编：《筑牢祖国北疆生态安全屏障——内蒙古生态文明建设70年》，内蒙古人民出版社，2017年。
14. 程民生：《中国北方经济史》，人民出版社，2004年。
15. 达·巴扎尔古日著：《草地畜牧业地理》，乌兰巴托出版社，1998年。
16. 达力扎布：《蒙古史纲要》，中央民族大学出版社，2006年。
17. 戴逸：《中国民族边疆史简论》，民族出版社，2006年。
18. 德·道尔吉高陶布著：《蒙古国土壤》，乌兰巴托出版社，2003年。
19. 董锁成等编著：《中国北方及其毗邻地区经济社会科学考察报告》，科学出版社，2015年。
20. 多桑：《多桑蒙古史》（上、下），商务印书馆，2013年。
21. 额尔敦扎布主编：《蒙古学百科全书·经济》（蒙古文版），内蒙古人民出版社，2009年。
22. 符拉基米尔佐夫：《成吉思汗传》，上海三联书店，2007年。
23. 盖山林主编：《蒙古学百科全书·文物考古》，内蒙古人民出版社，2004年。
24. 葛根高娃、乌云巴图：《蒙古民族的生态文化》，内蒙古教育出版社，2004年。
25. 耿昇，何高济：《柏朗嘉宾蒙古行纪 鲁布鲁克东行纪》，中华书局，1985年。
26. 海西蒙古族藏族哈萨克族自治州编写组：《海西蒙古族藏族哈萨克族自治州概况》，青海人民出版社，1985年。

27. 海西蒙古族藏族自治州地方志编纂委员会编：《海西蒙古族藏族自治州志》（卷一、卷二），陕西人民出版社，1995 年。
28. 杭栓柱等主编：《发展是硬道理——内蒙古经济建设 70 年》，内蒙古人民出版社，2017 年。
29. 赫·乔·韦尔斯：《世界史纲》，人民出版社，1982 年。
30. 湖春主编：《内蒙古自治区农牧林业气候资源》，内蒙古人民出版社，1984 年。
31. 黄健英主编：《蒙古国经济》，中国经济出版社，2016 年。
32. 蒋志华：《中国世界部落文化》，时事出版社，2007 年。
33. 金向宏主编：《巴音郭楞蒙古自治州志》，当代中国出版社，1994 年。
34. 卡娃著：《蒙古国区域经济发展研究》，社会科学文献出版社，2015 年。
35. 雷纳·格鲁塞：《蒙古帝国史》，商务印书馆，1989 年。
36. 李清和：《中国古代民族》，中共中央党校出版社，1991 年。
37. 林惠祥：《中国民族史》（上、下），商务印书馆，1939 年。
38. 林幹：《中国古代北方民族通论》，内蒙古人民出版社，1998 年。
39. 罗卜桑悫丹：《蒙古风俗鉴》，内蒙古人民出版社，1981 年。
40. 吕振羽：《中国民族简史》，人民出版社，2009 年。
41. 马玉明总主编：《内蒙古资源大辞典》，内蒙古人民出版社，1997 年。
42. 莫·巴音图如编：《蒙古国经济地理》。
43. 内蒙古自治区地质矿产局：《内蒙古自治区区域地质志》，地质出版社，1991 年。
44. 内蒙古自治区统计局编：《奋进的内蒙古 1947~1989》，中国统计出版社，1989 年。
45. 内蒙古自治区统计局编：《2013 年内蒙古统计年鉴》，中国统计出版社，2013 年。
46. 内蒙古自治区统计局编：《2016 年内蒙古统计年鉴》，中国统计出版社，2016 年。
47. 内田吟风：《北方民族史与蒙古史译文集》，云南人民出版社，2003 年。
48. 清格尔泰主编：《蒙古学百科全书·语言文字》，内蒙古人民出版社，2010 年。
49. 青海省统计局编：《青海省统计年鉴 2001》，中国统计出版社，2001 年。
50. 萨·萨格德尔著：《蒙古旅游百线》，乌兰巴托出版社，2001 年。
51. 邵积东："内蒙古大地构造分区及其特征"，《内蒙古地质》，1998 年第 2 期。
52. 石蕴琮等编著：《内蒙古自治区地理》，内蒙古人民出版社，1989 年。
53. 谭其骧：《简明中国历史地图集》，中国地图出版社，1991 年。
54. 王静爱主编：《中国地理教程》，高等教育出版社，2007 年。
55. 王雄：《中代蒙古及北方民族史史料概述》，内蒙古大学出版社，2008 年。
56. 新疆地理学会编：《新疆地理手册》，新疆人民出版社，1993 年。
57. 新疆维吾尔自治区统计局编：《新疆统计年鉴 2003》，中国统计出版社，2003 年。
58. 杨利普编著：《新疆维吾尔自治区地理》，新疆人民出版社，1987 年。
59. 杨青山等著：《蒙古国地理》，东北师范大学出版社，1994 年。
60. 姚明辉：《蒙古志》，上海中国图书公司出版，光绪三十三年。
61. 亦邻真：《亦邻真蒙古学文集》，内蒙古人民出版社，2001 年。
62. 约翰·曼：《成吉思汗》，中国青年出版社，2007 年。
63. 扎·阿巴根苏和等编：《蒙古国社会经济地理》，乌兰巴托出版社，2010 年。

64. 中国地理编辑委员会：《中国大百科全书·中国地理》，中国大百科全书出版社，1993 年。
65. 中国科学院内蒙宁夏综合考察队：《内蒙古自治区及东北西部地区地貌》，科学出版社，1980 年。
66. 中国科学院内蒙宁夏综合考察队：《内蒙古自治区及东西部毗邻地区其后与农牧业的关系》，科学出版社，1976 年。
67. 中国科学院内蒙宁夏综合考察队：《内蒙古自治区及其东部毗邻地区水资源及其利用》，中国科学院出版社，1982 年。
68. 周维德主编：《光辉的四十年 1947～1989》，内蒙古自治区统计局、内蒙古自治区人民政府调研室，1987 年。
69. 朱·桑吉米塔布编：《蒙古国自然地理》，乌兰巴托出版社，2011 年。
70. Н·Д·彼斯帕洛夫著：《蒙古人民共和国的土壤》，科学出版社，1959 年。